AMÉRICA DEL SUR

MAR CARIBE

BELICE
HONDURAS
NICARAGUA
Lago de Managua
EL SALVADOR
TEMALA
COSTA RICA
PANAMÁ

Maracaibo
Caracas
Barranquilla
Cartagena
San Cristóbal
Medellín
Bogotá
Cali
Quito
Guayaquil
Cuenca
Iquitos

Lago de Maracaibo
Río Orinoco
VENEZUELA
Georgetown
Paramaribo
GUAYANA
SURINAM
Cayena
Boa Vista
GUAYANA FRANCESA

Río Magdalena

COLOMBIA

ECUADOR
PERÚ

LOS ANDES

S APAGOS

OCÉANO ATLÁNTICO

ECUADOR

Río Amazonas

A M A Z O N A S

BRASIL

Lima
Machu Picchu
Ayacucho
Cuzco
Lago Titicaca
La Paz
BOLIVIA
Santa Cruz
Sucre
Potosí

Brasilia

CHILE
PARAGUAY
Asunción
Iguazú
São Paulo
Río de Janeiro

Río Paraná

LOS ANDES

OCÉANO PACÍFICO

Córdoba
Viña del Mar
Valparaíso
Santiago
Concepción
ARGENTINA
Bahía Blanca
Buenos Aires
URUGUAY
Montevideo
Río de la Plata
Río Uruguay

OCÉANO ATLÁNTICO

Viedma

ISLAS MALVINAS (Br.)

Estrecho de Magallanes

TIERRA DEL FUEGO

| 0 | 200 | 400 | 600 | 800 | 1,000 MILLAS |
| 0 | 400 | 800 | 1,200 | 1,600 | KILÓMETROS |

15°
10°
5°
0°
5°
10°
15°
20°
25°
30°

110° 100° 90° 80° 70° 60° 50°

ÁFRICA

NIGERIA
ÁFRICA
CAMERÚN
Malabo
GUINEA ECUATORIAL
GABÓN

ECUADOR

10°
15°
5°
0°

| 0 | MILLAS | 500 |
| 0 | KILÓMETROS | 800 |

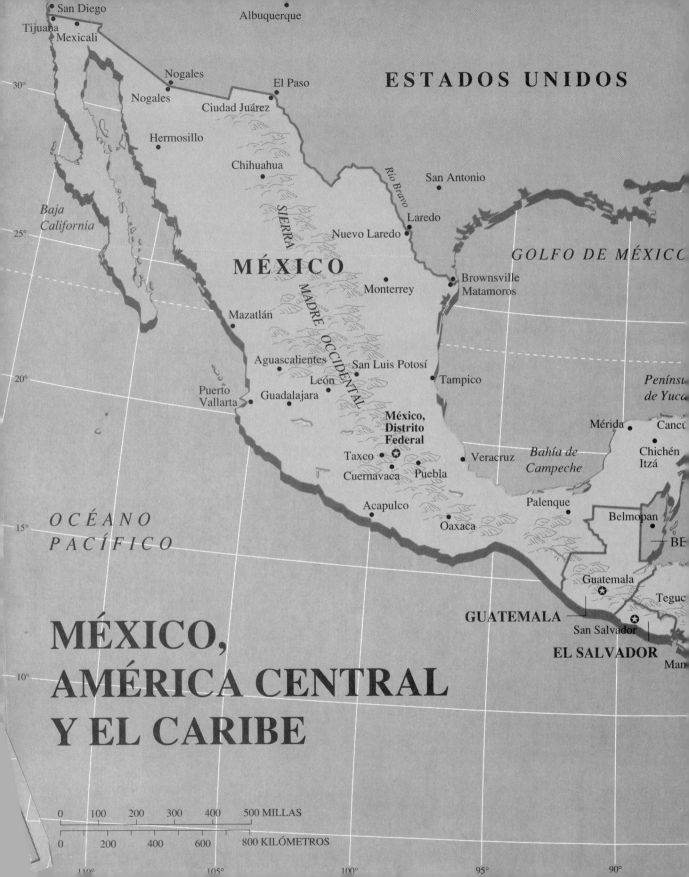

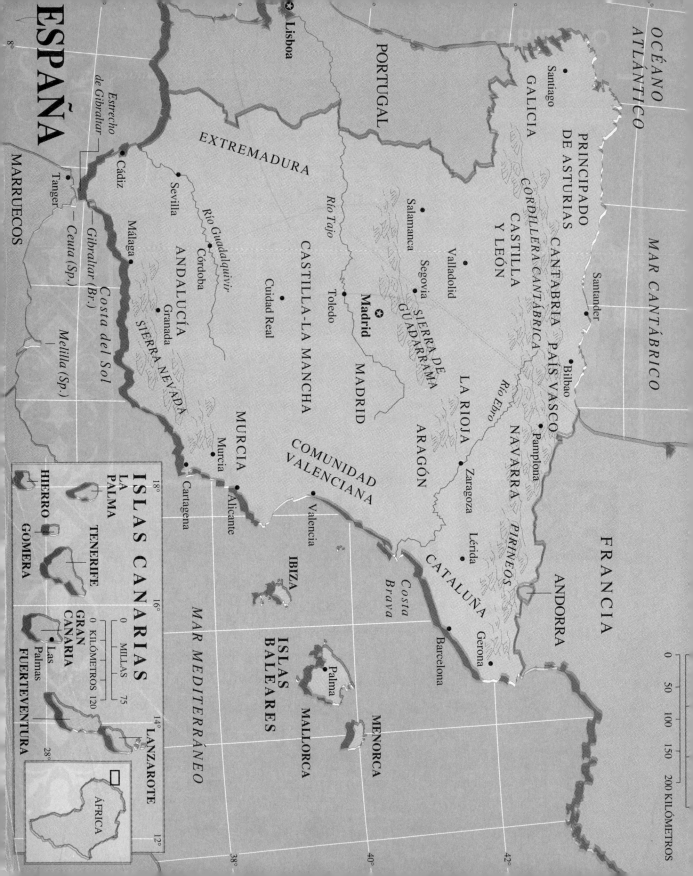

ESPAÑOL
EN
ESPAÑOL

TERCERA EDICIÓN

ESPAÑOL
EN
ESPAÑOL
TERCERA EDICIÓN

NICOLAS SHUMWAY
YALE UNIVERSITY

Harcourt Brace College Publishers

Fort Worth   Philadelphia   San Diego   New York   Orlando   Austin   San Antonio
Toronto   Montreal   London   Sydney   Tokyo

Publisher	Ted Buchholz
Acquisitions Editor	Jim Harmon
Developmental Editor	Jeff Gilbreath
Project Editor	Steven-Michael Patterson
Production Manager	Tad Gaither
Art & Design Supervisor	Serena B. Manning
Text Designer	Paula Goldstein
Cover Designer	Brenda Chambers
Illustrators	Lin Anderson/Denman Hampson

**LIBRARY OF CONGRESS
CATALOGING-IN-PUBLICATION DATA**

Shumway, Nicolas.
    Español en español/Nicolas Shumway.
      p.   cm.

    Includes index.
    1. Spanish language—Text-books for foreign speakers—
English.   2. Spanish language—Grammar—1950–
I. Title.
PC4112.S485 1992   468.2'421   91-37176
                       CIP
ISBN: 0-03-055589-2

Address for editorial correspondence: 301 Commerce Street, Suite 3700, Fort Worth, TX 76102

Address for orders: 6277 Sea Harbor Drive, Orlando, Florida 32887.
                1-800-782-4479, or 1-800-433-0001 (in Florida)

PRINTED IN THE UNITED STATES OF AMERICA

   5 043 9 8 7 6 5 4

Harcourt Brace College Publishers
The Dryden Press
Saunders College Publishing

TO THE INSTRUCTOR

While much changed, the third edition of *Español en español* retains the best features of the first and second editions: all-Spanish instruction; inductive grammar presentations; an abundance of communicative activities, written exercises and laboratory work; thematically and conceptually integrated grammar and vocabulary; and a segmental organization which allows teachers to modify sequencing to fit their particular curriculum. Whether you prefer a structural, communicative, conversational, proficiency-oriented, or cultural emphasis, you will find plenty of materials in *Español en español, Tercera edición* to accommodate your approach to teaching and the needs of your students.

The *Tercera edición,* however, is considerably improved. I have reduced the book from twenty-three chapters to twenty (plus an optional supplementary grammar chapter); programs operating in two or three term sequences will appreciate these more manageable numbers. I have recast the grammar sections to include a series of easy-to-visualize steps with conclusions, and rearranged certain items to make for a smoother flow of grammar topics. I have expanded the *Cómo se hace* sections in two significant ways: first, there are two to three times as many task and proficiency-oriented *Situaciones* per chapter; second, each chapter now includes a section on *Funciones* which teaches communicative strategies like how to initiate a question, how to get someone's attention, how to introduce an opinion, and how to agree or disagree. And finally, to encourage greater student participation, I have increased the number of interactive activities which allow students to work in pairs or small groups. This edition also includes new cultural notes and readings which range from humorous parodies of soap operas, folk tales, and television commercials to serious discussions of Hispanic culture. The *Tercera edición* also offers numerous suggestions for skits, debates, and compositions.

Two ancillaries accompany this edition of *Español en español:* the student workbook *(Manual para estudiantes),* which includes both the *Ejercicios escritos* and the laboratory guide, and an instructor's manual *(Manual para profesores),* which offers lesson plans for every grammar section as well as a comprehensive testing program. The tapescript of the laboratory manual is available from the publisher on request. Also available through the author is a self-correcting computerized workbook to supplement—but not replace—the written exercises.

Abundance, variety, and flexibility comprise three of this book's strongest features. Indeed, I would be surprised if instructors used *everything* in the third edition. I expect teachers to select certain readings and activities, emphasize some points over others, teach some grammar sections for active control and others for recognition only, and present some elements in an order other than that found in this book. In short, I hope that instructors will customize *Español en español* to their particular teaching styles and needs.

Finally, as with the second edition, I again look forward to suggestions on how to improve the book. Thanks to suggestions from language teachers like yourself, this is the strongest edition of *Español en español* yet. With your help, the fourth will be even better.

TO THE STUDENT

We learn languages for many reasons, but the best and the simplest reason to study languages is that other people speak them, write them, and describe their world with them. Anything involving people usually involves language, and we can not fully understand and appreciate people of other cultures without learning their languages. Fluency in other languages opens doors to limitless experiences the monolingual will never know. Indeed, few experiences match the thrill of forming new friendships that several months earlier would have been impossible because of linguistic barriers. People fluent in several languages all tell the same story: if they had remained monolingual, their lives would be considerably impoverished.

Of the languages available to you as a student, none offers greater possibilities than Spanish. Spanish is the language of Spain and of eighteen Latin American nations. Moreover, it is rapidly becoming the second language of the United States. If you are contemplating a career in health care, government service, business, law, or any other field where communicating with other people is important, knowing Spanish can be a great asset. But learning Spanish is more than a building block for a career. To know the Spanish-speaking world is to be captivated by it—its humanity, its warmth, its vitality, its history, its literature, its multiple cultures, its endless variety, its problems, its possibilities. As you study Spanish during the next few months, don't lose sight of this final goal: to experience Hispanic culture to the fullest and thereby enrich your life in ways you never dreamed. Learning another language is not easy, but in the end, the effort you make to learn Spanish will surely be rewarded many times over. I remember with deep pleasure my first contacts with Hispanic culture and rejoice daily in the many ongoing friendships made possible by my knowledge of Spanish. And in some sense, I envy the experiences you will have as you build your own linguistic bridges toward the Spanish-speaking world and its peoples.

ACKNOWLEDGEMENTS

I can not name all the kind people who helped with the third edition of *Español en español,* but I must mention a few. I would like to thank Jim Harmon, Jeff Gilbreath, and Steve Patterson of Harcourt Brace Jovanovich, for their consistent, good-humored, and informed support; my former co-author, David Forbes, whose ideas continue to inform the book; Judith Strozer, Susan Schaffer, and Juan José Prat-Ferrer, who saved the book from many serious pitfalls; colleagues and graduate student teachers at Yale, particularly Luisa Piemontese-Ramos and Cristina Jasso, for their help and suggestions; those remarkable Yale graduate students of over a decade ago—Julia Kushigian, Fred Luciani, and Karen Stolley—who contributed so greatly to a pilot project of *Español en español* and who are now well along in their careers; and the following reviewers who made many helpful comments for improving the original manuscript:

Jeffrey Adams	*University of Washington*
Mark Aldrich	*Colby College*
Antonio Gamboa	*University of California—Santa Cruz*
Lourdes Morales Gudmundsson	*University of Connecticut*
Rigo Ibarra	*University of California—Santa Cruz*
John Janc	*Mankato State University*
Claudia Loftis	*Bob Jones University*
Barbara Nelson	*Colby College*
Mavis Pust	*Grand Canyon University*
Francisco Ramirez	*University of California*
Paco Ramirez	*University of California*
Earl Reef	*Portland State University*
Joy Renjilian-Burgy	*Wellesley College*
Susan Schaffer	*University of California—Los Angeles*
William Shuford	*Lenoir-Rhyne College*
Judy Strozer	*University of Washington*
Cristina de la Torre	*Emory University*

N.S.

CONTENIDO

Capítulo catorce

Capítulo quince

Capítulo dieciséis

Capítulo diecisiete

Primer encuentro

EN MARCHA

0.1	Saludos

Buenos días, señor.
Buenas tardes, señora.
Buenas noches, señorita.

—(Yo) me llamo Anita Flores.
—¿Cómo se llama usted, señor?
—Me llamo Ricardo Contreras.
—Mucho gusto.
—El gusto es mío, señora.

• • • • •

—¿Cómo está usted?
—(Yo) estoy muy bien gracias. ¿Y usted?
—(Yo) estoy muy bien también, gracias.
—¿Cuál es su nombre?
—Mi nombre es Miguel.
—¿Cuál es su apellido?
—Mi apellido es Flores.
—Adiós.
—Hasta luego.

• • • • •

¿Cómo está usted? es una **pregunta**.
Estoy muy bien, gracias. es una **respuesta**.

ACTIVIDADES

1. Diálogo incompleto (entre dos).   *Completen el diálogo.*

Buenos días, señor.

_____ .

¿Cómo se llama usted?

_____ .

Mucho gusto. _____ .

Me llamo Carlos. _____ .

Adiós.

_____ .

2. Otro diálogo incompleto (entre dos). *Completen el diálogo.*

Buenas tardes.

_____ .

¿Cuál es su nombre?

_____ .

¿Cuál es su apellido?

_____ . Hasta luego.

_____ .

3. Saludos (entre dos). *Saluden a sus compañeros. Usen la sección 0.1 como guía.*

0.2	La fecha

—¿Cuál es la fecha de hoy?
—Hoy es el 10 (diez) de setiembre.

ACTIVIDAD

4. Diálogo incompleto (entre dos). *Completen el diálogo.*

Buenos días, señorita.

Buenos días. ¿ _____ ?

Me llamo Nicolás. ¿ _____ ?

Me llamo Carlota. ¿ _____ ?

Hoy es el siete de setiembre.

Gracias. _____ .

Adiós.

0.3 Los números del uno al diez

0 cero	4 cuatro	8 ocho
1 uno	5 cinco	9 nueve
2 dos	6 seis	10 diez
3 tres	7 siete	

—¿Cuál es su número de teléfono?
—Mi número de teléfono es: 4-3-6-2-1-7-9

ACTIVIDAD

5. Listas. *Complete las listas.*

Los nombres de cinco compañeros de clase:

1. _____

2. _____

3. _____

4. _____

5. _____

Los teléfonos de cinco compañeros de clase:

1. _____

2. _____

3. _____

4. _____

5. _____

0.4 El alfabeto

a	(a)	h	(hache)	ñ	(eñe)	u	(u)
b	(be grande)	i	(i)	o	(o)	v	(be chica)
c	(ce)	j	(jota)	p	(pe)	w	(doble u)
ch	(che)	k	(ka)	q	(cu)	x	(equis)
d	(de)	l	(ele)	r	(ere)	y	(i griega)
e	(e)	ll	(elle)	rr	(erre)	z	(zeta)
f	(efe)	m	(eme)	s	(ese)		
g	(ge)	n	(ene)	t	(te)		

Las vocales: a, e, i, o, u
Las consonantes: b, c, ch, d, f, g, h, j, etc.
H, O, X: LETRAS MAYÚSCULAS
f, r, o: letras minúsculas

—¿Cómo se llama usted, señorita?

—Me llamo Anita Hernández.

—¿Cómo se escribe su nombre?

—Mi nombre se escribe A-n-i-t-a H-e-r-n-a con acento-n-d-e-z.

ACTIVIDAD

6. Preguntas para futuros amigos (entre dos). *Pregúntele a alguien en la clase.*

1. ¿Cómo se llama?
2. ¿Cuál es su nombre?
3. ¿Cómo se escribe su nombre?

4. ¿Cuál es su apellido?
5. ¿Cómo se escribe su apellido?
6. ¿Cuál es su número de teléfono?

0.5 Los números del 11 al 20

0 cero	6 seis	11 once	16 dieciséis
1 uno	7 siete	12 doce	17 diecisiete
2 dos	8 ocho	13 trece	18 dieciocho
3 tres	9 nueve	14 catorce	19 diecinueve
4 cuatro	10 diez	15 quince	20 veinte
5 cinco			

—¿Cuántos son $9 + once$?   (nueve y once)

—$9 + 11 = 20$ (Nueve y once son veinte.)

Una suma: $7 + 3 = 10$ (Siete y tres son diez.)

Una resta: $15 - 7 = 8$ (Quince menos siete son ocho.)

ACTIVIDAD

7. Preguntas para otros estudiantes (entre dos). *Pregúntele a alguien en la clase.*

1. ¿Cuántos son cinco y nueve?
2. ¿Cuántos son diez y ocho?
3. ¿Cuántos son catorce y tres?
4. ¿Cuántos son... y...

5. ¿Cuántos son dieciséis menos tres?
6. ¿Cuántos son trece menos siete?
7. ¿Cuántos son veinte menos ocho?
8. ¿Cuántos son... menos... ?

0.6 Cinco mandatos básicos

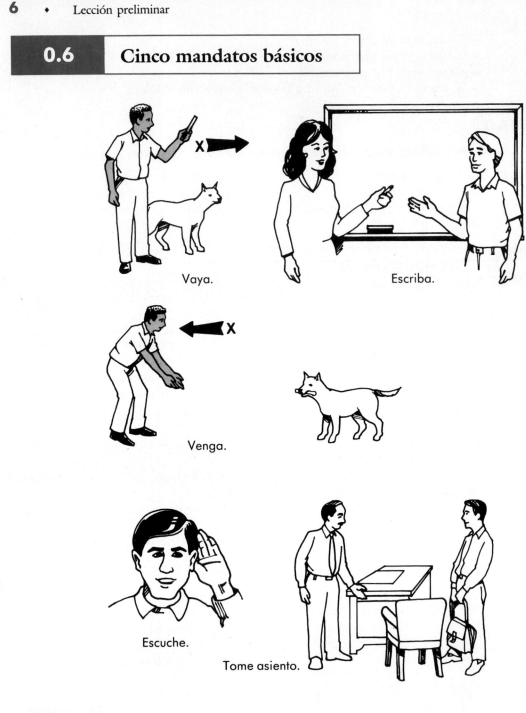

Vaya.

Escriba.

Venga.

Escuche.

Tome asiento.

ACTIVIDAD

8. Obediencia (entre dos o en pequeños grupos). *Responda físicamente a los mandatos de sus compañeros.*

CAPÍTULO 1

La clase de español

Temas

- La clase de español y su gente
- Identificación de objetos y personas
- Posesión y los nombres de algunas posesiones personales
- *Tú* y *usted*
- Localización de personas y objetos

Funciones

- Saludar
- Preguntar a alguien cómo está
- Contestar a alguien cómo está
- Decir «adiós»

Gramática

1.1 El género de los sustantivos y los artículos indefinidos
1.2 *Tengo*, *tienes* y *tiene*
1.3 Los artículos definidos y algunos de sus usos
1.4 Algunos usos de *de*, *del*, *qué*, *quién* y *de quién*
1.5 *¿Dónde está... ?* y algunas preposiciones

EN MARCHA

1.1	¿Qué es esto?

PRIMER PASO

1. un escritorio
2. un cuaderno
3. un papel
4. un reloj
5. un pupitre
6. un sobre
7. un lápiz
8. una silla
9. una mesa
10. una ventana
11. una puerta
12. una luz
13. una mochila
14. una pared
15. un avión
16. un camión
17. un alumno
18. una alumna

Profesora   ¿Qué es esto?
Estudiantes

Es **un** libro.   Es **una** pluma.
   un escritorio.   **una** silla.
   un portafolio.   **una** mesa.
   un cuaderno.   **una** ventana.
   un papel.   **una** mochila.
   un reloj.   **una** pared.
   un avión.   **una** lección.
   un camión.   **una** expresión.
   un pupitre.   **una** clase.
   un sobre.   **una** llave.
   un lápiz.   **una** luz.

Conclusiones **El género de los sustantivos y los artículos indefinidos**

1. En español un sustantivo (**libro, pluma,** etc.) es masculino o femenino.
2. Un sustantivo que termina en **-o, -l,** o **-n** es generalmente masculino. Por ejemplo, **libro, papel** y **avión**.
3. Un sustantivo que termina en **-a, -d, -ción** o **-sión** es generalmente femenino. Por ejemplo, **mesa, pared, lección** y **expresión**.
4. **Un** es un artículo indefinido masculino y se usa con un sustantivo masculino. Por ejemplo, **un libro, un sombrero, un papel, un avión,** etc.
5. **Una** es un artículo indefinido femenino y se usa con un sustantivo femenino. Por ejemplo, **una pluma, una universidad, una lección, una expresión,** etc.
6. Un sustantivo con otra terminación es masculino o femenino. Por ejemplo, **un sobre, una llave, un lápiz, una luz,** etc.
7. **Qué** es una expresión interrogativa; se refiere a un objeto.

SEGUNDO PASO

¿Qué es esto?   Es **un** pupitre.
¿Y qué es esto?   Es **otro** pupitre.
¿Qué es esto?   Es **una** ventana.
¿Y qué es esto?   Es **otra** ventana.

Conclusiones **Otro y otra**

1. **Otro** y **otra** significan «adicional».
2. Se usa **otro** con un sustantivo masculino.
3. Se usa **otra** con un sustantivo femenino.
4. **Otro** y **otra** no se usan con el artículo indefinido.

TERCER PASO

¿Qué **es** esto?
¿**Es** una mesa o un escritorio?   **Es** una mesa.
¿**Es** un avión o un camión?   **Es** un camión.
¿**Es** un libro?   **No, no es** un libro. **Es** un cuaderno.
¿**Es** una lección?   **No, no es** una lección. **Es** un ejercicio.

Conclusiones **Es y la negación del verbo**

1. **Es** es un verbo.
2. En una oración negativa, **no** precede al verbo.

ACTIVIDADES

1. El nuevo profesor/la nueva profesora. *Usted es el/la profesor/a. Señale distintos objetos de la clase y pregunte* **¿Qué es esto?**

2. Selección (entre dos). *Formulen preguntas basadas en una selección para sus compañeros.*

> EJEMPLOS ESTUDIANTE 1: *(señalando una silla)* ¿Es una silla o un libro?
> ESTUDIANTE 2: **Es una silla.**

3. Verdad o mentira (toda la clase o en pequeños grupos). *¿Es verdad (verdad = cierto) o es mentira (mentira = falso) la oración de sus compañeros?*

> EJEMPLOS ESTUDIANTE 1: *(con una pluma en la mano)* **Es un portafolio. ¿Verdad o mentira?**
> ESTUDIANTE 2: **Mentira. Es una pluma.**
> ESTUDIANTE 3: *(con un papel en la mano)* **Es un papel. ¿Verdad o mentira?**
> ESTUDIANTE 4: **Verdad. Es un papel.**

Continúen así con otros objetos de la clase: **mochila, pared, pizarra, sobre, mesa, silla, ventana, puerta, cuaderno,** etc.

4. Contradicciones (entre dos). *Sigan el modelo.*

> EJEMPLOS ESTUDIANTE 1: *(señalando una pluma)* **Es una luz. ¿Verdad?**
> ESTUDIANTE 2: **No, no es una luz. Es una pluma.**
> ESTUDIANTE 1: *(señalando otra pluma)* **Es otra luz. ¿Verdad?**
> ESTUDIANTE 2: **No, no es otra luz. Es otra pluma.**

1.2   ¿Qué tienes en tu bolsillo?

PRIMER PASO

1. un perro
2. un gato
3. una mochila
4. una bolsa
5. una llave
6. una cadena
7. una cartera
8. un portafolio
9. un reloj
10. un anillo
11. un pantalón
12. un bolsillo

¿**Tienes** (tú) una cartera en tu bolsillo?

No, (yo) no **tengo** una cartera en mi bolsillo.

No **tengo** cartera porque no **tengo** dinero.

¿**Tiene** Alejandro un cuaderno en su portafolio?

Sí (él) **tiene** un cuaderno en su portafolio.

¿**Tiene** Laura un perro en casa?

No, (ella) no **tiene** un perro. **Tiene** una gata.

Conclusiones *Tengo, tienes* y *tiene* y los pronombres singulares de sujeto

1. **Tengo, tienes** y **tiene** son verbos que indican posesión.
2. **Yo** es un pronombre de primera persona singular.
3. **Usted** y **tú** son pronombres de segunda persona singular.
4. **El** y **ella** son pronombres de tercera persona singular. **Él** es un pronombre masculino. **Ella** es un pronombre femenino.
5. **Usted** es un pronombre de segunda persona pero se combina con un verbo de tercera persona.

Sinopsis

yo	+ **tengo**
tú	+ **tienes**
usted	
él	
ella	+ **tiene**
el nombre de una persona	
el nombre de un objeto	

Nota cultural _____

Tú y **usted** indican una relación social. **Usted** indica una relación seria, formal o distante. **Usted** también se usa para indicar respeto y cortesía. **Tú** indica una relación íntima o de confianza. **Tú** se usa con amigos y miembros de la familia.

SEGUNDO PASO

Tengo un departamento.   = Yo tengo un departamento *(apartamento)*.

¿Tienes mi libro?   = ¿Tienes tú mi libro?

Tiene un coche.
- = Usted tiene un coche.
- = Él tiene un coche.
- = Alejandro tiene un coche.
- = Laura tiene un coche.

Conclusión **Es normal omitir el sujeto del verbo**
TERCER PASO

mi casa, **mi** lápiz, **mi** bolsa, **mi** dirección
tu casa, **tu** lápiz, **tu** bolsa, **tu** dirección
su casa, **su** lápiz, **su** bolsa, **su** dirección

Conclusiones **Los adjetivos posesivos singulares**

1. **Mi** es un adjetivo posesivo de la primera persona singular (**yo**)
2. **Tu** (sin acento) es un adjetivo posesivo de la segunda persona singular (**tú**).
3. **Su** es un adjetivo posesivo de la tercera persona singular (de **usted**, de **Laura**, de **él**, etc.)

ACTIVIDADES

5. Posesiones. *Describa sus posesiones y las posesiones de sus amigos.*

> **MODELO**   Yo/bolsa → **Yo tengo una bolsa.**

1. Yo/coche
2. Alejandro/cuaderno
3. Laura/portafolio
4. Catarina/bolsa
5. Tú/llave
6. Javier/coche
7. (?) / reloj
8. (?) / Porsche

6. Preguntas personales (entre dos).   *Contesten las preguntas. Omitan el sujeto en la respuesta.*

> **MODELO**   ESTUDIANTE 1: **¿Tienes un cocodrilo en tu casa?**
>   ESTUDIANTE 2: **No, no tengo un cocodrilo en mi casa.**

1. ¿Tiene (...) una bicicleta?
2. ¿Tienes un portafolio?
3. ¿Qué tiene (...) ?
4. ¿Tiene el/la profesor/a una bolsa?
5. ¿Qué tiene usted en su mochila?
6. ¿Tiene (...) un gato?
7. ¿Qué tengo en mi portafolio?
8. ¿Qué tiene (...) en casa?

7. ¡Investigación! (entre dos)   *Usted es policía y necesita información.*

> **EJEMPLOS**   ESTUDIANTE 1: **¿Tiene usted un revólver en su bolsillo?**
>   ESTUDIANTE 2: **No, no tengo un revólver en mi bolsillo.**

1. ¿Tiene usted su cartilla de identidad?
2. ¿Tiene usted un coche?
3. ¿Tiene usted contactos en la Mafia?
4. ¿Tiene usted dinero en su cartera?
5. ¿Qué tiene usted en casa?
6. ¿Tiene usted un amigo criminal?
7. ¿Qué tiene usted en su bolsillo?
8. ¿Qué tiene usted en su coche?

8. Inventario de las posesiones de los amigos (entre dos o en pequeños grupos).   *Pregúntele a alguien de la clase...*

1. qué tiene en su bolsillo.
2. si tiene un amigo en Nueva York.
3. qué tiene en su portafolio.
4. si tiene una amiga en México.

5. si tiene un departamento o una casa.
6. qué tiene en su dormitorio.
7. si tiene un perro o un gato.

8. si tiene un avión, un coche o una bicicleta.
9. qué clase de coche tiene (un Chevy, un Ford, un Honda, un Mercedes, etc.)

| **1.3** | **¿Es el coche de Gloria y de la señora Martínez?** |

PRIMER PASO

MIGUEL   ¿Qué es esto?
MARGARITA   Es un gato. Es **el** gato de José.
MIGUEL   ¿Y qué es esto?
MARGARITA   Es **el otro** gato de José. José tiene dos gatos.

• • • • •

ANA   Qué es esto?
MARCO   Es **la** bicicleta de Ángela.
ANA   ¿Y qué es esto?
MARCO   Es **la otra** bicicleta de Ángela. Ella tiene dos bicicletas.

Conclusiones **Los artículos *el* y *la***

1. **El** es un artículo definido masculino.
2. **La** es un artículo definido femenino.
3. El artículo indefinido (**un** y **una**) es general. El artículo definido (**el** y **la**) es específico.
4. Se usa **otro** y **el otro** con un sustantivo masculino. Se usa **otra** y **la otra** con un sustantivo femenino.

SEGUNDO PASO

¿Quién es?
Es Pablo Quevedo.
Es **el** señor Quevedo.
Es **el Sr.** Quevedo.
Es **el** profesor Lasalle.
Es **el** doctor César Torres.
¿Es **Ud. el** presidente González?

—Buenos días, Sr. Pérez.
—¿Cómo está Ud., señorita?

Es Norma Barcia.
Es **la** señorita Barcia.
Es **la Srta.** Barcia.
Es **la** señora Vázquez.
Es **la Sra.** Vázquez.
¿Es **Ud. la** doctora Méndez?

Conclusiones *Quién,* más usos del artículo definido y algunas abreviaturas

1. **Quién** es una palabra interrogativa. Se refiere a una persona.
2. El artículo definido, **el** o **la,** precede generalmente a un *título + nombre y apellido* excepto en un saludo directo.
3. Abreviaturas:

Sr. = señor   **Srta.** = señorita

Sra. = señora   **Ud.** = usted

4. Las abreviaturas **Sr., Sra.** y **Srta.** se usan sólo en combinación con un nombre o un apellido.

ACTIVIDADES

9. Cadena (entre dos). *Sigan el modelo.*

> **MODELO** ESTUDIANTE 1: *(señalando una mochila)* ¿**Qué es esto?**
> ESTUDIANTE 2: **Es la mochila de Miguel.**

Continúen así con otros objetos de la clase: **libro, lápiz, cuaderno, bolsa, cartera, dinero, pizarra, dirección, reloj,** etc.

10. Fantasías sobre el futuro (entre dos o en pequeños grupos). *Inventen un título posible para sus compañeros.*

> **EJEMPLOS** ESTUDIANTE 1: *(señalando a una compañera)* **Es mi amiga la doctora Tyler.**
> ESTUDIANTE 2: *(señalando a un compañero)* **Es mi amigo el presidente Cohen.**

Otros títulos posibles: **senador/a, profesor/a, presidente/a, doctor/a, diputado/a, reverendo/a, director/a, maestro/a,** etc.

▮ 1.4 ▮ ¿Es ella la profesora de matemáticas?

PRIMER PASO

Es el portafolio **de** Amalia.
Rosa es amiga **de** Javier.
Laura tiene el coche **de** Aída.
Tengo la dirección **de** Pablo en mi bolsillo.
Es el departamento **de** la señora Barreras.
Es la casa **del** doctor Menéndez.
Es la oficina **del** profesor Sánchez.

Conclusiones **De para expresar posesión y la contracción del**

1. Se usa **de** y el nombre de una persona para expresar posesión.
2. **Del** es la contracción de **de** y **el: de + el → del**

SEGUNDO PASO

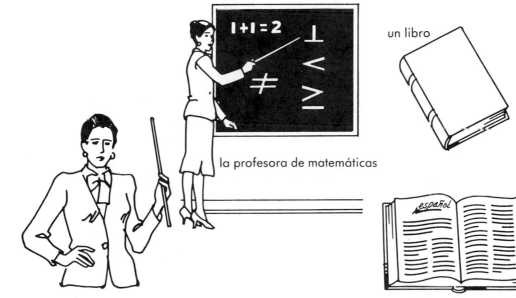

la profesora de matemáticas

un libro

una profesora

el libro de español

Es mi libro **de** español.
Buenos Aires es la capital **de** la Argentina.
El profesor Méndez es mi profesor **de** arte.
Tengo dos cursos **de** historia y un curso **de** música.

Conclusión **Se usa de para indicar una categoría**

TERCER PASO

¿**Qué** es esto?	Es la pizarra de la clase.
¿**Quién** es él?	Se llama Miguel. Es mi amigo.
¿**De quién** es el anillo?	Es de la señora Espinosa.
¿Tiene Ud. mi anillo?	Sí, tengo su anillo.
¿Tiene mi anillo usted?	No, no tengo su anillo.

Conclusiones **Algunas expresiones interrogativas y la estructura de una pregunta**

1. **Qué** es una palabra interrogativa para objetos o cosas.
2. **Quién** es una palabra interrogativa para personas.

3. **De quién** es una expresión interrogativa de posesión.
4. La estructura de una pregunta con una expresión interrogativa es:

> **expresión interrogativa + verbo + sujeto**

    EJEMPLO   ¿Quién es usted?
                    ¿De quién es el anillo?

5. El orden de los elementos en una pregunta sin expresión interrogativa tiene tres posibilidades *(predicado = la parte después del verbo)*:

    a. verbo + sujeto + predicado: **¿Tiene usted mi lápiz?**
    b. verbo + predicado + sujeto: **¿Tiene mi lápiz usted?**
    c. sujeto + verbo + predicado: **¿Usted tiene mi lápiz?**

ACTIVIDADES

11. Información sobre cosas (entre dos).   *Sigan los ejemplos.*

    EJEMPLOS   ESTUDIANTE 1: *(señalando una silla)* **¿Qué es esto?**
                  ESTUDIANTE 2: **Es una silla.**
                  ESTUDIANTE 1: **¿De quién es la silla?**
                  ESTUDIANTE 2: **Es la silla de Adán.**

Continúen así con otros objetos de la clase: **mochila, dinero, ventana, cartera, bolsa, pupitre, mesa, luz, cuaderno, anillo,** etc.

12. Identificaciones en cadena (entre dos o en pequeños grupos).   *Preguntas para los compañeros de clase:*

    EJEMPLOS   ESTUDIANTE 1: *(señalando una persona)* **¿Quién es?**
                  ESTUDIANTE 2: **Es Anita.**
                  ESTUDIANTE 3: *(señalando un objeto)* **¿Qué es esto?**
                  ESTUDIANTE 4: **Es una pizarra.**
                  ESTUDIANTE 5: *(señalando otro objeto)* **¿De quién es esto?**
                  ESTUDIANTE 6: **Es de Pablo.**

Continúen así con otros objetos y personas de la clase.

1.5 ¿Dónde está la profesora de biología?

¿**Dónde está** la profesora?	**Está delante de** la clase y **al lado de** la pizarra.
¿**Dónde está** la pizarra?	**Está detrás del** escritorio.
¿**Dónde está** la bolsa de la profesora?	**Está encima del** escritorio.
¿**Dónde está** la mochila de Raquel?	**Está debajo de** su silla.
¿**Dónde está** el dinero de la profesora?	**Está dentro de** su bolsa.
¿**Dónde está** Jorge hoy?	**Está fuera de** la ciudad hoy.
¿**Dónde está** el pupitre de Enrique?	**Está junto a** la pared.
¿**Dónde está** Rosa?	**Está entre** Raquel y Enrique.

Raquel **está junto a** Diego.
La tiza **está junto a la** pizarra.
El lápiz **está junto al** libro.

Conclusiones **Dónde, el verbo está, la contracción al y algunas preposiciones**

1. **Dónde** es una palabra interrogativa de localización.
2. **Está** es un verbo de localización.
3. **Al** es la contracción de **a** y **el: a + el → al**
4. **Encima de, delante de, al lado de, entre, junto a,** etc. son preposiciones de localización.

Sinopsis

> encima de ≠ debajo de
> delante de ≠ detrás de
> dentro de ≠ fuera de
> en = dentro de, encima de
> junto a = al lado de
> entre _____ y _____

ACTIVIDADES

13. ¿Dónde está... con relación a...? *Estudie las relaciones geográficas y espaciales en la clase de español, y complete las oraciones.*

1. La silla de _____ está _____ la pared.

2. El dinero de _____ está _____ su bolsa.

3. La pared está _____ la pizarra.

4. _____ está entre _____ y _____ .

5. La tiza está _____ la pizarra.

6. _____ está al lado de _____ .

7. La mochila de _____ está debajo de _____ .

8. _____ está detrás de _____ .

14. ¿Dónde está...? (entre dos): *Formulen preguntas y respuestas sobre las relaciones geográficas en la clase de español.*

EJEMPLOS ESTUDIANTE 1: **¿Dónde está la ventana con relación a Ana?**
ESTUDIANTE 2: **La ventana está detrás de Ana. Ana está delante de la ventana.**
ESTUDIANTE 1: **¿Dónde está la mochila de Enrique con relación a la silla de Enrique?**
ESTUDIANTE 2: **Está debajo de su silla.**

Pronunciación y ortografía _____

A. *Pronuncie las palabras a continuación.*

[a]	casa	la casa de Paca
[e]	bebé	el bebé de Pepe
[i]	tiza	la tiza de Isidora Morínigo
[o]	coche	once coches y dos cocos
[u]	luz	un uso de una luz

B. *Pronuncie cada grupo de palabras; imite la pronunciación de su profesor/a y conecte las palabras.*

Tengo el ejercicio para hoy.   Es un pupitre.
Tienes una obligación.   Es una camisa.
La profesora tiene una explicación.   Es un papel.
Es un adulto y un hombre.   Es una puerta.

El énfasis silábico y el acento escrito (´)

pro-fe-so-ra
→ la **última** sílaba
→ la **penúltima** sílaba

Si la última letra de una palabra es una **vocal** *(-a, -e, -i, -o, -u)*, **-n** o **-s,** el énfasis está en la **penúltima** sílaba

casa	*ca*-sa	menos	*me*-nos
cinco	*cin*-co	joven	*jo*-ven
llave	*lla*-ve	ventana	ven-*ta*-na

Si la última letra de una palabra es una **consonante,** excepto **-n** o **-s,** el énfasis está en la **última** sílaba.

papel	pa-*pel*	mujer	mu-*jer*
reloj	re-*loj*	pared	pa-*red*
profesor	pro-fe-*sor*	general	ge-ne-*ral*

¿Excepciones? Se indica el énfasis con un acento escrito (´).

mamá	lápiz	página
papá	dólar	número
bebé	ítem	título
allí	álbum	lámpara
inglés	cónsul	última
detrás	ángel	sílaba
avión	clímax	énfasis
camión	cráter	público

El **acento escrito** es necesario en una **palabra interrogativa.**

¿dónde?	¿qué?	¿quién?
¿cómo?	¿cuál?	¿de quién?

A veces el acento escrito se usa para distinguir entre dos palabras **homófonas** (palabras que se pronuncian igual). Por ejemplo:

Sí: una respuesta afirmativa   ¿Es tu cartera? Sí, es mi cartera.
Si: indica una hipótesis   Si Juana no está en clase, es porque está
                                                  enferma.

La división silábica

La **vocal** *(a, e, i, o, u)* es la parte importante y esencial de la sílaba. La vocal es el **núcleo** de la sílaba.

á-re-a: 3 sílabas   o-cé-a-no: 4 sílabas

Si una consonante está entre dos vocales, forma sílaba con **la segunda vocal** *(la sílaba número dos)*.

se-ño-ri-ta: 4 sílabas
fe-me-ni-no: 4 sílabas
nú-me-ro: 3 sílabas

Si una consonante está junto a otra consonante, la división silábica ocurre generalmente entre las dos consonantes.

bol-sa: 2 sílabas
in-ter-no: 3 sílabas
án-gel: 2 sílabas

Excepciones:

Ch, ll y **rr** = **una** consonante

a-pe-lli-do: 4 sílabas
pi-za-rra: 3 sílabas
te-cho: 2 sílabas

Consonante + **r** + **vocal** = **una** sílaba
Consonante + **l** + **vocal** = **una** sílaba

pa-la-bra: 3 sílabas
cla-se: 2 sílabas
pu-pi-tre: 3 sílabas
tri-ple: 2 sílabas

Una división silábica ocurre entre una **s** y otra consonante

trans-por-te: 3 sílabas
ins-cri-be: 3 sílabas

Ejercicios

A. *Divida cada palabra a continuación en sílabas.*

1. inteligente	6. generalmente	11. pregunta
2. artículo	7. silla	12. estupendo
3. enchufe	8. problema	13. apartamento
4. perro	9. trascendente	14. público
5. anillo	10. techo	15. teléfono

B. *Subraye (_____) la sílaba que recibe el énfasis.*

1. lápiz
2. lectura
3. hombre
4. enchufe
5. horror

6. comunidad
7. lámpara
8. mujer
9. computadora
10. fabuloso

11. televisor
12. papel
13. dosis
14. presidente
15. plástico

C. *Escriba un acento si es necesario. La vocal que recibe el énfasis está en negrilla.*

1. t**i**tulo
2. doct**o**r
3. **a**rea
4. l**a**piz
5. franc**e**s

6. comunid**a**d
7. **o**pera
8. beb**e**
9. L**o**pez
10. anim**a**l

11. espec**i**fico
12. par**e**ntesis
13. catedr**a**l
14. ingl**e**s
15. m**u**sica

EN CONTEXTO

Lectura

En una clase de español

La clase de español está en el salón número dieciocho. La profesora de la clase se llama María Pérez. Está delante de la clase. Está detrás del escritorio.

Al principio de la clase

PROFESORA	¿Señora Anderson?
ESTUDIANTE	Presente.
PROFESORA	¿Señor Castillo? ¿David Castillo?
ESTUDIANTE	El señor Castillo no está aquí. Está ausente porque tiene la gripe. Está enfermo.
TODOS	¡Pobrecito! ¡Qué lástima!

Más tarde en la clase

PROFESORA	Sara, ¿qué es esto?
SARA	Es un anillo. Es el anillo de Susana.
PROFESORA	Muy bien. Miguel, ¿qué es esto?
MIGUEL	Es mi mochila.
PROFESORA	¿Qué tiene Ud. en su mochila?
MIGUEL	En mi mochila tengo cinco cuadernos, ocho libros, una caja de lápices, varias plumas, mi cartera, mis llaves, las fotos de mi familia y la genealogía de mi perro.
ADOLFO	¡Uy! Esto no es una mochila. Es un camión.
PROFESORA	¡Adolfo! Más respeto, por favor.
ADOLFO	Perdóneme. Nadie es perfecto.
PROFESORA	Miguel, ¿dónde está Adolfo?
MIGUEL	Está detrás de mí, desafortunadamente.

Preguntas

1. ¿Cómo se llama la profesora?   2. ¿Cuál es el número del salón de clase?
3. ¿Quién está ausente?   4. ¿Por qué está ausente?   5. ¿Qué tiene Susana?
6. ¿Quién tiene una mochila?   7. ¿Qué tiene Miguel en su mochila?   8. ¿Es perfecto Adolfo?   9. ¿Dónde está Adolfo?   10. ¿Está contento Miguel?
10. ¿Por qué sí o por qué no?

Cómo se hace

Cómo se hace para saludar:
¡Hola!
Buenos días.
Buenas tardes.

Cómo se hace para preguntar a alguien cómo está:

Formal

¿Cómo está usted?

¿Cómo le va?

Familiar

¿Qué tal?

¿Cómo estás?

¿Cómo te va?

Cómo se hace para contestar a alguien cómo está:

Bien, gracias. ¿Y usted?

¡Estupendo/a! ¿Y tú?

Regular. (así, así)

¡Fatal!

Cómo se hace para decir «adiós»:

¡Adiós!

¡Chao!

¡Hasta luego!

¡Hasta mañana!

¡Hasta la vista!

Diálogos incompletos

1. Buenos días.

   _____ .

   ¿Cómo está usted?

   _____ . ¿Y usted?

   _____ .

   Hasta luego.

   _____ .

2. _____ .

   ¡Estupendo! ¿Y tú?

   _____ .

   Hasta mañana.

   _____ .

3. ¡Hola! ¿Cómo te va?

   _____ . ¿Y tú?

   ¡Fatal! Adiós.

   _____ .

Situaciones

Situación 1   Usted está con un amigo. ¿Cómo saluda usted al amigo? ¿Cómo pregunta si está bien? ¿Cómo dice usted «adiós»?

Situación 2   Usted está con una nueva alumna. Información que usted necesita: ¿Cómo se llama la nueva alumna? ¿Cómo está? ¿Cuál es su número de teléfono? ¿Cuál es su dirección?

Situación 3   Usted es la profesora de la clase de español. ¿Qué preguntas tiene usted para la clase?

Composición

Tema 1   Una descripción de la clase
Tema 2   Sus posesiones (o las posesiones de otra persona en la clase)

Vocabulario activo

personas

el/la alumno/a	el hombre	el/la presidente	la señorita
el/la amigo/a	la madre	el/la profesor/a	señor (Sr.)
el/la compañero/a	el/la maestro/a	el señor	señora (Sra.)
el/la doctor/a	la mujer	la señora	señorita (Srta.)
el/la estudiante	el padre		

objetos de la clase

el cuaderno	la mesa	la pizarra	la silla
el escritorio	la oración	la pluma	el sobre
el lápiz	la palabra	la puerta	el techo
el libro	el papel	el pupitre	la tiza
la luz	la pared	la respuesta	la ventana
la llave	el piso		

cosas personales

el anillo	el camión	el dinero	el portafolio
la bicicleta	la cartera	la dirección	el reloj
la bolsa	la casa	la mochila	el sombrero
el bolsillo	el coche	la motocicleta	el teléfono
la cadena	el cuaderno		

expresiones interrogativas

¿cómo?	¿no?	¿qué tal?	¿quién?
¿cuál?	¿por qué?	¿qué?	¿verdad?
¿dónde?			

expresiones útiles

adiós	hasta la vista	o	pero
hasta luego	mucho gusto	perdóneme	y
hasta mañana			

adjetivos

ausente	fácil	incorrecto/a	otro/a
cada	falso/a	masculino/a	presente
correcto/a	femenino/a		

artículos

un	una	el	la

verbos

es	tengo	tienes	tiene
está			

preposiciones

al lado de = junto a	debajo de ≠ encima de	en	para
con ≠ sin	delante de ≠ detrás de	entre	sobre
de	dentro de ≠ fuera de		

vocabulario personal

_____   _____

_____   _____

_____   _____

_____

_____

_____

Los amigos y la familia

Temas
- Características y condiciones de la gente
- Nacionalidad, profesión y religión
- La ropa y los colores
- La edad
- La moda

Funciones
- Presentar a alguien
- Preguntar sobre el significado de algo
- Preguntar si algo es correcto

Gramática
2.1 Las formas singulares de *estar* y más preposiciones de lugar
2.2 Concordancia de adjetivos

2.3 Las formas singulares de *ser* y la comparación de *ser* y *estar*
2.4 Adjetivos de nacionalidad, profesión, religión y categoría
2.5 Pluralización de adjetivos y sustantivos
2.6 ¿*De qué*? ¿*de quién*? y ¿*de dónde*?
2.7 Los números del *veinte* al *cien* y *tener años*

⚜ EN MARCHA ⚜

| 2.1 | ¿Dónde está usted? |

PRIMER PASO

Ana está a la
 izquierda
 de Isabel.
Ana está a la
 derecha de
 Jorge.
Ana está en medio
 de la clase.
Ana está lejos
 de su casa.
La casa de Ana
 está cerca de
 un rio.
El libro está
 encima de
 la mesa.
El lápiz está
 dentro del libro.
Roberto está fuera
 de la clase.

¿Dónde **está** usted, Sr. Soto?	(Yo) **estoy a la izquierda de** Susana.
¿Dónde **estás** tú, Juan?	**Estoy en medio de** la clase.
¿Dónde **estoy** yo?	(Tú) **estás a la derecha de** Olivia.
¿Dónde **está** tu reloj?	**Está sobre** la mesa.
¿Dónde **está** Elena?	**Está cerca de** Raúl y **lejos de** Laura.
¿**Está** Javier en clase hoy?	No, **está fuera de** la ciudad.
¿Dónde **está** Segovia?	**Está cerca de** Madrid.
¿Quién **está detrás de** ti?	Adolfo **está detrás de** mí.
¿**Está** tu libro **en medio de** la mesa?	No, **está a un extremo de** la mesa.
¿**Está** el verbo **antes del** sujeto?	No, el verbo **está después del** sujeto.

Conclusiones **El verbo *estar***

1. **Estoy, estás** y **está** son formas del verbo **estar**.
2. **Estar** es el infinitivo de **estoy, estás** y **está**. Un verbo se identifica por el infinitivo.
3. **Estar** indica localización.
4. **Mí** con acento y **ti** se usan después de muchas preposiciones.

Sinopsis

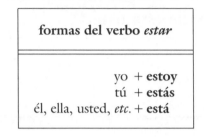

formas del verbo *estar*
yo + **estoy**
tú + **estás**
él, ella, usted, *etc.* + **está**

SEGUNDO PASO

¿Dónde está el libro de Juan?   Está **en** la mesa. *(en = sobre)*
¿Dónde está el reloj?   Está **en** la pared. *(en = colgado de)*
¿Dónde está su cartera?   Está **en** su bolsillo. *(en = dentro de)*
¿Dónde está su cuaderno?   Está **en** la mesa. *(en = encima de)*

Conclusión   **La preposición *en* tiene varios significados**

Sinopsis

> en = dentro de, colgado de
> encima de = sobre, en
> a la izquierda de ≠ a la derecha de
> en medio de ≠ a un extremo de
> lejos de ≠ cerca de
> antes de ≠ después de

ACTIVIDADES

1. Relaciones geográficas y espaciales (entre dos). *Formulen preguntas y respuestas siguiendo el modelo.*

> **EJEMPLO**   Juan / ventana
>   ESTUDIANTE 1: **¿Dónde está Juan?**
>   ESTUDIANTE 2: **Está a la derecha** (*la izquierda, detrás, etc.*) **de la ventana.**

1. pizarra / escritorio
2. estudiante 1 / estudiante 2
3. Nueva York / Los Ángeles
4. puerta / ventana
5. sujeto / verbo
6. edificio 1 / edificio 2
7. cuaderno / mochila
8. mesa / la clase

2. ¿Dónde está usted? (entre dos o en pequeños grupos). *Describan dónde están ustedes y dónde están otras personas. Usen la tabla como guía.*

> **EJEMPLO**   **Yo estoy lejos de la ventana y cerca de la puerta.**

	cerca de	
Yo	lejos de	mí
Tú	a la izquierda de	ti
(nombre de una persona)	a la derecha de	(nombre de una ciudad)
(nombre de una cosa)	detrás de	(nombre de un lugar)
(nombre de un lugar)	en medio de	(nombre de un objeto)
(nombre de una ciudad)	a un extremo de	(nombre de una persona)
	junto a	
	al lado de	
	delante de	

2.2 ¿Cómo estás?

Federico está sano;
Isabel está enferma.

La puerta está cerrada;
La ventana está abierta.

Marisa está de pie;
Jorge está sentado.

¡Qué limpia está la camisa
de Miguel! ¡Qué sucia está
la camisa de Rogelio!

Héctor está triste;
Susana está alegre.

Roberto está de buen
humor; Alicia está de mal
humor.

Profesor:	*Estudiantes:*
¿Está **sano** Alberto?	No, está **enfermo**.
¿Estás **nerviosa,** Juana?	No, estoy **tranquila**.
¿Cómo estás, Felipe?	Estoy **sano** y **contento**.
¿Está **cerrado** el libro?	No, el libro está **abierto**.
¿Está **abierta** la puerta?	No, la puerta está **cerrada**.
¿Está **sentada** Marisa?	No, Marisa está **de pie**.
¿Por qué estás **triste**, Mario?	No estoy **triste;** estoy **alegre**.
¿Estás **de mal humor** hoy?	No. Estoy **de buen humor**.

Conclusiones **Concordancia de adjetivos**

1. **Cerrado, nerviosa, abierto,** etc. son adjetivos. Un adjetivo describe un sustantivo.
2. Un adjetivo que termina en **-o** es variable; tiene una forma masculina y otra forma femenina.
3. La forma masculina termina en **-o**. Se usa para describir un sustantivo masculino. Por ejemplo:

     El libro está cerrado.   Miguel está enfermo.

4. La forma femenina termina en **-a**. Se usa para describir un sustantivo femenino. Por ejemplo:

     La ventana está cerrada.   Isabel está enferma.

5. Un adjetivo que termina en **-e** es generalmente invariable; se combina con sustantivos masculinos y femeninos. Por ejemplo:

     Mi perro está triste.   Mi gata está alegre.

ACTIVIDADES

3. Descripciones (entre dos). *Describan la condición de las personas y cosas.*

   EJEMPLO   yo/de buen humor o de mal humor → **Estoy de buen humor.**

   1. la pizarra / sucia o limpia
   2. mi papá / presente o ausente
   3. mi compañero/a de cuarto / sano/a o enfermo/a
   4. el(la) profesor/a / de buen humor o de mal humor
   5. mi mochila / cerrada o abierta
   6. (nombre de una alumna) / nerviosa o contenta
   7. (nombre de un alumno) / sentado o de pie
   8. ? / nervioso/a o tranquilo/a

4. Situaciones (entre dos). *Formulen preguntas y respuestas en base de la información dada.*

   EJEMPLOS   Si Miguel está en el hospital...
                       ESTUDIANTE 1: **Si Miguel está en el hospital, ¿cómo está?**
                       ESTUDIANTE 2: **Está enfermo.**

   1. Si María está en un examen y no está preparada...
   2. Si Raúl está con el padre de su novia por primera vez...
   3. Si Ana está en una fiesta fabulosa...
   4. Si tú estás en una clase muy interesante...
   5. Si el/la profesor/a tiene alumnos muy buenos...
   6. Si yo tengo mucho dinero en mi bolsillo...

5. Entrevista (entre dos o en pequeños grupos). *Pregúntele a alguien en la clase:*

   1. quién está enfermo hoy
   2. quién está ausente hoy
   3. quién está presente hoy
   4. si él/ella está triste
   5. si está contento/a cuando tiene dinero
   6. quién está loco
   7. con quién está impaciente
   8. si su cuarto está limpio
   9. quién está nervioso
   10. si está de buen o mal humor

2.3   ¿Cómo es Enrique, alto o bajo?

PRIMER PASO

Carmen es morena.

Roberto
es alto.

Juana es bella
(hermosa).

El monstruo
es feo.

Valentino es
guapo.

Sara es rubia.

Pepito es
bajo.

Mi abuelo es
viejo.

El alumno de
primer año
es joven.

¿Es rubia Carmen?	No, **es morena.**
¿Es bajo Roberto?	No, no **es bajo, es alto.**
¿Es fea Juana?	¡No **es fea! Es bella.**
¿Cómo es Valentino?	Valentino **es** muy **guapo** pero muy **arrogante.**
¿Cómo es Sara?	Sara **es rubia, simpática** y **agradable.**
¿Es viejo tu abuelo?	No **es** muy **viejo,** pero no **es joven.**
¿Cómo eres (tú)?	**Soy guapo, brillante, elegante, sensual** y muy **modesto.**
¿Cómo es tu universidad?	**Es grande;** no **es pequeña.**
¿Cómo es tu clase de sociología?	No **es** nada **interesante; es aburrida.**

Conclusiones **El verbo ser**

1. **Soy, eres** y **es** = formas del verbo **ser.**
2. **Ser** es el infinitivo del verbo.

Sinopsis

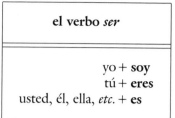

el verbo *ser*
yo + **soy**   tú + **eres**   usted, él, ella, *etc.* + **es**

SEGUNDO PASO

¿Cómo es Jorge? = ¿Qué características tiene?

Jorge es joven.
   es moreno.
   es guapo.
   es cortés.
   es simpático.
   es inteligente.
   es rico.
   es generoso.
   es liberal.

Cómo es la habitación de David?

Es pequeña.
Es vieja.
Es sencilla.
Es rectangular.

¿Cómo está Jorge? = ¿En qué condición está?

Jorge está bien.
   está sano.
   está cansado.
   está tranquilo.
   está contento.
   está animado.
   está preparado.
   está furioso.
   está nervioso.

¿Cómo está la habitación de David?

Está abierta.
Está desordenada.
Está sucia.
No está limpia.

Conclusiones **Comparación de *ser* y *estar***

1. **Ser** conecta un sujeto con un sustantivo o un pronombre.
    Mi padre **es** policía.
    ¿Quién **eres** tú?
    Yo **soy** estudiante.

Nota importante: Estar *nunca* conecta un sujeto con un sustantivo o un pronombre.

2. **Ser** se combina con un adjetivo que indica una característica inherente.
    Miguel **es** moreno.
    La casa **es** pequeña.
    Juana **es** inteligente.

3. **Estar** indica localización.
    ¿Dónde **está** tu casa?
    Ricardo **está** entre Susana y Javier.
    ¿Quién **está** detrás de ti?

4. **Estar** se combina con un adjetivo que indica una condición variable.
    La puerta **está** abierta durante el día y **está** cerrada durante la noche.

5. **Estar** también se combina con un adjetivo que indica el resultado de un cambio (*cambio = transformación*).

> El profesor **está** calvo.
> Mi abuela **está** muerta.

ACTIVIDADES

6. ¿Ser o estar? (entre dos)   *Formulen preguntas y respuestas.*

MODELOS   ESTUDIANTE 1: **¿Tu madre? ¿Enferma?**
ESTUDIANTE 2: **No, mi madre no está enferma.**
ESTUDIANTE 3: **¿Tu amigo Ricardo? ¿Rico?**
ESTUDIANTE 4: **Sí, mi amigo Ricardo es rico.**

1. ¿Yo? ¿Nervioso/a?   2. ¿El salón de clase? ¿Moderno?   3. ¿Tu cuarto? ¿Limpio?   4. ¿Tu mochila? ¿Llena?   5. ¿Tu universidad? ¿Grande?   6. ¿Tu padre? ¿Generoso?   7. ¿La puerta? ¿Abierta?   8. ¿(nombre de un/a estudiante)? ¿Ausente?   9. ¿(nombre de un político)? ¿Inteligente? 10. ¿(nombre de una actriz)? ¿Bonita?

7. Biografías y autobiografías (entre dos).   *Comenzando con preguntas, inventen pequeñas biografías y autobiografías.*

EJEMPLOS   ESTUDIANTE 1: **¿Cómo estás?**
ESTUDIANTE 2: **Estoy sano y tranquilo.**
ESTUDIANTE 1: **¿Cómo es tu mamá?**
ESTUDIANTE 2: **Es alta, bella y brillante como yo.**

¿Cómo eres?   *¿Cómo estás?*
¿Cómo es... ?   *¿Cómo está... ?*

joven	liberal	modesto
sano	cansado	de buen humor
guapo	contento	furioso
simpático	conservador	enfermo
tranquilo	fatal	de mal humor
rico	inteligente	?

8. Retratos personales (entre dos o en pequeños grupos).   *Describan a sus compañeros. Usen los adjetivos de la actividad anterior como punto de partida. Hagan contrastes con «generalmente» y «ahora».*

EJEMPLOS   **Generalmente tú eres feliz, pero hoy estás triste.**
Generalmente eres simpática, pero hoy estás de mal humor.

9. Don Tremendón y Gumersinda (entre dos o en pequeños grupos.)   *Don Tremendón y Gumersinda son dos personajes cómicos (y a veces repugnantes) que figuran en muchas páginas de* Español en español. *Describa a Gumersinda y a su hermano Don Tremendón.*

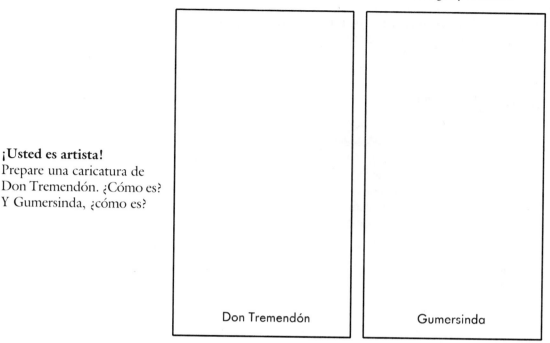

Don Tremendón   Gumersinda

¡Usted es artista!
Prepare una caricatura de
Don Tremendón. ¿Cómo es?
Y Gumersinda, ¿cómo es?

EJEMPLOS ESTUDIANTE 1: **Don Tremendón no es muy inteligente.**
ESTUDIANTE 2: **Gumersinda es fea pero está contenta.**

2.4	¿De qué nacionalidad es usted?

PRIMER PASO

Una socióloga tiene preguntas para la señora Valera:

Socióloga:

¿Es usted **norteamericana**?

La señora Valera:

No, soy **mexicana** pero soy residente de Estados Unidos; mi esposo es **norteamericano**.

¿Tiene usted profesión?
¿Y su esposo?
¿Tiene usted hijos?
¿Son estudiantes?

Sí, soy **abogada**.
Mi esposo es **ingeniero**.
Tengo dos hijos, Laura y Raúl.
No. Laura es **médica** y Raúl es **biólogo**.

¿De qué partido político son?

Laura es **republicana** y Raúl es **demócrata**.

¿Y de qué religión son?

Raúl es **católico**; Laura es **agnóstica**.

Conclusiones **Categorías de nacionalidad, religión, afiliación política y profesión**

1. Se usa **ser** con una categoría.
2. Los sustantivos y adjetivos de categoría que terminan en **-o** tienen una forma masculina y femenina: **abogado/abogada; judío/judía.**

SEGUNDO PASO

Mi padre es **artista.**	Mi madre es **artista** también.
Carlos es **budista.**	Amalia es **budista** también.
Andrés es **socialista.**	Irma es **economista.**
Teodoro es **demócrata.**	Su madre también es **demócrata.**
Mi padre es **protestante.**	Su familia no es **protestante.**
Raúl es **policía.**	Ana Luisa es **policía** también.

Conclusiones **Las terminaciones *-ista, -ócrata* y *-ante,* y el uso de *policía***

1. Los adjetivos y sustantivos que terminan en **-ista, -ócrata** y **-ante** son masculinos y femeninos.
2. **Policía** también es masculino y femenino: **un policía, una mujer policía. La policía** se refiere a la organización de todos los policías. Con la excepción de **mujer policía,** la palabra **policía** se usa poco como adjetivo.

TERCER PASO

Pierre es **francés.**	Marie es **francesa.**
Roger es **inglés.**	Pamela es **inglesa.**
Javier es **español.**	Graciela es **española.**
Ludwig es **alemán.**	Mi abuela es **alemana.**
John es **canadiense.**	Martha es **canadiense.**
Steve es **estadounidense.**	Patty es **estadounidense.**

Conclusiones **Concordancia de adjetivos de nacionalidad**

1. Si un adjetivo de nacionalidad termina en consonante, su forma femenina termina en **-a;** note que la forma femenina no necesita acento: **alemán/alemana; inglés/inglesa; francés/francesa; japonés/japonesa.**
2. La terminación **-ense** es invariable; **un canadiense y una canadiense**
3. Se usa letra minúscula con un adjetivo de nacionalidad, religión o afiliación política.

CUARTO PASO

Mi tío es químico.	Mi tío es **un** químico **famoso.**
Alfredo es protestante.	Alfredo es **un** protestante **liberal.**
Mi madre es cantante.	Mi madre es **una** cantante **fabulosa.**

Conclusiones **Omisión del artículo indefinido y la posición del adjetivo descriptivo**

1. Generalmente no se usa un artículo definido entre **ser** y una categoría que no está modificada: **Soy médico. Sara es protestante.**
2. Generalmente se usa un artículo indefinido con una categoría modificada: **Luis Miguel es un católico devoto.**
3. Un adjetivo descriptivo (**bonito, liberal, famoso,** etc.) casi siempre está después del sustantivo que modifica.

ACTIVIDADES

10. ¿De qué nacionalidad es? (entre dos)   *Usted es agente de inmigración. Determine la nacionalidad de las personas a continuación:*

MODELO   Iván/ruso o francés
ESTUDIANTE 1: **¿Es Iván ruso o francés?**
ESTUDIANTE 2: **Iván es ruso.**

1. Pierre / español o francés
2. Gerhard / mexicano o alemán
3. Marie / canadiense o brasileña
4. Juanita / colombiana o china
5. Pietro / italiano o irlandés
6. el Sr. López / cubano o checo
7. la Sra. Tamagawa / japonesa o rusa
8. Heather Jones / norteamericana o chilena

11. Religión y política (entre dos).   *Identifiquen la religión o la afiliación política de la gente a continuación:*

EJEMPLO   George Bush → **George Bush es republicano. Es protestante.**

1. el Papa en Roma
2. Jerry Falwell
3. la Primera Dama
4. William F. Buckley
5. Jane Fonda
6. tu madre
7. el senador Kennedy
8. ...

12. Biografías y autobiografías (entre dos o en pequeños grupos).   *Describan a un amigo, una amiga, un miembro de su familia, un enemigo o una enemiga. Usen las preguntas a continuación como guía:*

1. ¿Cómo es físicamente? *(alto, bajo, delgado, gordo, moreno, rubio, grande, pequeño, viejo, joven, guapo, feo, etc.)*
2. ¿Qué temperamento tiene? *(lógico, bruto, simpático, antipático, trabajador, perezoso, generoso, tacaño, pasivo, activo, arrogante, modesto, cortés, maleducado, etc.)*
3. ¿Qué profesión tiene? *(abogado, comerciante, carpintero, electricista, ingeniero, político, científico, médico, profesor, enfermero, obrero, etc.)*
4. ¿Qué religión tiene? *(ateo, cristiano, judío, mahometano, católico, protestante, budista, agnóstico, etc.)*
5. ¿Qué orientación política tiene? *(demócrata, republicano, socialista, comunista, liberal, conservador, anarquista, independentista, etc.)*

13. Descripción de Gumersinda y de Don Tremendón (entre dos o en pequeños grupos). *Ahora describa a la pobre Gumersinda y al desafortunado Don Tremendón, usando las preguntas en la actividad anterior como guía.*

EJEMPLO Don Tremendón no es lógico; es bruto. No es simpático; es antipático, arrogante y maleducado; etc.

Nota cultural

La amistad

La **amistad** es muy importante en la sociedad hispana. En un país hispano, frecuentemente las relaciones entre amigos son más importantes que las relaciones oficiales del gobierno. Según Jorge Luis Borges, un autor argentino muy famoso, la amistad es la máxima virtud hispana. Ser parte de una amistad latina es una rica experiencia humana. Es una experiencia que Ud. **tendrá** posiblemente, gracias a su comprensión del español.

amistad: la relación entre amigos

tendrá: el futuro de *tener*

2.5	¿De qué color son tus calcetines?

PRIMER PASO

LA ROPA

el sombrero

el gorro
la camisa

el abrigo
la corbata

el saco
la blusa

el vestido

el cinturón

el traje

la falda
la chaqueta

las medias

el pantalón

los zapatos

los calcetines

¿**De qué color** es el zapato?
El zapato es negro.
La blusa es rosada.
La falda es anaranjada.

¿**De qué color son los** zapatos?
Los zapatos **son** negros.
Las blusas **son** rosadas.
Las faldas **son** anaranjadas.

La corbata es roja.	**Las** corbatas **son** rojas.
El abrigo es azul.	**Los** abrigos **son** azules.
El pantalón es blanco.	**Los** pantalones **son** blanco
La pared es gris.	**Las** paredes **son** grises.
El calcetín es amarillo.	**Los** calcetines **son** amarillos.

Conclusiones Pluralización de adjetivos y sustantivos

1. Un sustantivo plural requiere un adjetivo plural:

   zapato negro → zapatos negros
   falda blanca → faldas blancas

2. El plural de un sustantivo o adjetivo terminado en vocal se forma con **-s**:

   abrigo → abrigos
   corbata → corbatas
   rojo   → rojos

3. El plural de un sustantivo o adjetivo terminado en consonante se forma con **-es**:

   reloj → relojes
   azul → azules
   gris → grises

4. **Los** es el plural de **el**. **Las** es el plural de **la**. **Son** es el plural de **es**.

SEGUNDO PASO

El examen es fácil.	Los **exámenes** son fáciles.
El joven es inteligente.	Los **jóvenes** son inteligentes.
El cinturón es negro.	Los **cinturones** son negros.
El calcetín es blanco.	Los **calcetines** son blancos.
La modista es feliz.	Las modistas son **felices**.
La luz es amarilla.	Las **luces** son amarillas.

Conclusiones Acentuación y cambios ortográficos en las formas plurales

1. La forma plural de **joven** y **examen** requiere un acento escrito para conservar el énfasis original:

   joven → jóvenes   **examen → exámenes**

2. Una palabra terminada en **-n** o **-s** con un acento escrito sobre la última silaba no necesita acento en plural:

   expresión → expresiones   **cinturón → cinturones**
   dirección → direcciones   **alemán → alemanes**
   francés   → franceses   **japonés → japoneses**

3. El plural de una palabra terminada en **-z** se forma con **-ces**:

   luz → luces   **feliz → felices**   **lápiz → lápices**

ACTIVIDADES

14. ¿Cómo se forma el plural de... ? *Don Tremendón tiene un problema visual; para él, todo está en duplicado. ¿Qué dice?*

MODELO El examen es fácil. → **Los exámenes son fáciles.**

EN ESTE SUPLEMENTO **Clarín Mujer**

El invierno 90 en Buenos Aires

Comenzó la temporada de desfiles con las colecciones de Nani Monzani y Atrevida-Le Gatte.

El invierno 91 en Milán

Los creadores italianos apuestan a la sensualidad: Giorgio Armani, Gianni Versace, Gianfranco Ferré, Krizia y Moschino eligen el hot-pants y la micro-falda, que harán furor a pesar del frío.

MODA

LLEGAN LOS FLECOS

El encanto del look country

En polleras, pantalones, camperas o vestidos, es la opción para el otoño.

DOUBLE H WEST

Bota de tubo con suela completa o con tacón, marca H&H, hecha en USA exelente calidad **$49.99 $59.99**

Chamarras de campo de la armada exelente condición calidad militar Tallas: Chica, Mediana y Grande Texas Army & Navy **Especial $19.99** Compare a $50.00

1. El calcetín es verde.
2. El chico es francés.
3. El joven es feliz.
4. El inglés es alto y elegante.
5. El pantalón es gris.
6. La joven es interesante.

7. El abrigo es azul.
8. El cinturón es negro.
9. El examen es difícil.
10. La blusa es blanca.
11. El gorro es amarillo.

15. Curiosidad (entre dos). *Pregúntele a alguien en la clase el color de la ropa de sus compañeros. Use la tabla como guía.*

¿De qué color es... ?
¿De qué color son... ?
¿De qué colores es... ?
¿De qué colores son... ?

la falda de
el saco de
el pantalón de
la chaqueta de
el abrigo de
el vestido de

loz zapatos de
las medias de
la chaqueta de
los calcetines de
la corbata de
la camisa de

Nota cultural

Conciencia de la moda

En el mundo hispano, generalmente la gente usa ropa que está de acuerdo con su trabajo, su profesión o su estatus social. Por ejemplo, la ropa de un banquero o de un ejecutivo es muy tradicional; casi siempre usa un traje oscuro, con camisa blanca y corbata. Igualmente, una abogada o una ejecutiva casi siempre usa un vestido conservador.

Por lo tanto, para muchos hispanos es inaceptable la imagen de un ejecutivo norteamericano que está sentado con los **pies** sobre el escritorio, sin saco y sin corbata. **Tampoco** es aceptable la imagen de un turista norteamericano que usa ropa de **campesino.** Para el turista, la ropa de campesino es pintoresca, una manifestación de «color local». **En cambio,** para muchos hispanos, la ropa de campesino sugiere una clase social que no es la clase social del turista.

por lo tanto:
    consecuentemente
pies: *feet*
tampoco: *nor*
campesino: *peasant*
en cambio: en contraste

2.6	**¿De dónde eres?**

PRIMER PASO

Un nuevo alumno está en la universidad; es alto, guapo, elegante, exótico y obviamente tiene mucho dinero.

Preguntas de la clase:
¿De quién es el Porsche?
¿Cómo se llama?
¿De dónde es?

Respuestas:
Es **del** nuevo alumno.
Se llama Javier Rodríguez.
Es **de** Madrid.

¿**De qué** es su reloj?   Es **de** oro.
¿**De qué** son sus calcetines?   Son **de** seda.
¿**De dónde** es su coche?   Es **de** Alemania.

Conclusiones ## Usos de *de*

1. ¿**De qué** es... ? = ¿**De qué** sustancia es... ?
2. ¿**De quién** es... ? = ¿**Quién** es el dueño **de**... ?
3. ¿**De dónde** es...? = ¿**Cuál** es el origen geográfico **de**...?
4. Generalmente se usa **ser** con **de** para indicar:
   a. Origen: —¿**De dónde** eres tú?   —Soy **de** Bolivia.
   b. Posesión: —¿**De quién** es el coche?   —El coche es **de** mi papá.
   c. Sustancia (composición material):
      —¿**De qué** es tu cartera?   —Es **de** cuero.

SEGUNDO PASO

¿De qué es el reloj?   Es de **oro**.
¿De qué es el suéter?   Es de **lana**.
¿De qué son los calcetines?   Son de **lana** también.
¿De qué son los zapatos?   Son de **cuero**.
¿De qué es la silla?   Es de **metal** y **plástico**.
¿De qué es tu camisa?   Es de tela; es de **poliéster** y **algodón**.
¿De qué es la corbata elegante? Es de **seda**.
¿De qué es la mesa?   Es de **madera**.
¿De qué es la ventana?   Es de **vidrio**.

Conclusiones ## Algunos materiales comunes

el acrílico	la madera	el poliéster
el algodón	el metal	la seda
el cuero	el nilón	la tela
la lana	el plástico	el vidrio

ACTIVIDADES

16. Intuiciones (entre dos).   *¿De qué son los artículos a continuación?*

MODELO   la cartera
   ESTUDIANTE 1: ¿**De qué** es la cartera?
   ESTUDIANTE 2: **Es de cuero.**

1. los zapatos   7. la camisa
2. el traje   8. la mesa
3. los calcetines   9. la silla
4. el abrigo   10. la falda
5. el vestido   11. la ventana
6. el reloj   12. la corbata

17. Preguntas para respuestas (entre dos). *Invente una pregunta para las respuestas de otra persona en la clase. Siga el modelo.*

> **MODELO** ESTUDIANTE 1: **Luis es de México.**
> ESTUDIANTE 2: **¿De dónde es Luis?**

1. Mi pantalón es de algodón.
2. El pupitre es de madera.
3. La bolsa es de Bianca.
4. Gumersinda es de otro planeta.
5. El anillo es de oro.
6. El sobre es de papel.
7. Alicia es de Madrid.
8. El suéter horrible es de Don Tremendón.

18. Preguntas personales (entre dos o en pequeños grupos). *Formulen preguntas y respuestas para sus compañeros usando la tabla como guía.*

¿De dónde es   tu madre?
               (nombre de otra
                 persona)?
               tu familia?
¿De dónde eres tú?
¿De dónde soy yo?
¿De qué color es el suéter de... ?
               la pared?
               ?

¿De quién es   el reloj?
               la mochila?
               el suéter rojo?
               ?

¿De qué es   la puerta?
               la silla?
               la ventana?

2.7	¿Cuántos años tienes?

Preguntas sobre Ana y su familia:

¿**Cuántos años tienes**?
¿**Cuántos años tiene** tu papá?
¿**Cuántos años tiene** tu abuelo?
¿**Cuántos años tiene** tu profesor de español?

Tengo veintidós años.
Tiene cincuenta y cuatro años.
Tiene setenta y cinco años.
¡La pregunta es muy indiscreta!

Conclusiones La edad y los números del *veinte* al *cien*

1. Se usa **tener** para indicar la edad: **Tengo dieciocho años.**
2. Se usa ¿**Cuántos años + tener...** para preguntar sobre la edad:
   ¿**Cuántos años tiene tu tío?**
3. Los números del 20 al 29 se escriben con una sola palabra. Note el uso del acento en **veintidós, veintitrés** y **veintiséis.**

20 veinte	25 veinticinco
21 veintiuno	26 veintiséis
22 veintidós	27 veintisiete
23 veintitrés	28 veintiocho
24 veinticuatro	29 veintinueve

4. Excepto los números que terminan en cero, los números del 31 al 99 se escriben con tres palabras.

30 treinta	50 cincuenta	70 setenta	90 noventa
31 treinta y uno	51 cincuenta y uno	71 setenta y uno	91 noventa y uno
32 treinta y dos	52 cincuenta y dos	72 setenta y dos	92 noventa y dos
etc.	etc.	etc.	etc.
40 cuarenta	60 sesenta	80 ochenta	100 cien
41 cuarenta y uno	61 sesenta y uno	81 ochenta y uno	
42 cuarenta y dos	62 sesenta y dos	82 ochenta y dos	
etc.	etc.	etc.	

ACTIVIDADES

19. Telefonista. *En el mundo hispano, los números de teléfono se dicen frecuentemente en combinación. Imagínese que usted es telefonista; lea los números a continuación para un cliente:*

MODELO 782-5492 → **siete, ochenta y dos, cincuenta y cuatro, noventa y dos**

1. 562-4140
2. 393-2713
3. 432-1150
4. 785-2937
5. 525-4161
6. 375-3425
7. 224-7281
8. 337-2856
9. 226-1420

20. La edad (entre dos o en pequeños grupos). *Pregúntele a alguien de la clase:*

1. cuántos años tiene
2. cuántos años tiene su papá
3. cuántos años tiene su mamá
4. cuál es su número de teléfono
5. cuál es el número de teléfono de su mejor amiga
6. cuántos años tiene su coche
7. cuántos años tiene su perro
8. cuántos años tiene...
9. cuál es el número de teléfono de *(nombre de alguien famoso)*

21. Conversación incompleta (entre dos). *Complete la conversación.*

ANDRÉS   Hola, Maga. _____
MAGA   Muy bien, gracias. _____
ANDRÉS   Regular. ¡Qué bonito perro tienes!
MAGA   Es bonito pero _____
ANDRÉS   _____
MAGA   Tiene tres años. Bueno, adiós.
ANDRÉS   _____

22. Diálogo profundo e impresionante (entre dos o en pequeños grupos). *Preparen un diálogo entre dos amigos. Impresionen a su profesor/a con su maravilloso dominio del español.*

Pronunciación y ortografía _____

A. *Escuche la pronunciación de cada grupo de vocales.*

[ai]	Jaime	Jaime es de Jamaica.
[au]	autor	Mauricio es autor.
[ei]	seis	Tengo veintiséis peines.
[eu]	Europa	Eusebio está en Europa.
[oi]	estoico	Hoy estoy estoico.
[ia]	piano	el piano de Cecilia
[ie]	Diego	Diego está bien.
[io]	patio	Mario está en medio del patio.
[iu]	viuda	una viuda de la ciudad
[ua]	cuatro	Cuarenta y cuatro peruanas están en el cuarto.
[ue]	puerta	la puerta de Manuela
[ui]	Luisa	Luisa es de Suiza.
[uo]	cuota	una cuota de virtuosas

Ai, au, ei, uo, etc. son **diptongos**.
A, e y **o** son **vocales fuertes.**
I y **u** son **vocales débiles.**

Un **diptongo** es una combinación de una **vocal fuerte** *(a, e, o)* con una **vocal débil** *(i, u)* o una combinación de dos vocales débiles.

En la división silábica, un **diptongo** es el núcleo de **una** sílaba. Por ejemplo:

seis	= 1 sílaba	Die-go	= 2 sílabas
au-tor	= 2 sílabas	pa-tio	= 2 sílabas
Jai-me	= 2 sílabas	viu-da	= 2 sílabas
Eu-ro-pa	= 3 sílabas	die-ci-séis	= 3 sílabas

Dos vocales fuertes forman dos sílabas. Por ejemplo.

á-re-a	= 3 sílabas	o-cé-a-no	= 4 sílabas
a-e-ro-puer-to	= 5 sílabas	po-e-ta	= 3 sílabas

B. *Pronuncie las palabras a continuación.*

escritorio	es-cri-to-rio	agencia	a-gen-cia
portafolio	por-ta-fo-lio	democracia	de-mo-cra-cia
ejercicio	e-jer-ci-cio		

Io es un diptongo. Un diptongo se considera como **una** vocal fuerte en la división silábica. No se usa acento escrito en palabras como *escritorio, portafolio* y *ejercicio* porque el énfasis ya está en la penúltima sílaba.

Compare:

Gloria	Glo-ria	María	Ma-rí-a
agencia	a-gen-cia	compañía	com-pa-ñí-a
baile	bai-le	país	pa-ís
radio	ra-dio	gentío	gen-tí-o
Laura	Lau-ra	Raúl	Ra-úl

Con un acento escrito, una vocal débil (1) se convierte en vocal fuerte, (2) es núcleo de sílaba, y (3) recibe el énfasis.

Nota. Cuando es necesario un acento escrito en un diptongo, se escribe el acento sobre la vocal fuerte: *dieciséis, veintiséis, etc.*

Ejercicios

A. *Divida cada palabra a continuación en sílabas.*

1. calendario	6. siete	11. gracias
2. italiano	7. nueve	12. museo
3. dirección	8. cuaderno	13. respuesta
4. palacio	9. geografía	14. edificio
5. ausente	10. bien	15. diez

B. *Escriba un acento si es necesario. La vocal que recibe el énfasis está en **negrilla**.*

1. ba**u**l	6. ma**i**z	11. filosof**i**a
2. M**a**rio	7. Mar**i**a	12. televisi**o**n
3. tambi**e**n	8. d**i**a	13. abreviat**u**ra
4. **a**gua	9. r**i**o	14. dieci**e**is
5. cami**o**n	10. viol**i**n	15. peri**o**dico

✤ EN CONTEXTO ✤

Lectura ─────────────

Retrato de un amigo

Tengo un amigo maravilloso. Es de España y se llama Sebastián Vallejo. Es alto, moreno, guapo y muy buen atleta. Es estudiante en la **misma** universidad que yo, pero (obviamente) no está en la clase de español porque el español es su **lengua** nativa. Es muy simpático y tiene muchos amigos y amigas.

    La ropa de Sebastián es muy interesante. Usa *jeans,* camisas de algodón y **zapatillas**—**igual que** los norteamericanos. Pero su ropa **siempre** tiene una nota diferente, una nota europea.

    Sebastián tiene ideas muy diferentes de **las mías**. Es de una familia muy católica y muy conservadora. **En cambio,** Sebastián es liberal. En política, Sebastián **dice que** es socialista, pero tengo la impresión de que su socialismo no es muy radical. En religión, Sebastián también es católico, pero no es muy estricto. Dice que yo, como protestante, soy más estricta que él.

    Sebastián es estudiante de medicina. Siempre está muy preparado para sus clases porque es un estudiante muy diligente. Tengo la impresión de que está contento en los Estados Unidos y con el sistema universitario de aquí. Pero también tengo la impresión de que tiene mucha nostalgia por España. Sebastián es un amigo **formidable**.

misma: idéntica

lengua: idioma

zapatillas: zapatos para deportes
igual que: *just like*
siempre: consistentemente
las mías: mis ideas
En cambio: en contraste
dice que: afirma que

formidable: estupendo

Preguntas:

    1. ¿De dónde es Sebastián?   2. ¿Cómo es Sebastián físicamente?   3. ¿Es popular Sebastián?   4. ¿Cómo es la ropa de Sebastián?   5. ¿Cómo es la familia de Sebastián? 6. ¿Es Sebastián como su familia? ¿Por qué no?   7. ¿Qué estudia Sebastián?   8. ¿Está totalmente contento Sebastián en los Estados Unidos?   9. ¿Quién narra el retrato de Sebastián—un hombre o una mujer? 10. ¿Tiene usted un amigo como Sebastián?

Cómo se hace ─────────────

Cómo se hace para presentar a alguien

—**Quisiera** presentar a mi amiga Cristina.
—Mucho **gusto**. José Gambaro a sus órdenes.
—El gusto es mío.

quisiera: *I would like*
gusto: placer

• • • • •

—Quisiera presentar al señor Bustamante.
—**Encantada.** Marisela López **para servirle**.
—**Igualmente.**

encantado/a: mucho gusto
para servirle: a sus órdenes
igualmente: también

Cómo se hace para preguntar si algo es correcto

¿Es correcto... ?　　　　　　　　　¿Está bien... ?
¿Es correcto decir... ?　　　　　　　¿Está bien decir... ?
¿Está mal... ?　　　　　　　　　　¿Está mal decir... ?

Cómo se hace para preguntar sobre el significado de algo

No comprendo...　　　　　　　　　¿Qué significa la expresión... ?
No comprendo la palabra...　　　　　　¿Cómo se dice... en español?
¿Qué significa... ?　　　　　　　　　¿Cuál es la diferencia entre... y... ?

Diálogos incompletos

1. _____ .

   Mucho gusto. Luis Miguel Labardini a sus órdenes.

   _____ .

2. ¿Está bien decir «un otro»?

   No. _____ .

   ¿Qué significa «perro»?

   _____ .

3. _____ .

   «Encantado» significa «mucho gusto».

4. No comprendo la expresión «para servirle».

   _____ .

Situaciones _____

Situación 1　　Usted está con una nueva alumna. Preguntas posibles: ¿De dónde es?
¿De qué religión es? ¿Qué afiliación política tiene? ¿Qué profesión
tiene su madre? ¿Qué profesión tiene su padre? ¿Qué profesión tiene
ella? ¿De qué es estudiante?

Situación 2   Usted tiene una nueva amiga. Describa a su amiga. Información para la clase: ¿Es inteligente o bruta? ¿Alta o baja? ¿Rica o pobre? ¿Perezosa o trabajadora? ¿Interesante o aburrida? ¿Cortés o maleducada? ¿Gorda o flaca? ¿Morena o rubia? ¿Simpática o antipática? ¿De qué nacionalidad es? ¿Qué profesión tiene? ¿Es estudiante? ¿De qué?

Situación 3   Usted tiene un amigo que tiene un examen hoy. Describa la condición emocional de su amigo. ¿Está nervioso o tranquilo? ¿Bien preparado o mal preparado? ¿Triste o contento? ¿Animado o cansado?

Situación 4   Presente a un amigo o a una amiga. Use *Cómo se hace* como guía.

Situación 5   Usted no comprende una parte de una conversación. ¿Cómo pregunta usted sobre el significado? Use *Cómo se hace* como guía.

Composición _____

Tema 1   Escriba una composición sobre su amigo o amiga ideal. Use la lectura sobre Sebastián como modelo.

Tema 2   Usted es estudiante de un país hispano. (Es una fantasía.) Escriba una composición sobre un/a estudiante norteamericano/a típico/a.

Vocabulario activo _____

pronombres

él	tú	usted (Ud.)	yo
ella			

condiciones y características:

abierto/a≠cerrado/a	de buen humor≠de mal	grande≠pequeño/a	rico/a≠pobre
alto/a≠bajo/a	humor	guapo/a≠feo/a	sentado/a≠de pie
cansado/a≠enérgico	enfermo/a≠sano/a	inteligente≠bruto/a	simpático/a≠antipático/a
contento/a≠triste	feliz = alegre	interesante≠aburrido/a	trabajador/a≠perezoso/a
cortés≠maleducado/a	flaco/a≠gordo/a	moreno/a≠rubio/a	viejo/a≠joven
	fuerte≠débil		

profesiones y oficios

el/la abogado/a	el/la contador/a	el/la maestro/a	el/la psicólogo/a
el ama de casa	el/la enfermero/a	el/la médico/a	el/la químico/a
el/la comerciante	el/la ingeniero/a	el/la ministro/a	el/la vendedor/a

preferencias religiosas y políticas:

agnóstico/a	comunista	judío/a	protestante
anarquista	conservador/a	liberal	republicano/a
ateo/a	cristiano/a	mahometano/a	socialista
católico/a	demócrata		

telas y materiales

el acrílico	la madera	el oro	el poliéster
el algodón	el metal	el plástico	la seda
la lana	el nilón		

expresiones interrogativas

¿cómo?	¿de dónde?	¿de qué?	¿de quién?
¿cuántos años... ?			

ropa

el abrigo	la corbata	el pantalón	el traje
la blusa	la chaqueta	el saco	el uniforme
el calcetín	la falda	la sandalia	el vestido
la camiseta	el gorro	el sombrero	el zapato
el cinturón	la media		

colores

amarillo/a	blanco/a	morado/a	rojo/a
anaranjado/a	claro/a	negro/a	rosado/a
azul	gris	oscuro/a	verde

preposiciones

a la derecha de≠a la izquierda de	cerca de≠lejos de	con≠sin	en medio de≠a un extremo de

vocabulario personal

_____   _____

_____   _____

_____   _____

_____   _____

_____   _____

La vida estudiantil

Temas
- Los cursos
- Los estudiantes y sus profesores
- Evaluaciones y notas
- La hora
- Comparaciones

Funciones
- Comentar un curso
- Expresar aprobación
- Expresar desaprobación
- Ganar tiempo para reflexionar

Gramática

3.1 Paradigma completo de *estar* y *ser*

3.2 Paradigma completo de *tener*

3.3 Los adjetivos posesivos

3.4 Algunos adverbios intensificadores

3.5 Comparaciones de adjetivos

3.6 La hora

3.7 *Que* como pronombre relativo, *dice que* y *dicen que*

⚜ EN MARCHA ⚜

3.1	¿Cómo están ustedes?

PRIMER PASO

Conversación en el supermercado entre María, su novio Miguel y los señores Ávila:

MARÍA	Buenos días, señores. ¿Cómo **están** ustedes?
SRA. DE ÁVILA	Nosotros **estamos** muy bien. ¿Y vosotros? ¿Cómo **estáis**?
MIGUEL	**Estamos** muy bien también, gracias. ¿Y cómo **están** los chicos?
SR. ÁVILA	Ellos **están** bien. **Están** en la escuela.
MARÍA	¿**Están** contentos?
SRA. DE ÁVILA	¡Claro que **están** contentos! Sus maestras son muy buenas.
MIGUEL	¡Qué bien! Bueno, hasta luego.
LOS SRES. ÁVILA	Adiós.

Conclusiones   ## La conjugación completa de *estar* y los pronombres sujetos plurales

1. **Nosotros/as, vosotros/as, ustedes, ellos** y **ellas** son pronombres plurales. Se refieren a un grupo de personas.
2. En España, **vosotros** es el plural de **tú** y **ustedes** es el plural de **usted**.
3. En Hispanoamérica, **ustedes** es el plural de **usted** y de **tú**. **Vosotros** no es común en la lengua oral de Hispanoamérica. La abreviatura de **ustedes** es **Uds.**
4. En el plural, se usan las formas masculinas (**nosotros, vosotros** y **ellos**) si el grupo es masculino o mixto. Se usan las formas femeninas (**nosotras, vosotras** y **ellas**) si el grupo es femenino.

Sinopsis

	estar	
	singular	*plural*
primera persona	yo **estoy**	nosotros/as **estamos**
segunda persona familiar	tú **estás**	vosotros/as **estáis** (España)
		ustedes **están** (Hispanoamérica)
segunda persona formal	usted **está**	ustedes **están**
tercera persona	él **está**	ellos **están**
	ella **está**	ellas **están**

SEGUNDO PASO

Es el primer día de clase en un curso de literatura (un curso avanzado):

JAVIER ¿De qué nacionalidad **son** ustedes?
LUISA Nosotros **somos** peruanos.
JAVIER ¿Y cómo **son** los peruanos?
LUISA *(señalando a una compañera)* Como nosotros. **Son** guapos, inteligentes, simpáticos...
JAVIER Y modestos.
MIGUEL ¿Y vosotros? ¿De dónde **sois**?
SOFÍA **Somos** de Chile. Y ustedes sin duda **son** españoles.
MIGUEL ¿Por qué?
SOFÍA Porque «**sois**» es una forma verbal que sólo se usa en España.

Sinopsis

ser	
yo **soy**	nosotros/nosotras **somos**
tú **eres**	vosotros/vosotras **sois**
Ud./él/ella **es**	Uds./ellos/ellas **son**

ACTIVIDADES

1. Cambio de sujetos. *¿Cómo está la gente a continuación?*

MODELO El profesor está cansado. (nosotros)
→ **Nosotros estamos cansados.**

1. El alumno está contento.
(los chicos, tú, el Sr. López, ellas, Javier y yo, Juan y Jorge)
2. Los doctores están ocupados.
(yo, la profesora, nosotros, nosotras, las chicas, María y Sara)

2. ¿Qué está de moda? (entre dos) *Usted es experto/a sobre la moda. ¿Qué está y qué no está de moda?*

EJEMPLO los trajes de lana o de poliéster
ESTUDIANTE 1: **¿Están de moda los trajes de lana o de poliéster?**
ESTUDIANTE 2: **Los trajes de lana están de moda.**

1. las camisas de poliéster o de seda
2. los calcetines amarillos o negros
3. las corbatas con rayas o puntos
4. los cinturones rojos o verdes
5. las camisetas blancas o rosadas
6. los colores oscuros o claros
7. las mochilas o las bolsas
8. los coches grandes o pequeños
9. los chicos flacos o gordos
10. las personas jóvenes o mayores
11. el español o el francés
12. los trajes o los sacos sport

3. Cambio de sujetos. *Elena describe a varias personas. ¿Qué dice?*
Graciela es alta.
(yo, ellas, mis amigas, tú, vosotras, la novia de Juan, mi hermano y yo)

4. Describa a la gente (entre dos). *Complete las oraciones de forma creativa. Las palabras entre paréntesis son posibilidades.*

1. Mis hermanos... *(antipático, alto, guapo, inteligente, horrible)*
2. Nosotros... *(trabajador, liberal, simpático, bueno, bello)*
3. Mis amigos y yo... *(generoso, serio, brillante, fabuloso, elegante)*
4. Los alumnos de... *(horrible, fatal, feo, perezoso, bruto, desastroso)*

3.2 ¿Qué tienen ustedes?

Una conversación en el comedor estudiantil:

ADOLFO Mi computadora está descompuesta *(descompuesta = no funciona)*. ¿**Tenéis** vosotras una computadora personal?

LAURA Juana y yo **tenemos** una, pero también está descompuesta. Miguel y Javier **tienen** una en su cuarto.

ADOLFO ¿Qué marca es? ¿Es IBM o Apple?

LAURA Es una Macintosh.

ADOLFO ¡Qué problema! Yo **tengo** una IBM, y no son compatibles.

Conclusión ***Tener* es un verbo de posesión.**

Sinopsis

tener	
tengo	tenemos
tienes	tenéis
tiene	tienen

ACTIVIDADES

5. Buenos consumidores (entre dos). *¿Quién tiene qué?*

1. Los alumnos / un traje oscuro
2. Nosotros / pantalones de cuero
3. Mi amiga Laura / un coche alemán
4. Yo / amigos generosos y simpáticos
5. La profesora / excelentes alumnos
6. Mi familia / perro perezoso
7. Yo / estéreo bueno
8. Mi compañero / computadora
9. Tú / un saco sport de lana
10. Mis amigos y yo / mucho dinero

6. Entrevista (entre dos). *Pregúntele a alguien en la clase si tiene:*

> **EJEMPLOS** un coche o una moto
> ESTUDIANTE 1: **¿Tienes un coche o una moto?**
> ESTUDIANTE 2: **Tengo un coche y una moto. Soy un/a buen/a consumidor/a.**

1. un estéreo o un televisor
2. una computadora o una calculadora
3. una bicicleta o una moto
4. una blusa de seda o de algodón
5. un amigo en México o en Perú
6. *jeans* o pantalones de lana
7. una casa o un departamento
8. un saco de cuero o de seda

7. Gente de recursos variados (entre dos). *Sin revoluciones o resentimientos de clase, formulen preguntas y respuestas sobre las posesiones de la gente, usando la tabla como guía.*

> **EJEMPLO** ESTUDIANTE 1: **¿Qué tienen los estudiantes ricos?**
> ESTUDIANTE 2: **Tienen botas Gucci y una vida muy fácil.**

¿Qué tiene(n)...

los millonarios	botas Gucci
la gente de clase media	una vida fácil / difícil
la gente de clase baja	relojes Cartier / Timex
los profesores de español	suéteres de alpaca
los?	anillos de oro
?	?

3.3 ¿Cómo se llama nuestro nuevo profesor?

¿Dónde están **mis** medias?
¿Dónde está la ropa de Raúl?

Tus medias están en la lavandería.
Su traje y **sus** medias están en el ropero. **Sus** zapatos están debajo de la cama.

Berta y Jaime están en casa con **su** padre.
Isabel y Luz tienen **su** clase de química hoy.
¿Tiene interés en la moda **vuestros** hijos?

También están con **sus** hermanos.

Isabel y Luz tienen todas **sus** clases difíciles hoy.
Depende. **Nuestro** hijo mayor está obsesionado por la moda masculina. **Nuestros** dos hijos que están en medio tienen interés en la ropa *punk*. Y **nuestra** hija menor, que es muy pequeña, no tiene interés en la moda para nada.

¿Dónde está la ropa de Isabel y Enrique?

La ropa **de ella** está en su dormitorio.
La ropa **de él** está en la lavandería.

Conclusiones ## Los adjetivos posesivos y su concordancia

1. Los adjetivos **mi, tu** y **su** concuerdan en número con los sustantivos que modifican.
2. Los adjetivos posesivos **nuestro, nuestra, nuestros, nuestras, vuestro, vuestra, vuestros** y **vuestras** concuerdan en número y en género con los sustantivos que modifican.
3. **Su** y **sus** tienen muchas equivalencias:

su amigo =
{
el amigo de usted
el amigo de él
el amigo de ella
el amigo de ustedes
el amigo de ellos
el amigo de ellas
}

sus amigos =
{
los amigos de usted
los amigos de él
los amigos de ella
los amigos de ustedes
los amigos de ellos
los amigos de ellas
}

4. Cuando **su** y **sus** son ambiguos, se usa **de él, de ella, de ellos,** etc. para clarificar el significado.

Sinopsis

mi, mis	nuestro, nuestra, nuestros, nuestras
tu, tus	vuestro, vuestra, vuestros, vuestras
su, sus	su, sus

ACTIVIDADES

8. ¿Dónde está... ? (entre dos) *Preguntas para alguien en la clase:*

MODELO tu cartera
ESTUDIANTE 1: **¿Dónde está tu cartera?**
ESTUDIANTE 2: **Mi cartera está en mi bolsillo.**

1. tu mochila
2. tu libro de español
3. tus zapatos
4. la computadora de...
5. las medias de...

6. el restaurante favorito de...
7. los amigos de Uds.
8. nuestra pizarra
9. la oficina de la profesora
10. el pupitre de... /...

9. Cuestiones de gusto (entre dos). *Describa el gusto de la gente famosa (y no famosa).*

EJEMPLOS los pantalones de Bozo el Payaso
ESTUDIANTE 1: **¿Cómo son los pantalones de Bozo el Payaso?**
ESTUDIANTE 2: **Sus pantalones son rojos y tienen puntos morados y amarillos. Son de poliéster y son de un gusto horrible.**

1. las chaquetas de Tom Cruise
2. los vestidos de Cher
3. la ropa de la Primera Dama
4. las corbatas de tu papá
5. mi pantalón
6. los trajes del presidente
7. la moda de los alumnos de...
8. tus zapatos
9. la camisa de...
10. mis medias

10. Chismes (entre dos). *Un chisme es una anécdota o una pequeña historia sobre otra gente. A veces, un chisme es malicioso o malintencionado, pero no siempre. A veces un chisme sólo manifiesta nuestro interés en la gente. Terminen las oraciones a continuación con chismes auténticos o inventados.*

EJEMPLO nuestro profesor de español
ESTUDIANTE 1: **¿Cómo es nuestro profesor de español?**
ESTUDIANTE 2: **Nuestro profesor es un hombre divino, simpático, maravilloso y ejemplar. Es nuestro profesor favorito.**

1. nuestro curso de sociología
2. nuestro presidente
3. la ropa de Gumersinda
4. la casa de Don Tremendón
5. el novio de...
6. la novia de...
7. los amigos de...
8. nuestros amigos...

3.4	**¿Es muy difícil tu curso de cálculo?**

El padre de Adolfo tiene preguntas sobre su programa de estudio:

Papá
¿Cómo es tu clase de biología?
¿Es difícil tu clase de sociología?

¿Tiene muchos estudiantes tu curso de cálculo?

¿Es fácil el cálculo?
¿Es aburrido tu curso de arte?

¿Cómo es el director del coro?
¿Cómo son tus compañeros?

Adolfo
Es **muy** interesante.
No, es **bastante** fácil, pero muy aburrida.

No, la clase es **algo** pequeña. Tiene sólo ocho estudiantes.

No, es **demasiado** difícil.
No, **no** es **nada** aburrido. Es mi curso favorito.

Es **poco** competente.
Son **tan** fascinantes. Estoy **muy** contento.

Conclusiones **Adverbios de intensificación**

1. **Muy, bastante, algo, poco, demasiado, tan** y **no... nada** son adverbios de intensificación.
2. Un adverbio modifica un verbo, un adjetivo u otro adverbio.
3. Un adverbio tiene una sola forma; es invariable.

Sinopsis

demasiado = excesivamente
muy = extremadamente
bastante = suficientemente
algo = más o menos
poco = insuficientemente
no... nada = inexistente
tan = intensamente, muy

ACTIVIDADES

11. La vida y sus problemas (entre dos).   *Describan sus clases. (Si ustedes no tienen las clases a continuación, usen su imaginación).*

> **MODELO**   curso de arte
> ESTUDIANTE 1: **¿Cómo es tu curso de arte?**
> ESTUDIANTE 2: **Mi curso de arte es bastante interesante.**

1. curso de química orgánica
2. profesor de psicología
3. curso de matemáticas
4. curso de literatura inglesa
5. compañeros del curso de historia europea
6. curso de música
7. alumnos de filosofía
8. clases de piano
9. curso de física
10. discusiones de ciencias políticas

12. Discusión sobre la calidad (entre dos o en pequeños grupos).   *Describa la calidad de diferentes miembros de los grupos; use todos los intensificadores (* **no... nada, muy, poco, algo, bastante, demasiado** *y* **tan***) con cada grupo.*

> **EJEMPLO**   mis cursos
> **Mi curso de química no es nada fácil, mi curso de sociología es algo aburrido, mi curso de matemáticas es bastante fácil, mi curso de inglés es demasiado difícil y mi curso de español es tan divertido.**

Algunos grupos posibles:

1. los actores y actrices
2. los libros
3. las universidades
4. los coches
5. la ropa de distintas tiendas
6. las películas de Rambo
7. mi ropa
8. los restaurantes
9. mis profesores

3.5	**¿Quién es más guapo—él o yo?**

PRIMER PASO

¿Es barata *(barata = cuesta poco dinero)* la ropa de Sears?

Relativamente. Es **más barata que** la ropa de Bloomingdales, pero es **más cara que** la ropa de K-mart *(cara≠barata)*.

¿Son **menos caras** las camisas americanas **que** las camisas extranjeras *(extranjero = importado)*?

Depende. A veces las camisas americanas son **tan caras como** las camisas extranjeras.

¿Cómo es tu curso de química?

Es **un poco más** difícil **que** mi curso de biología, y es **mucho menos interesante que** mi curso de español.

Conclusiones **Comparaciones de adjetivos**

1. **Más... que, menos... que** y **tan... como** se usan en comparaciones de adjetivos.
2. Después de **que** o **como** en una comparación se usa un pronombre sujeto *(yo, tú, nosotras,* etc.) o un sustantivo:

   Chela es más alta que yo. Gumersinda es menos inteligente que tú.

3. Se usa **mucho, poco** y **un poco** para intensificar **menos** y **más**.

Sinopsis

más + adjetivo + **que:**	comparativo de superioridad
menos + adjetivo + **que:**	comparativo de inferioridad
tan + adjetivo + **como:**	comparativo de igualdad

SEGUNDO PASO

El poliéster es muy bueno.

Sí, pero en mi opinión, el algodón es **mejor que** el poliéster.

Los pantalones aquí son bastante buenos.

Sí, pero en mi opinión, las camisas son **mejores que** los pantalones.

¿Es malo tu profesor de química?

No, pero es **peor que** mi profesor del semestre pasado.

Las notas D y F son **peores que** la nota C, ¿verdad?

Sí, pero para mí, las notas no son muy importantes.

Mi hermano Luis tiene treinta años y yo tengo veinte.

Luis es **mayor que** yo; yo soy **menor que** él.

Los profesores tienen más años que los estudiantes.

Los profesores son **mayores que** los estudiantes; los estudiantes son **menores que** los profesores.

Conclusiones **Comparaciones irregulares**

1. **Mejor que** es la comparación que corresponde a **bueno** y **buena**. Su forma plural es **mejores que**.
2. **Peor que** es la comparación que corresponde a **malo** y **mala**. Su forma plural es **peores que**.
3. **Mayor que:** *que tiene más años.* **Menor que:** *que tiene menos años.* Sus formas plurales son **mayores que** y **menores que**.

ACTIVIDADES

13. Comparaciones con gente famosa. *¿Cómo se compara la gente a continuación?*

> **MODELO** nosotros / inteligente / Goofy
> → **Somos más inteligentes que Goofy.**

1. yo / alto / Bill Walton
2. Woody Allen / macho / Patrick Swayze
3. Tom Cruise / guapo / Sylvester Stallone
4. Bob Hope / viejo / Johnny Carson
5. Sally Field / buena actriz / Cher
6. nosotros / inteligente / Einstein
7. Joan Rivers / simpático / Jane Fonda
8. ... /... /...

14. Opiniones (entre dos). *Describan sus opiniones sobre los grandes temas a continuación.*

> **MODELO** el poliéster o el algodón
> ESTUDIANTE 1: **¿Cuál es mejor, el poliéster o el algodón?**
> ESTUDIANTE 2: **El algodón es mejor que el poliéster.** *o*
> **El poliéster es peor que el algodón.**

1. el Toyota o el Peugeot
2. la ropa americana o la ropa rusa
3. el vino californiano o el vino francés
4. el fútbol americano o el fútbol europeo
5. los abogados o los médicos
6. mis amigos o tus amigos
7. tu gato o el gato de...
8. nuestra profesora de español o...

15. Más opiniones trascendentales. *En su opinión, ¿son iguales o no?*

> **MODELO** vino español / bueno / vino francés → **El vino español es (no es) tan bueno como el vino francés.**

1. mis amigos / generoso / tus amigos
2. nuestra clase / avanzado / la otra clase
3. el tren / rápido / el coche
4. los coches japoneses / caro / los coches americanos
5. la ropa americana / bonito / la ropa francesa
6. los actores americanos / profesional / los actores ingleses
7. el fútbol americano / peligroso / el fútbol europeo

16. Entrevista (entre dos o en pequeños grupos).   *Pregúntele a alguien de la clase:*

1. si su ropa es tan cara como la ropa de...
2. si sus amigos son más ricos o más pobres que él/ella
3. si su ropa está más de moda que la ropa de sus padres
4. si él/ella es más inteligente que...
5. si su curso de... es tan interesante como su curso de...
6. si los zapatos americanos son más fuertes que los zapatos brasileños
7. si los alumnos de *(nombre de otra universidad)* son tan trabajadores como Uds.
8. si...

Nota cultural _____

Las notas

El sistema de calificación (de notas) en muchos países hispanos es distinto del sistema que se usa en los Estados Unidos. Generalmente, los estudiantes no reciben notas con letras—A, B, C, C+, etc. **Más bien,** reciben un número. La nota más alta en su sistema es un diez; la nota más baja que se acepta es un cuatro o un cinco. Muy pocos estudiantes reciben notas de diez. La «inflación de las notas» que se observa en los Estados Unidos no se nota mucho en los países hispanos.

más bien: en contraste

3.6	¿A qué hora es tu clase de ciencias políticas?

PRIMER PASO

¿Qué hora es?

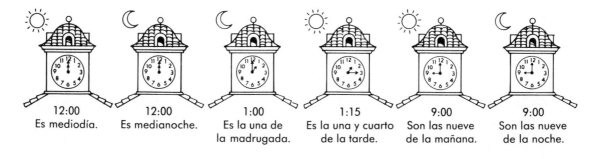

12:00	12:00	1:00	1:15	9:00	9:00
Es mediodía.	Es medianoche.	Es la una de la madrugada.	Es la una y cuarto de la tarde.	Son las nueve de la mañana.	Son las nueve de la noche.

¿Qué hora es?   Son las diez.
Es la una.   Son las nueve y media de la mañana.
Es la una y cinco en punto.   Son las siete y cuarto en punto.

Es la una menos veinte.
Es la una y media de la tarde.
Es muy tarde. **Es la una de la
madrugada.**

Son las diez menos cuarto.
Es muy temprano. **Son las siete y
media de la noche.**

Conclusiones La hora

1. **Es** se usa con **la una, mediodía** y **medianoche**.
2. **Son** se usa con las otras expresiones de la hora.

SEGUNDO PASO

¿Cuándo es tu clase de español?
¿Cuándo es tu clase de geología?
¿Cuándo es tu clase de danza?
¿A qué hora es tu clase de inglés?
¿A qué hora es tu clase de música?
¿A qué hora es tu clase de arte?
¿A qué hora comienza la clase, y **a qué
hora termina?**

Es **por la mañana.**
Es **por la tarde.**
Es **por la noche.**
Es **a** la una en punto.
Es **al** mediodía.
Es **a** las dos y media.
Comienza a la una y **termina a** las dos.

Conclusiones Expresiones que se usan con la hora

1. **Por la mañana, por la tarde** y **por la noche** se usan cuando no se menciona una hora específica. **De la mañana, de la tarde** y **de la noche** se usan cuando se menciona una hora específica. Compare:
   Mi clase es a las once de la mañana. Tengo mi clase por la mañana.
2. **A** se usa en la pregunta **¿A qué hora...?** y en la respuesta **Es a las...** para indicar la hora de un evento.
3. **Comienza** y **termina** son verbos que frecuentemente se usan con la hora.

ACTIVIDADES

17. La rutina diaria (entre dos). *Explíquele a alguien de la clase dónde está Ud. a ciertas horas.*

MODELO 9:30 A.M.
ESTUDIANTE 1: **¿Dónde está Ud. a las nueve y media de la
mañana?**
ESTUDIANTE 2: **A las nueve y media de la mañana estoy en mi
clase de danza moderna.**

1. 7:00 A.M.	6. 12:45 P.M.
2. 8:15 A.M.	7. 2:22 P.M.
3. 9:10 A.M.	8. 7:05 P.M.
4. 10:30 A.M.	9. 10:41 P.M.
5. 12:00 A.M.	10. 3:35 A.M.

18. Entrevista (entre dos o en pequeños grupos).   *Pregúntele a alguien de la clase:*

1. qué hora es
2. a qué hora comienza la clase de español
3. a qué hora termina la clase
4. a qué hora está en casa por la noche
5. a qué hora es su clase más difícil
6. a qué hora está en el laboratorio de lenguas

7. dónde está por la noche
8. dónde está por la tarde
9. con quién está por la mañana
10. qué clases tiene por la tarde
11. a qué hora es su clase más fácil
12. dónde está Gumersinda a la medianoche

3.7	**¿Quién dice que el español es difícil?**

La señora está al lado de Javier.
Es mi profesora de ciencias políticas. } =
La señora **que** está al lado de Javier es mi profesora de ciencias políticas.

El edificio está al lado de nosotros.
El edificio es el laboratorio de lenguas. } =
El edificio **que** está al lado de nosotros es el laboratorio de lenguas.

Las chicas están en la biblioteca.
Las chicas son mis amigas. } =
Las chicas **que** están en la biblioteca son mis amigas.

Tengo dos amigos.
Son de España. } =
Tengo dos amigos **que** son de España.

Javier: Tengo muchos problemas.

Javier **dice que** tiene muchos problemas.

Los alumnos: Este examen es demasiado difícil.

Los alumnos **dicen que** este examen es demasiado difícil.

Conclusiones **El pronombre relativo *que* y los verbos *dice* y *dicen***

1. **Que** (sin acento) es un pronombre relativo. Un pronombre relativo se usa para combinar y relacionar una parte de la oración con otra.
2. **Que** es muy versátil: se refiere a personas, objetos y lugares, en singular y en plural.
3. **Dice que** = informa que, reporta que. **Dicen que** = informan que, reportan que.

ACTIVIDADES

19. Termine la oración.   *Usando las frases como punto de partida, haga una oración verdadera.*

EJEMPLO   la chica que está sentada a mi lado...
→ **La chica que está sentada a mi lado se llama Ana.**

1. El coche que yo tengo...
2. Los chicos que están en el gimnasio...
3. La ropa que tiene Don Tremendón...
4. Los profesores que tienen muchos alumnos...
5. El curso que comienza a las diez y media...
6. Las camisas que son de poliéster...
7. Los cursos que son por la mañana...
8. Los profesores que tengo yo...

20. Reportaje.   *¿Qué dice la gente a continuación?*

> **MODELO**   Magda: Mi novio es divino.
> → **Magda dice que su novio es divino. (Obviamente está enamorada.)**

1. Los alumnos: Ese examen es un horror.
2. Miguel: Mi coche está descompuesto.
3. Mis padres: Estás en la calle demasiado.
4. El presidente de la universidad: Nuestros alumnos son los mejores.
5. La Sra. Sánchez: Mi hijo es mucho más guapo que los otros chicos.
6. Don Tremendón: Las corbatas con puntos y rayas son mis favoritas.
7. Gumersinda. Don Tremendón es un imbécil.

21. Cadena (en pequeños grupos).   *El primer alumno hace una pregunta; la segunda alumna responde a la pregunta; el tercer alumno reporta la respuesta.*

> **EJEMPLO**   ESTUDIANTE 1: **Laura, ¿cómo es tu papá?**
>   ESTUDIANTE 2: **Mi papá es inteligente, alto, moreno, guapo y generalmente fabuloso—como yo.**
>   ESTUDIANTE 3: **Laura dice que su papá es inteligente, alto, moreno, guapo y generalmente fabuloso—como ella.**

Nota cultural _____

Preparación para los exámenes

En las grandes universidades de España y Latinoamérica, los estudiantes tienen menos exámenes que los estudiantes norteamericanos. En Estados Unidos es común «**sufrir un examen**» un mínimo de dos o tres **veces** durante el semestre. **En cambio,** en el mundo hispano, muchos estudiantes tienen exámenes solamente al final del año.

Pero no **por eso** son menos exigentes sus cursos porque al final del curso (o a veces al final del año), los estudiantes tienen que presentar exámenes en todas las materias. Los exámenes de fin de año son comprensivos y muy difíciles, y muy pocos estudiantes reciben notas de nueve o diez.

A causa del calendario de los exámenes, los estudiantes hispanos tienen más libertad durante el curso que los estudiantes norteamericanos. Pero también a causa del calendario de los exámenes, los estudiantes hispanos necesitan mucha disciplina para estar preparados.

sufrir un examen:
    presentar un examen
veces: ocasiones
en cambio: en contraste
por eso: por esta razón

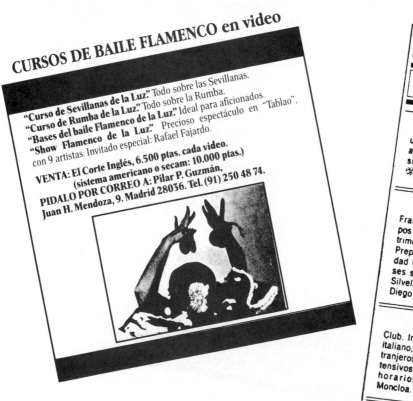

CURSOS DE BAILE FLAMENCO en video

"Curso de Sevillanas de la Luz." Todo sobre las Sevillanas.
"Curso de Rumba de la Luz." Todo sobre la Rumba.
"Bases del baile Flamenco de la Luz." Ideal para aficionados.
"Show Flamenco de la Luz." Precioso espectáculo en "Tablao", con 9 artistas. Invitado especial: Rafael Fajardo.

VENTA: El Corte Inglés, 6.500 ptas. cada video.
(sistema americano o secam: 10.000 ptas.)
PIDALO POR CORREO A: Pilar P. Guzmán,
Juan H. Mendoza, 9. Madrid 28036. Tel. (91) 250 48 74.

ENSEÑANZA

IDIOMAS

INFORMÁTICA
usuario, wordperfect, my das, auto cad, d base. Cursos intensivos, enero. Studio-Mas. ☎ 549 58 11. Moncloa.

INGLES
Francés. Empiezan nuevos grupos en enero. Cambio de nivel trimestral. Profesorado nativo. Preparación diplomas Universidad Cambridge. También clases sábados. Ross. Francisco Silvela, 54. ☎ 256 98 01. Metro Diego León.

STUDIO
Club. Inglés, francés, alemán, italiano, ruso y español para extranjeros. Cursos estándar e intensivos. Todos los niveles y horarios. ☎ 549 50 53. Moncloa.

Pronunciación y ortografía _____

A. *Con muy pocas excepciones, la pronunciación de la letra* s *es* [s]. *Escuche y repita las palabras a continuación.*

posible	presente	Isabel	lesión	Rosa	discusión
niños	libros	visión	Susana	confusión	
presidente	ilusión	expresión	sesión	esposo	

B. *Escuche la pronunciación de* ce *y de* ci *en las palabras a continuación.*

cerrado	concepto	difícil	excelente	gracias	negación
cero	ciencia	fácil	cerca	situación	
francés	cinco	ceremonia	cepillo	emoción	

Escuche la pronunciación de z *en las palabras a continuación.*

vez	luz	zapato	zona	lanza
influenza	Venezuela	lápiz	cerveza	pizarra

En toda Hispanoamérica y en partes de España, la pronunciación de la letra z *y de* c *en combinaciones* ce *y* ci *es* [s]. *En muchas partes de España es* [θ]. *Repita las palabras de arriba y ponga atención especial a la pronunciación de* ce, ci *y* z.

C. *Escuche la pronunciación de* t *en las palabras a continuación.*

hasta	estudiante	patio	piñata	tal
techo	pregunta	bestial	cuestión	celestial

Para la pronunciación de la t *en español, la punta de la lengua siempre está directamente detrás de los dientes frontales. También se pronuncia sin «aspiración». Escuche la explicación de su profesor/a del fenómeno llamado «aspiración». Repita correctamente las palabras de arriba.*

D. *La ortografía del sonido* [k].

[ka] se escribe **ca** como en **loca**
[ko] se escribe **co** como en **coco**
[ku] se escribe **cu** como en **cucaracha**
[ke] se escribe **que** como en **qué** o en **queso**
[ki] se escribe **qui** como en **quién** o en **química**

Curso de ingreso
Para aprender
a aprender

EN CONTEXTO

Lectura

Cursos, opiniones y problemas

El profesor Pérez tiene alumnos interesantes y variados. Casi todos sus alumnos son simpáticos, pero otros (muy pocos, gracias a Dios) son algo antipáticos. Algunos son diligentes, pero otros son un poco perezosos. El profesor Pérez está muy preocupado por los alumnos perezosos.

      ¿Qué opiniones tienen los estudiantes sobre la clase de español? Para Joan, la clase es interesante y totalmente necesario porque su novio, Mario, es de Chile. **Según** Joan, Mario es guapo, inteligente y casi (pero no totalmente) perfecto. Según los otros estudiantes, Joan no es totalmente objetiva.

según: en la opinión de

      ¿Qué opinión tienen los estudiantes sobre los cursos de la universidad? Depende del curso, de los profesores y de los intereses de cada individuo. Manolo, por ejemplo tiene ambiciones de ser el hombre más rico del universo.

Por lo tanto, para él los cursos de economía y de estadística son los más importantes y fascinantes en la universidad.

El cambio, Claudio tiene interés en las lenguas y en la literatura. En su vida, el arte y la **belleza** tienen mucho más importancia. Según Claudio, Manolo es un bárbaro materialista, un **salvaje** auténtico. Según Manolo, Claudio es poco práctico y exquisito. Manolo y Claudio no tienen mucho en común.

> por lo tanto: consecuentemente
> **en cambio:** en contraste
> **belleza:** *beauty*
> **salvaje:** una persona no civilizada

Preguntas

1. ¿Son simpáticos todos los alumnos del profesor Pérez?   2. ¿Por cuáles alumnos está preocupado el profesor Pérez?   3. Según Joan, ¿cómo es Mario? ¿Es totalmente objetiva Joan?   4. ¿Cuáles son los intereses de Manolo? ¿Y de Claudio?   5. Para usted, ¿quién es más interesante, Manolo o Claudio? ¿Por qué?

Cómo se hace _____

Cómo se hace para comentar un curso

El curso es	fácil.	Las conferencias son	fascinantes.
	difícil.	*(conferencia = discurso académico)*	interesantes.
	divino.		tediosas. *(tediosas = aburridas)*
	un horror.		
	brillante.	Los exámenes son	fatales.
La profesora es	generosa.		duros pero justos. *(duro = difícil)*
	tonta. *(tonta≠inteligente)*		fáciles pero largos.
	justa.		cortos pero difíciles.
	injusta.	Las notas son	altas.
	tolerante.		bajas.
	exigente *(estricta).*		justas.
			injustas.

Cómo se hace para expresar aprobación

¡Qué bueno!   ¡Estupendo!   ¡Formidable!
¡Magnífico!   ¡Qué bien!   ¡Fantástico!

Cómo se hace para expresar desaprobación

¡Qué horror!   ¡Qué espanto!   Es fatal.
Es / son un horror.   Es / son un espanto. *(espanto = horror)*   Son fatales.

Cómo se hace para ganar tiempo para reflexionar

Eh...   Pues...   Bien, eh...   Es decir...
Bueno...   Este...   Bien, pues...   Hum...

Diálogos incompletos

1. ¿Qué tal tu curso de sociología?

   _____ .

   ¿Cómo es la profesora?

   _____ .

   ¿Son interesantes las clases?

   _____ .

   ¿Qué tal los exámenes?

   _____ .

   ¿Qué tal tus notas?

   _____ .

2. _____ .

   ¡Formidable!

   _____ .

   ¡Estupendo!

   _____ .

   ¡Qué bueno!

3. Gumersinda está en la clase de español.

   _____ .

   Su amigo Don Tremendón también está en la clase.

   _____ .

   Don Tremendón usa un traje verde, amarillo y rosado.

   _____ .

Situaciones _____

Situación 1   Seleccione una foto para alguien en la clase. Su compañero/a describe la foto y especula sobre la persona (o las personas) en la foto. Por ejemplo: ¿Cómo es su casa? ¿Qué coche tiene? ¿Qué otras cosas tiene? ¿Qué ropa está de moda en su vida? ¿Cómo es la persona—simpática, antipática, inteligente, bruta?

Situación 2   Usted está con sus padres. Explique su horario. ¿Qué cursos tiene? ¿A qué hora son sus clases? ¿Cómo son sus cursos—difíciles, fáciles, interesantes, aburridos? ¿Cómo son los profesores—fabulosos, competentes, ineptos, desastrosos? Use *Cómo se hace* para formular sus comentarios.

Situación 3   Usted está en una entrevista con estudiantes extranjeros. Usted tiene interés en la vida de esos estudiantes en su país de origen. Comience las preguntas con: ¿De dónde... ? ¿De quién... ? ¿Qué curso... ? ¿Qué cursos... ? ¿Cómo es... ? ¿De qué color... ? ¿A qué hora... ? ¿Cuándo... ?

Situación 4   Usted es de España y tiene interés en la moda (masculina y femenina) norteamericana. Información que usted necesita: ¿Qué telas están de moda? ¿Qué tiendas tienen buena ropa? ¿Qué marcas están de moda? ¿Qué colores se usan y qué colores no se usan?

Situación 5   Prolongue una conversación usando expresiones de *Cómo se hace.*

Composición _____

Tema 1   Escriba una larga descripción de sus compañeros en la clase de español—su ropa, sus opiniones, sus problemas, sus preocupaciones, sus intereses, sus cursos favoritos, etc. Use la *Lectura* como punto de partida.

Tema 2   Describa su día académico. Un posible comienzo para su composición: «*Mi primera clase del día es a las ocho y media de la mañana. Es un curso de cálculo y es muy interesante. La clase termina a las... Mi próxima clase es a las... Es una clase muy aburrida porque el profesor es un desastre. Después tengo mi clase de... ,*» etc.

Vocabulario activo _____

adverbios de intensificación

algo	demasiado	no... nada	tan
bastante	muy	poco	

materias

el álgebra	las ciencias políticas	la geografía	la música
la astronomía	la contabilidad	la historia	la psicología
la biología	la filosofía	la lingüística	la química
el cálculo	la física	la literatura	la química orgánica
las ciencias económicas			

otros sustantivos

el/la bebé	la entrevista	la marca	la raya
la calidad	la escuela	la moda	el río
el color	el estado	el/la modista	la ropa
el/la consumidor/a	el horario	la nota	la tela
el curso	la lengua	el país	la tienda
el/la chico/a	la madrugada	el punto	la vida

otros adjetivos

barato/a	divertido/a	extranjero/a	ocupado/a
bello/a	duro/a	fuerte≠débil	peligroso/a
caro/a	entero/a	largo/a≠corto/a	poblado/a
común	escrito/a	lindo/a	último/a
corto/a	exigente	mundial	

verbos

comienza	estar	tener	termina
dura	ser		

expresiones útiles

algunos/algunas	en cambio	nunca	sin embargo
allí	entonces	quizás	temprano
consecuentemente			

la hora

¿A qué hora... ?	de/por la noche	la medianoche	en punto
de/por la madrugada	de/por la tarde	el mediodía	¿Qué hora es?
de/por la mañana			

expresiones de comparación

más... que	mejor	menos... que	tan... como
mayor	menor	peor	

vocabulario personal

_____   _____

_____   _____

_____   _____

_____   _____

_____   _____

Actividades y espectáculos

Temas
- Los lugares y sus actividades
- Los días de la semana
- Fechas y fiestas
- La ciudad
- Números y cantidades

Funciones
- Describir una localización
- Expresar sorpresa
- Pedir perdón

Gramática
- 4.1 Los verbos regulares de la primera conjugación
- 4.2 Los días de la semana
- 4.3 Algunos adverbios y adjetivos: formas y usos
- 4.4 Adjetivos y pronombres demostrativos
- 4.5 *Hay*
- 4.6 Los números del *cien* a *un billón*
- 4.7 Los meses y las estaciones del año

EN MARCHA

4.1	¿Dónde trabajan ustedes?

PRIMER PASO

María trabaja en un hospital.

El tren llega a la estación a las nueve y media.

Luisa y Teresa escuchan música cuando estudian en casa.

Luis habla con sus padres por teléfono.

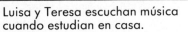

Una conversación entre compañeros:

PACO Javier, ¿dónde trabajas tú?
JAVIER Yo trabajo en un restaurante. ¿Y tú?

PACO	Trabajo en el centro con unos abogados.
JAVIER	Tu papá es abogado, ¿no?
PACO	Sí, pero él no trabaja allí con nosotros. Su socio y él trabajan en un suburbio que está cerca de aquí.
JAVIER	¿Por qué no trabajamos juntos tú y yo?
PACO	Esa es una buena idea para el futuro, pero por el momento, necesitamos terminar nuestros estudios.

Conclusiones ## Los verbos regulares de la primera conjugación

1. **Trabajar** es un verbo regular de la primera conjugación. Los infinitivos de la primera conjugación terminan en **-ar**.
2. Cada verbo regular tiene dos partes: una raíz y una terminación. La raíz de **trabajar** es **trabaj-**. La terminación de **trabajar** es **-ar**.
3. Las terminaciones de un verbo conjugado siempre corresponden en persona y en número al sujeto del verbo.
4. Todo verbo regular de la primera conjugación usa las mismas terminaciones.

Sinopsis

trabajar		
sujeto	*raíz*	*terminación*
yo	**trabaj-**	-o
tú	**trabaj-**	-as
Ud., ella, él, Juan, etc.	**trabaj-**	-a
nosotros/nosotras	**trabaj-**	-amos
vosotros/vosotras	**trabaj-**	-áis
Uds., ellos, ellas, las chicas, etc.	**trabaj-**	-an

SEGUNDO PASO

Algunas actividades:

Tomamos el tren en la estación de trenes; **tomamos** el autobús en la terminal.

Generalmente, **estudiamos** en la biblioteca, pero a veces **conversamos**.

Hablo con mis padres por teléfono dos veces por semana.

Siempre **llego** a clase temprano y tú **llegas** a la hora. Pocos estudiantes **llegan** tarde.

Nado en la piscina que está en el gimnasio. ¿Dónde **nadas** tú?

¿Dónde **compráis** vuestra ropa? Nosotros **compramos** ropa en el centro.

A veces **escucho** música cuando **estudio**. Es imposible **escuchar** música en la biblioteca.

Los lugares y sus actividades

Aída nada en la piscina del gimnasio.

Olga canta música de ópera en el teatro.

Los chicos bailan en la discoteca.

Los futbolistas levantan pesas.

Miguel descansa debajo de un árbol en la plaza.

Raúl compra ropa en la tienda del centro.

Conclusión **Casi el noventa por ciento (90%) de los verbos en español terminan en -ar y se conjugan como trabajar (¡Qué fácil!)**

Sinopsis

tomar	estudiar	hablar	necesitar	comprar
tomo	estudio	hablo	necesito	compro
tomas	estudias	hablas	necesitas	compras
toma	estudia	habla	necesita	compra
tomamos	estudiamos	hablamos	necesitamos	compramos
tomáis	estudiáis	habláis	necesitáis	compráis
toman	estudian	hablan	necesitan	compran

ACTIVIDADES

1. ¿Qué actividades? *Dos compañeros de cuarto describen sus actividades en distintos lugares.*

> **MODELO** en el parque/caminar o trabajar → **En el parque caminamos.**

1. en la biblioteca/estudiar o charlar con los amigos
2. en la piscina/nadar o estudiar
3. en el supermercado/comprar comida o trabajar
4. en la discoteca/bailar o escuchar música

5. en el gimnasio/levantar pesas o descansar
6. en el baño/cantar o hablar por teléfono
7. en la casa/descansar o meditar sobre el significado cósmico del amor
8. en la clase de español / ...

2. ¿Poco, bastante, mucho o demasiado? (entre dos) *¿Con qué frecuencia participan ustedes en las actividades a continuación?*

> **MODELO** conversar con tus amigos
> > ESTUDIANTE 1: **¿Conversas mucho** *(poco, bastante, demasiado)* **con tus amigos?**
> > ESTUDIANTE 2: **Converso con mis amigos mucho.**

1. cantar en público
2. escuchar música rock
3. bailar en una discoteca
4. meditar sobre los misterios de la vida

5. estudiar con tus amigos
6. trabajar en la biblioteca
7. hablar por teléfono
8. nadar en la piscina

3. Reportaje (entre dos o en pequeños grupos). *Describan las actividades de usted y sus compañeros. Usen la tabla para formar oraciones profundas y originales.*

yo	escuchar...	siempre
tú	cantar	poco/mucho/demasiado
(nombre de un compañero)	nadar	tarde/temprano
(nombre de una amiga)	bailar	antes/después de clase
nosotros/as	estudiar...	hasta medianoche
vosotros	trabajar	en el baño
(dos compañeros)	llegar a clase	por la mañana/la noche
(varias compañeras)	necesitar el amor	en mi coche
los alumnos de (una universidad rival)	tomar Coca-Cola	a la hora en punto
	descansar	en el laboratorio de lenguas
	conversar	en el gimnasio
	hablar con...	en la piscina
	meditar sobre...	en una discoteca
		en la biblioteca
		en casa

4. Chismes (entre dos o en pequeños grupos). *Ahora informe al resto de clase, con... dice que... , sobre las virtudes (o los vicios) de su compañero/a.*

5. Confesiones (entre dos o en pequeños grupos). *Preguntele a alguien de la clase con qué frecuencia participa en las actividades a continuación.*

EJEMPLO mirar televisión → **Robert, ¿miras televisión poco o demasiado?**

1. escuchar música decadente
2. exagerar tus virtudes
3. fumar cigarrillos
4. tomar vino

5. conversar sobre química orgánica
6. nadar sin ropa / a medianoche
7. trabajar bien
8. hablar inglés en la clase

4.2	¿Qué día es hoy?

PRIMER PASO

junio						
lunes	**martes**	**miércoles**	**jueves**	**viernes**	**sábado**	**domingo**
			1	**2**	**3**	**4**
5	**6**	**7**	**8**	**9**	**10**	**11**
12	**13**	**14**	**15**	**16**	**17**	**18**
19	**20**	**21**	**22**	**23**	**24**	**25**
26	**27**	**28**	**29**	**30**		

¿Cuáles son los días de la semana?

Los días de la semana son: **lunes, martes, miércoles, jueves, viernes, sábado** y **domingo**.

¿Qué día es hoy?
¿Qué día es mañana?

Hoy es **miércoles**.
Mañana es **jueves**.

Conclusión **No se usa *el* después de *hoy es* o *mañana es*.**

SEGUNDO PASO

¿Cuál es tu día favorito?
¿Cuál es tu día más ocupado?
¿Cuál es el primer día de la semana en español?

¿Cuándo es la próxima reunión?
¿Cuándo es tu cita con el médico?
¿Estudias **los** sábados?

¿Qué días están Juana y Hortensia fuera de la ciudad?
¿Hasta qué hora trabajan Uds. **los** viernes?

El domingo es mi día favorito.
El lunes es mi día más ocupado.
A diferencia del inglés, el primer día es **el** lunes.
La próxima reunión es **el** martes.
Es **el** jueves por la mañana.
Sí, estudio **los** sábados pero no estudio **los** domingos.
Están fuera de la ciudad **los** sábados y **los** domingos.
Trabajamos **los** viernes hasta las seis y media de la tarde.

Conclusiones **El uso de *el* y *los* con los días de la semana y las formas plurales**

1. Se usa **el** cuando se refiere a un día en general:
    El domingo es un día libre *(libre = sin trabajo)*.
2. Se usa **el** cuando se refiere a un evento específico que ocurre una vez:
    El próximo partido de fútbol es **el** sábado.
3. Se usa **los** cuando se refiere a un evento habitual:
    Trabajo **los** martes y **los** jueves.
4. **Sábado** y **domingo** tienen una forma singular y plural. Compare:
    el sábado → los sábados   el domingo → los domingos
    el lunes → los lunes   el jueves → los jueves

Martes

Univisión -

7:00	María de Nadie - Novela
7:30	Platavisión - Infantil
8:30	World Vision Agencia de ayuda a niños pobres
10:00	Cine de oro
12:00	Creador
12:30	Cine Internacional
4:30	El Show de Johnny Canales
5:30	Bailando
6:00	Viva Sidekicks
7:00	Sabado Gigante
10:30	Tu música
11:00	Bailando
11:30	World Vision

Telemundo -

7:00	El País de Caramelo
8:00	Kolitas
8:30	Buen Día maría
9:00	Cara a Cara
10:00	El Show de Lucy
10:30	Cocina
11:00	Alma Mía - Novela
12:00	La Intrusa - Novela
1:00 1:30	Hablando Cine en su casa
3:00	Siempre hay una suegra
3:30	La feria de la alegría
4:30	Ocurrió Así
5:00	Uno Núnca Sabe
5:30	Noticiero Telemundo CNN
6:00	Pasionaria - Novela
7:00	Paraíso - Novela
7:30	La Revancha - Novela
8:00	Cine Millonario
10:00	Noticiero Telemundo CNN
10:30	Cara a Cara

EMISIONES Y FRECUENCIAS DE RADIO EXTERIOR DE ESPAÑA				
Area de cobertura	Frecuencia kHz	Banda m	Hora UTC	Dia
EUROPA	9875	31	0500-0700 0930-2130	Diario
	15395	19	0600-0700 0930-1600	Diario
	11920	25	0500-0700 0930-2130	Diario
	11790	25	0930-1600	Diario
	12035	25	0930-2130	Diario
	17730	16	0930-1900	Diario
	9765	31	1900-2130	Diario
Australia	9650	31	0500-0700	Diario
	11730	25	0500-0700	Diario
Mediterráneo e Índico	21595	13	0500-0700	Diario
América Norte	9630	31	0200-0500	Diario
	15110	19	0200-0500	Diario
	21460	13	1930-2315	Diario
Centro	15125	19	0200-0500	Diario
	17815	16	0930-1900	Domingos
	21570	13	0930-1300	Diario
	21555	13	0930-1900 2300-0200	Diario
	17845	16	1930-2245	Diario
	17715	13	2200-0200	Diario
	9360	31	2300-0500	Diario
Sur	15125	19	0200-0500	Diario
	17815	16	0930-1900	Domingos
	21570	13	0930-1300	Diario
	21555	13	0930-1900 2300-0200	Diario
	17845	16	1930-2245	Diario
	17715	16	2200-0200	Diario
	21495	13	2300-0200	Diario
	9360	31	2300-0500	Diario
Africa	17890	16	1300-2130	Diario
Oriente Medio	21595	13	0930-1900	Diario
Extremo Oriente Japón	9620	31	1200-1300	Diario
Filipinas	11915	25	1300-1400	Diario
Servicio en sefardí Oriente Medio	17770	16	1800-1830	Jueves

ACTIVIDADES

6. Información esencial. *Complete las oraciones de forma creativa.*

MODELO Yo trabajo → **Yo trabajo los lunes y los jueves.**

1. Nosotros estudiamos...
2. El/La profesor/a enseña...
3. Miguel estudia...
4. Compro comida...
5. Mis amigos están cansados...
6. Hablamos español...

7. Eventos importantes (entre dos). *¿Cuándo es... ?*

MODELO la fiesta de Carlos / lunes
ESTUDIANTE 1: **¿Cuándo es la fiesta de Carlos?**
ESTUDIANTE 2: **Es el próximo lunes.**

1. el baile de nuestra clase/sábado
2. la boda de Marta/domingo
3. el examen final/martes
4. el concierto/viernes
5. la reunión/miércoles
6. el simposio/fin de semana

8. Entrevista (entre dos). *Pregúntele a alguien de la clase:*

1. qué clases tiene los lunes
2. qué clases tiene los martes
3. dónde está los fines de semana
4. qué días está con sus amigos
5. qué día es el próximo examen
6. qué día es la próxima fiesta
7. qué días trabaja
8. qué días estudia

9. Su horario (entre dos o en pequeños grupos). *Describa su horario a sus compañeros de clase; use la tabla como guía.*

los lunes	a las... de la mañana	tengo mi clase de...
los martes	al mediodía	tengo una cita con...
los miércoles	a la una de la tarde	mi mejor amigo y yo...
los sábados	a las... de la tarde	estoy con...
los domingos	a las... de la noche	llamo por teléfono a...
el viernes	a la medianoche	tenemos examen en...
el sábado	a la hora de Drácula	mi mejor amiga y yo...

4.3	¿Cómo hablan ustedes?

PRIMER PASO

Carlos canta **bien**.	Eduardo canta **mal**.
Pablo habla **rápido**.	Enrique habla **despacio**.
Mario es un chico lógico.	Explica las cosas **lógicamente**.
La conversación está animada.	Los amigos hablan **animadamente**.
Silvia es una estudiante atenta.	Silvia saluda **atentamente**.
Gregorio es muy cortés.	Gregorio contesta **cortésmente**.
¿Cómo maneja Javier?	Maneja **muy** cuidadosamente.
¿Cómo es Marta?	Es **demasiado** obsesiva.
¿Cómo son los malos alumnos?	Son **poco** diligentes.
¿Es difícil el examen?	Sí, es **tan** difícil.

Conclusiones Los adverbios y su formación

1. Las palabras en negrilla son adverbios. Un adverbio modifica un verbo (Canto **bien**.), otro adverbio (**muy bien, muy mal**) o un adjetivo (**demasiado** obsesiva, **poco** diligente, **tan** difícil). Los adverbios son invariables; tienen una sola forma.
2. **Bien, mal, rápido, despacio, muy, demasiado, poco, bastante** y **tan** son adverbios sencillos; no terminan en **-mente**.
3. Otros adverbios son derivados de un adjetivo. Para formar un adverbio de un adjetivo, se agrega **-mente** a la forma femenina del adjetivo. Si el adjetivo tiene acento, el adverbio conserva el acento.

Sinopsis

adjetivo	adverbio	adjetivo	adverbio
claro	→ **claramente**	feliz	→ **felizmente**
lógico	→ **lógicamente**	cortés	→ **cortésmente**
atento	→ **atentamente**	fácil	→ **fácilmente**
frecuente	→ **frecuentemente**	difícil	→ **difícilmente**

SEGUNDO PASO

Carlos es un **buen** alumno.	Enrique también es un alumno **bueno**.
Sofía es una **buena** directora.	Sí, pero es una pianista **mala**.
Mi tío Paco es un **mal** novelista.	Sí, pero no es un hombre **malo**.
Esa es una **mala** película.	En cambio, la otra en el mismo cine es una película **buena**.

Conclusiones   **Posición de *bueno, malo* y sus formas**

1. Los adjetivos **buen, buena, buenos, buenas, mal, mala, malos** y **malas** se usan con frecuencia delante del sustantivo.
2. **Buen** y **mal** se usan delante de un sustantivo masculino singular. **Malo** y **bueno** se usan detrás de un sustantivo masculino singular.
3. La posición de **bueno, malo** y sus formas no cambia el significado.
4. **Nota importante:** No confunda **buen** con **bien**. **Buen** es un adjetivo. Describe un sustantivo. Por ejemplo:

   Carlos es un **buen** chico.

   Bien es un adverbio que describe una acción. Por ejemplo:
   Mi amiga Lisa nada **bien**.

TERCER PASO

corto

largo

una gran mujer   una mujer grande

El Hotel del Prado es un hotel **grande**.	El presidente es un **gran** hombre.
No tenemos una casa muy **grande**.	Gabriela Mistral es una **gran** mujer.
¿De quién son esos zapatos **grandes**?	Cervantes siempre figura en las listas de **grandes** escritores.
Tengo que comprar dos maletas **grandes**.	Hay muchas **grandes** personas en la historia del país.
El río Amazonas es muy **largo**.	Las reuniones demasiado **largas** no son interesantes.

Conclusiones   **Usos de *grande, largo* y sus formas**

1. Cuando **gran** o **grandes** se usan delante de un sustantivo, significan **noble** o **eminente**.
2. **Gran** se usa delante de sustantivos singulares, femeninos o masculinos.
3. Cuando **grande** o **grandes** se usan después de un sustantivo, significan **enorme** o **inmenso**. Es decir, se refieren al tamaño en general.
4. **Largo** y sus formas se refieren a la extensión, y no al tamaño en general.

ACTIVIDADES

10. ¿Cómo?   *Describa las acciones de la gente.*

MODELO   Javier está alegre. Habla... → **Habla alegremente.**

1. Miguel es lógico. Explica...
2. Ana está triste. Camina...
3. Somos inteligentes. Conversamos...
4. María está alegre. Canta...
5. Soy atento/a. Saludo...
6. Eres cuidadoso. Manejas...
7. Sois brillantes. Habláis...
8. Ana es una nadadora rápida. Nada...

11. Reacciones.   *Describa sus reacciones a las situaciones con una forma de **bueno** o **malo**.*

EJEMPLO   Javier estudia todos los días. / alumno. → **Es un buen alumno.**

1. Ana actúa muy bien. / actriz
2. Saúl pinta muy bien. / pintor
3. Enrique actúa muy bien. / actor
4. Mis hermanas escriben mal. / escritoras
5. Mi hermano maneja mal. / chofer
6. Lisa y Jorge bailan bien. / bailarines
7. Mi tío escribe mal. / novelista
8. Gumersinda y su amigo Don Tremendón cantan mal. / cantantes

12. ¿Gran o grande?   *¿Qué necesitan Uds. en estas situaciones?*

MODELO   para un viaje largo/maleta → **Necesitamos una maleta grande.**
para cantar una ópera/cantante → **Necesitamos una gran cantante.**

1. para hablar bien español / profesor
2. para guardar la casa / perro
3. para ganar una guerra / general
4. para transportar a mucha gente/avión
5. para muchos apuntes/cuaderno
6. para actuar en Broadway/actriz
7. para los cursos populares /auditorio
8. para llevar mucho dinero / cartera

13. ¿Buen o bien?   *Vuelvan a formular las oraciones según el modelo.*

MODELOS   Javier canta bien. / cantante → **Es un buen cantante.**
Javier es un buen cantante. / canta → **Canta bien.**

1. María nada bien. / nadadora
2. Jorge escribe bien. / escritor
3. Raquel es una buena trabajadora. / trabaja
4. Jacinto baila bien. / bailarín
5. Roberto es un buen consumidor. / consume
6. Antonia estudia bien. / estudiante

14. ¿Bien o buen? *Reformulen las oraciones según el modelo.*

MODELOS Javier es un buen cantante. → **Canta bien.**
Javier canta bien. → **Es un buen cantante.**

1. Mario es un buen bailarín.
2. Patricio baila bien.
3. Los alumnos trabajan bien.

4. Las chicas son buenas trabajadoras.
5. Mi tía es buena conversadora.
6. Los alumnos son buenos trabajadores.

| **4.4** | **¿Cómo se llama ese edificio?** |

PRIMER PASO

Introducción a la ciudad universitaria:
Este edificio que está al lado de nosotros es el laboratorio.
Ese edificio que está en frente es el gimnasio.
Aquel edificio que está en la otra cuadra es el auditorio.
Las oficinas de humanidades están en **esta** esquina.
La biblioteca está en **esa** calle.
El departamento de ciencias políticas está en **aquella** esquina.

Conclusiones **Los adjetivos demostrativos**

1. Las palabras en negrilla son adjetivos demostrativos.
2. Los adjetivos demostrativos en español marcan tres grados de distancia:
   a. **Este, esta, estos** y **estas** se usan para señalar objetos que están cerca.
   b. **Ese, esa, esos** y **esas** se usan para señalar objetos que están relativamente lejos.
   c. **Aquel, aquella, aquellos** y **aquellas** se usan para señalar objetos que están muy lejos.

Sinopsis

	masculino		femenino	
	singular	*plural*	*singular*	*plural*
	este	estos	esta	estas
	ese	esos	esa	esas
	aquel	aquellos	aquella	aquellas

SEGUNDO PASO

Estas camisas son más bonitas que **ésas**.
Esos alumnos son más inteligentes que **aquéllos**.
Juan dice que **éste**, y no **aquél**, es su libro.

Conclusión **Los pronombres demostrativos**

1. Los adjetivos demostrativos funcionan como pronombres demostrativos cuando se usan sin sustantivo.
2. Los pronombres demostrativos llevan acento en la sílaba enfatizada.

TERCER PASO

¿Qué es **esto**?	Es mi nueva computadora.
¿Qué es **eso**?	Es mi nuevo cuaderno de inglés.
Según Margarita, tienes mucho dinero, una casa enorme y un novio espléndido.	**Eso** es cierto, gracias a Dios.
Don Tremendón dice que los estudiantes son parásitos sociales.	¡**Aquello** es un chisme malicioso! ¡Qué típico de Don Tremendón!

Conclusiones **Los pronombres demostrativos neutros**

1. **Esto, eso** y **aquello** se refieren a cosas no identificadas o a ideas abstractas.
2. **Esto, eso** y **aquello** no se combinan con sustantivos y no llevan acento.

ACTIVIDADES

15. Nombres y posesiones. *Explíquele a un alumno nuevo los nombres o la pertenencia (pertenencia = quién es el dueño) de personas, objetos y edificios.*

> **MODELO** alumnos → **Este alumno se llama Miguel, esa alumna se llama Ana y aquel alumno se llama Alejandro.**
>
> mochilas → **Esta mochila es de Luisa, esa mochila es de Sandra y aquella mochila es de la profesora.**

1. libros	5. cuadernos
2. pupitres	6. abrigos
3. edificios	7. estudiantes
4. calles	8. zapatos

16. Comparaciones. *Terminen las oraciones con un pronombre demostrativo.*

> **MODELO** Este edificio es tan moderno como → **Este edificio es tan moderno como aquél.**

1. Esos alumnos son tan guapos como...	4. Esta oficina está más cerca que...
2. Esa computadora es tan potente como...	5. Este restaurante es mejor que...
3. Aquellos hoteles son tan caros como...	6. Aquellos alumnos son mejores que...
	7. Este chico es tan guapo como...
	8. Aquel teatro es más grande que...

17. Comparaciones originales (entre dos). *Usen los elementos para formar oraciones originales.*

EJEMPLO estos... son más lindos... → **Estos zapatos son más lindos que aquéllos.**

1. este... es mejor que...
2. estos... son peores que...
3. aquella... no es tan buena como...
4. aquel... es más feo que...

5. esas... están más cansadas que...
6. ese... es tan rico como...
7. esos... son tan modestos como...
8. esta... es mejor que...

4.5 ¿Qué hay en la plaza?

PRIMER PASO

1. la calle
2. la esquina
3. el parque
4. las flores
5. el árbol
6. el lago
7. la montaña
8. la fuente
9. la carretera
10. la iglesia
11. la catedral
12. la nube

Hay un hombre en la calle.

Hay una flor en el florero que está en la mesa.

¿Cuántos exámenes **hay** este semestre?

Hay hombres en la calle.
Hay unos hombres en el centro.
Hay varios hombres en la plaza.
Hay cincuenta hombres en la casa.
Hay flores en el florero.
Hay unas flores en la mesa.
Hay algunas rosas en el jardín.
Hay bastantes flores en tu dormitorio.
Hay pocos exámenes durante el semestre.

¿**Cuántos** árboles **hay** en la calle?   **No hay** muchos árboles en la calle.
¿**Cuántas** violetas **hay** en tu jardín?   **No hay muchas** violetas allí.

Conclusiones **Usos de *hay***

1. **Hay** es una expresión verbal que se combina con sustantivos singulares y plurales. Tiene dos significados:
     a. Localización: **Hay** un dinosaurio en el museo.
     b. Existencia: **Hay** un examen mañana a las diez y media.
2. **Unos/unas, varios/varias, algunos/algunas, poco/a/os/as, demasiado/a/os/as** y **bastante/s** son expresiones de cantidad no específica. ¿**Cuántos?** y ¿**cuántas?** son palabras interrogativas de cantidad.

SEGUNDO PASO

Hay un lago en las montañas.   **El** lago **está** en las montañas.
Hay una estación de gasolina en la   **La** estación de gasolina **está** en la
  carretera.   esquina.
Hay estatuas en el museo.   **Las** estatuas **están** en ese salón.
Hay tres árboles enfermos allí.   **Estos** árboles **están** enfermos.
Hay muchas niñas en el patio.   **Esas** niñas **están** en el patio.
Hay algunas casas en la esquina.   **Nuestra** casa **está** en la esquina.
Hay pocos profesores en el auditorio.   **Mi** profesor **está** en el auditorio.
No hay mucha vegetación en el   **La** vegetación más abundante **está** en
  desierto.   el valle.

Conclusiones   Comparación de *hay* y *estar*

1. **Hay** y **no hay** se combinan con sustantivos sin artículo, con artículos indefinidos y con expresiones de cantidad:

> **Hay agua** en el piso.
> **No hay perros** en la calle.
> **Hay un** chico en la clase que tiene padres mexicanos.
> **Hay pocos** hombres en mi vida.
> **Hay tres** coches en el garaje.
> ¿**Cuántas** fuentes **hay** en Barcelona?

2. **Estar** se combina con artículos definidos, adjetivos posesivos y adjetivos demostrativos:

> El lago **está** cerca de la ciudad; **las** montañas **están** más lejos.
> **Mi** casa **está** en los suburbios. ¿Dónde **está tu** casa?
> **Estos** dormitorios **están** en medio del campus.

ACTIVIDADES

18. Complejidades de la vida (entre dos). *Comenten los excesos e insuficiencias de su vida y del mundo en general usando expresiones de cantidad como* **pocos, suficientes, bastantes, demasiados,** *etc.*

EJEMPLOS   dinero en mi bolsillo

ESTUDIANTE 1: **Hay poco dinero en mi bolsillo.**

ESTUDIANTE 2: **No hay bastante dinero en mi bolsillo.**

1. chicos en la clase de español
2. gente inteligente en Washington
3. tarea en esta clase
4. médicos en el mundo
5. abogados en nuestra sociedad

6. fiestas en esta universidad
7. música en los ascensores
8. gente bruta en...
9. problemas en mi vida amorosa
10. personas lindas en...

19. Informe (entre dos o en pequeños grupos). *Con... **dice que...** , informen a la clase sobre los excesos e insuficiencias identificadas en la actividad anterior.*

EJEMPLO   **Mario dice que hay demasiada música en los ascensores y en los supermercados también.**

20. ¿Hay o estar? (entre dos o en pequeños grupos) *Miguel tiene visita y está describiendo dónde vive. Sus descripciones requieren **hay** o una forma de **estar**. ¿Qué dice?*

EJEMPLOS   **La calle principal está en el centro. Hay mucho tráfico en la calle principal.**

1. mucha agua en las fuentes
2. edificios altos en el centro
3. la calle principal
4. una pequeña ciudad al lado
5. un café en esa esquina

6. El Hotel Dorado
7. aquellas montañas
8. demasiados bares
9. nuestro restaurante favorito
10. tres hospitales

4.6	¿Es cierto que ganas un millón de dólares por año?

100	cien
100 hombres	cien hombres
100 mujeres	cien mujeres
101 chicos	ciento **un** chicos
101 chicas	ciento **una** chicas
200 alumnos	doscien**tos** alumnos
200 alumnas	doscien**tas** alumnas
255 dólares	doscien**tos** cincuenta y cinco dólares
255 pesetas	doscien**tas** cincuenta y cinco pesetas
300	trescientos/trescientas
400	cuatrocientos/cuatrocientas

500	quinientos/quinientas
600	seiscientos/seiscientas
700	setecientos/setecientas
800	ochocientos/ochocientas
900	novecientos/novecientas
1.000	mil
1.010	mil diez
5.000	cinco mil
12.745	doce mil setecientos cuarenta y cinco
147.400	ciento cuarenta y siete mil cuatrocientos
1.000.000	un millón
$32.000.000	treinta y dos millones **de** dólares
1.000.000.000	un billón
$2.000.000.000	dos billones **de** dólares

Conclusiones Los números mayores de *noventa y nueve* y su concordancia

1. **Cien** significa **100**. **Ciento** se usa en combinación con otros números:
   ciento uno, ciento noventa y nueve, etc.
2. Los números entre **doscientos** y **novecientos** tienen una forma masculina y otra femenina:
   trescientos chicos   **trescientas chicas**
   quinientos cuarenta dólares **quinientas cuarenta pesetas**
3. **Mil** es invariable: **mil, dos mil, trece mil,** etc. No se usa **un** con **mil**.
4. **Miles** se usa sólo para indicar un número impreciso:
   miles de personas, miles y miles de dólares, etc.
5. Se usa punto (.) y no coma (,) en números mayores de **999**:
   492.243 pesos
   Una excepción común: los años
   1492   mil cuatrocientos noventa y dos
   1810   mil ochocientos diez
   1995   mil novecientos noventa y cinco
6. Se usa **de** con **millón, millones, billón** y **billones:**
   un millón de pesetas   **diez billones de dólares**
7. Se usa **un** delante de un sustantivo masculino y **una** delante de un sustantivo femenino:
   mil cuatrocientos cincuenta y un hombres
   mil cuatrocientas cincuenta y una mujeres

ACTIVIDADES

21. Cantidades (entre dos).   *Conteste las preguntas según las indicaciones.*

1. ¿Cuántos alumnos hay en la Universidad Nacional Autónoma de México? (300.000)

2. ¿Cuántas páginas hay en este libro? (...)

3. ¿Cuántos estudiantes hay en tu universidad? (...)
4. ¿Cuántos kilómetros hay entre Ciudad Juárez y Monterrey? (1.194)
5. Cuántas millas hay entre San Francisco y Los Ángeles? (421)

6. ¿Cuántos dólares tienes en el banco? (...)
7. ¿Cuántos dólares tienen los Rockefeller en el banco? (...)
8. ¿Cuántos argentinos hay en la Argentina? (28.000.000)

Nota cultural

La tertulia

En los países hispanos, la vida en la calle y en los lugares públicos como parques y plazas es mucho más intensa que en los Estados Unidos. Cada ciudad tiene una plaza central. En frente de esa plaza, casi siempre hay dos edificios esenciales: una **iglesia** y el **palacio municipal** que representan las grandes instituciones de la sociedad.

    Pero al lado de esos grandes edificios solemnes, hay pequeños restaurantes, bares y tabernas que a veces tienen también una importancia institucional. La gente pasa mucho tiempo en esos lugares. Hablan de todo:

iglesia: templo, edificio eclesiástico
palacio municipal: edificio para el gobierno municipal

de la política, del arte, del amor, de los amigos, etc. A veces la **misma** gente se reúne en los mismos lugares durante muchos años para conversar.

misma: idéntica

    Esas conversaciones habituales se llaman «tertulias» y en algunos casos adquieren mucha importancia histórica y literaria. Grandes artistas, políticos, escritores, intelectuales—todos en algún momento participan en una tertulia. Obviamente la vida institucional que **tiene lugar** en los grandes edificios es muy importante. Pero no menos importante es la vida de las tertulias.

tener lugar: ocurrir

4.7 ¿Cuáles son los meses del año?

1996

enero	febrero	marzo	abril	mayo	junio
D L M M J V S	D L M M J V S	D L M M J V S	D L M M J V S	D L M M J V S	D L M M J V S
1 2 3 4 5 6 7 8 9 10 11 12 13 14 15 16 17 18 19 20 21 22 23 24 25 26 27 28 29 30 31	1 2 3 4 5 6 7 8 9 10 11 12 13 14 15 16 17 18 19 20 21 22 23 24 25 26 27 28	1 2 3 4 5 6 7 8 9 10 11 12 13 14 15 16 17 18 19 20 21 22 23 24 25 26 27 28 29 30 31	1 2 3 4 5 6 7 8 9 10 11 12 13 14 15 16 17 18 19 20 21 22 23 24 25 26 27 28 29 30	1 2 3 4 5 6 7 8 9 10 11 12 13 14 15 16 17 18 19 20 21 22 23 24 25 26 27 28 29 30 31	1 2 3 4 5 6 7 8 9 10 11 12 13 14 15 16 17 18 19 20 21 22 23 24 25 26 27 28 29 30

julio	agosto	septiembre	octubre	noviembre	diciembre
D L M M J V S	D L M M J V S	D L M M J V S	D L M M J V S	D L M M J V S	D L M M J V S
1 2 3 4 5 6 7 8 9 10 11 12 13 14 15 16 17 18 19 20 21 22 23 24 25 26 27 28 29 30 31	1 2 3 4 5 6 7 8 9 10 11 12 13 14 15 16 17 18 19 20 21 22 23 24 25 26 27 28 29 30 31	1 2 3 4 5 6 7 8 9 10 11 12 13 14 15 16 17 18 19 20 21 22 23 24 25 26 27 28 29 30	1 2 3 4 5 6 7 8 9 10 11 12 13 14 15 16 17 18 19 20 21 22 23 24 25 26 27 28 29 30 31	1 2 3 4 5 6 7 8 9 10 11 12 13 14 15 16 17 18 19 20 21 22 23 24 25 26 27 28 29 30	1 2 3 4 5 6 7 8 9 10 11 12 13 14 15 16 17 18 19 20 21 22 23 24 25 26 27 28 29 30 31

Los meses del año son:

enero	julio
febrero	agosto
marzo	septiembre (setiembre)
abril	octubre
mayo	noviembre
junio	diciembre

¿Cuántos meses hay en un año?   Hay doce meses en el año.

¿Cuántos días hay en un año?   Depende. En un año regular hay trescientos sesenta y cinco días; en un año bisiesto hay trescientos sesenta y seis días.

¿Cuáles son las estaciones del año?   Las cuatro estaciones son: **la primavera, el verano, el otoño** y **el invierno.**

¿Cuáles son los meses del verano?   Los meses del verano son junio, julio y agosto.

¿Cuáles son los meses del invierno?   Los meses del invierno son diciembre, enero y febrero.

¿Cuál es la fecha de hoy?   Es **el primero** de octubre.
¿Cuál es la fecha del Día de los   Es **el catorce** de febrero.
     Enamorados?

25/X/1979 = el veinticinco de octubre de mil novecientos setenta y nueve
4/VII/1776 = el cuatro de julio de mil setecientos setenta y seis
1/XI/1517 = el primero de noviembre de mil quinientos diecisiete

Conclusiones   Los meses y las fechas

1. En español los meses y las estaciones se escriben con minúscula:
   febrero, mayo, setiembre, diciembre, etc.
2. Se usa **el primero** para el primer día del mes. Se usa el número cardinal (**el siete, el catorce, el treinta y uno,** etc) para los otros días.
3. En la abreviatura, el día precede al mes y el mes se indica con número romano:
   25/XII/88
4. Los años se leen igual que los números:
   1492 → mil cuatrocientos noventa y dos
   1995 → mil novecientos noventa y cinco

ACTIVIDADES

22. Días festivos.   *Usted está con un estudiante extranjero que no comprende los días festivos de su país. Identifique las fechas de estos días festivos.*

1. el Día de los Enamorados
2. el Día de la Independencia
3. el Día de Acción de Gracias
4. Navidad
5. el Día de los Muertos
6. el Día de Martin Luther King, Jr.
7. el Día de la Madre
8. el Día del Trabajador
9. Año Nuevo
10. el cumpleaños de Ud.

Navidad es . . .
¡alegría!

23. Entrevista (entre dos o en pequeños grupos). *Pregúntele a alguien de la clase:*

1. cuándo es su cumpleaños
2. cuándo es el cumpleaños de...
3. cuándo comienzan las vacaciones de invierno
4. cuándo comienzan las clases del próximo semestre
5. qué día es el examen final
6. cuál es la fecha y año en este momento

Los signos del zodíaco

Capricornio: del 22 de diciembre al 19 de enero

Tauro: del 20 de abril al 20 de mayo

Libra: del 23 de setiembre al 23 de octubre

Escorpión: del 24 de octubre al 21 de noviembre

Géminis: del 21 de mayo al 21 de junio

Cáncer: del 22 de junio al 22 de julio

Sagitario: del 22 de noviembre al 21 de diciembre

Aries: del 21 de marzo al 19 de abril

Leo: del 23 de julio al 22 de agosto

Virgo: del 23 de agosto al 22 de setiembre

Acuario: del 20 de enero al 18 de febrero

Piscis: del 19 de febrero al 20 de marzo

24. Autorretrato (entre dos o en pequeños grupos). *Con su signo del zodíaco, haga un corto autorretrato.*

EJEMPLO **Mi signo es Virgo. Mi cumpleaños es el 17 de septiembre. Como Virgo, yo soy muy intelectual, organizado y poco sentimental. Pero también soy honesto, sincero y serio. Los virgos somos muy buenos amigos y esposos. El mundo necesita más gente como nosotros.**

Nota cultural _____

Los días festivos

En el mundo hispano no se festejan todos los mismos días que en otras partes del mundo. **Además,** hay mucha variedad de país en país. Obviamente los días nacionales no son los mismos, y algunos países celebran más de un día nacional. Por ejemplo, en la Argentina el primer día de independencia es el 25 de mayo. En esa fecha en 1810, el **Cabildo** de Buenos Aires **declaró** su independencia de España. El 9 de julio de 1860, el primer congreso constituyente, con representantes de todas las provincias argentinas, declaró su independencia de España. ¿Qué fecha se celebra en nuestros tiempos? Las dos, **por supuesto**.

    Sin embargo, hay algunas fechas que todos los países hispanos tienen en común—pero otra vez no son fechas que se festejan en otras partes del mundo. Uno de los días más importantes es el Día de la Raza, que es el doce de octubre. En ese día en 1492, Cristóbal Colón **llegó** a tierra americana. Otras fechas importantes en el mundo hispano son el Día de Todos los Santos (el primero de noviembre) y el Día de los Muertos (el dos de noviembre). Pero estas fiestas no son días nacionales. **Más bien** son fiestas religiosas.

(marginal glosses)

además: también

cabildo: gobierno municipal durante los tiempos de la colonia
declaró: el pasado de *declarar*
por supuesto: ¡Claro que sí!
sin embargo: *nevertheless*
llegó: pasado de *llegar*

más bien: *rather*

Pronunciación y ortografía _____

A. *La letra* **d** *se pronuncia de dos formas en español: una* **d** *oclusiva [d] y una* **d** *fricativa [đ]. Para la pronunciación de la* **d** *oclusiva, la punta de la lengua está en contacto directo con los dientes frontales. Este sonido ocurre al principio de una frase y después de una pausa. También ocurre después de las letras* **l** *y* **n**. *Escuche y pronuncie las frases a continuación.*

¿De quién es la falda amarilla?   Esa falda es de Yolanda Meléndez.
Daniel tiene un diez en su examen.   El día está lindo.

B. *La* **d** *fricativa [đ] ocurre en todas las otras posiciones de la letra* **d**. *Para pronunciar la* **d** *fricativa, la lengua está en casi la misma posición que para la* **d** *oclusiva, pero la punta de la lengua no llega a los dientes frontales. Escuche y pronuncie las frases a continuación.*

Soy de los Estados Unidos.   Adriana es de Madrid.
Tengo diez cuadernos verdes.   Mi vida es demasiado complicada.

C. *En las frases a continuación, identifique cuáles son las* **d** *oclusivas, y cuáles son las* **d** *fricativas. Después, lea las frases en voz alta con buena pronunciación.*

¿De dónde es Alfredo?   Alfredo es del estado de Colorado.
¿Dónde están Yolanda y Diego?   Están al lado del edificio verde.
¿Cuándo tienes tu cita con el   Tengo mi cita con el médico el día dos
médico?   de diciembre.

¿Es Estados Unidos más grande que el Ecuador?	Sí, Estados Unidos es más grande que el Ecuador.
¿Es verdad que el español es difícil?	No, no es verdad. Estudiar español es una gran oportunidad.

EN CONTEXTO

Lectura

Segovia: una ciudad encantadora

Segovia es una pequeña ciudad que está más o menos a una hora y media de Madrid por automóvil. Está al otro lado de una famosa **cordillera** de montañas que se llama la Sierra de Guadarrama. También es posible llegar a Segovia por tren, pero el viaje por tren es más largo.

cordillera: un grupo de montañas

La ciudad de Segovia es muy vieja, y su historia tiene varias **etapas**. La primera etapa es la época ibérica. Los iberos son los primeros españoles, y su presencia en Segovia tiene raíces en la era precristiana. La segunda etapa histórica es el período de los romanos. La época romana dura varios siglos, desde ochenta años antes de Jesucristo hasta el fin del imperio romano. Hay en Segovia un famoso acueducto que es una construcción de los romanos. El acueducto ya tiene casi dos mil años, pero está muy bien conservado. Todavía **lleva** agua.

etapa: período

llevar: transportar

La tercera etapa en la historia de Segovia es la ocupación de los moros que dura más o menos **desde** el siglo ocho **hasta** el siglo once. En nuestros días, no hay mucha evidencia de la época de los moros en Segovia, pero en el sur de España, en ciudades como Sevilla y Granada, la influencia islámica es muy notable.

desde: comenzando con
hasta: terminando con

La época cristiana en Segovia comienza más o menos en 1020. Hay muchas **hermosas** iglesias en Segovia, y varias de ellas son de los primeros años de la época cristiana. Una de las más famosas es La Iglesia de San Esteban, que es del siglo doce. Otro edificio impresionante de Segovia es el Alcázar, un palacio que está encima de una **colina** no muy lejos del centro. Las torres del Alcázar son visibles desde muy lejos de la ciudad. **Al pie** de la colina hay un pequeño lago donde se **refleja** la imagen del Alcázar.

hermoso: muy bonito

colina: pequeña
   montaña
al pie: al comienzo
reflejar: repetir una
   imagen

Los segovianos (la gente de Segovia) son famosos por su hospitalidad, su cortesía y su buena comida. Durante la semana, casi todo el mundo trabaja, pero los fines de semana, sobre todo los sábados por la noche, casi todo el mundo llega al centro para caminar por las calles y saludar a sus amigos. Mucha gente entra en los pequeños restaurantes y tabernas que abundan en el centro. Toman un **trago** y conversan con sus amigos. Y, como en todos los países, hablan de los amigos que no están presentes—quién tiene novio, quién necesita novia, quién tiene demasiadas novias, qué pasa con los jóvenes, qué pasa con los viejos, etc. También hablan de la política, del trabajo, de los estudios y de la vida en general.

trago: por ejemplo, una
   copa de vino, una
   cerveza, un refresco
   o un martini

A medianoche, hay gente todavía cerca de la plaza central; algunos toman **mientras** otros conversan o cantan. A las tres de la madrugada, todo el mundo está en casa, pero las calles no tienen el aspecto de abandonadas. Las torres de las iglesias, la magnífica catedral gótica que está en frente de la plaza, el Alcázar, el acueducto romano—todo afirma que el espíritu de la vieja España y de los españoles de todos los siglos siempre está presente.

mientras: al mismo
   tiempo

Preguntas

1. ¿Dónde está Segovia?   2. Cómo se llaman las montañas que separan a Segovia de Madrid?   3. ¿Cuáles son las cuatro etapas principales de la historia de Segovia?   4. ¿Qué significa la palabra «segoviano»?   5. ¿Dónde están los segovianos los sábados por la noche?   6. ¿Qué toman en las tabernas? 7. ¿Sobre qué hablan en las tabernas?   8. ¿Qué pasa a medianoche?   9. ¿Qué pasa a las tres de la madrugada?   10. ¿Por qué tenemos la impresión de que las calles de Segovia nunca están totalmente abandonadas?

Cómo se hace _____

Cómo se hace para describir una localización

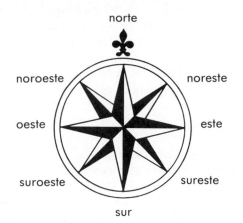

—¿Dónde está Ciudad Juárez?
—Está al **norte** de Chihuahua y al **sur** de El Paso. Está al **oeste** de Waco y al **este** de Tucson.
—¿Dónde está Tijuana?
—Está al **noroeste** de Hermosillo y al **sureste** de Los Ángeles.
—¿Dónde está Cuba?
—Está al **noreste** de Nicaragua y al **suroeste** de la Florida.
—¿A qué distancia está Nueva York de Boston?
—Está a doscientos cuarenta kilómetros (ciento cincuenta millas).

Cómo se hace para expresar sorpresa

¡Dios mío!	¿¡De veras!?	¡Qué increíble!
¡¿De verdad?!	¿En serio?	¡¿Cómo?!

Cómo se hace para pedir perdón

¡Perdón!	Lo siento.	Disculpe.
Perdóneme.	Lo siento mucho.	Discúlpeme.

Diálogos incompletos

1. _____ .

Está al norte de Costa Rica y al sur de Guatemala.

_____ .

Está al oeste de la Argentina y al sur del Perú.

2. Gumersinda tiene tres novios.

   _____ .

   Y Don Tremendón es el hombre más popular del universo.

   _____ .

   ¡Y Don Tremendón y Gumersinda están en la clase EN ESTE MOMENTO!

   _____ .

3. Usted está en mi asiento.

   _____ .

Situaciones

Situación 1 Ud. está con una amiga de otra universidad. Hágale preguntas sobre la vida estudiantil en su universidad. Información que Ud. desea: ¿Qué días de la semana tienen clases? ¿Qué clases son? ¿A qué hora son las clases? ¿Dónde está su universidad? ¿En el campo? ¿En el centro de una gran ciudad? ¿Dónde están los estudiantes los fines de semana? ¿Cuándo estudian? ¿Cuántas horas por día estudian? ¿Estudian más durante la semana o los fines de semana? ¿Cuándo hay fiestas? ¿Qué toman en las fiestas? ¿Bailan en las fiestas o sólo conversan? ¿A qué hora terminan las fiestas?

Situación 2 Invente una parodia de la vida estudiantil en una universidad rival. Por ejemplo: *El centro social de la universidad XXX es el gimnasio porque todos tienen la concentración en educación física. Los alumnos estudian veinte minutos por semana, pero solamente si es muy necesario. No hay más que fiestas todo el día porque no es necesario estudiar para sacar una buena nota, etc.*

Situación 3 Formule veinte preguntas sobre un punto del mapa. Usando los mapas que están al principio y al final de este libro, seleccione un país o una ciudad del mundo hispano. Después conteste las preguntas de sus compañeros de clase con sí o no. Use la sección *Cómo se hace* para formular sus preguntas. Cuando alguien adivina (**adivinar:** *to guess*) la respuesta, esa persona selecciona un lugar. Preguntas posibles: *¿Está en Latinoamérica o España? ¿Está al norte o al sur de Venezuela? ¿Está al suroeste o al noroeste de Buenos Aires? ¿Está cerca de la costa o está en el centro del país?*

Situación 4 Usted está con una estudiante de intercambio que se llama Marta. Marta es de Chile, donde el año escolar no tiene las mismas fechas que en los

Estados Unidos porque las estaciones del hemisferio sur son distintas. Describa su año escolar a Marta. ¿En qué fecha comienzan las clases? ¿Cuáles son las fechas de los exámenes de mitad de semestre? ¿Cuáles son las fechas de las vacaciones de invierno? ¿Cuándo son las vacaciones de primavera? Etc. Un/a compañero/a de clase es Marta.

Situación 5   Inventen tremendas exageraciones—con reacciones de sorpresa. Usen *Cómo se hace* como guía.

Situación 6   Inventen tremendas acusaciones—con reacciones correspondientes de pedir perdón. Usen *Cómo se hace* como guía.

Composición

Tema 1   Escriba una composición sobre su ciudad natal. Use la *Lectura* como guía.

Tema 2   Escriba una parodia de una ciudad que usted no admira.

Vocabulario activo

los meses del año

enero	abril	julio	octubre
febrero	mayo	agosto	noviembre
marzo	junio	septiembre	diciembre

los días de la semana

lunes	miércoles	viernes	domingo
martes	jueves	sábado	

las estaciones

la primavera	el verano	el otoño	el invierno

otras expresiones de tiempo

el año	hoy	pasado mañana	la semana
el día	mañana	próximo (-a)	el siglo
el fin de semana	el mes		

verbos

bailar	desear	hablar	necesitar
caminar	escuchar	llegar	practicar
cantar	estudiar	llevar	separar
comprar	fumar	manejar	tomar
charlar	ganar	nadar	trabajar
descansar			

lugares y edificios

el auditorio	la colina	el jardín	el restaurante
el ascensor	la cuadra	el jardín zoológico	el supermercado
el barrio	el desierto	el lago	la taberna
la calle	la discoteca	el mar	el teatro
el campo	la esquina	el museo	el templo
la carretera	la fuente	la nube	la terminal
la catedral	el gimnasio	el palacio municipal	la torre
la ciudad	la iglesia	la plaza	el valle

otros sustantivos

el amor	el cumpleaños	la mitad	el/la perro/a
el árbol	la fiesta	la Navidad	el/la socio/a
el baile	la flor	el/la niño/a	las vacaciones
el concierto	el mes	el/la novio/a	

expresiones útiles

algún, alguno/a	durante	mientras	unos/unas
desde	en frente de	todavía	ya

adjetivos

atento/a	cuidadoso/a	malo/a → peor	poco/a
bastante	demasiado/a	mucho/a	próximo/a
bueno/a → mejor	espléndido/a	muerto/a	tanto/a
cortés	lógico/a	nuevo/a	

adverbios

rápido ≠ despacio

expresiones interrogativas

¿a cuántas horas?	¿cada cuándo?	¿cuánto/cuánta?	¿cuántos/cuántas?
¿a qué distancia?			

los puntos cardinales

el este	el noroeste	el oeste	el sureste
el noreste	el norte	el sur	el suroeste

vocabulario personal

_____   _____

_____   _____

_____   _____

_____   _____

_____   _____

Vamos a comer

Temas
- La comida
- Los deseos, obligaciones y responsabilidades
- El tiempo
- El transporte
- Los planes

Funciones
- Iniciar una conversación
- Preguntar a alguien si sabe algo
- Decir que uno no sabe
- Pedir comida en un restaurante

Gramática
- 5.1 Los verbos regulares de la segunda conjugación
- 5.2 *Hacer, poner, traer, saber y ver*
- 5.3 *Ir y venir*
- 5.4 Algunos usos del infinitivo
- 5.5 El tiempo
- 5.6 Los pronombres después de preposiciones
- 5.7 *Ir a* con infinitivos

5.1 ¿Qué comemos hoy?

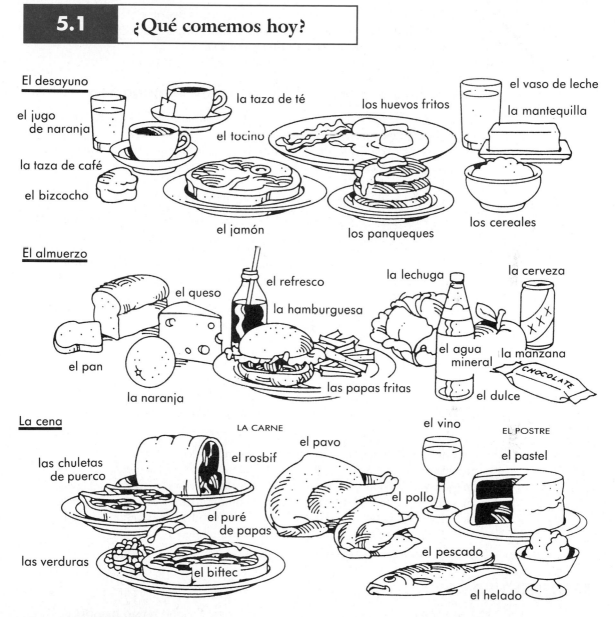

El desayuno

el jugo de naranja

la taza de té

los huevos fritos

el vaso de leche

la mantequilla

el tocino

la taza de café

el bizcocho

el jamón

los panqueques

los cereales

El almuerzo

el queso

el refresco

la hamburguesa

la lechuga

la cerveza

el pan

la naranja

las papas fritas

el agua mineral

la manzana

el dulce

La cena

LA CARNE

el vino

EL POSTRE

las chuletas de puerco

el rosbif

el pavo

el pastel

el pollo

el puré de papas

las verduras

el biftec

el pescado

el helado

PRIMER PASO

¿**Comes** tú mucho?

¿**Come** Ud. carne?

¿**Comen** Uds. pollo o pescado los viernes?

¿Qué **coméis** vosotros para el almuerzo?

¡Ay, sí! Yo **como** demasiado.

No, no **como** carne; soy vegetariana.

Comemos pescado los viernes.

Comemos arroz con pollo con verduras.

Aprendemos los términos para la comida en el mundo hispano.
Bebo café con el desayuno y un refresco con el almuerzo.
Raúl **come** mucho porque **corre** diez millas por día.
Mi madre **cree** que los libros no son necesarios para cocinar bien.

Conclusiones **Los verbos regulares de la segunda conjugación**

1. **Comer** es un verbo regular de la segunda conjugación. Los infinitivos de la segunda conjugación terminan en **-er**.
2. Otros verbos comunes de la segunda conjugación son **aprender, beber, comprender, correr, creer** y **leer**.

Formación

	sujetos	raíz	terminaciones	comer
	yo	**com-**	**-o**	como
	tú	**com-**	**-es**	comes
	Ud., él, ella	**com-**	**-e**	come
	nosotros/nosotras	**com-**	**-emos**	comemos
	vosotros/vosotras	**com-**	**-éis**	coméis
	Uds., ellos, ellas	**com-**	**-en**	comen

Sinopsis

aprender	beber	comer	comprender	creer	leer
aprendo	bebo	como	comprendo	creo	leo
aprendes	bebes	comes	comprendes	crees	lees
aprende	bebe	come	comprende	cree	lee
aprendemos	bebemos	comemos	comprendemos	creemos	leemos
aprendéis	bebéis	coméis	comprendéis	creéis	leéis
aprenden	beben	comen	comprenden	creen	leen

SEGUNDO PASO

¿Cuándo comes?   Como cuando **tengo hambre**.
¿Por qué llora el niño?   Llora porque **tiene mucha hambre**.
¿Cuándo bebes cerveza?   Bebo cerveza cuando **tengo sed**.
¿Deseas una cerveza ahora?   No, porque **tengo poca sed**.

Conclusiones **Expresiones con *hambre* y *sed***

1. **Tener** se usa con **hambre** y **sed**.
2. Se usan adjetivos (**mucha, poca, demasiada,** etc.) con **hambre** y **sed**.

ACTIVIDADES

1. ¿Qué come la gente?

MODELO Jorge / pan tostado → **Jorge come pan tostado.**

1. Ana / jamón con queso
2. nosotros / naranjas
3. esos hombres / bistec
4. tú / huevos
5. vosotros / ensalada
6. yo / un helado
7. Roberto y yo / cereales
8. Toni / un sandwich
9. nosotros / galletas
10. tú / verduras
11. el conejo / lechuga
12. los ratones / queso

2. ¿Qué bebe la gente? (entre dos)

MODELO Micaela / con el desayuno.
ESTUDIANTE 1: **¿Qué bebe Micaela con el desayuno?**
ESTUDIANTE 2: **Micaela bebe café con leche con el desayuno.**

1. mi mejor amigo / a medianoche
2. los estudiantes de... / por la noche
3. los españoles / con el almuerzo
4. nosotros / con un sandwich
5. su profesor(a) / con la cena
6. tú / a mediodía
7. los italianos / con pizza
8. Don Tremendón / siempre

3. Entrevista (entre dos). *Pregúntele a un/a compañero/a de clase qué come y qué bebe durante el día. Use la tabla en la página siguiente para formular sus preguntas y sus respuestas.*

1. ¿Qué come Ud. para el desayuno?
2. ¿Qué come Ud. para el almuerzo?
3. ¿Qué come Ud. para la cena?
4. ¿Qué bebe Ud. con la cena?
5. ¿Qué bebe Ud. con el almuerzo?
6. ¿Qué bebe Ud. con el desayuno?

huevos fritos	una ensalada mixta	rosbif
jugo de naranja	un agua mineral	papas fritas
jamón	cereales con leche	un sandwich de...
pan tostado	un refresco	una hamburguesa
café con leche	queso	verduras
leche fría	té con limón	chocolate (caliente)
sopa de tomate	usa ensalada de frutas	pescado
chuletas de puerco	un helado	pavo
un bistec	un dulce	pollo frito
puré de papas	sopa de frijol	ponche

4. Informe. *Ahora, con* **dice que...** *, informe a la clase sobre los gustos culinarios de su compañero/a de la actividad anterior.*

5. La comida en momentos especiales (entre dos). *Pregúntele a un/a compañero/a de clase qué prepara (o qué cocina) para los distintos tipos de comidas.*

> EJEMPLOS si tiene poca hambre
>
> > ESTUDIANTE 1: **¿Qué preparas si tienes poca hambre?**
> > ESTUDIANTE 2: **Preparo una ensalada de frutas.**
>
> si tiene invitados a quienes desea impresionar
>
> > ESTUDIANTE 1: **¿Qué cocinas si tienes invitados a quienes deseas impresionar?**
> > ESTUDIANTE 2: **Cocino un arroz con pollo.**

1. si vienen amigos a su casa
2. si viene la madre de su novio/a
3. si tiene sed
4. cuando tiene hambre a medianoche
5. para una fiesta de fin de año
6. para el Día de Acción de Gracias
7. para el Día de las Madres
8. si los niños de su barrio tienen hambre y vienen a comer

Nota cultural _____

¿Tomamos o comemos el desayuno?

En los países hispanos se dice que uno *toma* el desayuno; no se dice, como en inglés, que uno *come* el desayuno. ¿Cómo se explica esa diferencia? En español el verbo *comer* se usa para el acto físico de consumir. El verbo *tomar* tiene muchos usos. Se usa como el verbo *beber* (tomar un café) o con medicina (tomar aspirina), pero también significa pasar tiempo con una comida, conversación, etc.

En casi todos los países hispanos el desayuno consiste por lo general en café, café con leche o té con un poco de pan y mermelada. El desayuno en los países de habla inglesa es, por lo general, muy sustancioso, y a veces incluye huevos, panqueques, jamón, tocino, papas y otros platos «fuertes».

    Tomar el desayuno, sin embargo, no es la única frase que se usa para referirse a la primera comida del día. También es muy común usar el verbo *desayunar. Tomo el desayuno a las ocho* es igual que *Desayuno a las ocho.* La segunda frase es tan común como la primera.

<table>
<tr><td style="background:black;color:white">5.2</td><td>¿Qué traes a la fiesta?</td></tr>
</table>

PRIMER PASO

¿Dónde **pone** Ud. el vaso?	**Pongo** el vaso detrás del plato.
¿**Trae** Ud. el vino para la cena?	Sí, con todo gusto **traigo** el vino.
¿Qué **ve** Ud. en la mesa?	**Veo** una servilleta sucia.
¿**Sabes** dónde están los platos?	No, pero **sé** que no están aquí.
¿Qué **haces** para la fiesta?	**Hago** un pastel de manzana.

Conclusiones *Hacer, poner, traer, saber* y *ver*

1. **Hacer, poner, traer, saber** y **ver** son verbos de la segunda conjugación que son irregulares en la primera persona singular.
2. Las otras formas son regulares.

Sinopsis

hacer	*poner*	*traer*	*saber*	*ver*
hago	pongo	traigo	sé	veo
haces	pones	traes	sabes	ves
hace	pone	trae	sabe	ve
hacemos	ponemos	traemos	sabemos	vemos
hacéis	ponéis	traéis	sabéis	veis
hacen	ponen	traen	saben	ven

Nota. Veis no necesita un acento escrito porque es una sola sílaba.

SEGUNDO PASO

¿Qué **hace** tu amigo cuando come?	Lee el periódico.
¿Qué **haces** hoy?	Trabajo todo el día.
¿Que **hacéis** en la biblioteca?	Leemos y conversamos.
¿Quién **hace** ese ruido?	Mi hermanito hace ese ruido.
¿Quiénes **hacen** esos pasteles?	Mis tías hacen esos pasteles para Navidad.

Conclusiones **El verbo *hacer* tiene dos significados principales**

1. ¿Qué hace Juan? = *¿Cuál es la actividad de Juan?*
2. ¿Quién hace coches? = *¿Quién fabrica coches?*

ACTIVIDADES

6. ¿Cómo se pone la mesa? (entre dos) *Ud. tiene que explicar a su profesor/a cómo se pone una mesa.*

> **MODELO** el tenedor
> ESTUDIANTE 1: **¿Dónde pones el tenedor?**
> ESTUDIANTE 2: **Pongo el tenedor entre el plato y la taza.**

1. el platillo	4. el vaso	7. la copa
2. el cuchillo	5. el plato	8. los cubiertos
3. la servilleta	6. la cuchara	9. la taza

7. Otras costumbres. *Ahora, describa cómo otra gente pone la mesa. Use sujetos como: mi madre, mi compañero/a de cuarto y yo, Gumersinda, etc.*

8. ¿Cómo se organiza una fiesta? (entre dos) *Usted y algunos amigos desean organizar una fiesta. Use la lista para explicar quién trae qué.*

> **EJEMPLO**   los refrescos
> ESTUDIANTE 1: **¿Quién trae los refrescos?**
> ESTUDIANTE 2: **Yo traigo los refrescos.**

1. las galletas	7. la carne	13. el queso
2. el jamón	8. la ensalada	14. la cerveza
3. las servilletas	9. el helado	15. el ponche
4. los cubiertos	10. los vasos	16. las frutas
5. el postre	11. los discos	17. el aperitivo
6. el vino	12. el pan	18. la mantequilla

Respuestas posibles: **yo, nosotros, mis amigos y yo, el profesor, la profesora, los miembros del club, Gumersinda,** *etc.*

9. Entrevista (entre dos). *Pregúntele a un/a compañero/a de clase qué hace en las situaciones a continuación.*

> **EJEMPLO**   en un restaurante
> ESTUDIANTE 1: **¿Qué haces en un restaurante?**
> ESTUDIANTE 2: **Como y bebo en un restaurante.**

1. en una piscina	5. en la cafetería
2. en la biblioteca	6. en una taberna
3. en un bar	7. en un club vegetariano
4. en una discoteca	8. en la casa de Don Tremendón

10. ¿Qué ves? (entre dos) *Conteste las preguntas de un/a compañero/a sobre las cosas que ve y no ve en los lugares en la lista.*

> **EJEMPLO**   ESTUDIANTE 1: **¿Ves carne en un restaurante vegetariano?**
> ESTUDIANTE 2: **No, no veo carne en un restaurante vegetariano.**

1. carne	a. en un Burger King
2. leche	b. en una iglesia
3. cerveza	c. en un bar
4. papas fritas	d. en una ensalada de frutas
5. naranjas	e. en un restaurante elegantísimo
6. refrescos	f. en una hamburguesa
7. huevos fritos	g. en un vaso
8. pan	h. en una taza
9. ...	i. ...

11. ¿Qué haces para... ? (entre dos) *Explíquele a alguien de la clase qué plato Ud. hace para las comidas, reuniones, fiestas, etc. a continuación.*

> **EJEMPLO**   ESTUDIANTE 1: **¿Qué haces para el desayuno?**
> ESTUDIANTE 2: **Hago huevos fritos para el desayuno.**

1. para una fiesta de niños
2. para una fiesta de fin de año
3. para una cena elegante
4. para un picnic

5. para un desayuno entre amigos
6. para una larga noche de estudio
7. para un almuerzo informal
8. para una boda

Ahora describa qué hace Gumersinda y su hermano Don Tremendón para las mismas ocasiones.

EJEMPLO   Don Tremendón y Gumersinda hacen hamburguesas con chocolate para una cena elegantísima.

5.3   ¿Adónde vas y de dónde vienes?

PRIMER PASO

¿**Adónde vas** tú?
¿Cómo **va** Marisa al centro?
¿**Van** Uds. en coche o a pie?
¿**Vais** a Nueva York en tren o en avión?

(Yo) **voy** a un café.
Creo que **va** en taxi.
Vamos a pie.
Vamos en autobús.

Conclusiones   **El verbo *ir***

1. El infinitivo de los verbos de arriba es **ir;** es un verbo de movimiento, y es muy irregular.
2. **Adónde** es una palabra interrogativa que se usa mucho con **ir.**

Sinopsis

ir	
voy	vamos
vas	vais
va	van

SEGUNDO PASO

¿Cómo **viene** Ud. a la universidad?	**Vengo** en moto.
¿Por qué siempre **vienes** tarde?	Estás equivocado. **Vengo** a la hora.
¿De dónde **viene** esa chica alta?	Rafael dice que **viene** de Chile.
¿**Venís** vosotros a mi casa esta noche?	No, pero **venimos** mañana.

Conclusiones   **El verbo *venir***

1. **Venir** es lo contrario de **ir.**
2. **De dónde** es una expresión interrogativa que se usa mucho con **venir.**

Sinopsis

venir	
vengo	venimos
vienes	venís
viene	vienen

TERCER PASO

Estoy en Madrid, pero **voy** con frecuencia **a** Barcelona.
Raúl **estudia en** Berkeley; mañana **viene a** mi casa.

Conclusiones   ***A* y *en* con nombres de lugar**

1. Se usa **a** entre *ir, venir* y otros verbos de movimiento y un nombre de lugar:
Voy a Málaga.	**Venimos a** clase todos los días.
Vamos al campo.	¿Cuándo **vienes a** casa?
2. Entre verbos que no son de movimiento y un nombre de lugar se usa **en:**
Estamos en la playa.	**Comemos en** ese restaurante.
Trabajo en McDonald's.	**Estoy en** Madrid.

ACTIVIDADES

12. Medios de transporte (entre dos). *Usted está en una conversación con un extranjero. Explíquele a esa persona cómo van usted y sus amigos a distintos puntos en la región.*

> **MODELO** a la playa / en coche o en avión → **Vamos a la playa en coche.**

1. al centro / a pie o en moto
2. al parque / en bicicleta o en tren
3. a la iglesia / en autobús o a pie
4. a España / en coche o en avión
5. a un picnic / a pie o en avión
6. a clase / a pie o en helicóptero
7. al teatro / en metro o en barco
8. a una isla / en moto o en barco
9. al garaje / a pie o en submarino
10. al cine / en avión o en taxi

13. Retratos y autorretratos (entre dos). *Explique adónde van usted y los otros sujetos a continuación a las horas indicadas.*

> **MODELO** Miguel / a medianoche → **Miguel va a casa a medianoche.**

1. yo / a las tres de la tarde
2. nosotros / temprano los sábados
3. mis amigos y yo / tarde los viernes
4. tú / cuando tienes hambre
5. mi madre / cuando necesita comida
6. estudiante 1 / después de clase
7. toda la clase / al mediodía
8. vosotros / los fines de semana
9. estudiante 2 / los sábados
10. yo / cuando necesito dinero

14. Una fiesta (entre dos). *Usted y unos amigos hacen planes para una fiesta. Describa quién viene a su fiesta; describa también con qué (o con quién) viene.*

> **MODELO** María / botella de vino → **María viene con una botella de vino.**

1. Pablo y Miguel / muchos discos
2. yo / dulces de crema
3. tú / el amor de tu vida
4. nosotros / servilletas
5. la profesora / refrescos
6. vosotros / un amigo extranjero
7. Marisa / una ensalada verde
8. Edgardo y Rubén / Gumersinda

15. ¿En o a? (entre dos) *Ayúdele al pobre de Pepito que no sabe distinguir entre en y a.*

1. Estamos _____ un restaurante.

2. Antonio viene _____ mi casa.

3. Estudio _____ una escuela

   primaria.

4. Como _____ la cafetería.

5. Trabajo _____ el restaurante de

   mi papá.

6. Nadamos _____ el gimnasio.

7. Vamos _____ la plaza.

8. Mi mamá viene _____ la

   reunión.

9. Mañana voy _____ la casa de un

   amigo.

10. Pablo trabaja _____ Sears.

16. Entrevista (entre dos). *Usted está en la casa de alguien de la clase. Invente preguntas para su amigo/a. Use la tabla para formar las preguntas.*

1. ¿Adónde vas después de clase?
   antes de comer?
   después de estudiar?
   a mediodía?
   los fines de semana?
   los domingos?

2. ¿Quién viene a la universidad hoy?
   ¿Quiénes vienen a medianoche?
   los fines de semana?
   los viernes por la noche?
   los sábados por la mañana?

3. ¿Cómo vas a Nueva York?
   al teatro?
   al laboratorio?
   a Europa?
   a otro planeta?
   a la playa?

4. ¿Quién viene a clase en taxi?
   en moto?
   a caballo?
   en bicicleta?
   en un coche morado y amarillo?

Nota cultural

¿A qué hora comemos?   *A que hora se come?*

En España y en muchos países de Hispanoamérica el horario típico de las comidas no es igual que en los Estados Unidos. El desayuno, que generalmente consiste en café con leche, pan tostado o pan dulce, es temprano por la mañana. La gente trabaja hasta la una de la tarde. El almuerzo no es hasta las dos de la tarde, y es una comida grande, con varios aperitivos, un plato principal de carne, pollo o pescado, papas o arroz, una ensalada y un **postre**.

Después de un almuerzo tan grande, la gente obviamente necesita descansar un poco. El descanso es la famosa siesta que dura más o menos una hora. Casi todo el mundo está de acuerdo: la siesta es una **costumbre** muy civilizada. A las cuatro de la tarde la gente regresa a su trabajo. Trabajan a veces hasta las siete o las ocho de la noche.

La cena no es hasta las nueve o las diez de la noche y **por lo general** consiste en un plato **ligero** de huevos, pescado o sopa. La gente generalmente trabaja tantas horas como los norteamericanos. Pero su horario es distinto—y quizás más humano—que nuestro horario.

postre: un plato dulce que se come al final de una comida

costumbre: hábito o práctica social

por lo general: generalmente
ligero: contrario de pesado, *light*

5.4   ¿Sabes manejar?

¿Por qué **es necesario estudiar?**	**Es necesario estudiar para aprender.**
¿Es posible aprender sin estudiar?	Quizás para algunas personas, pero yo **necesito estudiar** mucho **para sacar** notas aceptables.
¿Qué **deseáis comprar?**	**Deseamos comprar** carne y papas.
¿Tienes que comer ahora?	Sí, **tengo que comer antes de practicar** el fútbol.
¿Corres **antes** o **después de comer?**	Corro **antes de comer.** No es posible correr **después de comer.**
¿Qué **debemos comer para ser** fuertes y sanos?	**Deben comer** granos enteros, leche y muchas legumbres.
¿Sabes hacer tamales?	Sí, **sé hacer** comida mexicana, pero no **sé lavar** platos.
¿Es bueno tomar mucho alcohol?	No, (el) **tomar** demasiado es malo para la salud. (El) **fumar** también es un vicio.

Conclusiones   Algunos usos del infinitivo

1. El infinitivo se combina frecuentemente con **ser + adjetivo:**
   Es importante comer bien. **Es posible tomar** demasiado.

2. El infinitivo se combina frecuentemente con expresiones como **necesitar, desear, deber, saber** y **tener que:**
   Guillermo **necesita trabajar.** *(necesitar = tener necesidad)*
   Deseamos estar en casa. *(desear = tener un deseo)*
   Debes ser más atento. *(deber = tener una obligación)*
   No **sé manejar.** *(saber = tener la capacidad)*
   Tienes que escuchar más. *(tener que = tener una obligación inescapable;* **tener que** es más fuerte que **deber)**

3. El infinitivo se usa después de preposiciones:
   antes de llegar, después de comer, sin comer

4. El infinitivo después de **para** indica el propósito o el objetivo del verbo:
   Estudio **para sacar** buenas notas.
   Corremos **para estar** en buena forma.

5. El infinitivo funciona a veces como el sujeto de una oración; en estos casos es posible usar **el** antes del infinitivo.
   Nadar *(El nadar)* es un buen ejercicio.
   Fumar *(El fumar)* es malo para la salud.

ACTIVIDADES

17. Opiniones (entre dos). *¿Qué opinan ustedes sobre las actividades a continuación? Inventen oraciones originales usando la tabla como guía.*

> **EJEMPLOS** ESTUDIANTE 1: **¿Es imposible comer demasiado?**
> ESTUDIANTE 2: **No, es posible y malo comer demasiado.**

A	B
Es bueno/malo	beber vino en clase
Está bien/mal	traer discos a una fiesta
Es posible/imposible	bailar en la carretera
Es necesario/innecesario	manejar después de beber mucho
Es legal/ilegal	beber café después de medianoche
(No) Es peligroso	correr diez millas por día
(No) Está permitido	comer pasteles y dulces todo el día

18. Motivos y propósitos (entre dos). *Como ustedes comprenden muy bien la psicología humana, formulen preguntas y respuestas sobre la motivación posible de la gente a continuación.*

> **EJEMPLO** ESTUDIANTE 1: **¿Por qué estudia Marisela?**
> ESTUDIANTE 2: **Marisela estudia para sacar buenas notas.**

1. ¿Por qué va Miguel al gimnasio?
2. ¿Por qué vas tú a la biblioteca?
3. ¿Por qué corren las chicas todos los días?
4. ¿Por qué venimos a clase?
5. ¿Por qué va... al centro?
6. ¿Por qué escuchan música... y... ?
7. ¿Por qué compra Pepe una nueva pluma?
8. ¿Por qué trabajas como una mula?

a. para hacer la tarea
b. para comprender la explicación
c. para beber jugo de frutas
d. para sacar buenas notas
e. para ser el/la mejor alumno/a
f. para estar en buena forma
g. para estar con los amigos
h. para meditar sobre el amor

19. ¿Antes o después? (entre dos) *Pregúntele a alguien en la clase cuándo hace las cosas. Esa persona debe contestar con **antes** o **después**.*

> **EJEMPLOS** ESTUDIANTE 1: **¿Cuándo comes?**
> ESTUDIANTE 2: **Como antes de correr.** *o*
> **Como después de llegar a casa.**

1. ¿Cuándo bebes café?
2. ¿Cuándo vas al cine?
3. ¿Cuándo compras vino?
4. ¿Cuándo nadas?
5. ¿Cuándo compras comida?
6. ¿Cuándo corres?

a. estudiar
b. ir a una fiesta
c. llegar a la playa
d. preparar la cena
e. comer
f. hacer ejercicio

20. ¿Qué deben hacer? (entre dos) *Ustedes son preceptores del mundo y tienen que explicar qué debe y qué no debe hacer la gente.*

EJEMPLOS ESTUDIANTE 1: **¿Qué debe hacer un niño de cinco años?**
ESTUDIANTE 2: **Debe ir a la escuela todos los días.**

ESTUDIANTE 1: **¿Qué no debe hacer un niño de cinco años?**
ESTUDIANTE 2: **No debe fumar la pipa de su papá.**

1. un chico de catorce años
2. una persona que no ve
3. una niña de ocho años
4. los profesores
5. los estudiantes
6. los políticos
7. los ricos
8. todo el mundo

a. manejar
b. tomar cerveza
c. ir a la escuela
d. respetar a...
e. comer granos enteros
f. comer postre y nada más
g. insultar a...
h. ...

21. Entrevista (entre dos o en pequeños grupos). *Pregúntele a alguien de la clase:*

1. qué es necesario para comer bien
2. qué tiene que hacer para sacar buenas notas
3. si va a la playa para nadar o tomar sol
4. qué hace después de beber mucho
5. si come antes de correr o si corre antes de comer
6. qué vehículos sabe manejar
7. qué platos sabe preparar
8. cuándo cree que es bueno comer demasiado
9. si viene a clase para aprender o para estar con sus amigos
10. qué compra para hacer una fiesta

5.5 ¿Qué tiempo hace hoy?

Está despejado. Hace sol. Hace frío. Hace viento.

Hace calor. Está nublado. Está lloviendo. Está nevando.

¿Qué tiempo hace en el invierno?	**Hace frío** en el invierno.
¿Qué tiempo hace en el desierto?	Por lo general, **hace calor**.
¿Hace frío en el Ecuador?	No, pero **hace fresco** a veces.
¿En qué mes hace viento?	**Hace mucho viento** en marzo.
¿Hace mucho sol hoy?	No, **hace poco sol** hoy.
¿Está nublado hoy?	No, hoy el cielo **está despejado**.
¿De qué color está el cielo?	**Está** muy azul.
¿Está seco o **húmedo** hoy?	**Está** muy **húmedo**.
¿Tienes frío?	¡Estás loco! **Tengo mucho calor**.
¿Qué tiene el perro?	El pobre animal **tiene frío**.

Por lo general **llueve** mucho durante este mes, pero no **está lloviendo** ahora.
Generalmente, no **nieva** durante este mes, pero **está nevando** ahora.

Conclusiones Hablando del tiempo

1. **Hace** se combina con sustantivos como **sol, viento, calor, frío, fresco** y **tiempo** para hablar del tiempo.

2. Se usan adjetivos como **mucho, poco, bastante** y **demasiado** para modificar sustantivos como **sol, frío** y **viento**.

3. **Está** se combina con adjetivos como **nublado, húmedo, seco, azul** y **despejado** para hablar del tiempo.

4. Se usa **tener** con **frío** y **calor** cuando el sujeto es una persona o un animal.

5. Se usan **llueve** y **nieva** para indicar el tiempo usual o habitual. Se usan **está lloviendo** y **está nevando** para describir el tiempo en este momento.

ACTIVIDADES

22. ¿Qué tiempo hace hoy? *En el hemisferio sur, las estaciones están al revés que en el hemisferio norte. Usted está con un amigo argentino que no comprende los distintos climas y estaciones del hemisferio norte. Use la tabla para describir el tiempo de su país.*

EJEMPLO **En Arizona en el mes de julio hace mucho calor.**

En Canadá	en el mes de julio	(no) hace calor / frío
En el Polo Norte	durante la primavera	hace fresco
En California del Sur	en el mes de enero	(no) llueve mucho
En Seattle, Washington	durante el otoño	hace mucho sol
En la Florida	en septiembre	(no) nieva demasiado
En Nueva Inglaterra	durante el invierno	está despejado / nublado
En Chicago	durante el verano	está húmedo / seco
En nuestra ciudad	en este momento	está lloviendo / nevando

23. Entrevista (entre dos). *Use la la tabla en la actividad anterior para formular una pregunta para alguien en la clase.*

EJEMPLO ESTUDIANTE 1: **¿Qué tiempo hace en Chicago durante el invierno?**
ESTUDIANTE 2: **Hace frío, nieva mucho y hace mucho viento.**

24. Fantasías. *Use las frases dadas para crear una tremenda fantasía.*

EJEMPLO Estoy en Alaska...
→ Estoy en Alaska. Por lo general nieva mucho en Alaska, pero no está nevando ahora. El cielo está despejado y azul. Hace frío, pero no tengo frío porque estoy en un iglú con mi amigo favorito. Estamos muy contentos y no tenemos frío porque él está muy cerca de mí.

1. Estoy en medio del desierto...
2. Estoy en el parque en invierno...
3. Estoy en los Andes con...
4. Mi mejor amigo/a y yo estamos en las montañas en el verano...
5. Mi perro y yo estamos en la playa a las tres de la tarde...

EL TIEMPO

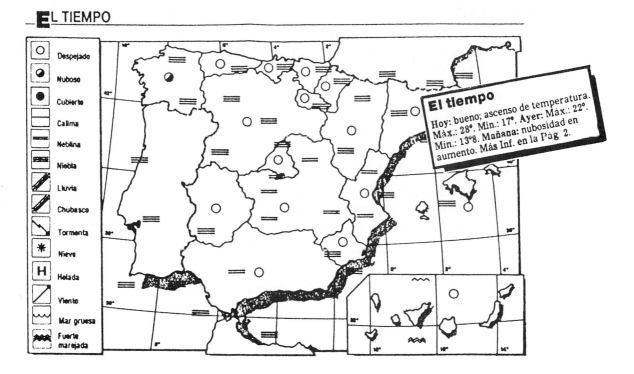

○	Despejado
◑	Nuboso
●	Cubierto
	Calima
	Neblina
	Niebla
	Lluvia
	Chubasco
	Tormenta
✳	Nieve
H	Helada
	Viento
	Mar gruesa
	Fuerte marejada

El tiempo
Hoy: bueno; ascenso de temperatura. Máx.: 28°. Mín.: 17°. Ayer: Máx.: 22°. Mín.: 13°8. Mañana: nubosidad en aumento. Más Inf. en la Pág. 2.

5.6	**¿Tienes un mensaje para mí?**

PRIMER PASO

Esta sopa es para **ti**, Susana.
Estas papas son para **Ud.**, señora.
¿Es de Juan esa botella de vino?
¿Para quién es este pastel?
¿Es la cena para **vosotros**?
¿Para quiénes son esos cubiertos?

¿Para **mí**? ¡Qué bien! Tengo hambre.
No, no son para mí; son para **ella**.
Sí, es de **él**.
Es para **Uds.** ¡Feliz aniversario!
Sí, es para **nosotros**.
Son para **ellos**.

Esta bicicleta es para **mí**. Es **mi** bicicleta.

Conclusiones **Los pronombres después de preposiciones**

1. Se usa **mí, ti, Ud., él, ella, nosotros/as, vosotros/as, Uds., ellos** y **ellas** despué‹ de muchas preposiciones (**a, de, en, para, sin,** etc.)
2. Excepto **mí** y **ti**, estos pronombres son iguales que los pronombres de sujeto.
3. **Mí** con acento se usa después de una preposición. **Mi** sin acento es un adjetivc posesivo:
   La ensalada es para **mí**. Es **mi** ensalada.

SEGUNDO PASO

¿Quién va de vacaciones **contigo**?   Mi esposa va **conmigo**.
¿Quiénes van al cine **con Ud.**?   Mis hijos van **conmigo**.
¿Van **con Uds.** los niños?   Sí, van **con nosotros**.

Éste es un secreto **entre tú** y **yo**.
Todos tenemos que hacer la tarea, **incluso tú** y **yo**.
Todo el mundo come demasiado, **excepto tú** y **yo**.

Conclusiones Preposiciones después de *con* y algunas excepciones

1. **Conmigo** y **contigo** se usan en lugar de **con + mí** y **con + ti**.
2. **Entre, incluso** y **excepto** se combinan con **yo** y **tú**.

ACTIVIDADES

25. Ilusiones de grandeza (entre dos). *Usted es una de las personas más ricas del mundo, quizás de toda la historia y del universo entero. ¿Cómo distribuye usted sus posesiones?*

EJEMPLOS   el petróleo de México → **El petróleo de México es para mí.**
                              → **El petróleo de México es para ti.**

1. ese Ferrari que está en la calle
2. todo el té de China
3. esa bolsa Gucci
4. los desiertos de África
5. la Universidad de...
6. las minas del Brasil
7. la General Motors
8. la Estatua de la Libertad
9. la ropa de Don Tremendón
10. ...

26. Un viaje (entre dos). *La clase desea organizar un viaje. Ustedes dos tienen los únicos coches y tienen que decidir quién viaja con quién.*

EJEMPLO   El profesor → **El profesor va conmigo.**

1. tu perro
2. Don Tremendón
3. Tom Cruise
4. Meryl Streep
5. ...
6. ... y ...

27. Reglas (entre dos). *Explique quién está incluido y excluido de las actividades a continuación.*

EJEMPLOS   hacer la tarea
              → **Todos tienen que hacer la tarea incluso yo.**
              → **Todos tienen que hacer la tarea excepto tú, yo y dos o tres privilegiados como nosotros.**

1. comer a mediodía
2. correr cinco millas al día
3. beber tres litros de agua
4. contribuir a la pensión para profesores de español
5. ir al laboratorio de lenguas
6. estudiar día y noche
7. comer mucha proteína
8. preparar pasteles, galletas y golosinas para la clase

5.7 ¿Dónde vas a estar esta noche?

¿Cuándo **vas** a **comer**?	**Voy a comer** dentro de unos minutos.
¿Cuándo **van** Uds. a **estar** en Madrid?	**Vamos a estar** allí el mes entrante.
¿Cuándo **vamos** a **regresar**?	**Vamos a regresar** la semana que viene.
¿Qué **va** Ud. a **hacer** esta noche?	**Voy a estudiar** esta noche.

Conclusiones El futuro con *ir a*

1. **Ir a + infinitivo** describe un evento futuro.
2. En esta construcción, sólo **ir** se conjuga. El **infinitivo** es invariable.
3. NOTA: A veces se usa el presente simple para eventos futuros:

   Vamos esta tarde. = Vamos a ir esta tarde.

   Almorzamos mañana a la una. = Vamos a almorzar mañana a la una.

   Regreso a casa la semana próxima. = Voy a regresar a casa la semana próxima.

ACTIVIDADES

28. Planes para un viaje (entre dos).   *Un chico de Segovia va a hacer un viaje y tiene que explicar a su mamá qué va a hacer. ¿Qué dice?*

   MODELO   Mañana / estar con un amigo → **Mañana voy a estar con un amigo.**

1. pasado mañana / tomar el tren
2. la tarde del domingo / llegar a Madrid.

3. esa noche / estar con un amigo
4. el martes / ver una ópera en el teatro nacional
5. el miércoles / viajar a Málaga
6. el día siguiente / ir a la playa
7. el viernes / descansar en la playa
8. el sábado / regresar a casa cansado pero contento

29. Ambiciones (entre dos). *Describan sus ambiciones. Comiencen sus oraciones con frases como* **El año que viene voy a estar en...** , **En dos años voy a ser un/a...** , **En el año 2000 voy a tener...** , *etc.*

30. Profecías (entre dos o en pequeños grupos). *Ustedes son profetas. Inventen profecías fabulosas (y absurdas) sobre sus compañeros de clase. Usen la tabla como guía.*

EJEMPLO **Dentro de dos años (nombre) va a estar casada con un millonario.**

esta noche	yo	visitar...
pasado mañana	tú	ser un/a...
la semana próxima	estudiante 1	ser presidente de...
el mes entrante	estudiante 2	tener siete hijos
el año que viene	(dos personas)	viajar a otro planeta
dentro de dos años	el/la profesor/a	comprender el amor
en cincuenta años	... y yo	hablar diez lenguas

Pronunciación y ortografía _____

A. *Las letras* **b** *y* **v** *tienen exactamente la misma pronunciación. Hay dos pronunciaciones asociadas con esas letras: una* **b** *oclusiva o [b], y una* **b** *fricativa o [b̄]. La* **b** *oclusiva ocurre al principio de una frase y después de una pausa. Se pronuncia igual que la* **b** *en inglés. Escuche y repita las frases a continuación.*

Venezuela es un país próspero.   ¿Vas tú a la fiesta con nosotros?
Venimos más tarde.   Víctor es un excelente amigo de Teresa.
¿Vienes conmigo?

B. *La* **b** *oclusiva también ocurre después del sonido [m]. Note que la letra* **n** *se pronuncia [m] antes de* **b** *o* **v**. *Escuche y repita las palabras a continuación.*

también	en vano	Juan viene	en Venezuela
invierno	invitación	un vaso	conversación

C. *En todos los otros casos, la pronunciación de* **b** *y de* **v** *es [b̄], es decir, una* **b** **fricativa**. *Para pronunciar la* **b** *fricativa, los labios no están totalmente cerrados. Escuche y repita las palabras a continuación.*

Yo voy al centro el viernes.   Abel viene a beber vino.
Los labios no están totalmente   Tengo mucho trabajo.
   cerrados.   Yo bebo vino del vaso.

D. *En el ejercicio a continuación, identifique cuáles de las letras* **b** *y* **v** *son oclusivas y cuáles son fricativas. Después, lea las frases en voz alta con buena pronunciación.*

¿Viene Beatriz a la boda?   No, no viene porque está con su
                                          abuela.
¿Vosotros tenéis una invitación al   Sí, pero no vamos.
   baile?
¿Adónde vas con tu abuelo?   Vamos a Sevilla para ver al barbero.
¿Vas a la fiesta con Víctor?   Sí, pero no voy a beber vino como él.
¿Bebe mucho Víctor?   No, no bebe mucho, pero bebe más
                                          que yo.

⚜ EN CONTEXTO ⚜

Vea nuestra Carta de Vinos. Le ofrecemos una cuidada selección de bodegas y añadas.

VINOS DE LA CASA

Valdepeñas, Tinto o Blanco
Botella .... 225 Ptas.
1/2 Botella .... 115 »

Torremilanos (Ribera del Duero)
Tinto
Botella .... 395 »
1/2 Botella .... »

Rosado (Alto Ebro)
Botella .... 225 »
1/2 Botella .... 115 »

Sangria
Jarra de Sangría .... 395 »
1/2 Jarra de Sangría .... 235 »

Jugos de Tomate, Naranja 200
Entremeses variados 615
Lomo de Jabugo 1.225
Jamón Serrano (Jabugo) 1.485
Melón con Jamón 1050
Ensalada Riojana 520
Ensalada de lechuga y tomate 310
Ensalada BOTIN (con pollo y jamón) 615
Ensalada de endivias 520
Ensalada de endivias con Queso 655
Morcilla de Burgos 285

SALMON AHUMADO 1.335
SURTIDOS DE AHUMADOS 1.475

SOPAS
Sopa al cuarto de hora (de pescados y mariscos) .. 640
Sopa de Ajo con huevo 370
Caldo de Ave 310
Gazpacho Campero 395

HUEVOS
Huevos revueltos con salmón ahumado 700
Huevos revueltos con champiñón 410
Huevos a la Flamenca 410
Tortilla con gambas 700
Tortilla con jamón 410
Tortilla con chorizo 410
Tortilla con espárragos 410
Tortilla con escabeche 410

LEGUMBRES
Espárragos dos salsas 815
Guisantes con jamón 530
Alcachofas salteadas con jamón 530
Judías verdes con tomate y jamón 530
Setas a la Segoviana 640
Champiñón salteado 530
Patatas fritas 190
Patatas asadas 190

PESCADOS
Angulas 2.510
Almejas BOTIN 1.105
Langostinos con mahonesa 2.450
Caruela de Pescados a la Marinera 1.125
Gambas a la plancha 1.700
Merluza rebozada 1.425
Merluza al horno 1.425
Merluza con salsa mahonesa 1.425
Calamares fritos 695
Lenguado frito, al horno o a la plancha (pieza) .. 1.445
Trucha a la Navarra 700
Chipirones en su tinta (arroz blanco) 700

C A R T A
SERVICIO E I.V.A. 6 % INCLUIDO

🍴

RESTAURANT
3.ª categoría

ASADOS Y PARRILLAS
COCHINILLO ASADO 1.550
CORDERO ASADO 1.690
Pollo asado 1/2 515
Pollo en cacerola 1/2 620
Pechuga «Villeroy» 640
Perdiz estofada (o escabechada) 1/2 950
Chuletas de cerdo adobadas 745
Filete de ternera con patatas 1.290
Escalope de ternera con patatas 1.175
Ternera asada con guisantes 1.090
Solomillo con patatas 1.550
Solomillo con champiñón 1.550
Entrecot a la plancha, con guarnición 1.295
Ternera a la Riojana 1.180

POSTRES
Cuajada 260
Tarta helada 350
Tarta de crema 350
Tarta de manzana 350
Tarta de limón 350
Flan 250
Flan con nata 380
Helado de vainilla, chocolate o caramelo 270
Espuma de chocolate 270
Melocotón con nata 390
Fruta del tiempo 335
Queso 480
Piña natural al Dry-Sack 385
Fresón al gusto 480
Sorbete de limón 340
Sorbete de frambuesa 340
Melón 295

MENU DE LA CASA
(Primavera - Verano)

Precio: 2.350.- Pta.

Gazpacho
Cochinillo Asado
Helado
Vino o cerveza o agua mineral

CAFE 90 - PAN 45 - MANTEQUILLA 60

HORAS DE SERVICIO: ALMUERZO, de 1:00 A 4:00 - CENA, de 8:00 A 12:00   HAY HOJAS DE RECLAMACION
ABIERTO TODOS LOS DIAS

Lectura

En un restaurante

En la calle:

ANA   ¡Qué bonito restaurante! Allí está el menú en la
ventana. Vamos a ver si la comida es muy cara.

LUIS   **Parecen** muy razonables los precios. Y **además,** la
selección es buena.

parecer: tener la
apariencia de
además: también

En el restaurante:

Mozo   Muy buenos días señores. Aquí está el menú. Si tienen alguna pregunta, estoy **a la orden**.

a la orden: a su disposición

Ana   Muchas gracias. ¿Qué recomienda Ud.?

Mozo   El pollo a la portuguesa es muy bueno. También es buena la **merluza**.

merluza: un pescado

Luis   ¿Qué viene con esos platos?

Mozo   Papas fritas, o si Ud. prefiere, puré de papa. Si desean sopa o ensalada, eso viene **aparte**.

aparte: extra, por separado

Luis   ¿Qué ensaladas hay?

Mozo   Hay ensalada mixta con lechuga, tomate y cebolla. También hay **ensalada rusa** de papa y mayonesa.

ensalada rusa: ensalada fría de papas y mayonesa

Ana   ¿Y las sopas?

Mozo   Tenemos crema de **zanahoria** y un excelente **consomé** de pollo con legumbres.

zanahoria: una legumbre larga y anaranjada
consomé: una sopa clara

Ana   Bueno, yo **quisiera** la crema de zanahoria y la merluza con puré de papas y una ensalada mixta.

quisiera: *I would like*

Luis   Y yo quiero el arroz con pollo, el consomé y una **porción** de ensalada rusa.

porción: cantidad de comida para una sola persona

Mozo   ¿Y para beber?

Ana   Yo sólo quiero agua.

Luis   Y para mí, una cerveza.

Un poco después:

Mozo   ¿Qué tal la comida?

Ana   Excelente. ¿Hay postre?

Mozo   **¡Cómo no!** Hay **flan** y un pastel delicioso de **fresas** con crema.

cómo no: sí enfático
flan: un postre de leche, huevo y azúcar
fresas: una fruta roja y pequeña

Ana   Bueno, yo quiero el flan, por favor.

Luis   Y yo, ese pastel **sabroso** de fresas.

sabrosos: delicioso

Mozo   ¿No desean café?

Luis   Sí, por favor. Un café con leche y azúcar por favor.

cuenta: un papel que indica el precio

Ana   Y para mí, la **cuenta**. Hoy **me toca a mí**.

me toca a mí: es mi turno

Preguntas

1. ¿Dónde están Ana y Luis cuando ven el menú?   2. ¿Cómo son los precios y la selección?   3. ¿Qué recomienda el mozo?   4. ¿Qué incluye el pollo a la portuguesa y la merluza?   5. ¿Qué no incluye?   6. ¿Qué ensaladas hay y cómo son?   7. ¿Qué sopas hay?   8. ¿Qué deciden beber Ana y Luis?   9. ¿Qué postre comen?   10. ¿Quién paga la cuenta?

Cómo se hace _____

Cómo se hace para iniciar una conversación

Perdone...   ¡Qué calor!
Disculpe...   ¡Qué frío!
Oiga, señor,...   ¡Qué lindo (feo) está el día!

Cómo se hace para preguntar a alguien si sabe algo

¿Sabe usted si...   ¿Sabe usted cómo (dónde, cuándo,
¿Sabes si...   etc.)...
¿Sabe usted algo acerca de...

Cómo se hace para decir que uno no sabe

No sé.   No tengo idea.
No lo sé.   ¡Qué sé yo!
Disculpe, pero no lo sé...   ¡Ni idea!

Cómo se hace para pedir comida en un restaurante

—**Quisiera** ver un menú.   **quisiera:** *I would like*
—¿Cuál es el plato del día?
—Quisiera un... con... y... para beber.
—¿Son grandes (pequeñas) las porciones?
—Prefiero la carne **bien cocida,** (medio cocida, poco cocida).   **cocido:** cocinado
—¿Está incluido el servicio, o es necesario dejar **propina**?   **propina:** dinero extra
—La cuenta, por favor.   para el mozo

Diálogos incompletos

1. _____ .

   Sé que hay un excelente restaurante en la próxima calle.

   _____ .

   No sé, pero no debe ser muy caro.

2. _____ .

   No lo sé.

   _____ .

   Realmente, no tengo idea.

3. ¿Qué hay para comer?

　　_____ .

　　¿Son grandes o pequeñas las porciones?

　　_____ .

　　¿Está incluido el servicio?

　　_____ .

4. _____ .

　　El plato del día es un bistec con papas fritas.

　　_____ .

　　Tenemos refrescos y cerveza.

　　_____ .

　　No, no está incluido el servicio.

　　_____ .

　　Cómo no. Traigo la cuenta ahora mismo.

Situaciones

Situación 1	Usted lleva poco tiempo en un país hispano y desea saber el horario de sus comidas y sus platos favoritos. Otra persona de la clase debe tomar el rol de un nativo del país. Comience sus preguntas con frases como: *¿A qué hora comen ustedes... , ¿Qué comen ustedes para... , ¿Qué beben ustedes con... , ¿Qué plato (postre, bebida) preparan ustedes para (un día especial), etc.*
Situación 2	Ahora invierta los roles de la situación anterior y explíquele a alguien las costumbres culinarias de este país.
Situación 3	Con unos compañeros de clase, organicen una fiesta. Temas: lugar, ropa, comida, bebida, cómo llegar, a quiénes van a invitar, etc.
Situación 4	Usted tiene hambre y no sabe dónde comer. Comience una conversación con alguien. Pídale información sobre los restaurantes que están cerca. Alguien de la clase toma el papel *(papel = rol)* de la otra persona. Usen *Cómo se hace* como punto de partida.

Situación 5 Con dos o tres compañeros, prepare un corto mini-teatro sobre una comida en un restaurante. Un estudiante debe hacer el papel del mozo y los otros dos deben hacer el papel de los clientes. Use la *Lectura* y *Cómo se hace* como punto de partida.

Composición

Tema 1 Escriba una composición sobre la comida en su casa (o residencia estudiantil). Información posible: ¿Qué comen en su casa a distintos momentos del día? ¿Qué comida preparan para días especiales? ¿Qué comida no comen nunca, y por qué? ¿Qué ingredientes hay en cada plato?, etc.

Tema 2 Escriba una obra de teatro, seria o paródica, sobre una visita a un restaurante.

Vocabulario activo

la comida

el aperitivo	el dulce	la lechuga	el pollo
el arroz	la ensalada	la legumbre	el postre
el azúcar	el flan	la mantequilla	el puerco
el biftec	la fresa	la manzana	el queso
el bistec	el frijol	la naranja	el rosbif
el bizcocho	la fruta	el pan	la sopa
la carne	la galleta	el panqueque	el tocino
la cena	la golosina	las papas fritas	el tomate
los cereales	la hamburguesa	el pastel	la verdura
la crema	el helado	el pescado	la zanahoria
la chuleta	el huevo		

las bebidas

el agua	el coctel	la limonada	la soda
el agua mineral	el jugo	el ponche	el té
la cerveza	la leche	el refresco	el vino

la mesa

la botella	el cuchillo	el plato	la taza
los cubiertos	la cuenta	la propina	el tenedor
la cuchara	el menú	la servilleta	el vaso

otros sustantivos

el almuerzo	la costumbre	el hambre	el precio
el bar	la cuenta	el litro	el ruido
la cena	el desayuno	el/la mozo/a	la salud
la cocina	el descanso	la parrilla	la siesta
el/la cocinero/a	el gusto	la porción	

verbos

aprender	creer	leer	traer
beber	deber	pagar	vender
cocinar	dejar	poner	venir
comer	desear	preparar	ver
comprender	hacer	saber	viajar
correr	ir		

adjetivos

caliente	frío/a	pesado/a	sabroso/a
cocido/a	frito/a	rico/a	único/a
dulce	ligero/a		

medios de transporte

a pie	el barco	el helicóptero	la motocicleta
el autobús	la bicicleta	el metro	el taxi
el avión	el coche	la moto	el tren

expresiones de futuridad

dentro de	esta noche	más tarde	próximo/a
entrante	esta tarde	pasado mañana	que viene
esta mañana	más adelante		

expresiones meteorológicas

el clima	está lloviendo	hace fresco	hace viento
está despejado	está nevando	hace frío	llueve
está húmedo	está nublado	hace sol	nieva

expresiones útiles

¡ay!	contigo	me toca a mí	tener frío
además	estar al revés	quisiera	tener hambre
aparte	estar equivocado/a	tener calor	tener sed
conmigo			

vocabulario personal

_____   _____

_____   _____

_____   _____

_____   _____

Las diversiones

Temas
- Los deportes y los juegos
- La música
- El teatro y el cine
- Los pasatiempos

Funciones
- Pedir permiso
- Dar y denegar permiso
- Hablar por teléfono I

Gramática
6.1 Los verbos regulares de la tercera conjugación
6.2 Los verbos con cambios de raíz o → ue
6.3 *Jugar, tocar* y *poner*
6.4 El *se* impersonal
6.5 Los verbos con cambios de raíz e → ie
6.6 Expresiones indefinidas y negativas
6.7 Los números ordinales

EN MARCHA

6.1 ¿Dónde viven ustedes?

PRIMER PASO

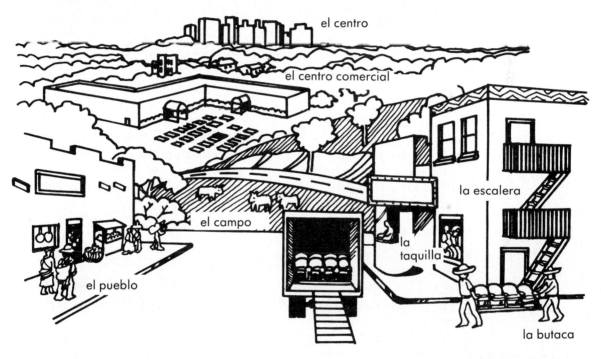

el centro

el centro comercial

la escalera

el campo

la taquilla

el pueblo

la butaca

¿**Vives** en el centro?	No, **vivo** en Flores, frente al estadio de fútbol.
¿Dónde **vive** Juan?	**Vive** al lado del teatro municipal.
¿**Viven** Uds. en el campo?	No, **vivimos** cerca de la playa.
¿Para qué **viven** tus primos?	**Viven** para ver fútbol.
¿**Vivís** en Madrid?	No, **vivimos** en Salamanca.

La taquilla no está abierta. ¿A qué hora **abre**?
Nunca **decidimos** qué obra vamos a ver sin leer la crítica primero.
Mi padre **escribe** el número de las butacas en su agenda.
Subimos al balcón porque se escucha mejor allá arriba (*subir≠bajar*).

Conclusiones **Los verbos regulares de la tercera conjugación**

1. Los infinitivos de los verbos de la tercera conjugación terminan en **-ir**.
2. Las terminaciones de la segunda y la tercera conjugación son iguales excepto en las formas de **nosotros** y de **vosotros**. Compare:

   comemos/vivimos   **coméis/vivís**

Sinopsis

sujeto	*terminaciones*	*vivir*	*abrir*	*escribir*	*subir*
yo	**-o**	vivo	abro	escribo	subo
tú	**-es**	vives	abres	escribes	subes
usted/él/ella	**-e**	vive	abre	escribe	sube
nosotros/nosotras	**-imos**	vivimos	abrimos	escribimos	subimos
vosotros/vosotras	**-ís**	vivís	abrís	escribís	subís
ustedes/ellos/ellas	**-en**	viven	abren	escriben	suben

SEGUNDO PASO

¿**Asistes a** todos los ensayos de tu banda?	Cómo no. Si no **asisto a** los ensayos, nunca aprendo la música.
¿A qué hora **sales del** ensayo?	**Salgo del** ensayo a eso de las seis de la tarde.
¿A qué hora **salen** Uds. **del** auditorio?	**Salimos del** auditorio cuando termina el ensayo.

Conclusiones **Salir de y asistir a**

1. Cuando **asistir** se combina con un sustantivo, **a** precede al sustantivo. Note que **asistir a** significa **estar en**.
2. Cuando **salir** se combina con un sustantivo de lugar, **de** precede al sustantivo.
3. La primera persona singular de **salir** es **salgo**. Todas las otras formas son regulares: **salgo,** sales, sale, salimos, salís, salen.

ACTIVIDADES

1. **¿Dónde vive la gente?** (entre dos)   *Conteste las preguntas según el modelo.*

   MODELO   Ana / en la ciudad
   > ESTUDIANTE 1: **¿Dónde vive Ana?**
   > ESTUDIANTE 2: **Vive en la ciudad.**

   1. tú / en mi casa
   2. ustedes / en una casa particular
   3. yo / en un pueblito chiquito
   4. tu mejor amiga / con sus padres
   5. los millonarios / en mansiones
   6. los jugadores de fútbol / con sus amigos
   7. tus mejores amigos / cerca del gimnasio
   8. Gumersinda / debajo de un árbol

2. Biografías y confesiones (entre dos).   *Usando la tabla a continuación, infórmele a un/a compañero/a de clase sobre su vida, gustos, secretos y amores.*

EJEMPLO   Yo abro la boca para comer y hablar.

yo	abrir la boca	todos los días
mi mejor amiga	salir de casa	a gente misteriosa
mi mejor amigo	escribir cartas	con poca frecuencia
Gumersinda	asistir a clase	para sacar libro y lápices
los futbolistas	subir por la escalera	para estar con los amigos
... y yo	abrir el portafolio	en un lugar horrendo
...	vivir	con una persona rarísima
... /...	...	en un edificio espléndido
		para comer
		...

3. Entrevista (entre dos o en pequeños grupos).   *Pregúntele a alguien de la clase:*

1. quién(es) vive(n) en las montañas *(en el campo, cerca de un parque, cerca de un cine, cerca de un teatro, cerca de una cancha de tenis, etc.)*
2. quién(es) asiste(n) a ensayos teatrales *(a ensayos de orquesta, etc.)*
3. quién(es) escribe(n) en la pizarra *(novelas trágicas, poesía sentimental, composiciones interminables, obras de teatro, crítica de música, etc.)*
4. qué hace cuando sale de clase *(del trabajo, del gimnasio, de casa por la mañana, de su ensayo de música o de teatro, etc.)*
5. con quién sale para ir al cine *(para ver teatro, para escuchar música, para bailar, para hablar de temas grandes y profundos, para hablar de cosas triviales pero interesantes, etc.)*

6.2   **¿Vuelves a clase mañana?**

PRIMER PASO

¿**Recuerdas** tus líneas favoritas de esa película de Mae West?

Sí, **recuerdo** esas líneas porque son inolvidables.

¿No **recuerdan** Uds. el himno de la universidad?

Recordamos la melodía, pero no **recordamos** la letra. *(recordar = tener memoria de)*

¿A qué hora **vuelven** Uds. del ensayo?

Volvemos a eso de las cinco. *(a eso de = aproximadamente)*

¿Cuándo **vuelves** del cine?

Vuelvo temprano. *(volver = regresar)*

¿Cuántas horas **duermes** por día?

Duermo ocho horas por día.

¿**Dormís** a veces cuando vais al teatro?

Depende. Si la obra es buena, no **dormimos** nunca.

Conclusiones Los verbos con cambio de raíz o → ue

1. Muchos verbos en español tienen un cambio de raíz en las formas que no corresponden **a nosotros** y **a vosotros**.
2. El cambio de raíz ocurre en la última vocal de la raíz.
3. Las terminaciones de estos verbos son regulares; sólo la raíz cambia.
4. Los verbos con cambios de raíz se citan en el diccionario con el cambio entre paréntesis; por ejemplo, **dormir (ue)**.

Sinopsis

recordar (ue)		*volver (ue)*		*dormir (ue)*	
recuerdo	recordamos	vuelvo	volvemos	duermo	dormimos
recuerdas	recordáis	vuelves	volvéis	duermes	dormís
recuerda	recuerdan	vuelve	vuelven	duerme	duermen

SEGUNDO PASO

Yo **almuerzo** solo los miércoles; mis amigos y yo **almorzamos** juntos los domingos.
   (almorzar = comer a mediodía)
Las entradas **cuestan** mil pesetas cada una. (¿Cuánto cuesta? = *¿Cuál es el precio?*)
Los alumnos **encuentran** muchos libros útiles en la biblioteca municipal.
Muchas personas **mueren** en accidentes de coche. *(morir ≠ vivir)*
Vuelvo mañana a las seis de la tarde; **devuelvo** los libros la semana próxima.
   (volver = regresar en persona; devolver = regresar un objeto)

Mamá, ¿**puedo** ir a la casa de Paco?	No, no **puedes** ir a la casa de Paco porque tienes que estudiar. ¿Comprendes?
¿**Pueden** Uds. cenar conmigo hoy?	No, hoy no **podemos** porque tenemos otro compromiso. *(poder = tener permiso o tener la capacidad)*

Conclusiones Otros verbos con el cambio de raíz o → ue

1. **Almorzar, costar, encontrar, morir** y **poder** también tienen el cambio de raíz o → ue.
2. **Poder + infinitivo** se usa para pedir permiso.

ACTIVIDADES

4. ¿Cuánto cuesta? (entre dos)   *Usted quiere saber el precio de varios artículos. Otro/a estudiante puede contestar sus preguntas.*

   MODELO   una buena camisa de algodón
   ESTUDIANTE 1: **¿Cuánto cuesta una buena camisa de algodón?**
   ESTUDIANTE 2: **Creo que cuesta unos veinticinco dólares.**

1. una entrada a un partido de béisbol
2. un estéreo completo
3. una novela barata y escandalosa
4. un disco compacto
5. un video de una película popular
6. una grabadora
7. un televisor a colores
8. los videos en blanco

LÍDER MUNDIAL

PRIMER PREMIO A LA CALIDAD ARV INTERNATIONAL

LA MEJOR PROTECCION ES UN BUEN CONTROL

- Micros telefónicos.
- Grabadoras telefónicas.
- Micros de ambiente.
- Maletín video-cámara.
- Maletín grabador.
- Cámaras ocultas.
- Micros camuflados.
- Cámaras infrarrojos.
- Prismáticos visión nocturna.
- Detector de micros.
- Barrido telefónico.
- Barrido ambiente.
- Chalecos antibala.
- Blindajes.
- Micros direccionales.
- Focos de infrarrojos.
- Escucha-habla sin hilos.
- Detector de armas.
- Detector de carta bomba.
- Detector de bombas.
- Detector de grabadoras.
- Emisor anti-secuestro.
- Desviador de llamadas.
- Vigilantes electrónicos.
- Scanner.
- Maletín antirrobo.
- Semiblindajes de lunas.
- Bolso foto cámara.
- Seguidor de coches.
- Linterna de seguridad.
- Detector de radar.
- Comunicación.
- Huellas dactilares.
- Registro de personas peligrosas.

MAS DE 100 PRODUCTOS DE ALTA TECNOLOGIA

PROSELEC ESPAÑA, S.A.
Madrid Pza de España,18 (Torre de Madrid)
Planta 18 - 2. - Tels: 542 62 50 - 542 76 26
Fax: 542 78 31 - 28008 Madrid
Barcelona Alfonso XII, 43, Entlo. 1.ª
Tels: 201 30 95-201 28 45 08006 Barcelona

BUSCAMOS DISTRIBUIDORES

5. Mini-teatro (entre dos o en pequeños grupos). *Suponga que usted tiene que pedir permiso a un policía, a su madre, a una profesora o a alguna otra persona para hacer algo. Use la tabla como guía. (Recuerde que las preguntas y respuestas originales siempre son más interesantes.)*

EJEMPLO ESTUDIANTE 1: **Profesor, ¿puedo tomar el examen más tarde?**
ESTUDIANTE 2: **Claro que no. Ud. no puede tomar el examen más tarde. Tiene que tomar el examen hoy como todo el mundo. ¿Comprende?**

Profesor		ir al cine?
Profesora		ver una telenovela?
Sr. Policía	¿puedo	tomar el examen otro día?
(un/a compañero/a)	¿podemos	usar su coche?
Papá	¿dónde puedo	usar su tarjeta de crédito?
Mamá	¿dónde podemos	comer comida mexicana?
Sr./Sra. (apellido)		ver películas extranjeras?
		dormir todo el día?
		salir con Gumersinda y Don Tremendón?
		escuchar un disco de música rock?

6. Entrevista (entre dos o en pequeños grupos). *Use la lista para formular preguntas para alguien de la clase.*

1. a qué hora *(con quién, qué)* almuerza
2. cuántas horas *(dónde)* duerme
3. si duerme en el cine *(en la clase de... , en el autobús, en la ópera, etc.)*
4. a qué hora vuelve a casa *(a clase, al laboratorio, etc.)*
5. cuánto cuesta una computadora *(un almuerzo, un coche, las camisas de seda, las motocicletas grandes, etc.)*
6. si recuerda la diferencia entre *ser* y *estar (el primer día de clase, el nombre de su primer amor, dónde está su coche, etc.)*
7. cuántas millas puede correr *(nadar)*

Ahora, formule preguntas sobre otras personas. Por ejemplo, **¿Cuántas horas duerme por día su compañera de cuarto?**

6.3 ¿Juegas al béisbol?

PRIMER PASO
Los juegos y los deportes

los naipes (las cartas)

el ajedrez

las damas

el baloncesto (el básquetbol)

el equipo

el entrenador

el fútbol

la jugadora

el boliche

¿**Juega** Ud. (al) baloncesto?

¿**Juegas** bien (al) tenis?

¿Dónde **jugáis** (al) ajedrez?

¿Cuántos jugadores **juegan** en un equipo de béisbol?

¿Dónde **juegan** los niños cuando hace mal tiempo?

No, ya no **juego** porque es un deporte para jóvenes.

Sí, **juego** bien si el otro jugador no es muy bueno.

Jugamos en el parque.

Hay nueve jugadores en un equipo de béisbol.

Juegan en casa o en el gimnasio cuando hace mal tiempo.

Conclusiones **El verbo *jugar***

1. **Jugar** es el único verbo español que tiene el cambio de raíz **u → ue**.
2. **Jugar** se usa con juegos (y no con música).
3. A veces se usa **a + artículo definido** entre **jugar** y el nombre del juego.

Sinopsis

jugar (ue)

juego	jugamos
juegas	jugáis
juega	juegan

SEGUNDO PASO

La música

El conjunto

¿**Toca** en la orquesta tu hermano?
¿Qué instrumento **tocas**?
¿Qué clase de música **tocan** Uds.?
¿Qué disco vas a **poner**?

No, pero **toca** en un conjunto de *rock*.
Toco el piano y la guitarra.
Sólo **tocamos** música clásica.
Voy a **poner** un disco de jazz.

¿Qué música **pones** cuando lees? No **pongo** música cuando leo.
¿Por qué no **pones** el estéreo? No **pongo** el estéreo después de
 medianoche.

Conclusiones *Tocar y poner*

1. **Tocar** se usa con instrumentos musicales y tipos de música.
2. **Poner** se usa con discos, cintas y aparatos eléctricos.

ACTIVIDADES

7. ¿Qué juega la gente? *Haga una oración completa y lógica con la información a continuación.*

> **MODELO** mi abuela / el fútbol o las cartas → **Mi abuela juega a las cartas.**

1. mi mejor amiga/el boliche o el fútbol.
2. los chicos de secundaria/el baloncesto *(básquetbol)* o el dominó
3. mis abuelos/el bridge o el vólibol
4. yo/el golf o el tenis
5. nosotros en la primavera/el béisbol o el fútbol
6. vosotros cuando hace frío/el croquet o las damas
7. tú cuando estás en casa/la pelota o el ajedrez

8. Entrevista (entre dos o en pequeños grupos). *Pregúntele a alguien de la clase:*

1. qué deporte juega en el invierno
2. si esquía en el verano
3. cuál es su juego favorito
4. cuántos jugadores hay en un equipo de béisbol, *(de fútbol, de bridge)*
5. si juega a los naipes *(a las cartas)*
6. con quién juega al boliche
7. dónde juega al baloncesto *(al básquetbol)*
8. con quién desea jugar al...

Magia y Colorido
nos ofrece el
Ballet
Folklórico
de México

9. Opiniones sobre la gran cultura (entre dos o en pequeños grupos).

Pregúntele a alguien de la clase sobre sus gustos y capacidades musicales. Use la tabla para formular preguntas y respuestas.

el acordeón	el arpa	la guitarra	el violín
el clarinete	la mandolina	la viola	la armónica
el oboe	el piano	el banjo	la trompeta
el tambor	el trombón	el órgano	los cimbales
el violonchelo	el violón	el saxofón	el corno

1. ¿Qué instrumento tocas?
2. ¿Qué instrumento escuchas?
3. ¿Qué instrumentos son necesarios para tu música favorita?
4. ¿Qué instrumentos se usan en una banda militar?

5. ¿Qué instrumento tocan los ángeles?
6. ¿Qué instrumentos tocan tus mejores amigos/as?
7. ¿Qué instrumentos se usan en un cuarteto de cuerdas?

10. Entrevista (entre dos o en pequeños grupos).   *Pregúntele a alguien de la clase:*

1. qué disco pone para trabajar
2. qué música escucha cuando lee
3. si canta/escucha música folklórica
4. si escucha música de teatro musical

5. cuándo pone el radio
6. si pone el radio cuando maneja
7. qué música escucha cuando corre
8. qué música pone para bailar

tve 1

SABADO 5

16.55 MUNDO BASKET 86. Transmisión en directo, desde Zaragoza, de la ceremonia de apertura del Campeonato Mundial de Baloncesto y primer partido entre las selecciones de España y Francia.

20.00 LA FUGA DE COLDITZ. «Fuera de Colditz» (I). Robert Wagner, David McCallum, Edward Hardwicke. Un plan de huida es sometido a la consideración del oficial jefe británico por Carter y Player. Parece que no cuentan con la suficiente información, por lo que Grant se opone a él; aun así el plan sigue adelante. Se han enterado que Ulmann quiere hacer limpieza general de los barracones de prisioneros y guardar todos sus bártulos en cajones de té en el ático del edificio. Esto les da la descabellada idea de intentar la huida escondidos en uno de los cajones. Se realiza el intento, pero Carter es descubierto; sin embargo, no todo ha sido inútil, puesto que han tenido una mayor información del campo para poder planear otro intento de fuga.

21.00 TELEDIARIO - 2.

21.35 INFORME SEMANAL.

22.30 SABADO CINE. (Ver págs. 75 y 76).

00.25 MUNDO BASKET 86. Resumen de los partidos jugados en la jornada.

Mundo Basket 86.

Nota cultural _____

La música en el mundo hispano

No hay nada más interesante ni más agradable en la cultura hispana que su música. Por un lado, los países hispanos forman parte de la gran tradición musical de occidente; la música de compositores famosos como Tomás de Victoria (España, 1549–1611), Isaac Albéniz (España, 1860–1909), Manuel de Falla (España, 1876–1946), Carlos Chávez (México, 1899–1978) y Alberto Ginastera (Argentina, 1916–1983) se escucha en los mejores auditorios del mundo.

Por otro lado, la música popular de los países hispanos también es muy famosa: el flamenco, el tango y la salsa son distintos tipos de música popular que tienen aficionados en todas partes. Igual que el jazz en los Estados Unidos, la música popular de Hispanoamérica es una fascinante mezcla de elementos europeos, indigenistas y africanos.

Hoy día los jóvenes hispanos escuchan muchos tipos de música, incluso música *rock* de Inglaterra y de Estados Unidos. Algunos críticos consideran la popularidad del rock una forma de «imperialismo cultural». **Sin embargo, aunque** la música extranjera en el mundo hispano es muy popular, nunca puede **reemplazar** la música nacional porque cada nueva generación combina

hoy día: en estos días

sin embargo: *however*
aunque: *although*
reemplazar: tomar el lugar de

elementos extranjeros con elementos tradicionales para hacer una música
propia.

La música es una lengua universal; no es de ningún país específico. Es
cierto que la música *rock* tiene aficionados en todo el mundo hispano. Pero
también es cierto que la música popular en todo país (incluso Estados Unidos)
es una combinación de muchos elementos, algunos locales y algunos
extranjeros. En otras palabras, es igual que la música en todos los siglos: es un
fenómeno que trasciende las **fronteras** nacionales.

propia: personal; no de
otra persona

frontera: línea que
separa dos países

| 6.4 | ¿Dónde se ve buen teatro en esta ciudad? |

Se habla español en la clase de español; no **se habla** inglés nunca.
¿Dónde **se puede** bailar toda la noche?
¿Cómo **se va** al cine? ¿**Se va** en tren o **se va** en coche?
No **se debe** fumar en los ascensores.
Desde aquí **se ve** toda la escena.
¿Dónde **se encuentra** el Teatro Juárez?
Se venden entradas en la boletería.
¿Dónde **se encuentran** los mejores asientos?
Se ven muy buenas obras de teatro en Madrid.

LA NACION   Página 7

En una tarde deportiva

Se puede ganar y perder

¡Uff, qué cansada estoy! ¡Ese sí que
fue un partidazo! Lástima que
perdí, pero bueno, lo importante es
competir, dicen por ahí...

Conclusiones **El se impersonal**

1. **Se** en las oraciones anteriores señala que el sujeto es una persona (o personas) no-
especificada.
2. Con **se** y un sustantivo plural, a veces el verbo está en plural también:
   Se compran entradas en aquella taquilla.
3. Las oraciones en el cuadro son más o menos equivalentes:

	Alguien vende comida aquí.
Se vende comida aquí. =	**Uno vende** comida aquí.
	La gente vende comida aquí.
	Venden comida aquí.

ACTIVIDADES

11. Transformaciones. *Haga una oración equivalente con se.*

> **MODELO** Venden entradas en la taquilla. → **Se venden entradas en la taquilla.**

1. Hablan español en México.
2. Bailan tango en la Argentina.
3. La gente ve buena ópera en Madrid.
4. Uno come muy bien en Puerto Rico.
5. Uno escucha buena música folklórica en aquel club.
6. Venden libros sobre cine en aquella librería.
7. La gente puede comprar buenos altoparlantes en aquella tienda.

12. Los encantos de la ciudad (entre dos). *Uno de ustedes es un turista que tiene mil preguntas sobre la ciudad. La otra persona es un agente de viajes que tiene que explicar cuáles son los sitios más interesantes de la ciudad. Usen la tabla para formular sus preguntas y respuestas.*

> **EJEMPLO** ESTUDIANTE 1: **¿Dónde se come buena comida china?**
> ESTUDIANTE 2: **Se come buena comida china en el Hunan Wok.**

1. comer buena comida mexicana en...
2. hablar español en...
3. vender buenos zapatos en...
4. ver buenas películas en...
5. escuchar música rock en...
6. bailar hasta la madrugada en...
7. ver teatro aceptable en...
8. comprar entradas en...

13. Opiniones (entre dos o en pequeños grupos). *Pregúntele a alguien de la clase:*

1. dónde se vive mejor en los Estados Unidos *(en el mundo entero)*
2. dónde se vende/n ropa para hombres *(ropa barata, entradas de teatro, dinosaurios de plástico, buenos coches usados, fotos de actores y actrices, un programa de televisión)*
3. en qué profesión se gana *(mucho, poco, demasiado, suficiente)* dinero
4. en qué profesión se trabaja mucho *(para el bien de la sociedad, solamente para el bien de la compañía, sólo para ganar dinero)*
5. dónde se encuentran libros serios *(hombres guapos, mujeres lindas, tiendas de ropa, supermercados sin música)*

6.5 ¿A qué hora comienza la película?

PRIMER PASO

¿Cuándo se **cierra** la taquilla?	Se **cierra** cuando la obra comienza.
¿**Cierran** Uds. los libros durante los exámenes?	Claro que **cerramos** los libros durante los exámenes.
¿**Quieres** ir al cine con nosotros?	Claro que **quiero** ir con Uds.
¿Qué **quiere** hacer esta noche?	**Quiere** ir al circo.

TEATROS

Alcalá Palace. ☎ 435 46 08 / Alcalá, 90 / Aparcamiento: Felipe II / Metro Goya / Refrigerado.
—**El guardapolvo.** Todos los días, 7 y 10.45. Lunes, descanso. ¡Segundo año éxito cómico! Justo Alonso presenta a Pepe Rubio, con Flavia Zarzo y Nené Morales, en *El guardapolvo*. Escrita y dirigida por Juan José Alonso Millán. Con Paco Benloch, Tony Valento, Javier de Pablo, Pascual Martín y la colaboración de Marisol Ayuso. Escenografía: Alex Tarraguell. La crítica ha dicho: "¡Torrente de carcajadas!" (López Sancho, *Abc*), "El público respondió a la provocación cómica con risas estruendosas" (Haro Tecglen, EL PAÍS), "Golferías en la Costa del Sol" *(Ya)*, "El vodevil de la *jet*" (López Negrín, *El Independiente*), "Pepe Rubio, un monstruo de la especialidad" (Carlos Avilés, *El Sol*).

Alcázar. ☎ 532 06 16 / Alcalá, 20; Centro / Metro y aparcamiento: Sevilla.
—**Rosas de otoño.** Juanjo Seoane presenta a Amparo Rivelles y Alberto Closas en *Rosas de otoño*, de J. Benavente (premio Nobel 1922). Con Ramón Pons, Pedro del Río, Emilio Alonso, Javier Blanco, Carmen del Valle, Rosa Díaz, Isa Escartín, Pepa Sarsa, Jorge Seoane y Ana Hurtado en María Antonia, y la colaboración especial de Margot Cottens. Dirección: José Luis Alonso. Horario funciones: martes, miércoles, viernes y sábados, 7 tarde y 10.30 noche; jueves y domingos, 7 tarde. Lunes, descanso compañía. Producida en colaboración con el INAEM, Ministerio de Cultura y Consejería de Cultura de la Comunidad de Madrid. Se ruega máxima puntualidad.

¿Qué **quieren** Uds. en esta vida?

Queremos amor y dinero.

¿Qué **queréis** hacer esta noche?

Queremos ver una obra de teatro.

¿Por qué **prefieres** el cine al teatro?

Prefiero el cine porque tiene más posibilidades técnicas.

¿Qué juego **prefieren** ustedes, el fútbol o el fútbol americano?

Preferimos nuestro fútbol, por supuesto.

¿**Queréis** venir conmigo o **preferís** estudiar?

Preferimos estudiar porque hay un examen mañana.

Conclusiones Los verbos con cambios de raíz e → ie

1. Los verbos de esta sección tienen el cambio de raíz **e → ie**.
2. Igual que el cambio **u → ue**, el cambio **e → ie** ocurre sólo en la última sílaba de la raíz en todas las formas que no corresponden a **nosotros** o a **vosotros**.
3. Las terminaciones de estos verbos son regulares.

Sinopsis

cerrar (ie)		*querer (ie)*		*preferir (ie)*	
cierro	cerramos	quiero	queremos	prefiero	preferimos
cierras	cerráis	quieres	queréis	prefieres	preferís
cierra	cierran	quiere	quieren	prefiere	prefieren

SEGUNDO PASO

La función **comienza** a las ocho y media en punto.
Yo **riego** mis plantas una vez por semana. *(regar = echar agua)*
El espectáculo **empieza** a las once. *(empezar = comenzar)*
Siempre **pienso** en cosas grandes y profundas. *(pensar = actividad mental)*
Yo no **entiendo** la popularidad de esa película. *(entender = comprender)*
Las películas de ese director siempre **pierden** dinero. *(perder ≠ ganar)*

¿Por qué no **enciendes** un cigarrillo?	Porque no **quiero** fumar más. *(encender ≠ apagar)*
¿Cuándo **mienten** Uds.?	No **mentimos.** Somos honestos. *(mentir = no decir la verdad)*
¿Qué **piensan** Uds. **hacer** esta noche?	Yo **pienso estudiar,** pero Enrique **piensa ir** a una fiesta. *(pensar + infinitivo = tener planes)*
¿Qué **quiere decir** «pensar»?	«Pensar» es una actividad mental.
¿Qué **quiere decir** «comenzar»?	«Comenzar» quiere decir «empezar». *(querer decir = significar)*

Conclusiones **Otros verbos con el cambio de raíz e → ie**

1. **Empezar, comenzar, pensar, cerrar, encender, entender, perder** y **mentir** son verbos comunes con este cambio de raíz.
2. **Pensar + infinitivo** significa *tener planes;* **querer decir** significa *significar.*

ACTIVIDADES

14. Planes para la noche (entre dos).   *Usen la tabla para formular preguntas y respuestas sobre los planes que la gente tiene para la noche.*

> **EJEMPLO** tú / ir a la playa
> ESTUDIANTE 1: **¿Qué piensas hacer esta noche?**
> ESTUDIANTE 2: **Pienso ir a la playa.**

1. Miguel / ir al partido
2. ustedes / ir a un restaurante
3. tú / pasar la noche con nosotros
4. tu compañero de cuarto / rentar un video
5. vosotros / ir a ·un club de jazz

6. Pablo / ver una película de Sylvester Stallone
7. Teresa y Luis / escuchar música y ver televisión
8. Micaela / bailar en una discoteca con su novio

15. Situaciones. *Cambie la oración según los sujetos que están entre paréntesis.*
Los actores cierran la puerta cuando quieren hablar con tranquilidad.
(yo, tú, ellos, Juan y yo, mi madre, Margarita y Josefina, vosotros)

16. Preferencias (entre dos). *Usando la tabla como guía, describan las preferencias de la gente.*

> **EJEMPLO** Yo prefiero el fútbol a la natación.

yo		el fútbol	a las damas (*al bridge*, etc.)
tú		la música clásica	a la natación (*al tenis*, etc.)
ustedes		el teatro experimental	al jazz (*al rock, al silencio*)
... y yo	preferir	las películas de...	a las películas de...
... y tú		el ajedrez	al teatro clásico
mis padres		el piano (*violín, flauta*, etc.)	al órgano (*al clarinete*, etc.)
...		(nombre de un actor)	a la música folklórica
... y...		...	a...

17. Ambiciones (entre dos o en pequeños grupos). *Usando la tabla y el verbo querer, describan las ambiciones de la gente.*

> **EJEMPLO** En diez años Miguel quiere ser rico y poderoso.

Esta noche	yo		comer fuera
Mañana	tú		terminar un libro
La semana que viene	ustedes		ser (*médico, abogada*, etc.)
El año próximo	... y yo	querer	tener una casa en...
En el año...	... y tú		comprar un/a...
En diez años	...		ganar un salario de...
En... años	... y...		...

18. Entrevista (entre dos o en pequeños grupos). *Pregúntele a alguien de la clase sobre sus planes para el verano. Use las sugerencias para formar sus propias preguntas.*

1. si quiere hacer alpinismo
2. si quiere ir a Colorado para esquiar
3. si prefiere ver cine o televisión
4. a qué países piensa viajar
5. si quiere comprar entradas para algún espectáculo
6. si quiere un nuevo estéreo
7. qué deportes prefiere ver
8. qué coche piensa comprar
9. si prefiere ópera o teatro
10. si quiere pasar tiempo con sus amigos

19. «College Bowl» (entre dos). *Usted y otra persona de la clase tienen que definir los términos a continuación.*

> **EJEMPLO** libro / un objeto con varias páginas que...
> ESTUDIANTE 1: **¿Qué quiere decir libro?**
> ESTUDIANTE 2: **Un libro es un objeto con varias páginas que se lee.**

1. casa / un lugar donde...
2. teléfono / un aparato que se usa para...
3. piscina / un lugar para...
4. ópera / un espectáculo donde...

5. cine / un lugar para...
6. ciudad / un lugar donde...
7. concierto / una reunión donde...
8. auditorio / un lugar donde...

6.6	**¿Quieres comprar algo?**

PRIMER PASO

¿Necesitas **algo** en el centro?	No, **no** necesito **nada**, gracias:
¿Hay **alguien** interesante en ese show?	No, **no** hay **nadie** interesante.
¿Tienes **algunos** amigos en Hollywood?	No, **no** tengo **ningún** amigo allí
¿Tienes **algunas** entradas extras?	No, **no** tengo **ninguna** entrada extra.
¿Se venden videos en **alguna parte**?	No, **no** se venden videos en **ninguna parte**.
¿Vas a **alguna parte** el martes?	No, **no** voy a **ninguna parte** el martes.
¿**A veces** compras asientos baratos?	No, **no** compro entradas baratas **nunca**.
¿**Siempre** vas a la ópera solo?	No, **no** voy a la ópera solo **nunca**.
¿Quieres ver cine **o** televisión?	**No** quiero ver **ni** cine **ni** televisión.
¿Vas a ser actor **o** director?	**No** voy a ser **ni** actor **ni** director.

Conclusiones **Las expresiones indefinidas y negativas**

1. Las palabras en negrilla en la primera columna son expresiones indefinidas.
2. Las palabras en negrilla en la segunda columna son expresiones negativas que corresponden a las expresiones indefinidas de la primera columna.
3. Siempre se usa **no** antes del verbo cuando hay una expresión negativa después del verbo.

expresiones indefinidas	expresiones negativas
algo	nada
alguien	nadie
algún	ningún
alguna	ninguna
algunos	ningún, ninguno
alguna parte	ninguna parte
siempre	nunca, jamás
a veces	nunca, jamás
o... o	ni... ni

SEGUNDO PASO

¿Hay **algunos** músicos en el teatro?	No, no hay **ninguno**.
¿Tienes primos en Europa?	No, **ninguno** de mis primos está allí.
¿Cúal de esas películas quieres ver?	No quiero ver **ninguna** de ellas.
¿Vas a comprar **algunas** entradas?	No, no voy a comprar **ninguna**.

Conclusiones *Ninguno y ninguna*

1. **Ninguno** y **ninguna** funcionan como pronombres; es decir, toman el lugar de un sustantivo.
2. Las formas plurales (**ningunos** y **ningunas**) casi nunca se usan.

TERCER PASO

Yo juego al baloncesto; mi hermano juega al baloncesto **también**.
No juego al béisbol; mi novia no juega al béisbol **tampoco**.

Conclusiones *También y tampoco*

1. Se usa **también** para reafirmar una cosa afirmada anteriormente; es igual que **igualmente**. Se usa después de una frase afirmativa:
   Margarita va al partido; Miguel va **también**.
2. Se usa **tampoco** para negar una cosa negada anteriormente. Se usa después de una frase negativa:
   Nicolás no va al partido; yo **no** voy **tampoco**.

CUARTO PASO

Nada explica por qué esos jóvenes siempre llegan tarde a los ensayos.
Nadie piensa en cosas serias durante una fiesta.
Ningún estudiante piensa asistir a clase los sábados.
Ninguno de mis amigos va a ver esa película.
Ninguna de mis amigas juega al fútbol.
Nunca como carne. **Tampoco** como pollo.
Jamás pienso regresar a ese restaurante.
Ni Juan **ni** José prefieren la música clásica a la música moderna.
No hay **nadie** en **ninguna** parte.
No viene **nadie** aquí **nunca**.
Nadie quiere comprar **nada** aquí.

Conclusiones **Negaciones simples y múltiples**

1. **No** se omite cuando una expresión negativa precede al verbo.
2. Las expresiones negativas se pueden combinar con otras expresiones negativas.

ACTIVIDADES

20. Un tremendo pesimista (entre dos). *Don Tremendón, el hermano de Gumersinda, es una persona tremendamente negativa. ¿Cómo contesta las preguntas a continuación?*

> **MODELO** Estudiante 1: **¿Viene alguien a la fiesta?**
> Estudiante 2: **No, no viene nadie a la fiesta.**

1. ¿Hay alguien importante aquí?
2. ¿Siempre funciona el tocadiscos?
3. ¿A veces son interesantes los programas de televisión?
4. ¿Hay algunos buenos restaurantes en esta ciudad?
5. ¿Hay alguien interesante en las películas de Brian de Palma?
6. ¿Hay algo bello en alguna parte de este estado?
7. ¿Hay algunos políticos honestos?
8. ¿Quieres hablar con alguien?

21. Gente sana y cuerda (entre dos). *Algunas personas hacen cosas tontas, pero los amigos de Josefina nunca hacen nada tonto. ¿Cómo contesta Josefina las preguntas a continuación?*

> **MODELO** leer novelas sentimentales
> Estudiante 1: **¿Leen novelas sentimentales algunos/as de sus amigos/as?**
> Estudiante 2: **No, ninguno/a de mis amigos/as lee novelas sentimentales.**

1. tocar jazz a las siete de la mañana
2. tomar el sol a medianoche
3. bailar en la biblioteca
4. beber alcohol antes de manejar
5. hacer alpinismo en Kansas
6. esquiar durante el verano
7. poner un disco de ópera para bailar
8. querer comprar el puente Brooklyn

22. Opiniones y confesiones (entre dos). *Use a veces, siempre, nunca o jamás para formular preguntas y respuestas sobre los grandes temas a continuación.*

> **EJEMPLO** ver películas X con tu madre
> Estudiante 1: **¿A veces ves películas X con tu madre?**
> Estudiante 2: **No, nunca veo películas X con mi madre.**

1. sacar buenas notas
2. jugar al bridge
3. ir a la ópera con mi tía
4. bailar la noche entera
5. volver a casa a las cinco de madrugada
6. salir con motociclistas
7. ver películas sobre vampiros
8. comprar ropa de...
9. cantar canciones patrióticas
10. ...

23. ¡Qué buen imitador! *Pepito adora a su hermano Miguel, y siempre hace las mismas cosas que hace su hermano. Describa su conducta.*

> **MODELOS** Miguel baila tango. → **Pepito baila tango también.**
> Miguel no fuma. → **Pepito no fuma tampoco.**

1. Miguel juega al béisbol.
2. Miguel canta en el baño.
3. Miguel no come demasiado.
4. Miguel actúa en el teatro estudiantil.
5. Miguel no conversa en la biblioteca.
6. Miguel no llega a clase sin preparar.
7. Miguel no esquía en julio.
8. Miguel quiere ser rico y famoso.

24. Entrevista (entre dos o en pequeños grupos). *Pregúntele a alguien de la clase.*

1. si a veces escucha música. ¿Qué música? ¿De qué grupos? ¿De qué compositores?
2. si hay alguien interesante en su clase de... ¿Quién es? ¿Cómo es?
3. si algunos de sus amigos están casados. ¿Quiénes son? ¿Cuántos años tienen? ¿Tienen hijos? ¿Cuántos?
4. si trabaja en alguna parte. ¿Qué hace? ¿Hay algo interesante en su trabajo? ¿Qué es? ¿Por qué es interesante?
5. si tiene algún interés en particular. ¿Qué interés es?
6. si quiere algo especial para su próximo cumpleaños. ¿Qué?

6.7	**Estoy en el quinto asiento de la sexta fila.**

Estoy en el **tercer** asiento de la **sexta** fila del teatro.
Enero es el **primer** mes del año y mayo es el **quinto**.
Hay nueve entradas en béisbol. En este momento estamos en la **séptima**.
Hay cuatro períodos en el fútbol americano. Ahora estamos en el **tercero**.
El español es la **tercera** lengua que estudio. Pero no va a ser la última.
Yo vivo en el **cuarto** piso; mi hermana y su esposo viven en el **octavo**.
¿Quién está sentado en el **noveno** asiento de la **séptima** fila?
Felipe II **(segundo)** e Isabel I **(primera)** son contemporáneos.
¿Estás en el **décimo piso** o el **piso once**?
Las **tres primeras** lecciones son fáciles.

Conclusiones **Los números ordinales**

1. Los números ordinales en español concuerdan en número y género con el sustantivo que modifican. Generalmente van antes del sustantivo.
2. Se usa **primer** y **tercer** antes de un sustantivo masculino singular.
3. El número cardinal precede al número ordinal:
   los diez primeros estudiantes
4. Con títulos reales y religiosos el número ordinal está después del sustantivo.
   Alfonso X → Alfonso décimo. Pío VIII → Pío octavo
5. Generalmente se usan números cardinales después de **décimo,** y se ponen después del sustantivo:
   Vivo en el décimo piso.   Estamos en el piso catorce.
   Juan XXIII → Juan veintitrés   Alfonso XIII → Alfonso trece.

Sinopsis

1er, 1°, 1^{a}	primer, primero, primera		6°, 6^{a}	sexto, sexta
2°, 2^{a}	segundo, segunda		7°, 7^{a}	séptimo, séptima
3er, 3°, 3^{a}	tercer, tercero, tercera		8°, 8^{a}	octavo, octava
4°, 4^{a}	cuarto, cuarta		9°, 9^{a}	noveno, novena
5°, 5^{a}	quinto, quinta		10°, 10^{a}	décimo, décima

ACTIVIDADES

25. Reyes, reinas y papas. *¿Cuál es el nombre completo de la ilustre gente a continuación?*

> **MODELO** Carlos III → **Carlos tercero.**

1. Enrique VIII
2. Pío VI
3. Isabel I
4. Felipe III
5. Juan Pablo II

6. Carlos V
7. Fernando VII
8. Caterina IX
9. Faviola IV
10. Alfonso XIII

26. Mini-teatro. *Usted es un/a acomodador/a en un teatro y tiene que explicar a la gente dónde están los asientos.*

> **MODELO** 6^{a}, 10° → **Ud. está en la sexta fila y en el décimo asiento.**

1. 10^{a}, 4°
2. 8^{a}, 3er
3. 2^{a}, 5°
4. 1^{a}, 8°

5. 6^{a}, 1er
6. 7^{a}, 2°
7. 9^{a}, 10°
8. 3^{a}, 7°

27. Entrevista (entre dos o en pequeños grupos). *Pregúntele a alguien de la clase:*

1. en qué piso está ahora
2. en qué piso vive
3. quién es la reina de Inglaterra
4. cómo se llama el papa actual
   (*actual = de ahora*)

5. quién está en tercer año de universidad
6. quién tiene un/a hermanito/a en primer grado de primaria
7. de todos los reyes, reinas y papas en la historia, cuál es su favorito

Pronunciación y ortografía _____

A. *El sonido de las letras* **j**, **g + e** *y* **g + i** *es* [x]. *Este sonido no existe en inglés, pero es muy fácil de pronunciar porque es una k fricativa o* [ꝁ]. *Imite bien el modelo de su profesor/a.*

jugar	juego	jugo	José	Juana	jefe	pájaro	ja, ja, ja
gente	gimnasio	general	legible	gema	ginecología	ángel	

Algunos nombres conservan una ortografía arcaica; en tales palabras la letra **x** *se pronuncia como* [x]. *Por ejemplo:* **México, Texas** *y* **Oaxaca**. *A veces tales palabras se escriben con ortografía moderna:* **Méjico, Tejas** *y* **Oajaca**.

B. *En los verbos que terminan en* **-ger**, *se cambia la* **g** *por* **j** *para conservar el sonido original en algunas combinaciones.*

¿Quién recoge los platos después de cenar?

Yo **recojo** los platos después de la cena. *(recoger = coleccionar, reunir)*

¿Escoges tú las fechas de tus vacaciones?

No, yo no **escojo** las fechas de mis vacaciones. *(escoger = seleccionar)*

Sinopsis

> *recoger:* **recojo,** recoges, recoge, recogemos, recogéis, recogen
> *escoger:* **escojo,** escoges, escoge, escogemos, escogéis, escogen

⚜ EN CONTEXTO ⚜

LA NACION

Sección 2a   **Deportes**

Buenos Aires, domingo 30 de diciembre de 1990

Rechazo a una inquietud de la FIFA

Los argentinos aún creen en el fútbol de once contra once

POSICIONES NACIONAL B

EQUIPOS	Pts.	J.	G.	E.	P.	Gf.	Gc.	Prom.
Quilmes	43	31	16	11	4	57	34	1,165
Huracán	42	32	16	10	6	72	28	1,215
Douglas Haig (Perg.)	39	31	14	11	6	33	26	0,991
Belgrano (Cba.)	37	32	13	11	8	31	27	1,172
Banfield	35	31	11	13	7	39	33	1,067
San Martín (Tuc.)	35	32	12	11	9	36	30	1,093
Villa Dálmine	35	32	12	11	9	35	30	1,093
Colón	34	32	9	16	7	35	28	1,137
Atl. Rafaela	34	32	10	14	8	41	37	1,062
Dep. Italiano	34	32	10	14	8	22	21	1,043
Lanús	33	32	10	13	9	44	42	1,043
Los Andes	33	32	9	15	8	35	36	0,853
Ctral. Córdoba (Sgo.)	33	32	11	11	10	31	32	1,017
Atlético (Tuc.)	32	31	10	12	9	40	40	1,060
Tigre	31	32	10	11	11	36	39	0,948
Alte. Brown	29	32	9	11	12	32	41	1,034
Talleres	28	32	9	10	13	33	39	1,027
Dep. Maipú (Mza.)	27	32	8	11	13	33	34	0,948
Def. y Justicia	25	32	5	15	12	32	43	0,965
Olimpo (B. B.)	23	32	8	7	17	39	51	0,718
Cipolletti (RN)	20	32	6	8	18	30	49	0,862
Dep. Armenio	18	32	4	10	18	18	44	0,562

Lectura

La religión del fútbol

Cuando se dice «fútbol» en un país hispano, no se refiere al «football» norteamericano que es una derivación del *rugby* inglés; se refiere al fútbol que se juega con una pelota **redonda** que se toca casi exclusivamente con los pies o la cabeza. Ese fútbol en Europa y en Latinoamérica es casi una religión. Los estadios son las catedrales de esa religión, los jugadores son sus santos, los partidos son sus rituales y los **hinchas** son sus devotos. Los periódicos están llenos de información sobre el fútbol y hay gente que puede hablar horas enteras sobre estadísticas, jugadores, tácticas, entrenadores, etc. con un fervor que **parece** religioso. Y una discusión entre hinchas de distintos equipos puede llegar a la violencia.

     ¿Cuál es el resultado de tanto fervor y tanta devoción? En casi **cualquier** momento de cualquier barrio de cualquier ciudad de Latinoamérica, hay niños en la calle que juegan al fútbol, y durante un partido importante, todos los hinchas si no están en el estadio, están **pegados** a su televisor o a su radio. Gracias a ese fervor, tres países latinoamericanos—Argentina, Brasil y México—siempre pueden **mandar** un equipo nacional para competir en la Copa Mundial, el espectáculo futbolístico más grande del mundo. La Copa Mundial es un auténtico **torneo** internacional porque se incluyen equipos de casi todos los países del mundo. En 1990 el equipo de Estados Unidos **participó** por primera vez en la Copa Mundial. **Ganó** pocos partidos. ¿Qué necesita hacer el equipo estadounidense para ganar en 1994 o 1998?

redonda: esférica

hincha: aficionado

parecer: tener la apariencia de

cualquier: *any*

pegados: muy cerca

mandar: *to send*
torneo: competencia deportiva con varios equipos
participó y **ganó:** pasados de *participar* y *ganar*

1. ¿Cómo se llama popularmente en Estados Unidos el fútbol que se juega en Europa y en Latinoamérica? 2. ¿Juega Ud. al fútbol? ¿A cuál? 3. ¿Qué deporte en los Estados Unidos inspira mucho interés? 4. ¿De qué deporte(s) es Ud. hincha? 5. ¿Existe una «copa mundial» para el béisbol? 6. ¿Por qué no se juega el fútbol tanto en los Estados Unidos como en otras partes del mundo? 7. ¿Piensa Ud. que Estados Unidos puede mandar un buen equipo a la próxima Copa Mundial? 8. ¿Tiene usted interés en jugar al fútbol?

Cómo se hace _____

Cómo se hace para pedir permiso

¿Puedo (infinitivo)... ?	¿Está permitido... ?	¿Se permite... ?
¿Se puede (infinitivo)... ?	¿Está prohibido... ?	¿Se prohibe... ?

Cómo se hace para dar permiso a alguien

Sí.	Claro que puede.	¡Claro que sí!
Sí, por supuesto.	¡Por supuesto!	¡Por supuesto que sí!
Sí, se puede.	¡Cómo no!	¿Por qué preguntas?

Cómo se hace para no dar permiso a alguien

¡No! ¡Imposible!	No, naturalmente que no.	De ningún modo.
De ninguna manera.	No, no está permitido.	De ninguna forma.

Cómo se hace para hablar por teléfono I

SRA. LÓPEZ	Hola. (Diga, Bueno, Aló).	
LUIS	Buenos días señora. Habla Luis. (Soy Luis.)	
SRA. LÓPEZ	Ah, buenos días, Luis. ¿Cómo le va?	
LUIS	Muy bien, gracias. **Se encuentra** Ana? (¿Está Ana? ¿Se puede hablar con Ana?)	se encuentra: está
SRA. LÓPEZ	Un momentito. **No cuelgue. (No corte.)** Voy a ver si está. *(un minuto después)* No se encuentra. (No está.) ¿Quiere usted dejar algún **recado**? (¿Quiere usted dejar un mensaje?)	no cuelgue: *don't hang up* recado: mensaje
LUIS	No, gracias. **Vuelvo a llamar** (Llamo otra vez) más tarde.	volver a + infinitivo: hacer otra vez, repetir
SRA. LÓPEZ	Cómo no. Hasta luego.	
LUIS	Adiós.	

Diálogos incompletos

1. ¿Se puede fumar dentro del edificio?

   _____

   ¿Se permite fumar pipa o solamente cigarrillos?

   _____

2. ¿Puedo hablar con el jefe?

   _____

3. _____

   ¡Por supuesto!

   _____

   ¡Claro que sí!

4. _____

   De ninguna manera.

   _____

   ¡Imposible!

5. ¡Aló!

   _____

   No, Ana no se encuentra. ¿Quién habla?

   _____

   Ah, Luis. ¿Qué tal?

   _____

   Ana no vuelve hasta la noche. ¿Quiere dejar un recado?

   _____

   Muy bien. Hasta luego.

   _____

6. _____

Buenos días. Habla Marisa. ¿Se puede hablar con Héctor?

_____

No, prefiero hablar con él personalmente. ¿Cuándo vuelve?

_____

Muy bien. Voy a llamar de nuevo a esa hora. Hasta luego.

_____

Situaciones _____

Situación 1   Usted quiere dejar su coche en un lugar donde está prohibido estacionar para entrar en un negocio por sólo un minuto. Hay un policía delante del negocio. Pídale permiso para dejar el coche, explíquele que va a estar en el negocio por sólo un minuto. Otro estudiante puede hacer el papel del policía. Use *Cómo se hace* como punto de partida.

Situación 2   Usted tiene que hacer una llamada telefónica a la casa de un amigo. Contesta su madre. Su amigo no se encuentra. Deje un recado. Use *Cómo se hace* como punto de partida.

Situación 3   Usted llama por teléfono a la casa de una amiga. Usted quiere saber a qué hora va a ir a la universidad. También quiere saber si va en coche y si usted puede ir con ella.

Situación 4   Usted está con una amiga española que quiere saber cuáles son los pasatiempos y diversiones de usted y sus amigos/as.

Situación 5   Usted quiere saber algo acerca del deporte favorito de un/a amigo/a. ¿Cuál es? ¿Dónde y en qué época del año se juega? ¿Cuántos jugadores hay en un equipo? ¿Hay entrenador? ¿Quiénes son los mejores jugadores de ese juego? ¿Cuándo es el próximo partido? ¿Se puede ver por televisión? ¿Cuánto cuestan las entradas?

Composición

Tema 1   Escriba una composición sobre su fin de semana ideal. ¿Adónde va Ud.? ¿Qué hace Ud. allí? ¿Qué come? ¿Qué espectáculos ve? ¿Qué juegos ve? ¿Qué deportes juega? ¿Con quién va Ud.? Etc.

Tema 2   Escriba una composición sobre las diversiones de su universidad para un/a estudiante extranjero/a. ¿Qué hacen los estudiantes cuando no estudian? Describa los deportes, las fiestas, los espectáculos, los bailes, etc.

Vocabulario activo

juegos y deportes

el ajedrez	la cancha	el estadio	los naipes
el alpinismo	el croquet	el fútbol	el partido
el baloncesto	las damas	la gimnasia	la pelota
el básquetbol	el deporte	el golf	el período
el béisbol	el dominó	el/la hincha	el tenis
el boliche	el/la entrenador/a	el juego	el torneo
el bridge	el equipo	el/la jugador/a	el vólibol

espectáculos

el/la aficionado/a	el circo	la fila	la taquilla
el asiento	la comedia	la función	la telenovela
la boletería	la crítica	la película	la temporada
el boleto	la entrada	el programa	el video
el cine	el escenario	el público	

la música

la banda	el/la compositor/a	el ensayo	la orquesta sinfónica
la canción	el concierto	la grabadora	la sinfonía
el/la cantante	el conjunto	la obra	el tambor
la cinta	el disco	la orquesta	

otros sustantivos

el aparato	la estadística	el permiso	el tamaño
el/la bailarín/bailarina	la juguetería	el piso	la tarjeta
la escuela primaria	la llamada	el/la radio	el viaje
la escuela secundaria	el/la músico/a	el recado	

verbos

...ir	dormir (ue)	llamar	querer (ie)
almorzar (ue)	empezar (ie)	mentir (ie)	recoger
asistir	encontrar (ue)	morir (ue)	recordar (ue)
cerrar (ie)	entender (ie)	pensar (ie)	salir
comenzar (ie)	escoger	perder (ie)	tocar
costar (ue)	escribir	poder (ue)	vivir
dar	jugar (ue)	preferir (ie)	volver (ue)
devolver (ue)			

adjetivos

agradable	extranjero/a	junto/a	supuesto/a
chiquito/a	insatisfecho/a	redondo/a	tonto/a
deportivo/a			

expresiones útiles

acerca de	aunque	de nada	no cuelgue
¡Aló!	¡Claro que sí!	de nuevo	no hay de qué
allá	¡Cómo no!	no corte	¡Por supuesto!

números ordinales

primer, primero/a	cuarto/a	séptimo/a	noveno/a
segundo/a	quinto/a	octavo/a	décimo/a
tercer, tercero/a	sexto/a		

expresiones indefinidas

algo	alguna	algunos	a veces
alguien	alguna parte	siempre	o... o...
algún	algunas		

expresiones negativas

jamás	ni... ni...	ninguna	ninguno
nada	ningún	ninguna parte	nunca
nadie			

vocabulario personal

_____   _____

_____   _____

_____   _____

_____   _____

_____   _____

La casa y sus actividades

Temas
- La casa y sus cosas
- Los deberes domésticos
- Alquilar y arreglar un departamento
- Relaciones interpersonales
- Sueños y planes

Funciones
- Alquilar un departamento
- Alquilar una habitación de hotel
- Preguntar sobre las obligaciones
- Decir que uno va o no va a hacer algo

Gramática
7.1 Los complementos directos pronominales para cosas

7.2 Verbos que requieren preposiciones antes de sustantivos

7.3 La a personal

7.4 Verbos terminados en *-cer* y *-cir; saber* y *conocer*

7.5 Los complementos directos para personas

7.6 Frases de clarificación y de énfasis para el complemento directo

7.7 *Oír* y verbos terminados en *-uir*

EN MARCHA

7.1	¿Quién lava los platos y quién los seca?

PRIMER PASO

Las actividades de la casa

barrer el piso

lavar los platos

recoger los juguetes

sacar la basura

pintar la pared

limpiar las ventanas

cortar el césped

regar (ie) las plantas

cuidar el jardín

pasar la aspiradora

cocinar

coser

Historia de un martirio:

MARTA   Miguel, ¿quién lava los platos en tu casa?

MIGUEL   **Los** lavo yo.

MARTA   ¿Y quién cuida el jardín?

MIGUEL   **Lo** cuido yo.

MARTA   ¿Y quién saca la basura?

MIGUEL   **La** saco yo.

MARTA   ¡Qué notable! ¿Y quién recoge los juguetes de los niños?

MIGUEL   **Los** recojo yo.

MARTA   ¡Qué horror! ¿Y quién limpia las ventanas?

MIGUEL   **Las** limpio yo.

MARTA   ¿Y se puede saber por qué haces todo ese trabajo?

MIGUEL   Porque mi vida es un martirio, un sufrir constante. Existo sólo para trabajar.

        (... y se escucha música de fondo, suave y triste, que refleja la tragedia del pobre Miguel.)

Conclusiones   **Los complementos directos y sus pronombres**

1. Las palabras en negrilla en las oraciones de arriba son complementos directos. El complemento directo recibe la acción del verbo; es decir, contesta la pregunta *¿Verbo + qué?* Por ejemplo:

    Yo tengo **dos** libros.   **¿Yo tengo qué? Dos libros.** (**dos libros** es el complemento directo de **tengo**)

    Marisela mira **las fotos**.   **¿Marisela mira qué? Las fotos.** (**las fotos** es el complemento directo de **mira**)

2. **Lo, la, los** y **las** en la segunda columna de abajo son pronombres que toman el lugar de los complementos directos de la primera columna.

3. Los pronombres del complemento directo preceden al verbo y concuerdan con el sustantivo que reemplazan:

    Barro **el piso**.   → **Lo** barro.

    Limpio **la sala**.   → **La** limpio.

    Recogemos **los juguetes**.   → **Los** recogemos.

    Guardo **las tazas**.   → **Las** guardo.

SEGUNDO PASO

    ¿Quieres comprar ese refrigerador?   Sí, quiero comprar**lo**.
                            Sí, **lo** quiero comprar.

    ¿Vas a limpiar la cocina?   Sí, voy a limpiar**la**.
                            Sí, **la** voy a limplar.

    ¿Cuándo debo quemar esos papeles?   Debes quemar**los** ahora mismo.
                            Los debes quemar ahora mismo.

Conclusiones Los complementos pronominales con infinitivos

1. Es posible agregar *(agregar = combinar con)* un complemento pronominal con un infinitivo.
2. Con un infinitivo, también es posible poner el complemento pronominal antes del verbo conjugado. Por ejemplo:

   Lo voy a hacer. = Voy a hacerlo.

ACTIVIDADES

1. ¿De quién son los deberes de la casa? (entre dos) *Explíquele a alguien de la clase quién hace qué en su casa.*

  MODELO Estudiante 1: **¿Quién lava los platos**
       Estudiante 2: **Yo los lavo.**

1. ¿Quién limpia el baño?
2. ¿Quién recoge la ropa sucia?
3. ¿Quién barre los pisos?
4. ¿Quién recicla la basura?

5. ¿Quién arregla la sala?
6. ¿Quién sacà la basura?
7. ¿Quién riega las plantas?
8. ¿Quién cuida el jardín?

2. ¿En qué cuarto se hacen las cosas? (entre dos) *Conteste las preguntas con un complemento pronominal.*

  MODELO Estudiante 1: **¿Guardas tu champú en la cocina o en el baño?**
       Estudiante 2: **Lo guardo en el baño.**

1. ¿Guardas tu coche en el garaje o en el refrigerador?
2. ¿Preparas la comida en el baño o en la cocina?
3. ¿Barres el piso con una escoba o con un rifle?

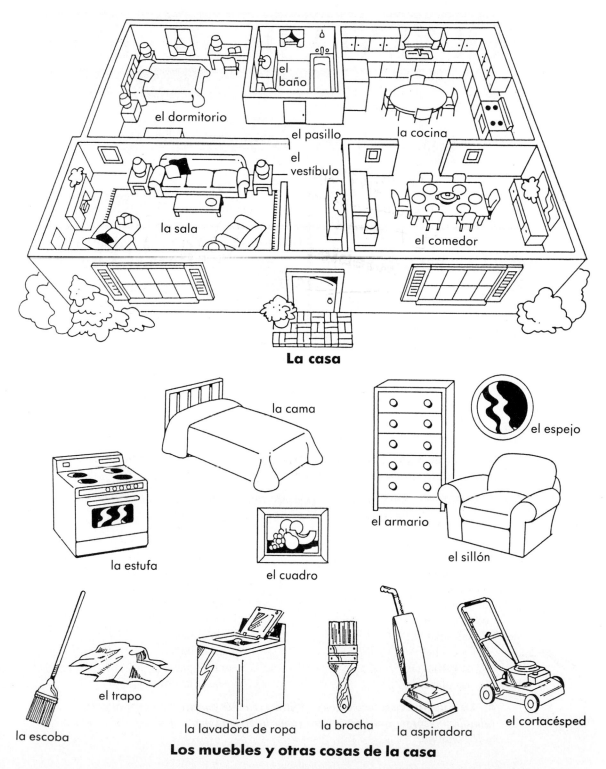

La casa

el dormitorio
el baño
el pasillo
el vestíbulo
la cocina
la sala
el comedor

la cama
el espejo
la estufa
el cuadro
el armario
el sillón
la escoba
el trapo
la lavadora de ropa
la brocha
la aspiradora
el cortacésped

Los muebles y otras cosas de la casa

4. ¿Limpias las ventanas con un trapo o con un cuchillo?
5. ¿Lavas los platos en el dormitorio o en el lavabo?
6. ¿Pintas las paredes con una brocha o con un trapo?
7. ¿Guardas la basura en el basurero o debajo de la mesa?
8. ¿Dejas tu bicicleta en la calle o en la sala?

3. ¿Dónde vas a poner las cosas? (entre dos)   *Ustedes tienen una nueva casa y tienen que decidir en qué cuarto van a poner las cosas. Usen la tabla como guía.*

EJEMPLO   ESTUDIANTE 1: **¿Dónde vas a poner la estufa?**
            ESTUDIANTE 2: **Voy a ponerla en la cocina.**

1. la estufa	a. en la sala
2. la mesa	b. en la cocina
3. el sillón	c. en el comedor
4. el espejo	d. en el dormitorio
5. el armario	e. en el garaje
6. el cuadro	f. en el vestíbulo
7. las sillas	g. en el pasillo
8. el coche	h. en el baño
9. la cama	i. en el patio
10. las plantas	j. en el jardín

4. La nueva casa (entre dos).   *Usted y algunos compañeros van a alquilar (alquilar = rentar) una casa y usted (como la persona más importante) tiene que decidir quién hace qué.*

MODELO Estudiante 1: **¿Quién va a limpiar el refrigerador?**
Estudiante 2: *(nombre de un/a estudiante)* **va a limpiarlo.**

1. ¿Quién va a pagar el depósito?
2. ¿Quién va a cuidar el jardín?
3. ¿Quién va a cortar el césped?
4. ¿Quién va a pasar la aspiradora?
5. ¿Quién va a colgar los cuadros?

6. ¿Quién va a traer los muebles?
7. ¿Quién va a lustrar los pisos?
8. ¿Quién va a conectar la luz?
9. ¿Quién va a instalar la estufa?
10. ¿Quién va a limpiar el baño y la cocina?

7.2   ¿En qué piensas?

PRIMER PASO

¿**Con** qué **sueñas**?

¿Por dónde **se entra en** tu casa ideal?

¿**En** qué **consisten** los muebles de tu casa ideal?

¿**En** qué **piensas** ahora?

¿Qué **piensas de** mi casa ideal?

Sueño con mi casa ideal.

Se entra en la casa por un jardín.

Consisten en una cama de agua y un piano de cola.

Pienso en el examen de mañana. La realidad es dura, y no puedo **soñar con** mi casa ideal todo el tiempo.

Pienso que es una maravilla, pero no puedo **pensar en** eso ahora porque también tengo un examen mañana.

Conclusiones **Verbos que requieren una preposición antes de un sustantivo**

1. **Soñar con, entrar en, consistir en** y **pensar en** requieren una preposición antes de un sustantivo.
2. Otros verbos similares que Ud. ya sabe son **ir a, salir de** y **asistir a**.
3. **Pensar en, pensar de** y **pensar que**:

   a. **Pensar en** significa **considerar** o **tener en mente**:
      Pienso mucho **en** mi familia.
   b. **Pensar de** significa **tener una opinión**:
      ¿Qué **piensas de** mi nuevo sillón?
   c. **Pensar que** se usa con un verbo:
      Pienso que tu nuevo sillón es muy lindo y cómodo.

Sinopsis

asistir a		pensar, en, de
ir a +un sustantivo		salir de +un sustantivo
consistir en		soñar (ue) con
entrar en		

SEGUNDO PASO

¿Dónde **escuchas** el estéreo?	Lo **escucho** en la sala.
¿Qué **escuchas** cuando limpias la casa?	**Escucho** música alegre.
¿Cómo **pagas** esos muebles?	Los **pago** con la ayuda del banco.
¿Quién **paga** el seguro contra robos?	Lo **pagamos** entre todos.
¿Qué **buscas**?	**Busco** la escoba para barrer el piso.
¿Qué vas a **buscar** en el centro?	Quiero **buscar** un cuadro para la sala.
¿Qué **miras**?	**Miro** esos pájaros en el jardín.
¿Por qué los **miras**?	Los **miro** porque son divertidos.
¿Dónde **esperas** el autobús?	Lo **espero** allí enfrente de la casa.

Conclusiones **Algunos verbos que no requieren una preposición antes de un sustantivo**

1. A diferencia de sus equivalentes en inglés, **buscar, escuchar, esperar, mirar** y **pagar** no necesitan preposición antes de un sustantivo.
2. Estos verbos tampoco usan una preposición con complementos pronominales. Compare:

> Quiero **pagar la cuenta**. → Quiero **pagarla**.
> Vamos a **escuchar el disco**. → Vamos a **escucharlo**.
> Vamos a **esperar el autobús** aquí. → Vamos a **esperarlo** aquí.

3. **Esperar** con un sustantivo generalmente significa permanecer en un lugar donde se cree que alguien o algo va a venir.

TERCER PASO

¿Qué **piensas hacer** esta noche?	**Pienso ir** al cine con unos amigos.
¿Cuándo **piensan tomar** el examen ustedes?	**Pensamos tomarlo** al final del semestre.
¿Qué **esperan** ustedes en la vida?	**Esperamos tener** una familia con tres chicos.
¿**Esperas ganar** mucho dinero?	No, sólo **espero ganar** suficiente para vivir bien.

Conclusiones ***Esperar* y *pensar* con infinitivos**

1. **Esperar** + infinitivo generalmente significa *anticipar*.
2. **Pensar** + infinitivo generalmente significa *tener planes*.

ACTIVIDADES

5. Su casa ideal (entre dos o en pequeños grupos). *Formulen preguntas y respuestas originales.*

1. ¿En qué consiste su casa *(mansión, palacio, departamento, piso, condominio)* ideal?
   Vocabulario para las respuestas: *dormitorios, sala, vestíbulo, clóset, cocina, comedor, baños, jardín, garaje, estudio, piscina, etc.*

2. ¿En qué cuarto piensa Ud. poner la ropa *(el televisor, el sofá, la cama de agua, los sillones, la estufa, la mesa, los platos y cubiertos, la computadora, el escritorio, los muebles para los niños)*?
   Vocabulario para las respuestas: *Igual que en el número 1.*

3. ¿Cómo va Ud. a pagar la casa *(los muebles, la piscina, el piso)*?
   Vocabulario para las respuestas: *con un préstamo de banco, con un préstamo de sus padres, con el dinero que espera ganar en la lotería*

4. ¿Con quién espera Ud. compartir su casa *(condominio, palacio, etc.)*?
   Vocabulario para las respuestas: *con sus amigas, con su marido, con su esposa, con su compañero/a, con sus padres, con sus hijos, con su perro, con su gato, etc.*

5. En su casa *(palacio, castillo, etc.)*, ¿por dónde se entra en el garaje, *(la cocina, la sala, el vestíbulo, el baño, el dormitorio de los chicos, el comedor, el estudio, etc.)*?
   Vocabulario para las respuestas: *Igual que en el número 1.*

6. **Confesiones** (entre dos).   *Conteste las preguntas con respuestas, si no verdaderas, por lo menos interesantes.*

   1. ¿En qué consiste tu dieta?
   2. ¿En qué piensas cuando estás solo/a?
   3. ¿Qué piensas del presidente actual? *(actual = de este momento)*
   4. ¿Con quién (qué) sueñas con mucha frecuencia?
   5. ¿Quién paga la comida en tu departamento?
   6. ¿A qué hora sales de casa para llegar a tu primera clase?
   7. ¿Adónde vas los fines de semana?
   8. ¿En qué piensas cuando entras en la clase de español?
   9. ¿Asistes a todas las sesiones de todas tus clases sin falta?

7. **Chismes** (entre dos).   *Ahora repita las preguntas de la actividad anterior, pero con otros sujetos.*

   EJEMPLO   ESTUDIANTE 1: **¿En qué consiste la dieta de Gumersinda?**
                 ESTUDIANTE 2: **La dieta de Gumersinda consiste en chocolate con hamburguesa, papas fritas con helado, mayonesa con mermelada, y otras exquisiteces culinarias.**

8. **Entrevista** (entre dos o en pequeños grupos).   *Pregúntele a alguien de la clase.*

   1. ¿Qué busca en la cocina *(en el comedor, en la sala, en el vestíbulo, en el garaje, en el dormitorio, etc.)*?
   2. ¿Qué mira en la sala *(en la calle, en la playa, en la televisión, en el gimnasio, etc.)*?
   3. ¿Qué espera de la vida *(en el futuro, en su vida amorosa, de sus padres, de su mejor amigo/a, etc.)*?
   4. ¿Quién paga la luz *(la comida, el gas, el alquiler, el seguro, etc.)*?

7.3   ¿Ves a Jorge allí en la puerta?

Recordamos la dirección de la casa de nuestros amigos.

También recordamos **a nuestros amigos**.

Julia encuentra sus libros en el vestíbulo.

Julia encuentra **a sus amigas** en el comedor.

Pablo lleva el televisor a su cuarto.

Pablo lleva **a Pepito** a su cuarto.

Marisela busca sus llaves en el gabinete.

Marisela busca **a Rafael** en el jardín.

Esperamos la nueva cama que va a llegar esta tarde.

Esperamos **a los hombres** que van a entregar el sofá.

¿Qué buscas?

Busco un sillón para la sala.

¿**A quién** buscas?

Busco **a mi compañera de cuarto**.

¿Qué miras?

Miro un programa de televisión.

¿**A quiénes** miras?

Miro **a aquellos carpinteros**.

Conclusiones La a personal

1. Después de todos los verbos, se usa **a** antes de un complemento directo que es una persona o un grupo de personas.
2. Se usa **a quién** y **a quiénes** en la pregunta si **quién** o **quiénes** son el complemento directo del verbo.

ACTIVIDADES

9. ¿Qué pasa en la casa de Javier? *Ustedes están en la casa de Javier. Describan la escena.*

1. La madre de Javier busca *(una escoba, Juanito, su marido, el perro, un trapo, la señora que limpia)*.
2. Javier escucha *(la radio, su papá, los comentarios de su hermanito, los pájaros)*.
3. Su hermanito no comprende *(nada, cómo funciona el radio, la señora que limpia, los adultos, las grandes palabras de Javier, nadie)*.

10. Preguntas. *Invente una pregunta con* **qué, quién, quiénes, a quién** *o* **a quiénes** *para las respuestas a continuación.*

EJEMPLOS Isabel mira a Roberto. → ¿**Quién mira a Roberto?** o
→ ¿**A quién mira Isabel?**

1. Ricardo mira televisión.
2. Ana limpia las ventanas.
3. Javier busca a su hermano.
4. Esperamos a Miguel y a Juan.
5. Jorge barre el piso.
6. Beti quiere a Javier.
7. Javier adora a Beti.
8. Donaldo escucha a sus amigos.
9. No comprendemos a Gumersinda.
10. Papá lava platos en la cocina.

11. La telenovela (entre dos). *Describan a los personajes de su propia telenovela; usen una* **a** *personal si es necesario.*

EJEMPLOS → Sara ama a Javier, pero Javier busca el dinero y la fama.
→ La dama misteriosa aparenta ser amable pero engaña a los
  hombres.

Javier	ama	Javier, Sara, el dinero
Sara	busca	La madre de Sara
La madre de Javier	deplora	la fama, el amor
El policía O'Conner	amenaza	la seguridad
El abuelo de Sara	espera	los hombres guapos
La dama misteriosa	nunca ve	las mujeres bellas
El hombre en poliéster	quiere	el fin de esta telenovela

Ahora, usando los nombres de sus compañeros, inventen una telenovela basada en la gente de la clase de español.

Nota cultural

Sirvientes, mucamas y criadas

En los Estados Unidos no podemos concebir la vida sin los muchos aparatos que tenemos para mantener la casa: lavaplatos, aspiradoras, lavadoras y secadoras de ropa, cortadoras eléctricas de césped, compactadoras, y cosas **por el estilo**. Incluso, es común escuchar en España y en Latinoamérica que la cultura norteamericana está obsesionada por los «**gadgets**».

por el estilo: de este tipo
gadget: *gadget* se usa en todas partes

En el mundo hispano los *gadgets* no son tan comunes como en los Estados Unidos, en parte porque la gente que tiene dinero para gadgets también tiene suficiente dinero para emplear a una sirvienta. (Se dice *mucama* o *criada* en algunos países.) **Aun** una familia de recursos modestos puede tener empleadas en la casa porque la **mano de obra** cuesta relativamente poco. En cambio, los *gadgets,* **por lo general,** son mucho más caros que en los Estados Unidos.

aun: *even*
mano de obra: trabajo manual
por lo general: generalmente

7.4	¿Conoces al nuevo jefe del departamento?

PRIMER PASO

¿Quién **conoce** al nuevo jefe?
¿**Conoces** también a sus hijos?
¿**Conocéis** México?

¿Qué otros países **conocéis**?

Yo lo **conozco** bastante bien.
Sí, los **conozco**.
Conocemos la capital, pero no **conocemos** las provincias muy bien.
Conocemos toda Sudamérica.

Ud. no va a **reconocer** a Susana; está más bonita ahora que nunca.
No **reconozco** tu voz cuando hablas por teléfono.
Nunca **traduzco** del inglés cuando hablo español.

Conclusiones *Conocer, reconocer y traducir*

1. Los verbos terminados en **-cer** y **-cir** muchas veces usan la desinencia **-zco** en la primera persona singular. Las otras formas son regulares.
2. **Hacer** y **decir** son excepciones a esa regla:
     hago, haces, hace, etc.
     digo, dices, dice, etc.

Sinopsis

conocer		*reconocer*		*traducir*	
conozco	conocemos	reconozco	reconocemos	traduzco	traducimos
conoces	conocéis	reconoces	reconocéis	traduces	traducís
conoce	conocen	reconoce	reconocen	traduce	traducen

SEGUNDO PASO

Saber versus *conocer*

1. **Saber** se combina con preguntas incrustadas y con **si.** Por ejemplo:
     ¿**Sabes** dónde se consiguen muebles usados?
     ¿**Saben** Uds. cuánto cuesta aquella casa que está en la esquina?

No **sabemos** si Pepito está en su cuarto.

Nadie **sabe** si la criada viene hoy o mañana.

2. **Saber** se combina con infinitivos. En estos casos no es necesario decir **cómo**. Por ejemplo:

Nadie sabe coser ahora como antes.

No sé llegar a tu casa.

3. **Saber** se combina con **que**. Por ejemplo:

Mamá está preocupada porque **sabe** que Pepito está en la cocina.

Sé que una alfombra de lana dura más que una alfombra de algodón.

4. **Conocer** se combina con personas y lugares. Por ejemplo:

No **conozco** a Ricardo pero **conozco** bien a su hermano Héctor.

Todavía no **conocemos** Buenos Aires.

5. **Conocer** indica un conocimiento superficial y general. **Saber** es el resultado de aprender o de memorizar. Compare:

Lisa **sabe** el poema.	=	Lisa puede recitar el poema de memoria.
Juan **conoce** el poema.	=	Juan sabe cómo es el poema y lo reconoce cuando lo escucha.
Javier **sabe** esa sonata.	=	Javier sabe tocar la sonata.
Marina **conoce** esa sonata.	=	Marina sabe cómo es la sonata y la reconoce cuando la escucha.

ACTIVIDADES

12. ¿Saber o conocer?   *Usted y algunos amigos tienen un nuevo departamento. ¿Qué saben y qué conocen ustedes de su nuevo barrio?*

1. Yo...   *dónde está el supermercado, a la vecina de enfrente, el horario de los autobuses, el teléfono del dueño*

2. Raúl no...   *el nombre de la otra calle, a la nueva criada, el Parque San Carlos, si mis padres vienen esta noche*

3. Tú no...   *pintar paredes y limpiar baños bien, al hijo del dueño, dónde está el correo más cercano, a mi hermano que viene a ayudar, si la aspiradora funciona*

4. Tú y yo...   *que la calle es tranquila, al chico que viene a reparar el lavaplatos, el barrio nuevo, dónde está la aspiradora, que es la hora para dejar de trabajar*

13. Entrevista (entre dos).   *Pregúntele a alguien de la clase:*

1. qué barrios conoce
2. a qué personas quiere conocer
3. qué receta sabe de memoria
4. si sabe cocinar y coser
5. si conoce a un carpintero
6. si sabe barrer y limpiar
7. si conoce una casa con piscina y cancha de tenis
8. cuál es la casa más bonita que conoce
9. quién es la persona más famosa que conoce

| 7.5 | **Tengo un amigo que quiere conocerte.** |

PRIMER PASO

¿Recuerdas a **tu abuelo**?　Cómo no. **Lo** recuerdo muy bien

¿Conoces a **Aida**?　Sí. Claro que **la** conozco. Es mi tía.

¿Dónde busca Jorge a **su tío**?　**Lo** busca en el jardín.

¿Dónde hay que esperar a **la médica**?　Debemos esperar**la** en la sala.

¿Cuándo vas a ver a **Josefina**?　Pienso ver**la** mañana en su nuevo condominio.

Conclusiones **Los complementos directos pronominales para personas en tercera persona**

1. **Lo, la, los** y **las** se refieren a objetos *(ver 7.1)* y a personas en tercera persona singular y plural.
2. Todos los complementos pronominales se pueden agregar a un infinitivo.

SEGUNDO PASO

¿No **me** reconoce?　No, chiquito, no **te** reconozco.

　　No, señor, no **lo** reconozco. ¿Es Ud. el médico?

　　No, señora, no **la** reconozco. ¿Es Ud. la madre de Beatriz?

¿No **nos** reconoce?　No, no **los** reconozco. ¿Son Uds. los señores Beltrán?

　　No, no **las** reconozco. ¿Son Uds. las hijas del Dr. Martínez?

　　No, no **os** reconozco. ¿Sois los niños del Colegio Cervantes?

¿Cuándo quieres ver**me**?　Quiero ver**te** mañana si es posible.

¿Dónde vas a esperar**nos**?　Voy a esperar**los** en el Café Prado.

Doctor, ¿puedo ver**lo** mañana?　No, pero puede ver**me** el viernes.

Conclusiones **Los complementos directos pronominales para personas**

1. **Me, te, nos** y **os** son complementos directos pronominales que siempre se refieren a personas.
2. **Lo** reemplaza a **usted** masculino y a **él**. **La** reemplaza a **usted** femenino y a **ella**.
3. **Los** reemplaza a **ustedes** masculino y a **ellos**. **Las** reemplaza a **ustedes** femenino y a **ellas**.

Sinopsis

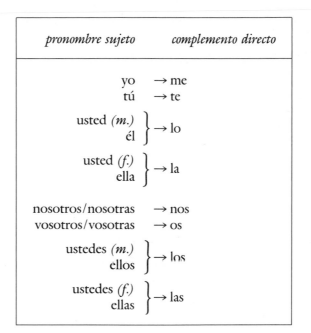

pronombre sujeto	complemento directo
yo	→ me
tú	→ te
usted (*m.*) él	→ lo
usted (*f.*) ella	→ la
nosotros/nosotras	→ nos
vosotros/vosotras	→ os
ustedes (*m.*) ellos	→ los
ustedes (*f.*) ellas	→ las

ACTIVIDADES

14. La nueva casa (entre dos). *Miguel y Jorge quieren celebrar su nuevo departamento con una fiesta. Lidia quiere saber quiénes van a ser los invitados. ¿Qué pregunta ella y qué contestan ellos?*

> **MODELO** a los Martínez
> ESTUDIANTE 1: **¿Van a invitar a los Martínez?**
> ESTUDIANTE 2: **Sí, vamos a invitarlos.**

1. a mi hermano
2. a Rosa y Teresa
3. —me
4. —nos

5. a la Señora Delgado
6. a Aida y Jacinto
7. a Horacio y Manuel
8. a Pedro y a mí

15. Visitas y llamadas (entre dos). *Describa su calendario social contestando las preguntas de un/a compañero/a.*

1. ¿Quién te visita los fines de semana?
2. ¿Cada cuándo te llaman tus padres?
3. ¿Quién te conoce mejor, tu papá o tu mamá?
4. ¿Cada cuándo llamas a tus padres? (conteste con *los*)
5. ¿Cada cuándo llamas a tu mejor amiga?
6. ¿Sabes el número de teléfono de tu novio/a de memoria?
7. ¿Ves a tus amigos más durante la semana o los fines de semana?
8. ¿Nos invitas a tu próxima fiesta?
9. ¿Me llamas por teléfono un día de estos?
10. ¿Vas a ver a... pronto?

16. El nuevo barrio (entre dos). *Marisela tiene un nuevo departamento. ¿Está acostumbrada a su nuevo barrio?*

EJEMPLOS ESTUDIANTE 1: **¿Conoces al vecino que vive enfrente?**
ESTUDIANTE 2: **Sí, lo conozco.**
ESTUDIANTE 1: **¿Sabes si hay una farmacia cerca?**
ESTUDIANTE 2: **Sí, hay una en la esquina.**

¿Sabes...
¿Conoces...

1. dónde está el correo?
2. a los dueños de tu edificio?
3. a los chicos que viven al lado?
4. qué está detrás del edificio?
5. si hay un buen garaje cerca?
6. a esa señora que toca el piano todo el día?
7. llegar al centro?
8. si está permitido tener perros en el edificio?
9. a la viejita que vive enfrente?
10. cuánto cuesta un departamento de dos dormitorios?

17. Opiniones sobre gente y cosas (entre dos o en pequeños grupos). *Ahora es el gran momento en que usted puede expresar sus opiniones sobre varios temas candentes. Con alguien de la clase, use la tabla para formular preguntas y respuestas.*

EJEMPLO los jugadores del fútbol / respeto porque...
ESTUDIANTE 1: **¿Qué piensas de los jugadores de fútbol?**
ESTUDIANTE 2: **Los respeto porque son más grandes que yo.**

¿Qué piensas de...
los mecánicos?
el transporte público?
las casas victorianas?
las estufas eléctricas?
las camas de agua?
los plomeros?
las alfombras persas?
los cuadros abstractos?
la universidad... ?
las flores de plástico?
los muebles modernos?
la música en los ascensores?

a. necesito porque...
b. quiero porque...
c. respeto porque...
d. detesto porque...
e. adoro porque...
f. odio porque...
g. admiro porque...
h. busco porque...
i. escucho porque...
j. temo porque...

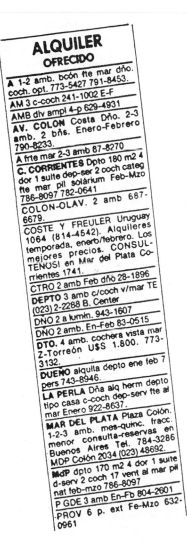

Nota cultural

¿Apartamento, departamento o piso?

Muy pocas lenguas tienen la extensión geográfica que tiene el español. El español se habla en España, en dieciocho repúblicas latinoamericanas, y en una buena parte de Estados Unidos. Esa variedad geográfica exhibe también una variedad lingüística. **Es decir,** cada región, y hasta cierto punto, cada país, tiene su propio acento y su propio vocabulario. Muchas veces es posible reconocer a un puertorriqueño, a un mexicano o a un uruguayo sólo por su

es decir: en otras palabras

forma de hablar. **Por lo tanto,** cuando uno llega a un nuevo país, tiene que aprender qué palabras se usan para ciertas cosas. (Esta confusión a veces es muy divertida porque hay palabras que son perfectamente aceptables en algunos países pero que son indecentes en otros.)

por lo tanto: consecuentemente

En este libro se enseña *departamento* para referirse a un cuarto o una serie de cuartos que se **alquilan. Sin embargo,** hay otras palabras que se usan en lugar de *departamento*. En España, por ejemplo, se dice *piso* para un departamento grande, y en México es común decir *apartamento*. También hay variedad en las palabras que se refieren a un cuarto. La palabra *cuarto* es común en México y Centroamérica, pero en la Argentina es más común decir *habitación* o *ambiente*. Y para complicar las cosas más, en España es común decir *pieza*. Por lo tanto, aprender español no solo consiste en aprender no sólo la lengua «universal» (si tal cosa existe); también consiste en aprender la lengua de una región específica.

alquilar: rentar
sin embargo: *however*

7.6	¿La quieres conocer a ella, o lo quieres conocer a él?

¿Ve Ud. **mi nuevo sillón?**	Sí, **lo** veo.
¿Ve Ud. **a Pepe que está en el sillón?**	Sí, **lo** veo **a él.**
¿Me ve Ud.?	Sí, **lo** veo **a Ud.**
¿Reconoce Ud. **mi nueva casa?**	Sí, **la** reconozco.
¿Me reconoce Ud. **a mí?**	Sí, **la** reconozco **a Ud.,** señora.
¿Reconoce Ud. **a mi hija?**	Sí, **la** reconozco **a ella.**
¿Recuerda Ud. **esos árboles?**	Sí, **los** recuerdo.
¿Recuerda Ud. **a nuestros vecinos?**	Sí, **los** recuerdo **a ellos.**
¿Nos recuerda Ud. **a nosotros?**	Sí, **los** recuerdo **a ustedes.**
¿Quieres **aquellas sillas?**	Sí, **las** quiero.
¿Quieres **a Ana y Luisa?**	Sí, **las** quiero **a ellas.**
¿Nos quieres **a nosotras?**	Sí, **las** quiero **a ustedes.**
¿Me quieres **a mí** o **lo** quieres **a él?**	**Te** quiero **a ti.**
¿Nos quieres **a nosotros** o **los** quieres **a ellos?**	**Os** quiero **a vosotros.**

Conclusiones Frases de clarificación y de énfasis para el complemento directo

1. Cuando un pronombre simple como **lo, la, los** y **las** resulta ambiguo, se puede agregar **a Ud., a ella, a él, a Uds., a ellos** o **a ellas** para clarificación, énfasis o contraste.
2. **A mí, a ti, a nosotros, a nosotras, a vosotros** y **a vosotras** también se usan para énfasis, clarificación y contraste.
3. El pronombre simple (**me, te, nos, os, lo, los, la, las**) es obligatorio. La frase de clarificación no se usa sin el pronombre simple.

Sinopsis

pronombre simple	frase de clarificación o de énfasis	ejemplo
me ⟶	a mí	Olga **me** mira a **mí**.
te ⟶	a ti	Olga **te** mira a **ti**.
nos ⟶	a nosotros/a nosotras	Olga **nos** mira a **nosotros**.
		Olga **nos** mira a **nosotras**.
os ⟶	a vosotros/a vosotras	Olga **os** mira a **vosotros**.
		Olga **os** mira a **vosotras**.
lo ⟶	{ a él	Olga **lo** mira a **él**.
	{ a Ud. (m.)	Olga **lo** mira a **Ud**.
la ⟶	{ a ella	Olga **la** mira a **ella**.
	{ a Ud. (f.)	Olga **la** mira a **Ud**.
los ⟶	{ a ellos	Olga **los** mira a **ellos**.
	{ a Uds. (m.)	Olga **los** mira a **Uds**.
las ⟶	{ a ellas	Olga **las** mira a **ellas**.
	{ a Uds. (f.)	Olga **las** mira a **Uds**.

ACTIVIDADES

18. ¿A quién?   *Complete las oraciones con frases de clarificación o de énfasis. En algunos casos hay dos posibilidades.*

> **MODELO**   Lo conocemos... → **Lo conocemos a Ud.**
> → **Lo conocemos a él.**

1. Ella me quiere...
2. Los alumnos nos escuchan...
3. Los veo...
4. Te escucho...
5. La buscamos...
6. Gaby os espera...
7. Los alumnos las adoran...
8. Mi padre nos llama...

19. Hablando con énfasis.   *Conteste las preguntas de forma enfática.*

> **MODELO**   ¿Quiere Beti a Sebastián? → **Sí, lo quiere a él.**

1. ¿Espera Susana a Ana?
2. ¿Nos odia Gumersinda?
3. ¿Te adora tu papá?
4. ¿Admiras a... ?
5. ¿Me saludas a mí o a Enrique?
6. ¿Buscas a Antonio o a Berti?
7. ¿Respetamos más a (una mujer) o a (un hombre)?

20. Los amores de Don Tremendón (entre dos).   *Don Tremendón (como muchos machistas) cree que todo el mundo está enamorado de él. ¿Cómo contesta las preguntas a continuación?*

> **MODELO**   ESTUDIANTE 1: **Carmen quiere a José.**
> ESTUDIANTE 2: **No es verdad. No lo quiere a él; me quiere a mí.**

1. Beatriz ama a Javier.
2. Pepito adora a su abuelo.
3. Las chicas del barrio quieren a Maradona.
4. Cristina quiere a su amiga.
5. Los estudiantes adoran a su profesora.
6. Yo quiero a...

21. La telenovela (la secuela) (entre dos o en pequeños grupos). *Suponga que algunos miembros de la clase de español forman parte de una telenovela. Describa quién quiere a quién, quién no quiere a quién y por qué.*

EJEMPLO Pablo quiere a María, pero ella no lo quiere a él porque tiene muebles de un gusto horrible. Cristina quiere a Miguel, pero Miguel no la quiere a ella porque no tiene una casa en Beverly Hills. Francisco... etc.

7.7 ¿Qué oyes?

Cuando Uds. hacen una fiesta, ¿**incluyen** a todos sus amigos?

No, no los **incluimos** a todos porque la casa es muy pequeña.

¿Se **incluye** el servicio de mucama en el alquiler?

No, no se **incluye**.

¿Me **incluyes** en tus planes para el verano?

Claro que te **incluyo**. ¿Qué son las vacaciones si no estás tú?

El plomero dice que no **concluye** su trabajo hasta mañana.
El jardín **contribuye** mucho a la casa.
Las casas que se **construyen** de ladrillo resisten a los incendios.
A veces una tormenta fuerte **destruye** las casas y otros edificios.

¿**Oyes** los pájaros en el jardín?

Sí, **los oigo**. ¡Qué bonito! ¿No?

¿**Oyen** Uds. mi estéreo?

Sí, **lo oímos** demasiado bien.

¿Se **oye** mucho ruido de la calle en tu departamento?

Depende. Si no hay mucho tráfico, no se **oye** casi nada.

Conclusiones Los verbos terminados en *-uir* y el verbo *oír*

1. Los verbos terminados en **-uir** sustituyen **-y** por **-i-** en las formas que no corresponden a *nosotros* y a *vosotros*.
2. Verbos comunes de este tipo son **concluir, contribuir, construir, destruir, disminuir, excluir, incluir, influir, instruir** y **sustituir**.
3. **Oír** se conjuga como los verbos terminados en **-uir** excepto en la primera persona singular y plural. Compare:

incluyo / oigo   incluimos / oímos.

Sinopsis

concluir		*destruir*		*oir*	
concluyo	concluimos	destruyo	destruimos	oigo	oímos
concluyes	concluís	destruyes	destruís	oyes	oís
concluye	concluyen	destruye	destruyen	oye	oyen

ACTIVIDADES

22. La lista de invitados. *Ustedes van a hacer una cena enorme y elegantísima. ¿A quiénes incluyen y a quiénes excluyen?*

> **MODELO** su hermanito Pepito → **Incluyo / excluyo a mi hermanito Pepito.**

1. sus padres
2. su vecina favorita
3. Don Tremendón
4. el presidente de la universidad
5. su profesor/a de...
6. alguien para lavar platos
7. los amigos que van a ayudar
8. Gumersinda y sus mil gatos

23. La cena de La Primera Dama. *Usando **incluir y excluir**, imagínense quiénes son los invitados—y no invitados—de la Primera Dama en una enorme cena de estado.*

> **EJEMPLO** La Primera Dama incluye a... porque es republicano. Excluye a... porque es enemigo de su esposo. Incluye a... porque tiene mucho dinero... etc.

24. ¿Qué oyes? (entre dos) *¿Qué y a quiénes oyes en distintas partes de tu casa?*

> **MODELO** el cuarto de servicio / la lavadora de ropa o el lavaplatos
> ESTUDIANTE 1: **¿Qué oyes en el cuarto de servicio?**
> ESTUDIANTE 2: **Oigo la lavadora de ropa en el cuarto de servicio.**

1. la sala / el televisor o el lavaplatos
2. el dormitorio / los niños que duermen o la secadora de ropa
3. el baño / papá que canta o los pájaros que juegan en los árboles
4. el jardín / el cortacésped o el televisor
5. la cocina / el lavaplatos o la aspiradora
6. el estudio / la computadora o la tostadora
7. la piscina / los chicos que nadan o la secadora de ropa

25. Entrevista (entre dos). *Pregúntele a alguien de la clase:*

1. qué oye por la mañana.
2. si incluye noticias amorosas en las cartas que escribe a sus padres.
3. quién (o qué) influye mucho en su vida.
4. a qué obra de caridad contribuye.
5. a qué hora concluye la clase.
6. si construye muebles (o alguna otra cosa).
7. si su alquiler incluye gas y luz.
8. qué oye en este momento.

Pronunciación y ortografía _____

A. *La letra* **r** *cuando está entre vocales representa el sonido [r]; este sonido se llama una* **vibrante simple**. *Imite la pronunciación de la* **r** *cuando está entre vocales en las palabras a continuación.*

ahora	cero	cara	para	ópera	María

Quiero ir a la feria con Aurelio.
Queremos estudiar el vocabulario ahora.
¿Quieres escuchar un aria de ópera?

B. *Cuando la letra* **r** *está después de una consonante, también es una vibrante simple. Escuche y repita.*

frío	tres	droga	cuatro	previene
drama	entre	detrás	promesa	palabra
gracias	libro	creo	pronto	primo

C. *Muchas veces los hablantes nativos del inglés confunden los sonidos de la* **r** *y de la* **d** *cuando estas letras se encuentran entre vocales. Repase la pronunciación de* **d** *que se encuentra en el Capítulo 4. Esta confusión puede tener consecuencias muy graves. Compare y repita las palabras a continuación.*

cedo/cero	dudo/duro	mido/miro	modo/moro
seda/sera	todo/toro	todos/toros	oda/hora

EN CONTEXTO

Lectura _____

La casa tradicional hispana

Aunque muchas de las casas modernas en el mundo hispano son muy similares a las casas modernas de todos los países del siglo veinte, todavía se conservan en cada país hispano algunos ejemplos de las casas tradicionales. La casa tradicional está detrás de altos **muros**. Si se pasa por la calle delante de una casa tradicional, no se puede ver nada interesante excepto el muro, las ventanas, y la puerta. Si la casa es de dos pisos, tiene probablemente balcones de donde se puede mirar la calle. Por fuera la casa tradicional es poco atractiva, pero por dentro, puede ser **hermosa**.

muro: una barrera alta alrededor de una casa antigua o de una ciudad

hermoso: muy bonito

Cuando uno entra en una casa tradicional, se encuentra inmediatamente en un vestíbulo de donde se pasa a un patio. El patio es un espacio abierto, sin techo. En medio del patio hay por lo general una fuente o una pequeña escultura. Alrededor de la fuente, hay flores, árboles y toda clase de plantas.

A veces la gente de la casa está sentada en el patio, debajo de un árbol, para leer y conversar—o solamente para escuchar el dulce **murmullo** de la fuente. La belleza del patio no es para impresionar a la gente que pasa por la calle; es para contentar a los habitantes de la casa.

murmullo: ruido suave

Los cuartos de la casa están alrededor del patio. En un rincón, por ejemplo, se encuentra la cocina donde se prepara la comida. Al lado de la cocina está el comedor donde se come. En otro rincón, se puede encontrar la sala con los mejores muebles de la casa: un sofá, varios sillones, lámparas, cuadros, etc. En otras partes de la casa se encuentran los dormitorios, los baños y todos los demás cuartos.

Casi todos los cuartos tienen una **vista** del patio—una vista reservada solamente para la gente de la casa. Si se quiere leer en el jardín del patio, o tomar sol, es posible hacerlo totalmente en privado. En la calle, la vida puede ser muy agitada, pero en el interior de la casa, con su hermoso patio y el murmullo del agua de la fuente, todo es paz y tranquilidad.

vista: perspectiva

Las casas modernas son más prácticas en algunos sentidos, pero hay muchas personas que recuerdan las casas tradicionales y las prefieren a las casas modernas porque están lejos del ruido y de los problemas del mundo. Sueñan con la tranquilidad de la vida tradicional que la casa típica simboliza.

Departamento de Vivienda y Desarrollo Urbano (HUD)

SEA PROPIETARIO DE SU CASA

AMUEBLAMIENTO DE DISEÑO

esturri

josé a. surribas
Fernández Latorre, 4
La Coruña

Preguntas

1. Si uno está en la calle, ¿qué puede ver de una casa tradicional?   2. ¿Cómo se llama el primer cuarto que uno ve cuando entra en una casa tradicional?   3. ¿Qué hay en medio del patio?   4. ¿Qué hay alrededor de la fuente?   5. ¿Cuáles son algunos de los otros cuartos de la casa?   6. ¿Qué se puede hacer en el patio? 7. ¿Cuáles son algunas de las diferencias entre el patio de la casa tradicional hispana y el *front yard* de las casas modernas suburbanas?   8. ¿Por qué prefiere mucha gente las casas tradicionales a las casas modernas?

Cómo se hace _____

Cómo se hace para alquilar un departamento

(una conversación telefónica)

AGENTE	Buenos días. **Inmobiliaria** Hernández.
JUAN	Buenos días. Tengo unas preguntas sobre un departamento que Uds. tienen en la Calle Once. ¿Puede Ud. ayudarme?
AGENTE	Cómo no. ¿Qué quiere saber?
JUAN	¿Cuánto es el **alquiler** por mes?
AGENTE	Son 2.500 pesos por mes más luz y teléfono. El gas, la **calefacción,** el agua **caliente** y el aire acondicionado están incluidos.
JUAN	¿Es necesario dejar un depósito?
AGENTE	Sí, **hay que** pagar el alquiler del primer mes y otros 2.500 pesos de depósito para ocupar el departamento, todo **por adelantado**. Devolvemos el depósito cuando Ud. desocupe el departamento.
JUAN	¿Cuántos cuartos tiene?
AGENTE	Tiene sala, cocina, comedor, baño y dos dormitorios. También hay un pequeño cuarto de servicio.
JUAN	¿Está **amueblado**?
AGENTE	La cocina viene con refrigerador y estufa. También tenemos algunos muebles a la disposición de los **inquilinos,** pero cuestan extra.
JUAN	¿Hay servicio de limpieza?
AGENTE	Sí, pero nosotros no trabajamos con eso. Sin embargo, con todo gusto, puedo ponerlo a Ud. en contacto con las señoras que **hacen la limpieza** en el edificio.
JUAN	¿Cuándo puedo ver el departamento?
AGENT	En cualquier momento. Siempre estamos aquí a sus órdenes.

inmobiliaria: negocio que vende y alquila propiedades

alquiler: renta

calefacción: ≠ aire acondicionado
caliente: ≠ frío

hay que: es necesario

por adelantado: antes de ocupar el departamento

amueblado: con muebles

inquilino: persona que alquila

hacer la limpieza: limpiar

Cómo se hace para alquilar una habitación de hotel

—Quisiera una habitación sencilla *(sencilla = de una sola cama).*
—Quisiera una habitación doble de dos camas.
—Quisiera una habitación con baño (con ducha, con balcón, con vista al mar, con vista a la calle, con aire acondicionado, etc.).
—¿Cuánto cuesta (¿cuál es el precio?) por noche (por semana, por mes)?
—¿Puedo ver la habitación?
—¿Tiene algo más grande (más barato, más pequeño, más tranquilo, mejor)?
—¿Está incluido el desayuno?
—¿Es de media pensión o de pensión completa? *(media pensión = con dos comidas; pensión completa = con todas las comidas).*
—¿A qué hora se sirve el desayuno (el almuerzo, la cena)?
—Está bien. La tomo.

Cómo se hace para preguntar sobre las obligaciones

—¿Tengo que *(infinitivo)*... ?   —¿Es obligatorio *(infinitivo)*... ?
—¿Estoy obligado/a a *(infinitivo)*... ?   —¿Tengo la obligación de *(infinitivo)*... ?
—¿Debo *(infinitivo)*... ?   —¿Hay que *(infinitivo)*... ?

Cómo se hace para decir que uno va o no va a hacer algo?

—Voy a *(infinitivo)*...
—Pienso *(infinitivo)*...
—Tengo la intención de *(infinitivo)*...

—No voy a *(infinitivo)*...
—No pienso *(infinitivo)*...
—No tengo la menor intención de *(infinitivo)*...

Diálogos incompletos

1. Buenos días. Inmobiliaria Rodríguez.

   _____

   El alquiler para un departamento con un dormitorio en esa zona son más o menos cinco mil pesos.

   _____

   El gas y la calefacción están incluidos. La luz y el teléfono se pagan aparte.

   _____

   Sí, casi todos los departamentos requieren un depósito equivalente al alquiler de un mes.

   _____

   Tenemos algunos departamentos amueblados y otros no.

   _____

   Sí. Todos, incluso los no amueblados, tienen estufa y refrigerador.

   _____

   En cualquier momento. Siempre estamos a sus órdenes.

2. Buenas tardes. ¿Necesitan ustedes una habitación para esta noche?

   _____

   ¿Prefieren una habitación con dos camas o con una cama de matrimonio?

   _____

   Por supuesto. Todas las habitaciones tienen ducha y aire acondicionado.

   _____

Sí, pero las habitaciones con balcón y vista a la plaza son más caras.

_____

Sólo el desayuno viene incluido en el precio.

_____

Se sirve el desayuno desde las siete hasta las diez de la mañana.

3. ¿Vas a alquilar un nuevo departamento?

_____

¿Piensas vivir con alguien?

_____

¿Tienes que poner un depósito?

_____

¿Piensas comprar nuevos muebles?

_____

Situaciones _____

Situación 1   Usted va de viaje a un país hispano y tiene que alquilar un departamento por teléfono. Alguien de la clase (su profesor/a o un/a compañero/a) puede hacer el papel del dueño. Use *Cómo se hace* como punto de partida.

Situación 2   Seleccione un equipo de tres o cuatro estudiantes que pueden ser sus compañeros de casa y después, como grupo, determinen cuáles son las obligaciones de cada persona y expliquen por qué. Por ejemplo: ¿quién va a limpiar, quién va a cocinar en qué día, quién va a sacar la basura, quién va a cuidar el jardín, quién va a barrer los pisos, quién va a pasar la aspiradora, quién va a comprar la comida, quién va a lavar los platos,... ?

Situación 3   Alquile una habitación de hotel. Use *Cómo se hace* como punto de partida.

Situación 4   Usted tiene una reservación en un hotel, pero cuando usted llega a su habitación, encuentra que la habitación es muy chiquita, que no hay baño particular, que la vista es horrenda, etc. Explíquele al hotelero qué clase de habitación quiere usted, y por qué no puede aceptar la habitación que tiene.

Situación 5   Describa sus planes para el verano. Use *Cómo se hace* como punto de partida.

Situación 6   Suponga que usted es una nueva alumna en la clase de español y tiene que preguntar sobre las obligaciones del curso. Otro/a estudiante puede hacer el papel de su profesor/a.

Composición

Tema 1   Escriba una descripción de una casa vieja que Ud. conoce. Puede ser una casa victoriana o una casa colonial. Use la *Lectura* de este capítulo como guía.

Tema 2   Escriba una descripción de su casa y de la distribución de trabajo que hay en su casa. Por ejemplo: ¿quién limpia los baños, quién saca la basura, quién trabaja en la cocina, quién corta el césped, quién compra la comida, quién barre los pisos, quién lava los platos, quién lava la ropa,... ?

Vocabulario activo

la casa y sus cuartos

el apartamento	el cuarto	el garaje	el rincón
el balcón	el departamento	la habitación	la sala
el baño	el dormitorio	el pasillo	la terraza
el clóset	el estudio	el piso	el vestíbulo
el comedor			

las cosas de la casa

el aire acondicionado	el césped	el ladrillo	la renta
la alfombra	la cortadora	la lámpara	la secadora
el alquiler	el cuadro	el lavabo	el seguro
la aspiradora	la deuda	la lavadora	el sillón
la basura	la escoba	el lavaplatos	el sofá
la brocha	la estufa	los muebles	la tostadora
la calefacción	el gabinete	el refrigerador	el trapo
la cama	el gas		

actividades de la casa

alquilar	coser	lavar	quemar
arreglar	cuidar	limpiar	reciclar
barrer	guardar	lustrar	recoger
colgar (ue)	instalar	pintar	reparar
cortar			

otros verbos

ayudar	construir	incluir	reconocer
buscar	contribuir	influir	sacar
compartir	destruir	instruir	soñar (ue)
concebir (i)	emplear	mirar	sustituir
concluir	escuchar	oír	traducir
conocer	esperar	pagar	ver
conseguir (i)	excluir		

otros sustantivos

la ayuda	el deber	el/la inquilino/a	el robo
el barrio	el estilo	la limpieza	el sueño
el condominio	la falta	la propiedad	la voz

adjetivos

actual	apasionado/a	cómodo/a	relacionado/a
afortunado/a	caliente	preocupado/a	suave
amueblado/a	cercano/a	propio/a	verdadero/a
antiguo/a			

expresiones útiles

alrededor de	contra	inmediatamente	los demás
aún	hay que (+ *infinitivo*)		

vocabulario personal

_____   _____

_____   _____

_____   _____

_____   _____

_____   _____

CAPÍTULO 8

El comercio y el trabajo

EN MARCHA

| 8.1 | ¿A qué hora comienzas a trabajar? |

PRIMER PASO

El negocio

la dueña

el jefe (el gerente)

la supervisora   la asistente

la secretaria   el contador

el dependiente   la cliente

Nadie **aprende a** trabajar sin esfuerzo.
Poco a poco **comenzamos a** comprender cómo funciona el negocio.
Poco a poco **empiezo a** cumplir con los deberes de mi nuevo empleo.
Nuestro jefe nos **enseña a** respetar a los clientes.
También nos **ayuda a** sacar cuentas.
Creo que **voy a** recibir un aumento de salario dentro de poco.
Un compañero de trabajo nos **invita a** tomar un trago esta noche.
¿**Vienes a** tomar un trago con nosotros?

¿Por qué **dejas de** fumar?   Quiero **dejar de** fumar porque nadie
en mi compañía fuma.

¿A qué hora **terminan de** trabajar Uds.?	**Terminamos de** trabajar a las ocho.
¿**Tratas de** hablar español con tus clientes hispanos?	Depende. Si están dispuestos, **trato de** hablar español con ellos.
¿**En** qué **consiste** aprender tu carrera?	**Consiste en** estudiar y practicar.
¿**En** qué **insiste** tu jefe?	**Insiste en** atender bien a los clientes.
¿Qué **tienes que** hacer ahora?	**Tengo que** cobrar un cheque.
¿Qué **hay que** hacer para impresionar al jefe?	**Hay que** trabajar y trabajar bien.

Conclusiones ## Verbos que requieren una preposición o *que* antes de un infinitivo

1. **Aprender, ayudar, comenzar (ie), empezar (ie), enseñar, invitar, ir** y **venir** requieren **a** cuando se combinan con un infinitivo.
2. **Dejar, terminar** y **tratar** requieren **de** cuando se combinan con un infinitivo.
3. **Consistir** e **insistir** requieren **en** cuando se combinan con un infinitivo.
4. **Tener** y **hay** requieren **que** cuando se combinan con un infinitivo.

Sinopsis

Verbos que requieren una preposición o *que* antes de un infinitivo

verbo + a	*verbo + de*	*verbo + en*	*verbo + que*
aprender a ayudar a comenzar (ie) a empezar (ie) a enseñar a invitar a ir a venir a	dejar de terminar de tratar de	consistir en insistir en	tener que hay que

SEGUNDO PASO

Necesitamos hablar con el dependiente.
Luis **desea depositar** un cheque en su cuenta de ahorros.
Elena y yo **esperamos ser** banqueros.
Pablo **piensa poner** un negocio en esa esquina.
Queremos trabajar horas extras.
Mi padre **sabe hacer** muebles muy lindos.
Debes devolver ese sofá a la tienda porque tiene un defecto.

No **podemos ir** a la carnicería ahora.
El jefe **suele llegar** temprano. *(soler (ue) + infinitivo = generalmente)*
Ellos siempre **deciden gastar** demasiado.
Yo **prefiero ser** gerente. No **quiero ser** empleado toda la vida.

Conclusiones **Algunos verbos que se combinan directamente con el infinitivo (sin preposición o *que*)**

1. **Necesitar, desear, esperar, pensar, querer, saber, deber, poder, soler, decidir** y **preferir** no requieren una partícula cuando se combinan con un infinitivo.
2. Con todos estos verbos, sólo el primero de los verbos se conjuga.

Sinopsis

Verbos que se combinan directamente con el infinitivo

deber	necesitar	querer (ie)
decidir	pensar (ie)	saber
desear	poder (ue)	soler (ue)
esperar	preferir (ie)	

ACTIVIDADES

1. El trabajo de Ana. *Ana describe su trabajo. ¿Qué partículas usa en su descripción?*

Comienzo _____ trabajar a las ocho de la mañana. Mi trabajo consiste

_____ ayudar a los clientes _____ encontrar los productos que buscan. Mi

compañero Francisco me enseña _____ hacer las cosas que no comprendo.

En mi trabajo tengo _____ tratar bien a los clientes aunque no los quiero.

Siempre trato _____ ser simpática con todo el mundo, pero con algunos

clientes hay _____ tener mucha paciencia. Termino _____ trabajar a las

cinco de la tarde. Casi siempre algunos de mis compañeros me invitan

_____ tomar un trago. Siempre acepto, pero insisto _____ no tomar

demasiado porque tengo _____ manejar a casa después.

2. ¿Cómo es su trabajo? (entre dos) *Use la tabla a continuación para describir su trabajo (real o imaginario).*

> **EJEMPLO** ESTUDIANTE 1: **¿Qué haces a las nueve?**
> ESTUDIANTE 2: **A las nueve suelo abrir el negocio.**

¿Qué haces... ?
¿Qué pasa... ?

a las nueve	comienzo...	abrir el negocio
a las diez	voy...	depositar los cheques
a mediodía	trato...	tomar café
a las cinco	insisto...	cobrar los cheques
los lunes	tengo...	vender mercancía
los viernes	puedo...	ir al banco
dos veces por año	quiero...	recibir un ascenso
una vez por año	suelo...	recibir un aumento
en el futuro	dejo...	trabajar tarde
siempre	hay...	sacar cuentas

3. Entrevista (entre dos). *Pregúntele a alguien de la clase sobre su trabajo:*

1. a qué hora comienza a trabajar
2. en qué consiste su trabajo
3. cuánto dinero suele ganar
4. cuándo va a ser jefe/a de la compañía
5. si trata de ahorrar dinero
6. si su jefe lo/la invita a cenar
7. cuándo empieza a perder la paciencia
8. si tiene que atender a muchos clientes
9. a qué hora deja de trabajar
10. cuándo va a recibir un aumento

4. Reportaje (entre dos o en pequeños grupos). *Basándose en la entrevista en la actividad anterior, informe a la clase sobre el trabajo de su compañero/a.*

8.2	**¿Dónde consigues buenos pasteles?**

PRIMER PASO

¿Qué **pide** Ud. en una librería?

Pido libros en una librería.

¿Dónde se **pide** información sobre coches?

Se **pide** esa información en una agencia de automóviles.

¿Qué **pides** en una farmacia?

Pido medicamentos para mi hermana.

¿Qué **pedís** vosotros en una carnicería?

Pedimos carne en una carnicería.

¿Se **sirve** buena comida en ese restaurante?

Sí, se **sirve** tan buena comida allí que todo el mundo **repite**.

¿Para qué **sirve** un cheque?

Sirve para sacar dinero del banco.

¿**Repiten** Uds. las preguntas de los clientes?

No. No **repetimos** las preguntas; las contestamos.

Conclusiones **Los verbos con el cambio de raíz e → i**

1. **Repetir, pedir** y **servir** tienen un cambio de raíz de **e → i** en las formas que no corresponden a *nosotros* y *vosotros*.
2. **Servir** también quiere decir **funcionar:**
   Un banco sirve para prestar dinero. Ese radio no sirve.
3. Todos los verbos con el cambio de raíz **e → i** son de la tercera conjugación (infinitivos que terminan en **-ir**).

el lechero   el carnicero   la agente de viajes   la panadera   la dependiente   el peluquero (el barbero)

Sinopsis

pedir (i)		*repetir (i)*		*servir (i)*	
pido	pedimos	repito	repetimos	sirvo	servimos
pides	pedís	repites	repetís	sirves	servís
pide	piden	repite	repiten	sirve	sirven

SEGUNDO PASO

¿Me **sigues** al banco?

¿Dónde **consigue** Ud. esos pasteles?

¿Por qué **ríes** tanto?

¿Por qué **sonríen** Uds.?

¿Siempre **dices** la verdad?

¿Qué **dicen** Uds. del gerente?

Sí, te **sigo** en mi coche.

Los **consigo** en esa pastelería.

Río porque mi compañero es muy cómico.

Sonreímos porque estamos de buen humor.

Digo toda la verdad y nada menos que toda la verdad.

Decimos que es un buen tipo.

Conclusiones **Verbos terminados en *-guir, -eír* y el verbo *decir***

1. Estos verbos también tienen el cambio de raíz **e → i.**
2. La primera persona singular de los verbos terminados en **-guir** pierde la **-u**: **Consigo,** consigues, consigue, etc.

el salón de belleza — la peinadora — el cartero — el banco — la banquera — la librería — la librera — el portero — el restaurante — el mozo — la farmacia — el farmacéutico

3. Los verbos terminados en **-eír** necesitan un acento escrito para indicar el énfasis sobre la **-i-**.

4. La primera persona singular de **decir** es **digo**. Las otras formas son regulares pero con el cambio de raíz **e → i**.

Sinopsis

seguir (i)		*reír (ie)*		*decir (ie)*	
sigo	seguimos	río	reímos	digo	decimos
sigues	seguís	ríes	reís	dices	decís
sigue	siguen	ríe	ríen	dice	dicen

ACTIVIDADES

5. El buen empleado (entre dos). *¿Qué hace un buen empleado?*

MODELO cuando habla su jefe / no reír
ESTUDIANTE 1: **¿Qué hace un buen empleado cuando habla su jefe?**
ESTUDIANTE 2: **Un buen empleado no ríe cuando habla su jefe.**

1. cuando quiere aprender algo / seguir las instrucciones del manual
2. cuando necesita ayuda / pedir ayuda a un/a compañero/a
3. cuando saluda a los clientes / sonreír
4. cuando escucha un chisme sobre un compañero inocente / no repetirlo
5. cuando su jefe dice un chiste / reír como loco
6. cuando un cliente no está satisfecho / decir «Lo siento mucho».
7. cuando recibe un cheque / ir al banco
8. cuando pasa Gumersinda / cerrar las puertas

6. El mal empleado (entre dos). *Ahora, usando las preguntas de la actividad anterior, describa de forma creativa la conducta de un mal empleado (Don Tremendón o su ilustre hermana Gumersinda, por ejemplo).*

EJEMPLO ESTUDIANTE 1: **¿Qué hace el mal empleado cuando habla su jefe?**
ESTUDIANTE 2: **El mal empleado dice chistes y ríe como loco.**

7. ¿En qué lugar? (entre dos) *¿Dónde se consiguen las cosas en su ciudad? Use la tercera columna como guía para formular preguntas y respuestas.*

EJEMPLO ESTUDIANTE 1: **¿Dónde se consigue buena comida mexicana?**
ESTUDIANTE 2: **Se consigue buena comida mexicana en el restaurante El Azteca.**

¿Dónde se consigue(n)...	buena carne	en la farmacia...
¿Dónde se vende(n)...	buena comida mexicana	en la heladería...
¿Dónde se sirve(n)...	pasteles frescos	en la librería...
¿Dónde hay...	flores frescas	en la pastelería...
¿Dónde consigues...	buen helado	en la panadería...
¿Dónde sirven...	medicamentos	en el restaurante...
	un buen peluquero	en la peluquería...
	libros de texto	en la floristería...
	pan fresco	en la carnicería...
	libros en español	en la librería...

8. Entrevista (entre dos o en pequeños grupos). *Pregúntele a alguien de la clase:*

1. cuándo sonríe
2. si ríe cuando trabaja
3. qué comida se sirve en Wendy's
4. cuándo no dice la verdad
5. qué pide en un restaurante

6. si repite los secretos de sus amigos
7. dónde se consigue mucho dinero
8. si sigue alguna telenovela
9. por qué sonríe
10. si sigue el ejemplo de Don Tremendón

Nota cultural _____

Preparación para una carrera

El sistema educativo en una gran parte del mundo hispano consiste **por lo general** en cuatro **etapas:** la primera es la primaria que es de seis años; la segunda es la secundaria que es de tres años; la tercera es la preparatoria que también es de tres años, y la cuarta es la universidad que puede ser de cuatro a seis años **según** la carrera seleccionada.

    En el sistema hispano, los cursos que nosotros asociamos con la educación en artes liberales (lengua, historia, filosofía, literatura, ciencias básicas, matemáticas, etc.) son cursos de secundaria y preparatoria, y no de universidad. Cuando los estudiantes terminan la preparatoria, reciben el bachillerato. Aunque los chicos en ese momento tienen solamente dieciocho años, se supone que ya están preparados para estudios especializados.

    Por lo tanto, en la universidad los estudiantes no tienen *majors,* ni tampoco tienen requisitos de educación general. **Más bien,** siguen carreras. Es decir, comienzan a estudiar medicina, filosofía y letras, leyes, arquitectura, administración de empresas, etc., en el primer año de universidad. Eso quiere decir que en muchos países hispanos no hay escuelas profesionales ni estudios **de posgrado** como en los Estados Unidos. La preparación para la carrera comienza en el primer año de universidad. Por esa razón, los profesionales en el mundo hispano pueden ser mucho más jóvenes que los mismos profesionales en otros países.

por lo general:
  generalmente
etapa: período, paso

según: dependiendo de

por lo tanto:
  consecuentemente
más bien: *rather*

de posgrado: después
  de la graduación

Todas estas personas no nacieron en los Estados Unidos, pero ...

¡Todas son elegibles para trabajar aquí!

Si alguien parece extranjero o no habla un ingles perfecto, ¿estaría usted dispuesto a tomarlo como empleado?

La respuesta a esta pregunta debe ser "¡SI!" Si no tiene las ideas muy claras con respecto a las nuevas leyes contra la discriminación, sepa usted que:

■ Los empleadores no necesitan ni deben discriminar en contra de posibles empleados por el hecho de que parecen extranjeros.

■ Después de haber contratado al empleado, llene el Formulario de Verificación de Elegibilidad de Empleo (Formulario I-9), el cual sirve para verificar, de forma facil y sencilla, la identidad y la autorización para trabajar.

No se preocupe por el origen nacional, ciudadanía o verficación de empleo y no deje que estos motivos le impidan entrevistar y contratar a los mejores candidatos. ¡La discriminación en la contratación, despido y reclutamiento de empleados está prohibida por la ley!

SI TIENE DUDAS CON RESPECTO A LAS LEYES DE INMIGRACION Y A LA DISCRIMINACION EN EL EMPLEO, LLAME A LA ASESORIA LEGAL ESPECIAL AL NUMERO 1-800-255-7688 (O AL 1-800-227-2515, CON DISPOSITIVO PARA SORDOS).

"¡No tiene que haber nacido en los Estados Unidos para poder trabajar en los Estados Unidos!"

DEPARTMENT OF JUSTICE

| **8.3** | ¿Cuándo le dan un aumento? |

PRIMER PASO

El carnicero vende carne **a mi mamá**.

El panadero vende pan **a sus clientes**.

La compañía manda cheques **a sus empleados** por correo.

¿Quién **te** paga tus estudios?

¿Quién **les** enseña las instrucciones?

¿Quiénes **os** prestan dinero?

¿Quieres prestar**me** cinco dólares?

El carnicero **le** vende carne.

El pandero **les** vende pan.

La compañía **les** manda cheques por correo.

Mi hermano **me** paga los estudios.

La jefa **nos** enseña todo.

Los banqueros **nos** prestan dinero.

No puedo prestar**te** nada ahora.

Conclusiones **Los complementos indirectos pronominales**

1. Las palabras en negrilla son complementos indirectos. **Me, te, le, nos, os** y **les** son complementos indirectos pronominales.
2. El complemento indirecto es la persona o cosa que recibe el complemento directo. Por ejemplo:

El panadero vende pan a Miguel.

¿Qué vende el panadero? Pan.
(**Pan** *es el complemento directo.*)
¿Quién recibe el pan? Miguel.
(**Miguel** *es el complemento indirecto.*)

3. Los pronombres del complemento directo y del complemento indirecto son iguales excepto en la tercera persona.
4. Los pronombres del complemento indirecto antes del verbo conjugado pueden agregarse directamente a un infinitivo.
5. En algunas partes del mundo hispano, sobre todo en España, se usa **le** y **les** como complementos directos. Para estudiantes principiantes, es mejor no confundirlos.

Sinopsis

complementos directos pronominales		complementos indirectos pronominales	
me	nos	me	nos
te	os	te	os
lo, la	los, las	le	les

SEGUNDO PASO

¿Quién me **da** cinco dólares?

¿Qué le **das** a tu hijo para su cumpleaños?

¿A qué caridad **dan** ustedes dinero?

Te **doy** tres; no tengo más.

Yo le **doy** ropa. Mi esposa le **da** libros.

Siempre **damos** a la iglesia y a la Cruz Roja.

Conclusiones **El verbo *dar***

1. **Dar** se usa mucho con complementos directos.
2. La primera persona de **dar** es **doy;** las otras formas son regulares.

Sinopsis

	dar
doy	damos
das	dais
da	dan

TERCER PASO

¿Qué te **parece** el jefe?

¿Qué os **parecen** vuestros salarios?

¿Qué les **parece** Don Tremendón?

Me **parece** justo.

Nos **parecen** bajos.

Nos **parece** que es una persona escandalosa.

Conclusiones **El verbo *parecer***

1. **Parecer** se usa mucho con el complemento indirecto.
2. Se usa en lugar de *pensar que* o *tener la impresión de que.*

Sinopsis

¿Qué te parece mi salario?	= ¿Qué piensas de mi salario?
Me parece muy alto. Me parece que es muy alto.	= Pienso que es muy alto.
¿Qué les parecen esos chicos?	= ¿Qué piensan ustedes de esos chicos?
Nos parecen muy divertidos. Nos parece que son muy divertidos.	= Pensamos que son muy divertidos.

ACTIVIDADES

9. El cumpleaños de la supervisora. *Es el cumpleaños de la supervisora. ¿Qué regalos le dan sus empleados?*

> **MODELO** María / flores → **María le da flores.**

1. yo / un pastel de chocolate
2. el dueño / entradas al teatro
3. sus secretarias / un plato decorado
4. el recepcionista y yo / un disco
5. la telefonista / una novela apasionada
6. tú / un nuevo suéter
7. Gumersinda / flores de plástico
8. Don Tremendón / ...

10. Regalos de Navidad. *El Sr. Paredes es gerente de una gran compañía. ¿Qué regalos tiene para su familia y sus empleados para Navidad?*

> **MODELO** a su papá / una corbata → **Va a darle una corbata.**

1. a su esposa / un vestido de seda
2. a su abuela / unas flores
3. a sus hijos / entradas de teatro
4. a sus clientes / un descuento
5. a su abogado / una agenda
6. a sus empleados / un día libre
7. a los chicos del barrio / dulces de chocolate

11. ¿Quién te (les) hace eso? (entre dos) *Elijan la persona o las personas más indicadas de la segunda columna para contestar las preguntas en la primera.*

> **EJEMPLO** ESTUDIANTE 1: **¿Quién te trae flores?**
> ESTUDIANTE 2: **El florista me trae flores.**

1. ¿Quién te vende carne?
2. ¿Quién te manda dulces y bombones?
3. ¿Quiénes les dan exámenes?
4. ¿Quién te da dinero?
5. ¿Quiénes les sirven comida?
6. ¿Quiénes te prestan apuntes?
7. ¿Quién te cobra los cheques?
8. ¿Quién te quita dinero?

a. los profesores
b. el amor de mi vida
c. el banco
d. mis compañeros
e. el gobierno
f. mis padres
g. los meseros
h. el carnicero

12. Opiniones de alto valor (entre dos). *Usen la tabla para formular preguntas y respuestas.*

> **EJEMPLO** ESTUDIANTE 1: **¿Qué te parecen las películas de Brian di Palma?**
> ESTUDIANTE 2: **Me parecen demasiado violentas.**

¿Qué te parece...
¿Qué te parecen...

1. esta universidad
2. la universidad X
3. la vida social de aquí
4. las películas de...

a. excelente
b. horrendo
c. aburrido
d. fascinante

5. la comida de...   e. desastroso
6. tu jefe/a   f. estupendo
7. la música de...   g. repugnante
8. los amores de...   h. fabuloso
9. los chicos de...   i. triste
10. los chistes de...   j. aceptable
11. las flores de plástico   k. alegre
12. la ropa de poliéster   l. de muy mal (buen) gusto
13. la comida en...   m. interesante
14. la novia/el novio de...   n. simpático (antipático)
15. ...   o. ...

8.4 ¿Me hablas a mí o le hablas a él?

¿Vas a mandar**le** un paquete **a tu padre?**	Sí, voy a mandar**le** un paquete **a él.**
¿**Le** presta Ud. dinero **a Gumersinda?**	No, nunca **le** presto dinero **a ella.**
¿Pueden Uds. dar**me** el informe mañana?	Sí, con todo gusto **le** damos **a Ud.** el informe mañana.
¿**Les** presta Ud. dinero **a sus vecinos?**	No, no **les** presto nada **a ellos.**
¿Va Ud. a dar**nos** las llaves **a nosotros?**	No. Voy a dar**les** las llaves **a ellos.**
¿Vas a explicar**les** las reglas a las nuevas empleadas?	No, no es necesario explicar**les** las reglas **a ellas,** porque ya las saben.
¿**A quién le** vas a mostrar esas fotos?	**Les** muestro estas fotos sólo **a mis mejores amigos.**
¿**Me** hablas **a mí** o **le** hablas **a él?**	**Te** hablo **a ti.**
¿**A quién** va Ud. a prestar**le** el dinero? ¿**A mí** o **a ella?**	**Le** presto el dinero **a Ud.**
¿**Nos** escribe Juan a veces?	Juan **te** escribe **a ti,** pero nunca **me** escribe **a mí.**
¿No quieres decir**nos** el secreto **a nosotros?**	Sí, **a vosotros os** digo el secreto, pero a **ellos** no **les** digo nada.

Conclusiones Frases de clarificación y de énfasis para complementos indirectos

1. Cuando el significado de los pronombres simples, **le** o **les,** es ambiguo, es posible clarificarlo con **a Ud., a él, a ella, a Uds., a ellos** o **a ellas.**
2. Muchas veces se usa un sustantivo para clarificar **le** o **les:**

   Les digo todo **a mis padres.**
   Voy a preguntar**le** algo **a Roberto.**

3. Se usan **a mí, a ti, a nosotros, a nosotras, a vosotros** y **a vosotras** para clarificar y enfatizar los pronombres simples **me, te, nos** y **os**.

4. El pronombre simple es obligatorio. Las frases de clarificación y de énfasis son opcionales.

Sinopsis

los complementos indirectos pronominales		
pronombre simple	*frase de clarificación o de énfasis*	*ejemplo*
me ⟶	a mí	Ana **me** trae la ropa **a mí.**
te ⟶	a ti	Ana **te** trae la ropa **a ti.**
nos ⟶	a nosotros / a nosotras	Ana **nos** trae la ropa **a nosotros.**
os ⟶	a vosotros / a vosotras	Ana **os** trae la ropa **a vosotros.**
le ⟶	a Ud.	Ana **le** trae la ropa **a Ud.**
	a él	Ana **le** trae la ropa **a él.**
	a ella	Ana **le** trae la ropa **a ella.**
les ⟶	a Uds.	Ana **les** trae la ropa **a Uds.**
	a ellos	Ana **les** trae la ropa **a ellos.**
	a ellas	Ana **les** trae la ropa **a ellas.**

ACTIVIDADES

13. ¿Cómo van a ayudar a Laura? *Laura va a hacer un viaje y necesita ayuda. ¿Quién le ayuda?*

 MODELO Miguel / comprar los pasajes → **Miguel le compra los pasajes.**

1. su madre / hacer las maletas
2. Jaime / devolver los libros a la biblioteca
3. yo / guardar la correspondencia
4. Marta / cuidar los gatos
5. nosotros / cancelar el diario
6. Rosa / prestar su coche
7. yo / dar un mapa
8. los niños García / regar las plantas
9. su papá / buscar los pasajes
10. yo / llamar un taxi

14. En la tienda con Aida. *Aida, una amiga de José, trabaja en una tienda. José quiere describirnos qué vende Aida y a quién. ¿Qué dice?*

 MODELO un suéter a Ricardo → **Aida le vende un suéter a Ricardo.**

1. una camisa a Ignacio
2. un pantalón a ti
3. medias a nosotros
4. vestidos a las chicas
5. botas a Isabel y a María
6. un abrigo a mí
7. un brazalete a vosotros
8. un zapato viejo a Don Tremendón

15. Ambigüedades *Describan sus actividades y las actividades de otra gente con precisión. En algunos casos hay varias posibilidades.*

> **MODELO** Le vendo mis libros usados... → **Le vendo libros usados a Juan.**
> → **Le vendo libros usados a Ud.**
> → **Le vendo libros usados a ella.** *(etc.)*

1. Le doy las gracias...
2. Le presto mi coche...
3. Voy a regalarles un perro...
4. Queremos mandarles un regalo...

5. Les doy la mano...
6. Le describo la computadora...
7. Me regalan un televisor...
8. Le van a dar un aumento...

16. Regalos (entre dos). *Pregúntele a alguien en la clase qué va a regalarles a distintas personas para distintas ocasiones.*

> **MODELO** Cristóbal / Navidad
> ESTUDIANTE 1: **¿Qué vas a regalarle a Cristóbal para Navidad?**
> ESTUDIANTE 2: **Voy a regalarle un reloj (a Cristóbal).**

1. mamá / cumpleaños
2. profesor/a / el último día de clase
3. novio/a / el día de los novios
4. padres / aniversario

5. hermanos menores / cumpleaños
6. los chicos del barrio / el día de los muertos
7. nosotros / nuestra graduación
8. mí / todos los días

| 8.5 | ¿Tienes ganas de tomar un refresco? |

PRIMER PASO

Tengo (mucho) **calor** en la oficina. Voy a poner el aire acondicionado.
Tengo (bastante) **frío** porque está encendido el aire acondicionado.
Tenemos (poco) **sueño**. Queremos dormir.
Tenemos (mucha) **sed**. ¿Nos traes un poco de agua?
Ricardo **tiene** (mucho) **miedo** cuando ve películas de Drácula.
También **tiene miedo de** estar en casa solo las noches de plenilunio.
Mi jefe siempre cree que **tiene razón**. Cree que nunca está equivocado.
Tenemos (mucha) **prisa** porque no queremos llegar tarde.
David **tiene éxito** porque trabaja mucho. Nunca fracasa.
Lulú gana cuando juega póker porque **tiene** (mucha) **suerte**.
Yo, en cambio, nunca gano porque **tengo mala suerte**.
Los empleados **tienen ganas de** tomar un día libre.

Conclusiones Algunos modismos con *tener*

1. Los modismos de arriba (*modismo = expresión idiomática*) consisten en **tener + sustantivo;** se usan con mucha frecuencia.

Roberto tiene suerte.

Raúl tiene miedo.

Ana tiene prisa.

Aída tiene éxito.

Rafael tiene sueño.

2. **Tener ganas + infinitivo** = *querer, desear*
3. **Tener miedo de + infinitivo** = *creer que uno está en peligro, temer*

SEGUNDO PASO

Las películas de Drácula me **dan miedo**.
El calor me **da sed**.
Hacer mucho ejercicio me **da hambre**.
Esos vientos del norte me **dan frío**.
Mi esposa no puede tomar esa medicina porque le **da sueño**.
El sol de invierno no nos **da** (mucho) **calor**.
Este anillo me **da suerte**.
Un gato negro y el número trece **dan mala suerte**.

Conclusiones **Algunos modismos con *dar***

1. **Dar** se combina con muchos de los mismos sustantivos que se usan con **tener**.
2. **Dar + sustantivo** significa un cambio o un resultado.

ACTIVIDADES

17. Consecuencias. *Completen las oraciones de la sección A con un resultado lógico de la sección B.*

EJEMPLO Cuando hace calor → **Cuando hace calor, tengo sed.**

A	B
1. Cuando hago ejercicio...	miedo
2. Durante el invierno...	ganas de...
3. Cuando necesito dormir...	frío
4. Cuando juego al póker...	calor
5. Cuando tengo que llegar a un sitio y ya es tarde...	sed
	sueño
6. Cuando estoy solo/a a medianoche en una calle oscura...	miedo
	miedo de...
7. Defiendo mi opinión cuando...	prisa
8. Cuando hace mucho sol...	razón
9. Cuando tengo hambre...	éxito
10. Gano la lotería cuando...	suerte
	mala suerte

18. Reacciones (entre dos). *Usen la tabla para formular preguntas y respuestas.*

MODELO Estudiante 1: **¿Qué te da el viento?**
Estudiante 2: **(El viento) me da frío.**

1. una película aburrida	a. buena suerte
2. un monstruo de otro planeta	b. miedo
3. una tormenta	c. sueño
4. la clase de aeróbica	d. calor
5. el número trece	f. frío
6. el olor de un buen bistec	g. sed
7. los amores de Gumersinda	h. hambre
8. ...	i. mala suerte

19. Entrevista (entre dos). *Pregúntele a alguien de la clase:*

1. cuándo tiene frío	5. qué le da buena/mala suerte
2. cuándo tiene miedo	6. qué hace cuando tiene sueño
3. cuándo tiene sed	7. qué hace cuando tiene ganas de insultar a su jefe
4. cuándo tiene hambre	8. quién en su vida siempre tiene razón

---

8.6	**¿Qué estás haciendo en este momento?**

PRIMER PASO

¿Qué **está haciendo** Ud.? **Estoy escribiendo** a máquina.
¿Qué **estás haciendo**? **Estoy terminando** una carta.
¿Qué **está haciendo** Pepito? **Está jugando** con la computadora.

¿Qué **están haciendo** los dependientes?

Uno **está oyendo** las quejas de un cliente insatisfecho y el otro **está leyendo** un informe.

¿Cuándo vas a llamar al gerente?

Estoy llamándolo ahora mismo.

Conclusiones **El presente progresivo**

1. El presente progresivo consiste en una forma de **estar** y un **gerundio**. Se usa para indicar una acción que está en progreso.
2. La terminación del gerundio de los infinitivos terminados en **-ar** es **-ando**: **hablar → hablando; pensar → pensando**.
3. La terminación del gerundio de los infinitivos terminados en **-er** e **-ir** es **-iendo**: **volver → volviendo; subir → subiendo**.
4. Si la raíz de un verbo en **-er** o **-ir** termina en una vocal, la terminación del gerundio es **-yendo: traer → trayendo; leer → leyendo; construir → construyendo; oír → oyendo**.
5. Un complemento pronominal puede estar antes del verbo conjugado, o combinado con el gerundio; si se agrega el pronombre al gerundio, se pone acento para conservar el énfasis original:

> Adolfo está buscándo**me**. = Adolfo **me** está buscando.
> Estamos escuchándo**te**.   = **Te** estamos escuchando.

SEGUNDO PASO

Creo que estás **pidiendo** un aumento demasiado alto. No puedo darte tanto.
Ese chico no está **diciendo** la verdad; está **mintiendo**.
Estamos **siguiendo** tu ejemplo y **repitiendo** tus palabras sabias y hermosas.
¡Cómo ronca ese señor! No sé si está **durmiendo** o **muriendo**.

Conclusiones **Cambios de raíz en el gerundio**

1. Los infinitivos terminados en **-ir** que tienen cambios de raíz en el presente también tienen un cambio de raíz en el gerundio.
2. Si hay dos vocales en el cambio de raíz en el presente, el cambio en el gerundio consiste en la primera vocal de ese cambio:

> *mentir (ie)* **ie** → **i**: mintiendo
> *sentir (ie)* **ie** → **i**: sintiendo
> *morir (ue)* **ue** → **u**: muriendo
> *dormir (ue)* **ue** → **u**: durmiendo

3. Si hay una sola vocal en el cambio de raíz en el presente, se conserva el mismo cambio en el gerundio:

> *decir (i)*: diciendo
> *pedir (i)*: pidiendo
> *seguir (i)*: siguiendo

TERCER PASO

Marisa llega el año que viene.
Vamos a ver televisión esta noche.
Estoy fumando menos ahora que antes.

Estamos aprendiendo mucho.

Marisa está llegando en este momento.
Estamos viendo televisión ahora.
Fumar es malo para la salud.
Quiero dejar **de fumar**.
Aprender es interesante.
Después **de aprender** una palabra,
    quiero usarla inmediatamente.

Conclusiones Algunos usos (y limitaciones) del gerundio

1. El gerundio en español, a diferencia del inglés, se usa casi exclusivamente para indicar eventos en progreso.
2. Se usa el presente simple o **ir + infinitivo** para indicar planes futuros *(ver §5.7)*.
3. Se usa el infinitivo como sujeto y como objeto de preposiciones. *Nunca* se usa el gerundio en estos casos.

ACTIVIDADES

20. En el trabajo. *Usted es supervisor/a y tiene que explicarle a su jefe qué están haciendo las personas que trabajan bajo usted.*

MODELO Sra. Méndez / trabajar con la computadora → **La Sra. Méndez está trabajando con la computadora.**

1. Miguel / pedirle información a una clienta
2. Esos chicos / sacar copias xerox
3. Isabel / atender a un cliente
4. Yo / enseñarle algo a un nuevo empleado
5. Sr. López / leer un informe
6. Jorge / escribir a máquina
7. Jorge y Martín / traer café
8. Gumersinda / dormir debajo de una mesa
9. Don Tremendón / mentir acerca de su vida amorosa

21. Un jefe mandón (entre dos). *Su jefe quiere saber qué pasa con ciertas tareas en la oficina.*

MODELO los cheques / / Miguel/depositar
ESTUDIANTE 1: **¿Qué pasa con los cheques?**
ESTUDIANTE 2: **Miguel está depositándolos.**

1. la máquina Xerox / / un señor/reparar
2. la carta de la IBM / / Ana/leer
3. esos clientes / / yo/atender
4. ese informe / / Jorge/pedir
5. el café / / Héctor/traer
6. la lista de salarios / / yo/buscar
7. ese cliente insatisfecho / / Susana/llamar
8. Gumersinda / / Javier/calmar

22. Fantasías (entre dos). *Pregúntele a alguien de la clase qué está hac... sueña con estos lugares.*

> **EJEMPLO** en Suiza
> ESTUDIANTE 1: **Estás en Suiza...**
> ESTUDIANTE 2: **Estoy en Suiza y estoy esquiando con mi mejor amigo.**

1. en el Vaticano
2. en Madrid
3. en la playa
4. en la Casa Blanca
5. en el Palacio Buckingham
6. en un teatro de Broadway
7. en una película con...
8. en tu sala con...

8.7 ¿Por cuánto tiempo vas a trabajar?

*Una conversación entre un cliente y una dependiente que trabaja **para** un gran almacén:*

SR. SÁNCHEZ	¡Qué lindo aparato! ¿Qué es?
DEPENDIENTE	Es una procesadora de comida.
SR. SÁNCHEZ	**¿Para** qué sirve?
DEPENDIENTE	Sirve **para** muchas cosas. Se puede usar **para** picar carne **para** hacer hamburguesas. Sirve **para** recortar legumbres. También se puede usar **para** batir huevos.
SR. SÁNCHEZ	¿Cuánto cuesta?
DEPENDIENTE	En este momento están de oferta y las están vendiendo **por** mil pesetas. Es un excelente regalo **para** la señora de la casa.
SR. SÁNCHEZ	Sin duda, pero yo la quiero **para** mi hijo que está tomando un curso de cocina francesa.
DEPENDIENTE	**¿Para** cuándo la quiere? Le pregunto porque estos aparatos van estar en oferta **por** solamente tres o cuatro días más.

Conclusiones Algunos usos de *por* y *para*

1. **Por** se usa para indicar *duración*.
   Voy a trabajar **por** ocho horas mañana.
   Nadie quiere trabajar **por** mucho tiempo sin descansar.
2. **Por** se usa para indicar intercambio.
   Las venden **por** muy poco dinero.
   Te doy mi coche **por** tu motocicleta.
3. **Para** se usa para indicar *empleo*.
   Trabajo **para** la IBM.
4. **Para** se usa para indicar el *recipiente* de un objeto o de una acción.
   Este regalo es **para** mi hijo.
   Voy a limpiar la casa **para** mi hermana.

se usa con un infinitivo para explicar el *propósito* o la *función* de un objeto o de
cción.

Necesito tiempo **para** preparar el informe.

Ricardo escucha atentamente **para** impresionar a su jefe.

Nélida trabaja **para** ganar dinero **para** estudiar.

anticipa una respuesta con **por** o **para,** se usan también en la pregunta.

¿**Para** quién es el regalo?

¿**Para** qué compañía trabajas?

¿**Por** cuánto tiempo tienes que trabajar mañana?

¿**Por** cuánto dinero me vendes tus libros del año pasado?

ACTIVIDADES

23. ¿Para qué sirve? (entre dos)   *Usen la tabla para formular preguntas y respuestas.*

EJEMPLO   ESTUDIANTE 1: **¿Para qué sirve trabajar durante el verano?**
ESTUDIANTE 2: **Sirve para ganar dinero.**

1. una bicicleta
2. un diploma universitario
3. dormir ocho horas al día
4. una calculadora
5. una tarjeta de crédito
6. trabajar durante el verano
7. una agencia de viajes
8. una buena carta de recomendación

a. organizar viajes
b. impresionar a los amigos
c. ganar dinero para estudiar
d. hacer ejercicio
e. hacer estudios graduados
f. sacar cuentas
g. comprar cuando uno no lleva dinero
h. conseguir un buen trabajo

24. Regalos (entre dos).   *Ustedes están organizando una fiesta de fin de año. ¿Qué van a regalar y a quién?*

EJEMPLO   ESTUDIANTE 1: **¿Qué vas a comprar para tu novio?**
ESTUDIANTE 2: **Voy a comprar un disco para mi novio.**

1. tu novio
2. la profesora de...
3. tu papá
4. tu mejor amiga
5. tu hermano menor

6. tu compañero/a de cuarto
7. tu vecino antipático
8. Don Tremendón
9. ...
10. ... /...

25. Determinando precios (entre dos).   *Explíquele a alguien de la clase por cuánto se consiguen las cosas.*

EJEMPLO   una blusa de seda
ESTUDIANTE 1: **¿Por cuánto se consigue una blusa de seda?**
ESTUDIANTE 2: **Se consigue por más o menos cuarenta dólares.**

Compra (4110)

A 1° 23-4549 San Juan 1979 Capital lunes-sábado en A ó u$s pago más en electrónica

A COMPRO TV/Service 568-9165

COMPRO Videograbador Video-rep o TV color Voy hoy ya 51-5069

TV color y video 581-7736

VIDEOPELICULAS cpro 658-3995

Venta (4120)

CASETE vid Gold u$s5,7 Lun 26-1830

LA CLINICA del grabador Service todas 1ª marcas Riobamba 439

OLIVET maq esc u$s 140 567-3021

REPRODUC Drean u$s240 567-3021

TV color c/gtia 48-7143

TV Color vendo urg 687-5828

TV Color y Video part urg 784-7860

TV C Sony 20" u$s 240 805-0633

TV port b/N c/gtia 48-7143

VIDEOCAMARAS PAL Agente Oficial Panasonic Video VHS y S-VHS Asesoramiento in-tegral, garantía, repuestos, ser-vice y accesorios Tel: 953-2202

VIDEOCAMARAS ventas service baterías iluminadores lunes a sa-bados San Juan 1979 26-1830

VIDEOCAMARA Sanyo Beta-Pal u$s 450 Lunes 23-4549 26-1830

VIDEO c/contr vendo urg 687-5828

VIDEOFILMACIONES Su mejor opcion 87-8655

VIDEOGRAB Pan PV 4700 253-0996

VIDEOGRAB Sony Beta PAL-N A 900.000 Av de Mayo 819 6°"D"

VIDEO Pelic usadas 654-8709

VIDEO Sanyo dig u$s 240 655-2189

VIDEO usados/nuevos dde u$s 3 peliculas dde u$s 8 254-4024 10-17

1. una computadora Macintosh
2. una buena falda de lana
3. un Lamborghini
4. un reloj Cartier
5. una bolsa Gucci
6. un buen vino tinto
7. los apuntes Cliff
8. ...

26. Entrevista (entre dos o en pequeños grupos). *Pregúntele a alguien de la clase:*

1. para quién trabaja
2. por cuántas horas trabaja por semana
3. por cuánto quiere vender su coche
4. para qué estudia tanto
5. para quiénes prepara comida
6. para qué compañía quiere trabajar
7. por cuánto tiempo va estar de vacaciones
8. si come para vivir o vive para comer
9. si estudia por mucho tiempo

Pronunciación y ortografía _____

A. *Generalmente la* **n** *en español se pronuncia [n], igual que en inglés. Pero a veces cambia de sonido.*

Cuando una **n** *precede a las letras* **b, v, p** *o* **m** *se pronuncia [m]. Escuche y repita las palabras y frases a continuación:*

> **n + b → [mb]:** un beso, un banco, están borrachos, Juan bebe
> **n + v → [mb]:** envuelve, envidia, invitación, convenio, Juan viene
> **n + p → [mp]:** un peso, un pájaro, sin problemas, es tan poco, Juan pierde
> **n + m → [mm]:** inmoral, inmediatamente, en marzo, sin mujeres, Juan mira

Identifique la pronunciación correcta de cada **n** *en las frases a continuación. Después, lea las oraciones en voz alta con buena pronunciación.*

> ¡Juan Pérez es un muchacho tan bueno y tan pobre!
> Un borracho que conduce es un problema y un peligro.
> Gracián puede invertir un millón de dólares en mayo.
> Julia baila tan bien. Es un verdadero talento.

B. *Cuando la* **n** *precede a los sonidos [g] (ga, go, gu), [k] (ca, co, cu, que, qui), [x] (j, ge, gi) o [w] (hue), se pronuncia como* **ng** *en inglés. Escuche y repita las palabras y frases a continuación.*

> **n + [k] = [ngk]:** tanque, tronco, banco, un coche, sin camión, Juan copia
> **n + [g] = [ng]:** lengua, inglés, un guante, sin ganas, Juan galopa
> **n + [x] = [ng]:** ángel, ingeniero, en general, un joven, Juan jura
> **n + [w] = [ngw]:** un huevo, en Huelva, en huelga, Juan huele bien

Estudie las frases a continuación. Identifique la pronunciación correcta de cada **n**. *Después lea las frases en voz alta con buena pronunciación.*

> Gracián Gil es un joven tan bueno y tan guapo.
> Es increíble como ese viejo tiene un cuerpo tan joven.
> Un general es un jefe en el ejército.
> En general, un buen vino tiene un precio inmoralmente alto.
> Juan viene en coche con un primo de Julián García.
> Si no tienen coche, pueden caminar conmigo.

EN CONTEXTO

Lectura

12 de noviembre de 19--

Querida Mamá,

Muchas gracias por tu carta de la semana pasada. Parece que todo va bien en casa, y que mis hermanos menores no están causándote demasiados problemas. Supongo que papá también está bien. Tienes que decirle que no le va a costar nada escribirme unas líneas. Ya sé que él me quiere, pero no comprendo por qué nunca tiene ganas de escribir.

Aquí también estoy bien. Ya estoy trabajando. Es un empleo modesto pero bueno. Por el momento, me están pagando un salario de 5,000 pesos al mes, más beneficios médicos. No me parece demasiado, pero con eso puedo pagar el **alquiler** y vivir más o menos bien. En este momento estoy trabajando como asistente de oficina, y estoy **encargado** de **entregar** correspondencia, sacar copias, y cosas por el estilo. Mientras tanto, voy aprendiendo cómo

alquiler: renta
encargado: responsable
entregar: dar según un
    acuerdo previo

funciona el negocio. Tengo una compañera que está enseñándome a hacer cosas más complicadas. **Más adelante** pienso pedirle un ascenso al jefe—con un aumento de salario desde luego.

    También sigo bastante ocupado fuera del trabajo. Estoy siguiendo un curso nocturno en **computación**. Es muy interesante, y me va a ayudar mucho en el futuro, **ya que** en las oficinas modernas todo se hace con computadoras. El problema es que todo el mundo quiere estudiar computadoras ahora, **aún** la gente que no tiene ninguna capacidad para hacerlo. Por lo tanto, la clase está llena de gente que—hablando francamente—no va a terminar el curso nunca. Sin embargo, la profesora ayuda a todo el mundo **por igual; es exigente** pero buena. El mayor problema de la clase es la falta de computadoras. Si no llego temprano, tengo que **compartir** con otro estudiante, y aprendo menos.

    Con respecto a mi vida social, ya conozco a varias personas de mi edad. Es gente buena e interesante que, igual que yo, **apenas** está comenzando a trabajar, así que tenemos mucho en común. Estoy viviendo con tres chicos en un departamento bastante **amplio**. Y también estoy aprendiendo a cocinar. Para tu próxima visita, voy a prepararte un plato de creación **propia**; mis compañeros de cuarto le llaman «Pollo a la Jorge» y, modestia aparte, me parece delicioso.

    Bueno, tengo mucho que hacer ahora. La clase empieza en menos de una hora, y tengo prisa por llegar. Les mando saludos a papá y a los chicos.

                Un beso,

                     Jorge

más adelante: en el futuro

computación: el estudio de computadoras
ya que: porque
aún: *even*

por igual: igualmente; sin hacer distinciones
exigente: que pide mucho
compartir: usar entre dos
apenas: *barely*

amplio: grande

propia: personal

Preguntas

1. ¿Quién es Jorge? 2. ¿Dónde está? 3. ¿A quién escribe? 4. ¿Qué clase de trabajo tiene (de fábrica, de construcción, de oficina)? 5. ¿Cuánto está ganando? 6. ¿Es suficiente? 7. ¿Cuáles son sus deberes? 8. ¿Quién le está ayudando a aprender cosas nuevas? 9. ¿Por qué quiere hablarle al jefe? 10. ¿Qué curso está tomando? 11. ¿Cuántos estudiantes están tomando el curso? 12. ¿Cómo es la profesora? 13. ¿Con quién vive Jorge? 14. ¿Qué está aprendiendo a hacer? 15. ¿Cómo se llama su gran creación? 16. ¿Por qué es corta la carta?

Cómo se hace _____

Cómo se hace para comenzar y terminar una carta

Saludos formales	Saludos amistosos	Despedidas formales	Despedidas amistosas
Estimado/a señor/a...	Quierido...	Un saludo de...	Un abrazo,
A quien corresponda...	Queridísima...	Atentamente...	Un beso,
De mi estima...	Amor mío...	Sinceramente...	Muero por verte,

Cómo se hace para invitar a alguien

¿Quieres... ?	¿Te apetece (inf.)	Quisiera invitarlos a...
Te invito a (inf.)	¡Vamos a (inf.)	Quisiera invitarte a...
Lo quiero invitar a (inf.)	¿Por qué no... ?	

Cómo se hace para aceptar o rechazar una invitación

Aceptar	Rechazar
Sí, gracias.	No, gracias, pero no puedo.
¡Encantado/a, gracias!	Ahora no, gracias.
¡Con mucho gusto!	Lo siento, pero me resulta imposible.
¡Qué buena idea!	¡Ni hablar!

Cómo se hace para determinar un precio

¿Cuánto cuesta(n)...	¿A qué precio está(n)...
¿En cuánto me deja usted...	¿Cuánto me cobra usted por...
¿En cuánto me sale(n)...	¿A cuánto está(n)...
¿Cuánto vale(n)...	

Diálogos incompletos

1. ¿Te apetece tomar un trago?

_____

2. Quisiera invitarte a cenar con nosotros el viernes próximo.

   _____

3. _____

   Gracias, pero no puedo.

4. _____

   ¡Qué buena idea!

5. _____

   Lo siento mucho, pero me resulta imposible.

6. _____

   Cuestan ochocientos pesos el kilo.

   _____

   Le sale en mil pesos.

7. ¿A cuánto está ese traje?

   _____

   ¿Y cuánto vale la camisa que está al lado del traje?

   _____

Situaciones _____

Situación 1   Ud. es un/a investigador/a sociológico/a y quiere saber cómo es el trabajo de otra persona en la clase. Información que Ud. quiere: a qué hora empieza a trabajar, a qué hora deja de trabajar, qué está tratando de aprender en el trabajo, cómo son sus compañeros, cómo es su jefe, qué está haciendo para impresionar al jefe, cuánto gana, si puede ahorrar dinero, etc. Un/a compañero/a de clase puede hacer el papel de la otra persona.

Situación 2   Ud. tiene que convencerle a un gran empresario con muchísimo dinero que debe poner una fábrica en su ciudad. Explíquele cuáles son los aspectos positivos de su ciudad, por qué los futuros empleados son buenos, qué posibilidades culturales y educativas ofrece su ciudad, qué otros negocios hay (buenas tiendas, farmacias, panaderías), y por qué su fábrica puede tener éxito en la ciudad de Ud. y fracasar en otra. Un/a compañero/a de clase puede hacer el papel del empresario.

Situación 3 Ud. es un/a pequeño/a empresario/a y quiere poner un negocio en su ciudad. Organice el negocio con sus compañeros de clase. ¿Quiénes van a ser los empleados? ¿Quién va a trabajar en qué? ¿Qué productos van a vender y a quién? ¿Cuánto va a costar cada producto? ¿Cuánto van a ganar los distintos tipos de empleados?

Situación 4 Está Ud. en México con una nueva amiga que le pide información sobre el sistema educativo de los Estados Unidos. Explíquele cómo funcionan la primaria y la secundaria aquí. Descríbale cómo es su universidad y el programa subgraduado *(subgraduado: de estudiantes que están estudiando para el B.A.).* Y después explíquele cómo funcionan los estudios de posgrado (de leyes, de medicina, etc.) después del B.A. Un/a compañero/a de clase puede hacer el papel de la amiga.

Situación 5 Usted quiere invitar a un compañero de trabajo a tomar un trago o a almorzar. Primero dice que no puede en este momento. Entonces, usted tiene que encontrar una hora conveniente para los dos.

Situación 6 Una persona que usted no quiere demasiado lo/la invita a usted a tomar un trago. ¿Cómo explica usted que no puede?

Composición

Tema 1 Escriba una carta a un amigo o a un miembro de su familia sobre su trabajo. Use la *Lectura* de este capítulo como punto de partida.

Tema 2 Escriba una carta a un amigo hispano imaginario sobre el sistema educativo de los Estados Unidos. Use la *Nota Cultural* y la *Lectura* de este capítulo como punto de partida.

Vocabulario activo

lugares de trabajo

la agencia	la florería	la oficina	la peluquería
la carnicería	la heladería	la panadería	el salón de belleza
la fábrica	la lechería	la papelería	la tienda
la farmacia	la librería	la pastelería	

personas que trabajan

el/la agente de viajes	el/la camarero/a	el/la cartero/a	el/la dueño/a
el/la banquero/a	el/la carnicero/a	el/la dependiente	el/la empleado/a

el/la empresario/a	el/la jefe	el/la mozo/a	el/la portero/a
el/la encargado/a	el/la lechero/a	el/la panadero/a	el/la secretario/a
el/la farmacéutico/a	el librero	el/la peinador/a	el/la supervisor/a
el/la florista	el/la mesero/a	el/la peluquero/a	el/la técnico/a
el/la gerente			

expresiones verbales asociadas con el trabajo

atender (ie)	convencer	entregar	mostrar (ue)
cobrar	costar (ue)	escribir a máquina	sacar copias
conseguir (i)	devolver (ue)	mandar	sacar cuentas

otros verbos

ahorrar	pedir (i)	reír (i)	servir (i)
dar	prestar	seguir (i)	sonreír (i)
decir (i)			

otros sustantivos asociados con el trabajo

el ascenso	la correspondencia	la empresa	el paquete
el aumento	el crédito	el éxito	la queja
el beneficio	el cheque	el impuesto	el reembolso
la carrera	el descuento	la máquina de escribir	el salario
la carta	el empleo	la mercancía	la suerte
la computadora			

expresiones con tener

tener calor	tener ganas de	tener razón	tener (buena/mala)
tener éxito	tener hambre	tener sed	suerte
tener frío	tener miedo	tener sueño	

expresiones útiles

apenas	aún	estar dispuesto/a

vocabulario personal

_____   _____

_____   _____

_____   _____

_____   _____

_____   _____

De vacaciones y de compras

Temas
- Ubicación
- Mandatos e instrucciones
- Gustos y disgustos
- Revistas, diarios, televisión y películas
- El cuerpo y sus dolores

Funciones
- Llamarle la atención a alguien
- Pedir algo a alguien
- Devolver las gracias
- Pedir, aceptar y rechazar ayuda

Gramática
- 9.1 *Pedir* versus *preguntar*
- 9.2 Complementos pronominales en combinación
- 9.3 Los mandatos de *usted* y *ustedes*
- 9.4 *Todo, toda, todos* y *todas*
- 9.5 *Gustar*
- 9.6 El artículo definido para totalidades y generalidades
- 9.7 *Doler* y otros verbos como *gustar*

❦ EN MARCHA ❦

9.1	¿Dónde puedo pedir un reembolso?

la liquidación

Preguntas que se oyen en un gran almacén:

ANA   ¿A qué hora abre el almacén mañana?

LOLA   ¿Dónde se consigue un recibo?

LUPE   ¿Están de oferta los televisores?

RAÚL   ¿Puedo probar ese suéter?

Reportando las preguntas:

Ana le **pregunta** a la dependiente **a qué hora** abre el almacén mañana.

Lola le **pregunta dónde** se consigue un recibo.

Lola le **pregunta si** los televisores están de oferta.

Raúl le **pregunta si** puede probar un suéter.

Consejos para un buen consumidor:

Cuando no tengo dinero, **pido un préstamo** al banco pero con bajos intereses.
Siempre **pido un reembolso** cuando un producto resulta defectuoso.
No es mala idea **pedir un descuento**.

Conclusiones   *Preguntar versus pedir*

1. **Preguntar** se usa para reportar una pregunta; se combina con una expresión interrogativa (**qué, de quién, a qué hora,** etc.) o con **si**.

2. Cuando se reporta una pregunta, se conserva el acento escrito en la expresión interrogativa.
3. **Pedir** se usa para solicitar algo; se combina con sustantivos.
4. Entre **pedir** y el sustantivo, no se usa preposición.

ACTIVIDADES

1. ¿Pedir o preguntar? *Usando **pedir** o **preguntar**, informe a alguien de la clase qué está haciendo la gente.*

EJEMPLOS Miguel al dependiente: ¿Cuánto cuesta ese radio?
→ **Miguel le pregunta al dependiente cuánto cuesta ese radio.**
Micaela a la cajera: Déme un recibo, por favor.
→ **Micaela le pide un recibo a la cajera.**

1. Pepe a Marta: ¿Cuánto cuesta un radio barato?
2. Ana a Raúl: ¿A qué hora abre la librería?
3. Inés al frutero: Déme dos kilos de tomates, por favor.
4. Enrique a sus padres: Préstenme cinco dólares, por favor.
5. Raúl al dependiente: ¿Puedo probar esa camisa azul?
6. Marta al carnicero: ¿Por cuánto vende usted un kilo de jamón?
7. Juana a la dependiente: ¿Aceptan ustedes tarjetas de crédito?
8. La Sra. Ara a sus alumnos: Entreguen la tarea, por favor.

2. ¿Qué está haciendo la gente? (entre dos) *Informe a alguien de la clase qué está haciendo la gente.*

MODELO Miguel / cuánto gana Laura.
ESTUDIANTE 1: **¿Qué está haciendo Miguel?**
ESTUDIANTE 2: **Miguel está preguntando cuánto gana Laura.**

1. José / si está el dueño
2. Lola / un recibo al dependiente.
3. mi papá / dónde hay muebles
4. el cliente / si hay algo mejor
5. nosotros / a qué hora cierra el almacén
6. Pepa / si la tienda está cerca
7. Micaela / un reembolso
8. los niños / dónde se venden juguetes

9.2   ¡Qué lindo está tu coche! ¿Me lo prestas?

PRIMER PASO

¿Quién me presta diez dólares?   Yo **te los** presto.
¿Quién te muestra los anillos?   El dependiente **me los** muestra.
¿Quién les entrega la leche a ustedes?   El lechero **nos la** entrega.

¿Quién os trae ese café de Colombia?   Juan Valdez **nos lo** trae.

Cuando Nico no está, ¿quién le cuida   Su vecina **se lo** cuida (a él).
el negocio?

¿Quién les manda las facturas a ellos?   El contador **se las** manda (a ellos).

¿Quién nos envuelve los paquetes?   Yo **se lo** envuelvo (a ustedes).

Conclusiones   **Complementos pronominales en combinación**

1. Cuándo se emplean dos complementos pronominales, el complemento indirecto siempre precede al complemento directo.
2. Si los dos complementos pronominales son de tercera persona (**le/les** con **lo/la/los/las**) el complemento indirecto se convierte en **se**.

SEGUNDO PASO

Tengo un secreto, y nunca se lo voy a   =   Tengo un secreto, y nunca voy a
decir a usted.   **decírselo** a usted.

Se la debo prestar.   =   Debo **prestársela**.

Renata me lo está contando en este   =   Renata está **contándomelo** en este
momento.   momento.

Nos las están reparando ahora mismo.   =   Están **reparándonoslas** ahora mismo.

Conclusiones   **Complementos pronominales en combinación con infinitivos y gerundios**

1. Es posible agregar dos complementos pronominales a un infinitivo y un gerundio.
2. Cuando se agregan dos complementos, se pone acento para conservar el énfasis original.

Sinopsis

complemento indirecto	*complemento directo*	*frases de énfasis o de clarificación*
me	me	a mí
te	te	a ti
nos	nos	a nosotros / a nosotras
os	os	a vosotros / a vosotras
le (se)	lo	a usted (m.) / a él
	la	a usted (f.) / a ella
les (se)	los	a ustedes (m.) / a ellos
	las	a ustedes (f.) / a ellas

ACTIVIDADES

3. La generosidad (entre dos). *Usted es una persona generosa, pero tiene sus límites. ¿Qué hace usted en las situaciones a continuación? Después, trate de justificar su decisión.*

EJEMPLOS Estudiante 1: **Un amigo necesita tu calculadora. ¿Qué haces?** (prestar)
Estudiante 2: **No se la presto.**
Estudiante 1: **¿Por qué?**
Estudiante 2: **Porque las calculadoras son caras y en este momento la necesito yo.**

1. Tu jefe quiere tu coche para hacer un viaje largo. ¿Qué haces? (prestar)
2. Un compañero de clase necesita tu computadora para escribir una composición larguísima. ¿Qué haces? (prestar)
3. Tu hermana quiere llevar tus discos favoritos a una fiesta. ¿Qué haces? (prestar)
4. Un compañero perezoso viene a clase sin su tarea y quiere copiar tu tarea. ¿Qué haces? (prestar)
5. Un hombre borracho te pide dos dólares para comprar comida. ¿Qué haces? (dar)
6. Un/una rival te pide la dirección y el número de teléfono de tu novia/o. ¿Qué haces? (dar)

4. Dilemas y obligaciones morales (entre dos). *La vida está llena de dilemas morales. ¿Qué debe hacer la gente en las situaciones a continuación? Después, justifique su decisión.*

EJEMPLOS Estudiante 1: **El hermanito de Clara le pide fósforos. ¿Qué debe hacer Clara?**
Estudiante 2: **No debe dárselos.**
Estudiante 1: **¿Por qué?**
Estudiante 2: **Porque los niños no deben jugar con fósforos.**

1. Un niño le pide a Rosa dinero para la Cruz Roja. ¿Qué debe hacer Rosa?
2. Una persona que no es de la religión de David le pide una contribución para construir una nueva iglesia. ¿Qué debe hacer David?
3. Tú me pides mis apuntes de la clase de ayer. ¿Qué debo hacer?
4. Uds. le piden a su profesor/a mejores notas. ¿Qué debe hacer su profesor/a?
5. Un amigo que quiere dejar de fumar le pide a Raúl un cigarrillo. ¿Qué debe hacer Raúl?
6. Yo estoy a dieta y les pido a Uds. cinco dólares para comprar un helado colosal de 2.000 calorías. ¿Qué deben hacer Uds.?

PRIMER PASO

La ubicación

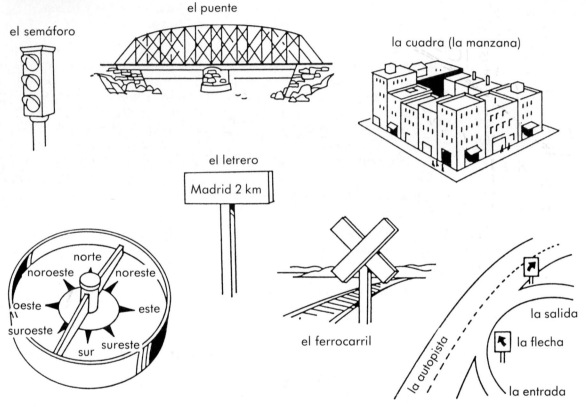

el semáforo

el puente

la cuadra (la manzana)

el letrero

Madrid 2 km

norte
noroeste · noreste
oeste · este
suroeste · sureste
sur

el ferrocarril

la autopista

la salida
la flecha
la entrada

¿Cómo hago para llegar a la autopista?

Camine usted derecho hasta el semáforo. En esa esquina, **doble** a la izquierda y **camine** dos cuadras hasta llegar a un puente. **Cruce** el puente y **mire** a la derecha. Allí **busque** el letrero con la flecha que señala la entrada a la autopista.

Explíquenos cómo llegar a tu casa.

Caminen dos cuadras para allá, y **busquen** el número 267. **Toquen** el timbre de abajo. Y por favor, no **lleguen** tarde.

Conclusiones **El imperativo formal de los infinitivos terminados en -*ar***

1. El mandato formal de los verbos terminados en **-ar** se forma agregando **-e** para *usted* y **-en** para *ustedes* a la raíz de la forma del verbo que corresponde a la primera persona singular.

2. El pronombre del sujeto es común (se usa para expresar cortesía), pero no es obligatorio:

    Cruce la calle.   Cruce usted la calle.

    Cierren la puerta. Cierren ustedes la puerta.

3. Las terminaciones del mandato formal para infinitivos terminados en **-gar** son **-gue** y **-guen**:

    No **llegue** usted tarde.

    Lleguen ustedes a la hora.

4. Las terminaciones del mandato formal para infinitivos terminados en **-car** son **-que** y **-quen**:

    Toque usted algo en el piano.

    Expliquen ustedes ese punto para la clase.

5. Las terminaciones del mandato formal para infinitivos terminados en **-zar** son **-ce** y **-cen**:

    Comience ahora por favor.

    No **empiecen** ustedes ahora.

    Espere y **almuerce** conmigo.

Formación

infinitivo	primera persona singular	terminaciones	forma completa
trabajar	trabajo		**trabaje** usted **trabajen** ustedes
comenzar	comienzo	-e -en	**comience** usted **comiencen** ustedes
recordar	recuerdo		**recuerde** usted **recuerden** ustedes

SEGUNDO PASO

Instrucciones del Profesor Sánchez a sus estudiantes que van de viaje:

Duerman bien la noche antes del viaje.

No **salgan** de casa sin comer primero.

No **traigan** más de dos maletas no muy grandes.

Lleguen al aeropuerto una hora antes del vuelo.

Sigan las instrucciones del botones.

No **coman** la comida que se vende en la calle.

No **beban** el agua sin hervirla primero.

Vocabulario turístico

el botones

la maleta

el equipaje

el taxista

la propina

el plano (el mapa) de la ciudad el paraguas

Conclusiones **El imperativo formal de los infinitivos terminados en *-er* e *-ir***

1. El mandato formal de los verbos terminados en **-er** e **-ir** se forma agregando **-a** para *usted* y **-an** para *ustedes* a la raíz de la forma del verbo que corresponde a la primera persona singular.
2. El pronombre sujeto no es obligatorio:

   No duerma usted.
   Chicos, no mientan nunca.
   Tengan ustedes paciencia y vengan mañana.

Formación

infinitivo	primera persona singular	terminaciones	forma completa
aprender	aprendo		**aprenda** usted
			aprendan ustedes
tener	tengo		**tenga** usted
		-a	**tengan** ustedes
venir	vengo	**-an**	**venga** usted
			vengan ustedes
dormir	duermo		**duerma** usted
			duerman ustedes

No alimente a su perro con vísceras crudas.

No abandone animales muertos en el campo.

Consulte cualquier duda con el veterinario de su zona.

Dé a su perro cada 45 días la medicación que le proporciona la Comunidad Autónoma.
(En Ayuntamientos acogidos al Programa)

TERCER PASO

El mismo profesor (es un poco pesado) continúa con sus instrucciones.
Chicos, no **sean** malos; **sean** buenos embajadores del país.
Estén en el aeropuerto a las seis en punto.
No **vayan** sin dejarle una buena propina al taxista.
Den el equipaje al botones.
Y **sepan** todo el capítulo siete de memoria para después de las vacaciones.

Conclusiones **El imperativo formal de *ser, estar, dar, ir* y *saber***

1. Si la primera persona singular no termina en **-o,** el mandato es irregular.
2. Los mandatos de **ser, estar, dar, ir** y **saber** son:

ser → **sea** usted; **sean** ustedes
estar → **esté** usted; **estén** ustedes
dar → **dé** usted; **den** ustedes
ir → **vaya** usted; **vayan** ustedes
saber → **sepa** usted; **sepan** ustedes

CUARTO PASO

Perdone, Sr. Policía, pero ¿dónde puedo conseguir un mapa?

¿Le doy la cuenta a usted o a su amiga?

No **me lo pida** a mí; **pídaselo** a algún agente de turismo.

No **me la dé** a mí; **désela** a ella. Ella tiene el dinero.

Conclusiones Posición de pronombres con mandatos

1. Los complementos pronominales de todo tipo (*directo* e *indirecto*) siempre se agregan a un mandato afirmativo.
2. Los complementos pronominales **nunca** se agregan a un mandato negativo.
3. Cuando se agrega un pronombre a un mandato afirmativo, se pone acento para conservar el énfasis original. Compare:

Traiga el mapa.
Explíquen el horario.

Tráigamelo, por favor.
Explíquennoslo.

ACTIVIDADES

5. Los turistas perdidos. *Todo buen turista (y mal turista) se pierde a veces. Liliana está tratando de ayudar a un turista perdido. ¿Qué dice?*

MODELO cruzar la calle → **Cruce la calle.**

1. seguir derecho
2. ir hasta la esquina
3. doblar a la izquierda
4. cruzar un puente
5. bajar hasta el río
6. buscar un letrero que dice *SALIDA*
7. subir por esa calle
8. pedir información a un policía
9. doblar a la derecha
10. dar vuelta a la derecha

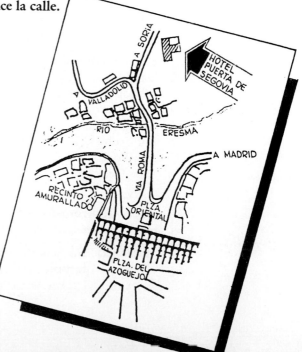

6. Mandones y obedientes (entre dos). *Durante un minuto usted es EL GRAN JEFE MANDÓN y un/a compañero/a de la clase es su sirviente obediente. ¿Qué manda usted? (Después de un minuto, su compañero/a es EL GRAN JEFE MANDÓN, así que sea usted respetuoso/a.)*

> **EJEMPLOS** Escriba su nombre en la pizarra.
> Ponga su mochila en la mesa.

1. escribir... en la pizarra
2. poner... en la mesa
3. abrir (la puerta, la ventana, etc.)
4. ir a (la puerta, la pizarra, etc.)
5. traer (dinero, vino, etc.) a clase mañana
6. hacer (un pastel, un omelette, etc.) para...
7. no hablar mal de...
8. almorzar con... mañana
9. comprar... para...
10. no salir nunca con...
11. tener cuidado con...
12. no jugar con...

7. Don Tremendón, tremendo egoísta *Don Tremendón quiere saber todo y tener todo. ¿Qué les dice a las personas a continuación?*

> **MODELO** Miguel tiene dos coches. (dar) → **Démelos.**

1. María sabe un secreto. (decir)
2. Geraldo tiene un bombón. (dar)
3. Los niños Ara tienen diez dólares. (prestar)
4. La profesora tiene las llaves de su coche. (dar)
5. Raúl sabe una palabra mágica. (decir)
6. Pepito tiene muchos juguetes. (dar)
7. Marisa y Helena están comiendo pizza. (dar)
8. Carlota tiene un BMW. (prestar)

8. Mandatos para gente famosa (entre dos o en pequeños grupos). *Ahora usted puede mandar a TODO EL MUNDO. ¿Qué dice usted a la gente a continuación?*

> **EJEMPLO** ESTUDIANTE 1: **Soy William F. Buckley.**
> ESTUDIANTE 2: **Sr. Buckley, no use palabras tan grandes.**

1. William F. Buckley
2. Dan Quayle
3. Whoopi Goldberg
4. Dolly Parton
5. George Bush
6. Bill Cosby
7. Jane Fonda
8. Sally Field
9. ...

a. jugar con nuestro equipo
b. cantar en nuestra producción de...
c. bailar con...
d. no usar palabras tan grandes
e. ser presidente de...
f. donar un millón de dólares para...
g. no usar ropa de...
h. tener cuidado con...
i. ...

9. El Sr. Quieretodo (entre dos o en pequeños grupos). *Usted es el Sr. Quieretodo. Usando mandatos, ¿qué les demanda usted a las personas a continuación?*

> **EJEMPLO** Bo Jackson, consígame entradas para su próximo partido de fútbol.

Bo Jackson
Dolly Parton
Jane Fonda
Patrick Swayze   consíga(n)me
Stephen King   dé(n)me
Pat Schroeder   cómpre(n)me
Presidente...
...
... y...

entradas para su próxima película
entradas para su próximo partido
un nuevo Porsche 944
una A en todos mis cursos
un ejemplar de su próximo libro
una cita con...
un disco de...
...

Nota cultural _____

Alternativas al imperativo

Igual que en inglés, el imperativo en español no se usa demasiado, en parte
porque puede parecer brusco o descortés. Por lo tanto, muchos hispanos
prefieren hacer una pregunta en lugar de usar el imperativo. Por ejemplo, se
puede decir a un mesero en un restaurante, «Tráiganos dos cafés, por favor». O
también se puede decir, «¿Puede usted traernos dos cafés, por favor?». **Sin
duda,** la pregunta parece más cortés que el mandato. Y **por eso,** la pregunta es
más frecuente.

sin duda: realmente
por eso: por esa razón,
a causa de eso

4   ¿Vas a comprar toda tu ropa antes de viajar?

*Roberto está hablándole a Luisa sobre las vacaciones que va a tomar con su
familia. ¿Qué dicen?*

Luisa:	*Roberto:*
¿Adónde van?	Vamos a pasar **toda la semana** en la capital.
¿Qué van a hacer?	Vamos a pasear por **todo el centro** y vamos a visitar **todas las tiendas**. Estamos en la época de las liquidaciones y muchas cosas están de oferta.
¿Quiénes van?	Va **toda mi familia**.
¿Van a museos y teatros?	Sí, queremos ir a **todos esos lugares**.
¿Dónde van a dormir?	**Todos** vamos a estar en la casa de una tía.
¿Pero tienen tiempo par hacer **todo eso** en un solo fin de semana?	No, y es un problema porque tenemos interés en **todo**.

Conclusiones   Usos de *todo, toda, todos y todas*

1. **Todo, toda, todos** y **todas** cuando se combinan con sustantivos significan *entero*:
   toda la familia   = la familia entera
   todos los chicos = el grupo entero de chicos
2. **Todo, toda, todos** y **todas** suelen combinarse con artículos, adjetivos posesivos y adjetivos demostrativos:
   todo **un** hombre, todos **los** chicos, toda **la** noche
   todos **mis** amigos, toda **nuestra** familia, todo **tu** trabajo
   toda **esa** gente, todo **este** dinero, todos **aquellos** hombres

   Nota importante: No se usa **de** después de **todo** y sus formas.
3. Cuando se usan sin sustantivo, **todo** significa *todas las cosas*, y **todos** significa *todo el mundo*:
   Todos van al partido.   = Todo el mundo va al partido.
   Tengo interés en **todo**. = Tengo interés en todas las cosas.
4. **Todo** y sus formas también funcionan como pronombres:
   ¿Van todas las chicas?   Sí, van **todas**.
   ¿Está todo el dinero allí?   Sí, **todo** está allí.

ACTIVIDADES

10. ¿Qué está de oferta? *Usted es dependiente en un gran almacén que en este
momento tiene una gran liquidación. Describa las cosas que están de oferta.*

MODELO   zapatos → **Todos los zapatos están de oferta.**

1. televisores a colores
2. lavadoras de ropa
3. zapatos importados
4. ropa interior
5. micro-computadoras
6. videos en blanco
7. perfume francés
8. cerveza mexicana

11. ¿Cuántos? (entre dos) *Un par de estudiantes están discutiendo las verdaderas actividades de la gente. ¿Qué dicen y qué opinan?*

EJEMPLOS nuestros compañeros / ver televisión
ESTUDIANTE 1: **¿Cuántos de nuestros compañeros ven televisión?**
ESTUDIANTE 2: **Todos nuestros compañeros ven televisión.** o **No todos nuestros compañeros ven televisión.**

1. los políticos / mentir
2. nuestros profesores / ser simpáticos
3. los libros de texto / ser caros
4. los noticieros / ser informativos
5. las farmacias / vender revistas
6. nuestros compañeros / venir preparados
7. la comida del comedor estudiantil / estar bien preparada
8. los estudiantes / deber ir al laboratorio de lenguas

12. ¿Dónde hacen ustedes las cosas? (entre dos o en pequeños grupos).
Pregúntele a alguien de la clase dónde hace ciertas cosas.

EJEMPLO comprar gasolina
ESTUDIANTE 1: **Luisa, ¿dónde compras gasolina?**
ESTUDIANTE 2: **Compro toda mi gasolina en Kelly's Service.**

1. comprar zapatos
2. comprar revistas
3. lavar ropa
4. conseguir entradas de teatro
5. guardar dinero
6. cambiar cheques
7. preparar comida
8. conseguir discos

Nota cultural

Mercados, almacenes y tiendas

En todo país es interesante **hacer compras**. Pero en el mundo hispano, **ir de compras** tiene un sabor especial, en parte porque los lugares que venden son especiales.

    Una de las instituciones más viejas del mundo hispano es el mercado. El mercado suele ser un gran edificio con muchos **puestos** para todo tipo de **mercancía:** carne, legumbres, ropa y todos los productos imaginables. Una ironía: el mercado, que es muy viejo como institución, es similar al *shopping mall,* que es relativamente nuevo. Son similares porque en los dos **sitios** se vende de todo. Pero hay una gran diferencia: en los mercados tradicionales, se puede **regatear** con los dependientes, que muchas veces son los dueños del negocio. El **regateo** es un capitalismo puro donde los consumidores presionan

hacer compras: comprar cosas
ir de compras: hacer un viaje para comprar

puesto: negocio pequeño
mercancía: productos para vender
sitio: lugar
regatear: discutir un precio
regateo: el proceso de regatear

directamente al vendedor. El regateo también es una de las costumbres más respetadas del mundo hispano. Gracias al regateo, es muy **divertido** ir de compras en el mundo hispano.

divertido: que da placer

En las ciudades hay almacenes que son tiendas grandes con varios departamentos; aunque un almacén puede vender muchos de los productos (excepto comida) que se encuentran en el mercado, su **clientela** suele tener má dinero y ser de otra clase social.

clientela: clientes

También hay negocios en cada barrio dedicados a vender distintos productos. Su nombre con el sufijo *-ería* indica qué venden: papelería, pastelería, lechería, etc. **Poco a poco** los supermercados y los grandes almacenes están reemplazando los mercados y los negocios especializados de los barrios. Pero todavía hay mucha gente que prefiere el contacto personal de los mercados y los pequeños negocios al servicio despersonalizado de los grandes negocios.

poco a poco:
gradualmente

9.5 ¿Qué programas de televisión te gustan?

PRIMER PASO

«Falcon Crest» vuelve a la sobremesa con nuevas y más perversas historias

A partir del 11 de enero, TVE volverá a emitir nuevos episodios de la serie *Falcon Crest*. Más y más perversidades y situaciones que rayan en lo absurdo harán más entretenidas las sobremesas. Con las aventuras de *Angela Channing* y los nuevos actores incorporados a la serie no habrá tiempo para la siesta.

¿Le **gusta** el diario de esta ciudad?
¿Te **gusta** la revista *La Nación*?

¿Qué marca de computadora les **gusta** más a Uds., *Apple* o *IBM*?
¿A ellos les gusta más el noticiero de NBC o el noticiero de CBS?

Sí. Me **gusta** el diario mucho.
Sí. Me **gusta** más que muchas otras revistas.

Depende del uso. En principio nos **gustan** las dos marcas.
No sé qué noticiero les **gusta** más.

¿A Ud. le **gustan** las telenovelas?

Sí. Las telenovelas me **gustan** muchísimo. Son mi vicio secreto.

¿Te **gustan** las mini-series más que las películas?

Es difícil decir. Algunas mini-series me **gustan** mucho.

¿A Uds. les **gustan** los anuncios comerciales?

No, no nos **gustan,** pero a veces son divertidos.

¿A los chicos les **gustan** las revistas sobre la moda?

Sí. Les **gusta** ver los anuncios de ropa.

¿Te gusta **leer** el diario por la mañana?

Sí. Me gusta **leer** el diario y **tomar** el café.

Conclusiones ## Algunos usos de *gustar*

1. **Gustar** es el contrario de **disgustar**. Significa *dar placer* o *dar satisfacción*.
2. Normalmente se usa solamente en tercera persona singular y plural (*gusta, gustan*) con pronombres del complemento indirecto (*me, te, le, nos, os* y *les*).
3. El sujeto de **gustar** está generalmente después del verbo.
4. Un infinitivo también puede ser el sujeto de **gustar**. Con uno o más infinitivos, se usa solamente la forma singular (*gusta*).

Sinopsis

complemento indirecto	verbo	sujeto
Me		el café.
		esa tienda.
Te	**gusta**	ir de compras.
		la ropa de lana.
Le		correr y nadar.
Nos		los perros grandes.
		esas casas nuevas.
Os	**gustan**	los zapatos que se venden allí.
		los coches alemanes.
Les		los suéteres de Escocia.

SEGUNDO PASO

A mí me gustan mucho los programas educacionales.

¿**A ti** no te gustan los programas de música clásica?

A Rosita le gustan poco las novelas de amor.

¿**A Ud.** le gustan los televisores de blanco y negro?

A Juan y a mí no nos gusta nada esa marca.

¿**A vosotros** os gustan los anuncios comerciales?

A José y a Teresa les gustan los videos porque no tienen anuncios.

Conclusiones Frases de clarificación y de énfasis con *gustar*

1. Las frases de clarificación con **gustar** casi siempre se ponen antes del pronombre simple.
2. Se usan **mucho, poco, demasiado, no... nada,** etc. para intensificar al verbo **gustar.**

TERCER PASO

El nuevo show de Disney te **va a gustar.**
Hay un artículo en *La Nueva República* que te **debe gustar.**
La marca X no le **puede gustar** a nadie.
A mi mamá no le **van a gustar** esas noticias.
Ese programa es tan sensacional que te **tiene que gustar.**
La crítica de *Nuestros Tiempos* **está comenzando a gustarme.**

Conclusión *Gustar* se combina con muchos verbos que usted ya sabe.

ACTIVIDADES

13. ¿Te gusta o no te gusta? (entre dos)   *Usando las frases a continuación, formulen preguntas y respuestas. Usen **mucho, poco** o **nada** para indicar su grado de gusto o disgusto.*

EJEMPLOS   los programas de Disney
ESTUDIANTE 1: **¿Te gustan los programas de Disney?**
ESTUDIANTE 2: **Me gustan los programas de Disney mucho.**
No, no me gustan nada esos programas.
Me gustan esos programas un poco.

1. las telenovelas	5. la marca...
2. la revista...	6. las películas de terror
3. el diario...	7. la red ABC (CNN, NBC, etc.)
4. el editor de...	8. apagar el televisor

14. ¿A quién le gusta? (entre dos)   *Usando las frases como punto de partida, formulen preguntas y respuestas para indicar a cuál de sus compañeros de clase le gustan (o no le gustan) las cosas y personas a continuación.*

EJEMPLOS   las películas de vampiros
ESTUDIANTE 1: **¿A quién(es) le(s) gustan las películas de vampiros?**
ESTUDIANTE 2: **A Ricardo le gustan las películas de vampiros.**
A mis abuelos les gustan las películas de vampiros.

1. las entrevistas	6. los anuncios comerciales
2. (un actor de cine)	7. Drácula y los vampiros
3. (una actriz de cine)	8. los paneles de discusión
4. las novelas de ciencia ficción	9. la marca...
5. la ropa de...	10. la revista...

15. Preferencias (entre dos).   *Formulen preguntas y respuestas sobre qué les gusta más.*

> EJEMPLO   el rock o la música folklórica
> ESTUDIANTE 1: **¿Qué te gusta más, el rock o la música folklórica?**
> ESTUDIANTE 2: **Me gusta más el rock.**

1. el español o el francés
2. la marca... o la marca...
3. las películas nacionales o extranjeras
4. la televisión o la radio
5. (nombre de un coche) o (nombre de otro coche)
6. el noticiero o los partidos
7. las series o las películas
8. los programas o los anuncios comerciales
9. Gumersinda o Don Tremendón
10. ... o...

16. Chismes (entre dos o en pequeños grupos).   *Formulen preguntas y respuestas originales sobre gente famosa o sobre sus compañeros.*

> EJEMPLO: ESTUDIANTE 1: **¿Qué le gusta a Gumersinda?**
> ESTUDIANTE 2: **A Gumersinda le gusta dormir dieciocho horas por día.**

CONVENCO
A.V. 1033
AVION CLUB
¡por fin!
UN CLUB DE VIAJES CON VENTAJAS
8 DIAS,* HOTEL Y AVION
DISNEYWORLD 99.800
CON COCHE NIÑOS 58.900
'TAHITI 199.800

17. ¿Qué actividades les gustan y cuándo? (entre dos o en pequeños grupos) *Usen la tabla a continuación para inventar preguntas para sus compañeros.*

¿Cuándo te gusta... ?
¿A qué hora te gusta... ?
¿En qué estación del año te gusta... ?
¿Con quién te gusta... ?

1. nadar	5. montar en bicicleta	9. comer helado
2. correr	6. jugar al tenis	10. visitar a los abuelos
3. esquiar	7. hacer alpinismo	11. comer pavo
4. ir de compras	8. tomar el sol	12. ...

9.6 ¿Es verdad que la televisión contribuye al crimen?

Nuesta meta es **la** protección de **los** consumidores.
El crimen aumenta los precios.
La televisión es una fuerza poderosa en nuestra economía.
Los periódicos son menos importantes ahora que antes.
Me parece peligrosa **la** violencia en las películas y en **la** televisión.
Los anuncios comerciales son un mal necesario.

Conclusiones ## El artículo definido con totalidades y generalidades

1. El artículo definido se usa para indicar un individuo genérico, un grupo genérico, una idea en general o un grupo total.
2. Compare:

Me gusta la música de Mozart.	*Se usa el artículo porque se refiere a toda la música de Mozart en general.*
Ese cuarteto va a tocar música de Mozart.	*Se omite el artículo porque van a tocar sólo una parte de la música de Mozart.*
Los perros son animales útiles.	*Se usa el artículo porque se habla de todos los perros en general.*

Hay perros en la calle.	*Se omite el artículo porque no están en la calle todos los perros en general.*
Los perros de Juan son bravos.	*Se usa el artículo porque se refiere a un grupo específico en su totalidad.*
El odio y el amor son pasiones contrarias.	*Se usa el artículo porque se refiere al odio y al amor en general.*
Ella me mira con odio, pero yo la miro con amor.	*Se omiten los artículos porque no se puede mirar con todo el odio o todo el amor en general.*
Necesito el amor de aquel hombre.	*Se usa el artículo porque se refiere al amor en total de un hombre específico.*

ACTIVIDADES

18. ¿Qué quieres y por qué? (entre dos) *Usted está de visita en la casa de unas amigas y le quieren entretener. ¿Cómo responde a sus preguntas? (¿Por qué se usa el artículo en la respuesta, pero no en la pregunta?)*

> **MODELO** escuchar música
>> ESTUDIANTE 1: **¿Quieres escuchar música?**
>> ESTUDIANTE 2: **Sí, me gusta la música.** o
>> **No, no me gusta la música.**

1. comer carne
2. comer ensalada
3. tomar café
4. comer pan
5. comer una naranja
6. escuchar jazz
7. comer helado
8. ver televisión
9. hablar del amor

19. Principios, valores y opiniones (entre dos o en pequeños grupos). *Pregúnteles a sus compañeros sobre sus opiniones. Usen la tabla a continuación para formular sus preguntas y respuestas.*

> **EJEMPLOS** ESTUDIANTE 1: **¿Qué te parece la violencia en televisión?**
>> ESTUDIANTE 2: **Me parece horrenda.** o
>> **Protestamos en contra de la violencia.**

¿Qué te parece... ?
¿Qué os parece... ?
¿Qué les parece a ustedes... ?
¿Qué opinión tenéis de... ?

1. el aborto
2. la violencia en televisión
3. el amor
4. la amistad
5. la libertad
6. el futuro
7. los derechos de la mujer
8. la justicia
9. la discriminación social
10. ...

a. no acepto/no aceptamos
b. acepto/aceptamos
c. creo en/creemos en
d. no creo en/no creemos en
e. protesto/ protestamos en contra de
f. vamos/voy a defender
g. me/nos parece bueno/horrendo
i. estoy/estamos a favor de
j. ...

| 9.7 | ¿Te duele la cabeza cuando estudias? |

El cuerpo humano

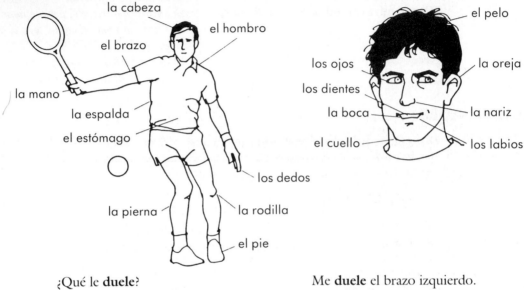

la cabeza
el hombro
el brazo
la mano
la espalda
el estómago
la pierna
la rodilla
el pie
los dedos

el pelo
los ojos
la oreja
los dientes
la boca
la nariz
el cuello
los labios

¿Qué le **duele**?
¿Qué le pasa a Ricardo?
¿Qué hace Ud. cuando le **duelen** los ojos?

Me **duele** el brazo izquierdo.
A Ricardo le **duelen** los pies.
Cuando me **duelen** los ojos, descanso un poco.

EXAMEN DE LA ESPINA DORSAL

Si tiene problemas de salud, lo invitamos a hacer una cita para examen espina dorsal.
Esto determinará su problema de salud.
Podría aliviarse mediante el cuidado quiropráctico

Dolores de Cabeza
Pérdida de Sueño
Dolor
Dolor en medio de los Hombros
Endurecimiento o dolor de las piernas
Coyunturas Adoloridas
Adormecimiento de brazos o manos

¿DOLOR?

Conclusiones Verbos que se usan como *gustar*

1. Hay muchos verbos que se usan como **gustar**—casi siempre en tercera p͟
con los pronombres del complemento indirecto.
2. Algunos de los más importantes son **convenir (ie), encantar, fascinar, hacer falta,
faltar, importar, interesar, molestar y repugnar**.

Nos **conviene** esperar la liquidación.	= *Es mejor para nosotros esperar la liquidación.*
No nos **conviene** comprar ahora.	= *No debemos comprar ahora.*
Nos **encanta** ir de compras.	= *Nos gusta mucho ir de compras.*
A Ricardo le **encantan** sus regalos.	= *A Ricardo le gustan mucho sus regalos.*
A Ana le **hace falta** un suéter.	= *Ana necesita un suéter.*
A Ana le **falta** un suéter.	= *Ana tiene un suéter, pero no lo encuentra ahora.*
A mis hijos les **fascinan** los programas de deportes.	= *Mis hijos tienen mucho interés en los programas de deportes.*
A mis padres no les **importan** mis notas.	= *Mis padres no dan mucha importancia a mis notas.*
Me **repugna** ese programa de televisión.	= *(repugnar: no gustar nada)*
Nos **molesta** ese anuncio.	= *(molestar: irritar)*
A mis alumnos les **interesa** la vida amorosa de Gumersinda.	= *Mis alumnos tienen interés en la vida amorosa de Gumersinda.*

ACTIVIDADES

20. El hipocondríaco (entre dos). *Usen la tabla para formular preguntas y respuestas sobre sus dolores y ñañas (ñañas = pequeños pero persistentes dolores).*

EJEMPLO Estudiante 1: **¿Qué te duele cuando lees mucho?**
Estudiante 2: **Me duelen los ojos.**

¿Qué te duele cuando...

1. corres mucho?
2. nadas mucho?
3. tomas mucha cerveza?
4. comes demasiado?
5. tienes gripe?
6. juegas mucho al tenis?
7. ves una mala película?
8. lees demasiado?
9. hablas con Gumersinda?

a. la cabeza
b. los pies
c. las piernas
d. el estómago
e. los ojos
f. los brazos
g. los hombros
h. todo el cuerpo
i. la conciencia

21. ¿Qué te hace falta? (entre dos) *¿Qué les hace falta durante o después de ciertas actividades? Usen la tabla para formular preguntas y respuestas.*

EJEMPLO Estudiante 1: **¿Qué te hace falta cuando comes demasiado?**
Estudiante 2: **Me hace falta un antiácido.**

¿Qué te hace falta cuando...

1. tienes sed?
2. haces mucho ejercicio?
3. trabajas demasiado?
4. nadie te comprende?
5. tienes examen mañana?
6. alguien pone el estéreo a todo volumen?
7. el televisor no funciona?
8. ... ?

a. una tarjeta de crédito
b. dormir
c. salir de casa
d. los apuntes de un compañero
e. hablar con una buena amiga
f. un refresco
g. descansar
h. ...

22. La sociedad de consumo (entre dos). *Cuando la vida está dura... ¡VAMOS DE COMPRAS! Están ustedes de compras y tienen que explicarle a su compañero/a qué y dónde les interesa comprar.*

EJEMPLO   interesar
   ESTUDIANTE 1: **¿Qué te interesa?**
   ESTUDIANTE 2: **Me interesa una nueva falda.**

1. encantar   *los televisores a colores, las faldas de cuero, los coches alemanes, la ropa interior de seda, etc.*
2. interesar   *la liquidación en Macy's, las ofertas en Sears, la ropa usada del Ejército de la Salvación, etc.*
3. hacer falta   *otro abrigo de invierno, un nuevo impermeable, papel para mi computadora, etc.*

23. Opiniones sabias y absurdas (entre dos o en pequeños grupos). *Usen la sección A para formular preguntas. Usen la sección B para contestarlas.*

EJEMPLO   ESTUDIANTE 1: **¿Qué te encanta?**
   ESTUDIANTE 2: **Me encantan las revistas sobre la moda.**

A

1. ¿Qué te encanta?
2. ¿Qué te hace falta?
3. ¿Qué te fascina?
4. ¿Qué te importa?

5. ¿Qué te interesa?
6. ¿Qué te molesta?
7. ¿Qué te repugna?
8. ¿Qué te gusta?

B

la familia	los anuncios de...	el cine francés
los futbolistas	un amigo millonario	las comedias musicales
la marca...	las flores de plástico	mi curso de...
ganar dinero	las telenovelas	la música de...
el amor de...	la ópera	(alguien famoso)

24. Opiniones de otra gente (entre dos o en pequeños grupos). *Usen la tabla de la actividad anterior para investigar las opiniones de otros miembros de la clase.*

EJEMPLO   ESTUDIANTE 1: **¿Qué le repugna a Isabel?**
   ESTUDIANTE 2: **A Isabel le repugnan todas las telenovelas.**

Pronunciación y ortografía

A. *Ud. ya sabe que la letra* **r** *en palabras como* **cara, para, tres** *y* **pronto** *representa el sonido [r], que es una vibrante simple (véase Capítulo 6). Hay otro sonido asociado con la letra* **r** *que es una* **vibrante múltiple** *que se representa con [rr]; [rr] es obligatorio en dos casos.*

   1. Cuando una palabra comienza con la letra **r**. Escuche y repita las palabras y frases a continuación.

      rama, rico, repita, reina, renta, rojo, ron, rumba, ruso
      Repito que no reconozco a Ronaldo.
      Ese ron es muy rico.
      La rica Raimunda parece una reina.

   2. Cuando se encuentra la letra **rr**. Escuche y repita las palabras a continuación.

      pizarra, ocurre, perro, borro, carro, ahorra, gorro, barro

B. *Es muy importante distinguir entre [r] y [rr] porque muchas veces esa diferencia determina el significado de una palabra. Compare y repita.*

   pero/perro;   caro/carro;   foro/forro;   vara/barra;   fiero/fierro

C. *Antes de una consonante o al final de una frase (no necesariamente al final de una palabra), la letra* **r** *se puede pronunciar [r] o [rr]. Escuche y repita.*

   carta, gordo, cerca, verdad, parque, Argentina, tarde, viernes, largo
   hablar con, ir pronto, estudiar más tarde, venir con Carlos

EN CONTEXTO

Lectura

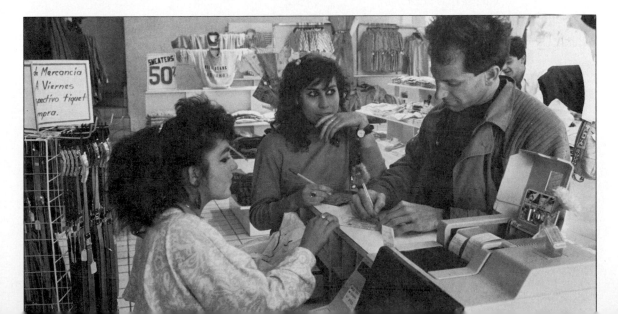

En una peletería de Tijuana
Comedia en dos actos
Escena I

DEPENDIENTE Muy buenos días, señor. Dígame, ¿en qué puedo servirle? Tome todo el tiempo que necesite. Tengo muy buenos precios y la mejor calidad de la ciudad. Aquí sólo se venden los mejores productos de **cuero** y tenemos algunas cosas que están de oferta.

cuero: *leather*

CLIENTE ¿Puedo ver ese saco que está allí?

DEPENDIENTE ¿Este?

CLIENTE No, muéstreme aquél, por favor.

DEPENDIENTE ¡Cómo no! Se nota que Ud. tiene excelente gusto porque es uno de los mejores sacos que tengo. *(Le pone el saco al cliente.)* ¡Qué elegante! ¿No le gusta?

CLIENTE Claro que me gusta. Eh... Dígame... ¿Cuánto cuesta?

DEPENDIENTE A Ud. le doy un precio especial. Por lo general, cuesta ciento quince mil pesos, pero a Ud. le cobro solamente 112.000 pesos. ¡Qué barato! Es una verdadera **ganga**.

ganga: de buen precio

CLIENTE ¡No me diga! ¡112.000 pesos! ¿Eso le parece barato a Ud.? ¿Eso le parece una ganga? A mí me parece una tremenda barbaridad. No le doy más que 70.000 pesos por ese saco.

DEPENDIENTE Obviamente Ud. tiene un gran sentido del humor y piensa que este negocio es una agencia de caridad. Le vendo el saco en 111.000 pesos. Este es mi último precio. No puedo venderlo en menos.

CLIENTE Pero, ¿cómo es posible? En la tienda de enfrente, venden el mismo saco por la **mitad** del precio que me pide Ud.

mitad: el 50% (cincuenta por ciento)

DEPENDIENTE Perdóneme, señor, pero no es el mismo saco. A ellos les interesa vender sólo a los turistas y a los gringos. No les importa la calidad de las cosas.

CLIENTE Bueno, yo voy a ver qué tienen. Si no me gustan las cosas de allí, vuelvo más tarde.

DEPENDIENTE Vuelva cuando quiera. Aquí lo espero con una absoluta tranquilidad porque sé que le conviene comprar aquí. No le van a gustar las cosas que tienen ellos.

Escena II

(un poco más tarde)

CLIENTE Buenas tardes, señor. ¿**Todavía** tiene Ud. mi saco?

todavía: *still*

DEPENDIENTE Me parece un poco prematuro eso de «mi saco». Hay que comprarlo primero.

CLIENTE Ah, es cierto. A veces no recuerdo esos detalles. ¿Cuánto cuesta? Si no recuerdo mal, son 70.000 pesos, ¿no?

DEPENDIENTE Se nota que Ud. tiene una memoria creativa. Le dejo el saco en 110.500 pesos.

CLIENTE	Me parece que Ud. no comprende mi situación. No soy un gringo lleno de dólares. Soy un pobre estudiante que trabaja para vivir, así que sea razonable por favor. Le doy 80.000.
DEPENDIENTE	Bueno, como Ud. es tan excelente persona, voy a ser razonable. Se lo dejo en 100.000. Salgo perdiendo, pero es para **guardar** la buena **voluntad** de los clientes.
CLIENTE	Le doy 80.500.
DEPENDIENTE	Acepto 90.000.
CLIENTE	Está bien. ¿Me acepta un cheque de **viajero**?
DEPENDIENTE	Con mucho gusto.

guardar: retener
voluntad: disposición

viajero: alguien que viaja

Preguntas

1. ¿Dónde está el cliente?   2. ¿Qué busca?   3. Según el dependiente, ¿cuánto cuesta un saco por lo general?   4. ¿Cree Ud. que ese es el precio común?
5. ¿Por qué dice el dependiente que el cliente tiene un gran sentido del humor?
6. ¿Adónde va el cliente después del primer encuentro? ¿Por qué?   7. ¿Por qué vuelve el cliente?   8. ¿Por qué dice el dependiente que el cliente tiene una memoria creativa?   9. ¿Por qué dice el dependiente que sale perdiendo?
10. ¿Existe algo como el regateo en los Estados Unidos? ¿Dónde y en qué circunstancias?

Cómo se hace _____

Cómo se hace para llamarle la atención a alguien

¡Chsst!   ¡Oiga! ¿Puede usted atenderme?   ¡Señorita!
Perdone, señor...   ¡Caballero!   ¡Mozo!
Oiga, señorita...   ¿Me atiende por favor?   ¡Camarero!
Oye (familiar)..

Cómo se hace para pedirle algo a alguien

¿Puede Ud. darme... ?   ¿Podría usted darme   Alcánceme...
¿Puedes pasarme... ?   ... ?   Déme...
¿Me deja usted... ?   ¿Me permite su... ?   Permítame...

Cómo se hace para dar las gracias

Muchas gracias.   Mil gracias.   Estoy muy agradecido.   Se (te) lo agradezco.

Cómo se hace para devolver las gracias

De nada.   Por nada.   No hay de qué.

Cómo se hace para ofrecer, aceptar y rechazar ayuda

¿Te (le) ayudo?
Sí gracias.
No gracias.

¿Puedo
ayudarte(le)?
Sí, gracias por
tu(su) ayuda.
No, gracias. Lo
puedo hacer yo.

¿Puedo
ayudarle(te) en
algo?
Sí, muy amable.
Muy amable de su
parte, pero...

¿Me permite
ayudarle?
¿Me permites
ayudarte?
Gracias por su
atención, pero
no.

Diálogos incompletos

1. ¿Me permite ayudarle?

   _____

2. _____

   Sí, gracias por su ayuda.

3. _____

   De nada.

4. Mil gracias.

   _____

5. Oiga, señor. ¿Podría usted ayudarme?

   _____

6. _____

   Gracias por su atención, pero prefiero hacerlo sin ayuda.

Situaciones _____

Situación 1 Usted quiere comprar un poncho en una tienda de Otavalo, Ecuador. El precio le parece muy alto. Pregúntele al dependiente (alguien de la clase) por qué cuesta tanto. Trate de conseguir un precio mejor. Inicie bien la conversación.

Situación 2 Suponga que su ciudad (o universidad o clase de español) es un gran almacén y todo está en venta. Con sus compañeros de clase, determinen cuánto va costar cada objeto, a qué clase o persona se lo van a vender, qué objetos deben estar de oferta, etc.

Situación 3   Suponga que usted es una estudiante extranjera que quiere saber cuáles son los mejores programas de televisión—y por qué.

Situación 4   Hoy hay examen en la clase de español. Usted tiene que convencerle a su profesor/a que no puede tomar (sufrir) el examen porque está demasiado enfermo/a. Si su profesor/a acepta su pretexto, trate de encontrar una hora para tomar el examen en el futuro.

Situación 5   Usted tiene que subir una maleta muy pesada a su cuarto y necesita ayuda. Pídale ayuda a alguien de la clase, y explíquele por qué la necesita.

Situación 6   Suponga que usted no conoce la ciudad y necesita saber cómo llegar al correo. Pídale esa información a alguien de clase—y no termine la conversación sin saber la respuesta.

Situación 7   Usted está con el hijo de su supervisora y (obviamente) quiere dejar una buena impresión. Pregúntele al chico sobre sus gustos.

Composición

Tema 1   Describa sus vacaciones ideales (las vacaciones que quiere tomar este verano próximo).

Tema 2   Escriba un corto sainete (comedia) sobre un encuentro entre un turista y un vendedor.

Vocabulario activo

sustantivos relacionados con el turismo

el/la aduanero/a	la divisa	el/la hotelero/a	la reservación
el/la azafata	la embajada	el letrero	el semáforo
el botones	el/la embajador/a	la maleta	la señal
la cámara	el equipaje	la mercancía	las señales de tránsito
la clientela	la excursión	el/la mesero/a	la tarifa
el cónsul	el ferrocarril	la moneda	el/la taxista
el consulado	la ficha	el ómnibus	el/la turista
el costo	la flecha	el puente	el/la viajero/a
la cuadra	el folklor	el puesto	el vuelo
el detective	el gasto	la raya	

verbos

agradecer	contar (ue)	ensuciar	importar
agregar	cruzar	entregar	interesar
arruinar	culpar	faltar	molestar
aumentar	discutir	fascinar	probar (ue)
bajar	doblar	guardar	regatear
caminar	doler (ue)	gustar	reservar
cobrar	empacar	hacer falta	utilizar
confirmar	encantar		

expresiones útiles

acá, allá	dar la vuelta	media pensión	poco a poco
ahí, allí	hacer las maletas	pensión completa	

más sustantivos relacionados con las compras

el almacén	el consumismo	la ganga	la perfumería
el anuncio	el consumo	el gramo	el puesto
la calidad	el contado	la liquidación	el recibo
el centavo	la cuenta	la marca	el reembolso
la clientela	el cheque de viajero	el paquete	el regateo
la compañía	la docena	el par	la tarjeta de crédito
el/la consumidor/a	la factura	la peletería	la venta

algunas partes del cuerpo

la boca	el dedo	el labio	la oreja
el brazo	el diente	la mano	el pelo
la cabeza	la espalda	la nariz	la pierna
el cuello	el estómago	el ojo	la rodilla
el cuerpo	el hombro		

vocabulario personal

_____   _____

_____   _____

_____   _____

_____   _____

_____   _____

CAPÍTULO 10

Las noticias

⚜ EN MARCHA ⚜

| **10.1** | **¿Escuchaste el noticiero de anoche?** |

PRIMER PASO

LUISA   Oye, Mario. ¿**Escuchaste** las noticias esta mañana?

MARIO   No. No las **escuché**. ¿**Pasó** algo interesante?

LUISA   **Pasaron** muchas cosas, y todas en tu barrio.

MARIO   No me digas. ¿Qué **pasó**?

LUISA   Bueno, una mujer **asesinó** a su esposo y la policía la **arrestó**. Después, **encontraron** a dos ladrones en tu mismo edificio y los **arrestaron**. Y después...

MARIO   Basta. ¿No **escuchaste** nada agradable?

LUISA   Sí. Los Red Sox, que son mi equipo favorito, **ganaron** anoche a los Yankees.

MARIO   ¡Pero los Yankees son mi equipo!

LUISA   Y bueno. No **ganaron**.

MARIO   ¡Éste es un día fatal!

RADIO **inter** CONTINENTAL

INTER-VIDEO
TODOS LOS DIAS A LAS 3,30 DE LA TARDE

Realización: JESUS LLANO   Coordinación: PATRICIA BALDOR

Conclusiones ## El pretérito de los verbos terminados en *-ar*

1. En español hay dos tiempos pasados, el pretérito y el imperfecto. Usted va a aprender acerca del imperfecto en el próximo capítulo.
2. Las terminaciones de los infinitivos terminados en **-ar** en el pretérito son **-é, -aste, -ó, -amos, -asteis** y **-aron,** y se agregan a la raíz del infinitivo.
3. No hay cambios de raíz para los verbos terminados en **-ar** en el pretérito. Compare:

    Generalmente **cierro** el negocio a las seis, pero anoche lo **cerré** a las siete.
    Anoche **recordé** a un viejo amigo, Juan Páez. ¿Lo **recuerdas** tú?
4. Las formas correspondientes a **nosotros** son iguales en el presente y en el pretérito. El contexto indica el significado. Compare:

    Casi siempre **tomamos** refrescos a mediodía, pero ayer **tomamos** té helado.

Sinopsis

sujeto	*terminación*	*tomar*	*recordar*
yo	**-é**	tomé	recordé
tú	**-aste**	tomaste	recordaste
usted/él/ella	**-ó**	tomó	recordó
nosotros/nosotras	**-amos**	tomamos	recordamos
vosotros/vosotras	**-asteis**	tomasteis	recordasteis
ustedes/ellos/ellas	**-aron**	tomaron	recordaron

SEGUNDO PASO

Algunas expresiones para describir una secuencia y hablar en pasado

Primero regresó el presidente; **después** regresó el vice-presidente, y **entonces** regresó la primera dama con su perra. **Más adelante,** llegaron el Secretario de Estado y dos senadores.

Anoche a las once regresó el presidente de su viaje a Europa.

Ayer por la tarde la policía arrestó a un ladrón.

Ayer por la mañana un tren chocó en el norte de México.

Anteayer llegaron los representantes de la Unión Panamericana.

Anteanoche los Bruins empataron con los Islanders *(empatar = salir igual)*.

La semana pasada el Bolshoi bailó en el Teatro Colón.

El año pasado algunos terroristas dejaron una bomba en el centro.

En el siglo XIX (diecinueve) comenzaron las guerras de independencia.

ACTIVIDADES

1. La buena (?) memoria de Don Tremendón (entre dos). *Don Tremendón describe sus actividades de ayer, y su hermana, la ilustrísima Gumersinda, lo corrige.*

MODELO llamar a mamá ayer (el año pasado)
ESTUDIANTE 1: **Llamé a mamá ayer.**
ESTUDIANTE 2: **No, llamaste el año pasado.**

1. llegar temprano anoche (tarde)
2. cenar con discreción (como un puerco)
3. hablar con Madonna (no... nadie)
4. lavar todos los platos (ningún plato)
5. estudiar toda la noche (cinco minutos)
6. trabajar muchísimo (no... nada)
7. pasar toda la noche en casa (en la calle)
8. tomar solamente agua (...)

2. Grandes eventos (entre dos). *Formulen preguntas y respuestas (en el pretérito por supuesto) sobre los eventos y personajes a continuación.*

EJEMPLO ESTUDIANTE 1: **¿Quién compró Luisiana?**
ESTUDIANTE 2: **Tomás Jefferson compró Luisiana.**

¿Quién...
1. jugar al béisbol
2. actuar en *The Godfather*
3. conquistar a México
4. hablar por teléfono
5. clavar sus tesis en una iglesia
6. matar a sus esposas
7. aceptar el catolicismo
8. inventar el tocadiscos

a. Alexander Graham Bell
b. Martín Lutero
c. Constantino
d. Marlon Brando
e. Babe Ruth
f. Thomas Edison
g. Hernán Cortés
h. Enrique VIII
i. Don Tremendón

3. Historia policial. *Además de ser estudiante de español, usted es un gran detective y tiene que poner los acontecimientos a continuación (acontecimiento = evento) en su orden más lógico—en pretérito por supuesto. Describa bien la secuencia con términos como* **primero, después, entonces, y más adelante.**

1. Javier llama a la policía.
2. Javier no encuentra su coche.
3. Todo termina bien.
4. Javier deja su coche delante de su casa.
5. La policía encuentra el coche a dos cuadras de su casa.
6. Un ladrón le roba el coche.
7. Javier entra en su casa.

Ahora, compartan su solución con sus compañeros de clase.

4. ¿Qué pasó en las noticias? (entre dos) *Usen la tabla para formular preguntas y respuestas sobre las noticias.*

EJEMPLOS ESTUDIANTE 1: **¿Qué pasó ayer por la tarde?**
ESTUDIANTE 2: **Ayer por la tarde Fidel Castro habló por cuatro horas.**
ESTUDIANTE 1: **¿Qué pasó en España ayer?**
ESTUDIANTE 2: **Los Reyes de España viajaron a México.**

¿Qué pasó...	el presidente de...	viajar a.
ayer por la tarde?	Fidel Castro	regresar
ayer por la mañana?	los Reyes de España	bailar en...
anoche?	(nombre de un/a artista)	cantar en...
la semana pasada?	(nombre de alguien famoso)	hablar con/por...
el domingo pasado?	el equipo de...	comenzar
esta mañana?	la reunión de...	ganar a...
	el partido de...	terminar

5. Confesiones y chismes (entre dos). *Usen la tabla para describir sus actividades y las actividades de otra gente en distintos momentos pasados.*

> **EJEMPLO**   ESTUDIANTE 1: **¿Qué pasó en el siglo quince?**
> ESTUDIANTE 2: **En el siglo quince, Colón llegó a América.**

¿Qué pasó		hablar con...
ayer?	yo	estudiar...
anoche?	tú	regresar de...
anteayer?	(nombre de una persona)	cenar con...
el año pasado?	(nombres de varias personas)	comprar...
la semana pasada?	nosotros	arrestar a...
el sábado?	vosotros	entrar en...
esta mañana?		llegar...
el viernes?		ganar...
ayer por la mañana?		llamar a...
en el siglo?		

6. Entrevista (entre dos o en pequeños grupos). *Pregúntele a alguien de la clase.*

1. a qué hora regresó a casa anoche
2. a qué hora llegó a clase hoy
3. si escuchó las noticias anoche
4. qué compró la semana pasada
5. si llamó a alguien por teléfono
6. qué estudió esta mañana
7. con quién habló anoche
8. si llegó a clase a la hora
9. si cenó con alguien interesante anoche
10. con qué (quién) soñó anoche

10.2   ¿Adónde fueron ustedes anoche?

PRIMER PASO

Los desastres y los accidentes

el choque   el diluvio (la inundación)   la guerra

el incendio   el terremoto   la tormenta

Hubo un terremoto en San Francisco en 1906.
En los Andes entre Argentina y Chile **hubo** un choque de avión.
Hubo un incendio en el centro ayer por la mañana.

Conclusión   ***Hubo*** **es el pretérito de** *hay*. **Se usa para hablar
de eventos.**

SEGUNDO PASO

¿**Fuiste** al parque ayer?   Sí, **fui** con tres amigos.
¿Adónde **fuisteis** después?   No **fuimos** al mismo sitio. Yo **fui** al
                 museo; Javier **fue** a casa, y los otros
                 dos **fueron** al cine.

Roberto y yo **fuimos** compañeros de escuela durante tres años.
Mis clases del año pasado **fueron** interesantes pero difíciles.
Fui el primer hijo de mis padres. Soy el mayor.

Conclusiones **Ir y ser en el pretérito**

1. **Ir** y **ser** tienen exactamente las mismas formas en el pretérito
2. El contexto indica el significado.

Sinopsis

ir/ser	
fui	fuimos
fuiste	fuisteis
fue	fueron

ACTIVIDADES

7. ¿Qué hubo y en qué lugar? (entre dos) *Formulen preguntas y respuestas sobre la locación de los acontecimientos a continuación.*

EJEMPLO un asesinato
ESTUDIANTE 1: **¿Dónde hubo un asesinato?**
ESTUDIANTE 2: **Hubo un asesinato en el centro ayer.**

1. un incendio
2. un accidente
3. una inundación
4. muchas guerras
5. un terremoto
6. una tormenta eléctrica
7. un asesinato
8. un robo

a. en la cocina
b. en Hispanoamérica el siglo pasado
c. en Santiago de Chile
d. en la esquina de mi casa
e. en Nebraska
f. en el centro
g. en la biblioteca
h. ...

8. ¿Adónde fue la gente? (entre dos) *Usando la tabla, formulen preguntas y respuestas lógicas.*

EJEMPLO Joaquín/para esquiar
ESTUDIANTE 1: **¿Adónde fue Joaquín para esquiar?**
ESTUDIANTE 2: **Joaquín fue a Colorado para esquiar.**

1. los García/para tomar el sol
2. Beatriz/para esquiar
3. ustedes/para ver teatro
4. tú/para ir de compras
5. Elena y Luisa/para estudiar español
6. yo/para pasarlo bien

a. España
b. las montañas de Chile
c. la playa de Punta del Este
d. la casa de unos amigos
e. el centro comercial
f. Madrid

9. Entrevista (entre dos o en pequeños grupos). *Pregúntele a alguien de la clase:*

1. adonde fueron él/ella con sus amigos anoche para cenar
2. adónde fueron los alumnos después de la última clase del año pasado

3. si fue al cine anoche y con quién
4. con quién fue a almorzar ayer
5. si fue el primer/la primera hijo/a de sus padres
6. si fue más difícil el último examen en esta clase que el primero
7. quiénes fueron los primeros americanos

10.3	¿A qué hora saliste de casa?

Una conversación:

¿Dónde **comiste** tú anoche?

¿Qué **comieron** Uds.?

¿**Comió** con Uds. Miguel?

¿A qué hora **abrió** el restaurante?

¿A qué hora **salieron** Uds. del restaurante?

Comí en el centro con unos amigos.

Comimos arroz con pollo.

No, Miguel no **salió** de casa anoche.

Abrió a las siete.

Salimos como a las nueve y **volvimos** directamente a casa.

Otra conversación:

Ana, ¿qué película **viste** anoche?

¿Qué **visteis** vosotras?

¿Os **dio** alguien las entradas?

No **vi** una película; María y yo fuimos al teatro.

Vimos *La vida es sueño* de Calderón.

Sí, Marci y Samuel nos las **dieron**.

Conclusiones El pretérito de los verbos regulares terminados en *-er* y en *-ir*

1. Los verbos regulares de la segunda y la tercera conjugaciones tienen las mismas terminaciones en el pretérito: **-í, -iste, -ió, -imos, -isteis** e **-ieron**.
2. **Dar** en el pretérito usa las mismas desinencias que los infinitivos terminados en **-er** e **-ir: di, diste, dio, dimos, disteis** y **dieron**.
3. Verbos de una sola sílaba (**di, dio, fui, fue, vi, vio,** etc.) no requieren acento.
4. Los infinitivos terminados en **-er** que tienen cambios de raíz en el presente no los tienen en el pretérito:

    Generalmente **vuelvo** temprano, pero anoche **volví** tarde.

    *(Algunos infinitivos terminados en **-ir** tienen cambios de raíz en el pretérito que Ud. va a aprender en el Capítulo 12.)*
5. Las formas que corresponden a **nosotros** en la tercera conjugación son iguales en el presente y en el pretérito (**vivimos/vivimos**); el contexto indica el significado.

Sinopsis

sujeto	*terminación*	***volver***	***escribir***	***dar***
yo	**-í**	volví	escribí	di
tú	**-iste**	volviste	escribiste	diste
usted/él/ella	**-ió**	volvió	escribió	dio
nosotros/nosotras	**-imos**	volvimos	escribimos	dimos
vosotros/vosotras	**-isteis**	volvisteis	escribisteis	disteis
ustedes/ellos/ellas	**-ieron**	volvieron	escribieron	dieron

ACTIVIDADES

10. Excepciones. *A veces la gente tiene que variar su rutina. Describa qué pasó en la vida de la gente a continuación.*

> **MODELO** Generalmente Ana vuelve a casa a las siete, pero ayer... (ocho)
> → **Generalmente Ana vuelve a casa a las siete, pero ayer volvió a las ocho.**

1. Por lo general, Raúl les escribe a sus padres dos veces por mes, pero el mes pasado... (solamente una vez)
2. Generalmente comemos a mediodía, pero ayer... (a la una)
3. Casi siempre Ana y María asisten a todas las reuniones, pero la semana pasada... (a solamente una)
4. Por lo general, yo duermo ocho horas al día, pero anoche... (solamente seis)
5. Generalmente, tú me das tus entradas extras, pero anoche... (dárselas a Raúl)

11. El día ocupadísimo de Luisa. *¿Cómo fue el día de Luisa? Combine los eventos de la segunda columna con la hora más lógica de la primera—en una oración completa y hermosa en el pretérito por supuesto. Use también términos como **primero, después, entonces y más adelante**.*

> **EJEMPLO** Luisa salió de casa a las ocho de la mañana. Después...

1. 8:00 AM
2. 8:30 AM
3. 8:45 AM
4. 9:00 AM
5. mediodía
6. 1:00 PM
7. 5:00 PM
8. 6:30 PM
9. hasta las 9:00
10. 9:30 PM

a. ver televisión antes de dormir
b. subir al autobús para ir al trabajo
c. almorzar con una amiga
d. ir a casa de su mamá después del trabajo
e. volver a casa por la noche
f. salir del trabajo
g. salir de casa para tomar el autobús
h. tomar el desayuno
i. comenzar a trabajar
j. volver al trabajo después de almorzar

12. Grandes acontecimientos del siglo XX (entre dos). *Usted es historiador (o quizás un modesto profesor de historia) y tiene que explicar en qué año ocurrieron los grandes acontecimientos del siglo.*

1. 1914/la Primera Guerra Mundial
2. 1918/la Primera Guerra Mundial
3. 1929/la gran depresión económica
4. 1939/los Nazis
5. 1945/los Norteamericanos
6. 1963/Lee Oswald
7. 1968/James Earl Ray
8. 1969/Estados Unidos
9. 1974/Richard Nixon
10. 1974/España
11. durante los '80/Perú y Argentina
12. 1990/la Alemania Oriental
13. 1992/...

a. comenzar
b. asesinar a John F. Kennedy
c. llegar a la luna
d. invadir Polonia
e. abandonar el comunismo
f. terminar
g. renunciar a la presidencia
h. volver a·la democracia
i. asesinar a Martin Luther King
j. explotar la primera bomba atómica
k. establecer una monarquía constitucional
l. ...

13. Ficciones y realidades (entre dos). *Describan (o inventen) acontecimientos en su vida y en la vida de sus compañeros. Usen la tabla como guía.*

EJEMPLO ESTUDIANTE 1: **¿Qué pasó con Luis el lunes?**
ESTUDIANTE 2: **Luis recibió un ascenso el lunes.**

¿Qué pasó... ?
¿Qué pasó con... ?
¿Qué sucedió... ?
el lunes
ayer
anteayer
anoche
el sábado
la semana pasada
el año pasado
el siglo pasado

yo
tú
...
yo y...
(nombre de una persona)
(nombre de varias personas)

vivir...
ir a...
almorzar en...
empezar a...
comer en...
tratar de...
recibir un ascenso
recibir un aumento
pasar tiempo en...
dar un regalo a...
arrestar a...
terminar de...
escribir una carta a...
recibir una carta de...
ir de compras con...
...

10.4   ¿Qué leyeron ustedes?

PRIMER PASO

Cristina, ¿por qué empezaste a estudiar tan tarde?

Comencé a estudiar tarde porque **llegué** tarde. **Llegué** tarde porque fui al banco. En el banco **saqué** un poco de dinero y después fui a *La Cabaña* donde **almorcé** con una vieja amiga. **Pagué** el almuerzo y entonces volví a casa. **Toqué** el piano un rato y por fin **empecé** a estudiar.

Conclusiones   **Cambios ortográficos en el pretérito de los infinitivos terminados en *-gar, -car* y *-zar***

1. La primera persona singular del pretérito de los infinitivos terminados en **-gar** es **-gué**:

    Llegué a la boletería y **pagué** las entradas.
2. La primera persona singular del pretérito de los infinitivos terminados en **-car** es **-qué**:

    Saqué la música y **toqué** la sonata.
3. La primera persona singular del pretérito de los infinitivos terminados en **-zar** es **-cé**:

    Almorcé y después **comencé** a leer.
4. Igual que en el imperativo *(ver 9.3)*, estos cambios ortográficos son necesarios para conservar el sonido original de la raíz.

Sinopsis

tocar		*llegar*		*comenzar*	
to**qué**	tocamos	lle**gué**	llegamos	comen**cé**	comenzamos
tocaste	tocasteis	llegaste	llegasteis	comenzaste	comenzasteis
tocó	tocaron	llegó	llegaron	comenzó	comenzaron

SEGUNDO PASO

¿**Leíste** el artículo sobre el incendio?
¿Dónde **leyeron** Uds. sobre el diluvio?
¿**Oyeron** tus amigos la buena noticia?
¿Cómo se **destruyó** la ciudad antigua?
¿**Creíste** el chisme que **oíste**?

No, pero me lo **leyó** mi esposa.
Leímos un artículo en el diario.
Sí, la **oyeron,** pero no la **creyeron.**
Se **destruyó** en un terremoto.
No, no lo **creí.**

¿Por qué **reísteis** tanto?

Reímos porque el chisme nos pareció chistoso.

¿**Cayeron** las hojas en la tormenta?

Sí. **Cayeron** algunas pero no todas.

Conclusiones **Cambios ortográficos en el pretérito de *oír* y de infinitivos terminados en *-aer, -eer* y *-uir***

1. Si la raíz de un infinitivo terminado en **-er** e **-ir** termina en vocal (**caer, creer, leer, oír, destruir, instruir,** etc.), se cambia la **i** de la terminación del pretérito por **y** en la tercera persona singular y plural: **cayó/cayeron; leyó/leyeron; oyó/oyeron; destruyó/destruyeron.**
2. Si la raíz termina en **a, e** u **o** (**caer, creer, reír, oír,** etc.), todas las formas excepto la tercera persona plural llevan acento.
3. Los verbos terminados en **-uir** requieren acento en el pretérito sólo en la primera y tercera persona singular.

Sinopsis

caer	*leer*	*oír*	*construir*
caí	leí	oí	construí
caíste	leíste	oíste	construiste
cayó	leyó	oyó	construyó
caímos	leímos	oímos	construimos
caísteis	leísteis	oísteis	construisteis
cayeron	leyeron	oyeron	construyeron

ACTIVIDADES

14. ¿Qué causó el desastre? (entre dos) *Sandra está explicándole a Raúl la causa de varios desastres. ¿Qué dice?*

MODELO   ese edificio/terremoto
ESTUDIANTE 1: **¿Qué destruyó ese edificio?**
ESTUDIANTE 2: **Un terremoto lo destruyó.**

1. ese almacén/un incendio
2. esa torre/una tormenta eléctrica
3. tu jardín/las inundaciones de la primavera
4. esas ciudades/una guerra
5. esas casas/un diluvio
6. tus flores/las tormentas
7. ese tren/un choque
8. la sociedad/Gumersinda y Don Tremendón

15. ¿Por qué saben tanto? (entre dos) *Expliquen los grandes conocimientos de la gente a continuación.*

MODELO   Beatriz/el amor/*Redbook* o *Road and Track*
ESTUDIANTE 1: **¿Por qué sabe Beatriz tanto sobre el amor?**
ESTUDIANTE 2: **Porque leyó un artículo en *Redbook*.**

1. Raquel/el béisbol/*Sports Illustrated* o *Seventeen*
2. nosotros/los coches/*Cosmopolitan* o *Modern Mechanics*
3. Rubén y Edgardo/la moda masculina/*Time* o *GQ*
4. yo/la política/*Heavy Metal* o *Foreign Affairs*
5. tú/música rock/*Rolling Stone* u *Opera News*
6. (nombre de un/a estudiante)/el amor/*Boy's Life* o *National Enquirer*
7. (nombre de otro/a estudiante)/.../...
8. Gumersinda y Don Tremendón/esta universidad/...

16. Entrevista (entre dos o en pequeños grupos). *Pregúntele a alguien de la clase:*

1. si lloró cuando cayeron las hojas
2. qué novelas leyó el verano pasado
3. a qué hora comenzó a estudiar anoche
4. quién le pagó la matrícula este año
5. qué oyó esta mañana al primer momento

6. si construyó algo alguna vez
7. cuál fue el último juego que jugó
8. a qué hora llegó a clase hoy
9. cuánto dinero sacó del banco
10. con quién almorzó ayer

Nota cultural

La Crisis del Golfo desde el 2 de agosto a la Hora Cero

El noticiero hispano

En español el término *el noticiero* se refiere al programa de noticias que se oye en la radio o que se ve en la televisión. El noticiero presenta *las noticias,* y cada historia, anécdota o episodio que se narra en el noticiero se llama *una noticia.* **Sin embargo, tal vez** no esté bien hablar del «noticiero hispano» porque este término sugiere una uniformidad en el mundo hispano que **a lo mejor** no existe. En realidad el término *mundo hispano* se refiere a países muy distintos. Por ejemplo España, Argentina y México, **aunque** hablan una sola lengua son tan distintos como Inglaterra, Estados Unidos, Jamaica y Australia—que también hablan una sola lengua. **Es decir,** cada país tiene una historia y una identidad propia.

    A pesar de las diferencias que hay entre los países hispanos, existe ahora una fuerza nueva que ayuda a unificar el mundo hispano: el cine, la radio y la televisión. Películas españolas, mexicanas, argentinas y cubanas se ven regularmente en todo el mundo hispano. Para televisión, hay buenísimas «mini-series» españolas sobre temas históricos, y los noticieros y las telenovelas mexicanos son populares en todas partes, incluso entre los **hispanoparlantes** de Estados Unidos. Esa distribución de libros, revistas, diarios, películas y programas de televisión ayuda a crear la sensación de una verdadera comunidad hispana internacional. A lo mejor, usted puede encontrar un canal de televisión o una estación de radio en su propia ciudad que tiene algunos de esos programas hispanos.

sin embargo: *however*
tal vez: posiblemente
a lo mejor:
  probablemente
aunque: *although*

es decir: en otras
  palabras

hispanoparlante: una
  persona que habla
  español

10.5   ¿Cuánto tiempo hace que llegaste?

Conversación entre un policía y un testigo de un posible intento terrorista:

POLICÍA   ¿Qué vio usted?

TESTIGO   Un tipo dejó un paquete allí en esa silla.

POLICÍA   **¿Cuánto tiempo hace que pasó eso?**

TESTIGO   **Hace como una hora que dejó** el paquete y desapareció.

POLICÍA   ¿Y qué pasó después?

TESTIGO   Bueno, cuando el tipo no volvió, **llamé a la policía.**

POLICÍA   **¿Cuántos minutos hace que usted llamó?**

TESTIGO   **Hace unos quince minutos que llamé.**

POLICÍA   ¿Y qué pasó entonces?

TESTIGO   Bueno, **llegaron ustedes hace unos cinco minutos** y ahora usted está hablando conmigo.

POLICÍA   Así es. ¿Podría *(podría = forma cortés de «puede»)* identificar al tipo?

TESTIGO   Creo que sí.

POLICÍA   Bueno, entonces acompáñenos a la comisaría; así podemos mostrarle unas fotos.

Conclusiones *Hace... que* con el pretérito

1. **Hace... que** se usa con el pretérito para indicar un período de tiempo entre el presente y un evento pasado.
2. Se omite **que** cuando **hace + (el período de tiempo)** está después del verbo.

Sinopsis

Hace... que en una pregunta		
¿Cuánto tiempo		usted lavó los platos?
¿Cuántos meses	**hace que**	José dejó de fumar?
¿Cuántas horas		llegaron tus padres?

Hace... que en una respuesta		
	tres horas	lavé los platos.
Hace	dos meses	**que**	José dejó de fumar.
	una hora	llegaron mis padres.

Hace + (período de tiempo) después del verbo en una respuesta		
Lavé los platos		tres horas.
José dejó de fumar	**hace**	dos meses.
Mis padres llegaron		una hora.

ACTIVIDADES

17. Preguntas para respuestas. *Haga una pregunta para las respuestas a continuación.*

  MODELO Marisa llegó hace un año. → **¿Cuántos años hace que Marisa llegó?**

1. Marina nació hace cincuenta años.
2. Hace dos días que fui a Barcelona.
3. Hace media hora que Pepe llegó.
4. Dejé de fumar hace dos años.
5. Hace cinco siglos que Colón llegó a América.
6. Hace mucho tiempo que Ana Bolena perdió la cabeza.

18. El supervisor vigilante (entre dos). *Usted trabaja en una oficina y su supervisor quiere saber cuándo empezaron los empleados a hacer su trabajo.*

  MODELO Margarita/sacar copias (una hora)
    ESTUDIANTE 1: **¿Cuánto tiempo hace que Margarita empezó a sacar copias?**
    ESTUDIANTE 2: **Hace una hora que Margarita empezó a sacar copias.**

1. Gaby/escribir la carta (cinco minutos)
2. La señora Gómez/atender a clientes (dos horas)
3. Miguel y Javier/sacar cuentas (media hora)
4. vosotros/revisar facturas (dos días)
5. Ana y Luis/dar una demostración a un cliente (quince minutos)
6. Ud./hablar conmigo (demasiado tiempo)

19. Entrevista (entre dos o en pequeños grupos). *Invente preguntas para alguien en la clase usando la tabla a continuación como guía.*

		llegar a clase
		salir con...
¿Cuánto tiempo hace que	yo	conocer a la profesora
¿Cuántos meses hace que	tú	ver un accidente
¿Cuántos años hace que	usted	escribir algo escandaloso
¿Cuántas horas hace que	usted y...	hablar con...
¿Cuántos...	(otra persona)	nacer
	(otras personas)	sacar una mala/buena nota
		limpiar la casa
		...

10.6 ¿Quién acaba de llegar?

¿Cuándo terminaste tu composición? La **acabo de terminar**.
¿A qué hora llegó tu compañero? **Acaba de llegar** en este momento.
¿Hace mucho tiempo que ustedes salieron? No, **acabamos de salir**.

Conclusiones Acabar de + infinitivo

1. **Acabar de + infinitivo** se usa para describir un evento muy reciente.
2. Las oraciones a continuación son equivalentes:

 Acabo de llegar. = Llegué hace muy poco tiempo.
 José **acaba de** llamar a María. = José llamó a María hace muy poco tiempo.
 Acabamos de ver esa película. = Vimos esa película hace muy poco tiempo.

ACTIVIDADES

20. Explicación de motivos (entre dos). *Usando las frases como punto de partida, expliquen el estado de ánimo de la gente a continuación.*

MODELO María/estar de buen humor. (sacar una buena nota en un examen)
 ESTUDIANTE 1: **¿Por qué está de buen humor María?**
 ESTUDIANTE 2: **Porque acaba de sacar una buena nota en un examen.**

1. Miguel/estar muy contento (recibir una llamada de su novia)
2. El profesor de arte/tener miedo (recibir una visita de su jefe)
3. A José/dolerle el estómago (comer tres hamburguesas con un kilo de papas fritas)
4. Raimunda/estar bailando en la calle (ganar la lotería nacional)
5. Jorge y Luis/estar en una tremenda depresión (ver una película de Ingmar Bergman)
6. María y Luisa/querer descansar (correr diez millas)
7. Roberto/ir de compras (recibir su cheque mensual)
8. Gumersinda/correr a toda velocidad (ver a la policía)
9. Don Tremendón/estar en un estado inconsciente (beber una botella entera de vodka)
10. .../... (...)

21. Charadas (en pequeños grupos). *Cada estudiante tiene que representar alguna acción (tomar un trago, cerrar un libro, ganar la lotería, chocar con un policía, conocer a Gumersinda, etc.) Después los otros estudiantes tienen que describir qué acaba de pasar usando* **acabar de + infinitivo**.

> **EJEMPLO** ESTUDIANTE 1: *(pone una cara de extremo dolor)*
> ESTUDIANTE 2: **... acaba de cenar en casa de Don Tremendón.**

Pronunciación y ortografía

A. *La entonación española difiere mucho de la entonación inglesa. Generalmente, en una frase normal (que no es ni pregunta ni exclamación) el tono más agudo se da en la primera sílaba tónica (la primera sílaba que recibe el énfasis). Esa entonación es muy distinta de la entonación inglesa. Compare y repita:*

Somos de México

We are from Mexico.

Nadie es perfecto.

No one is perfect.

Jugamos mañana.

We are playing tomorrow.

Me llamo Juan.

My name is John.

B. *La entonación de una pregunta en español que comienza con una palabra interrogativa es casi igual que la entonación de la frase normal de la sección anterior. Compare y repita:*

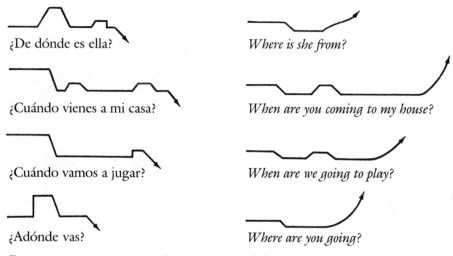

¿De dónde es ella? *Where is she from?*

¿Cuándo vienes a mi casa? *When are you coming to my house?*

¿Cuándo vamos a jugar? *When are we going to play?*

¿Adónde vas? *Where are you going?*

C. *En una pregunta que no comienza con una palabra interrogativa, la entonación es más o menos como en inglés. Compare y repita:*

¿Es usted español? *Are you Spanish?*

¿Van ustedes al partido? *Are you going to the game?*

¿Toca María la flauta? *Does Mary play the flute?*

D. *En inglés, la duración de cada sílaba varía mucho. En español, cada sílaba, incluso las sílabas átonas (que no reciben el énfasis), tiene más o menos la misma duración. Lea las frases a continuación, poniendo atención especial a la entonación y la duración de las sílabas:*

Nadie debe estudiar antes de mediodía después de una noche difícil.
Mis hijos descansan en el gimnasio después de la práctica de fútbol.
Tenemos que trabajar diligentemente para salir adelante.
Duermo bien si mi bebé no llora demasiado temprano.
Esta noche voy a dormir como un tronco porque tengo mucho sueño.

EN CONTEXTO

Lectura

El noticiero del día

¡Escuchen las noticias de hoy en su **radiodifusora** favorita, K-B-O-M, K-BOM LA GRANDE. Y díganles a todos sus amigos que lo escucharon primero en K-BOM, LA GRANDE.

    Según informó la policía, unos ladrones entraron en un negocio en el centro. Sacaron la caja fuerte al **callejón** detrás del negocio, la abrieron y **se llevaron** unos 500.000 pesos. Si usted tiene información sobre este **asunto,** háganos el favor de comunicársela a la policía.

    Ayer llegó a nuestra ciudad el Senador Rodríguez. Pronunció un discurso en El Ateneo frente a un público número. Habló de la necesidad de no subir los **impuestos,** de mantener las normas de las escuelas, de proteger a la familia y de otros temas igualmente **novedosos**.

radiodifusora: estación de radio

callejón: una calle pequeña
llevarse: transportar a otra parte
asunto: tema

impuestos: dinero que se da al gobierno
novedoso: nuevo

Hubo tres choques automovilísticos ayer. Gracias a Dios, no murió nadie. En cada accidente hubo un chofer **tomado**. Recuerden siempre: si toman, no manejen; si manejan, no tomen.

tomado: borracho

En béisbol, los Lobos ganaron a los Coyotes, dos a cero. En baloncesto, los Tigres perdieron a los Panteras, y en fútbol los Gatos empataron con los Águilas.

Y por fin, en la página social, en Hollywood, se descubrió que Patricio Quegua Poés tiene una nueva novia, una chica misteriosa que nadie conoce. La **antigua** (y muy resentida) ex-novia de Patricio reveló que Patricio, en realidad, es una persona muy aburrida y que esos hermosos ojos azules que tiene resultan de sus lentes de contacto. Afirmó también que Patricio mueve los labios cuando lee y que usa ropa de poliéster. Además insinuó que su nueva novia **se parece a** Gumersinda. ¿Es posible?

antigua: anterior

se parece a: tiene la apariencia de

Para el próximo noticiero, no cambien de estación. Escuchen siempre K-B-O-M, K-BOM LA GRANDE, la estación que primero le informa.

Cómo se hace

Cómo se hace para prolongar una conversación (y sacar más información)

*Una marca de los buenos reporteros (y chismosos) es saber escuchar. Pero saber escuchar no es igual que no hablar. De hecho, los buenos escuchantes saben «**tirar de la lengua**» para sacar más información. Estudien la conversación para ver cómo Julia le tira de la lengua a un amigo:*

tirar: to pull

ROBERTO	Acabo de ver a Luis y a Marta en el centro.
JULIA	¿Sí? ¡Qué interesante!
ROBERTO	Sí. Parece que están de novios de nuevo.
JULIA	¡No me diga!
ROBERTO	Sí, es verdad. Dicen que Luis abandonó a Susana.
JULIA	¡No puede ser!
ROBERTO	Sí, es cierto. Y ahora Marta está en conflicto con Beni.
JULIA	**¿De veras?**
ROBERTO	Sí. Y parece que Beni sabe que Luis y Marta salen juntos ahora.
JULIA	**¿En serio?** ¡Qué cosa!
ROBERTO	Y dicen que Beni está furioso y que está buscando a Marta para acusarle de todo.
JULIA	¡Qué horror!
ROBERTO	Y... *(continúa la historia).*

de veras: en verdad, realmente

en serio: en verdad, realmente

Cómo se hace para preguntar sobre un suceso

¿Qué pasó?	¿Cómo fue?	¿Pasó algo?
¿Qué sucedió?	¿Cómo le (te) fue?	¿Cómo fue todo?
¿Qué aconteció?	¿Qué ocurrió?	¿Cómo salió todo?

Cómo se hace para preguntar si alguien está seguro

¿Está usted seguro/a?	¿De verdad?	¿Lo sabes de cierto?
¿De veras?	¿Cree usted que es cierto?	¿Estás del todo convencido?

Cómo se hace para decir que uno está o no está seguro

¡Sí, claro!	No lo sé.	¿Quién sabe?
¡Claro que sí!	¡Yo que sé!	No estoy muy seguro/a.
¡Por supuesto!	¡Qué sé yo!	No sé qué decirle (te).
¡Te (se) lo juro!	Tengo mis dudas.	Necesito más información.

Diálogos incompletos

1. _____

   ¡Qué interesante!

   _____

   ¿De veras?

   _____

   ¡Qué horror!

2. Luis acaba de conocer al amor de su vida.

   _____

   Y dice Luis que esa persona tiene muchísimo dinero.

   _____

   Pero la ex-novia de Luis no sabe que Luis está saliendo con otra persona.

   _____

3. ¿Qué pasó?

   _____

   ¿Cómo ocurrió?

   _____

   ¿Cómo salió todo?

   _____

4. _____

   ¿Estás segura?

   _____

   ¿De veras?

5. _____

   ¿Quién sabe?

   _____

   ¡Qué sé yo!

6. _____

   ¡Por supuesto!

   _____

   ¡Claro que sí!

Situaciones

Situación 1 Un amigo de usted sabe un chisme sabroso y jugoso y usted quiere saberlo. ¿Cómo inicia usted la conversación y que hace para «tirarle de la lengua»?

Situación 2 Usted acaba de ver un choque entre dos coches delante de su casa. Usted tiene que llamar a la policía y explicarle qué pasó, qué hora, dónde, si se necesita una ambulancia, etc. Describa bien la secuencia con *primero, después, entonces* y *más adelante.*

Situación 3 Con una compañera de clase o un grupo de compañeros, hagan un noticiero de radio. Incluyan información sobre los accidentes, los desastres naturales, los deportes, la moda y el tiempo.

Murió un empresario al chocar dos automóviles en Entre Ríos
También perecieron otras dos personas, entre ellas un bebe

UN NEGOCIO DE 500 MILLONES DE DOLARES

La industria del robo

Las 52 mil unidades robadas durante 1989 representan el 45 por ciento de la cantidad fabricada en el mismo período.

Situación 4   Inventen un juego de *Trivia* con fichas (*fichas = pedazos cuadrados de papel*), preguntas, fechas, nombres y todo. Preguntas posibles: ¿cómo se llama el hombre que llegó primero a la luna? ¿qué equipo de béisbol ganó la serie mundial en 1952? ¿quién escribió... ? etc.

Situación 5   Usted está escuchando un chisme fabuloso (inventado por alguien en la clase), pero usted tiene que estar seguro de que la otra persona está diciendo la verdad. ¿Qué dice usted a la otra persona para expresar sus dudas, y qué dice él/ella para indicar que está totalmente convencido/a?

Situación 6   Usted acaba de conocer a un tipo rarísimo que se llama Rip Van Winkle que quiere saber las noticias principales de los últimos treinta años. ¿Qué le dice usted? (Incluya en su descripción elecciones, desastres, guerras, diluvios, etc.)

Composición

Tema 1   Escriba un informe sobre los crímenes más notables de la última semana.
Tema 2   Escriba un guión (texto) para un noticiero de radio.

Vocabulario activo

accidentes y desastres

la batalla	el diluvio	el incendio	el terremoto
el choque	la guerra	la inundación	la tormenta
el desastre			

los crímenes y los criminales

el/la asaltador/a	el/la delincuente	el/la ladrón/a	el terrorismo
el asalto	la extorsión	el/la raptador/a	el/la terrorista
el crímen	el/la extorsionista	el rapto	la violación
el/la criminal	el fraude	el robo	

otros sustantivos

el acontecimiento	el asunto	la hoja	el noticiero
la amenaza	la bomba	el impuesto	el paquete
el/la antepasado/a	la cita	el/la locutor/a	la radiodifusora
el artículo	la foto	la noticia	el suceso

algunas expresiones para hablar en pasado y para describir una secuencia

anoche	ayer	después	entonces
anteanoche	ayer por la mañana	el año pasado	más adelante
anteayer	ayer por la tarde	en el siglo...	la semana pasada

verbos

abandonar	cubrir	llevar	regresar
acontecer	descubrir	matar	renunciar
arrestar	dificultar	nacer	revelar
asesinar	empatar	pasar	revisar
caer	establecer	percibir	suceder
conquistar	explotar	ocurrir	variar
corregir (i)	invadir		

expresiones útiles

basta	de nuevo	es decir	sin embargo
acabar de + *infinitivo*	en seguida		

vocabulario personal

_____   _____

_____   _____

_____   _____

_____   _____

_____   _____

La narración y la historia

Temas
- Narración y descripción en el pasado
- Las etapas de la vida
- La historia
- Grandes personajes y momentos históricos

Funciones
- Reportar un accidente
- Expresar simultaneidad
- Pedir y dar una descripción de alguien
- Preguntarle a alguien si está interesado por algo—y contestar que sí o que no

Gramática
11.1 El imperfecto de verbos regulares de la primera conjugación

11.2 El imperfecto de verbos regulares de la segunda y tercera conjugaciones

11.3 *Ser, ir* y *ver* en el imperfecto

11.4 Algunos usos del pretérito

11.5 Algunos usos del imperfecto

11.6 Algunas expresiones para narrar

⚜ EN MARCHA

| **11.1** | ¿Dónde estabas anoche a medianoche? |

PRIMER PASO

Un recuerdo:

Cuando yo **estaba** en la secundaria, mis amigos y yo **visitábamos** con frecuencia una playa que se **llamaba** Playa del Rey. Allí, **nadábamos** y **jugábamos** al vólibol. Dos de nuestros compañeros **jugaban** al ajedrez. Cuando uno **ganaba** el otro **entraba** en una tremenda depresión. ¡Qué locura! ¿**Jugabas** tú a algún deporte cuando **estabas** en la secundaria? ¿A qué deporte **jugabais** tú y tus compañeros?

Conclusiones ## El imperfecto de los infinitivos terminados en *-ar*

1. El segundo tiempo del pasado en español es el imperfecto. Usted va a aprender cómo se compara con el pretérito en la sección 11.5.
2. Para formar el imperfecto de los verbos de la primera conjugación se agregan las terminaciones **-aba, -abas, -aba, -ábamos, -abais** y **-aban** a la raíz del infinitivo.
3. No hay cambios de raíz en el imperfecto, y sólo las formas que corresponden a **nosotros** llevan acento.
4. Las formas de primera y tercera persona singular son iguales en todos los verbos del imperfecto.

Sinopsis

sujeto	*terminaciones*	*estar*	*llamar*	*pensar*
yo	**-aba**	estaba	llamaba	pensaba
tú	**-abas**	estabas	llamabas	pensabas
Ud./él/ella	**-aba**	estaba	llamaba	pensaba
nosotros/nosotras	**-ábamos**	estábamos	llamábamos	pensábamos
vosotros/vosotras	**-abais**	estabais	llamabais	pensabais
Uds./ellos/ellas	**-aban**	estaban	llamaban	pensaban

SEGUNDO PASO

Otra narración (¿acusación?):

Cuando yo te vi en la biblioteca no **estabas estudiando**. **Estabas charlando** con Miguel, y todo el mundo os **estaba escuchando** porque **estabais hablando** de cosas

y, pero muy interesantes. Ahora bien, yo **estaba leyendo** y Carla, mi buena amiga
...ba **escribiendo** una composición así que no oímos nada en particular. Pero por
..., no me digáis que Miguel y tú **estabais estudiando** porque no es cierto.

imperfecto progresivo

1. El imperfecto progresivo consiste en el imperfecto de **estar** y el gerundio.
2. Se usa para describir un evento en progreso en el pasado.

ACTIVIDADES

1. Algunas cosas nunca cambian. *La gente a continuación hace las mismas cosas
ahora que antes. ¿Qué hacen?*

MODELO Miguel trabaja demasiado... → **Miguel trabaja demasiado y
trabajaba demasiado el año pasado.**

1. Javier mira mucha televisión.
2. Nosotros necesitamos una casa.
3. Ana piensa mucho en su novio.
4. Los chicos juegan demasiado.
5. Felipe descansa demasiado.
6. Tú protestas demasiado.
7. Yo amo a mi perro.
8. Vosotros habláis mucho de Juan.

2. Gente indignada. *La gente a continuación está indignada porque trabajaban
mientras otras personas no trabajaban. ¿Qué pasaba? (Usen **mientras** o **al mismo tiempo
que** en sus respuestas.)*

MODELO Roberto cocinar/María mirar televisión
→ **Roberto cocinaba mientras María miraba televisión.** *o*
→ **Roberto cocinaba al mismo tiempo que María miraba
televisión.**

1. yo estudiar/Carlos jugar
2. mamá limpiar/yo descansar
3. Luis sacar cuentas/Ana escuchar
   música
4. nosotros ayudar a clientes/Uds.
   tomar Coca-Cola
5. Miguel y yo pensar en cosas
   profundas/tú estudiar el horóscopo
6. María y Luisa hablar de
   negocios/sus maridos mirar un
   partido
7. yo preparar la cena/vosotros...

3. ¿Qué les gustaba hacer? (entre dos o en pequeños grupos) *Cuando ustedes
estaban en la secundaria, ¿qué les gustaba hacer? Usen la tabla para formular preguntas y
respuestas.*

EJEMPLO ESTUDIANTE 1: **Ricardo, ¿qué te gustaba hacer los sábados por la
noche?**
ESTUDIANTE 2: **Me gustaba ir a la casa de un amigo para ver
videos.**
ESTUDIANTE 3: **¿A quién le gustaba escuchar música en el
ascensor?**
ESTUDIANTE 4: **A Gumersinda y a Don Tremendón les gustaba.**

¿Qué te gustaba hacer...
los sábados por la noche
los domingos por la mañana
cuando tus padres no estaban
cuando tus amigos estaban de visita
cuando...

¿A quién(es) le(s) gustaba...
escuchar música de...
ir de compras en K-Mart
jugar al...
hablar de...
ir a los partidos de...
ver películas de...

4. ¿Qué estabas haciendo cuando... ? (entre dos)   *Usen la tabla para formular preguntas y respuestas.*

EJEMPLOS   ESTUDIANTE 1: **¿Qué estabas haciendo cuando entró la profesora?**
ESTUDIANTE 2: **Estaba tratando de encontrar la tarea para hoy.**

¿Qué estabas haciendo cuando...
entró la profesora
empezó tu programa favorito de
   televisión
te llamaron tus padres la última vez
cerraron la biblioteca

¿Qué estabas haciendo mientras...
hablabas por teléfono
cenabas
estudiabas
mirabas televisión
...

11.2 ¿Qué hacías cuando estabas en España?

PATRIMONIO NACIONAL

A R A N J U E Z

PALACIO REAL
ROYAL PALACE
PALAIS ROYAL

№ 023254

PTAS. 300,00

Lourdes acaba de pasar un semestre en España, y Jorge le está haciendo unas preguntas porque también tiene interés en estudiar en el extranjero:

Jorge:
Cuando tú estabas en España, **¿asistías** a las conferencias en el museo?

¿Dónde **vivían** los Reyes de España?

Lourdes:
Sí, yo **asistía** a todas las conferencias posibles porque me fascina la historia.

Vivían en varios sitios porque **tenían** muchos palacios.

¿**Vivía** el príncipe con sus padres?

No, por lo general, el príncipe **vivía** con sus tutores.

¿Qué **comía** la gente en el siglo quince?

Dependía de la estación. Durante el invierno, **tenían** una dieta monótona de carne salada, pan y garbanzos. Sólo durante el verano y el otoño **comían** legumbres y frutas.

Conclusiones El imperfecto de los infinitivos terminados en *-er* y *-ir*

1. Se forma el imperfecto de los verbos regulares de la segunda y tercera conjugaciones agregando **-ía, -ías, -ía, -íamos, -íais** e **-ían** a la raíz del infinitivo. No hay cambios de ráiz en el imperfecto.
2. Todas las formas del imperfecto de estos verbos llevan acento.
3. Las formas de primera y tercera persona singular son iguales.

Sinopsis

sujeto	terminaciones	comer	volver	vivir
yo	-ía	comía	volvía	vivía
tú	-ías	comías	volvías	vivías
Ud./él/ella	-ía	comía	volvía	vivía
nosotros/nosotras	-íamos	comíamos	volvíamos	vivíamos
vosotros/vosotras	-íais	comíais	volvíais	vivíais
Uds./ellos/ellas	-ían	comían	volvían	vivían

ACTIVIDADES

5. Los trabajos de Isabel. *Ayer usted visitó la casa de su amiga Isabel y ahora está explicando a la clase qué pasaba en esa casa mientras usted estaba allí.*

1. el bebé/llorar
2. los dos chicos mayores/comer
3. su abuela/leer una revista
4. su marido/dormir en el jardín
5. el perro/jugar con el gato
6. su abuelo y yo/beber refrescos
7. Isabel/barrer el piso
8. el gato/hacer mucho ruido

6. Autobiografías (entre dos). *Usen la tabla para formular preguntas y respuestas sobre las actividades de las personas cuando tenían cierta edad.*

EJEMPLOS ESTUDIANTE 1: **¿Qué hacías los domingos cuando tenías seis años?**
ESTUDIANTE 2: **Asistía a la iglesia.**

1. los domingos/seis años
2. los viernes a la noche/16 años
3. entre semana/10 años
4. los sábados durante el día/15 años
5. cada fin de semana/14 años

a. asistir a...
b. visitar a...
c. comer...
d. trabajar en...
e. jugaba al/con...

11.3 ¿De qué nacionalidad era Simón Bolívar?

¿De dónde **era** Hernán Cortés?	**Era** de Extremadura.
¿De dónde **eran** los colonos españoles?	Muchos **eran** de Extremadura y Andalucía.
¿Eráis niños modelos vosotros?	Sí, **éramos** casi perfectos.

• • • • •

Cuándo vivías en España, **ibas** con frecuencia a los museos?	Yo **iba** mucho, pero mis amigos **iban** poco.
¿Ibais a muchos conciertos?	Eso sí. Todos **íbamos** a conciertos.

• • • • •

¿Qué programas de televisión **veía** Ud. cuando **era** niña?	Yo **veía** muchos dibujos animados.
¿Y Uds., señora? ¿Qué programas **veían** Uds.?	No **veíamos** televisión porque no teníamos televisor.

Conclusiones **El imperfecto de *ser, ir* y *ver***

1. Hay solamente tres verbos irregulares en el imperfecto: **ser, ir** y **ver**.
2. Las formas de **ser** e **ir** que corresponden a nosotros llevan acento: **éramos** e **íbamos**. Todas las formas de **ver** en el imperfecto llevan acento.

Sinopsis

ser		*ir*		*ver*	
era	éramos	iba	íbamos	veía	veíamos
eras	erais	ibas	ibais	veías	veíais
era	eran	iba	iban	veía	veían

ACTIVIDADES

7. Gente del pasado (entre dos).   *Formulen preguntas y respuestas siguiendo el modelo.*

> **MODELO**   los romanos/ir/al cine o al circo
> ESTUDIANTE 1: **¿Iban los romanos al cine o al circo?**
> ESTUDIANTE 2: **Iban al circo.**

1. los puritanos/ir/a la iglesia o a los bailes
2. los conquistadores españoles/ser/católicos o protestantes
3. los filósofos griegos/ir/al foro o a un estadio de fútbol
4. un azteca típico/ir/al parque municipal o a un templo
5. un santo típico/ser/pío o hedonista

Hace mil años, en dos monasterios situados en el corazón de España, fueron escritas por primera vez unas palabras en el idioma de los campesinos del lugar, que es el que hoy hablamos más de 300 millones de personas.

Cristóbal Colón

6. un príncipe español del Renacimiento/ver/televisión o teatro
7. una mujer burguesa del siglo XIX/ser/ama de casa o profesional
8. los hombres típicos de hace dos siglos/ser/tan altos como los hombres de ahora.

8. Descripciones de épocas pasadas (entre dos). *Ustedes están estudiando para un examen en su clase de historia. ¿Cómo caracterizan ustedes las épocas a continuación?*

EJEMPLOS los protestantes durante la Reforma
ESTUDIANTE 1: **¿Qué hacían los protestantes durante la Reforma?**
ESTUDIANTE 2: **Cuestionaban la autoridad de la Iglesia Católica.**

¿Qué hacía(n)...

1. los protestantes durante la reforma
2. los misioneros españoles
3. los nativos norteamericanos en el siglo XVII
4. los aztecas de México
5. los españoles en el siglo XV
6. los ingleses en el siglo XVII
7. los revolucionarios franceses

a. conquistar nuevas tierras
b. controlar la mayor parte de la tierra
c. creer en el sacrificio humano
d. cuestionar la autoridad de la Iglesia
e. criticar a la aristocracia
f. convertir a los indios
g. fundar nuevas ciudades en Norteamérica

9. Entrevista (entre dos o en pequeños grupos). *Pregúntele a alguien de la clase:*

1. si iba a la iglesia cuando era niño/a
2. dónde estudiaba cuando tenía nueve años
3. dónde vivía su familia en 1990

4. qué actor/actriz de cine le gustaba más cuando tenía quince años
5. en qué pensaba más cuando estaba en la secundaria
6. qué programas de televisión veía cuando tenía ocho años
7. de dónde eran sus antepasados (abuelos, padres de sus abuelos, etc.)

Nota cultural

El Archivo de Indias

En Sevilla, una de las ciudades más hermosas de Europa, se encuentra el Archivo de Indias, un centro que tiene mucho de biblioteca y algo de museo. El Archivo contiene la mayor colección de documentos relacionados con la conquista y la colonización de América que hay en el mundo. **El porqué** de los documentos y el porqué del Archivo son historias interesantes.

el porqué: la razón

El Archivo es **en gran medida** el resultado del sistema **gubernativo** de la corona española durante los tiempos coloniales. Los reyes españoles, sobre todo Felipe II que fue rey de España entre 1556 y 1598, trataron de **mantenerse al tanto** de todo lo que pasaba en el Nuevo Mundo. Es decir, siempre buscaban una forma más **eficaz** para centralizar su poder. Este deseo resultó en una de las burocracias más grandes de toda la historia. Fruto de esa burocracia fueron los miles y miles de informes que los burócratas escribían para el rey.

en gran medida: principalmente
gubernativo: del gobierno
mantenerse al tanto: estar totalmente informado
eficaz: eficiente

Muchos de esos documentos se encuentran ahora en el Archivo de Indias en Sevilla, y son para los historiadores una mina de oro. Para muchos historiadores no hay nada más interesante que pasar horas en el Archivo consultando memorias, diarios, crónicas, informes y cartas de gente que participó en la conquista y la colonización de América.

11.4   ¿Qué vio Mario cuando entró?

El pretérito se usa para describir en el pasado:

1. El comienzo de una acción o de un estado

    El presidente **habló** a la una.

    La familia **cenó** a las seis anoche.

    Mario entró en el cuarto y **vio a su hermano**.

    La chica salió al balcón y **miró hacia la calle**.

    (La acción de «hablar» comenzó a la una.)

    (La acción de «cenar» comenzó a la seis.)

    (La acción de «ver a su hermano» comenzó después de que Mario entró en el cuarto.)

    (La acción de «mirar hacia la calle» comenzó después de que la chica salió al balcón.)

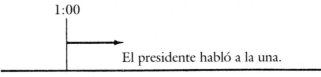

1:00

El presidente habló a la una.

(La acción comenzó.)

2. El fin de una acción

    Los bancos **cerraron** a las tres.
    Salimos de casa a las siete.
    Compré un coche ayer.

    (La acción de «cerrar» terminó a las tres.)
    (La acción de «salir» terminó a las siete.)
    (La acción de «comprar un coche» terminó.)

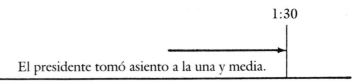

1:30

El presidente tomó asiento a la una y media.

(La acción terminó.)

3. La totalidad de un evento: el evento comenzó y terminó

    Esperé cinco minutos.

    Lo **llamé** cinco veces anoche.

    Bach **vivió** sesenta y cinco años.

    (La acción de «esperar» comenzó, duró cinco minutos y terminó.)

    (La acción de «llamar» comenzó, se repitió un número determinado de veces y terminó.)

    (La acción de «vivir» comenzó, duró 65 años y terminó.)

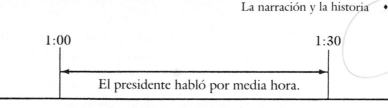

1:00   1:30

El presidente habló por media hora.

(La acción comenzó, duró media hora y terminó.)

11.5   Cenábamos cuando sonó el teléfono.

PRIMER PASO
El imperfecto se usa para describir en el pasado:

1. Una acción habitual

   Mi padre **fumaba** cuando era joven.
   (Mi padre tenía el hábito de fumar durante un período no específico.)

   Nicolás **iba** a la iglesia los domingos.
   (Habitualmente Nicolás iba a la iglesia.)

   Cada vez que Luci nos **visitaba,** nos **traía** regalos.
   (La frase «cada vez que» indica hábito o costumbre.)

2. Una acción en progreso: equivalente del imperfecto progresivo

   Anoche a las nueve, yo **escuchaba** música.
   (A las nueve, yo estaba escuchando música.)

9:00

Yo escuchaba música a las nueve.

(La acción ya estaba en progreso a las nueve.)

Juan llegó cuando **cenábamos**.
(La acción de «cenar» ya estaba en progreso cuando Juan llegó; su llegada interrumpió la cena.)

Mientras algunos estudiantes **estudiaban,** otros **conversaban** con sus amigos.
(Las acciones de «estudiar» y de «conversar» estaban en progreso simultáneamente.)

Mientras algunos estudiantes estudiaban.

~~~~~~

otros charlaban con sus amigos.

~~~~~~

(Dos acciones estaban en progreso simultáneamente.)

3. Una intención: el pasado de **ir a + infinitivo**
   José me explicó que **iba a ir** al cine con Aida.
   Aida nos informó que su madre **iba a visitarla**.

4. Descripciones
   Mi abuela **era** alta y **tenía** ojos azules.
   El cielo **estaba** nublado y **hacía** mucho frío.

5. La hora, la fecha, la estación del año, la edad, etc.

¿Cuál **era** la fecha?	**Era** el quince de noviembre.
¿Qué día **era**?	**Era** viernes.
¿Y qué hora **era**?	**Eran** las dos y media de la tarde.
¿Era joven o viejo Luis en 1990?	**Era** muy joven; **tenía** quince años.
¿Cuántos años **tenías** cuando fuiste a Buenos Aires?	Creo que **tenía** como catorce años.

SEGUNDO PASO

Algunas comparaciones entre el pretérito y el imperfecto

1. El imperfecto describe un estado mental o emocional en progreso; el pretérito con los mismos verbos describe el comienzo de un estado mental o emocional. Compare:

   Raúl **pensaba** que Ana lo **quería**.

   «Pensaba» y «quería» indican estados mentales en progreso; la oración no indica cuándo comenzaron.

   Isabel escuchó la noticia y **creyó** que Jorge estaba bien.

   Isabel empezó a creer que Jorge estaba bien después de escuchar la noticia. «Creyó» describe una reacción, o el comienzo de un estado mental.

   ...ge leyó el artículo y **comprendió** mejor la situación.

   Jorge terminó de leer el artículo y comenzó a comprender mejor la situación. «Comprendió» describe un estado mental que comenzó.

   Raúl no **conocía** a Ana antes de la fiesta. La **conoció** en la fiesta.

   Raúl y Ana no eran amigos antes de la fiesta. Su amistad comenzó en la fiesta.

2. El pretérito de **ir + infinitivo** describe un evento terminado. El imperfecto de **ir + infinitivo** describe una intención

Roberto **fue** a recoger a sus hijos.   *«Fue» describe un evento terminado.*

Roberto **iba** a recoger a sus hijos.   *«Iba» describe una intención.*

ACTIVIDADES

10. Las costumbres de don Pepe. *Dos hermanos, Elena y Ricardo, están hablando de su tío don Pepe y de las cosas que hacía cuando vivía con ellos. ¿Qué dicen? (Como todos los eventos en este ejercicio eran habituales, obviamente se usa solamente el imperfecto.)*

Siempre (comer) lo mismo para el desayuno—panqueques con mermelada. (Salir) de casa a las nueve de la mañana e (ir) al parque a caminar. Si (hacer) frío, (llevar) su abrigo. Sí (llover), (llevar) su paraguas. En el parque (conversar) con sus amigos y (dar) de comer a los pájaros. También (fumar) su pipa mientras (leer) el diario. (Volver) a casa como a la una de la tarde y (almorzar) con la familia. Después (descansar) hasta las cuatro de la tarde. Por la noche (ver) televisión o (ayudar) a Pepito, nuestro hermanito, a hacer su tarea. (Leer) hasta las diez y media y después (ir) a su dormitorio para dormir.

11. El día excepcional de don Pepe. *Un día todo fue inesperado en la vida de don Pepe. (Los eventos aquí son narrativos; es decir, comenzaron y/o terminaron. Por lo tanto, se usa el pretérito.)*

Un día don Pepe (salir) de la casa tarde. (Mirar) el cielo y (ver) muchas nubes. (Volver) a la casa y (buscar) su paraguas. Lo (encontrar) detrás de la puerta. (Salir) de nuevo y (caminar) hacia el parque. En el parque no (encontrar) a ninguno de sus amigos. Tampoco (hallar) ningún pájaro. De repente, (comenzar) a llover. Don Pepe (abrir) el paraguas y (correr) hacia la casa. (Pasar) una hora buscando la casa, pero no la (encontrar). En ese momento, (reconocer) que estaba soñando. Estaba todavía en cama.

12. Motivos (entre dos). *Invente un motivo para los eventos a continuación. Como un motivo es frecuentemente una descripción o un estado en progreso, ¿qué tiempo es el más indicado: el pretérito o el imperfecto?*

MODELO Mi hermano me prestó su coche porque...
→ **Mi hermano me prestó su coche porque mi coche andaba mal.**

1. Mi compañero de cuarto me prestó diez dólares porque...
2. El profesor abrió la ventana porque...
3. Llegué tarde a casa porque...
4. Compré un nuevo abrigo porque...
5. No me gustó la película de anoche porque...
6. Marisa llegó tarde a clase porque...
7. El profesor explicó la solución otra vez porque...
8. Compré este libro porque...

13. Interrupciones (entre dos). *La vida moderna está llena de interrupciones. Invente una interrupción lógica para los eventos en progreso a continuación.*

> **MODELO** Comíamos cuando de repente...
> → **Comíamos cuando de repente sonó el teléfono.**

1. Yo estaba estudiando cuando...
2. Javier conversaba con su novia cuando...
3. La profesora de física explicaba la bomba atómica cuando...
4. Humphrey Bogart estaba a punto de convencer a Ingrid Bergman cuando...
5. Mi perro dormía cuando...
6. Marisa y Ana estaban tomando sol cuando...
7. Yo estaba locamente enamorado/a de mi novio/a cuando...
8. Yo caminaba por la calle cuando...
9. Íbamos a ir al cine cuando...
10. Quería salir de casa cuando...

14. El día que el Conde Drácula descubrió la comida orgánica (entre dos). *Seleccione bien entre el pretérito y el imperfecto y usted va a aprender la verdadera resolución de la historia del Notorio Vampiro de Transilvania, El Conde Drácula.*

En otra época, en Transilvania, encima de una montaña (vivir) un hombre extraño, el Conde Drácula. Drácula (ser) alto, moreno, guapo y muy elegante. Pero (tener) la mala costumbre de seducir a mujeres y chuparles la sangre. Drácula nunca (salir) de día porque el sol le (afectar) la piel. Una noche, Drácula (tener) ganas de tomar un buen trago de sangre. (Salir) de su castillo, (bajar) la montaña y (entrar) en la pequeña ciudad que (estar) al pie de la montaña. Allí (conocer) a una chica muy linda que se (llamar) Beatriz. Drácula y Beatriz (hablar) por una media hora. Entonces Drácula la (invitar) a su castillo para ver sus cuadros. Pero la chica le (contestar) que ella no (poder) ir a su castillo porque (tener) una cita con su novio, Don Magnum Opus, que (ser) muy grande, muy fuerte, muy musculoso y muy intolerante de los hombres que (flirtear) con ella. Cuando Drácula (oír) eso, (comenzar) a llorar, porque (tener) mucha sed. Entonces Beatriz le (dar) un jugo de tomate orgánico que no (tener) químicas, pesticidas, hormonas, colorantes u otras sustancias anti-naturales. La bebida le (gustar) tanto al Conde Drácula que (decidir) no beber sangre nunca más. (Volver) a su castillo y a partir de ese momento (vivir) muy contento bebiendo jugo de tomate orgánico y dejando en paz a las mujeres.

15. Una narración original (entre dos o en pequeños grupos). *Invente una historia con descripciones y estados (imperfecto) y eventos comenzados y/o terminados (pretérito). Las frases de la Columna A suelen combinarse con el imperfecto; las frases de la Columna B suelen combinarse con el pretérito.*

A	B
Todos los días (lunes, sábados, etc.)	Una vez
Cada vez que	Cinco (diez, veinte, etc.) veces
Mientras	De repente
Los fines de semana	De pronto
Por lo general	Inmediatamente

MODELO Cuando yo tenía _____ años, iba con frecuencia a _____ . Mi

mejor amigo/a en ese momento era *(nombre de la persona)*. El/ella

tenía _____ años y era... *(descripción de la persona)*. Por lo general

nosotros de día... *(¿Qué hacían Uds. habitualmente de día?)* Y por la

noche... *(¿Qué hacían Uds. de noche?)*

Pero un día... *(¿Qué pasó un día?—adónde fueron, qué vieron, etc.)*

Mientras... *(fondo descriptivo para el evento)* De repente... *(¿Qué pasó de*

repente?) Inmediatamente... *(¿Cómo reaccionaron Uds.?)*

11.6	Al salir de casa, noté que no estaba mi coche.

Algunas expresiones para narrar

1. **Al + infinitivo:** cuando...

   Al salir de la casa, noté que   =   Cuando salí de casa, noté que mi coche
   mi coche no estaba.   no estaba.
   Al empezar a hablar, Mario   =   Cuando Mario empezó a hablar, miró a
   miró a su amigo.   su amigo.

2. **A pesar de:** *in spite of*
   A pesar de la nieve, no sentíamos el frío.
3. **Al final de:** en la última parte
   Al final del semestre, siempre hay exámenes.
4. **Al mismo tiempo:** concurrentemente
   Rafaela escuchaba música al mismo tiempo que trabajaba.
5. **Al principio de:** en la primera parte de
   Al principio del curso, los alumnos no sabían nada de español.
6. **Aunque:** *although*
   Aunque el examen era difícil, todos los alumnos sacaron buenas notas.
7. **En parte:** parcialmente
   La casa se cayó en parte por la lluvia y en parte por el terremoto.
8. **En vez de:** en lugar de
   En vez de trabajar, algunos alumnos no hacían más que jugar.
9. **Es decir:** en otras palabras
   Somos primos hermanos; es decir, nuestras madres son hermanas.
10. **Por lo tanto:** consecuentemente
    Llegué al centro sin dinero; por lo tanto, no compré nada.
11. **Por un lado:** *on the one hand*

12. **Por otro lado:** *on the other hand*
>Por un lado, mi trabajo me ofrece muchas oportunidades, pero por otro lado me causa muchas presiones.

13. **Sin embargo:** *however*
>La Reina Isabel tenía ciertas dudas sobre Colón; sin embargo, le dio una audiencia.

14. **Sin duda:** obviamente
>Sin duda, estas expresiones para narrar son útiles.

15. **Sobre todo:** principalmente
>Hay que conocer la historia sobre todo para no repetir los errores del pasado.

ACTIVIDADES

16. Retrato de Luisa. *Luisa está recordando su primer año de universidad. Ayúdele a completar las oraciones lógicamente.*

1. Llegué al campus (al final de/al principio de) el año académico.
2. (Aunque/En parte) no conocía a nadie, estaba contenta.
3. No sabía qué cursos iba a tomar; (en parte/es decir) no tenía concentración todavia.
4. (Al mismo tiempo/En vez de) hablar con un profesor, decidí hablar con una estudiante de segundo año que se llamaba Margarita.
5. Margarita me explicó que yo podía seguir varios cursos (al mismo tiempo/sin embargo) que seleccionaba una concentración.
6. (Es decir/Aunque), no era necesario tomar una decisión en ese momento.
7. También me explicó (sin embargo/sin duda) que me convenía seleccionar una concentración antes de terminar el segundo año.
8. (Sobre todo/Por lo tanto), decidí seguir cursos en varios campos para ver cuál me interesaba más.
9. (A pesar de/En parte) mi confusión durante los primeros meses del año, mi primer año fue (en vez de/sin duda) uno de los años más interesantes de mi vida.
10. También, (al/aunque) terminar mis estudios, voy a estar más preparada.

17. Confesiones y opiniones (entre dos o en pequeños grupos). *Termine las frases, si no con algo verdadero, con algo interesante.*

1. Me gusta esta universidad a pesar de...
2. Al principio del año yo no...
3. La comida del comedor estudiantil no es mala; sin embargo...
4. Me gustó mucho mi curso de... en parte porque...
5. Anoche, en vez de... unos amigos y yo...
6. El aspecto de esta ciudad que más me gusta es sin duda...
7. En esta vida quiero sobre todo...
8. Quiero tener bastante dinero aunque...
9. Yo puedo... al mismo tiempo que...
10. Por un lado soy... ; pero por otro lado soy...
11. Al volver a casa...

Pronunciación y ortografía

A. *La* **p** *en español se pronuncia* **sin aspiración**. *Una aspiración es un pequeño sopladito de aire que se oye en inglés entre la* **p** *y la vocal que la sigue. Tal aspiración no existe en español. Escuche e imite la pronunciación de la letra* **p** *en las palabras a continuación.*

papaya, papagayo, poco, popote, pan, propio, pupitre, Pepe, preparas
Popocatepetl y el Pico de Orizaba son montañas mexicanas.
El pobre de Pepito come papas y papaya.

B. *Igual que la* **p,** *en español la [k] se pronuncia sin aspiración. Escuche e imite la pronunciación de [k] (ca, que, qui, co y cu) en las palabras y frases a continuación.*

El cacao y el coco se cultivan en Colombia.
El cocodrilo come carne con poca etiqueta.
¿De quién es el quinqué?
El quinqué es del Sr. Carlos Quintana.

C. *Al principio de una frase y después de la letra* **n,** *la* **g** *es oclusiva igual que en inglés. Escuche e imite la pronunciación de la* **g** *en las palabras a continuación.*

Un gringo desprevenido puede engordar con la comida de aquí.
Goya fue un gran pintor.
Guardo un gran recuerdo de mis años en Granada.

D. *Si la* **g** *no se encuentra al principio de una frase o después de una* **n,** *es fricativa y se pronuncia [ǥ]. Escuche e imite la pronunciación de la* **g** *en las palabras a continuación.*

El lago está lleno de agua.
La agricultura depende de la irrigación.
Regar e irrigar son sinónimos.
La huelga va a ser larga y amarga.

EN CONTEXTO

Lectura

La reconquista de la historia española

Uno de los **lugares comunes** de la **historiografía** es que los victoriosos siempre escriben la historia. Hay dos premisas importantes en esta afirmación. Por un lado, indica que la historia no es el pasado; es **más bien** una versión del pasado construida según los criterios (y los prejuicios) de los historiadores. Por otro lado, esa afirmación sugiere que la historia de todo país suele ser la historia escrita por y para las clases **dirigentes**.

lugar común: verdad obvia que se repite mucho
historiografía: la disciplina de los historiadores
más bien: *rather*
dirigentes: que tienen el poder

Es por eso que pocos escribieron sobre la historia de los minoritarios o de las mujeres **hasta que** algunos minoritarios y mujeres adquirieron el **poder** necesario para reconstruir el pasado desde su punto de vista. La **creciente** presencia de mujeres y minoritarios en la vida intelectual de los Estados Unidos explica en parte por qué ahora hay cursos sobre la historia femenina, afro-americana o chicana en las universidades. Tales cursos son relativamente nuevos, y **reflejan** la creciente incorporación de minoritarios y mujeres en los centros del poder de la vida norteamericana.

> **hasta que:** *until*
> **poder:** potencia, capacidad
> **creciente:** que expande

> **reflejar:** repetir una imagen

La historiografía en España siguió **pautas** similares. España en la Edad Media era una región de tres culturas: la árabe (la morisca), la judía y la cristiana. Esa **convivencia** de tres culturas empezó a desaparecer cuando los cristianos del norte de España comenzaron en el siglo ocho una tremenda campaña para «reconquistar» las tierras del sur donde vivía la gran **mayoría** de los judíos y árabes. (El término «reconquistar» era más propagandístico que real **ya que** las tierras del sur nunca fueron totalmente cristianas.) Las guerras de la reconquista duraron hasta 1492 cuando los cristianos **derrotaron** el reino de Granada, el último reino moro de la península ibérica.

> **pauta:** *pattern*

> **convivencia:** vida en común

> **mayoría:** la porción más grande

> **ya que:** porque
> **derrotar:** vencer, ganar

La nueva cultura dominante no quedó contenta con su dominio político. También **reclamó** la historia para los **vencedores**. Es decir, durante varios siglos las historias «oficiales» de España enfatizaron la cultura cristiana e ignoraron las culturas árabe y judía que también formaban parte del pasado español. Esa situación empezó a cambiar en este siglo cuando varios historiadores encontraron en los documentos de la Edad Media y del Renacimiento **pruebas** irrefutables de la enorme importancia de las culturas no cristianas en España. Uno de los principales historiadores en esa reconstrucción de la historia española fue Américo Castro, un estudioso importantísimo que revolucionó nuestro concepto de la historia española con sus libros *La realidad histórica de España* y *De la edad conflictiva*.

> **reclamar:** *to claim*
> **vencedor:** el victorioso

> **prueba:** demostración, evidencia

Gracias a su labor, y a la labor de muchos otros estudiosos, entre ellos algunos judíos y árabes, todo el mundo reconoce ahora que España, a diferencia de otros países europeos, tiene tres raíces, todas de una enorme importancia: la cristiana, la judía y la mora.

Preguntas

1. ¿Está Ud. de acuerdo en que los victoriosos siempre escriben la historia? ¿Por qué sí/no?   2. Comente la oración: «La historia no es el pasado; es una versión del pasado construida según los criterios y prejuicios de los historiadores».   3. ¿Quiénes triunfaron en España después de la Edad Media?   4. ¿Qué efecto tuvo (*tuvo:* el pretérito de *tener*) el triunfo de los cristianos en la historia «oficial» de España?   5. ¿Quiénes eran los moros?   6. ¿Cómo se llama el historiador español que ayudó mucho a reconstruir el pasado árabe y judío de España?   7. ¿Qué fenómenos similares conoce Ud. en la historia de su país?

Cómo se hace _____

Cómo se hace para reportar un accidente

Una conversación telefónica:

MARCI	Acaba de ocurrir un accidente delante de mi casa.
POLICÍA	¿Dónde **queda** su casa?
MARCI	En la calle Bolívar, entre Juárez y Paseo Colón.
POLICÍA	¿Qué pasó?
MARCI	Chocaron dos coches.
POLICÍA	¿Hay **heridos**?
MARCI	Parece que sí. Hay una mujer que no quiere salir del coche. No sé si está **lastimada** o no. El otro chofer está caminando por la calle, pero tiene **sangre** en la cara. Creo que deben mandar una ambulancia.
POLICÍA	Yo también lo creo. ¿Usted vio el accidente?
MARCI	No. Sólo escuché el ruido. Pero creo que hay **testigos**.
POLICÍA	Muy bien. Voy a mandar a un **patrullero**. **Mientras tanto,** no traten de sacar a la señora de su coche. También, por favor explíqueles a los testigos que deben esperar a la policía.

quedar: estar (se usa para objetos y lugares inmovibles)

heridos: personas con fracturas, contusiones, etc.
lastimado: herido

sangre: líquido rojo que corre por las venas

testigo: alguien que vio el accidente
patrullero: un policía de patrulla
mientras tanto: *meanwhile*

Cómo se hace para expresar simultaneidad

¿Qué hacías **mientras que** él estaba contigo?

¿Dónde estabas **mientras** yo estaba fuera?

¿Puedes hacer dos cosas **a la vez**?

No hacía nada **en ese momento**.

Al mismo tiempo que tú estabas fuera, yo sólo limpiaba la casa.

Sí, puedo tocar el piano y cantar **a la vez**.

Cómo se hace para pedir y dar una descripción de alguien

—¿Cómo era tu abuelo? *(Descríbame a su abuelo.)*
—Era alto y muy fuerte.
—¿Cuánto medía? *(¿Cuán alto era?)*
—Medía un metro con ochenta centímetros.
—¿De qué color tenía el pelo?
—Tenía el pelo negro pero con muchas **canas**. Yo por lo menos lo recuerdo muy **canoso**.
—¿De qué color tenía los ojos?
—También tenía los ojos negros.
—¿Qué más recuerdas de él?

canas: pelos grises o blancos
canoso/a: se dice de uno que tiene muchas canas

—Recuerdo que tenía las manos muy grandes y fuertes, pero bien formadas. Tocaba muy bien la guitarra y tenía manos de músico.

—¿Tenía alguna otra marca distintiva—un **lunar** o una **cicatriz**?

—Tenía un pequeño lunar en el cuello, un poco debajo de la oreja. También debía tener alguna cicatriz porque lo operaron una vez por apendicitis. Pero claro, esa cicatriz, nunca la vi yo porque soy su nieta.

> **lunar:** una mancha roja u oscura de la piel que uno tiene al nacer
>
> **cicatriz:** marca que queda después de una herida o una operación

Cómo se hace para preguntarle a alguien si está interesado por algo—y contestar que sí o que no

¿Le interesa a usted... ?
¿Te interesa... ?
Sí, me interesa mucho.
No, no me interesa (nada).

¿Le (te) llama la atención... ?
Sí, me fascina.
No, no me llama la atención

¿Está usted (estás) interesada por... ?
Muero por saber más.
No me interesa en lo más mínimo.

Diálogos incompletos

1. _____

   ¿Dónde ocurrió el accidente?

   _____

   ¿Hubo heridos?

   _____

   ¿Se necesita ambulancia?

   _____

   ¿Vio usted el accidente?

   _____

   Espérenos en la esquina. No vamos a tardar.

2. _____

   Mi abuela era baja y morena.

_____

Tenía el pelo negro pero con canas.

_____

Tenía los ojos verdes.

_____

No, no tenía ni lunar ni cicatriz.

3. ¿Te interesa el ballet?

_____

4. _____

No, no me llama mucho la atención.

5. ¿Le interesan a usted los chismes sobre Mel Gibson?

_____

6. _____

No, no me interesa en lo más mínimo.

Situaciones

Situación 1	Entreviste a alguien de la clase sobre las cosas que él/ella y sus amigos hacían habitualmente durante su último año de secundaria. Es decir, ¿adónde iban? ¿Dónde bailaban? ¿Qué bebían? ¿Qué hacían en las fiestas? ¿Qué comían? ¿Cuánto y qué estudiaban? ¿Qué clase de estudiantes eran? Etc.
Situación 2	Usted acaba de ver un accidente y tiene que llamar a la policía para decirles qué pasó, dónde pasó y otros detalles por el estilo *(por el estilo: de este tipo)*. Otra persona de la clase puede hacer el papel *(papel = rol)* de la policía.
Situación 3	Con alguien de la clase, inicie una conversación sobre un tema de su propia elección. La otra persona debe indicar si le interesa o no. Después, inviertan los papeles.
Situación 4	Pregúntele a alguien de la clase sobre sus recuerdos de uno de sus parientes. Información que usted quiere: cuánto medía, de qué color tenía el pelo (los ojos, la piel, etc.), qué ropa usaba, etc.

Situación 5   Suponga que usted es una persona famosa (y real) y que un/a compañero/a de clase le va a hacer una entrevista sobre su vida, su formación, sus opiniones, los eventos más significativos de su vida, cómo eran sus padres y profesores, dónde aprendió las muchas cosas que sabe, sus recomendaciones para los jóvenes de ahora, etc. Empiece su presentación con algo como «Ahora, Barbara Walters va a entrevistar a Robert Redford».

Situación 6   Suponga que usted está ahora en el año 2030 y está hablando con sus nietos (los hijos de sus hijos). Sus nietos (unos compañeros de clase) le hacen preguntas a Ud. sobre las cosas que Ud. hacía en el año remotísimo de 19.... Sus temas deben incluir descripciones y costumbres (imperfecto) y eventos que pasaron solamente una vez (pretérito).

Composición

Tema 1   Prepare una narración sobre el evento más significativo de su vida.

Tema 2   Escriba una composición sobre el momento más embarazoso de su vida (o de la vida de otra persona).

Vocabulario activo

personajes, grupos y momentos históricos

el/la antepasado/a	el/la dirigente	el imperio	el/la rebelde
la aristocracia	la Edad Media	el/la indio/a	la Reforma Protestante
el/la aristócrata	la época	el/la minoritario/a	el Renacimiento
el/la burócrata	el/la estudioso/a	el/la moro/a	el rey/la reina
el/la colono/a	el/la filósofo/a	la princesa	el Romanticismo
el conde/la condesa	el/la historiador/a	el príncipe	el/la santo/a
el/la conquistador/a	la ilustración	el/la puritano/a	el/la vencedor/a
el cura			

expresiones para narrar

a causa de	aunque	mientras	por un lado
a la vez	de repente	mientras tanto	sin duda
a pesar de	en parte	por lo tanto	sin embargo
al final de	en vez de	por otro lado	sobre todo
al mismo tiempo	es decir		

verbos

adquirir (ie)	cuestionar	lograr	reflejar
andar	charlar	merecer	reinar
caerse	derrotar	partir	traicionar
crecer	desaparecer	reclamar	vencer

otros sustantivos

la bandera	la corona	la mayoría	el reino
la batalla	el dibujo	la memoria	la sangre
la campaña	la duda	la noticia	el sueño
la cana	el fondo	la potencia	la traición
la cicatriz	el lunar	el prejuicio	el triunfo
la conquista	la llegada	la rebelión	

adjetivos

árabe	extraño/a	informado/a	moro/a
canoso/a	histórico/a	intolerante	narrativo/a
creciente	indignado/a	irrefutable	victorioso/a
eficaz	inesperado/a		

vocabulario personal

_____   _____

_____   _____

_____   _____

_____   _____

_____   _____

CAPÍTULO 12

La familia y los antepasados

Temas
- Los antepasados y su historia
- La familia y sus rituales
- Opiniones y abstracciones
- Causas y efectos

Funciones
- Cambiar de tema
- Pedir que algo se repita
- Decir algo de otra manera
- Indicar acuerdo y desacuerdo
- Hablar por teléfono II

Gramática
12.1 Los verbos irregulares en el pretérito I
12.2 Los verbos irregulares en el pretérito II
12.3 Usos de *lo que*
12.4 Usos de *lo* + adjetivo
12.5 Verbos con cambios de raíz en el pretérito
12.6 *Había* vs *hubo*
12.7 *Qué* vs *cuál(es)* y *porque* vs *a causa de*

EN MARCHA

12.1	¿Dónde puso Carlos el pastel que hizo?

PRIMER PASO

La reunión familiar:

¿Cómo **vinieron** Uds. a la reunión familiar?

¿Qué **hicieron** Uds. para la fiesta de aniversario de los abuelos?

Yo **vine** en autobús, mi tía **vino** en bicicleta, y mis suegros **vinieron** en taxi. ¿Cómo **viniste** tú?

Ricardo y yo **hicimos** un pastel, Beti **hizo** una ensalada, y Carlos y Pablo **hicieron** un ponche. Las hermanas de la abuela **dijeron** que iban a traer un pavo, pero quién sabe si lo **trajeron** o no.

Conclusiones ## Algunos verbos irregulares del pretérito

1. Con la excepción de **ir** y **ser,** los verbos irregulares en el pretérito siguen el mismo patrón.
2. Su irregularidad consiste en una raíz irregular con terminaciones regulares excepto en la primera y tercera persona singular: **-e** y **-o** sin acento.
3. Ninguna de las formas lleva acento.
4. Si la raíz irregular termina en **-j-,** se sustituye la desinencia **-eron** por **-ieron** en la tercera persona plural.
5. Para conservar el sonido de la raíz, la raíz de la tercera persona singular de **hacer** es **hiz-.**

Formación

infinitivo → raíz	sujeto	terminaciones
andar → **anduv-**		
hacer → **hic-** (**hiz-**)	yo	**-e**
poner → **pus-**	tú	**-iste**
venir → **vin-**	usted/él/ella	**-o**
traer → **traj-**	nosotros/nosotras	**-imos**
decir → **dij-**	vosotros/vosotras	**-isteis**
producir → **produj-**	ustedes/ellos/ellas	**-ieron** (**-eron**)

Sinopsis

hacer	*poner*	*venir*	*traer*	*decir*
hice	puse	vine	traje	dije
hiciste	pusiste	viniste	trajiste	dijiste
hizo	puso	vino	trajo	dijo
hicimos	pusimos	vinimos	trajimos	dijimos
hicisteis	pusisteis	vinisteis	trajisteis	dijisteis
hicieron	pusieron	vinieron	trajeron	dijeron

SEGUNDO PASO

Papá **propuso** una gran fiesta para el aniversario de mi abuela.
Mamá y mi hermano Juan **compusieron** la invitación.
Mi abuela, que no es tonta, **supuso** que algo íbamos a hacer.
Nada la **distrajo** de los preparativos que hacíamos para la fiesta.

Conclusiones **Verbos formados de verbos irregulares en el pretérito**

1. Verbos como **componer, exponer, proponer** y **suponer** se conjugan en el pretérito igual que **poner**.
2. Verbos como **distraer** y **extraer** se conjugan como **traer** en el pretérito.

ACTIVIDADES

1. ¿Qué trajeron a las bodas de oro? *Hoy se celebran las bodas de oro de los Sres. Puértolas y su familia está haciendo un pasadías. ¿Qué trajeron los miembros de la familia al pasadías?*

MODELO   sus nietas/un pavo enorme → **Sus nietas trajeron un pavo enorme.**

1. mi tío Javier/champaña
2. mi madre/una ensalada de frutas
3. tú/helado de fresas
4. vosotros/un pollo asado
5. un vecino/su acordeón
6. yo/un pastel de manzana
7. la tía Luisa/una pelota para jugar al fútbol
8. sus hijas Josefina y Pepa/un tremendo jamón

2. ¿Y qué dijeron que iba a pasar? *Sin embargo, no todos los planes salieron bien para el pasadías. Algunos dijeron que iban a hacer algo y después hicieron otra cosa. ¿Qué dijeron?*

MODELO   tú/invitar a Isabel → **Tú dijiste que ibas a invitar a Isabel.**

1. mi compadre Memo/traer una botella de vino
2. vosotros/invitar al presidente municipal

3. el tío Roberto/no tomar demasiado
4. el meteorólogo/hacer buen tiempo
5. Juan y yo/cuidar a los niños

6. la prima Angélica y tú/ayudar en la cocina
7. yo/arreglar la red del vólibol
8. Don Tremendón y Gumersinda/no quedarse toda la noche

3. Un poco de genealogía (entre dos). *Estudien bien el dibujo. Después contesten las preguntas.*

La familia de Sara

Ana López de Hostos — Luis Hostos García

Ana Luisa Vásquez de Trigo — Sergio Trigo Siepi

Elena — Javier — Enrique — Teresa — Beatriz — José

Marisa — Daniel — Sara — Nicolás — Andrés

1. Luis Hostos García es el **abuelo paterno** de Sara. ¿Cómo se llama tu abuelo paterno?
2. Ana López de Hostos es la **suegra** de Teresa. ¿Cómo se llama la suegra de tu mamá?
3. Sergio Trigo Siepi es el **suegro** de Enrique. ¿Cómo se llama el suegro de tu papá?

4. Teresa es la **nuera** de Ana López de Hostos. ¿Cómo se llama la nuera de tu abuela?

5. Enrique es el **yerno** de Sergio Trigo Siepi. ¿Cómo se llama el yerno de tu abuela?

6. Ana Luisa Vázquez de Trigo es la **abuela materna** de Nicolás. ¿Cómo se llama tu abuela materna?

7. Elena es la **cuñada** de Enrique. ¿Cómo se llama la cuñada de tu mamá?

8. José es el **cuñado** de Teresa. ¿Cómo se llama el cuñado de tu papá?

9. Andrés es el **sobrino** de Teresa. ¿Cuántos sobrinos tiene tu mamá y cómo se llaman?

10. Marisa es **prima** de Sara, pero no es prima de Andrés. ¿Cuántos primos tienes?

11. Javier y Elena son **tíos** de Sara y padres de Marisa. ¿Quién es tu **tía** favorita? ¿Cómo se llama tu **tío** favorito?

12. Daniel es **nieto** de cuatro personas. ¿Quiénes son? ¿Tienen esas personas **nietas**? ¿Cuántos **nietos** tienen en total?

4. Entrevista (entre dos o en pequeños grupos). *Pregúntenles a sus compañeros de clase sobre su última reunión de familia. Usen las preguntas como guía.*

1. ¿Cuándo fue la última reunión de tu familia? (fecha, ocasión, etc.)
2. ¿Quién(es) hizo (hicieron) la comida? (tíos, primos, abuelos, etc.)
3. ¿Qué discos pusieron?
4. ¿Quién(es) trajo (trajeron)... ? (cuñados, suegros, nietos, etc.)
5. ¿Qué dijo la gente cuando llegó?
6. ¿Quién(es) vino (vinieron)?
7. ¿Quién(es) no vino (vinieron) y por qué?
8. ¿Qué hicieron después de comer?
9. ¿Se produjo algún escándalo?
10. ¿Salieron todos contentos? ¿Por qué?

12.2 ¿Cuándo supiste que el senador era tu primo?

PRIMER PASO

BETO   ¡Así que Isabel **tuvo** un bebé! ¿Cómo **supiste**?

CHICO   **Tuve** una llamada de Mario anoche. Pobrecito. Estaba muy cansado porque no **pudo** dormir en toda la noche.

BETO   ¿Sigue Isabel en el hospital?

CHICO   No. **Estuvo** en el hospital sólo la noche del parto y el día después. Ahora está en casa.

BETO   ¿Ya llamaste a Luisa para informarle?

CHICO   **Quise** llamarla esta mañana pero no estaba en casa.

Conclusiones **Más verbos irregulares en el pretérito**

1. **Estar, poder, querer, saber** y **tener** en el pretérito se forman igual que los verbos estudiados en la sección 12.1.
2. Tienen una raíz irregular con terminaciones regulares excepto en la primera y tercera persona singular. Las raíces son:

    estar → **estuv-**
    poder → **pud-**
    querer → **quis-**
    saber → **sup-**
    tener → **tuv-**

3. Verbos que contienen **-tener** (**detener, mantener, obtener,** etc.) se conjugan igual que **tener** en el pretérito:

    Dos policías **detuvieron** al criminal.
    Durante quince años la Sra. Jensen **mantuvo** a su familia.
    Mi hija **obtuvo** el primer premio en natación.

Sinopsis

estar	*poder*	*querer*	*saber*	*tener*
estuve	pude	quise	supe	tuve
estuviste	pudiste	quisiste	supiste	tuviste
estuvo	pudo	quiso	supo	tuvo
estuvimos	pudimos	quisimos	supimos	tuvimos
estuvisteis	pudisteis	quisisteis	supisteis	tuvisteis
estuvieron	pudieron	quisieron	supieron	tuvieron

SEGUNDO PASO

El sentido de *conocer, estar, poder, querer, saber* y *tener* en el imperfecto y el pretérito

Estos verbos generalmente indican *estados* y se usan mucho en el imperfecto. En el pretérito, sin embargo, indican el *comienzo de un estado* que muchas veces se entiende como una *acción. (Ver 11.6, Sección B, donde se explica un fenómeno similar.)* Compare:

1. **Conocer**

Mario **conocía** a Susana.	= *Mario sabía quién era.*
Mario **conoció** a Susana.	= *Alguien presentó a Mario a Susana; su conocimiento de ella empezó.*

2. **Estar**

Luis **estaba** aquí a las ocho.	= *La frase no dice cuando llegó Luis; ya estaba a las ocho.*
Luis **estuvo** aquí a las ocho.	= *Luis llegó (comenzó a estar) a las ocho.*
Los chicos **estuvieron** en México dos años.	= *La acción comenzó, duró dos años y terminó.*

3. **Poder**

Ana **podía** entrar.	=	*Ana tenía la capacidad de entrar. La oración no dice si entró o no.*
Después de varios intentos, **pude** entrar.	=	*Tuve éxito en entrar. Logré entrar (lograr = tener éxito en).*
Trataron de abrir la puerta, pero no **pudieron**.	=	*No tuvieron éxito. No lograron abrir la puerta.*

4. **Querer**

Quería entrar.	=	*Tenía ganas de entrar.*
Quise entrar.	=	*Traté de entrar.*
No queríamos ir.	=	*No teníamos ganas de ir.*
No quisimos ir.	=	*Rehusamos ir. No aceptamos la invitación.*

5. **Saber**

Yo no **sabía** su nombre.	=	*No tenía esa información.*
Ayer **supe** su nombre.	=	*Conseguí esa información ayer; aprendí su nombre.*

6. **Tener**

Juan **tenía** una carta en su mano.	=	*Había una carta en su mano.*
Juan **tuvo** una carta ayer.	=	*Juan recibió una carta ayer.*
Irma **tenía** dos hijos.	=	*Irma era madre de dos hijos.*
Irma **tuvo** un hijo ayer.	=	*El bebé nació ayer.*
Yo **tenía** que hablar con mi jefe.	=	*Tenía la obligación de hablar con mi jefe.*
Yo **tuve que** hablar con mi jefe.	=	*La situación me obligó a hablar con mi jefe, y en verdad hablé con él.*

ACTIVIDADES

5. La vida y sus sorpresas. *¿Qué noticia supo la gente a continuación?*

> **MODELO** Miguel/su novia tenía otro novio
> → **Miguel supo que su novia tenía otro novio.**

1. Ana María/le iban a dar un premio por su escultura
2. Luis y Pedro/Mario salía con Manuela
3. nosotros/la computadora estaba descompuesta
4. tú/yo no tenía tanto dinero
5. yo/tú eras un millonario
6. vosotros/vuestro profesor de química estaba enfermo
7. Juan y yo/hubo un baile anoche en el gimnasio
8. Don Tremendón/el mundo es redondo

6. Confirmaciones (entre dos). *Contesten las preguntas usando el verbo que está entre paréntesis.*

> **MODELO** ESTUDIANTE 1: **¿Recibió Raúl una carta ayer?** (tener)
> ESTUDIANTE 2: **Sí, Raúl tuvo una carta ayer.**

1. ¿Trató Alberto de entrar en la casa? (querer)
2. ¿Tuvieron ustedes éxito en conseguir los datos? (poder)
3. ¿Llegaron los empleados a tiempo? (estar)
4. ¿Dio a luz Irma ayer? (tener un bebé)
5. ¿Aprendiste algo interesante anoche? (no saber... nada)
6. ¿Aceptó Aida ir a la cena? (no... querer)
7. ¿Te presentaron a Paula anoche? (conocerla)
8. ¿Recibieron tus padres el cheque ayer? (tener)

7. Entrevista (entre dos o en pequeños grupos). *Pregúntele a alguien de la clase:*

1. si conoció a alguien interesante ayer
2. cuánto tiempo hace que supo que Santa Claus no existe
3. cuántos hijos tuvo su mamá
4. de quién fue la última carta que tuvo
5. a qué hora estuvo en clase hoy
6. si algunas personas no quisieron tomar el último examen
7. qué trabajo pudo conseguir el verano pasado
8. si quiso reparar un televisor alguna vez y qué pasó después
9. si la policía lo/la detuvo alguna vez y por qué
10. si obtuvo algún premio en la secundaria y qué premio fue

8. Motivos (entre dos o en pequeños grupos). *Expliquen por qué la gente está como está.*

EJEMPLO   ESTUDIANTE 1: **¿Por qué está furioso Mario?**
             ESTUDIANTE 2: **Porque tuvo que pagar una multa.**

FELIZ ANIVERSARIO
Rosana y Gustavo

Les desean
Liliana y Daniel

¿Por qué...
1. está triste Javier?
2. no vinieron Beni y Sandra?
3. no trajo Miguel su coche?

a. estar dos años en las montañas
b. tener que pagar una multa
c. conocer al amor de su vida anoche

4. está tan contenta Lisa?
5. está furiosa la Sra. García?
6. están cansados Ana y Romeo?

d. no poder encontrar la llave
e. no estar en casa toda la noche
f. no querer

| **12.3** | **¿Qué fue lo que dijiste?** |

Conversación entre Chela la Chismosa y Delia la Discreta:

CHELA ¿Qué hizo tu sobrina anoche?
DELIA **Lo que** hizo es un gran misterio.
CHELA Bueno, **¿qué fue lo que** trató de hacer?
DELIA No presto atención a **lo que** hace mi sobrina.
CHELA Me molesta **lo que** hacen los chicos de hoy.
DELIA **Lo que** me molesta son las personas mayores que siempre critican a los jóvenes.
CHELA Estoy de acuerdo contigo. **Todo lo que** dices me parece correcto.
DELIA Entonces, ¿por qué me hiciste tantas preguntas?
CHELA Eh... bueno... eh... era para ver qué decías. Sólo eso.

Conclusiones Usos de *lo que*

1. **Lo que** es un pronombre neutro que se refiere a una idea, a una abstracción, o a las cosas en general:

   lo que me gusta = *la idea, el concepto, el asunto que me gusta*

   lo que no comprendo = *el concepto, la idea que no comprendo*

2. Cuando todo se combina con **lo que,** no se usa **de:**

   Todo lo que hace Gumersinda nos parece raro.

3. **¿Qué es lo que... ?** es una interrogación muy común:

   ¿Qué es lo que Ud. dijo? = *¿Qué dijo Ud.?*

   ¿Qué fue lo que ellos hicieron? = *¿Qué hicieron ellos?*

   ¿Qué es lo que Mario quiere? = *¿Qué quiere Mario?*

4. Si **lo que** se combina con un predicado plural *(predicado: lo que viene después del verbo),* el verbo está en plural:

   Lo que no comprendo **son** esas teorías abstractas.

   Lo que más me gusta **son** las películas extranjeras.

ACTIVIDADES

9. ¿Qué es lo que le gusta a la tía abuela? (entre dos) *A su tía abuela le gustan las cosas de su generación. ¿Cuáles son?*

MODELO la música de Glenn Miller → **Lo que le gusta es la música de Glenn Miller.**

MODELO   las películas de Groucho Marx → **Lo que le gustan son las películas de Groucho Marx.**

1. la voz de Bing Crosby
2. las canciones de Kate Smith
3. la cara de Clark Gable
4. la banda de Lawrence Welk
5. los coches enormes
6. la década de los cincuenta
7. las novelas de Hemingway
8. las visitas de sus nietos

10. Reacciones (entre dos).   *¿Aceptan ustedes lo que dice la gente? Indiquen su acuerdo (o desacuerdo) siguiendo el ejemplo.*

EJEMPLO   ESTUDIANTE 1: **Luisa dice que eres muy inteligente.**
ESTUDIANTE 2: **Por supuesto. Acepto lo que dice Luisa.**

1. Raúl dice que eres muy inteligente.
2. Angélica cree que la luna es de queso.
3. Josefina tiene mucho dinero.
4. Tu suegra cree que eres una gran persona.
5. Dicen que eres un/a estupendo/a alumna.
6. Tus padres dicen que el tabaco es peligroso.
7. Gumersinda dice que tienes mil novios.

a. Me gusta
b. Me parece absurdo
c. (No) Acepto
d. Me molesta
e. Estoy de acuerdo con
f. Me parece lógico
g. Me interesa

11. Opiniones y reacciones (entre dos o en pequeños grupos).   *¿Qué opinan ustedes? Usen la tabla para formular preguntas y respuestas sobre sus gustos y disgustos.*

EJEMPLO   ESTUDIANTE 1: **¿Qué te gusta de Dolly Parton?**
ESTUDIANTE 2: **Lo que me gusta de Dolly Parton son sus canciones.**

¿Qué te gusta de...
¿Qué te molesta de...
¿Qué te repugna de...
¿Qué te atrae de...
¿Qué te fascina de...
¿Qué te interesa de...

1. Tom Cruise
2. el presidente
3. Dolly Parton
4. la situación política
5. tu familia
6. esta universidad
7. este libro
8. ...

12.4   Lo mejor de mi familia son sus miembros.

Una conversación entre hermanos:

¿Cuál es la peor característica de nuestra prima Angélica?

Lo peor de Angélica es que le gusta pelear.

¿Cuál es la única cosa que no te gusta de nuestra familia?

Lo único que no me gusta de mi familia es que come demasiado.

¿Cuál es el aspecto más notable de tu relación con tu cuñado?

Lo más notable de nuestra relación es nuestro desacuerdo político.

¿Cuál es el aspecto más interesante de la familia?

Lo más interesante son el afecto y el amor que tenemos a pesar de los problemas.

¿Qué es **lo más difícil** de la familia?

Lo más difícil en este momento es el divorcio de los tíos Sara y Antonio.

¿Qué es **lo más frustrante** de la familia?

Lo más frustrante es que a veces hay conflictos innecesarios.

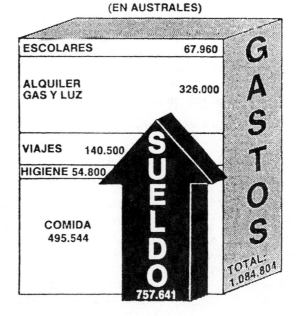

PRESUPUESTO FAMILIAR BÁSICO
(EN AUSTRALES)

Conclusiones Usos de *lo + adjetivo*

1. La expresión **lo + adjetivo masculino singular** funciona como un sustantivo. Las frases a continuación son equivalentes:

   lo interesante = la parte interesante

   lo peor = la peor característica

   lo mejor = la mejor cualidad

   lo único = la única consideración

   lo más lógico = la cosa más lógica

2. Cuando **lo + adjetivo** se combina con un predicado plural, el verbo está en plural:

   Lo peor de esta zona **son** los terremotos.

   Lo más notable de mi familia **son** las comidas.

3. **Lo + adjetivo** muchas veces se combina con una cláusula comenzada con **que**:

   Lo peor de este año es **que** tengo demasiado trabajo.

4. Cuando **lo + adjetivo** se combina con un infinitivo o varios infinitivos, se usa el verbo en singular.

   Lo difícil **es estudiar** de noche y **trabajar** de día.

ACTIVIDADES

12. La familia de Gustavo. *Gustavo está describiendo las cualidades de su familia. ¿Qué dice?*

> **MODELO** más interesante/las discusiones entre mis tíos
> → **Lo más interesante son las conversaciones entre mis tíos.**

1. mejor/el respeto que tenemos para los abuelos
2. más absurdo/las peleas entre la tía Hortensia y el tío Armando
3. más notable/los muchos esposos y ex-esposos de la tía Mariana
4. malo/que muchos no pueden asistir a las reuniones familiares
5. difícil/recordar el nombre de todos los primos y sobrinos
6. más divertido/los chistes de mi padrino
7. más delicioso/los pasteles de la suegra María
8. bueno/que nunca queremos perder el contacto

13. Entrevista (entre dos o en pequeños grupos). *Usen la tabla para formular preguntas y respuestas sobre temas varios y diversos.*

> **EJEMPLO** Estudiante 1: **¿Qué es lo mejor del cine norteamericano?**
> Estudiante 2: **Lo mejor del cine norteamericano son los actores.**

lo más lógico	de tu vida	
lo mejor	de tu familia	
lo peor	del español	
lo más absurdo	de esta universidad	es...
lo más ridículo	de tu casa	es que...
lo bueno	de nuestro equipo de	son...
lo malo	de tu compañero/a de cuarto	
lo más difícil	de...	
lo...		

Nota cultural

El compadrazgo

Una de las instituciones sociales más viejas del mundo hispano es el compadrazgo. En el compadrazgo, cuando los niños se bautizan, un amigo y una amiga de los padres participan en el **rito** como padrino y madrina. Ese **arreglo** entre padres y padrinos es lo que se llama «el compadrazgo». El

rito: un ritual religioso
arreglo: acuerdo

compadrazgo se establece en el rito bautismal cuando el padrino y la madrina consienten en cuidar al niño en caso de la muerte de los padres. Aunque el compadrazgo es específicamente religioso, los padrinos también aceptan cierta responsabilidad en la educación y la **crianza** del niño, que después del bautismo es su ahijado. Los padrinos son como padres auxiliares, y en muchos casos, si los padres mueren, los padrinos adoptan a los hijos.

crianza: preparación de niños

Esa relación entre padres y padrinos es más que un arreglo para ayudar al niño. Es una forma visible de **fortalecer** y oficializar una amistad, porque los padres y los padrinos, después del bautismo, son compadres; es decir, son casi **familiares**. Por lo tanto, en el mundo hispano los términos *comadre, compadre, padrino, madrina, ahijado* y *ahijada* marcan relaciones de mucho valor.

fortalecer: hacer más fuerte

familiares: de la familia

12.5	¿Mintieron los chicos o siguieron el ejemplo de sus padres?

¿En qué año **murió** tu bisabuelo?

Murió en el año 1989.

¿**Mintió** usted cuando le preguntaron la edad?

No, no **mentí**. Tengo 29 años y hace 20 años que los tengo.

¿Qué le **pidieron** sus nietos?

Lo de siempre. **Pidieron** dulces y más dulces.

309

Conclusiones **Verbos con cambios de raíz en el pretérito**

1. Los únicos verbos con cambios de raíz en el pretérito son de la tercera conjugación; es decir, son de infinitivos terminados en **-ir**.
2. El cambio ocurre sólo en la tercera persona, singular y plural.
3. Si hay dos vocales en el cambio de raíz en el presente, el cambio en el pretérito consiste en la primera vocal de ese cambio:
    miente/mintió; mienten/mintieron;
    duerme/durmió; duermen/durmieron
4. Si hay una sola vocal en el cambio de raíz en el presente, se conserva el mismo cambio en el pretérito:
    pide/pidió; repiten/repitieron; siguió/siguieron

Formación

Presente:	duerme	mueren	siente	mienten	pide	repiten
	↓	↓	↓	↓	↓	↓
Pretérito:	durmió	murieron	sintió	mintieron	pidió	repitieron

Sinopsis

dormir (ue; u)		*sentir* (ie; i)		*pedir* (i; i)	
dormí	dormimos	sentí	sentimos	pedí	pedimos
dormiste	dormisteis	sentiste	sentisteis	pediste	pedisteis
durmió	durmieron	sintió	sintieron	pidió	pidieron

Nota: Estos mismos cambios se encuentran en el gerundio *(sección 8.6)*. Apréndalos bien porque ocurren en otros tiempos verbales que usted va a encontrar más adelante.

ACTIVIDADES

14. Gumersinda la débil. *Gumersinda está explicando su comportamiento diciendo que sólo hizo lo que hicieron los demás. ¿Qué dice?*

> **MODELO** Le pedí una buena nota al maestro porque Don Tremendón...
> **Le pedí una buena nota al maestro porque Don Tremendón también se la pidió.**

1. Mentí porque mis amigos también...
2. Seguí un mal camino porque Don Tremendón...
3. Pedí un préstamo exorbitante porque mi papá...
4. Sentí el ruido cuando mis compañeros lo...
5. Dormí quince horas anoche porque mi compañera...

15. ¿Qué hizo la gente? *Seleccionen una reacción de la Columna B en pretérito que completa lógicamente la frase de la Columna A.*

A	B
1. En su fiesta, Rita...	a. (pedir) ayuda
2. El político dijo que...	b. (dormir) casi doce horas
3. Después de una vida larga y productiva...	c. porque (conseguir) una ganga
4. El cliente del banco...	d. su novio la (seguir)
5. Marta entró primero y...	e. (servir) refrescos y vino
6. Como no escuchó la respuesta...	f. el otro candidato (mentir)
7. Raúl estaba enfermo y...	g. Cervantes (morir)
8. Los García compraron el coche...	h. Ana (repetir) la pregunta

16. Entrevista (entre dos o en pequeños grupos). *Pregúntele a alguien de la clase:*

1. quién durmió doce horas anoche
2. quién siguió una telenovela el año pasado
3. quién murió el año pasado
4. quién mintió al amor de su vida
5. quién pidió una nota alta en español
6. quién le pidió un favor anoche
7. qué consiguió Gumersinda anoche
8. quiénes rieron cuando su jefe dijo un chiste

12.6 ¿Qué hubo anoche en tu casa?

Mario, ¿qué **había** en la casa de tus abuelos?

Había mucha gente siempre, parientes y amigos. **Había** muchos muebles antiguos, **había** flores de muchos tipos, y también **había** casi siempre un olor a comida, sobre todo de pasteles.

Sr. Policía, ¿qué **hubo** de interesante anoche?

¡Uy!, anoche **hubo** de todo. **Hubo** tres choques de automóviles, **hubo** un incendio, y **hubo** una tremenda pelea en una fiesta. ¿Te parece poco?

Conclusiones *Hubo y había*

1. **Había** es el imperfecto de **hay**. **Hubo** es el pretérito de **hay**.
2. **Había** casi siempre se usa para describir una situación o un estado. **Hubo** casi siempre se usa para indicar que un incidente ocurrió.
3. **Había** y **hubo** tienen una sola forma; es decir, se combinan con sujetos en singular y en plural.

ACTIVIDADES

17. Las aventuras de la niñera (entre dos).   *Marisa es la niñera (niñero = una persona que cuida a los niños) de la familia Pacheco y está contando las aventuras de la noche anterior con los niños Pacheco. Complete su historia con **hubo** o **había**.*

> **MODELO**   un cuadro roto en la pared → **Había un cuadro roto en la pared.**

1. juguetes en el inodoro
2. leche en el piso
3. un incendio en la cocina
4. una pelea entre los niños Pacheco y unos niños vecinos
5. platos rotos en el piso
6. una explosión en la estufa
7. una disputa con una vecina
8. gran alivio cuando volvieron los padres

18. Autorretrato (entre dos o en pequeños grupos).   *Narre una historia de su propia vida usando **había** para descripciones y **hubo** para eventos. Use la tabla como punto de partida.*

En mi casa *(ciudad, escuela, etc.)*   había *(una profesora, un perro, un médico, etc.)*

Una vez   hubo *(un incendio, una pelea, un escándalo, un incidente, etc.)*

19. La verdadera historia de Caperucita Roja.   *Para ver cómo es la auténtica versión de una vieja historia, seleccione la forma más indicada del pretérito o del imperfecto de lo verbos que están entre paréntesis.*

Erase una vez una niña que se (llamar) _____ Caperucita Roja. Sus amigos le (dar) _____ ese nombre porque siempre (usar) _____ una enorme caperuza que casi le (tapar) _____ la cara.

Todos los sábados, Caperucita (ir) _____ a la casa de su abuela que (vivir) _____ al otro lado de un gran bosque donde (haber) _____ muchos animales. Casi todos los animales (ser) _____ amigos de Caperucita, y por esa razón, ella no les (tener) _____ ningún miedo. El único animal que le (dar) _____ miedo (ser) _____ un lobo maleducado que (tener) _____ la incivilizada costumbre de comer a todos los niños que (poder) _____ .

Un sábado, muy temprano, Caperucita (salir) _____ de su casa y (comenzar) _____ a caminar hacia la casa de su abuela. Mientras (cruzar) _____ el bosque, (hablar) _____ con sus amigos los pájaros, las ardillas y todos los otros animales que (estar) _____ en su camino. Por fin, (llegar) _____ a la casa de su abuela. (Tocar) _____ la puerta, pero no (contestar) _____ nadie. Después de esperar un minuto, (entrar) _____ en la casa.

—Hola, abuelita, (llamar) _____ . ¿Dónde estás? Soy yo, Caperucita.

—Aquí estoy en el dormitorio, (contestar) _____ una voz muy rara.

Caperucita (cruzar) _____ la sala, y (abrir) _____ la puerta del dormitorio donde (ver) _____ que alguien (estar) _____ en la cama— alguien que no (parecer) _____ ser su abuela.

—Pero abuelita, (decir) _____ Caperucita. ¡Qué grandes orejas tienes!

—Para escucharte mejor, mi hija.

—Y, ¡qué enorme nariz tienes!

—Para olerte mejor, mi querida.

—Y ¡Dios Mío! ¡Qué gigantescos dientes tienes!

—Para comerte mejor, mi dulce bombón.

Y entonces (saltar) _____ de la cama... ¡¡¡EL LOBO!!!

Pero en ese momento, (salir) _____ la abuela del armario y cuando (ver) _____ lo que (pasar) _____ , (gritar) _____ :

—¡Lobo desgraciado! ¡Animal imbécil! ¡Salvaje infiel! Eres igual que todos los hombres. Si encuentras a una chica más joven, olvidas inmediatamente a la única mujer que te quiere.

Y con eso (sacar) _____ una pistola antigua, y con tres tiros, (matar) _____ al desafortunado lobo.

12.7 ¿Cuál de esos chicos es tu sobrino? Vine porque quería conocerlo.

PRIMER PASO

¿**Qué** es un número de teléfono? Es un código que se usa para comunicarse de un teléfono a otro.

¿**Cuál** es tu número de teléfono? Es 891-2537.
¿**Qué** es un apellido? Es el nombre de la familia.
¿**Cuál** es tu apellido? Es López Corona.
¿**Qué** son tíos? Son los hermanos de mi madre o mi padre.

¿**Qué** son tus tíos? Son ingenieros.
¿**Cuáles** de los hombres allí son tus tíos? Son aquellos dos hombres que están hablando con mi cuñado.

Conclusiones *Cuál(es)* versus *qué*

1. **Qué** se usa para pedir una definición o una descripción.
2. **Cuál** y **cuáles** se usan para seleccionar entre los miembros de un grupo y se refiere a cosas o a personas:

¿**Cuál** es la fecha de hoy? *Se usa **cuál** porque todas las fechas posibles forman un grupo.*

¿**Cuál** es tu número de teléfono? *Se usa **cuál** porque todos los números de teléfono forman un grupo.*

¿**Cuáles** de esos chicos son tus primos? *Se usa **cuáles** porque todos los primos son miembros de un grupo.*

SEGUNDO PASO

Fuimos a la playa **porque** hacía calor. Fuimos a la playa **a causa del** calor.
El coche anduvo mal **porque** era viejo. El coche anduvo mal **a causa de** los años que tenía.

Me levanté temprano **porque** tenía que trabajar. Me levanté temprano **a causa de** mi trabajo.

Conclusiones *Porque* versus *a causa de*

1. **Porque** se combina con una cláusula. Una cláusula es una frase con un sujeto y un verbo dentro de una oración más grande.
2. **A causa de** se combina con sustantivos.

ACTIVIDADES

20. Haciendo preguntas. *Inventen preguntas con* **qué, cuál** *o* **cuáles** *para las respuestas a continuación.*

1. Mi cuñado es aquel hombre al lado de mi hermana.
2. Un cuñado es el esposo de una hermana.
3. Mi dirección es Vicente López, 283, 4° B.
4. Es el 22 de octubre.
5. Un padrino participa en el bautismo de un niño.
6. Mis sobrinos son aquellos jóvenes altos, guapos y musculosos.
7. La familia es la institución básica de la sociedad occidental.
8. Una dirección es un código que se usa para indicar una residencia.
9. Es 535-1246.

21. Una reunión inolvidable. *Susana está contando la historia de una memorable reunión familiar. Completen su historia con **porque** o **a causa de**.*

1. Todos llegaron tarde _____ la lluvia.

2. Mi madre estaba molesta _____ nadie trajo juegos para los niños.

3. Mi tía Paca estaba enferma _____ un virus.

4. Los niños estaban peleando _____ los niños siempre pelean.

5. Mi tía Lula fue a otra ciudad _____ no escribió bien la dirección.

6. El padre O'Conner no vino _____ una emergencia en la iglesia.

7. Mi primo Juan no hizo nada para ayudar _____ estaba con su nueva novia.

8. Estuve enferma _____ el ruido que hacían los niños.

9. Pero quiero ir a la reunión del año próximo _____ adoro a mi familia.

Pronunciación y ortografía _____

A. *Escuche e imite la pronunciación de la* **l** *en las palabras a continuación.*

El elemento más elemental puede ser el más esencial.
El filósofo eligió hablar sobre la moral de Vasconcelos.
El señor Sandoval vive en una zona rural.
La linda Lolita tiene rulos en el pelo.

La **l** *en español se pronuncia con la lengua en una posición más alta y más tensa que en inglés.*

B. *Escuche e imite la pronunciación de* **y** *y de la* **ll** *en las frases a continuación.*

Yo me llamo Yolanda Villanueva y soy bella.
La señora Lavalle se desmayó cuando vio a su yerno.
La leyenda de la llorona se oye en todo México.

*En casi todos los dialectos del español, la **ll** y la **y** cuando comienzan una sílaba se pronuncian de la misma manera. Por lo general, la pronunciación es [y], más o menos como la **y** en inglés, pero más fuerte. En el Río de la Plata (Argentina y Uruguay) se pronuncian [ž], más o menos como la **z** en* azure. *En algunas zonas, se distingue entre **y** y **ll**; por ejemplo, en algunas partes de España y de Hispanoamérica, la **ll** se pronuncia [ly], y la **y** se pronuncia [y].*

EN CONTEXTO

Lectura

Retrato de una madre

La Sra. Jensen llegó el primer día a la clase diciendo que quería aprender español. Era obviamente una persona alerta y **vivaz**. Lo único que la distinguía de los otros estudiantes era su edad: en ese momento tenía sesenta y nueve años. Su historia es interesante.

vivaz: de mucha energía y fuerza vital

El esposo de la Sra. Jensen murió **inesperadamente** de un ataque cardíaco cuando ella tenía **apenas** treinta años, dejándola sola con cuatro hijos y ningún **oficio** para ganarse la vida. Sus padres estaban muertos, los abuelos paternos de sus hijos tenían muy pocos recursos, y ella no tenía otros parientes para ayudarla. **En efecto,** la muerte de su esposo le destruyó la vida. Al ver bien su situación, ella reconoció que tenía que volver a pensar todos sus planes y rehacer su vida sobre otras bases.

inesperadamente: sin anticipación
apenas: *barely*
oficio: profesión, especialidad, *skill*
en efecto: en realidad

Recibió algún dinero del **seguro** de su esposo, y con esos **fondos** se matriculó en una facultad de enfermería. Muy pronto reconoció que el dinero del seguro no era suficiente. Por lo tanto, vendió su casa y **se mudó** con sus cuatro hijos a un pequeño departamento en un barrio pobre de la ciudad. Allí consiguió un trabajo como mesera en un pequeño restaurante donde trabajaba cinco días a la semana, desde las seis de la mañana hasta las dos de la tarde. Siguió estudiando de tarde y de noche, y también los fines de semana. Su hijo mayor, que en ese momento tenía apenas once años, cuidaba a sus hermanos menores mientras su madre asistía a clases.

seguro: póliza de seguro: *insurance policy*
fondos: dinero
mudarse: cambiar de residencia

Después de cuatro años difíciles, la Sra. Jensen por fin **se recibió** de enfermera; se graduó de la universidad en el mismo año que su hijo mayor se graduó de la secundaria. Consiguió su primer trabajo en un hospital universitario donde pronto **llegó a ser** una de las enfermeras más respetadas de todo el hospital. Después de poco tiempo la hicieron supervisora, y más adelante, bajo los estímulos de varios médicos, empezó a estudiar de nuevo, esta vez para conseguir la **maestría** en enfermería pediátrica. Recibió la maestría a los cuarenta y dos años, y casi inmediatamente la nombraron a un **puesto** en el que dividía tiempo entre enfermería aplicada, donde atendía a

recibirse: graduarse

llegar a ser: *to become*

maestría: el M.S.

puesto: posición en una organización

pacientes, y la **enseñanza** donde ayudaba a preparar a futuros enfermeros y enfermeras.

> **enseñanza:** acto de enseñar

Ocupó ese puesto hasta los sesenta y cinco años cuando le dijeron que tenía que **jubilarse**. Mientras tanto, ella ayudó a sus hijos a terminar sus estudios. Todos se graduaron de la universidad, y dos de ellos, un hijo y una hija, siguieron los intereses de su madre y ahora son médicos.

> **jubilarse:** retirarse, dejar de trabajar

Al jubilarse, la Sra. Jensen trató de llevar una vida de persona jubilada; empezó a cultivar flores y a jugar al bridge; esperaba impacientemente las visitas de sus nietos. Pero muy pronto **se aburrió** de esa vida tranquila, y salió a buscar trabajo. Pero todo el mundo le decía que era demasiado vieja para trabajar como enfermera y que **además,** como no le faltaba el dinero, debía quedarse en casa y dejar lugar para gente más joven. Cansada de esos comentarios, la Sra. Jensen **por fin** se presentó como enfermera voluntaria en una clínica pública en el barrio hispano de su ciudad. Pronto reconoció que para servir bien a sus nuevos pacientes, sobre todo a los niños que eran su especialidad, tenía que aprender español.

> **aburrirse:** *to get bored*

> **además:** también

> **por fin:** finalmente

Fue **así** que llegó a mi clase de español. Al principio, los estudiantes jóvenes no sabían qué hacer con esa alumna que era madre y también abuela. Sin embargo, al ver su dedicación y entusiasmo, concluyeron que en muchos sentidos la Sra. Jensen era la persona más joven de la clase.

> **así:** de esa manera

Preguntas

1. ¿Cuántos años tenía la Sra. Jensen cuando murió su esposo?   2. ¿Por qué no podía seguir viviendo de la misma forma?   3. ¿Cómo se ganaba la vida la Sra. Jensen mientras iba a la escuela?   4. ¿Quién cuidaba a sus hijos mientras ella iba a la escuela?   5. ¿Dónde consiguió la Sra. Jensen su primer trabajo? 6. ¿En que campo recibió la maestría?   7. ¿Cuántos años tenía la Sra. Jensen cuando se jubiló?   8. ¿Por qué no pudo la Sra. Jensen conseguir trabajo depués de jubilarse?   9. ¿Por qué quería estudiar español?   10. ¿Cree Ud. que «ser joven» es sólo cuestión de años? ¿Por qué?

Cómo se hace ⸻

Cómo se hace para cambiar de tema

¡Ah!, otra cosa que quería decirte...
Oiga (oye), por cierto...
Perdón, pero...

A propósito..
Hablando de otra cosa...
Eso que dices me hace pensar en...

Cómo se hace para pedir que algo se repita

Perdón, ¿puede repetir lo que dijo?
Perdón, pero no entendí muy bien.
    ¿Qué dijo usted?

¿Pero qué dice(s)?
¿Cómo dice(s)?

¿Me lo repite, por favor?   No le (te) oí muy bien. ¿Que dijo
                                     (dijiste)?
                                     ¿Cómo?

Cómo se hace para decir algo de otra manera

Es decir, ...   O sea, ...
En otras palabras, ...   Dicho con otras palabras, ...

Cómo se hace para indicar acuerdo y desacuerdo

Estoy de acuerdo con usted (contigo).   No estoy de acuerdo.
Es verdad. Tiene(s) razón.   Eso no lo puedo aceptar.
Claro que sí.   No es verdad. Usted está
                                        equivocado/a.

Sí, por supuesto.   Claro que no.
Desde luego.   ¿Estás loco? ¿Cómo puedes decir eso?

Cómo se hace para hablar por teléfono II

Una llamada local:

—Hola.
—Buenos días. Habla Ricardo Gómez. ¿Está el señor Sans?
—No, no **se encuentra**. ¿Quiere dejar un **recado**?   **encontrarse:** estar
—Sí, dígale por favor que llamé y que voy a llamarlo mañana   **recado:** mensaje
 en su oficina, más o menos a mediodía. ¿Está bien?
—Cómo no. Con mucho gusto.

Otra llamada local:

—Aló.
—Buenas tardes. ¿Se encuentra Luisa?
—¿De parte de quién?
—De parte de Marta Paredes.
—Ah, bueno. Voy a ver si está. **No cuelgue.** *(Después de una*   **colgar (ue):** *to hang up*
 pausa) No puede hablar ahora porque acaba de salir. ¿Puede
 usted llamar **de nuevo** esta noche?   **de nuevo:** otra vez
—Cómo no. Muchas gracias.
—De nada.

Una llamada de larga distancia:

—Dígame.
—Buenas noches. Quisiera hacer una llamada **por cobrar** al   **por cobrar:** paga la
 número 281-4590 en Orizaba.   persona que recibe la
—¿Quiere hablar de teléfono a teléfono o de persona a   llamada
 persona?

—De teléfono a teléfono.
—¿Y cómo se llama usted?
—Jaime Alarcón.
—Gracias. Ahora lo comunico. No cuelgue.

Una llamada en un hotel:

—Dígame.
—**¿Podría** usted comunicarme con la habitación 203?
—Está ocupado. ¿Quiere esperar?
—No, gracias. **Vuelvo a** llamar más tarde.

podría: forma cortés de
«puede»

volver a + *infinitivo:*
repetir, hacer otra
vez

Diálogos incompletos

1. _____

   Estás totalmente equivocado. ¿Cómo puedes decir eso?

2. El mundo es plano, y donde termina el mar hay dragones y monstruos feroces.

   _____

3. Mi cuñado es una persona difícil. _____ , tiene problemas con mucha

   gente.

4. Creo que usted es una persona simpática e inteligente; _____ , usted tiene

   mucho valor.

   _____

5. _____

   Buenos días. ¿Se encuentra el señor Fuentes?

   ¿ _____ ?

   De parte de Chela Martínez.

   Ah. Un momentito. Voy a ver si está. _____

   (una pausa) No se encuentra. ¿ _____ ?

   No, gracias. Vuelvo a llamar más tarde.

6. _____

Buenas noches. Quiero hacer una llamada por cobrar al número _____

en _____ .

¿ _____ ?

De teléfono a teléfono.

¿ _____ ?

Me llamo Josefina Prat-Ferrer.

_____

7. Dígame.

¿Podría usted comunicarme con _____ ?

Un momentito _____ . *(una pausa)* Está ocupado.

_____

Situaciones _____

Situación 1   Usted quiere hacer una llamada telefónica por cobrar desde España hasta la casa de sus padres. Alguien en la clase puede hacer el papel del telefonista. Use *Cómo se hace* como guía.

Situación 2   Tome una figura histórica como su identidad. Después, en una narración de primera persona, describa su vida. Si Ud. hace bien su papel, el resto de la clase puede adivinar quién es. Por ejemplo, si Ud. quiere ser J.S. Bach puede decir, «Nací en 1685, tuve dos esposas, fui padre de más de veinte chicos, viví en Alemania, y compuse muchísima música para todos los instrumentos y todas las voces. Morí en 1750. ¿Quién soy?»

Situación 3   Suponga que estamos en el año 2050 y que usted ya es muy viejo/a, con hijos, nietos y aún bisnietos. Otro/a estudiante de la clase lo/la está entrevistando sobre su familia.

Situación 4   Llama una persona a su casa y quiere hablar con su compañero/a de cuarto. Su compañero/a de cuarto no quiere hablar con esa persona. ¿Qué pretextos le da usted para explicar por qué su compañero/a no puede atender al teléfono?

Situación 5   Usted está en una conversación y quiere cambiar de tema. ¿Qué dice?

Situación 6   Usted no comprendió algo que dijo una compañera. ¿Qué le dice?
Situación 7   Una amiga de usted tiene una opinión que usted no acepta. ¿Cómo indica usted que no está de acuerdo?
Situación 8   Usted está con su supervisora—a quién usted quiere impresionar. ¿Cómo indica usted que está de acuerdo con ella?

Composición

Tema 1   Explique en gran detalle quiénes son sus parientes. Incluya nombres de padres, padrinos, hermanos, tíos, abuelos, bisabuelos, tíos abuelos, primos, cuñados, sobrinos, nietos, esposos, etc. Ud. puede dibujar un árbol genealógico para facilitar su explicación.
Tema 2   Prepare un informe escrito sobre alguien que Ud. admira, usando «Retrato de una madre» como guía. Si es posible, escriba algo sobre la vida de alguien en su familia, por ejemplo, su abuela o bisabuela.

Vocabulario activo

sustantivos relacionados con la familia

el/la abuelo/a	la comadre	la madre	los padres
los abuelos	el compadrazgo	la madrina	el padrino
el/la ahijado/a	el compadre	la muerte	los padrinos
el aniversario	los compadres	el/la muerto/a	el parto
el bautismo	el/la cuñado/a	el nacimiento	el/la sobrino/a
el/la bisabuelo/a	la disputa	el/la nieto/a	el/la soltero/a
el/la bisnieto/a	el/la divorciado/a	el/la niñero/a	el/la suegro/a
la boda	el divorcio	el/la novio/a	el/la tío/a
las bodas de oro	el/la hijo/a mayor	la nuera	el/la/tío/a abuelo/a
el casamiento	el/la hija/menor	el padre	el yerno

verbos

acabar	componer	fingir	proponer
atraer	distraer	gritar	suponer
besar	exponer	oler (ue)	tapar
colgar (ue)	extraer	pelear	

otros sustantivos

el alivio	la base	la crisis	el inodoro
el ánimo	el bosque	la cualidad	el lobo
la ardilla	el camino	la década	la pelea
el armario	la cárcel	la enseñanza	el premio
el arreglo	el comportamiento	el escándalo	el recado
el asunto	la crianza	los fondos	

adjetivos

desafortunado/a	infiel	jubilado/a	paterno/a
desgraciado/a	inolvidable	muerto/a	roto/a
familiar			

expresiones útiles

además	de nuevo	ganarse la vida	por fin
apenas	estar de acuerdo	mientras tanto	tener un bebé
así	estar en desacuerdo	no cuelgue	volver a + *infinitivo*
dar a luz	estar equivocado	por cobrar	

vocabulario personal

_____   _____

_____   _____

_____   _____

_____   _____

_____   _____

Rutinas y transiciones

EN MARCHA

13.1	¿Por qué se mira Narciso en el agua?

PRIMER PASO

Mario, ¿por qué **te miras** en el espejo?

Me miro en el espejo porque **me encuentro** guapísimo.

¿También **te consideras** inteligente?

Sí, mis amigos y yo **nos consideramos** brillantes.

¿Con quiénes **se identifican** sus amigos?

Se identifican con todos los guapos y bellos de la historia.

¿**Se identifica** Don Tremendón con vosotros?

Sí, pero nadie quiere **identificarse** con él.

¿Así que vosotros **os creéis** los hombres más lindos del universo?

No, pero estamos **presentándonos** muy bien. ¿No cree Ud.?

Señora, **mírese** en el espejo para ver si le gusta ese vestido.

Señores, **preséntense** al jefe. Los quiere conocer.

Conclusiones **La construcción reflexiva**

1. La construcción reflexiva consiste en un sujeto, un pronombre reflexivo y un verbo, todos de la misma persona.
2. En las oraciones de arriba el sujeto literalmente actúa sobre sí mismo.
3. Los pronombres reflexivos pueden agregarse a un infinitivo, a un gerundio o a un mandato afirmativo. Si es necesario, se pone acento para conservar el énfasis original.

Sinopsis

	sujeto	pronombre reflexivo	verbo
	Yo	**me**	**miro** en el espejo.
	Tú	**te**	**miras** en el espejo.
	Usted/él/ella	**se**	**mira** en el espejo.
	Nosotros/nosotras	**nos**	**miramos** en el espejo.
	Vosotros/vosotras	**os**	**miráis** en el espejo.
	Ustedes/ellos/ellas	**se**	**miran** en el espejo.

SEGUNDO PASO

Yo me miro **a mí mismo/a mí misma**.
Tú tienes que defenderte **a ti mismo/a ti misma**.
Javier se ama **a sí mismo;** Isabel se mira **a sí misma**.
Nosotros/nosotras nos queremos **a nosotros mismos/a nosotras mismas**.
¿Os aceptáis **a vosotros mismos/a vosotras mismas?**
Ellos/ellas se adoran **a sí mismos/a sí mismas**.
Chico, **cuídate a ti mismo**. Nadie más te va a cuidar.

Conclusiones   ## Frases de clarificación y de énfasis con el reflexivo

1. Cuando el sujeto literalmente hace y recibe la acción, es posible usar frases de clarificación o de énfasis con una forma de **mismo**.
2. Las frases de clarificación y de énfasis del reflexivo concuerdan en persona, número y género con el sujeto.

Sinopsis

pronombre reflexivo	*frase de clarificación o de énfasis*	*pronombre reflexivo*	*frase de clarificación o de énfasis*
me	a mí mismo a mí misma	os	a vosotros mismos a vosotras mismas
te	a ti mismo a ti misma	se	a sí mismo a sí misma a sí mismos a sí mismas
nos	a nosotros mismos a nosotras mismas		

TERCER PASO

Elena se mira a sí misma.

Elena y Juana se miran a sí mismas.

Elena y Juana se miran la una a la otra.

Después de la boda, los novios **se** abrazaron y **se** besaron **el uno a la otra.**
Es obvio que **se** quieren mucho.
Mis tías solteras **se** cuidan **la una a la otra.**
Todos los chicos de la clase **se** ayudan **los unos a los otros.**
Mis padres y yo **nos** hablamos por teléfono cada semana.

Conclusiones **El reflexivo recíproco**

1. El reflexivo recíproco indica un intercambio entre los distintos miembros de un sujeto plural.
2. Cuando el reflexivo recíproco requiere clarificación, se dice **el uno al otro, el uno a la otra, la una a la otra, los unos a los otros, las unas a las otras,** etc. Compare:
   Los socios de ese club se quieren mucho **a sí mismos.**
   Los socios de ese club se quieren mucho **los unos a los otros.**

ACTIVIDADES

1. El mundo vanidoso. *Esta gente es muy vanidosa y siempre se están mirando en el espejo. Descríbanlos en toda su vanidad con el presente progresivo.*

> **MODELO** María → **María está mirándose en el espejo. ¡Qué vanidosa!**

1. yo
2. tú y yo
3. (un actor)
4. (una cantante)
5. vosotros
6. los futbolistas
7. (un político)
8. las modelos
9. ...

2. Más vanidosos (entre dos). *Describan a la gente con una frase de énfasis o de clarificación.*

> **MODELO** cuidar/Raúl
> ESTUDIANTE 1: **¿Quién cuida a Raúl?**
> ESTUDIANTE 2: **Raúl se cuida a sí mismo.**

1. adorar/Pepa
2. querer/esos chicos
3. defender/Ramón
4. cuidar/los niños
5. amarlos/ustedes
6. respetar/los alumnos

3. Autorretrato. *Haga una descripción de sí mismo/a usando las frases dadas como guía.*

1. Me considero *(inteligente, guapo, capaz, maravillosa, encantadora, etc.)*
2. Me identifico con *(mi madre, mi profesor/a de español, una actriz, etc.)*
3. Estoy preparándome para *(una fiesta, un examen, una cita, un baile, etc.)*
4. No me creo demasiado *(tonta, diligente, rico, ridículo, fabuloso, etc.)*
5. Tengo que limitarme cuando *(no tengo dinero, estoy enferma, etc.)*
6. Puedo defenderme sin problema cuando *(hablo español, juego al béisbol, etc.)*

Ahora, describan a otros estudiantes de la clase, usando las frases de arriba como punto de partida. Por ejemplo, «Luisa se cree... , se identifica con... , etc.»

4. Entrevista (entre dos o en pequeños grupos). *Pregúntele a alguien de la clase:*

1. si se cree guapo/a
2. cuándo se mira en el espejo
3. si se considera inteligente
4. cuándo se prepara para un examen
5. con quién(es) se identifica
6. con quién va a encontrarse esta noche
7. si puede defenderse en un debate
8. cuándo tiene que controlarse

5. Clarificaciones. *Complete las oraciones con frases de clarificación o reflexiva o recíproca.*

EJEMPLO Mi amigo y yo nos queremos... → **Mi amigo y yo nos queremos el uno al otro.**
→ **Mi amigo y yo nos queremos a nosotros mismos.**

1. Mis compañeros se defienden...
2. Las dos alumnas se ayudan...
3. Mis tíos se cuidan...
4. Después de un gol, los jugadores se abrazan...
5. Mis hermanos y yo nos comprendemos...
6. ¿Os ayudáis...
7. Todos los miembros de mi familia se apoyan...

6. Antropología (entre dos o en pequeños grupos). *Usted es una eminencia en antropología y está en una entrevista sobre las costumbres en distintos contextos sociales. ¿Cómo contesta usted?*

EJEMPLO los hombres/abrazarse
ESTUDIANTE 1: **¿En qué contexto social (sociedad, cultura) se abrazan los hombres, los unos a los otros?**
ESTUDIANTE 2: **En los Estados Unidos, los hombres se abrazan los unos a los otros después de ganar un juego de fútbol.**

1. las mujeres/abrazarse
2. las mujeres y los hombres/abrazarse
3. los hombres/no tocarse
4. los hombres/besarse en la mejilla
5. los hombres/besarse en la boca
6. las mujeres/besarse
7. los hombres/tocarse sólo la mano
8. los hombres/abrazarse

Nota cultural

Un abrazo y un beso

Muchos norteamericanos, cuando visitan un país hispano por primera vez, tienen que aprender a saludar y a **despedirse** según nuevas normas sociales porque las **costumbres** no son iguales. Algunas de esas nuevas normas incluyen:

1. *El beso:* Es muy común en el mundo hispano que un amigo y una amiga, o dos amigas, se saluden y se despidan con un beso en la **mejilla. Desde luego,** ese beso es un beso amistoso, se puede decir victoriano, que no sugiere ninguna intención romántica.

2. *Dar la mano:* Si no se besan cuando se saludan, los hispanos siempre se dan la mano, igual que en los Estados Unidos. Pero a diferencia de los Estados Unidos, los hispanos también siempre dan la mano para despedirse. **De hecho,** se considera una falta de **atención** no darse la mano para despedirse.

despedirse: decir «adiós»
costumbre: práctica cultural

mejilla: *cheek*
desde luego: obviamente

de hecho: en verdad
atención: cortesía

3. *El abrazo:* También entre amigos—hombres con hombres, mujeres con hombres, y mujeres con mujeres—es muy común el **abrazo,** a veces para saludar y a veces para despedirse. De hecho, en ocasiones festivas como los cumpleaños, la Navidad o las fiestas de fin de año, el abrazo es obligatorio entre buenos amigos. En los Estados Unidos, los hombres no suelen tocarse tanto, pero en el mundo hispano es muy común, entre hombres y mujeres, caminar por la calle «del brazo», es decir, con el brazo del uno sobre **el hombro** del otro.

abrazo: *hug*

hombro: *shoulder*

13.2 ¿A qué hora te levantaste esta mañana?

PRIMER PASO

La rutina diaria

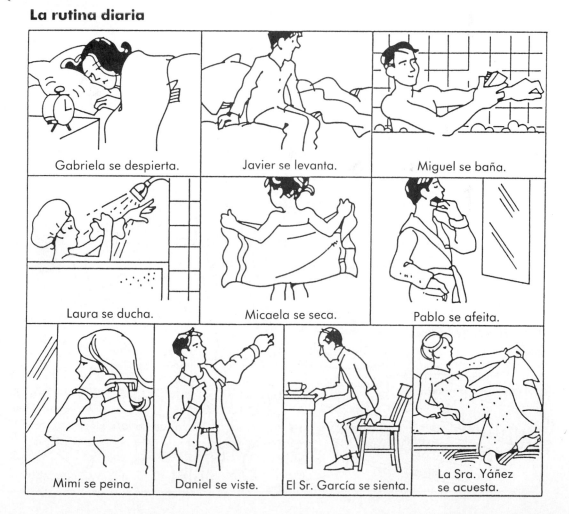

Gabriela se despierta.

Javier se levanta.

Miguel se baña.

Laura se ducha.

Micaela se seca.

Pablo se afeita.

Mimí se peina.

Daniel se viste.

El Sr. García se sienta.

La Sra. Yáñez se acuesta.

Martín, ¿qué haces para comenzar el día?

Bueno, **me despierto** a las siete, **me levanto, me baño, me seco** con una toalla, **me afeito, me peino, me visto** y **me siento** para tomar el desayuno.

Sra. Gómez, ¿qué hacen sus hijos antes de dormir?

Primero **se desvisten, se duchan** y **se secan**. Después de **ducharse** y **secarse, se acuestan** y **se duermen**.

Conclusiones ## La construcción reflexiva para actividades de la rutina diaria

1. La construcción reflexiva se usa para muchas actividades de rutina diaria. Apréndalos en su orden más lógico:

despertarse (ie)	afeitarse	desvestirse (i)
levantarse	peinarse	ducharse
bañarse	vestirse (i)	acostarse (ue)
secarse	sentarse (ie)	dormirse (ue)

2. La mayor parte de los verbos en esta lista no se usan con frases de clarificación.

SEGUNDO PASO

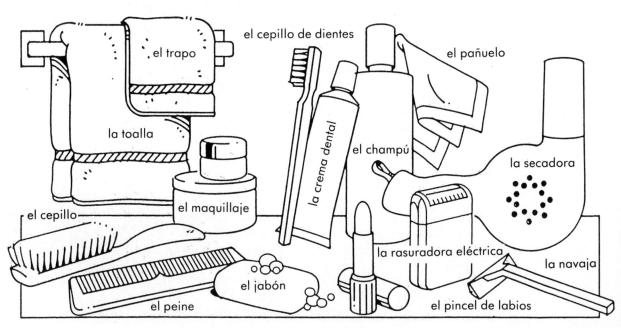

el trapo · el cepillo de dientes · el pañuelo · la toalla · la crema dental · el champú · la secadora · el cepillo · el maquillaje · la rasuradora eléctrica · la navaja · el peine · el jabón · el pincel de labios

Ana, ¿qué haces antes de **acostarte**?

Primero, **me lavo los dientes,** y **me lavo la cara.** Después, **me quito la ropa** y **me pongo un piyama.**

¿Con qué **te secas el pelo (cabello)**?

Depende. Si tengo una secadora, **me seco el pelo** con la secadora. Si no, **me lo seco** con una toalla.

¿**Te pones** maquillaje todos los días?

Depende. Casi siempre **me pinto** los labios un poco, y **me pongo** un poco de rímel.

¿Cuándo **te lavas las manos**?

Me lavo las manos antes de comer; también **me las lavo** antes de acostarme.

Dese un baño de
salud
disfrutando un exclusivo descanso

Contra la tensión y el desgaste y para mantenerse saludable, nunca se inventará nada mejor que la bañera con chorros de agua...la tina de hidromasajes, donde el agua a presión recorre su cuerpo, relajando los músculos y estimulando la circulación. Eso se llama HIDROTERAPIA. Una ciencia muy antigua creada por quienes tenían la sabiduría para usar las fuerzas de la naturaleza en su beneficio, sin destruir la fuente, ni a sí mismos.

Conclusiones **La construcción reflexiva con ropa y partes del cuerpo**

1. La construcción reflexiva se usa para indicar posesión de artículos de ropa y partes del cuerpo:

    Me lavo la cara.

    Raúl se quita el pantalón.

    Sr. Gómez, póngase este abrigo, a ver si le gusta.

    Chicos, pónganse los suéteres; hace frío.

2. El pronombre reflexivo también se usa con un pronombre del complemento directo:

    ¿Mi abrigo? Me lo pongo y después me lo quito.

    Javier, busque su abrigo y **póngaselo** antes de salir.

3. Casi nunca se usa un adjetivo posesivo en estos casos.

ACTIVIDADES

7. La vida poco escandalosa de Pilar (entre dos). *Pilar es una chica que lleva una vida normal y decente. Describa su vida normal y decente.*

> **MODELO** despertarse/6:30
> ESTUDIANTE 1: **¿Cuándo (a qué hora) se despierta Pilar?**
> ESTUDIANTE 2: **Se despierta a las 6:30**

1. levantarse/6:45
2. bañarse/6:47
3. secarse con una toalla/7:00
4. peinarse/7:02
5. vestirse/7:05
6. lavarse los dientes/7:15
7. pintarse los labios/7:30
8. ponerse el abrigo/7:40
9. desvestirse/10:30
10. ponerse el piyama/10:35
11. acostarse/10:35
12. dormirse/11:00

8. ¿Qué hiciste hoy? (entre dos) *Usando la actividad anterior como punto de partida, formulen preguntas y respuestas sobre lo que hicieron hoy.*

> **EJEMPLO** ESTUDIANTE 1: **¿A qué hora te levantaste?**
> ESTUDIANTE 2: **Me levanté a las siete.**

9. ¿Con qué? (entre dos) *¿Qué usa Gumersinda para arreglarse?*

> **MODELO** lavarse el pelo/trapo o champú
> ESTUDIANTE 1: **¿Con qué se lava el pelo Gumersinda?**
> ESTUDIANTE 2: **Debe lavarse el pelo con champú pero a veces usa un trapo.**

1. limpiarse los zapatos/un trapo o detergente
2. arreglarse el pelo/un cepillo o una toalla
3. lavarse la ropa/detergente o crema dental
4. pintarse los labios/una brocha o un pincel de labios
5. afeitarse las piernas/una rasuradora o un peine
6. lavarse los dientes/un cepillo de dientes o un pañuelo
7. limpiarse la nariz/una secadora o un pañuelo
8. lavarse las manos/jabón o detergente

10. La cena formal. *Elena y Mario invitaron a su jefa y su esposo, los señores Muñiz, a cenar con ello. ¿Qué les dicen?*

> **MODELO** servirse un poco de vino → **Sírvanse un poco de vino.**

1. sentarse aquí
2. ponerse cómodos
3. servirse un poco de vino
4. no levantarse
5. servirse más carne
6. saludarles a los chicos de nuestra parte

11. Entrevista (entre dos o en pequeños grupos). *Pregúnteles a sus compañeros:*

1. cuándo se pone un abrigo
2. a qué hora se levanta
3. cuándo se pone mucho maquillaje
4. si se afeita con rasuradora o navaja

5. cada cuándo se corta el pelo
6. si se pone un piyama para dormir
7. si se baña o se ducha

8. cuándo se quita la ropa
9. con qué se lava el pelo
10. con qué se lava la cara

Importante

13.3	**¡Se comieron ustedes toda la pizza!**

comer:	**Como** todos los días. (**comer:** *ya se sabe*)
comerse:	Tengo tanta hambre que puedo **comerme** toda una pizza. (**comerse:** *comer con mucha intensidad, vorazmente*)
dormir:	Trato de **dormir** ocho horas por día. (**dormir:** *ya se sabe*)
dormirse:	Si estoy cansada, **me duermo** sin problema. (**dormirse:** *empezar a dormir*)
ir:	**Voy** al baño para lavarme lo dientes. (**ir:** *ya se sabe*)
irse:	**Me voy** y no pienso volver. (**irse:** *el contrario de* **llegar**)
llamar:	Te **llamo** esta noche por teléfono. (**llamar:** *ya se sabe*)
llamarse:	Esta ciudad **se llama** Saltillo. (**llamarse:** *tener un nombre*)
quedar:	¿Dónde **queda** el parque municipal? (**quedar:** *igual que «estar» pero se usa solamente con lugares y edificios*)
quedarse:	No salgo hoy; **me quedo** en casa. (**quedarse:** *seguir en el mismo lugar; contrario de* **salir** *y de* **irse**)
sentir:	El gato **siente** la vibración. (**sentir** (ie): *percibir*)
sentirse:	No **me siento** bien; debo estar enfermo. (**sentirse:** *percibir un estado físico personal*)
ver:	Te **veo** más tarde si quieres. (**ver:** *ya se sabe*)
verse:	¡Qué elegante **te ves**! (**verse:** *tener la apariencia de*)

Conclusión **Algunos verbos cambian de significado en una construcción reflexiva**

ACTIVIDADES

12. Más instrucciones para Pepito. *¿Qué le dice la niñera a Pepito (que sin duda va a necesitar un psiquiatra en veinte años). Note que cuando la niñera está MUY enojada, le habla a Pepito de usted.*

MODELO irse a su dormitorio → **Váyase a su dormitorio.**

1. comerse todo
2. irse al baño
3. quedarse en casa

4. no irse de casa
5. acostarse temprano
6. dormirse pronto

13. Reacciones. *Describa la reacción más lógica de la gente a continuación.*

MODELO Delia quiere saber el nombre de una persona. (llamar/llamarse)

Delia dice cómo _____ Ud.? → **Delia dice cómo se llama Ud.**

1. Margarita y Josefina tienen muchísima hambre. (comer/comerse)
   Van a _____ una pizza.
2. Beti está cósmicamente cansada. (dormir/dormirse)
   Se acuesta y _____ inmediatamente.
3. Miguel no quiere salir esta noche. (quedar/quedarse)
   Quiere _____ en casa.
4. Aída y José viven en Olvidadoburgo; quieren vivir en España. (ir/irse)
   Quieren _____ de Olvidadoburgo.
5. Jaime tiene una cita con una persona divina esta noche. (ver/verse)
   Quiere _____ bien.
6. Roberto está comiendo como un animal. (sentir/sentirse)
   Dentro de poco va a _____ mal.

14. Entrevista (entre dos o en pequeños grupos). *Formulen preguntas y respuestas para sus compañeros usando la tabla.*

EJEMPLO ESTUDIANTE 1: **¿Cómo te sientes después de bailar toda la noche?**
ESTUDIANTE 2: **Me siento cansada pero relajada**
(relajada = descansada).

1. ¿Cómo te sientes...	a. cuando tienes mucha hambre
2. ¿Cómo te ves...	b. durante las vacaciones
3. ¿Dónde vas a quedarte...	c. los sábados por la noche
4. ¿Qué te comes...	d. después de comer demasiado
5. ¿Adónde te vas...	e. después de bailar toda la noche
6. ¿A qué hora te duermes...	f. con un kilo de maquillaje
	g. ...

13.4 ¿Te enamoraste durante las vacaciones?

casarse

enamorarse

¡¡¡GRRR!!!

¡Que mal me siento!

Esta medicina es una maravilla.

¿Que hago ahora?

enojarse

enfermarse

curarse

aburrirse

—Rafael, ¿cómo te fue el año pasado?

—Fue un año de muchas transiciones y cambios. Mi mejor amigo **se enfermó** al principio de año, pero después **se curó** y ahora está bien. Después mis vecinos **se separaron, se divorciaron** y ahora parece que van a **casarse** de nuevo. También, **me mudé** a otro barrio. Al principio no me gustó, pero ahora **me estoy acostumbrando**. Y por último, conocí a una persona divina y **me enamoré** locamente. Pero no debes **preocuparte**; no pienso **casarme** antes de **graduarme**.

Conclusiones **La construcción reflexiva para transiciones y cambios**

1. La construcción reflexiva se emplea muchas veces para indicar cambios de tipo físico, mental, emocional o social.

2. Algunos cambios físicos:

cansarse:	**Me cansé** mucho jugando al tenis.
criarse:	**Me crié** en Arizona, pero ahora vivo en California.
curarse:	Mi padre **se curó** gracias a una nueva droga.
emborracharse:	Mucha gente **se emborrachó** en la fiesta de fin de año.
enfermarse:	Mis hijos **se enfermaron** a causa del frío.
mudarse:	**Nos mudamos** porque estábamos cansados de la otra casa.

3. Algunos cambios mentales:

aburrirse: **Se aburrieron** los chicos porque la película no era interesante.

convertirse (ie): Samuel **se convirtió** al catolicismo hace un año.

4. Algunos cambios emocionales:

enamorarse de: **Me enamoré de** mi esposa en el momento de conocerla.

enojarse: El jefe **se enoja** cuando faltan los empleados.

frustrarse: Todos **nos frustramos** cuando no entendemos algo.

molestarse: **Me molesté** mucho cuando el banco no quiso aceptar el cheque.

preocuparse: Todos los padres **se preocupan** cuando no vuelven sus hijos a tiempo.

5. Algunos cambios sociales:

casarse: Mis padres **se casaron** hace más de treinta años.

divorciarse: Casi el cincuenta por ciento (50%) de los matrimonios **se divorcian** antes de cumplir cuatro años de casados.

graduarse: Pienso **graduarme** el año que viene.

separarse: Mi hermano y mi cuñada **se separaron** pero no se divorciaron.

¿DIVORCIO?

Divorcio sin la firma de su cónyuge aunque sea casada en otro país en 60/90 días.

ENLACE RUIZ OLALDE - CAPUTO

El día sábado 28 en la Iglesia Catedral se celebró la unión matrimonial de Alejandra Ruiz Olalde y Eduardo Caputo. Fueron padrinos por parte de la novia, Susana Risso de Ruiz Olalde y Guido Ruiz Olalde; por el novio lo hicieron Eduardo Mario Caputo Videla y Elena Platero de Caputo. Después de la ceremonia religiosa agasajaron a familiares y amigos.

ACTIVIDADES

15. Tempus fugit. *El año que acaba de cumplirse fue para Adolfo un período de muchos cambios. ¿Qué dice?*

> **MODELO** mi amiga Ernestina/graduarse con un B.A. en administración de empresas
> → **Mi amiga Ernestina se gradúo con un B.A. en administración de empresas.**

1. Ronaldo/enamorarse locamente de una persona misteriosa
2. el Sr. Pacheco/divorciarse y casarse de nuevo
3. yo/mudarse a un barrio más caro
4. mis sobrinas Irma y Gaby/enojarse con su jefe y cambiarse de trabajo
5. mi cuñado/enfermarse de un virus y despúes curarse
6. tú/empezar a preocuparse por la salud de sus padres
7. Gumersinda/molestarse con Don Tremendón y emborracharse con vino barato
8. Molly Brown/aburrirse cósmicamente e irse a Europa

16. Causas y efectos (entre dos). *Usen la tabla para formular preguntas y respuestas.*

> **EJEMPLO** ESTUDIANTE 1: **¿Cuándo te enojas?**
> ESTUDIANTE 2: **Me enojo cuando se descompone mi computadora.**

1. aburrirse	a. estoy en una fiesta
2. emocionarse	b. estoy en mi clase de...
3. enojarse	c. mis amigos hablan de...
4. enfermarse	d. se anuncia un examen
5. calmarse	e. se publican las notas
6. cansarse	f. escucho música rock
7. preocuparse	g. como la comida de...
8. enamorarse	h. estoy con...
9. dormirse	l. pienso en...
10. irse	j. corro
11. sentirse mal/bien	k. escucho a (nombre de una persona)
	l. un policía me sigue
	m. pago impuestos
	n. hay un incendio
	o. estoy sin empleo
	p. se descompone mi computadora

17. Chismes (entre dos o en pequeños grupos). *Usen la tabla de la actividad anterior para formular comentarios (chismes) sobre otra gente.*

> **EJEMPLO** ESTUDIANTE 1: **¿Cuándo se enoja Roberto?**
> ESTUDIANTE 2: **Roberto se enoja mucho cuando la gente habla mal de él.**

18. Entrevista (entre dos o en pequeños grupos). *Pregúntele a alguien de la clase:*

1. dónde se crió
2. cuándo va a casarse
3. cuándo se cansa
4. de qué se aburre
5. de qué se enfermó la última vez
6. si se preocupa por algo
7. cuándo se molesta
8. por qué se enojó la última vez
9. si se emborrachó alguna vez
10. si piensa mudarse pronto
11. de qué tipo de persona se enamora
12. en qué año va a graduarse

13.5 ¿Cuándo te hiciste amiga de Josefina?

—¿Qué hay de la vida de Beti?

—Beti está muy bien. La vi hace un par de días y **se puso** muy contenta de verme (como es lógico). El año pasado consiguió un trabajo en una gran empresa donde **se hizo** muy amiga de la jefa. Después **llegó a ser** supervisora de una sección importante. ¡Esa Beti! Parece que siempre le va bien en todo.

Conclusiones *Llegar a ser, hacerse y ponerse*

1. **Llegar a ser, hacerse** y **ponerse** son expresiones que se usan mucho para indicar cambios y transiciones.
2. **Llegar a ser** y **hacerse** se combinan con sustantivos y con adjetivos que también se usan con **ser** *(ver sección 2.3)*:
   El Sr. López **llegó a ser** presidente de la compañía.
   Marisela **llegó a ser** muy respetada en su profesión.
   Miguel **se hizo** médico gracias a su dedicación.
   Roberto y José **se hicieron** más simpáticos con el tiempo.
3. **Ponerse** se combina con adjetivos que también se usan con **estar** *(ver sección 2.3)*:
   Me puse furioso cuando me pidieron más dinero.
   Margarita **se puso** contenta cuando recibió la carta de su mamá.

ACTIVIDADES

19. ¿Qué pasó con... ? (entre dos) *Dos viejos amigos están hablando de gente que conocen. ¿Qué dicen?*

> **MODELO** la señorita Vargas/enfermera
> ESTUDIANTE 1: **¿Qué pasó con la señorita Vargas?**
> ESTUDIANTE 2: **Llegó a ser enfermera.** o **Se hizo enfermera.**

1. el profesor Sánchez/presidente
2. la Sra. Meléndez/jefa de una compañía
3. contigo/tu buen amigo
4. tus primos Juan y Ana/médicos
5. Mario y Jorge/famosos
6. vosotros/importantes
7. conmigo/mi buen amigo
8. Don Tremendón y Gumersinda/los primeros residentes de Marte

20. Biografías de gente famosa (entre dos).   *Describan lo que pasó con la gente en la primera columna, usando* **llegar a ser** *o* **hacerse.**

> **EJEMPLO**   ESTUDIANTE 1: **¿Qué llegó a ser Napoleón?**
> ESTUDIANTE 2: **Napoleón llegó a ser emperador de Francia.**

1. Juana de Arco
2. Hernán Cortés
3. Cristóbal Colón
4. los hermanos Marx
5. Evita Duarte de Perón
6. Tomás Jefferson
7. los hermanos Grimm
8. Simone de Beauvoir

a. un gran pensador de la independencia
b. una heroína de los pobres de su país
c. autores de cuentos de hadas
d. el conquistador de México
e. grandes cómicos del cine norteamericano
f. una gran teórica del feminismo
g. una mártir de la libertad francesa
h. un explorador de América

21. Reacciones lógicas (entre dos).   *Elijan la reacción más lógica para la gente y las situaciones.*

> **MODELO**   Jorge/recibir el premio (contento o triste)
> ESTUDIANTE 1: **¿Cómo se puso Jorge después de recibir el premio?**
> ESTUDIANTE 2: **Se puso muy contento.**

1. Nosotros/ganar la lotería nacional (extáticos o morbosos)
2. Ricardo/comer cinco hamburguesas con papas fritas (enfermo o satisfecho)
3. Mi jefe/verme llegar tarde (enojado o nervioso)
4. Luisa/decir una mala palabra delante de la abuela de su novio (colorado o tranquilo)
5. Tú/ver al amor de tu vida esta mañana (incoherente o cansado)
6. Yo/recibir una carta de mi padre sobre mis notas (tranquilo o inquieto)

22. Entrevista (entre dos o en pequeños grupos).   *Pregúntele a alguien de la clase:*

1. quién llegó a ser el primer presidente del país
2. si se hizo la niña favorita de sus maestros de primaria
3. quién se puso enfermo después de las vacaciones
4. quién se hizo amigo de alguien importante alguna vez
5. quién llegó a ser oficial de algún club estudiantil el año pasado
6. si Juana de Arco llegó a ser reina de Francia
7. cuándo se puso enfermo (*borracho, nervioso, furioso*) la última vez
8. qué va a llegar a ser en la vida

23. La maravillosa historia de Don Juan Sinluces, El Matamoscas.   *A continuación se encuentra la historia de un hombre valiente, Don Juan Sinluces, el Matamoscas, que llegó a ser uno de los más favorecidos de su rey. Complete la historia en la página siguiente con las formas más indicadas, o del pretérito o del imperfecto, y usted va a ver cómo fue su historia.*

Érase una vez un pobre vago que se (llamar) _____ Juan Sinluces. Juan (ser) _____ muy devoto a la religión de Baco, y se (dedicar) _____ religiosamente a una dieta líquida, de cerveza, de vino o, en casos de extrema emergencia, de agua.

Un día mientras Juan (estar) _____ sentado en la calle, se le (caer) _____ unas pocas gotas de cerveza al suelo. De repente, (llegar) _____ unas moscas que (empezar) _____ a beber las gotas de cerveza. Como las moscas no le (pedir) _____ permiso a Juan, Juan (enojarse) _____ mucho, les (dar) _____ un fuerte golpe y (matar) _____ varias de ellas. Juan las (contar) _____ y (ver) _____ que (ser) _____ muchas las moscas muertas. Con eso (ponerse) _____ muy contento, y (empezar) _____ a gritar: «Soy un hombre valiente, matador de animales feroces.» Cuando sus amigos (saber) _____ de su extraordinaria valentía, le (poner) _____ el nombre de Don Juan Sinluces, el Matamoscas.

Cerca de la ciudad, (haber) _____ un enorme bosque donde (vivir) _____ un lobo feroz. [Según entendemos, no (ser) _____ el amigo de la abuela de Caperucita porque, como ya sabemos, ese lobo (morir) _____ en el Capítulo Doce.] Cada vez que el lobo (tener) _____ hambre de carne humana, (entrar) _____ en la ciudad donde (matar) _____ y (comer) _____ a mucha gente. El lobo no (preocuparse) _____ por nada, y una vez (matar) _____ a un soldado del rey y se lo (comer) _____ entero.

El rey (frustrarse) _____ mucho a causa del lobo, y cuando (saber) _____ del valiente Don Juan Sinluces, el Matamoscas, lo (mandar) _____ inmediatamente al bosque en busca del terrible lobo.

Juan (fortificarse) _____ con un poco de vino, y (entrar) _____ sin miedo en el bosque. Cuando el lobo (sentir) _____ la presencia de Juan, (enojarse) _____ mucho, y (querer) _____ matar al intruso. Al ver el lobo, Juan (ponerse) _____ muy nervioso y (empezar) _____ a correr a toda velocidad hacia el palacio. Juan (llegar) _____ al palacio primero y (esconderse) _____ debajo de una mesa. El lobo, que ahora (estar) _____ furiosísimo, (entrar) _____ corriendo detrás de Juan, pero los soldados del rey lo (estar) _____ esperando, y le (dar) _____ muerte con una catapulta de último modelo.

El rey (contentarse) _____ tanto con Juan que le (poner) _____ un título de noble. Mientras tanto, la princesa Poopsi (enamorarse) _____ locamente del hombre valiente e (insistir) _____ en ser su esposa. Poopsi y Juan (casarse) _____ y (tener) _____ muchos hijos, todos tan valientes como su padre, el Hidalgo Don Juan Sinluces, Matador de Animales Feroces.

Nota cultural

Ritos de pasaje

Toda vida en toda sociedad está marcada por ciertos ritos que marcan el progreso de una vida, desde la infancia hasta la **vejez**. En las sociedades hispanas, esos ritos de pasaje frecuentemente están **vinculados** a las **costumbres** religiosas católicas, empezando con el bautismo donde se da nombre al niño y se establecen las relaciones entre compadres, padrinos y ahijados; pasando al matrimonio que casi siempre se celebra en una iglesia; y por fin llegando a la muerte y la **extremaunción**.

Uno de los ritos más notables en la vida de los niños es la primera comunión. A los seis o siete años, casi todos los niños se preparan para la primera comunión tomando clases de doctrina católica. Para la primera comunión los padres compran un **trajecito** o vestido especial que son obligatoriamente de color blanco, símbolo de la **pureza** de los niños que **comulgan** por primera vez. Aunque es un momento solemne, también es una ocasión para fiestas y fotos. Casi todos los hispanos católicos conservan con **cariño** las fotos de su primera comunión.

vejez: los años de viejo
vinculado: conectado
costumbre: práctica social tradicional

extremaunción: bendición de perdón y absolución que se les da a los muy enfermos
trajecito: un traje pequeño
pureza: inocencia
comulgar: recibir la comunión en la misa
cariño: amor, afecto

13.6   ¿Te aburrió la música?

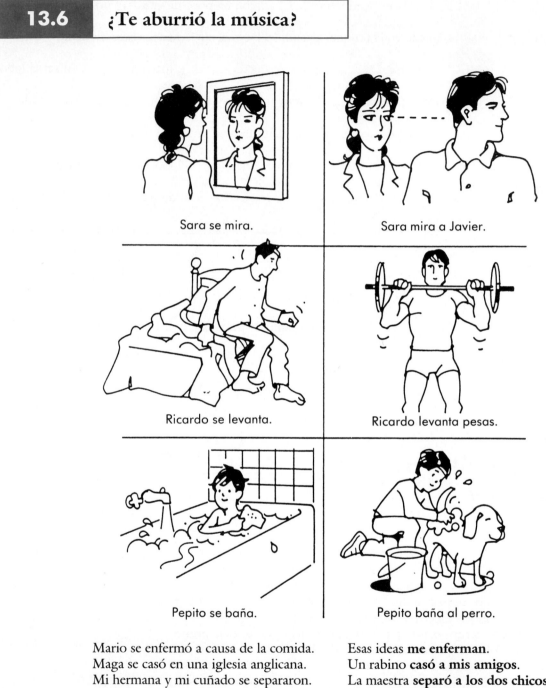

Sara se mira.

Sara mira a Javier.

Ricardo se levanta.

Ricardo levanta pesas.

Pepito se baña.

Pepito baña al perro.

Mario se enfermó a causa de la comida.
Maga se casó en una iglesia anglicana.
Mi hermana y mi cuñado se separaron.

Ana se levantó temprano.

Esas ideas **me enferman**.
Un rabino **casó a mis amigos**.
La maestra **separó a los dos chicos**
    que estaban peleando.
Tuve que **levantar el coche** para
    repararlo.

El vaso se rompió cuando se cayó.

Paquito **rompió el juguete** que no le gustaba.

Mi hermana se baña por la mañana.

Mi hermana **baña a mi sobrinito** dos o tres veces por día.

Esta mañana no me desperté solo; mi madre **me despertó**.
Mi sobrinita no puede bañarse sola; su madre **la baña**.
No pude calmarme después de esa película; una aspirina **me calmó**.
No me emborraché; mis malos compañeros **me emborracharon**.
Yo me crié en el campo, pero pienso **criar a** mis hijos en la ciudad.

Conclusiones   **Construcciones reflexivas y construcciones transitivas**

1. Casi todos los verbos que se usan en construcciones reflexivas pueden usarse también como verbos transitivos.
2. Un verbo transitivo tiene un complemento directo.
3. La construcción reflexiva sugiere que el sujeto hace la acción sin ayuda y sin influencia exterior. La construcción transitiva dice que el sujeto literalmente actúa sobre el complemento directo. Compare:

    Miguel se despertó a las seis. = *Miguel se despertó solo, sin ayuda.*

    Miguel despertó a Javier. = *Javier no se despertó solo; Miguel actuó sobre él.*

ACTIVIDADES

24. La boda escandalosa de Gumersinda (entre dos).   *¿Qué pasó en la boda de Gumersinda?*

MODELO   El sermón/aburrir a todo el mundo.
    ESTUDIANTE 1: **¿Qué tal el sermón?**
    ESTUDIANTE 2: **El sermón aburrió a todo el mundo.**

1. La música/dormir a todo el mundo
2. El vestido/molestar a los puritanos
3. Las flores/enfermar a los alérgicos
4. Su madre/ponerle mal el vestido
5. Sus damas de honor/bañarla en perfume
6. El ministro/empezar a casar a los padres
7. Don Tremendón/emborrachar a todo el mundo

25. Opiniones (entre dos o en pequeños grupos).   *Formulen preguntas usando la tabla A, y respuestas usando la tabla B.*

EJEMPLO   ESTUDIANTE 1: **¿Qué te enferma?**
    ESTUDIANTE 2: **Las flores de plástico me enferman.**

A

¿Qué	1. te enferma(n)	5. te aburre(n)
¿Quién	2. te despierta(n)	6. te preocupa(n)
¿Quiénes	3. te molesta(n)	7. te emociona(n)
	4. te va a casar	

344 • Capítulo 13

B

el color morado	los anuncios comerciales	la sociología
las flores de plástico	la nueva moda	la gente a la moda
mi reloj	un rabino	la guerra nuclear
mi hermano	un cura	mis notas
los pájaros	un ministro	mi relación con...
mi perro	un juez	...

26. Entrevista (entre dos o en pequeños grupos).   *Pregúntele a alguien de la clase:*

1. ¿Cuándo vas a casarte? ¿Te va a casar un rabino, un ministro, un cura o un juez?
2. ¿Se baña un perro sin ayuda, o lo baña su amo?
3. ¿Te despiertas sin ayuda, o te despierta tu reloj?
4. Cuando tenías menos de un año, ¿te vestías o te vestía alguien?
5. En un hospital, ¿se acuestan los pacientes sin ayuda, o a veces tienen los enfermeros que acostarlos?
6. ¿Te cortas el pelo, o te lo corta un peluquero?

13.7   Salgo para Murcia por tren.

PRIMER PASO

Para casi siempre indica un destino o una destinación.

1. El destino es un lugar (**para = hacia**):
   Mientras Josefina iba **para** el parque, miraba **para** las montañas.
   Salgo mañana **para** Guadalajara; después me voy **para** Tampico.
2. Una persona (o un grupo de personas) es el destino de un objeto:

¿**Para** quién es la rosa?	Es **para** Inés; se gradúa hoy.
¿**Para** quiénes son las flores?	Son **para** unos amigos que se casan.
3. Una persona (o un grupo de personas) es el destino de una acción:

¿**Para** quién limpias la casa?	La limpio **para** mi hermana.
¿**Para** quiénes cantan Uds.?	Cantamos **para** nuestro público.
4. El destino es el propósito de un objeto:
   Esa foto de tu primera comunión es **para** tu abuela.
   Ese vestido es **para** la boda de mi mejor amiga.
5. Empleo (destino del trabajo):

¿**Para** quién trabajas?	Trabajo **para** la Sra. López.
¿**Para** qué compañía trabajas?	Trabajo **para** la IBM.
6. Carrera (destino de los estudios):

¿**Para** qué carrera estudias?	Estudio **para** abogado.
7. Un infinitivo es el destino o el propósito de un objeto o de una acción:
   Este trapo es **para** limpiar zapatos; no es **para** lavar platos.
   Trabajo **para** ganar dinero **para** pagar el alquiler.

8. Destino en el tiempo (tiempo o fecha límite):

¿Para cuándo piensas terminar el informe?

Pienso terminarlo **para** el próximo martes.

¿Para cuándo tenemos que saber las palabras?

Tenemos que saberlas **para** el examen de mañana.

Nota: Observe que se usa **para** en la pregunta cuando se anticipa una respuesta con **para**:

¿Para quién compraste el regalo?

¿Para dónde iban Uds.?

¿Para qué día tenemos que terminar?

SEGUNDO PASO

Hay dos sentidos de *para* que no indican destino.

1. Comparación desigual con una norma:

Para un estudiante, Ronaldo tiene mucho dinero.

Según la norma, los estudiantes no suelen tener mucho dinero.

2. En la opinión de *(para = según)*:

Para mí, tu boda fue una de las más lindas del mundo.

TERCER PASO

Algunos usos de *por*

1. A cambio de:

Me dieron cinco mil dólares **por** mi coche usado.

Cambié mi falda **por** una nueva blusa.

2. Agente o medio:

Mario conoció a su futura esposa **por** un anuncio en el diario.

Vamos a California **por** tren y no **por** avión.

3. En lugar de:

Tengo que trabajar **por** Marisa porque se enfermó anoche.

Cuando me divorcié, mi abogado habló **por** mí.

4. Causa o motivo:

Me casé **por** amor; tú te casaste **por** dinero.

¿A qué hora vienes **por** mí?   Voy **por** ti como a las ocho.

5. Duración de tiempo:

El presidente habló **por** una media hora en su inauguración.

Miguel estuvo casado **por** cinco años.

6. A beneficio de, por el bien de:

Lo hice **por** mi familia.

La madre trabaja mucho **por** sus hijos.

7. Velocidad, porcentajes, frecuencia y otras medidas (**medida:** *measure*):

Manejaba a casi cien millas **por** hora.

Voy al laboratorio tres veces **por** semana.

El noventa **por** ciento (90%) de los estudiantes salieron bien.

8. Tiempo impreciso:

Allá **por** los años veinte, muchos se enfermaron en una epidemia de influenza.

Estudio **por** la noche y trabajo **por** día.

9. Movimiento o acción en un espacio determinado:

Caminabas **por** la calle cuando te vi.

Los chicos corrían **por** el parque.

El túnel pasaba **por** la montaña.

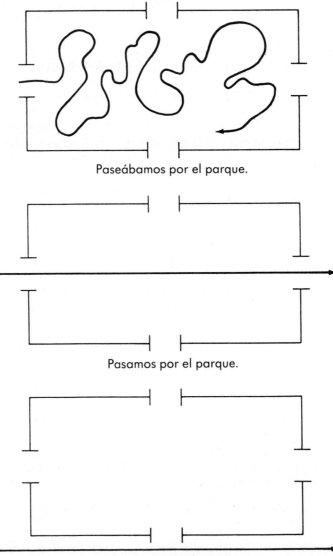

Paseábamos por el parque.

Pasamos por el parque.

Pasamos por el parque.

Viajamos **por** todo el estado de Veracruz.
Los coches corren rápidamente **por** la nueva autopista.
Se llega a Lima **por** ese camino.

10. Cerca de, alrededor de:
Había muchos árboles **por** mi casa.
Allá **por** la Calle Once hay muchas farmacias.

CUARTO PASO

Algunas expresiones idiomáticas con *por*

Por favor, Juan, ¿puedes explicar qué es lo que haces?

¡Por supuesto! Por fin me preguntaste. **Por lo general,** trabajo en un pequeño restaurante. Pero **por ahora,** estoy trabajando como jardinero porque paga **por lo menos** el triple del otro trabajo.

Sinopsis

por ahora = por el momento
por ejemplo = como evidencia
por fin = finalmente
por lo general = generalmente
por lo menos = como mínimo
por supuesto = claro que sí

ACTIVIDADES

27. El antropólogo extraterrestre (entre dos). *Usted acaba de conocer a un extraterrestre que le está haciendo mil preguntas sobre la vida en nuestro planeta. ¿Qué preguntas hace el extraterrestre? y ¿cómo se las contesta Ud.?*

EJEMPLO ESTUDIANTE 1: **¿Para qué es una boda?**
ESTUDIANTE 2: **Una boda es para casar a dos novios.**

1. una boda
2. un bautismo
3. una coronación
4. una graduación
5. una fiesta de fin de año
6. una misa fúnebre
7. un divorcio
8. una inauguración

a. terminar un matrimonio
b. bendecir a un muerto
c. casar a dos novios
d. iniciar a un nuevo presidente
e. aceptar a alguien en la iglesia
f. iniciar a un/a nuevo/a monarca
g. festejar el nuevo año
h. entregar un diploma

28. Ambiciones (entre dos o en pequeños grupos). *Describa las ambiciones de sus compañeros de clase.*

EJEMPLO ESTUDIANTE 1: **¿Para qué estudia Miguel?**
ESTUDIANTE 2: **Miguel estudia para ingeniero.**

Algunas carreras posibles:

ingeniero/a	banquero/a	contador/a
abogado/a	profesor/a de...	comerciante
enfermero/a	químico/a	...

29. La vida siempre fascinante de Don Tremendón (entre dos). *Usando* **para**, *imagínese algún motivo para lo que Don Tremendón hace a continuación.*

> **EJEMPLO** Don Tremendón / ir al centro
> ESTUDIANTE 1: **¿Para qué va Don Tremendón al centro?**
> ESTUDIANTE 2: **Para comprar un pantalón morado.**

1. Don Tremendón / estudiar
2. Don Tremendón / prender el televisor
3. Don Tremendón / ir al gimnasio
4. Don Tremendón / acostarse
5. Don Tremendón / casarse
6. Don Tremendón / llamar a Gumersinda

30. Entrevista (entre dos). *Pregúntele a alguien de clase ¿qué hace para...*

> **EJEMPLO** ESTUDIANTE 1: **¿Qué haces para no engordar?**
> ESTUDIANTE 2: **No como postres.**

¿Qué haces...
1. ... impresionar a tus amigos?
2. ... sacar notas fabulosas?
3. ... no molestar a los vecinos?
4. ... ganar dinero?
5. ... no trabajar demasiado?
6. ... no engordar?
7. ... no dormir en... ?
8. ... estar informado/a sobre... ?

31. Fantasías (entre dos). *Complete las oraciones con* **para** *+ ...*

> **EJEMPLO** Voy a casarme... → **Voy a casarme para vivir bien.**

1. Venimos a clase...
2. Mi jefe existe...
3. Voy a casarme...
4. Quiero graduarme...
5. Necesito una buena nota en esta clase...
6. Voy al cine...
7. Hago ejercicios...
8. Los profesores trabajan...

32. Costumbres. *Indique con qué frecuencia Ud. participa en las actividades a continuación.*

> **MODELO** nadar → **Nado tres veces por semana.**

1. ir a la biblioteca
2. bañarse
3. venir a la clase de español
4. ir al teatro
5. hacer una fiesta
6. enfermarse
7. enojarse
8. emborracharse

33. Causas y motivos. *Haga una oración original describiendo el motivo más probable de los eventos a continuación.*

> **MODELO** Ana se casó / amor o dinero → **Ana se casó por amor.**

1. Miguel se enfermó / el frío o el calor
2. El profesor se enojó / los buenos alumnos o el ruido de la calle
3. Los García se divorciaron / falta de compatibilidad o exceso de amor
4. Sylvia se graduó en primer lugar / su inteligencia o su indisciplina
5. Los alumnos se molestaron / sus buenas notas o sus malas notas
6. Yo me preocupo / ...

34. De cómo el Sr. Hyde llegó a Hollywood. *A continuación se encuentra una nueva versión de una vieja historia. Complete la historia con **por** y **para** y usted va a ver qué pasó con un médico frustrado que quería ser actor.*

Allá _____ los años 1940 había un médico que se llamaba el doctor Jekyll. El Dr. Jekyll vivía en una casa amplia sobre una calle que pasaba _____ el Río Támesis en Londres. El Dr. Jekyll pagó mucho dinero _____ la casa, en parte _____ la calidad de la casa, y en parte _____ la zona donde se encontraba. Tenía un consultorio también en un barrio rico _____ atraer a clientes con mucho dinero. Como su clientela era muy próspera, el Dr. Jekyll cobraba mucho _____ sus servicios y pronto llegó a ser uno de los médicos más ricos de Londres.

Pero si _____ fuera el Dr. Jekyll estaba contento, _____ dentro era un hombre muy frustrado. Se frustraba _____ las enfermedades inventadas de sus clientes, y también se frustraba _____ su carrera de médico porque en el fondo, el Dr. Jekyll quería ser actor. Pero _____ ser actor, se requiere mucho trabajo, y al Dr. Jekyll no le gustaba trabajar.

_____ fin el Dr. Jekyll decidió que se sentía frustrado _____ falta de vitaminas en su dieta. _____ lo tanto salió _____ la farmacia _____ comprar unas vitaminas orgánicas. Mientras caminaba _____ la calle, sintió de nuevo las tremendas ganas que tenía de ser actor.

Llegó a la farmacia, y compró unas megavitaminas _____ mucho dinero. Pagó tanto porque creía que _____ ser caras debían ser buenas. Pero el farmacéutico no le dio vitaminas al pobre del Dr. Jekyll; _____ equivocación, le dio una droga muy experimental fabricada especialmente _____ el Agente 007 que en ese momento tomaba sol en Bora Bora.

Cuando el Dr. Jekyll volvió a su consultorio, se tomó una doble dosis de las «vitaminas.» De repente, se sintió extraño y empezó a gritar. Afortunadamente, en ese momento un policía pasaba _____ el consultorio, y al escuchar los gritos del Dr. Jekyll, entró _____ ver qué pasaba. Y allí encontró— ¡¡¡A UN MONSTRUO!!! Pero _____ el policía (que era un crítico frustrado de cine), no era un monstruo; era un actor escapado de Hollywood. _____ lo tanto, el policía llamó a un famoso director que en ese momento se encontraba en Londres, y de esa manera, el Dr. Jekyll consiguió su gran oportunidad de actor.

Se fue a vivir en Hollywood, se cambió el nombre a Hyde e hizo muchas películas. También se ganó mucho dinero, en parte porque no pagaba nada _____ el maquillaje.

EN CONTEXTO

Lectura

Retrato de Ana

Ana Martínez es una mujer mexicana que durante varios años vivió en los Estados Unidos. Mientras estaba en los Estados Unidos, siguió un curso de inglés enseñado por el autor. Incluyo su historia aquí porque, por un lado, me parece admirable, y por otro, es representativa de la experiencia de muchos hispanos que entran sin visa en este país.

Ana nació en un rancho del estado de Guanajuato en México. Era la menor de once hijos. La madre de la familia murió cuando Ana tenía cuatro años, y Ana apenas la recuerda.

Aunque la familia de Ana era pobre, en comparación con otras familias del campo, vivían relativamente bien. Cultivaban maíz, frijoles y algunas legumbres, y también tenían gallinas, puercos, dos cabras, un burro y una vaca. Pero aun con eso, el rancho no producía lo suficiente para la familia. Por lo tanto, su padre y sus hermanos mayores trabajaban cuando podían en otros ranchos, sobre todo en una gran hacienda que **pertenecía** a un hombre rico de la ciudad. **De esa forma,** aunque la familia no vivía con **lujo** tampoco pasaba hambre.

pertenecer: ser propiedad de
de esa forma: de esa manera
lujo: opulencia

Ana aprendió a trabajar muy de niña y llegó a ser esencial en la vida diaria del rancho. También estudió, pero sólo hasta tercer grado. Sin embargo, aprendió a leer y a escribir. Aunque la vida en el rancho era **dura**. Ana tiene buenos recuerdos de su infancia, de los amigos de sus primeros años y de su familia. Conmigo, hablaba del rancho con cierta nostalgia pero en ningún momento quiso volver.

dura: difícil

Los hermanos de Ana no pudieron quedarse en el campo porque no había ni trabajo ni tierra. Por lo tanto, todos abandonaron el rancho cuando tenían dieciséis o diecisiete años para buscar trabajo en el Distrito Federal, la capital del país. Sus tres hermanas, en cambio, se casaron con hombres del pueblo y siguen viviendo allí.

Cuando Ana tenía catorce años, murió su papá, y por un detalle legal que Ana nunca comprendió, la familia perdió el rancho. Aunque Ana se puso muy triste con la muerte de su padre, reconoció que no podía quedarse en el rancho. Por lo tanto, Ana también se fue del campo para vivir con un hermano en la capital.

En la capital, Ana quiso estudiar más, pero no pudo porque tenía que trabajar. Se hizo asistente de una **costurera** y allí aprendió a coser. Más adelante, consiguió trabajo con una **modista** que le enseñó a hacer ropa fina. Ana llegó a ser muy **hábil** en su trabajo, y por tener un **oficio** se consideraba más afortunada que la mayoría de sus amigas que trabajaban en fábricas o en casas de familias más ricas.

costurera: una persona que cose y hace ropa
modista: una persona que diseña ropa
hábil: competente
oficio: profesión

A los dieciocho años, Ana se casó con un muchacho del barrio y después de un año tuvo una hija a quien le pusieron el nombre de Gabriela o Gaby. Pero la vida pronto se hizo más difícil porque dos años después, el marido murió en un accidente, dejando solas a Ana y a Gaby. Ana tuvo varias posibilidades de casarse de nuevo, pero no quiso. Prefirió buscar otra vida. Fue ese deseo que la **atrajo** a los Estados Unidos.

atrajo: pretérito de *atraer*

Dejó a Gaby en su pueblo con una hermana y se fue para «El Norte». **Como** no tenía visa, se pasó a Estados Unidos clandestinamente. En Los Angeles consiguió empleo en una pequeña fábrica de ropa que empleaba exclusivamente a extranjeros como Ana—gente sin protección legal. Para sus jefes, los indocumentados (**obreros** sin visa) eran una buena fuente de **mano de obra** barata. Le pagaban poco y no le daban beneficios médicos. Sin

como: porque, por el motivo de que
obrero: alguien que hace trabajo manual
mano de obra: los obreros en general

embargo, le sacaban **impuestos** y cuotas para el seguro social, dinero que Ana nunca iba a recuperar ni en servicios ni en jubilación. Ana mandaba casi el setenta por ciento (70%) de lo que ganaba a su familia en México para mantener a su hija. Ana trabajaba de día y estudiaba inglés de noche. Fue en una de esas clases que yo la conocí.

impuesto: dinero que el gobierno colecciona

Ana pronto se cansó del trabajo en la fábrica y consiguió trabajo como criada en varias casas norteamericanas. Cuando las señoras norteamericanas vieron que Ana era una excelente costurera, empezó a ganar más, haciendo vestidos para las señoras, sus hijas y sus amigas. Todo iba bien hasta que un día la detuvo un oficial del Servicio de Inmigración de los Estados Unidos.

Ana sabía que algunas personas la consideraban una criminal, pero ella no se preocupaba demasiado por esa opinión. Su punto de vista era bien claro: quería vivir mejor, quería una independencia que muchas mujeres de su clase social no podían tener, y quería darle a su hija ciertas oportunidades que ella nunca tuvo. Por otra parte, sabía que pocos norteamericanos estaban **dispuestos** a trabajar como ella por el salario que ella cobraba. Y sobre todo, sabía que su trabajo era honesto: ganaba porque trabajaba. Lo único que ella pedía era la oportunidad de trabajar. No buscaba nada **gratis**.

dispuesto: *willing*

gratis: que no cuesta dinero

Durante los dos años que Ana estudió conmigo, la policía la detuvo cuatro o cinco veces, pero ella, de alguna forma, siempre pudo volver, a veces después de una ausencia de solamente cuatro o cinco días. Para ella, la policía era una inconveniencia menor. Siguió trabajando y aprendió inglés bastante bien. Después de terminar el curso, se mudó a San Diego, y perdimos el contacto.

Unos dos o tres años después en una de las coincidencias más notables de mi vida, tuve la linda sorpresa de ver a Ana en una calle en Tijuana, donde supe el resto de la historia. Al llegar a San Diego, Ana hizo contacto con varias tiendas norteamericanas y empezó a hacer vestidos por orden especial. Por fin, ella y una amiga reunieron suficiente dinero para poner una costurería en Tijuana. El negocio prosperó y ahora tiene clientes de **ambos** lados de la frontera. Su hija Gaby vive ahora con Ana, y estudia en una escuela privada. Según Ana, es una de las mejores alumnas.

ambos: los dos

Preguntas:

1. ¿Cómo conoció el autor a Ana?   2. ¿Dónde nació Ana?   3. Describa las circunstancias de su familia durante su niñez.   4. ¿Cuántos años estudió Ana en México?   5. ¿Por qué fue Ana a vivir en el Distrito Federal?   6. ¿Qué oficio aprendió en el Distrito Federal?   7. ¿Qué atrajo a Ana a los Estados Unidos? 8. ¿Cómo distribuía Ana su salario?   9. ¿Por qué no se consideraba Ana una criminal?   10. ¿Qué piensa usted? ¿Era criminal Ana?   11. ¿Qué contactos tuvo Ana con el Servicio de Inmigración de los Estados Unidos?   12. ¿Por qué cree usted que Ana volvió a México a vivir?

Cómo se hace _____

Cómo se hace para describir las etapas de la vida

—¿En qué año nació usted?

—Nací en 1970.

—¿Cómo se llama su ciudad **natal**?

—**Me crié** en San Juan.

—¿Pasó su niñez allí?

—No, mis padres se mudaron a Flores, e hice mis estudios **primarios** allí.

—¿También hizo la **secundaria** en Flores?

—No, hice la secundaria y la **preparatoria** en la capital.

—¿En qué año completó usted sus estudios universitarios?

—**Me recibí** el año pasado.

—**¿A qué se dedica** usted?

—Soy química. Trabajo para el gobierno.

—¿Es usted **casada** o **soltera**?

—**Comprometida.** Me caso el mes que viene.

—¡Felicidades!

natal: de nacimiento
criarse: *to grow up*

primaria: primero a sexto grado
secundaria: séptimo a noveno grado
preparatoria: décimo a doceavo grado
recibirse: diplomarse
¿A qué se dedica?: ¿En qué trabaja?
casada: que tiene esposo
soltera: no casada
comprometida: que se va a casar

Cómo se hace para empezar un chisme

¿Sabes que... ?	Se comenta que...	Todo el mundo dice que...
¿Quieres saber algo?	Se dice que...	¿Sabes lo último de... ?
¿Sabes una cosa?	No me vas a creer pero...	No se lo digas a nadie pero...

Cómo se hace para comprar algo en una farmacia

—Buenos días, señora. ¿En qué puedo servirle?

—**Quisiera** una crema para las manos (pasta dental, loción, champú, etc.).

—Tenemos de varios tipos. ¿Prefiere Ud. alguna **marca** en especial?

—Quiero algo para **piel** seca y delicada.

—¿No le gusta esta marca?

—Sí, pero ¿no la tiene en un **tamaño** más grande?

—Cómo no. ¿Algo más?

—¿Hay crema solar?

—Cómo no. ¿Quiere Ud. crema o **aceite**?

—Me gusta más el aceite.

—¿Está bien éste?

—Me parece perfecto. ¿Cuánto le debo?

—Son seiscientas pesetas más el **impuesto**. ¿Se lo envuelvo?

—Sí, por favor. ¿Dónde pago?

—Allí en la **caja** por favor. Presente esta **boleta** al señor y él le va a dar su paquete.

—Muchas gracias.

—A usted.

quisiera: forma cortés de «quiero»
marca: nombre comercial
piel: membrana que cubre el cuerpo
tamaño: cantidad

aceite: *oil*

impuesto: dinero para el gobierno
caja: donde se paga
boleta: hojita de papel que indica el precio

Cómo se hace para hacer una pregunta delicada

¿Me permite una pregunta medio
delicada?

¿Le puedo hacer una pregunta un poco
indiscreta?

Perdone la pregunta, pero...

Dispense la pregunta, pero...

Diálogos incompletos

1. _____

Nací en 1945.

_____

Me crié en San Juan.

_____

Sí, hice la primaria y la secundaria en San Juan.

_____

Empecé mis estudios universitarios en México,
pero los terminé en Estados Unidos.

_____

Me recibí en 1969.

_____

Soy técnico de laboratorio.

_____

No. Soy divorciado.

2. _____

¡No me digas!

_____

¡No puede ser!

_____

¡Dios mío!

_____

¡Qué barbaridad!

3. ¿Qué necesitaba?

_____

¿Prefiere usted alguna marca en especial?

_____

¿Prefiere crema o aceite?

_____

¿Algo más?

_____

Son 850 pesos con el impuesto.

_____

Allí en la caja.

4. _____

No es ninguna indiscreción. Tengo ochenta y tres años.

_____

Sí, estoy muy bien de salud aunque a veces sufro un ataque de artritis.

5. _____

No, no soy casado.

Situaciones

Situación 1	Usted llegó hace muy poco a la universidad y ahora vive en una residencia estudiantil. Pero usted no conoce los reglamentos de la residencia. Información que Ud. necesita: ¿Dónde puede uno bañarse, ducharse, afeitarse, lavarse los dientes, lavarse la ropa? ¿Dónde se consigue pasta dental, jabón, champú, etc.? Pídale toda la información que usted necesite a un/a compañero/a de clase.
Situación 2	Un amigo tiene que tomar una limosina al aeropuerto que sale a las cinco de la mañana. ¿Qué debe hacer para llegar a tiempo? Es decir, Ud. tiene que decirle cuando debe acostarse, dormirse, prepararse las maletas, lavarse la ropa, bañarse, afeitarse, etc. Use el imperativo de *usted* para decirle lo que debe hacer.
Situación 3	Ud. tiene que enseñarle a un niño chiquito buenas costumbres higiénicas. Sus primeros consejos pueden ser: Debes levantarte a las siete de la mañana. Debes bañarte todos los días. Otros temas: lavarse las manos, bañarse, ducharse, limpiarse las narices, limpiarse las orejas, peinarse, cortarse el pelo, cortarse las uñas, lavarse el pelo, lavarse la ropa, etc.
Situación 4	Suponga que usted es periodista de televisión y tiene que hacer una entrevista con un personaje importante—un actor, una actriz, un político, una artista—y usted tiene que informarse sobre los grandes momentos y hechos de su vida—graduaciones, éxitos, premios, casamientos, divorcios, etc. Otra persona de la clase puede hacer el papel del personaje importante.
Situación 5	Usted necesita comprar pasta dental en una farmacia. Identifique lo que usted necesita, pregunte cuánto cuesta, en qué tamaños se consigue, etc.
Situación 6	Usted quiere saber la edad de otra persona (su estado de salud después de una operación, su peso, si está encinta, etc.). ¿Cómo empieza la pregunta?
Situación 7	Usted sabe un chisme sabroso y jugoso, y quiere compartirlo con un amigo. ¿Cómo empieza usted la conversación?

Composición

Tema 1	Describa su rutina diaria de ayer, empezando con el momento de despertarse y terminando con el momento de dormirse. Narre todo en pasado.
Tema 2	Los ritos de pasaje que señalan distintos momentos de transición en la vida (graduaciones, ritos religiosos, fiestas especiales, etc.) varían de cultura en cultura. Escriba una descripción para un lector imaginario de otro país sobre los ritos de pasaje de una persona típica de la cultura de usted.

Vocabulario activo

algunos artículos de higiene y belleza

el cepillo	el desodorante	el maquillaje	el pincel
el cepillo para dientes	el detergente	la navaja	la rasuradora
la colonia	el espejo	el pañuelo	el rímel
la crema dental	la espuma de afeitar	la pasta dental	la secadora
la crema solar	el jabón	el peine	la toalla
el champú	la loción	el perfume	

verbos de rutina diaria

acostarse (ue)	despertarse (ie)	lavarse	ponerse (la ropa)
afeitarse	desvestirse (i)	levantarse	quitarse (la ropa)
bañarse	dormirse (ue)	limpiarse	secarse
desayunarse	ducharse	peinarse	vestirse (i)

verbos de transiciones y cambios

aburrirse	convertirse (ie)	enamorarse	molestarse
acostumbrarse	criarse	enfermarse	mudarse
bautizarse	curarse	enojarse	ponerse
calmarse	descomponerse	frustrarse	preocuparse
cambiarse	detenerse (ie)	graduarse	recibirse
cansarse	divorciarse	hacerse	recuperarse
casarse	emborracharse	llegar a ser	separarse
contentarse	emocionarse		

otros verbos que se usan mucho en reflexivo

comerse	despedirse de (i)	odiarse	sentarse (ie)
cortarse	irse	olvidarse de	sentirse (ie)
cuidarse	llamarse	quedarse	verse
defenderse (ie)			

más partes del cuerpo

la barba	el cuello	las pestañas	la piel
el bigote	la mejilla	el pie	las uñas
el cabello	las narices		

etapas de la vida

la adolescencia	la infancia	la muerte	la niñez
la edad adulta	la jubilación	el nacimiento	la vejez

adjetivos

ambos/as	duro/a	natal	universitario/a
capaz	fabricado/a	orgulloso/a	vago/a
casado/a	gratis	redondo/a	valiente
comprometido/a	hábil	secundario/a	vanidoso /a
descompuesto/a	higiénico/a	soltero/a	vinculado/a
desigual			

expresiones útiles

de hecho   de nuevo   en seguida

expresiones con **por**

por ahora   por el momento   por lo general   por supuesto
por ejemplo   por fin   por lo menos

vocabulario personal

_____   _____

_____   _____

_____   _____

_____   _____

_____   _____

La política

⚜ EN MARCHA ⚜

14.1	¿Para quién quieres que vote yo?

PRIMER PASO

Comentarios que se oyeron durante una campaña política:

Mi madre no quiere que yo **trabaje** en la campaña.
Quiero que **almuerces** con el jefe del partido mañana.
El presidente pide que el congreso **apruebe** su proyecto de ley.
María espera que **votemos** por ella en las próximas elecciones.
Nadie quiere que vosotros os **quedéis** en la capital.
Los diarios quieren que los candidatos **expliquen** mejor sus posiciones.
El jefe del partido quiere que yo **organice** a los voluntarios.
Yo prefiero que el partido **pague** los viajes de sus empleados.

Conclusiones ## Formación del presente del subjuntivo de los verbos terminados en *-ar*

1. Para los verbos regulares terminados en **-ar,** el presente del subjuntivo se forma sustituyendo **-e-** por la primera vocal de la terminación; note lo parecido de las formas del presente del subjuntivo con las formas del mandato formal *(ver 9.3)*.

    voto → **vote; votamos** → **votemos**, etc.

2. El presente del subjuntivo conserva los cambios de raíz del presente del indicativo:

    recuerdas → **recuerdes; recordáis** → **recordéis**, etc.

3. El presente del subjuntivo de verbos terminados en **-gar, -car** y **-zar** se forma con **-gue, -que** y **-ce** (igual que los mandatos formales y la primera persona del pretérito que usted ya sabe):

pagar	→ **pague, pagues, pague, etc.**
marcar	→ **marque, marques, marque, etc.**
comenzar	→ **comience, comiences, comience, etc.**

Sinopsis

fumar			contar		
presente del indicativo	*presente del subjuntivo*		*presente del indicativo*	*presente del subjuntivo*	
		e			e
		↓			↓
fumo	fum	e	cuento	cuent	e
fumas	fum	es	cuentas	cuent	es
fuma	fum	e	cuenta	cuent	e
fumamos	fum	emos	contamos	cont	emos
fumáis	fum	éis	contáis	cont	éis
fuman	fum	en	cuentan	cuent	en

SEGUNDO PASO

Usos del subjuntivo con verbos de influencia

1. El subjuntivo casi siempre ocurre en cláusulas subordinadas. Una cláusula es una frase con sujeto y verbo. En las oraciones del *PRIMER PASO,* las cláusulas subordinadas comienzan con **que**. Se llaman *cláusulas subordinadas* porque dependen de otra cláusula que se llama la cláusula principal. Por ejemplo:

   Yo quiero que Ernesto me llame.

   «Yo quiero» es la cláusula principal; «que Ernesto me llame» es la cláusula subordinada.

2. Se usa el subjuntivo en la cláusula subordinada cuando una de las cláusulas influye o indica el deseo de influir sobre la otra. En las oraciones de la primera columna a continuación, los verbos de la cláusula principal no indican influencia; por lo tanto, no se usa el subjuntivo en la cláusula subordinada. En las oraciones de la segunda columna a continuación, los verbos de la cláusula principal son verbos de influencia; por lo tanto, el subjuntivo es obligatorio en la cláusula subordinada. Compare:

Indicativo	*Subjuntivo*
Sé que siempre **votas** por mí.	**Quiero** que siempre **votes** por mí.
Los políticos **comprenden** que los ciudadanos se **cansan** de esos gastos.	Los políticos **esperan** que los ciudadanos no se **cansen** de esos gastos.
Oigo que esos armamentos **cuestan** una barbaridad este año.	Debemos **prohibir** que esos armamentos **cuesten** tanto el año que viene.
Dicen los diarios que esa ley se **aprueba** mañana.	Todos **preferimos** que esa ley se **apruebe** mañana.

Ángel oye que el teléfono suena.

Ángel espera que el teléfono suene.

Mamá ve que Pepito compra bombones.

Mamá prohíbe que Pepito compre bombones.

3. Algunos verbos de influencia comunes son:

demandar	mandar *to send*	preferir (ie)
desear *to desire*	necesitar	prohibir
esperar *to hope for*	pedir (i)	querer (ie)
exigir *to demand*	permitir	rogar (ue) *to beg*

TERCER PASO
Tres detalles más

1. Por lo general, si no hay un cambio de sujeto, se usa un infinitivo en vez de una cláusula subordinada. Compare:

Infinitivo	*Subjuntivo*
Yo prefiero no **fumar** dentro del edificio.	**Yo** prefiero que **tú** no **fumes** dentro del edificio.
Guillermo quiere **casarse** pronto.	Sus **padres** quieren que **él** se **case** el año que viene.

2. **Decir** puede ser neutral o sugerir influencia según el contexto. Compare:

Margarita le dice a su vecina que su hijo estudia mucho.
(decir = reportar)

Margarita le dice a su hijo que estudie más.
(decir = mandar)

3. El subjuntivo se usa para narrar (reportar) un mandato. Compare:

	Mandato	*Narración de un mandato*
LUISA	Señores, no tomen el autobús.	Luisa les dice a los señores que no tomen el autobús.
RAÚL	Compañeros, no lleguen tarde.	Raúl les manda a sus compañeros que no lleguen tarde.
MAMÁ	Chicos, recuerden lo que dije.	Mamá les dice a los chicos que recuerden lo que dijo.
MAMÁ	Pepito, no digas mentiras.	Mamá le dice a Pepito que no diga mentiras.

ACTIVIDADES

1. Entre padres e hijos. *Los chicos a continuación no comparten las opiniones de sus padres. ¿Cuáles son algunas de las diferencias?*

MODELO   Pablo quiere estudiar leyes./estudiar medicina
→ **Pablo quiere estudiar leyes, pero sus padres prefieren que estudie medicina.**

1. Ana María quiere tocar la guitarra. /tocar el piano
2. Margarita y Juan quieren alquilar una casa./alquilar un departamento
3. Josefina piensa votar por el candidato demócrata./votar por el candidato republicano
4. Nosotros queremos buscar trabajo en otra ciudad. /buscar trabajo cerca de casa
5. Pepito quiere acostarse con sus padres./acostarse en su propia cama
6. Tú quieres almorzar con los otros estudiantes./almorzar en casa

2. Esperanzas del senador (entre dos). *Usted está entrevistando al Senador X sobre sus esperanzas para las futuras elecciones. ¿Qué dice?*

MODELO   mi rival / no ganar
ESTUDIANTE 1: **¿Qué opina usted en cuanto a su rival?**
ESTUDIANTE 2: **Espero que mi rival no gane.**

1. la juventud/votar por mí
2. los diarios/no atacarme mucho
3. su partido/apoyarme solamente a mí
4. sus amigos millonarios/ayudarme
5. el jefe de PanAm /prestarme un avión
6. su rival/no hablar del aborto
7. los voluntarios/trabajar bien
8. su director de relaciones públicas/organizar bien la campaña

3. Combinaciones (entre dos). *Combinen los fragmentos según las indicaciones de su compañero/a.*

> **EJEMPLO** ESTUDIANTE 1: **4-4-5**
> ESTUDIANTE 2: **El presidente pide que nosotros votemos por él.**

1. Mi padre sabe que	1. yo	1. trabajar por la paz
2. Mi abuela espera que	2. los diarios	2. no criticar al senado
3. El partido quiere que	3. tú	3. aceptar la nueva ley
4. El presidente pide que	4. nosotros	4. luchar por la causa
5. Los diarios dicen que	5. el congreso	5. votar por...

4. Narraciones (toda la clase). *Volvió EL GRAN JEFE MANDÓN y usted tiene que narrar lo que manda. Inventen mandatos para sus compañeros y después reporte el mandato usando el subjuntivo.*

> **EJEMPLO** ESTUDIANTE 1 (Raúl): **Jaime, levántese.**
> ESTUDIANTE 2: **Raúl le dice a Jaime que se levante.**

Algunas acciones posibles:

levantarse	despertarse temprano	tomar la mano de...
cerrar la puerta	no quedarse en cama	abrazar a...
sentarse	no quitarse la ropa ahora	comprar...
apuntar su nombre	saludar a...	almorzar con...

5. Puntos de vista (entre dos o en grupos pequeños). *Usen la tabla A para formular preguntas sobre las opiniones políticas de sus compañeros, sus padres y sus amigos; usen la tabla B para formular respuestas.*

> **EJEMPLO** ESTUDIANTE 1: **¿Qué opinas de los republicanos?**
> ESTUDIANTE 2: **Espero que no controlen el congreso.**

A

¿Qué opinas de...	los republicanos
¿Qué te parece(n)...	los demócratas
¿Qué opinión tienes sobre...	el/la senador/a...
¿Qué opina tu madre sobre...	los liberales
¿Qué piensan ustedes de...	el/la diputado/a...
¿Qué opinan... y... sobre...	las fuerzas armadas
	...

B

yo	querer	(no) ganar las próximas elecciones
mi madre	esperar	controlar el congreso
mi papá	saber	regresar a casa para siempre
nosotros	oír	protestar el presupuesto militar
...	preferir	votar a favor/en contra del aborto
... y...	entender	pelearse con...
	demandar	luchar por los derechos humanos
	prohibir	(no) comprar más armamentos
	recordar	recordar a los pobres

14.2   ¿Lamentas que no se gaste más en programas sociales?

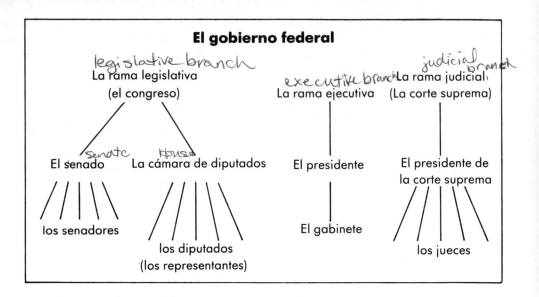

El gobierno federal

legislative branch
La rama legislativa
(el congreso)

executive branch
La rama ejecutiva

judicial branch
La rama judicial
(La corte suprema)

Senate
El senado   House
La cámara de diputados

El presidente

El presidente de la corte suprema

los senadores

los diputados
(los representantes)

El gabinete

los jueces

Me alegro de que los senadores de nuestro estado **apoyen** al presidente.
(alegrarse de = ponerse contento)
Sentimos mucho que Uds. no piensen igual que nosotros.
(sentir (ie) = lamentar)
No me **gusta** que **paguemos** tantos impuestos.
Me molesta que **cierren** las oficinas del gobierno tan temprano.
Todo el mundo **teme** que **suelten** *(soltar = dejar caer)* una bomba atómica.
(temer = tener miedo)
El congreso **se queja de** que el presidente **vete** *(vetar = poner veto)* la ley.
(quejarse de = manifestar resentimiento)

Conclusiones **El subjuntivo con verbos de emoción**

1. Si hay un verbo de emoción en la cláusula principal, se usa el subjuntivo en la cláusula subordinada.
2. Algunos verbos que comúnmente describen emociones:

alegrarse de	quejarse de
gustar	sentir (ie)
lamentar	temer
molestar	tener miedo de

Los costos de la Crisis del Golfo

Para el Año Fiscal 1991- Estimado Democrata

36 mil 85 millones

Hasta Dic. 31, 1990

$10,000 Millones

Los aliados pagarían el 29%

Segun la Casa Blanca

80% Pagaron los aliados

20% Pago EE.UU.

EE.UU. pagaria el 71%

El petróleo baja al precio que tenía al inicio de la crisis

ACTIVIDADES

6. Reacciones (entre dos).   *En la vida política hay una gran diversidad de opiniones. ¿Qué opinan las personas a continuación?*

> MODELO   el senador Bentley / apoyar a los militares / / Miguel lamenta
> > ESTUDIANTE 1: **El senador Bentley apoya a los militares.**
> > ESTUDIANTE 2: **Miguel lamenta que el senador Bentley apoye a los militares.**

1. El diputado Riley / votar en contra del presupuesto del presidente / / a Teresa le molesta
2. El gobierno / gastar poco en programas educativos para los pobres / / Ricardo lamenta
3. Nosotros / pagar muchos impuestos federales / / a mis padres no les gusta
4. Se / fabricar cada día más bombas atómicas / / algunos senadores se quejan de que
5. Los gobernadores de estado / contar para poco en el gobierno federal / / los populistas sienten
6. Los jueces de la corte suprema / equivocarse a veces / / yo temo
7. En este país todo el mundo / opinar / / nos alegramos de que

7. Opiniones (entre dos o en pequeños grupos). *Usando la tabla, formulen preguntas y respuestas para sus compañeros.*

> **EJEMPLO** ESTUDIANTE 1: **¿A quién le gusta que su jefe le pague tan poco?**
> ESTUDIANTE 2: **A nadie le gusta que su jefe le pague tan poco.**

¿A quién le molesta que...	su jefe / pagarle tan poco
¿A quién le gusta que...	el gobierno / gastar tanto en...
¿A quiénes les gusta que...	los políticos (no) / hablar de...
¿Quién lamenta que...	el congreso (no) / preocuparse por...
¿Quién(es) teme(n) que...	el presidente (no) / apoyar...
¿Quién(es) tiene(n) miedo de que...	la prensa (no) / criticar...
¿Quién(es) se alegra(n) de que...	las leyes (no) / tomar en cuenta el
¿Quién(es) se queja(n) de que...	ambiente
	...

<table>
<tr><td>**14.3**</td><td>**¿Temes que los mayores se opongan a nuestro programa?**</td></tr>
</table>

PRIMER PASO

Instrucciones e información que se dan a los miembros de un grupo político:
Les pedimos a todos que **escriban** a su representante.
Me alegro de que **puedas** hablar con tus amigos izquierdistas.
Quiero que usted **aprenda** a defenderse ante los ataques de la derecha.
El presidente teme que no **comprendamos** lo que dice.
Me gusta que vosotros **entendáis** mi posición.
Esperamos que algunos alumnos **quieran** participar en la campaña.
Juan teme que nosotros no **volvamos** a tiempo para su discurso.
No me gusta que vosotros me **mintáis**.
El jefe espera que no nos **durmamos** durante su discurso.

Conclusiones **El presente del subjuntivo de verbos terminados en -er e -ir**

1. Para formar el presente del subjuntivo de los verbos de la segunda y tercera conjugaciones, se sustituye **-a-** por la primera vocal de la terminación del presente del indicativo; note lo parecido de estas formas con las formas del mandato formal *(ver 9.3)*:

   como → coma; escribimos → escribamos, etc.
2. Los verbos terminados en **-er** conservan los cambios de raíz del presente del indicativo:

   vuelve → vuelva; volvemos → volvamos, etc.

Sinopsis

	escribir			poder		
presente del indicativo	*presente del subjuntivo*			*presente del indicativo*	*presente del subjuntivo*	
		a				a
		↓				↓
escribo	escrib	a		puedo	pued	a
escribes	escrib	as		puedes	pued	as
escribe	escrib	a		puede	pued	a
escribimos	escrib	amos		podemos	pod	amos
escribís	escrib	áis		podéis	pod	áis
escriben	escrib	an		pueden	pued	an

3. Los verbos terminados en **-ir** conservan los cambios de raíz del presente del indicativo, pero tienen un cambio adicional en el presente del subjuntivo: la raíz de las formas correspondientes a **nosotros** y **vosotros** conserva la primera vocal del cambio que ocurre en las otras formas:

mentimos → mintamos	dormimos → durmamos	pedimos → pidamos
mentís → mintáis	dormís → durmáis	pedís → pidáis

Nota: Este cambio adicional en los verbos terminados en **-ir** es el mismo que se encuentra en el gerundio *(ver 8.6)* y en el pretérito en tercera persona *(ver 12.4)*.

Sinopsis

mentir (ie-i)	*dormir (ue-u)*	*repetir (e-i)*
mienta	duerma	repita
mientas	duermas	repitas
mienta	duerma	repita
mintamos	durmamos	repitamos
mintáis	durmáis	repitáis
mientan	duerman	repitan

SEGUNDO PASO

Más comentarios que se oyeron en la campaña:
Prefiero que **vengan** Uds. a ayudarme.
Necesitamos que tú nos **hagas** un favor.
Pedro quiere que **conozcamos** a su candidato favorito.
Me alegro de que tu prima **tenga** tanto éxito en su carrera política.
Espero que los conservadores no se **opongan** a nuestro plan.
Queremos que el partido nos **ofrezca** más dinero para la campaña.

Conclusiones **El presente del subjuntivo de verbos terminados en *-go* y *-zco* en primera persona**

1. Se usa la raíz irregular de verbos terminados en **-go** y en **-zco** para formar el presente del subjuntivo.
2. Las terminaciones no varían.

Sinopsis

tener (tengo)	*poner* (pongo)	*hacer* (hago)	*conocer* (conozco)
tenga	ponga	haga	conozca
tengas	pongas	hagas	conozcas
tenga	ponga	haga	conozca
tengamos	pongamos	hagamos	conozcamos
tengáis	pongáis	hagáis	conozcáis
tengan	pongan	hagan	conozcan

TERCER PASO

¿A quién van a elegir para presidente?	No sé. Espero que **elijan** a alguien de mi partido.
¿Escogieron a los candidatos para las próximas elecciones?	Todavía no. Espero que los **escojan** en la próxima elección.

Conclusiones **El presente del subjuntivo de infinitivos terminados en *-ger* y *-gir***

1. En el subjuntivo la raíz de los verbos terminados en **-ger** y **-gir** termina en **-j-**.
2. Este cambio es totalmente ortográfico; existe sólo para conservar el sonido original de la raíz.

Sinopsis

escoger (escojo)	*elegir* (elijo)
escoja	elija
escojas	elijas
escoja	elija
escojamos	elijamos
escojáis	elijáis
escojan	elijan

CUARTO PASO

Más comentarios que se oyeron en la campaña:

Prefiero que ese señor no nos **dé** dinero.

Espero que el próximo primer ministro **sea** de nuestro partido.

Me alegro de que **vayas** a repartir volantes *(volante = una hoja propagandística)* con nosotros.

Necesitamos que los carteles *(cartel = anuncio que se pega en una pared)* **estén** listos para la reunión.

Queremos que los senadores **sepan** lo que pensamos.

Conclusiones Verbos irregulares en el presente del subjuntivo

1. Hay solamente cinco verbos irregulares en el presente del subjuntivo: **dar, estar, ir, saber** y **ser**.
2. Son irregulares porque la primera persona singular en el presente del indicativo no termina en **-o**.

Sinopsis

dar	*estar*	*ir*	*saber*	*ser*
dé	esté	vaya	sepa	sea
des	estés	vayas	sepas	seas
dé	esté	vaya	sepa	sea
demos	estemos	vayamos	sepamos	seamos
deis	estéis	vayáis	sepáis	seáis
den	estén	vayan	sepan	sean

ACTIVIDADES

8. Combinaciones (entre dos).   *Combine los elementos de las tres columnas según las indicaciones de sus compañeros.*

EJEMPLO   ESTUDIANTE 1: **2-4-6**
ESTUDIANTE 2: **Mis padres piensan que los jóvenes piden ayuda al estado.**

1. Al presidente no le gusta que	1. yo	1. no tener el voto
2. Mis padres piensan que	2. tú	2. escoger al candidato
3. Mario teme que	3. usted	3. repartir propaganda
4. Mis amigos sienten que	4. los jóvenes	4. seguir al presidente
5. Los ciudadanos saben que	5. nosotros	5. dormirse en la reunión
6. Los políticos esperan que	6. vosotros	6. pedir ayuda al estado

9. El presidente Don Máximo (entre dos o en pequeños grupos).   *Usted es EL PRESIDENTE DON MÁXIMO, MAGNUM OPUS PER SECULA SECULORUM, el hombre más poderoso del mundo conocido. Exprese sus esperanzas, gustos, disgustos, temores y secretas ambiciones usando la tabla como guía.*

> **EJEMPLO**   **Quiero que todos los profesores, sobre todo los profesores de español, reciban un gran aumento de salario.**

Voy a prohibir que	los menores de edad	recibir un aumento de salario
Me gusta que	los alumnos de...	tener que trabajar menos
Sé que	los demócratas	perder/ganar las elecciones
Temo que	los comunistas	controlar la burocracia
Prefiero que	los republicanos	tener control del senado
Me alegro de que	el congreso	no aprobar mi proyecto de ley
Me molesta que	mis enemigos	no ponerse tanto maquillaje
Siento mucho que	mi gabinete	reconocer mi poder
Comprendo que	las fuerzas armadas	ponerse ropa de poliéster
Voy a pedir que	los burócratas	decir la verdad sobre...
Mando que	los inmigrantes	volver a casa para siempre
Exijo que	Gumersinda	luchar por una causa justa
Espero que	Don Tremendón	jugar sucio
Me dicen que	...	apoyar...
Noto que	la izquierda	votar por...
	los derechistas	escuchar música de...
	... y...	...

10. Entrevista.   *Usando la tabla de Actividad 9, inventen preguntas para sus compañeros.*

> **EJEMPLO**   **¿Esperas que los demócratas tengan control del senado después de las próximas elecciones?**

11. ¿Qué quiere la imperiosa Lulú? (entre dos)   *Lulú está describiendo todo lo que quiere. ¿Qué dice?*

> **MODELO**   su novio/darle un helado colosal
> ESTUDIANTE 1: **¿Qué quiere Lulú de su novio?**
> ESTUDIANTE 2: **Lulú quiere que su novio le dé un helado colosal.**

1. sus padres/estar en casa temprano porque necesitan dormir
2. los políticos/saber que tienen que pedirle permiso a ella para todo
3. nosotros/ser más simpáticos y menos exigentes
4. vosotras/ir con ella para protestar la contaminación atmosférica
5. su papi/darle un Porsche y una tarjeta de crédito
6. todos los demás/ser exactamente como ella

12. Opiniones y confesiones (entre dos o en pequeños grupos).   *Pregúntele a alguien de la clase:*

1. que quiere que sus padres le den
2. que quieren sus padres que él/ella les dé
3. dónde espera que sus amigos estén esta noche a las nueve
4. quién quiere que sea presidente

5. adónde quiere que su peor enemigo se vaya

6. qué es lo que quiere que todo el mundo sepa

14.4 | **Es evidente que no quieres venir, pero es importante que vengas.**

Compare:

Es obvio que no **conoces** bien al alcalde.

Es cierto que no **somos** grandes políticos ahora.

Es verdad que muchos ciudadanos no **votan** en las elecciones.

Es evidente que el pueblo **quiere** mucho al gobernador.

Es necesario que lo **conozcas** mejor.

Pero **es posible** que **seamos** grandes políticos algún día.

Es preciso que más ciudadanos **voten** el las próximas elecciones.

Pero **es probable** que el gobernador **tenga** algunos enemigos.

Conclusiones **El subjuntivo con expresiones impersonales**

1. **Es obvio, es posible, es preciso** *(es preciso = es necesario),* **está bien** etc. son expresiones impersonales.
2. Se usa el indicativo con expresiones impersonales que indican certeza o seguridad. Por ejemplo: **es obvio, es cierto, es verdad** y **es evidente.**
3. Se usa el subjuntivo en todos los demás casos. Algunas de las expresiones impersonales más comunes que se combinan con el subjuntivo son:

es absurdo	es increíble	es posible
es bueno	es una lástima	es preciso
es difícil	es lógico	es probable
es fácil	es malo	es trágico
es importante	es natural	es triste
es imposible	es necesario	está bien

ACTIVIDADES

13. Conciencia social (entre dos). *¿Cómo reaccionan ustedes frente a estas situaciones?*

EJEMPLO El gobierno municipal no les da casa a los pobres. / ¿Bueno o malo?
ESTUDIANTE 1: **El gobierno municipal no les da casas a los pobres. ¿Es bueno o malo esto?**
ESTUDIANTE 2: **Es malo que el gobierno municipal no les dé casas a los pobres.**

1. Muchos ciudadanos no conocen la historia de su país. / ¿lamentable o bueno?
2. Muchos matrimonios terminan en divorcio. / ¿triste o inmoral?

3. Algunos políticos defienden los intereses de las grandes empresas. / ¿malo o necesario?
4. Muchos jóvenes no respetan las leyes. / ¿probable o evidente?
5. Se paga muy mal a los profesores de español. / ¿natural o repugnante?
6. Se fabrican muchos armamentos hoy día. / ¿necesario o peligroso?
7. La guerra es la única forma de resolver algunos problemas. / ¿cierto o falso?
8. Los niños juegan con juguetes que parecen armas. / ¿natural o absurdo?
9. Las rentas están muy altas. / ¿inevitable o deplorable?

14. Invención. *Complete las oraciones de forma creativa.*

1. Es necesario que los políticos en Washington...
2. Es muy malo que mis compañeros...
3. Es cierto que los republicanos...
4. Es importante que mi senador...
5. Está bien que nosotros...
6. Es bueno que el gobierno municipal...
7. Es evidente que los demócratas...
8. Es probable que el próximo presidente...
9. Está mal que el ejército...
10. Es verdad que la marina...
11. Es inevitable que las fuerzas armadas...
12. Es importante que los soldados de mi generación...

Nota cultural _____

La política y las universidades en el mundo hispano

Las universidades de Latinoamérica son mucho más activas en la política de su país que las universidades norteamericanas. Las elecciones universitarias, por ejemplo, no se dedican exclusivamente a **asuntos** estudiantiles. Más bien, se dedican a influir en la vida política de todo el país. No es raro que los partidos políticos del país sean también los partidos que controlan distintos sectores de la universidad. Por ejemplo, en la Argentina, es posible que la Facultad de Letras sea del Partido Justicialista (Peronista); que la Facultad de Leyes sea del Partido Radical; y que la Facultad de Medicina sea del Partido Socialista. Todos esos partidos son partidos reales que consideran el **apoyo** de los estudiantes un **logro** importante.

asunto: tema, *affair*

apoyo: contrario de oposición
logro: triunfo

La politización de las universidades contribuye a una situación que les parece caótica a muchos norteamericanos. Por ejemplo, en las paredes hay inscripciones y **carteles** de todo tipo, y casi todos los días hay reuniones, manifestaciones, protestas y discursos políticos que a veces terminan en **huelgas** y violencia. Esa actividad tiene su efecto; no son pocos los gobiernos en el mundo hispano que cayeron en parte a causa de una protesta o una huelga estudiantil.

cartel: anuncio, letero

huelga: cuando los obreros dejan de trabajar o los alumnos dejan de asistir a clase
ambiente: atmósfera

Muchos se preguntan si es posible aprender en un **ambiente** tan politizado. Por un lado es probable que la actividad política de los estudiantes hispanos interfiera a veces en su preparación académica. Pero por otro lado, la experiencia estudiantil en el mundo hispano puede dar una preparación que no se da en clases tradicionales.

Temas de historia contemporánea

La gran transformación del Orden Internacional

14.5	**Ojalá que haya mucha gente en la reunión de mañana.**

Comentarios de dos jóvenes:
Ojalá la fuerza aérea me **acepte** como piloto.
Ojalá que los soldados de nuestra generación nunca **tengan** que pelear en una guerra.

Es probable que **haya** buenos soldados en el ejército.

Prefiero que no **haya** ningún problema militar durante los próximos diez años.

Nos alegramos de que **haya** libertad de prensa en el país.

Conclusiones *Ojalá, ojalá* que y el presente del subjuntivo de *hay*

1. **Ojalá** y **ojalá que** son equivalentes de **espero que**:

   Ojalá venga más gente. = Espero que venga más gente.

   Ojalá que Uds. me comprendan. = Espero que Uds. me comprendan.

   Ojalá que sí. = Espero que sí.

   Ojalá que no. = Espero que no.

2. **Haya** es el subjuntivo de **hay**.

ACTIVIDADES

15. La campaña. *Miguel está organizando una campaña política y está pensando en todas las cosas que tienen que hacerse todavía. ¿Qué dice?*

> **MODELO** Mario/traer los volantes → **Ojalá que Mario traiga los volantes.**

1. la jefa del partido/presentar al candidato
2. los diarios/decir cosas a favor
3. Marisela/pintar bien los carteles
4. Ud. /pagar los anuncios
5. hay suficientes fondos
6. los voluntarios/llamar a mucha gente el día de las elecciones
7. no llover durante la manifestación
8. no hay mucha oposición a nuestro programa
9. el candidato/no decir nada tonto

16. Observaciones y reacciones (entre dos o en pequeños grupos). *Usando* **muchos, demasiados, pocos** *y* **suficientes,** *comenten los temas a continuación en oraciones con* **hay** *o* **haya**.

> **EJEMPLO** armamentos
>
> ESTUDIANTE 1: **Hay muchos armamentos en el mundo.**
>
> ESTUDIANTE 2: **Temo que haya demasiados armamentos en el mundo.**

armamentos	corrupción
liberales	contaminación del ambiente
conservadores	consumo
republicanos	gente con conciencia social
demócratas	materialismo

14.6	**No vengas hoy. Ven mañana.**

PRIMER PASO

Pepito a Mamá:

Mamá, **tráeme** unos bombones de la tienda; no me **traigas** comida. ¡Quiero bombones!

Mamá, **ayúdame** con la tarea. Pero no **escribas** las respuestas. Las quiero escribir yo.

Mamá a Pepito:

Oye, Pepito, no me **hables** cuando estoy hablando por teléfono. **Háblame** después.

Oye, Pepito, no **metas** tus juguetes debajo de la cama. **Mételos** en el armario.

Pepito, no **toques** el piano a medianoche. **Tócalo** durante el día.

Pepito, no **abras** tu regalo ahora. **Ábrelo** mañana que es el día de tu cumpleaños.

Pepito, no te **duermas** en el piso. **Acuéstate** en la cama como debes.

Conclusiones **Los mandatos regulares de *tú***

1. Los mandatos afirmativos de **tú**, con muy pocas excepciones, usan la misma forma que la tercera persona singular. Compare:

Miguel habla con Isa.	Aida, **habla** un poco sobre tu candidato.
Isa comienza a hablar.	Jorge, **comienza** el discurso ahora.
Ana oye el ruido.	**Oye,** Paco. Necesito hablarte.

2. Los mandatos negativos de **tú** son iguales que el presente del subjuntivo de **tú**, sin excepción.

Señor, **venga** usted temprano.	Miguel, **no vengas** tarde.
Señora, **empiece** usted ahora.	Ana, **no empieces** hasta la una.
Señora, **ponga** su abrigo allí.	Pepito, **no pongas** tus juguetes allí.

3. Los complementos pronominales y reflexivos siempre se agregan a un mandato afirmativo. Nunca se agregan a un mandato negativo. Cuando un mandato se combina con pronombres, se pone un acento para conservar el énfasis original. Compare:

Preséntamela.	No **me la** presentes.
Escríbelo en la pizarra.	No **lo** escribas en la pared.
Chico, **levántate** temprano.	No **te levantes** tarde.

SEGUNDO PASO

Hijito, **hazme** un favor. **Ve** a la tienda, y **cómprame** un kilo de papas. **Ponte** tu abrigo porque hace frío. **Sal** por la otra puerta para no molestar a tu papi. **Ten** cuidado al cruzar la calle, y **sé** bueno en la tienda. Si tienes algún problema, **dímelo** cuando vuelvas.

Conclusiones **Los mandatos irregulares de *tú***

1. Son irregulares los mandatos afirmativos de **tú** de **poner, salir, tener, venir, hacer, decir, ir** y **ser**. Sus mandatos negativos son regulares.

2. Para **poner, salir, tener** y **venir,** el mandato afirmativo de **tú** es igual que la raíz del infinitivo:

> poner → pon
> salir → sal
> tener → ten
> venir → ven

3. Los mandatos afirmativos de **tú** para **hacer, decir, ir** y **ser** son:

> hacer → haz
> decir → di
> ir → ve
> ser → sé

4. Como en otros mandatos, los pronombres siempre se agregan a los mandatos afirmativos y siempre se anteponen a los mandatos negativos:

> No me lo digas ahora; **dímelo** más tarde.
> No me hagas el pastel para hoy; **házmelo** para mañana.

ACTIVIDADES

17. Pepito el Vivísimo I. *Pepito es un chiquito entusiasta (un eufemismo) que todo lo quiere hacer. ¿Qué le dice su mamá?*

> **MODELO** meterse el lápiz en el ojo → **Pepito, ¡no te metas el lápiz en el ojo!**

1. meter juguetes en el inodoro
2. beber el *whiskey* de papá
3. ponerse el maquillaje de mamá
4. torturar al perro
5. comerse el papel higiénico
6. hacer pipí en el piso
7. salir desnudo a la calle
8. dar de comer a las cucarachas

18. Pepito el Vivísimo II. *Pepito sigue tan vivo y tan entusiasta como en la actividad anterior. ¿Qué le dice su mamá ahora?*

> **MODELO** traerme los caramelos → **Pepito, tráeme los caramelos.**

1. salir de casa un momento
2. saludar a la abuela
3. ponerse el abrigo
4. levantarse del piso
5. ir a la escuela temprano
6. ser bueno con el gato
7. decirle la verdad a tu papi
8. hacer algo bueno

19. Pepito, (a veces) el adorable. *¿Qué le dice la mamá de Pepe a su hijo adorable? Hagan un mandato con las frases de la segunda columna que corresponda a las situaciones de la primera.*

> **EJEMPLO** Pepito tiene los zapatos sucios. → **Pepito, límpiate los zapatos.**

1. Pepito tiene la cara sucia.
2. Pepito no quiere acostarse.
3. Pepito acaba de comer.
4. Pepito tiene la camisa sucia.
5. Hace frío y Pepito va a salir.
6. Pepito tiene el pelo desordenado.

a. lavarse los dientes
b. ponerse el abrigo
c. peinarse
d. lavarse la cara
e. acostarse
f. quitarse la camisa

20. ¿Qué le dices... ? (entre dos) *Usen la tabla para formular preguntas y respuestas.*

> **EJEMPLO** ESTUDIANTE 1: **¿Qué le dices a un amigo que sabe un secreto?**
> ESTUDIANTE 2: **Dímelo.**

¿Qué le dices a un amigo que...

1. tiene una pizza deliciosa?
2. tiene un BMW?
3. tiene un millón de dólares?
4. sabe un chisme monumental?
5. conoce a tu actor favorito?
6. es íntimo amigo de Gumersinda?
7. ... ?

a. (no) presentar
b. prestar
c. decir
d. dar
e. conseguir
f. no traer
g. ...

21. Consejos (entre dos o en pequeños grupos). *Inventen consejos usando mandatos familiares para responder a esas situaciones.*

> **EJEMPLO** ESTUDIANTE 1: **¿Qué debo hacer si Don Tremendón me invita a ver sus cuadros?**
> ESTUDIANTE 2: **No vayas.**

¿Qué debo hacer...

1. con personas atractivas pero agresivas?
2. cuando una persona de mala fama me invita a tomar una cerveza?
3. cuando quiero ir a una discoteca y tengo un examen mañana?
4. cuando estoy a dieta y alguien me regala un plato de bombones y dulces de chocolate?
5. cuando estoy enamorado/a y la otra persona no corresponde?
6. si es medianoche, un viernes 13, y oigo ruidos raros debajo de mi cama?
7. cuando tengo ganas de comprar un pantalón verde y rosado con flores amarillas?
8. cuando estamos todos cansados de esta actividad?

14.7 ¡No quiero lavar los platos! Que los lave Jorge.

Los Oviedo acaban de volver de sus vacaciones y están discutiendo quién va a hacer qué. Su conversación:

PAPÁ   Jorge, saca las maletas del coche.
JORGE   Son muy pesadas; **que las saquen** Ana y Miguel.
MAMÁ   Ana, abre la puerta.
ANA   No puedo porque tengo algo en las manos; **que la abra** Jorge.
PAPÁ   Raúl, llama a los abuelos para decirles que llegamos bien.
RAÚL   No puedo ahora; **que los llame Mamá.**

Conclusiones **El mandato indirecto**

1. Se usa el mandato indirecto para expresar un deseo referente a otra persona u otras personas.
2. Se forma con **que** y la tercera persona del presente del subjuntivo en singular o plural.

ACTIVIDADES

22. Pancho el Perezoso (entre dos). *Pancho prefiere que otras personas hagan los quehaceres (quehacer = trabajo, responsabilidad) que su papá le asigna a él. ¿Cómo contesta Pancho el Perezoso?*

> **MODELO**   recoger los juguetes/Mario
> ESTUDIANTE 1: **Pancho, recoge los juguetes.**
> ESTUDIANTE 2: **Yo no quiero; que los recoja Mario.**

1. lavar los platos/la criada
2. regar las flores/Susana y Juan
3. cortar el césped/Mario
4. sacar la basura/Imelda y Ana
5. barrer el piso/las chicas
6. arreglar el jardín/Raúl y José
7. pintar el baño/un profesional
8. pasar la aspiradora/Jorge

23. Planeando las vacaciones (entre dos). *Suponga que Ud. y algunos compañeros de clase van a hacer un viaje a un lugar exótico y a Ud. y otra persona de clase les corresponde decidir quién hace qué preparativos.*

> **MODELO**   comprar los pasajes
> ESTUDIANTE 1: **¿Quién va a comprar los pasajes?**
> ESTUDIANTE 2: **Que los compre (nombre de alguien en la clase).**

1. buscar un mapa
2. traer crema solar
3. llevar el coche al garage
4. comprar cerveza
5. pagar la gasolina
6. lavar el coche
7. invitar a... y...
8. hacer una reservación de hotel

Llamado de Bush a Castro por la democratización

El Presidente no cree en un acuerdo

Arabia amenaza con ejecutar terroristas

EN CONTEXTO

Lectura

El tercer mundo: ¿mito o realidad?

En algunos cursos universitarios, en la prensa, en la televisión y en conversaciones de café, **se acostumbra** hablar del «Tercer Mundo». Originalmente, se pensaba que el *primer mundo* se refería a los países capitalistas más prósperos, y que el término *segundo mundo* (aunque se usaba poco) se refería al bloque comunista. Desde los extraordinarios acontecimientos de 1989, cuando el bloque comunista **se deshizo,** el segundo mundo ha desaparecido. Sin embargo, el término *tercer mundo* sobrevive. **Ya que** se supone que toda la América Latina **pertenece** al Tercer Mundo, es importante que examinemos el término con algún cuidado.

Existen varias definiciones, pero todas con problemas. Por ejemplo, se dice que los países del tercer mundo son países sin industria. Pero si eso es cierto, hay que excluir a México, Brasil, India, Korea, Taiwán y toda una serie de otros países que supuestamente son del tercer mundo porque son países con mucha industria **pesada** y una gran capacidad **fabril**.

Otra idea que se propone es que los países del tercer mundo tienen economías poco diversificadas, es decir, que su economía está basada en dos o tres productos principales. Pero aquí también hay problemas. Es cierto que países como Guatemala y El Salvador dependen casi exclusivamente de dos o tres productos principales y que son países muy pobres. Pero **de la misma forma,** Dinamarca, Holanda y Suiza también viven de pocos productos—y son países prósperos. Por otra parte, aunque México y Brasil tienen industrias muy diversificadas, se dice que son países del tercer mundo. Por lo tanto, una economía poco diversificada (o muy diversificada) no indica que un país sea o no sea necesariamente del tercer mundo.

Otra definición que algunas personas quieren que aceptemos es que los países del tercer mundo son países **sobrepoblados**. Pero aquí también hay graves problemas. Es cierto que algunos países que supuestamente son tercermundistas como El Salvador y México tienen poblaciones que **a primera vista** son demasiado grandes. Pero la densidad demográfica de estos países es *mucho menor* que la densidad poblacional de Japón, Holanda y Bélgica, que se consideran países del «primer» mundo. Por otra parte, algunos países supuestamente del tercer mundo como Argentina, Paraguay y Uruguay son países **subpoblados;** es decir, los recursos de estos países pueden sostener una población mucho **mayor** que la población que tienen. Incluso, se dice que es necesario que haya *más* gente en estos países para reclamar y cultivar tierras **baldías**. También es notable que estos tres países tienen una **tasa** de fertilidad menos alta que Estados Unidos. Por lo tanto, la definición demográfica del tercer mundo tampoco **sirve**.

se acostumbra: existe la costumbre de

deshacerse: *to fall apart*
ya que: *since* en una secuencia lógica
pertenecer: ser de

pesado: *heavy*
fabril: de fábrica

de la misma forma: igualmente

sobrepoblado: con una población demasiado grande
a primera vista: superficialmente

subpoblado: con una población demasiado pequeña
mayor: más grande
baldía: sin cultivar
tasa: *rate*
servir: funcionar

Tal vez la única definición del tercer mundo que puede ser útil es su definición ideológica. Según esta definición, el tercer mundo denomina a las personas y a los pueblos oprimidos que están excluidos de los centros del poder. Es decir, el tercer mundo consiste en todos los grupos que no participan en las decisiones que regulan su vida. Según esta definición, una persona puede afirmar su solidaridad con todos los oprimidos—los pobres, los minoritarios, los necesitados, los débiles, las mujeres en sociedades patriarcales, etc., definiéndose como «tercermundista.» Como afirmación ideológica, esta definición puede ser útil; sin embargo, como descripción concreta de todos los países que supuestamente componen el tercer mundo, es problemática por ser demasiado general.

En última instancia, el debate sobre la definición «correcta» de «Tercer Mundo» parece generar muchas palabras y poca comprensión. Por lo tanto, en nuestras discusiones sobre Latìnoamérica, quizás debemos dejar a un lado las generalidades del «tercer mundo» y comenzar a estudiar las sociedades latinoamericanas **tales como** se nos presentan. En ese estudio vamos a encontrar un mundo mucho más interesante y mucho más variado que las generalidades vacías de la prensa y las conversaciones de café.

tales como: exactamente como

Preguntas

1. ¿En qué contextos se escucha el término «tercer mundo»?   2. ¿Qué comprende usted por ese término?   3. ¿Por qué es importante que los que estudiamos la América Latina tengamos alguna idea clara de lo que «tercer mundo» significa?   4. ¿Por qué no son iguales los términos «tercer mundo» y «mundo sin industria»?   5. ¿Es cierto que todos los países que son supuestamente tercer-mundistas tienen economías poco diversificadas? ¿Por qué sí/no?   6. ¿Hay una relación entre la tasa de fertilidad y el nivel de desarrollo de los países? Por qué sí/no?   7. ¿Son sobrepoblados todos los países latinoamericanos? ¿Por qué sí/no?   8. ¿Cuál es la definición ideológica de «tercer mundo»?   9. ¿Acepta usted una de las definiciones dadas en la lectura? ¿Por qué sí/no?   10. En nuestros estudios sobre la América Latina, ¿es útil el término «tercer mundo»? ¿Por qué sí/no?

Cómo se hace _____

Cómo se hace para quejarse de algo o de alguien

Me quejo de que...	¡Esto es el colmo!
Me parece monstruoso que...	¡Esto es intolerable!
Esto no puede ser. No vamos a permitir que...	Oiga (oye), ¿cómo es que... ?
¡Qué barbaridad! No puede ser que...	¡No faltaba más! Me molesta que...

Cómo se hace para pedir un consejo

Oye, necesito que me ayudes.
Quiero que me aconsejes.
¿Qué debo hacer?

¿Qué sugiere usted que haga?
Déme su consejo.
¿Qué recomienda(s) que haga?

Cómo se hace para dar un consejo

Le (te) recomiendo que...
Creo que debe(s)...
Haga (haz) lo siguiente:

No le (te) recomiendo que...
No me parece que debe(s)...
De ninguna forma debe(s) hacer lo
   siguiente:

Cómo se hace para aconsejar cuidado

Cuidado con...
Ojo con...
Ten (tenga) cuidado con...

Preste(a) mucha atención con...
Cuídese (cuídate) mucho al (infinitivo)
Mire (mira) bien antes de (infinitivo)

Cómo se hace para pedir una opinión

¿Qué le (te) parece(n)...
¿Qué opina usted de...

¿Le (te) parece bien o mal que...

Quiero que me des tu opinión sobre...
Quiero saber lo que piensa usted
   sobre...
Sin duda tienes alguna idea interesante
   sobre...

Diálogos incompletos

1. Hay suficientes bombas atómicas en el mundo para destruir a toda la humanidad.

   _____

2. _____

   ¡Qué barbaridad! Esto es intolerable.

3. _____

   Bueno, no sé si soy muy buena para dar consejos, pero vamos a ver.

4. _____

   ¡Uy, qué problema! No sé qué decirte.

5. _____

Creo que debes hablar con tu jefe inmediatamente.

6. _____

Bueno, no te recomiendo que le des el dinero ahora.

7. ¿Debo pasar más tiempo con Gumersinda?

_____

8. _____

No sé qué pienso con respecto a ese problema.

9. _____

Me parece tremendamente interesante.

Situaciones

Situación 1   Suponga que usted es un/a reportero/a y tiene que entrevistar a un político famoso sobre sus planes para su próxima campaña. Información que usted quiere: ¿quién quiere que dirija su campaña? ¿Qué quiere que los diarios digan? ¿Dónde quiere que sus anuncios salgan? Etc. Un/a compañero/a de clase puede hacer el papel del político.

Situación 2   Preparen un debate con algunos compañeros de clase sobre la resolución: *Las mujeres deben tener las mismas responsabilidades militares que los hombres.* Preguntas que considerar: ¿Tienen las mujeres las mismas fuerzas físicas que tienen los hombres? ¿Pueden las mujeres resistir las presiones y los trabajos del combate? En el campo de batalla, ¿pueden los hombres y las mujeres pelear juntos sin distraerse? ¿Hay en la sociedad una «división de trabajo» en que las mujeres tienen responsabilidades especiales que las excluyen del servicio militar? ¿Es posible la igualdad de los sexos si las mujeres no tienen las mismas responsabilidades militares que los hombres?

EL GOBERNADOR HABLA CON EL PUEBLO

AÑO III   LUNES 19 DE MARZO DE 1990   LA PLATA

Situación 3 Elija a una figura política famosa (o infame) y prepare un discurso típico de ese político. Su discurso puede ser sincero o paródico. Comience con algo como «Yo soy el senador Patrick Mario Cabot Taft Kennedy O'Riley y voy a hablar a favor de (en contra de)... Yo quiero que en el futuro se gaste más dinero en... Es absurdo que los republicanos (demócratas, comunistas, aficionados de gatos)... » Etc.

Situación 4 Usted tiene un problema muy grande y necesita que alguien le dé consejos. Descríbale el problema a alguien en la clase y después pídale consejos.

Situación 5 Usted tiene una gran amiga (o amigo) que está a punto de cometer un tremendo error. Explíquele por qué es un error, por qué debe tener cuidado, y déle unos buenos consejos sobre lo que debe hacer.

Situación 6 Usted quiere dejar una buena impresión y sabe que no hay mejor manera para dejar una buena impresión que pedirle a alguien su opinión sobre algo o alguien. Comience una conversación con alguien en la clase, y pídale su opinión sobre diversos temas.

Situación 7 Usted se levantó de mal humor hoy, y llega a clase con un montón de quejas. ¿Cómo expresa usted sus quejas y molestias?

Composición

Tema 1 Escriba una descripción sobre algunos de los aspectos principales del gobierno de su país. Información que Ud. puede incluir: ¿Cuántas ramas de gobierno hay? ¿Cuántos senadores hay? ¿Cuántos diputados hay? ¿Cuántos jueces hay en la corte suprema? ¿Cómo se elige al presidente? ¿Cada cuándo se elige a los senadores y diputados? ¿Cómo se presenta un proyecto de ley? ¿Cómo se aprueba un proyecto de ley? ¿Quién tiene el derecho de veto (¿quién puede vetar una ley)? ¿Cuáles son los partidos tradicionales? ¿Cómo es la izquierda (los izquierdistas) en su país? ¿Y la derecha y los derechistas? ¿Qué papel hacen las fuerzas armadas en la política de su país? ¿Qué protecciones tienen las minorías?

Tema 2 Escriba una corta obra de teatro en la que un personaje presenta un problema y otros personajes le dan consejos.

Vocabulario activo

sustantivos relacionados con la guerra

el/la aliado/a	el campo de batalla	la guerra	el reclutamiento
la amenaza	la carrera armamentista	la marina	las reservas
el arma	la conscripción	el/la marinero/a	el servicio militar
el armamento	el ejército	el/la militar	el/la soldado/a
la bala	las fuerzas aéreas	el/la oficial	el temor
la base militar	las fuerzas armadas	la potencia	las tropas
la batalla	el gasto	el/la recluta	

sustantivos relacionados con la política

el/la alcalde *mayor*	la corte suprema	el/la juez *judge*	la rama *branch*
el/la aliado/a *ally*	el/la diputado/a *Congress-person*	la ley *law*	la seguridad *security*
la cámara de diputados	las elecciones *elections*	la manifestación *demonstrate*	el senado *senate*
la campaña	el/la enemigo/a *enemy*	la mayoría *majority*	el veto
el/la candidato/a	el gabinete *cabinet*	la minoría *minority*	el volante *flyer*
el cartel	el/la gobernador/a *governor*	el partido político *political party*	el/la voluntario/a
el/la ciudadano/a	el gobierno *government*	la patria *fatherland*	el voto *voto*
el comité	la huelga *strike*	el proyecto de ley *bill*	

otros sustantivos

el ambiente *environment*	la certeza *certainty*	el/la inmigrante	el logro *accomplishment*
el asunto *subject*	la esperanza *hope*	la juventud *youth*	el tercio *third*

verbos

aconsejar *to advise*	coincidir con	exigir *to demand*	repartir *to pass out*
alegrarse de *to become happy*	colocar *to place*	fijarse en *to fix on*	resolver (ue) *to resolve*
aliarse con *to ally oneself with*	compartir *to share*	luchar *to fight*	soltar (ue) *to loosen*
amenazar *to threaten*	concordar (ue) *to agree*	oponerse a *to oppose*	temer *to be afraid*
apoderarse de *to take control of*	elegir (i) *to elect*	proteger *to protect*	vetar *to veto*
apoyar *to support*	equivocarse *to be mistaken*	quejarse de *to complain of*	votar *to vote*
aprobar (ue) *to approve*	escoger *to choose*		

adjetivos

apático/a	estatal	mayor	peyorativo/a
convincente	increíble	moderado/a	poderoso/a
derechista	infame	nacionalista	sobrepoblado/a
egoísta	izquierdista	pesado/a	subpoblado/a

expresiones útiles

a primera vista	meter la pata	ojalá que no	ojalá que sí
es preciso			

vocabulario personal

_____   _____

_____   _____

_____   _____

_____   _____

_____   _____

CAPÍTULO 15

Los valores, las creencias y las opiniones

Temas
- La religión
- La iglesia
- Las supersticiones
- Las comparaciones
- Opiniones, dudas y creencias

Funciones
- Elogiar y recibir un elogio
- Expresar optimismo y pesimismo
- Expresar alegría y tristeza
- Indicar sorpresa o indiferencia
- Indicar duda o incredulidad

Gramática

EN MARCHA

| 15.1 | ¿Crees que los viernes trece sean peligrosos? |

PRIMER PASO

¿**Crees** que David **sea** converso?

Sí, **creo** que **es** converso. Antes era protestante.

No, **no creo** que **sea** converso.

¿**Piensan** Uds. que Javier **conozca** al rabino?

Sí, **pensamos** que lo **conoce**.

No, **no pensamos** que lo **conozca**.

¿**Duda** Ud. que **haya** brujas?

Sí, **dudo** que **haya** brujas.

¿**Dices** que la religión te **parece** tonta?

No, **no digo** que me **parezca** tonta; sólo **digo** que me **parece** difícil de comprender.

¿**Saben** Uds. que Susana **cree** en la reencarnación?

No es que lo **sepamos**, pero lo sospechamos.

¿**Niegan** Uds. que mi argumento **tenga** validez?

Sí, **negamos** que **sea** válido.

Conclusiones ## El subjuntivo con expresiones de duda y negación

1. El subjuntivo se usa cuando la cláusula principal indica duda o negación con respecto a la cláusula subordinada. *(Usted ya sabe que el subjuntivo se usa en casos de influencia; ver §14.1.)*

2. Algunas de las principales expresiones de duda o negación son:

   a. **Creer** o **pensar** en una pregunta

   ¿**Crees** que el sacerdote te **reconozca** después de tantos años?

   ¿**Piensa** Ud. que Lola **sepa** dónde queda la sinagoga?

   b. **No creer** y **no pensar**

   No creemos que el Sr. Calvo **sepa** interpretar ese versículo.

   No pienso que **hayas comprendido** mi punto de vista.

   c. **Dudar**

   Ricardo **duda** que Dios **exista**.

   Dudo que la brujería **sea** una religión.

   d. **No decir que**

   No digo que seas un hereje sino un libre pensador.

   e. **No es que**

   No es que sea imposible, sino difícil.

   f. **Negar**

   Niego que tu interpretación de la Biblia **sea** la única posible.

   Los protestantes **niegan** que el Papa **sea** infalible.

3. El uso del subjuntivo en casos de duda y negación se puede indicar con una escala de probabilidades. Note que en casos de duda ligera, son posibles el subjuntivo y el indicativo.

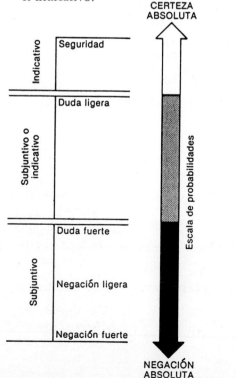

Sé que ellos no **tienen** nada.

Estoy segura de que no lo **sabe**.

No dudo que lo **tiene**.
No dudo que lo **tenga**.

¿**Crees** que **llega** tu amigo a tiempo?
¿**Crees** que **llegue** tu amigo a tiempo?

No creo que tú **eres** la persona más indicada.
No creo que tú **seas** la persona mas indicada.

Dudo mucho de que ellos lo **hagan**.

No decimos que **sea** imposible sino fácil.

No es que no lo **pueda** hacer sino que no lo quiere hacer.

Niego terminantemente que mi hermano **sea** culpable.

SEGUNDO PASO

Tal vez Juana **pueda** ayudarnos con la fiesta de disfraces.

Quizás Uds. **sepan** dónde puedo encontrar un disfraz para la fiesta.

Quizá un disfraz de payaso **sea** el más sencillo.

Posiblemente un disfraz de pirata se **encuentre** sin problema.

Si no te queda el disfraz del gorila, **posiblemente** te **guste** el otro.

Conclusiones El subjuntivo en cláusulas principales

1. El subjuntivo ocurre en cláusulas principales sólo después de expresiones como **tal vez, quizás, quizá, posiblemente** o **probablemente**.
2. Note que todas estas expresiones indican duda o inseguridad.

ACTIVIDADES

1. Respuestas y dudas (entre dos).   *Juana le está preguntando a Leo sobre sus creencias y las creencias de gente que ellos conocen. ¿Qué contesta Leo?*

> **MODELO**   Estudiante 1: **¿Sabes si viene el rabino?** (no creo)
> Estudiante 2: **No creo que venga.**

1. ¿Saben ellos la Biblia de memoria? (dudamos mucho)
2. ¿Son herejes los protestantes? (niego)
3. ¿Traen mala suerte los gatos negros? (no digo que)
4. ¿Existe la brujería en todas partes? (no creo)
5. ¿Sale tu abuelo de casa los viernes trece? (sé)
6. ¿Se puede prever el futuro con naipes tarot? (algunas personas creen)
7. ¿Sabe Aida leer los naipes? (la gente dice)
8. ¿Tienen los brujos un poder maléfico? (no creo)

2. Creencias.   *Eva está describiendo las creencias de la gente. ¿Qué dice?*

> **MODELO**   dudar/los García ser ateos → **Dudo que los García sean ateos.**

1. no creer / María ser católica
2. dudar / haber brujas aquí
3. no decir / todos creer en Dios
4. saber / Ud. saber mucho de teología
5. no es que / mi madre ir a misa todos los días
6. negar / todas las religiones ser iguales
7. no creer / ser necesario pertenecer a una iglesia

3. Combinaciones (entre dos).   *Invente oraciones originales sobre las creencias de gente que Ud. conoce. Use las indicaciones de sus compañeros como punto de partida.*

> **EJEMPLO**   Estudiante 1: **3-c**
> Estudiante 2: **Mi padre no cree que existan los vampiros.**

1. Yo (tú, mi hermano, Laura, etc.) saber que

a. haber brujas (*vampiros, momias vivientes, hombres lobos, etc.*)

b. algunas casas (*cementerios, cuevas,*

2. Usted (Raúl, Ana, etc.) estar seguro que

3. Nosotros (Carlos, mi novio, etc.) (no) creer que

4. Tú (vosotros, mi tía, etc.) dudar que

5. Mi papá (tú, la maestra, etc.) negar que

6. El papa (el rabino, yo, etc.) no decir que

bosques, lagos, etc.) estar habitadas por espíritus maléficos

c. existir los demonios *(los brujos, las brujas, los vampiros, las momias vivientes, etc.)*

d. ser peligrosos los viernes trece *(pasar por debajo de una escalera, abrir un paraguas en casa, etc.)*

e. visitar la tierra extraterrestres *(platillos voladores, marcianos, parientes de Gumersinda, etc.)*

f. tratar de no sentarse en el asiento 13 en los aviones, *(no visitar cementerios a medianoche, no pensar en el hombre lobo las noches de plenilunio, etc.)*

4. Entrevista (entre dos o en pequeños grupos). *Pregúntele a alguien de la clase:*

1. si cree que haya brujas en el mundo
2. si duda que los vampiros existan
3. si niega que haya peligro en las noches de plenilunio
4. si está seguro/a que no haya platillos voladores
5. quién cree que los viernes trece sean peligrosos

5. Donaldo el Dudador (entre dos). *Donaldo es un tipo que todo lo duda. Siempre contesta las preguntas con **tal vez, quizás, quizá, posiblemente** o **probablemente**. ¿Cómo contesta las preguntas?*

> **MODELO** creer en los fantasmas / Miguel (tal vez)
> ESTUDIANTE 1: **¿Cree Miguel en los fantasmas?**
> ESTUDIANTE 2: **No sé. Tal vez crea en los fantasmas.**

1. decir la verdad / tus amigos (posiblemente)
2. venir a verte / el ministro (tal vez)
3. ir a misa / tus amigos (quizá)
4. casarse en una iglesia / Raymundo e Isabel (probablemente)
5. tener la respuesta a la vida / tu profesor/a de español (quizás)

6. Cadena (entre dos o en pequeños grupos). *Cada estudiante hace un comentario; después el/la siguiente estudiante decide la veracidad del comentario usando **sin duda, ciertamente, tal vez, quizás** o **posiblemente**.*

> **EJEMPLO** ESTUDIANTE 1: **Mi compañero es un multimillonario.**
> ESTUDIANTE 2: **Sin duda, su compañero de cuarto es un multimillonario.** *o*
> **Quizás su compañero de cuarto sea un multimillonario.**

15.2 ¿Conoces a alguien que sepa la Biblia de memoria?

¿Conoce usted a **alguien** que **sepa** hebreo?

¿Buscan ustedes un **diario** que **publique** el horóscopo?

Sí, conozco a **alguien** que **sabe** hebreo.
No, no conozco a **nadie** que **sepa** hebreo.
Sí, buscamos un **diario** que **publique** el horóscopo.
No, porque ya recibimos un **diario** que **publica** el horóscopo.

Conclusiones **El subjuntivo en cláusulas adjetivales**

1. Las oraciones anteriores contienen cláusulas adjetivales. Una cláusula adjetival funciona como un adjetivo; es decir modifica un sustantivo. El sustantivo modificado se llama el antecedente.

Compare:
Busco un coche **bueno**.

«Bueno» es un adjetivo; «coche» es el antecedente que «bueno» modifica.

Busco un coche **que sea bueno**.

«Que sea bueno» es una cláusula adjetival. «Coche» es el antecedente que la cláusula modifica.

2. Se usa el subjuntivo en una cláusula adjetival cuando el antecedente no es conocido o específico; es decir, hay duda sobre la existencia del antecedente.

Compare:

¿Conoces a **alguien** que **sepa** hablar árabe?

Para el hablante, el antecedente «alguien» no se refiere a una persona conocida o específica. Por lo tanto, se usa el subjuntivo.

Sí, conozco a **alguien** que lo habla perfectamente.

Para el hablante aquí el antecedente «alguien» se refiere a una persona conocida y específica. Por lo tanto, se usa el indicativo.

Busco un **perro** que **tenga** un temperamento dulce.

El hablante no está pensando en un perro específico. Por lo tanto, se usa el subjuntivo.

Busco un **perro** que **tiene** el rabo corto y las orejas largas. Es mi perro y no lo encuentro.

El hablante está pensando en un perro específico. Por lo tanto, se usa el indicativo.

3. El subjuntivo también se usa en una cláusula adjetival cuando el antecedente es negativo.

No conozco a **nadie** que realmente **crea** en los naipes tarot.
No hay **ninguna persona** que no **tenga** interés en los OVNI.
(OVNI-objeto volador no identificado)
No tengo **nada** que te **pueda** interesar.

ACTIVIDADES

7. Combinaciones (entre dos).   *Haga oraciones completas según las indicaciones de sus compañeros.*

MODELO   ESTUDIANTE 1: **5-b**
ESTUDIANTE 2: **¿Sabes de alguien que crea en los OVNI?**

1. Conozco a alguien que
2. No conocemos a nadie que
3. Tengo una amiga que
4. No hay ningún/ninguna estudiante en esta universidad que
5. ¿Sabes de alguien que

a. nunca pasar por debajo de una escalera
b. creer en los OVNI
c. poder decirme el futuro
d. no salir de casa los viernes trece
e. tener miedo de los gatos negros
f. leer su horóscopo todos los días

8. Preguntas personales (entre dos).   *Con alguien de la clase, hagan y contesten las pregunats a continuación.*

1. ¿Tienes un amigo que haya visto un OVNI?

2. ¿Conoces a alguien que sepa leer los naipes tarot?

3. ¿Conoces a alguien que prediga el futuro?
4. ¿Tienes amigos que estudien su horóscopo antes de salir de casa?
5. ¿Conoces a alguien que converse regularmente con extraterrestres?
6. ¿Tienes familiares que tengan miedo de los gatos negros?
7. ¿Conoces a alguien que crea en la magia?
8. ¿Sabes de alguien que haya subido en un platillo volador?
9. ¿Conoces a alguien que te diga la fortuna?
10. ¿Tienes un amigo que haga trucos con naipes?

9. La pareja ideal (entre dos). *Describa a su pareja real o ideal (pareja: novio, novia, marido, esposa, etc.). Use la tabla como guía.*

EJEMPLO ESTUDIANTE 1: **¿Qué clase de novia/o buscas?**
ESTUDIANTE 2: **Busco una novia/o que me comprenda.**

Preguntas
¿Qué clase de novio/a buscas?
¿Con qué clase de persona quieres casarte?
¿Con qué tipo de persona quieres pasar el resto de tu vida?
¿Qué clase de novio tienes?

Respuestas
1. Busco alguien que...
2. Tengo un/a novio/a que...
3. Necesito alguien que...
4. Quiero una persona que...

a. tener mucho dinero
b. saber cocinar la comida italiana
c. siempre estar de acuerdo conmigo
d. querer vivir en el campo
e. jugar al béisbol
f. a quien le gustar ir a conciertos
g. tener mucha paciencia
h. comprender el subjuntivo

i. saber hablar de arte y filosofía
j. ser inteligente
k. tener buen gusto
l. no usar ropa de...
m. ser religioso/a
n. interesarse por lo mismo que yo
o. tener conciencia social
p. ...

10. Entrevista (entre dos o en pequeños grupos). *Usando la tabla de la actividad anterior haga una entrevista con alguien en la clase.*

EJEMPLOS **¿Conoces a alguien que tenga una casa en Europa?**
¿Buscas una pareja que sepa hablar de deportes?

Nota cultural

La diversidad religiosa del mundo hispano

El mundo hispano casi siempre se considera católico. Aunque es cierto que la gran mayoría (tal vez más del 95%) de los hispanos reciben un bautismo católico, hay sin embargo en el mundo hispano una tremenda diversidad religiosa. Esa diversidad se ve **en todos lados**.

Por ejemplo, el catolicismo hispano es una **mezcla** de muchas **corrientes** religiosas. A alto **nivel** están las controversias de la Iglesia **actual:** por ejemplo,

en todos lados: en todas partes
mezcla: combinación
corriente: *current*
nivel: *level*
actual: de ahora

los conservadores que defienden la Iglesia tradicional y los liberales que están tratando de incorporar teorías y prácticas que muchos conservadores consideran heréticas.

Esa misma diversidad también se ve a nivel popular. Por ejemplo, en regiones de grandes poblaciones **indígenas** como México, Centroamérica y la zona **andina,** los creyentes atribuyen poderes a los santos católicos que sus abuelos atribuyeron a dioses de las religiones indígenas. Algo similar pasa en los países del Caribe donde creencias y prácticas africanas se **mezclan** con el catolicismo.

indígena: nativa
andino: de los Andes

mezclar: combinar

Culto católico

Santoral

Fiesta de la Sagrada Familia de Jesús, María y José. La Iglesia celebra hoy la fiesta de la Sagrada Familia, formada por Jesús, María y José. De esta manera presenta el modelo de los hogares cristianos y exalta a la familia como célula de la sociedad.

En estos años, muchos hispanos se están convirtiendo a religiones cristianas no católicas. Los grupos no católicos que tienen más éxito suelen ser sectas evangélicas que tienen **vínculos** con los Estados Unidos. Aunque estas sectas forman una pequeña minoría, están creciendo rápidamente, sobre todo en Perú y Centroamérica, y representan otra dimensión de la diversidad religiosa del mundo hispano.

vínculo: conexión

15.3	¿Vinieron tantas personas hoy como ayer?

PRIMER PASO

Comentarios del señor obispo:

La Iglesia está pasando por una crisis en el clero y en las comunidades religiosas. El motivo principal de la crisis es que no hay **tantos** curas ahora **como** en años anteriores. Tampoco hay **tantas** monjas **como** antes. Esta crisis llega en un momento cuando hay **más** adeptos **que** nunca. Eso quiere decir que cada día hay **menos** religiosos **que** antes para servir a **más** gente **que** nunca. Y el problema va a aumentar. En este momento hay **menos de** cien estudiantes en el seminario de San Juan. Hace veinte años había **más de** quinientos. Desde luego, el clero de ahora trabaja **tanto como** el clero de antes, pero por desgracia la falta de religiosos impide la labor de la Iglesia.

Conclusiones ## Comparación de sustantivos con sustantivos y de verbos con verbos

1. Se usa **más que** y **menos que** para una comparación desigual de sustantivos y de verbos.

   Hay **más** niños **que** adultos en la congregación, pero **menos** hombres **que** mujeres.

   Trabajo **menos que** usted, pero **más (mucho más) que** Gumersinda.

2. Se usa **tanto como, tanta como, tantos como** y **tantas como** para un comparación igual de sustantivos.

   Tengo **tanta** responsabilidad **como** usted, pero no tengo **tanto** tiempo.

   Hay **tantos** niños en la clase **como** niñas.

3. Se usa **tanto como** para una comparación igual de verbos.

   Aunque estudié **tanto como** tú, no sacamos la misma nota.

4. Se usan **más de** y **menos de** con números.

SEGUNDO PASO

El concurso musical:

Juan Carlos cantó bien.

Yo canté muy mal.

¿Toqué demasiado rápido?

Javier cantó **mejor que** él.

Don Tremendón cantó **peor que** todo el mundo.

Sí, pero Gumersinda tocó **más** rápido **que** nadie.

| ¿Toqué mal? | Para nada. Nadie tocó **tan** bien **como** tú. |

Conclusiones **Comparaciones de adverbios**

1. Se usan **más... que** y **menos... que** en una comparación de adverbios.
   Toqué **más** rápido **que** usted pero **menos** rápido **que** ella.
2. Se usan **tan... como** en una comparación igual de adverbios.
   Nadie cantó **tan** bien **como** usted.
3. **Mejor que** es el comparativo de **bien**. Como adverbio, es invariable.
4. **Peor que** es el comparativo de **mal**. Como adverbio, es invariable.

TERCER PASO

Repaso de comparaciones de adjetivos *(ver 3.5)*

1. Igual que los adverbios, se usan **más... que, menos... que** y **tan... como** en comparaciones de adjetivos.
   Cuando entré en la secundaria, yo era **menos** alto **que** mi papá. Pero cuando me gradué, ya era **más** alto **que** él. Ahora, tengo un hijo que es **tan** alto **como** yo pero que sin duda va a ser **más** alto **que** yo muy pronto.
2. **Mejor que** es la comparación que corresponde a **bueno** y **buena**. Su forma plural es **mejores que**. **Peor que** es la comparación que corresponde a **malo** y **mala**. Su forma plural es **peores que**.
   Miguel es **mejor** jugador **que** Chico; nadie es **peor** jugador **que** Don Tremendón.
   Mis hijas son **mejores** en matemáticas **que** mis hijos. Pero son **peores** en lengua.
3. **Mayor que** es igual que **más viejo**. **Menor que** es igual que **más joven**.
   Soy **mayor que** mi hermano, pero **menor que** mi hermana.

Sinopsis

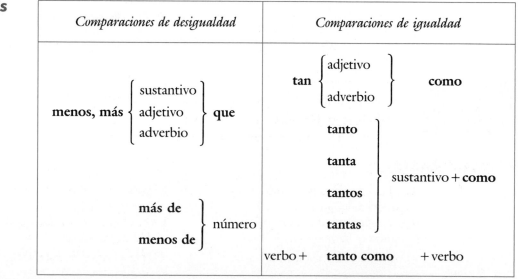

Comparaciones de desigualdad	*Comparaciones de igualdad*
menos, más { sustantivo / adjetivo / adverbio } **que**	**tan** { adjetivo / adverbio } **como**
más de / **menos de** } número	**tanto** / **tanta** / **tantos** / **tantas** } sustantivo + **como**
	verbo + **tanto como** + verbo

ACTIVIDADES

11. Comparaciones. *Con la información dada, invente una oración comparativa.*

> **EJEMPLO** Mario tomó cinco cursos el año pasado. Raúl tomó cinco también.
> → **Mario tomó tantos cursos como Raúl.**

1. Ana ganó cincuenta dólares ayer. Marta ganó cincuenta dólares también.
2. La maestra de español tiene veinte alumnos; el maestro de francés tiene dieciocho.
3. Javier trabajó cinco horas ayer; Juana trabajó cinco horas también.
4. Ernesto toma dos cafés por día; Rosa toma tres.
5. Emilia leyó tres novelas el verano pasado. Yo leí tres también.
6. Mi abuela tuvo cuatro chicos. Mi madre tuvo tres.

12. Comparaciones con gente famosa (entre dos o en pequeños grupos). *Usando la tabla formulen preguntas y respuestas para sus compañeros de clase.*

> **EJEMPLO** ESTUDIANTE 1: **¿Hablas tanto como William F. Buckley?**
> ESTUDIANTE 2: **No, hablo menos que él.**

1. ¿Hablas	1. más que	1. William F. Buckley
2. ¿Trabajas	2. menos que	2. tu mejor amiga
3. ¿Cantas	3. mejor que	3. Julio Iglesias
4. ¿Juegas al...	4. peor que	4. Madonna
5. ¿Estudias	5. tan bien como	5. el presidente
6. ¿Sabes	6. tanto como	6. tus padres
7. ¿Ves televisión		7. Gumersinda
8. ¿Amas a...		8. ...

13. Chismes (entre dos o en pequeños grupos). *Pregúntele a alguien de la clase:*

1. si es tan inteligente como...
2. si tiene tanto dinero como...
3. si sabe tanto como... sobre...
4. si trabaja tantas horas como...
5. si estudia tanto como...
6. si tiene tantos amigos como...
7. si compra tanta ropa como...
8. si usa tanto maquillaje como...

15.4   Los países más poblados de la América Latina son México y Brasil.

PRIMER PASO

¿Cuál es **el país más grande** de la América del Sur?

¿Cuál es **la ciudad más poblada** de la América Latina?

El país más grande de la América del Sur es Brasil.

La ciudad más poblada de la América Latina es México, D.F. (*D.F. = Distrito Federal*).

¿Cuáles son **los ríos más largos** de Latinoamérica?

Los ríos más largos de Latinoamérica son el Amazonas y el Paraná.

¿Cuáles son **las montañas más altas** de Sudamérica?

Los Andes son **las montañas más altas** de Sudamérica.

Conclusiones **El superlativo regular**

1. El superlativo regular de adjetivos se forma con:

> un artículo definido + un sustantivo + **más/menos** + un adjetivo

2. Ejemplos:

   el río más grande   **los centros más importantes**
   la ciudad menos bonita   **las montañas menos accesibles**

3. Se usa **de** cuando el superlativo compara un individuo con un grupo. Ejemplos:

   el más inteligente **de** la clase   el río más grande **de** Sudamérica

SEGUNDO PASO

En una escuela mexicana, ¿cuál es **la mejor nota**?

La mejor nota en México es un diez.

En los Estados Unidos, ¿cuáles son **las mejores notas**?

Las mejores notas en los Estados Unidos son *A* y *A-menos*.

En una escuela mexicana, ¿cuál es **la peor nota**?

La peor nota en México es un cero.

¿Quiénes son **los peores estudiantes** en la clase de español?

No tenemos malos estudiantes en la clase de español.

¿Quién es **la hija mayor** de tu familia?

Yo soy **la hija mayor** de mi familia.

¿Cómo se llaman **los dos hijos menores** de tu familia?

Los dos hijos menores son Maga y Beto.

Conclusiones **Los superlativos irregulares**

1. Los superlativos con **mejor, peor, mejores** y **peores** preceden al sustantivo que modifican:

   el mejor vestido   **los mejores zapatos**
   la mejor nota   **las peores notas**

2. Los superlativos con **mayor, menor, mayores** y **menores** están después del sustantivo que modifican:

   el hijo mayor   **los alumnos mayores**
   la hija menor   **las alumnas mayores**

TERCER PASO

Mis zapatos son **los más caros** de la tienda.
Mi perro es **el menos inteligente** y **el más simpático** del mundo.
De todos los países del mundo, la Argentina es uno de **los más fértiles**.
Los vinos chilenos y argentinos son **los mejores** de Hispanoamérica.
Yo soy **la mayor** de la familia. Mi hermano es **el menor**.

Conclusion **En superlativo, el sustantivo se omite con frecuencia.**

ACTIVIDADES

14. Un poco de geografía. *Conteste las preguntas. Consulte los mapas al principio del libro.*

1. ¿Cuál es el país más grande del Caribe?
2. ¿Cuál es el país hispano más grande de Norteamérica?
3. ¿Cuál es el país más pequeño de Centroamérica?
4. ¿Cuál es el río más largo de Sudamérica?
5. ¿Cuál es el país más largo de Sudamérica?
6. ¿Cuál es el país hispano más grande de Sudamérica?
7. ¿Cuál es el país más pequeño de Sudamérica?
8. ¿Cuál es el río más largo de España?

15. Más opiniones. *Complete las oraciones.*

1. El mejor actor del mundo es...
2. Los alumnos más brillantes del universo son...
3. Mi curso más difícil es...
4. El hombre más guapo del cosmos entero es...
5. La mujer más bella de mi experiencia limitada es...
6. El mejor restaurante de nuestra ciudad es...
7. El estado más grande de nuestro país es...
8. Mi hermano mayor (menor) se llama...
9. Los peores libros de mi experiencia son...

16. Admiraciones secretas (entre dos o en pequeños grupos). *Usando la tabla a continuación formulen preguntas y respuestas.*

EJEMPLO ESTUDIANTE 1: **¿Quién es el profesor más divino del universo entero?**

ESTUDIANTE 2: **Nuestro profesor de español es el más divino, el más inteligente y el menos antipático del universo.**

¿Quién es	el actor	inteligente / tonto	del mundo
¿Quiénes son	la actriz	guapo / feo	del universo
¿Cuál es	(un/a cantante)	popular / repelente	de esta universidad
¿Cuáles son	el coche	competente / inepto	de nuestra clase
	el hombre	delicioso / repugnante	de esta ciudad

el vino	grande / pequeño	de todo el país
el país	difícil / fácil	de tu familia
la ciudad	simpático / antipático	de todos los...
la universidad	elegante / refinado	de todas las...
el curso	caro / barato	
los estudiantes	capaz / incapaz	
los jugadores	trabajador / perezoso	

15.5   Conocí a una tía tuya anoche.

Luisa, ¿quiénes estuvieron en la reunión de anoche?

Había mucha gente. Estaba Ricardo, un amigo **mío** que sabe mucho de horóscopos. Estaba Ana, esa amiga **tuya** que conocí el año pasado. Gloria no estaba pero vinieron varios amigos **suyos** del trabajo. También estaban dos compañeros **nuestros** de la clase de español. Y Raúl y José me presentaron a un amigo **suyo** que sabe leer los naipes. Era, sin duda, un grupo notable.

¿Es **tuyo** ese coche?

No, no es **mío**; es **tuyo**.

¿De quién son esas flores?

Las flores amarillas son **nuestras**, y las flores rojas son **vuestras**.

Conclusiones Los posesivos enfáticos

1. En español hay dos formas de adjetivos posesivos: los posesivos simples que preceden al sustantivo (**mi** papá, **tu** prima, **su** cuñado, etc.) y los posesivos enfáticos que se ponen después del sustantivo. *(Comparar §3.3)*

2. Los posesivos enfáticos se usan frecuentemente cuando un demostrativo o un adjetivo de cantidad precede al sustantivo:

   esta familia **mía**
   esos amigos **tuyos**
   varios de nuestros amigos = **varios** amigos **nuestros**
   tres de mis amigos = **tres** amigos **míos**
   una de tus primas = **una** prima **tuya**
   ninguna de mis hijas = **ninguna** hija **mía**

3. Las distintas formas de **nuestro** y **vuestro** son simples y enfáticos; se usan antes y después del sustantivo.

4. Después de **ser** los posesivos enfáticos se usan sin otro adjetivo:

   El coche azul es **mío;** no es **tuyo**.
   Estos panfletos son **nuestros;** aquellos son **tuyos**.
   Esa maleta es **mía;** no es **suya**.

Sinopsis

mío	tuyo	suyo	nuestro	vuestro
mía	tuya	suya	nuestra	vuestra
míos	tuyos	suyos	nuestros	vuestros
mías	tuyas	suyas	nuestras	vuestras

ACTIVIDADES

17. Pepito el Posesivo.   *Pepito cree que todo es suyo. ¿Qué le dice su mamá?*

> **MODELO**   esos papeles/de Ricardo → **¡Pepito! Esos papeles no son tuyos; son de Ricardo.**

1. esa blusa/de Ana
2. esas llaves/de papá
3. ese refresco/de Ricardo
4. la computadora/de Teresa
5. ese maquillaje/mío
6. esa perra/de los vecinos
7. esos discos/de Luisa
8. esas cremas/de la tía

18. Equivalencias.   *¿De qué otra forma se puede decir las oraciones a continuación usando un posesivo enfático?*

> **MODELO**   Salió uno de mis artículos. → **Salió un artículo mío.**

1. No vino ninguno de mis amigos a la casa.
2. Varios de tus compañeros preguntaron por ti.
3. Uno de nuestros antepasados vino de España en el siglo XVI.
4. Le presté uno de mis libros a Roberto.
5. Me encanta esa blusa de Ud.
6. Algunas de nuestras flores ganaron un premio.
7. ¿No vi a algunos de vuestros parientes en la reunión?

19. Invención (entre dos o en pequeños grupos).   *Conteste las preguntas de sus compañeros siguiendo los ejemplos.*

> **EJEMPLOS**   tus amigos
> ESTUDIANTE 1: **¿Cómo son tus amigos?**
> ESTUDIANTE 2: **Algunos amigos míos son deportistas; otros son intelectuales, y varios amigos míos se dedican a ver televisión todos los días.**

1. tus vecinos
2. vuestros compañeros de estudio
3. los novios de Gumersinda
4. los políticos de vuestro país
5. los perros de tu vecino menos querido
6. tus profesores
7. las novias de Don Tremendón
8. las películas de Woody Allen

15.6	Modestia aparte, el mío es mejor que el tuyo.

¿Ya volvieron nuestros hijos?	**El tuyo** ya está, pero **el mío** todavía no vuelve.
¿Cuál de esos hombres te parece más guapo? **¿El moreno** o **el rubio?**	Me parece que **el moreno** es **el más guapo**.
¿Te gusta el coche de Jorge?	Sí, pero **el de Isabel** me parece más bonito.
¿Es tu hija la chica que toca el piano?	No, mi hija es **la que** canta.

Conclusiones La pronominalización

1. La pronominalización es el proceso de convertir un adjetivo o un artículo en pronombre.
2. Para pronominalizar un adjetivo o un artículo, se quita el sustantivo, y lo que queda funciona como pronombre.
3. Pronominalización de un adjetivo descriptivo o de un posesivo enfático:

El señor alto es mi padre.	→ **El alto** es mi padre.
La hija mayor se llama Lulú.	→ **La mayor** se llama Lulú.
El equipo nuestro ganó ayer.	→ **El nuestro** ganó ayer.
La casa mía costó demasiado.	→ **La mía** costó demasiado.

4. Pronominalización con **de**:

Prefiero el coche de Tere.	→ Prefiero **el de** Tere.
Esa es la casa de Ricardo.	→ Esa es **la de** Ricardo.
Quiero ver las fotos de Ana.	→ Quiero ver **las de** Ana.

5. Pronominalización con **que**:

Mi hijo es el chico que está en medio.	→ Mi hijo es **el que** está en medio.
La novela que me regalaste es buena.	→ **La que** me regalaste es buena.
Los estudiantes que estudiaron salieron bien en el examen.	→ **Los que** estudiaron salieron bien en el examen.

ACTIVIDADES

20. Comparaciones competitivas (entre dos). *Alberto está hablando con una persona muy vanidosa y quiere explicarle que lo suyo también vale. ¿Qué dice?*

> **MODELO** ESTUDIANTE 1: **Mi madre es muy inteligente.**
> ESTUDIANTE 2: **Pues la mía es tan inteligente como la tuya.**

1. Mi perro es muy valiente.
2. Mis padres son muy respetados.
3. Mi ropa es muy fina.
4. Mis fotos son muy lindas.
5. Mis amigos son muy simpáticos.
6. Mi coche es muy elegante.

21. El picnic de Isabel (entre dos). *Isabel y unos amigos suyos están en el campo en un picnic. ¿Quién trajo qué?*

> **MODELO** ¿Quién trajo un mapa? (María)
> ESTUDIANTE 1: **¿Quién trajo un mapa?**
> ESTUDIANTE 2: **María trajo el suyo.**

1. ¿Quién trajo una pelota? (Marisa)
2. ¿Quién trajo una cámara? (los Gutiérrez)
3. ¿Quién trajo unas toallas? (Ana Luisa)
4. ¿Quién trajo crema solar? (yo)
5. ¿Quiénes trajeron trajes de baño? (nosotros)
6. ¿Quiénes trajeron raquetas de tenis? (Jorge y yo)

22. Sobre gustos no hay ley (entre dos). *David y Hugo están comparando gustos. ¿Qué dicen?*

> **MODELO 1** los trajes grises o los trajes azules
> ESTUDIANTE 1: **¿Prefieres los trajes grises o los trajes azules?**
> ESTUDIANTE 2: **Prefiero los grises.**

> **MODELO 2** la ropa de lana o la ropa de poliéster
> ESTUDIANTE 1: **¿Te gusta más la ropa de lana o la ropa de poliéster?**
> ESTUDIANTE 2: **Prefiero la de lana.**

1. los coches americanos o los coches japoneses
2. los cursos fáciles o los cursos útiles
3. las personas competitivas o las personas pasivas
4. las películas americanas o las películas extranjeras
5. los vinos de California o los vinos de Europa
6. la música clásica o la música moderna
7. las camisas de algodón o las blusas de poliéster
8. los estudiantes de *(nombre de una universidad)* o los estudiantes de *(nombre de otra universidad)*
9. las películas de *(nombre de un actor)* o las películas de *(nombre de una actriz)*
10. el clima de Siberia o el clima de México

23. Chismes (entre dos o en pequeños grupos). *Contesten de forma original las preguntas a continuación. Use **el que, la que, los que** o **las que** en su respuesta.*

> **MODELO** ESTUDIANTE 1: **¿Quién es el político que tiene más influencia en el senado?**
> ESTUDIANTE 2: **El que tiene más influencia en el senado es...**

1. ¿Quién es la actriz que tuvo más éxito en la última década?
2. ¿Quién es el líder religioso que más llama la atención en nuestros días?
3. ¿Quiénes son los jugadores de fútbol que ganan más dinero por año?
4. ¿Quién es el actor que provoca más comentarios negativos?
5. ¿Quién es el estudiante que más cree en el amor?

6. ¿Cómo se llama el/la chico/a en la clase que toca piano?
7. ¿Cómo se llama el político que más se ve en la televisión?
8. ¿Quiénes son los alumnos que trabajan y estudian?
9. ¿Cómo se llaman los chicos que comen fuera todas las noches?

24. Entrevista (entre dos o en pequeños grupos). *Usen la tabla para formular preguntas para sus compañeros.*

EJEMPLO   ESTUDIANTE 1: **¿Quién fue la mejor actriz: Greta Garbo, Bette Davis o Joan Crawford?**
ESTUDIANTE 2: **Yo creo que Bette Davis fue la mejor.**

¿Quién fue/es el mejor	1. actriz	a. Santa Teresa, Ivana Trump o Leona Helmsley
¿Quién fue/es la mejor	2. actor	b. John D. Rockefeller, Andrew Carnegie o Cornelius Vanderbilt
¿Quién fue/es el peor	3. empresario	
¿Quién fue/es la peor	4. presidente	
	5. jugador de béisbol	c. John Kennedy, Franklin Roosevelt o Richard Nixon
	6. general	
	7. cantante	d. Madonna, Lena Horne o Paula Abdul
	8. escritora	
	9. persona	e. Patrick Swayze, Sylvester Stallone o Mel Gibson
	10. ...	f. ... , ... o...

EN CONTEXTO

Lectura

La teología de la liberación

Hablar de la Iglesia en crisis es hablar de la Iglesia de todos los días. Es decir, durante toda su historia la Iglesia cristiana sufre tensiones sociales, desacuerdos teológicos y conflictos políticos. **Hoy día** pasa lo mismo y uno de los puntos de mayor discusión en la iglesia moderna es la teología de la liberación. La teología de la liberación **cuenta con adeptos** en todas partes, pero tiene una resonancia especial en Latinoamérica. **De hecho,** muchos de sus principales teóricos y promovedores son latinoamericanos.

    La teología de la liberación tiene sus raíces en una doctrina muy tradicional: que Dios se manifiesta **a través de** su pueblo. Aunque esa doctrina de «Dios en el Pueblo» se encuentra implícita y explícita en la escritura hebrea y cristiana, la teología de la liberación la lleva a un punto nuevo. Usando la idea de «Dios en el Pueblo» como punto de partida, algunos teólogos

hoy día: en estos días

contar con: tener el apoyo de
adepto: fiel, creyente
de hecho: en verdad

a través de: por medio de

CLARIN ★ Buenos Aires, domingo 18 de marzo

El Episcopado examina la situación social

cuestionan la autoridad tradicional de la iglesia, del Papa y de los concilios eclesiásticos. Es decir, cuando hay conflictos entre la **jerarquía** y las necesidades del pueblo, sugieren que hay que escuchar primero al pueblo.

    Sin duda, el aspecto más debatido de la teología de la liberación son sus vínculos con el marxismo. A **nivel** teórico, esos vínculos se ven principalmente en la tendencia de muchos teólogos de la liberación de aceptar una interpretación marxista de la historia. Marx **concibió** la historia como una evolución hacia una sociedad justa, y postuló que el mecanismo de esa evolución era la **lucha** de clases. Los teólogos de la liberación siguen un **razonamiento** similar: dicen que si Dios se manifiesta a través del pueblo, Dios se encuentra también en la lucha de su pueblo para crear una sociedad justa.

jerarquía: los gobernantes eclesiásticos

nivel: *level*

concebir: comprender

lucha: combate
razonamiento: argumento

Aun más **controvertido** que su aceptación del **historicismo** marxista es el apoyo que algunos teólogos de la liberación prestan a las luchas armadas y revolucionarias en Latinoamérica. En todo el continente hay religiosos, sacerdotes, monjes y monjas que **predican** que sólo por medio de una lucha armada puede el pueblo crear una sociedad justa. El caso más visible de esa tendencia es Nicaragua, donde algunos de los máximos gobernantes del partido sandinista son sacerdotes. Esa postura revolucionaria de algunos **clérigos** provoca críticas y censuras de otros clérigos, incluso del Vaticano mismo. No es posible prever el futuro de la teología de la liberación, pero no hay nadie que dude que es un tema de muchísima importancia en el mundo hispano.

controvertido: discutido

historicismo: teoría de la historia

predicar: hablar desde un púlpito

clérigos: sacerdotes, obispos, cardenales,etc.

Preguntas 1. ¿Es cierto que la historia de la iglesia es una historia de crisis perpetua? ¿Conoce Ud. otros episodios en la historia del cristianismo que se parezcan a los conflictos de ahora? 2. ¿Dónde tiene más resonancia la teología de la liberación? ¿Qué sabía Ud. de la teología de la liberación antes de leer ese artículo? 3. ¿Cuál es la premisa básica de la teología de la liberación? ¿Hay conflicto entre esa premisa y la autoridad tradicional de la iglesia? ¿Por qué sí/no? 4. ¿En qué sentido está de acuerdo la teología de la liberación con la teoría marxista de la historia? Según la teología de la liberación, ¿qué papel tiene Dios en la lucha de clases? 5. ¿Cómo justifican la lucha armada algunos teólogos de la liberación? 6. ¿Cree Ud. que la teología de la liberación sea un fenómeno que va durar mucho tiempo? ¿Por qué sí/no?

Cómo se hace _____

Cómo se hace para elogiar y recibir un elogio

Nota: En el mundo hispano, por lo general no se responde a un elogio sencillamante con «Gracias» o «Muchas gracias» sino con otro elogio. Estudie cómo se hace.

—¡Te ves estupendo hoy! ¿Qué te hiciste?
—Ay, Julia, qué amable eres. Siempre me haces sentir bien.

—¡Qué lindo está ese vestido!
—Me alegro de que te guste.

• • • • •

—Me encantó tu presentación. Realmente me pareció estupenda.
—Ay, Héctor, siempre dices las cosas más simpáticas.

• • • • •

—¡Qué bien habló usted anoche!
—¡Qué simpática es usted! Siempre dice cosas amables.

Cómo se hace para expresar optimismo y pesimismo

Todo va a salir bien.
Me siento muy optimista.
Sé que todo está bien.

Algo está mal.
Eso no va a salir bien.
Dudo que...

Sospecho que algo anda mal.
Me deprime...
Esto es un asco.

Cómo se hace para expresar alegría o tristeza

¡Qué bien!	¡Bravo! ¡Bravo!	Me da pena que...
¡Qué fabuloso!	¡Qué pena!	¡Cómo lo siento!
Me siento muy contento/a.	¡Qué lástima!	¡Cuánto lo siento!

Cómo se hace para expresar sorpresa o indiferencia

¡No me digas!	¿Cómo es posible?	Me da igual.
¡Qué cosa!	No me interesa.	Me da lo mismo.
¿Hablas en serio?	No me importa.	¿A quién le importa?

Cómo se hace para indicar duda o incredulidad

Lo dudo.	Quizás.	¿Quién va a creer eso?
¿Tú crees?	¿Quién sabe?	No me lo puedo creer.
¿Usted cree?	¡Qué va!	Ver es creer, y yo no vi nada.

Diálogos incompletos

1. ¡Qué lindo abrigo!

   _____

2. Me gusta mucho estar contigo. Siempre dices cosas interesantes.

   _____

3. Me encanta tu casa. Es realmente lindísima.

   _____

4. Estoy muy preocupada por mis exámenes.

   _____

5. Todavía no ha llegado Mario.

   _____

6. Se murió mi gato.

   _____

7. ¿Quieres ir al cine o al teatro? *(expresar indiferencia)*

   _____

8. ¿Prefieres la camisa azul o la negra? *(expresar indiferencia)*

   _____

9. ¿Van a ganar los demócratas? *(expresar duda)*

   _____

Situaciones _____

Situación 1   Haga una entrevista con un/a compañero/a de clase sobre un grupo religioso que él/ella conozca bien. Información que Ud. puede pedir: ¿Cuáles son las doctrinas peculiares a ese grupo? ¿Cuáles son los textos sagrados del grupo—la Biblia, la Biblia Cristiana, la Biblia Hebrea, el antiguo testamento, el nuevo testamento, la Tora, el Talmud, el Alcorán, las enseñanzas de alguna persona en particular? ¿Quiénes son los gobernantes—un ministro, un sacerdote, un rector, un rabino, etc.? ¿Qué actividades tiene en la comunidad?

Situación 2   Con un/a compañero/a de clase, haga una lista de supersticiones comunes. Después prepare una corta obra teatral sobre esa superstición. Por ejemplo, un chico que no quiere pisar *(pisar = poner el pie encima de)* las rayas en la acera *(acera = dónde camina la gente al lado de una calle)*; una señora que no quiere salir de casa un viernes trece; alguien que queda totalmente paralizado porque un gato negro acaba de cruzar su camino; un hombre que está histérico porque pasó debajo de una escalera; una señorita que está muy molesta con su novio porque abrió el paraguas en casa; un pasajero de avión que tiene miedo porque le han dado un asiento en la fila trece. Etc.

Situación 3   Con un grupo de compañeros invente una superstición nueva. Prepare una corta obra teatral basada en la superstición—pero sin decirles a sus otros compañeros cómo es la superstición. Después de ver su obra teatral, los otros compañeros tendrán que adivinar cómo es la superstición que Uds. inventaron.

Situación 4   Prepare una obra de teatro basada en su historia favorita de terror; por ejemplo, *Dr. Jekyl y Mr. Hyde, Drácula, The Shining, Halloween, Twilight Zone,* etc. Su presentación puede ser legítima o paródica.

Situación 5   Demuestre cómo se da y cómo se recibe un elogio en español.

Situación 6   Escuche una opinión o un chisme de alguien en la clase y muestre una reacción apropiada: de alegría, de tristeza, de duda, de indiferencia o de sorpresa.

Situación 7   Escuche los planes de alguien en la clase y después demuestre su optimismo o pesimismo sobre los resultados.

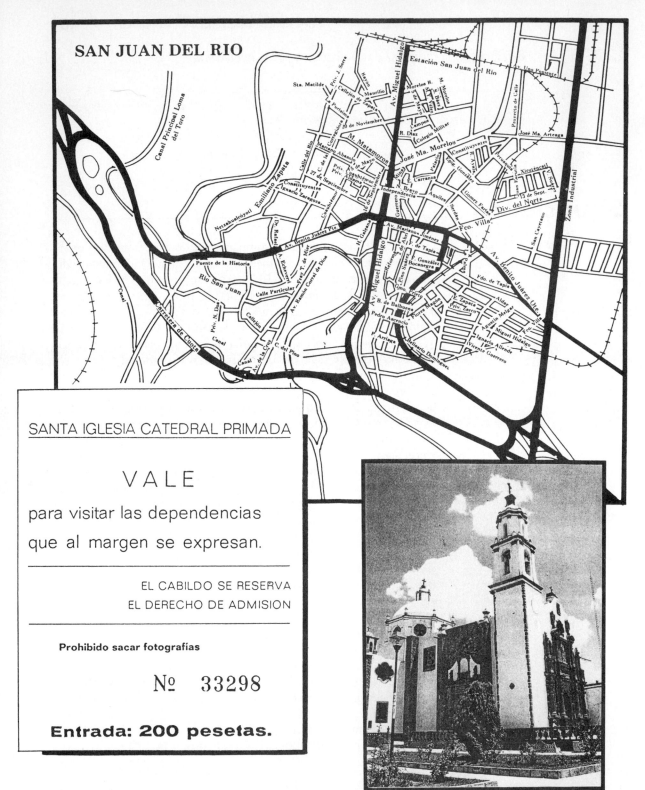

SAN JUAN DEL RIO

SANTA IGLESIA CATEDRAL PRIMADA

VALE

para visitar las dependencias
que al margen se expresan.

EL CABILDO SE RESERVA
EL DERECHO DE ADMISION

Prohibido sacar fotografías

Nº 33298

Entrada: 200 pesetas.

410

Composición

Tema 1 Escriba para una amiga hispana imaginaria una descripción sobre la diversidad religiosa de su comunidad. Use la *Nota cultural* como punto de partida.

Tema 2 Escriba una defensa o una refutación de algunos de los puntos examinados en la *Lectura* sobre *La teología de la liberación*.

Tema 3 Describa con grandes detalles su superstición favorita—o la superstición de alguna otra persona. Incluya algo sobre la manera en que esa superstición le afecta la vida.

Vocabulario activo

personas y seres

el/la adepto/a	el diablo	el/la mago/a	el/la predicador/a
el ángel	el/la dios/a	el/la ministro/a	el/la promovedor/a
el arzobispo	el/la dudador/a	el/la misionero/a	el/la protestante
el/la ateo/a	el/la escéptico/a	la momia	el/la rabino/a
el/la brujo/a	el espíritu	la monja	el rector
el cardenal	el fantasma	el monje	el sacerdote
el/la católico/a	el fraile	el obispo	la sacerdotisa
el/la clérigo/a	el/la hereje	el Papa	Satanás
el/la creyente	la jerarquía	el/la pecador/a	el/la teólogo/a
el cura	el/la judío/a	el/la pensador/a	la Virgen María

conceptos

la autoridad	la defensa	el Islam	el razonamiento
la bendición	el desacuerdo	el judaísmo	la reencarnación
la brujería	la doctrina	la liberación	la reforma
el catolicismo	la enseñanza	la libertad de culto	la supersitición
la censura	la escritura	la magia	la tendencia
la controversia	la fe	el pecado	la teología
la corriente	la gracia	el poder	la validez
la creencia	la herejía	la postura	el valor
el cristianismo	la infalibilidad	la premisa	la verdad
la crítica	la interpretación	el protestantismo	el vínculo
el culto			

ritos y reuniones

el bautismo	la confesión	los funerales	el servicio
la comunión	la confirmación	la misa	la extremaunción
el concilio			

lugares

la basílica	el cementerio	la iglesia	el seminario
el bosque	el cielo	el infierno	la sinagoga
la capilla	el convento	el monasterio	el templo
la catedral	la cueva	el púlpito	

verbos

adorar	discutir	mezclar	predecir (i)
bautizar	dudar	negar (ie)	predicar
concebir (i)	elogiar	obedecer	prever
convertir (ie)	evitar	orar	rezar
debatir	medir (i)	pisar	sospechar

adjetivos

actual	dominical	ligero/a	teológico/a
andino/a	fiel	maléfico/a	teórico/a
controvertido/a	indígena	sagrado/a	válido/a
devoto/a	legítimo/a	supersticioso/a	

expresiones útiles

decir la fortuna	en todos lados	leer la suerte	leer los naipes

vocabulario personal

_____   _____

_____   _____

_____   _____

_____   _____

_____   _____

El arte y los medios de comunicación

Temas
- Las artes plásticas
- Las artes visuales
- La lectura
- La radio y la televisión
- Los anuncios comerciales

Funciones
- Comentar una novela o una película
- Preguntar sobre preferencias
- Expresar interés o falta de interés
- Expresar repulsión
- Pedir entradas de teatro

Gramática
16.1 El pretérito perfecto de los verbos con participios regulares

16.2 El pretérito perfecto de los verbos con participios irregulares

16.3 El pretérito perfecto del subjuntivo

16.4 El pluscuamperfecto

16.5 *Hace que* con el presente y sinopsis de las construcciones con *hace que*

16.6 *Pero* vs *sino* y *sino que*

EN MARCHA

| 16.1 | ¿Has terminado el artículo que te di? |

PRIMER PASO

el periódico/
el diario

la página financiera

el anuncio

¡Los mejores muebles del mundo!

☆☆ NEGOCIOS

Aumenta la inflación otra vez

el anuncio comercial

la página deportiva

☆☆ DEPORTES ☆☆

Leones 2 Aguilas 1

el titular

La nueva novela de Alicia Jurado

AMOR

¿Cansada de trabajar fuera? No lo haga más independícese. Haga nuestros productos y nosotros le pagamos hasta $400/semana. Para informes y material envíe sobre predirigido con sello a: Revolution Products P.O. Box 848 Boca Raton, FL 33429

Se detuvo a dos ladrones

la reseña

el locutor/
el reportero

la locutora/
la periodista

RAÚL   Hola Ana. Hola Luisa. **¿Han leído** ustedes el diario de hoy?

ANA   No lo **hemos leído** todavía. **¿Ha pasado** algo?

RAÚL   No, sólo quería decirles que **han publicado** una reseña de la obra de teatro que vimos el otro día.

ANA	No me digas. ¿Le **ha gustado** esa porquería *(porquería = algo de mal gusto)* al crítico?
RAÚL	¿Por qué porquería? A mí me **ha gustado**.
ANA	Sí, pero a ti siempre te **han gustado** esas obras sentimentales y romanticonas *(romanticón = romántico en el peor sentido de la palabra)*.
RAÚL	No es cierto. Lo que pasa es que tengo el corazón blando y el alma sensible.
LUISA	¡Por Dios! Vamos a tomar un café antes de que me enferme.

Conclusiones   El pretérito perfecto de verbos con participios regulares

1. Igual que en inglés, el pretérito perfecto describe un evento reciente que se relaciona con el presente.
2. El pretérito perfecto consiste en dos partes: un verbo auxiliar que se conjuga y un participio que es invariable.
3. Los complementos pronominales se colocan antes del verbo auxiliar.
4. El verbo auxiliar es **haber** y se conjuga así:

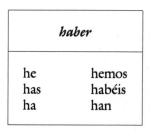

haber	
he	hemos
has	habéis
ha	han

5. El participio de los verbos terminados en **-ar** se forma agregando **-ado** a la raíz del infinitivo. Por ejemplo:

   pensar → pensado   cerrar → cerrado   estar → estado

6. El participio de los verbos terminados en **-er** o en **-ir** se forma agregando **-ido** a la raíz del infinitivo. Por ejemplo:

   comer → comido   mentir → mentido   dormir → dormido

7. Si la raíz de un verbo de la segunda o tercera conjugación termina en una vocal fuerte, se pone acento para conservar el énfasis de la terminación. Por ejemplo:

   leer → leído   creer → creído   oír → oído

Sinopsis

sujeto	*verbo auxiliar*	*participio*	
Yo	**he**	estudiado	en México.
Tú	**has**	aprendido	las palabras.
Usted/Él/Ella	**ha**	limpiado	el cuarto.
Nosotros/Nosotras	**hemos**	ido	a la exposición.
Vosotros/Vosotras	**habéis**	dormido	demasiado.
Ustedes/Ellos/Ellas	**han**	leído	el diario.

SEGUNDO PASO

Intenté llamarte varias veces por teléfono. ¿Con quién **has estado hablando**?
A pesar de su enfermedad, Luis **ha seguido trabajando** como siempre.
¡Por fin llegaste! Te **hemos estado buscando** por todos lados.
Tienen los ojos rojos. Sin duda **han estado viendo** demasiada televisión.

Conclusiones **El pretérito perfecto progresivo**

1. El pretérito perfecto progresivo consiste en el verbo auxiliar (una forma de **haber**), **estado** y un gerundio.
2. En lugar de **estado** se usa mucho **seguido** o **continuado**:
   He seguido viendo a Miguel a pesar de las distancias.
   María **ha continuado estudiando** gracias a la ayuda de su abuela.

ACTIVIDADES

1. Opiniones literarias. *Enrique está hablando de una novela que ha leído para un curso de literatura. ¿Qué dice?*

> **MODELO** el libro / gustarme mucho → **El libro me ha gustado mucho.**

1. el libro / publicarse recientemente
2. el estilo / impresionarme mucho
3. el vocabulario / no ser muy difícil
4. yo / comprender bien la trama
5. el autor / crear personajes vivos
6. los críticos / darle buenas reseñas a la novela
7. yo / prestársela a un amigo

2. A pesar de todo... *Ronaldo está describiendo a algunos de sus amigos que han sufrido algunas decepciones, pero a pesar de todo, han seguido luchando. ¿Que dice Ronaldo de ellos?*

> **MODELO** recibir algunas malas notas / Miguel / estudiar
> → **A pesar de recibir algunas malas notas, Miguel ha seguido estudiando.**

1. perder varios partidos / el equipo / practicar
2. perder las últimas elecciones / ese político / hablar en público
3. estar enferma / Rebeca / asistir a clases
4. el ascenso en los alquileres / nosotros / vivir aquí
5. su pelea con el jefe / Teresa y Benigno / trabajar en el mismo lugar

3. Causas y efectos (entre dos). *Expliquen por qué la gente está como está.*

> **MODELO** no sentirse bien / Carlos (comer demasiado)
> ESTUDIANTE 1: **¿Por qué no se siente bien Carlos?**
> ESTUDIANTE 2: **Porque ha comido demasiado.**

1. estar extática / Marina (conseguir un cuadro fabuloso)
2. estar contenta / Carlota (recibir una carta de su novio)
3. estar nerviosos / los chicos (destruir la escultura favorita de Mamá)
4. llegar tarde / ustedes (venir a pie)

   5. no tener dinero / tú (ganar poco este mes)

   6. estar cansada / Elena (visitar una exposición enorme)

   7. encontrarse en casa / tus padres (irse a una galería en el centro)

   8. no poder dormir / tú (tomar demasiado café)

   9. no tener la composición lista / Mario (no poder terminarla)

  10. estar preocupados / vosotros (leer una mala noticia)

4. Entrevista (entre dos o en pequeños grupos). *Pregúntele a alguien de la clase:*

1. si ha hablado alguna vez con un artista de cine
2. adónde ha ido recientemente
3. qué ha comprado últimamente
4. si nunca ha creído en Santa Claus
5. si nunca ha entrado en el cine sin pagar
6. si ha vivido fuera del país
7. qué ha aprendido en esta clase
8. si ha visitado un cementerio a medianoche

16.2   ¿Has visto ese episodio de la telenovela?

—¿Qué **has hecho** últimamente?

—¡Uy!, eso va a ser difícil porque **he hecho** muchas cosas. **He escrito** tres cartas; **he resuelto** limpiar mi casa esta tarde. **He roto** con mi novio y le **he dicho** que no quiero verlo más. Él se **ha puesto** triste, pero no **ha muerto** y estoy segura que se va a recuperar. Además últimamente lo **he visto** mucho con otra chica que sin duda lo puede consolar.

Conclusiones **El pretérito perfecto con participios irregulares**

1. Varios verbos tienen participios irregulares.
2. Algunos de los principales son:

abrir	→ **abierto**	**poner**	→ **puesto**
decir	→ **dicho**	**resolver**	→ **resuelto**
descubrir	→ **descubierto**	**romper**	→ **roto**
escribir	→ **escrito**	**satisfacer**	→ **satisfecho**
hacer	→ **hecho**	**ver**	→ **visto**
morir	→ **muerto**	**volver**	→ **vuelto**

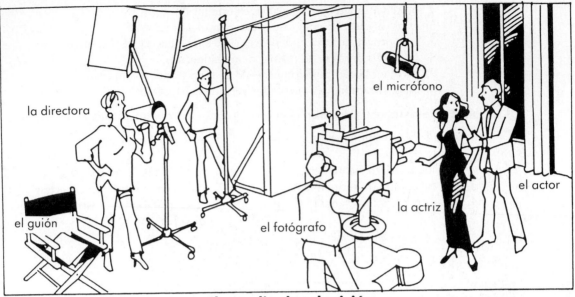

El estudio de televisión

ACTIVIDADES

5. Grandes acontecimientos. *Carlos está contando todo lo que ha visto hoy.* *¿Qué dice?*

> **MODELO** Raúl / no volver de casa desde ayer → **Raúl no ha vuelto a casa** **desde ayer.**

1. Isabel / no decirle nada a su novio
2. Haroldo / romper con su novia
3. yo / escribir tres composiciones
4. Raúl y Jorge / ponerse enfermos
5. Uds. / resolver sus diferencias
6. mi gata / morir
7. nosotros / ver una exposición buena
8. Gumersinda / no hacer nada

6. Chismes y confesiones (entre dos o en pequeños grupos). *Complete las oraciones con nombres reales de gente que usted conoce.*

> **EJEMPLO** ESTUDIANTE 1: **1-b**
> ESTUDIANTE 2: **Yo he roto con mi novio varias veces.**

1. yo
2. tú
3. (nombre de alguien en la clase)
4. (nombres de dos personas en la clase)
5. (nombre de una persona famosa)
6. (nombre de dos personas famosas)

a. escribir un artículo sobre...
b. romper con su novio/a
c. decirle una mentira a...
d. ponerse un kilo de maquillaje
e. ver una película pornográfica
f. morir del amor
g. descubrir una gran verdad sobre...
h. no hacer nada
i. abrir una cuenta con un millón de dólares
j. (no) resolver sus diferencias con...

LAS SAGAS CINEMATOGRAFICAS EN VIDEO (y 2)

Tal y como enunciamos en el pasado número, la invasión de las llamadas «sagas», que presenta desde hace años la industria cinematográfica, se refleja perfectamente en el vídeo, por lo que podemos encontrar videopelículas de este tipo de «filmes-continuará» pertenecientes a toda clase de géneros. De hecho, ya citamos en el anterior comentario sobre este tema los largometrajes de estas características editados en vídeo que corresponden a «sagas» de terror, musicales, eróticas y galácticas. En el presente artículo vamos a continuar relacionando para cada género las videopelículas disponibles, cuyo elevado número pone de manifiesto el hecho anteriormente señalado: la moda de las «sagas» o «series» cinematográficas es un fenómeno fácilmente detectable a través del vídeo.

HUMOR

— «Aterriza como puedas» y «Aterriza como puedas II» (CIC-RCA).
— «Porky's» y «Porky's II» (CBS-FOX).
— «Los caraduras» y «Vuelven los caraduras» (CIC-RCA).
— «La pantera rosa», «Tras la pista de la pantera rosa» y «La maldición de la pantera rosa» (Warner Home Vídeo).

Una de las escenas de este emocionante filme de «Rocky IV». Los dos hombres, frente a frente, en un combate a muerte.

7. **Entrevista sobre hábitos de televidentes y espectadores** (entre dos y en pequeños grupos). *Pregúntele a alguien en la clase:*

1. que programas de televisión ha visto esta semana
2. qué artículos ha leído en el diario
3. qué revistas ha comprado
4. si ha escuchado el noticiero esta mañana y de qué canal
5. si ha visto una entrevista interesante en televisión y cuál fue

419

6. si ha descubierto un/a nuevo/a artista de televisión y cómo se llama
7. si ha escrito alguna vez a su actor/actriz favorito/a (con nombres por supuesto)
8. si nunca se ha puesto enfermo/a viendo televisión y por qué
9. si nunca ha estado en desacuerdo con una reseña y por qué
10. si ha salido del cine alguna vez sin ver el final de una película y por qué

Nota cultural

La literatura hispana

Una de las grandes oportunidades que Ud. puede tener como estudiante de español es la oportunidad de leer literatura hispana en su lengua original. La literatura española es una de las grandes literaturas europeas. **De hecho,** es imposible pensar en la literatura occidental sin **tomar en cuenta** escritores como Miguel de Cervantes (autor de *Don Quijote*), Pedro Calderón de la Barca (un dramaturgo y autor de obras conocidas por su profundidad filosófica) y San Juan de la Cruz (un poeta místico conocido en todo el mundo por la delicadeza de sus versos).

de hecho: en verdad
tomar en cuenta: considerar

En este siglo ninguna región del mundo ha producido autores más importantes que Hispanoamérica. Cinco hispanoamericanos han ganado el Premio Nóbel en literatura: Gabriela Mistral, poeta chilena; Miguel Ángel Asturias, novelista guatemalteco; Pablo Neruda, poeta chileno; Gabriel García Márquez, novelista colombiano, y Octavio Paz, poeta mexicano.

Además de esos, otros escritores como Alejo Carpentier de Cuba, Elena Poniatowska de México, Mario Vargas Llosa del Perú o Jorge Luis Borges de la Argentina son conocidos en todas partes y han publicado muchísimas cosas en varias lenguas, incluso el inglés.

además: *besides*

16.3	**Lamento que no hayas visto esa película.**

Lamentaciones y alegrías de Jacinta:
Lamento que tú no **hayas grabado** ese programa en video.
Me da lástima que Susana y Raúl en *El amor o la muerte* se **hayan divorciado**.
Me molesta que el crítico de *El País* no **haya escrito** algo positivo sobre *Los besos al viento*.
Lamento que nosotros no **hayamos ido** al teatro juntos.
Me alegro de **haber visto** esa película.
Lamento no **haber conocido** a Tom Cruise cuando estaba aquí.

Los programas de televisión

el noticiero

la telenovela

la mini-serie

el telejuego

La entrevista

los dibujos animados

Conclusiones   **El pretérito perfecto del subjuntivo**

1. El pretérito perfecto del subjuntivo se forma con el presente del subjuntivo de **haber** y el participio. Las formas de **haber** en el presente del subjuntivo son:

presente del subjuntivo de ***haber***	
haya	hayamos
hayas	hayáis
haya	hayan

2. El pretérito perfecto del subjuntivo se usa en cláusulas subordinadas en los mismos casos que el presente del subjuntivo.
3. Si no hay un cambio de sujeto, se usa el infinitivo. Compare:

Me alegro de que ustedes hayan ido.   Me alegro de haber ido.

Lamento que Juan no haya ganado.   Juan lamenta no haber ganado.

ACTIVIDADES

8. Osvaldo el Inseguro (entre dos). *Osvaldo es un chico que siempre pone las cosas en duda. ¿Cómo contesta Osvaldo las preguntas?*

> **MODELO** escribir Mariana una novela / es posible
> ESTUDIANTE 1: **¿Ha escrito Mariana una novela?**
> ESTUDIANTE 2: **Es posible que haya escrito una novela.**

1. tener éxito esa película / es probable
2. salir la última novela de Fuentes / es posible
3. cancelarse mi telenovela favorita / es muy probable
4. escribir Gumersinda algo para la página social / es poco probable
5. publicar Don Tremendón un artículo en la sección deportiva / es posible
6. ver todo el equipo de fútbol una ópera / es difícil
7. aprender a leer los estudiantes de... / es imposible

9. Reacciones (entre dos). *Jaime está describiendo las reacciones de la gente frente a ciertos eventos. ¿Qué dice?*

> **MODELO** volver / la esposa de Donaldo (Donaldo se alegra de que)
> ESTUDIANTE 1: **¿Ha vuelto la esposa de Donaldo?**
> ESTUDIANTE 2: **Sí, y Donaldo se alegra de que haya vuelto.**

1. anunciar un examen / el profesor (a los alumnos no les gusta que)
2. salir / todo el mundo en la página social (los snobs lamentan que)
3. bajar tu salario / el jefe (me molesta que)
4. decir una mala palabra / Gumersinda (es probable que)
5. volver hoy / tus mejores amigos (me encanta que)
6. dejar una propina generosa / tú (al mozo le gusta que)
7. escribir a tu ex-novio/a / tú (a mi novio actual no le va a gustar que)

10. Reacciones personales (entre dos o en pequeños grupos). *Lea una de las frases en la primera columna (o invente una frase personal). Entonces, con «¿Qué te parece?» pídale su reacción a alguien en la clase.*

> **MODELO** ESTUDIANTE 1: **Gumersinda y Don Tremendón han hecho una película sobre problemas ecológicos. ¿Qué te parece?**
> ESTUDIANTE 2: **Lamento que hayan hecho esa película porque ellos son un problema ecológico.**

Información	*Reacciones posibles*
1. Elizabeth Taylor ha hecho una nueva película.	1. Me alegro de que...
2. Madonna ha grabado otro disco.	2. No me gusta que...
3. El diario ha publicado una reseña negativa sobre...	3. Me molesta que...
4. El canal... ha programado...	4. Siento que...
5. ... ha salido en una nueva película.	5. No me preocupa que...
6. ... ha ganado un *Oscar*.	6. Me encanta que...
7. ...	7. Lamento que...
	8. Está bien que...

Nota cultural _____

El entierro del conde de Orgaz, la obra maestra de El Greco.

El Greco

España ha contribuido mucho al arte occidental. Los nombres de Velázquez, Zurbarán, Murillo, El Greco, Goya, Picasso, Dalí, Miró y muchos otros artistas españoles figuran en todas las historias del arte, y sus cuadros, dibujos, grabados y esculturas se representan en las mejores colecciones de los mejores museos del mundo. De esos pintores, uno de los más conocidos es El Greco.

Nacido en la isla griega de Creta en 1544, Doménikos Theotokópoulos, o El Greco como popularmente se llama, abandonó su hogar de muy joven para estudiar en Venecia en los estudios de Tiziano, quizás el mejor pintor de la época. En Italia, El Greco (literalmente, *el griego* en italiano) **se empapó** del estilo renacentista no sólo de su mentor, sino también de otros artistas del momento, incluso de Miguel Ángel.

empaparse de: sumergirse en

En 1577 se mudó a Toledo, una ciudad interesantísma de Espanã. Ahí, con muy pocas interrupciones, El Greco pasó el resto de su vida, hasta su muerte en 1614. Aunque algunas obras de El Greco se encuentran en museos por todo el mundo, la mayor concentración de sus cuadros sigue en Toledo.

Se dice que El Greco como pintor prefiere dramatizar a representar, y por cierto, aunque pintó algunos **retratos** y **paisajes** que indican un gran talento para esos géneros, la mayor parte de su producción artística se relaciona con temas religiosos. En eso hay una pequeña paradoja: el mejor pintor de la contrarreforma española, de su misticismo y su desconfianza ante el mundo terrestre, no es un español de nacimiento sino un griego de preparación italiana.

retrato: cuadro de una persona
paisaje: cuadro de campos, bosques o escenas al aire libre

Los colores de El Greco se extienden de azules y grises fríos y duros a rojos y amarillos vivos y brillantes. Muchas veces sus figuras, sobre todo en los cuadros tardíos, son fluidas, elongadas, y de alguna forma **sobrenaturales**. Aún los pocos paisajes que pintó parecen visiones más bien que representaciones.

sobrenatural: más que natural, de otro mundo

En El Greco se percibe algo de sus raíces: según algunos críticos las caras de las figuras conservan algo del arte bizantino, y no es difícil ver en sus obras algunas **huellas** de los artistas italianos que informaron su juventud, sobre todo Tiziano, Tintoretto, Miguel Ángel y Varonese. Pero El Greco, como todos los grandes artistas, es mayor que la suma de sus partes, y son muy pocos los artistas que se pueden comparar con ese genio solitario que nos dejó incomparables obras de gran imaginación y de tremendo impacto emocional.

huella: marca, señal

16.4   ¿Habías venido aquí antes?

LA VECINA   ¿Qué encontraron ustedes cuando volvieron de sus vacaciones?

JOSEFINA   ¡Uy! Encontramos de todo. Supimos que nuestra hija **había adoptado** tres gatos del barrio. Nos informaron que nuestros dos hijos mayores **habían chocado** el coche. Mis suegros nos dijeron que **habían venido** a vivir con nosotros. Y me llamó mi jefe para decirme que yo me **había**

equivocado de fechas, que mis vacaciones no eran hasta la otra semana, así que parece que falté al trabajo sin permiso. ¡La vida está dura!

Conclusiones El pluscuamperfecto

1. El pluscuamperfecto se forma con el imperfecto de **haber** y el participio.
2. El pluscuamperfecto describe un evento que tuvo lugar antes de otro evento:

Me dijeron que Mario ya había llegado.

El pluscuamperfecto indica que «había llegado» ocurrió antes de «me dijeron».

ACTIVIDADES

11. Alejandro el Adelantado (entre dos). *Alejandro es un tipo impaciente que siempre hace las cosas lo más antes posible. ¿Cómo contesta las preguntas a continuación?*

> **MODELO** ESTUDIANTE 1: **¿Por qué no probaste el vino?**
> ESTUDIANTE 2: **Porque ya lo había probado.**

1. ¿Por qué no escuchaste el disco?
2. ¿Por qué no vieron Uds. esa película?
3. ¿Por qué no saludaste a Roberto?
4. ¿Por qué no escribieron Uds. la carta?
5. ¿Por qué no le contaste la historia a Pedro?
6. ¿Por qué no compraste el periódico?
7. ¿Por qué no leíste el artículo anoche?

12. Confesiones y chismes (entre dos o en pequeños grupos). *Inventen oraciones sobre sus amigos (o enemigos) usando los fragmentos a continuación.*

> **EJEMPLO** **Antes de vivir en Buenos Aires, Juan había vivido en Bogotá.**

1. Antes de estudiar español
2. Antes de cumplir trece años
3. Antes de comprar un coche
4. Antes de vivir en... con...
5. Antes de conocer a... , ... y ...
6. Antes de...

a. yo
b. tú
c. nosotros
d. ...

1. haber vivido en... con...
2. siempre haber usado bicicleta
3. haber estudiado otras lenguas
4. nunca haber conocido a un/una...
5. siempre haber...
6. nunca haber...

Nota cultural _____

Francisco de Goya

Sin duda, uno de los pintores más **notorios** en la historia del arte es el pintor español, Francisco de Goya. Nacido en 1746, Goya empezó su carrera artística bajo contrato con aristócratas y **prelados** de la iglesia. Llegó a ser respetado y próspero. Sin embargo, algunos críticos afirman que los primeros años de Goya fueron demasiado **cómodos,** que tenía en esos años algo de «pintor comprado». Es decir, su vida le presentaba pocos conflictos y pocos motivos para especular sobre el sentido de su existencia.

notorio: notable, admirable

prelado: alto oficial

cómodo: confortable

Comenzó a conocer la adversidad en 1788 cuando murió Carlos III, uno de los mejores reyes de España, y Carlos IV, uno de los peores, llegó al **trono**. Aunque Goya prosperó bajo el nuevo rey, que lo nombró Pintor de la Corte, sus cuadros de la época son una sutil denuncia de la decadencia de sus patrones a quienes pintó con un realismo brutal, casi **caricaturesco**.

En 1792, a causa de una enfermedad, Goya quedó **sordo**, y desde ese momento su arte empieza a adquirir un carácter **sombrío** y pesimista. En 1799 se publicó una serie de **grabados** titulada *Los caprichos* donde el artista explora la vida española, atacando y satirizando los abusos políticos, religiosos y sociales que caracterizaban la época. Aún los cuadros oficiales de personajes reales contienen algo de ese pesimismo, enseñándonos en gran detalle la extraordinaria vulgaridad y **fealdad** de ciertos miembros de la aristocracia.

Con la invasión de los ejércitos de Napoleón en 1808, Goya, ya a los sesenta y dos años, encontró el tema que domina los últimos años de su producción artística: la guerra y todos los horrores que la acompañan. Sus obras de esa época constituyen una severísima denuncia de la violencia, el sufrimiento, la depravación, la **locura** y la muerte que se manifiestan cíclicamente en ese montruoso espectáculo llamado la guerra. Los cuadros de Goya que corresponden a ese momento trágico en la historia de España trascienden a los límites de representacion realista y adquieren un carácter de **pesadillas**, sacadas de los **recintos** más oscuros de la subconciencia humana.

> **trono:** silla de un rey o de una reina
>
> **caricaturesco:** de caricatura; paródico
> **sordo:** que no puede oír
> **sombrío:** oscuro, negro
> **grabado:** *engraving*
>
> **fealdad:** la cualidad de ser feo
>
> **locura:** la enfermedad de los locos
> **pesadilla:** sueño horrorífico
> **recinto:** un lugar pequeño y oscuro

16.5   ¿Cuánto tiempo hace que vives aquí?

PRIMER PASO

¿Cuántas semanas **hace que tienes** tu enciclopedia?	= ¿Por cuántas semanas has tenido tu enciclopedia?
Hace dos años **que** la **tengo**.	= La he tenido por dos años.
¿Cuánto tiempo **hace que guardas** un diario?	= ¿Por cuánto tiempo has guardado un diario?
Hace catorce años **que** lo **guardo**.	= Lo he guardado por catorce años.
¿Cuánto tiempo **hace que estás viviendo** en esta casa?	= ¿Por cuánto tiempo has estado viviendo en esta casa?
Hace tres años **que estoy viviendo** aquí.	= He estado viviendo aquí por tres años.

Conclusiones **Hace que con el presente**

1. **Hace que** con el presente se usa para indicar el lapso de tiempo entre la iniciación de un evento todavía en progreso y el presente. Las frases de las dos columnas de arriba son equivalentes.
2. La estructura con **hace que** es más común que la otra.

SEGUNDO PASO

Hace diez minutos que te espero.	=	Te espero hace diez minutos.
Hace días que no te veo.	=	No te veo hace días.
Hace tres meses que vivo aquí.	=	Vivo aquí **desde hace** tres meses.
Hace dos años que son amigos.	=	Son amigos **desde hace** dos años.

Conclusiones **Posición de *hace* y el uso de *desde hace***

1. Si **hace** se usa después del verbo, se omite **que**.
2. **Desde hace** es una variante frecuente de **hace** en el presente.

TERCER PASO

Sinopsis de *hace... que*

1. **Hace... que** con el pretérito describe el lapso de tiempo entre el presente y un evento terminado *(ver §10.5)*

¿Cuánto tiempo hace que vino tu abuelo a este país?	=	¿Cuánto tiempo ha pasado desde que vino tu abuelo?
Hace treinta años que vino.	=	Han pasado treinta años desde que vino.
¿Cuántos minutos hace que llegaste?	=	¿Cuántos minutos han pasado desde que llegaste?

2. **Hace... que** y **desde hace** con el presente describen el lapso de tiempo entre el presente y el comienzo de un evento que todavía está en progreso.

¿Cuánto tiempo hace que tocas piano?	=	¿Por cuanto tiempo has tocado el piano?
Hace diez años que toco piano.	=	He tocado piano por diez años.
¿Cuántos días hace que estás leyendo esa novela?	=	¿Por cuánto tiempo has estado leyendo esa novela?
Hace dos días que la estoy leyendo.	=	La he estado leyendo por dos días.
Trabajo aquí desde hace tres años.	=	Hace tres años que trabajo aquí.

3. Posición de **hace** y **hace... que**
   a. **Hace...** con **que** se usa antes del verbo.
      Hace cuatro años que lo vi.   Hace un mes que vivo en este barrio.
   b. **Hace** (sin **que**) se usa después del verbo.
      Lo vi hace cuatro años.   Vivo en este barrio hace un mes.

ACTIVIDADES

13. Preguntas para respuestas. *Invente una pregunta lógica para las respuestas.*

MODELO Hace tres meses que escucho ese programa.
→ **¿Cuánto tiempo hace que Ud. escucha ese programa?**

1. Hace cinco años que recibimos esa revista.
2. Hace tres meses que trabaja para ese diario.

3. Somos periodistas desde hace quince años.
4. Hace dos semanas que trabajo en esta oficina.
5. Hace una hora que mi hijo está leyendo la sección deportiva.
6. Lola y Juan son fotógrafos desde hace siete años.
7. La cena está lista desde hace una hora.
8. Hace más de media hora que mis hijos están viendo televisión.

14. Lógica irrefutable. *Remigio Repitón siempre tiene que decir las cosas dos veces para comprenderlas bien. ¿Cómo completa Remigio las oraciones a continuación?*

> **MODELO** Hace tres años que Miguel vive aquí porque... (mudarse aquí)
> **Hace tres años que Miguel vive aquí porque se mudó aquí hace tres años.**

1. Hace cuatro años que trabajo aquí porque... (comenzar a trabajar aquí)
2. Hace cinco años que Francisco toca piano porque... (empezar a estudiar piano)
3. Hace tres años que estás en esta universidad porque... (venir a estudiar aquí)
4. Hace un año que Ana y José están casados porque... (casarse)
5. Hace una semana que tengo esa novela porque... (comprarla)
6. Hace un mes que no veo a mi novio porque... (romper con él)

15. Aventuras sociológicas (entre dos). *Usted estudia sociología y tiene que entrevistar a una persona en su barrio. ¿Cómo son sus preguntas y respuestas?*

> **EJEMPLO** Ud. / vivir en esta casa
> ESTUDIANTE 1: **¿Cuánto tiempo hace que Ud. vive en esta casa?**
> ESTUDIANTE 2: **Hace diez años que vivo en esta casa.**

1. Ud. / trabajar en el mismo sitio
2. Ud. / tener coche
3. Ud. / estar casado/a
4. sus hijos / ir a la escuela
5. Uds. / conocer a sus mejores amigos
6. Uds. / vivir en este barrio
7. Uds. / residir con (sin) sus padres
8. Ud. / prepararse para su carrera
9. Ud. / pagar impuestos
10. Uds. / tener el mismo médico

16. Informe (toda la clase o en pequeños grupos). *Presente a la clase una descripción sociológica de la persona que se entrevistó con Ud. en la actividad anterior.*

16.6 | # La novela no es corta sino larga.

José quiere ser director **pero** no tiene ganas de trabajar.
José **no** quiere ser actor **sino** director.

Uds. llegaron tarde, **pero** no fueron los últimos.
Los otros **no** llegaron tarde **sino** temprano.

Fui a la feria del libro con mi papá, **pero** no compré nada.
No fui con mis amigos **sino** con mi papá.

El televisor cuesta demasiado, **pero** lo voy a comprar de todas formas.
No me lo vendieron, **sino que** me lo regalaron.

Conclusiones *Pero* **versus** *sino* **y** *sino que*

1. **Pero** expresa una ampliación o una reserva relacionada con una idea expresada anteriormente.
2. **Sino** y **sino que** expresan una contradicción absoluta con una idea *negativa* expresada anteriormente. **Sino que** se usa exclusivamente entre dos cláusulas.
3. Las contradicciones de **sino** y **sino que** siempre se usan en estructuras paralelas. Por ejemplo:

Sustantivo con sustantivo:	No fue el diario **sino** una revista.
Adjetivo con adjetivo:	La reseña no fue corta **sino** larga.
Preposición con preposición:	No llegamos antes **sino** después del concierto.
Verbo con verbo:	No me abrazó **sino que** me besó.

ACTIVIDADES

17. Cornelio el Contrariador (entre dos). *Cornelio es un tipo que contradice a todo el mundo. ¿Cómo responde Cornelio a las afirmaciones de sus amigos?*

MODELO Es simpática Gumersinda, ¿verdad? (antipática)
ESTUDIANTE 1: **Es simpática Gumersinda. ¿Verdad?**
ESTUDIANTE 2: **No, no es simpática sino antipática.**

1. Es rico Don Tremendón, ¿verdad? (pobre)
2. Vamos al centro en coche, ¿verdad? (a pie)
3. Es un actor bueno (nombre de un actor), ¿verdad? (malo)
4. Vamos a depositar el cheque, ¿verdad? (cobrar el cheque)
5. Nuestro profesor habla inglés en clase, ¿verdad? (español)
6. Te llamas Carlos, ¿verdad? (Cornelio)
7. María vive en Lima, ¿verdad? (en Cuzco)
8. Están trabajando los chicos, ¿verdad? (están jugando)
9. La Sra. Pereira te dio la mano, ¿verdad? (me dio un abrazo)

18. Oraciones incompletas (entre dos). *Complete las oraciones usando* **pero, sino** *o* **sino que**.

1. No fui al cine _____ me quedé en casa.

2. No vi a Gumersinda _____ saludé a Don Tremendón.

3. Mis padres leyeron el diario _____ no encontraron nada interesante.

4. El artículo no me pareció bueno

_____ aburrido.

5. Los anuncios nos parecieron

demasiado largos _____ nos

gustaron.

6. Los personajes de esa novela no me

parecieron falsos _____ convin-

centes.

7. La reseña en el diario fue injusta

_____ interesante.

8. No habló el editor _____ el autor.

9. Snoopy no mató al Barón Rojo

_____ lo capturó.

19. Invenciones. *Complete las oraciones de forma creativa.*

1. No vimos televisión anoche sino que...
2. Meryl Streep es buena actriz pero...
3. No compré un video sino...
4. No quiero que me lleves al cine sino...
5. Esta noche no voy a ver televisión sino que...
6. No queremos escuchar el noticiero por radio sino...

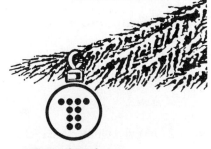

EN CONTEXTO

Lectura

Eterna Primavera, el detergente de los matrimonios felices

> *El pequeño drama que sigue ha sido inspirado por los anuncios comerciales de televisión que, según algunos expertos, han llegado a ser el máximo género de nuestros tiempos.*

Escena I

(Una cocina. Clorinda, el ama de casa, lleva un vestido **soso**. *No se ha peinado, ni tampoco se ha puesto maquillaje. Está preparando el desayuno cuando entra su esposo, Miguel, en* **camiseta**. *Miguel se ha levantado de mal humor, y lleva una camisa en la mano.)*

soso: sin gusto, aburrido

camiseta: camisa que se usa debajo de otra camisa

MIGUEL   Clorinda, tienes que lavar ropa hoy mismo. He buscado por todas partes y no he podido encontrar ninguna camisa limpia. Mira qué sucio está el cuello de esta camisa. Mi jefe me ha dicho que quiere hablar conmigo mañana, y si no le doy una buena impresión nunca me va a dar un ascenso.

CLORINDA   *(con animación* **fingida***)* Cómo no, Miguel. Hoy mismo te lavo más camisas. No te preocupes.

fingida: falsa, disimulada

Escena II

(Clorinda ahora se encuentra detrás de una mesa donde ha colocado varias cajas y botellas de distintas marcas de detergentes. En el fondo hay una lavadora y una secadora de ropa. Clorinda se ha puesto la misma ropa que en la primera escena, y tiene la camisa de Miguel en la mano.)

CLORINDA   ¡Ay de mí! ¿Qué voy a hacer? Yo he lavado esta camisa mil veces, pero mi marido tiene razón. No está limpia y además... ¡**huele** mal!

huele (de *oler*): producir un olor

(De pronto se oye un **trueno**, *se ve un* **relámpago** *y aparece un ser celestial que se ha vestido de un resplandeciente* **manto** *blanco.)*

ÁNGEL   Señora...

CLORINDA   Pero... ¿Quién es Ud.?

ÁNGEL   Soy el ángel de los matrimonios felices y he venido para ayudarla a Ud. ¡**Deshágase** de esos detergentes que jamás le han dejado la ropa tan limpia como Ud. merece.

trueno: ruido que se oye en una tormenta eléctrica
relámpago: descarga eléctrica que se ve en una tormenta
manto: ropa de ángeles
deshacerse: no usar más

(Con un **manotazo** *tira al piso la mitad de los detergentes que están en la mesa.)*

    ¡Renuncie a esos jabones que apenas **suavizan** y perfuman sus **prendas**.

manotazo: golpe con la mano
suavizar: *to soften*
prenda: palabra elegante para ropa

(Con otro manotazo tira al piso la otra mitad de los detergentes. Muy ceremonioso saca de debajo del manto una caja de Eterna Primavera *que ha traído.)*

Cambie a *Eterna Primavera*. Miles de señoras han descubierto lo que quiere decir verdadera blancura y limpieza, gracias a *Eterna Primavera*. No permita más que su esposo lleve una camisa **indigna** de él.

indigna: que no se merece; *unworthy*

(Le da la caja a Clorinda y desaparece. Clorinda se queda mirando la caja de Eterna Primavera *con una expresión beatífica y* **agradecida**.*)*

agradecida: llena de gracias

Escena III

(El día siguiente por la tarde, otra vez en la cocina. Clorinda está preparando la comida pero esta vez se ha vestido bien y se ha arreglado bien el pelo. Entra Miguel; se ha puesto una camisa espléndidamente **planchada** *y* **almidonada**. *Lleva un portafolio para dar la impresión de que apenas ha llegado del trabajo.*

planchada (de *planchar*): to iron
almidonada (de *almidonar*): to starch

MIGUEL Mi vida, mi amor. Me han dado un ascenso y un aumento de salario. Un beso por favor para el nuevo ejecutivo de nuestra oficina.

(Se abrazan y se besan; entonces Miguel levanta la tapadera de una de las ollas en la que Clorinda ha preparado la comida. Respira el olor.)

MIGUEL Querida, para las cosas de la casa, tienes la mano de un ángel.

(Se acerca la cámara a la cara de Clorinda, y ella le **guiña** *un ojo.)*

guiñar: cerrar un ojo como señal de broma o de conspiración

Escena IV

(Aparece de nuevo el ángel de los matrimonios felices con una caja de Eterna Primavera *en cada mano. Al fondo se ven nubes y cielo.)*

ÁNGEL Señora, ama de casa, vaya hoy mismo al supermercado más cercano y cómprese *Eterna Primavera*—para el bien de Ud. y el bien de toda su familia. No **arriesgue** su felicidad con jabones inadecuados.

arriesgar: correr peligro

Preguntas

1. ¿Quién es Clorinda? 2. ¿Qué estereotipos representan ella y Miguel? 3. ¿Por qué está enojado Miguel? 4. ¿Por qué quiere Miguel darle una buena impresión a su jefe? 5. ¿Cómo es la ropa de Clorinda en la primera escena? 6. ¿Y en la tercera? 7. ¿Qué indica la ropa de Clorinda en esas dos escenas? 8. ¿Quién es el ángel de los matrimonios felices y qué es lo que hace? 9. ¿Qué le dice el ángel a Clorinda? 10. ¿Cómo sabemos que *Eterna Primavera* ha tenido éxito? 11. ¿Por qué dice el ángel que todas las amas de casa deben comprar *Eterna Primavera*?

Cómo se hace

Cómo se hace para comentar una novela o una película

—¿Qué te pareció la película?

—La **trama** no me pareció muy convincente, aunque la dirección fue buena.

—**¿De qué se trataba?**

—**Se trataba de** un hombre joven que se enamora de una mujer mayor.

—¿Cómo era? ¿Cómica? ¿Seria?

—Era bastante cómica pero tenía algo de serio como comentario sobre las diferencias generacionales.

trama: *plot*

¿De qué se trataba?:
   ¿Cuál era el tema?
tratarse de: tener el
   tema de

• • • • •

—Acabo de terminar una novela interesante.

—¿De qué se trata?

—Se trata de la guerra civil española, pero tiene solamente dos **personajes:** el **protagonista** y su enemigo.

—¿Es complicada la trama?

—La trama no es complicada para nada, pero la psicología de los personajes es muy compleja. Es una **obra** que te recomiendo mucho.

personaje: persona en
   una obra de ficción
el/la protagonista:
   personaje principal
obra: *opus*

Cómo se hace para preguntar sobre preferencias

¿Qué te parece... ?	¿Qué (cuál) te (le) parece mejor?	¿Con (qué) cuál te quedas?
¿Qué (cuál) prefiere usted?	¿Qué (cuál) te (le) apetece más?	¿A favor de cuál está(s)?
¿Cuál te (le) gusta más?	¿Cuál es tu favorito/a?	En su opinión, ¿cuál es mejor?

Cómo se hace para expresar preferencias

Prefiero...	Mi favorito es...	Mi preferido es...
Me gusta más...	Estoy a favor de...	Me inclino más por...

Cómo se hace para indicar interés o falta de interés

Me interesa...	No me interesa.	Me parece aburrido...
Tengo (mucho) interés en...	No me llama la atención.	No me atrae...
Estoy muy interesado en...	No me interesa para nada.	No me apetece...

Cómo se hace para expresar repulsión

¡Qué asco!	Me da asco.	Me repele...
¡Qué horror!	Me enferma...	Me repugna...

Cómo se hace para pedir entradas de teatro

Quisiera dos asientos de platea (*orquesta, segundo balcón, paraíso, gallinero,* etc.) para la función de hoy (*mañana, el sábado, el dos de febrero,* etc.).

Quisiera algo en las diez primeras filas.

¿Puede darme dos asientos en medio, en la séptima u octava fila?

¿Tienen estos asientos vista completa del escenario o son de vista parcial?

¿A qué hora comienza la función? ¿A qué hora termina?

Diálogos incompletos

1. ¿Te gustó la película de anoche? No la pude ver.

   _____

   ¿De qué se trataba?

   _____

   ¿Era muy cómica?

   _____

2. _____

   Sí, es una buena novela.

   _____

   Se trata de dos chicos que se pierden en la selva.

   _____

   Sí, es medio infantil, pero me gustó.

3. _____

Me parece un horror.

4. ¿Qué te parecen los abrigos de piel?

_____

¿Prefieres los de lana?

_____

5. _____

No, gracias. No me apetece.

6. ¿Qué coche es tu favorito?

_____

¿No te gusta el... ?

_____

7. _____

Me da asco. Es un horror.

8. ¿Qué te parece la ropa de Gumersinda?

_____

¿Y qué te parecen los chistes de Don Tremendón?

_____

9. _____

¿Para qué función? ¿La de hoy o la de mañana?

_____

¿Quiere asientos de platea o de balcón?

_____

¿Le importa que tengan vista parcial?

_____

El teatro abre a las 8.30 y la función comienza a las 9.00 en punto.

Situaciones

Situación 1   Pregúntele a alguien sobre la última película que vio. ¿Cómo se llamaba? ¿De qué se trataba? ¿Quiénes actuaban? ¿Trabajaron bien o mal los actores? Etc.

Situación 2   Prepare un anuncio comercial para televisión con un grupo de sus compañeros de clase. El producto que usted y sus compañeros traten de vender puede ser jabón, maquillaje, desodorante, una educación en su universidad, este libro, o cualquier otra cosa que se les ocurra.

Situación 3   Usted hace crítica de cine para televisión. Escoja una película reciente, descríbala con detalle, y después explique por qué o por qué no le gustó. No se olvide de informar al público dónde y a qué hora pasa la película.

Situación 4   Usted representa un grupo de padres que quiere prohibir una película en su ciudad. Otra persona de la clase puede defender la película.

Situación 5   Usted y una amiga no saben qué hacer esta noche. Usted quiere salir a ver una película o comer fuera. Ella quiere quedarse en casa porque está leyendo una novela fabulosa. ¿Quién convence a quién?

Situación 6   Alguien lo/la invita usted a ir al teatro. Indique su interés (o falta de interés) y explique por qué (o por qué no) usted tiene la opinión que tiene.

Situación 7   Usted tiene que comprar entradas para usted y un amigo. Explíquele al taquillero qué obra quiere ver, y pregúntele qué día y a qué hora se da. Tambien, infórmese cuánto cuestan los asientos y qué diferencia hay entre los distintos asientos. Después compre las entradas que prefiere.

Agenda cultural

Se cobra entrada
"Rusia (III): visita a Leningrado y excursión a Petrodvoretz" y "Brasil en plenitud: visita a Salvador de Bahía" porIván Kresteff, a las 18 y a las 20, en Agüero 2260, piso 1º, Nº8.

Música y danza

Clásica
Teatro Presidente Alveár, Corrientes 1659, a las 20.30: "Cascanueces", de P. I. Chaikovski.

Folklórica
La Querendona, Carabelas 287, a las 20: Tiempo Nuevo.

El Gallito, Moreno 1768, a las 20: grabaciones.
Santa María de los Buenos Ayres, Moreno 3218, a las 20: grabaciones.

Cine arte

Cinemateca Argentina Teatro SHA, Sarmiento 2245, a las 16, 18, 20 y a las 22: "La loca historia del mundo", de Mel Brooks.

Visitas guiadas

Manzana de las Luces - Tramo de túneles coloniales - Antigua Sala de Representantes - Cuatro siglos de historia en las acuarelas de Lola Frexas, a las 18.30, y circuito Jesuítico: claustro del antiguo colegio, Iglesia de San Ignacio y exposición de pesebres artesanales, a las 19.30, en Perú 272. Se cobra entrada.
Museo Fernández Blanco - Patrimonio cultural del Museo, a las 17, en Suipacha 1422.
Museo Nacional de Bellas Artes - Colecciones permanentes, a las 17; todas en Avda. del Libertador 1473.
Túneles jesuíticos, a las 19.30, en Perú 294.
Salas Histórico Religiosas - "Hechos y hombres de la historia argentina en San Telmo" - Claustro jesuítico, sacristía e Iglesia, de 15.30 a las 17.30, en Humberto Iº 340.
Parque Natural Costanera Sur, a las 17, en la entrada del Parque.
Museo Penitenciario, a las 10 y a las 13, en Humberto I 378.

Composición

Tema 1   Describa sus grandes triunfos y grandes ambiciones. Es decir, ¿qué ha hecho en su vida que le da mucho orgullo? ¿Ha subido una montaña alta? ¿Ha ganado un premio literario? ¿Ha conocido a una escritora famosa? También describa sus grandes ambiciones; por ejemplo, «Todavía no he jugado en el Super Bowl». «Todavía no he llegado ser presidente de los Estados Unidos». Etc.

Tema 2   Escriba una composición sobre su programa de televisión favorito. Explique qué aspectos del programa le gustan más y por qué. Incluya información sobre la dirección, la actuación, las tramas, los personajes, etc.

Tema 3   Escriba una composición sobre un pintor moderno español o hispano-americano. Nombres posibles: Diego Rivera, José Clemente Orozco, Rufino Tamayo, Fernando Botero, Pablo Picasso, Salvador Dalí o Frida Kahlo. Incluya información sobre sus temas, sus colores y figuras preferidos, y sus cuadros más conocidos.

Vocabulario activo

sustantivos asociados con los medios de comunicación

el actor	la decepción	el guión	el panel
la actriz	el diálogo	el/la guionista	el/la periodista
la actuación	los dibujos animados	el/la locutor/a	el/la reportero/a
la animación	el episodio	el micrófono	la serie
el cable	la escena	la mini-serie	la telenovela
el canal	el/la fotógrafo/a	el noticiero	el/la televidente
el comentario			

sustantivos relacionados con la lectura

el/la autor/a	la editorial	la literatura	el/la protagonista
el comentario	el ejemplar	la novela	la publicación
la crítica	la enciclopedia	la obra	la reseña
el/la crítico/a	el/la escritor/a	el periódico	la revista
el cuento	la feria del libro	el personaje	la sección deportiva
el diario	la guía	el poema	la sección financiera
el diccionario	el/la lector/a	la poesía	la trama
el drama	la lectura	el/la poeta	el verso
el/la dramaturgo/a			

sustantivos relacionados con el arte

la antigüedad	el cuadro	el género	el/la pintor/a
la apertura	la decadencia	el genio	la pintura
la artesanía	el dibujo	el/la genio/a	el recinto
el/la artesano/a	el/la escultor/a	el grabado	el Renacimiento
el barroco	la escultura	la huella	el retrato

las bellas artes
el/la benefactor/a
la caricatura
los clásicos
la colocación

la estatua
el estreno
la fealdad
la figura
la galería

la locura
el misticismo
el monumento
el paisaje
la pesadilla

la serie
la subconciencia
el sufrimiento
el surrealismo
la vulgaridad

adjetivos

barroco/a
cómodo/a
confuso/a
cuadrado/a
chato/a
efímero/a

elongado/a
fingido/a
ingenuo/a
opaco/a
pedante
perplejo/a

precolombino/a
redondo/a
renacentista
severo/a
simplista
sobrenatural

sombrío/a
sordo/a
surrealista
sutil
talentoso/a
vivo/a

verbos

adquirir (ie)
agrupar
arriesgar
cancelar
consolar (ue)
contradecir

deshacerse de
dibujar
disimular
editar
empaparse de
esculpir

expresar
filmar
fingir
grabar
interpretar
pintar

prender
publicar
renunciar
romper
suavizar
transmitir

otros sustantivos

la broma
la contraparte
el/la contrariado/a

la delicadeza
el estereotipo
la etiqueta

la felicidad
el manto
el orgullo

la prenda
el relámpago
el trueno

otros adjetivos

agradecido/a
bronceado/a
complejo/a

convincente
digno/a
dramático/a

indigno/a
inseguro/a
mediocre

pródigo/a
programado/a
soso/a

expresiones útiles

a pesar de
guiñar un ojo

hacer el papel de
jamás en la vida

recientemente
romper con

tratarse de
últimamente

vocabulario personal

CAPÍTULO 17

 Desafíos del
futuro

EN MARCHA

| 17.1 | ¿Llegaremos un día a Marte? |

—Mario, como tú tienes buen ojo para el futuro, dinos, ¿dónde **estaremos** nosotros en diez años?

—Por lo general, cobro por mis profecías, pero como ustedes son amigos, no les **cobraré** nada. Yo sin duda en diez años **estaré** viviendo la vida de un gran artista. **Seré** famoso y admirado. Tú, Ricardo, **estarás** casado con una mujer rica que te **dará** hijos y dinero. Teresa y Jorge se **dedicarán** a las ciencias y **ganarán** un Premio Nóbel. Todos vosotros **recordaréis** la clase de español con mucho afecto y **daréis** millones de dólares a la pensión para ex-profesores de español.

Conclusiones El futuro de los verbos regulares

1. Con muy pocas excepciones, el infinitivo sirve de raíz para las formas del futuro.
2. Todas las formas del futuro llevan acento excepto la forma correspondiente a **nosotros**.

Sinopsis

sujeto	terminación	estar	ir	ser
yo	**-é**	estaré	iré	seré
tú	**-ás**	estarás	irás	serás
usted/él/ella	**-á**	estará	irá	será
nosotros/nosotras	**-emos**	estaremos	iremos	seremos
vosotros/vosotras	**-éis**	estaréis	iréis	seréis
ustedes/ellos/ellas	**-án**	estarán	irán	serán

ACTIVIDADES

1. Víctor el Vidente. *Víctor es vidente; es decir, tiene el don de ver el futuro. ¿Qué dice sobre la gente?*

> **MODELO** Ana / ser dueña de una pizzería. → **Ana será dueña de una pizzería.**

1. Miguel / quedarse en casa con sus niños

2. Pati y María Luisa / dedicarse a proteger los recursos naturales

3. mis hijos / ver la conquista del espacio

4. Quique / combatir el analfabetismo

5. tú / ser un famoso crítico del poder nuclear

6. Teresa / descubrir otro planeta

7. yo / luchar contra la contaminación del ambiente

8. vosotros / contribuir a la explosión demográfica

2. Profecías (entre dos). *Use la tabla para inventar profecías originales.*

> **EJEMPLO** ESTUDIANTE 1: **¿Qué pasará en diez años?**
> ESTUDIANTE 2: **Dentro de diez años me casaré con el amor de mi vida.**

¿Qué pasará...

1. mañana?
2. la semana próxima?
3. el mes que viene?
4. el año próximo?
5. dentro de tres años?
6. dentro de diez años?

1. yo
2. tú
3. ...
4. ... y yo
5. ... y...
6. vosotros

1. estar en...
2. conocer al amor de su vida
3. casarse con...
4. mudarse a...
5. hablar con...
6. graduarse
7. conseguir otro...
8. viajar a...
9. irse a...
10. ser rico (*famoso, admirado, odiado,...*)

3. Entrevista sobre el futuro (entre dos). *Pregúntele a alguien de la clase:*

1. qué estudiará el año que viene
2. dónde estará dentro de diez años
3. cuándo (o si) se casará
4. qué profesión seguirá
5. quiénes serán sus mejores amigos

6. con cuál(es) de sus compañeros mantendrá contacto
7. dónde vivirá
8. cuánto dinero ganará
9. ...

4. Reportaje sobre el futuro (con una persona que no estuvo con usted en la actividad anterior o para toda la clase). *Ahora, usando la información que usted consiguió en la actividad anterior, haga un informe sobre las ambiciones de sus compañeros.*

17.2 ¿A qué hora saldrá el tren para Barcelona?

El futuro de algunos verbos irregulares

1. Algunos verbos tienen raíces irregulares en el futuro pero usan las mismas terminaciones que usted aprendió en *§17.1.*

2. Para formar la raíz irregular de **caber, haber, poder, querer** y **saber** se omite la vocal de la terminación del infinitivo:

caber → **cabr-:**	No **cabremos** en tu coche; es muy pequeño.
haber → **habr-:**	No hay examen hoy, pero **habrá** uno mañana.
poder → **podr-:**	¿**Podrás** acompañarme hasta la esquina?
querer → **querr-:**	Nadie **querrá** pagar esos precios.
saber → **sabr-:**	Después de un año conmigo **sabrás** muchísimo.

3. Para formar la raíz irregular de **poner, salir, tener, valer** y **venir,** se sustituye la vocal de la terminación por **-d-:**

poner → **pondr-:**	Me **pondré** mi vestido más elegante.
salir → **saldr-:**	**Saldremos** antes de medianoche.
tener → **tendr-:**	**Tendrás** que trabajar mucho en esa clase.
valer → **valdr-:**	**Valdrá** la pena ver esa obra porque es buena.
venir → **vendr-:**	¿A qué hora **vendrán** sus amigos?

4. **Decir** y **hacer** tienen raíces totalmente irregulares en el futuro:

decir → **dir-:**	¿Qué **dirán** los vecinos?
hacer → **har-:**	¿Quiénes **harán** los coches del futuro?

5. **Habrá** es el futuro de **hay**. Por ejemplo:
¿Cuántos chicos **habrá** en la clase el segundo semestre?

ACTIVIDADES

5. Víctor el Vidente II. *Víctor acaba de aprender los verbos irregulares en el futuro y tiene ganas de hacer más profecías—sobre la visita de un extraterrestre. ¿Qué dice?*

MODELO Gumersinda / querer casarse con el extraterrestre
→ **Gumersinda querrá casarse con el extraterrestre.**

1. un extraterrestre / venir a visitarnos
2. Mario / hacerse amigo del extraterrestre
3. todos / salir a conocerlo
4. nosotros / querer preguntarle sobre su origen
5. nadie / saber el nombre del extraterrestre
6. los científicos / no poder hablar con el extraterrestre
7. el extraterrestre / tener que aprender nuestra lengua
8. el extraterrestre / decirnos...

6. Combinaciones para el futuro (entre dos o en pequeños grupos). *Invente oraciones originales siguiendo las instrucciones de alguien en la clase.*

MODELO ESTUDIANTE 1: **4-1-4**
ESTUDIANTE 2: **El año próximo yo querré conocer a mi futura esposa.**

1. mañana	1. yo	1. hacer un viaje a...
2. la semana que viene	2. tú	2. tener una cita con...
3. dentro de diez años	3. ... y yo	3. saber (que)...
4. el año próximo	4. mis padres	4. querer conocer a...
5. en el siglo XXI	5. ...	5. poder...
6. en el año 3.000	6. ... y...	6. decir la verdad sobre...

7. Profecías (en pequeños grupos). *Usted es profeta y tiene que avisar a todos los miembros de la clase dónde estarán, qué estarán haciendo, etc. dentro de veinte años. ¿Qué dice Ud.? Use la tabla para hacer profecías originales con referencia específica a los miembros de la clase.*

decir la verdad a	salir en una telenovela	saber diez lenguas
hacerse rico/a	provocar una guerra	llegar a ser...
tener muchos hijos	poner fin a la guerra	escribir...

Nota cultural

La conquista incompleta

Los Estados Unidos se identifica muchas veces como un *melting pot* donde ha habido—y sigue habiendo—una tremenda asimilación de inmigrantes de distintos orígenes. Latinoamérica también es una **mezcla** de muchos distintos grupos sociales, pero en Latinoamérica parece que ha habido menos asimilación que en los Estados Unidos. Eso tiene varias explicaciones, una de las cuales es la de la conquista incompleta.

> mezcla: combinación

La conquista de América por los españoles fue una de las grandes aventuras de la historia humana, una aventura que **alcanzó** dimensiones casi sobrehumanas. Sin embargo, si la **meta** de la conquista era la total hispanización del continente, **fracasó**. Fracasó porque en muchos países hispanoamericanos la cultura indígena sobrevivió. **Desde luego,** murieron muchos indios a causa de **incontables** enfermedades y abusos. Pero a pesar de esas pérdidas, en algunos países—Guatemala, Perú, Bolivia, Ecuador—se supone que los indios son todavía una mayoría y que su primera lengua no es el español. Aun en México, uno de los países más industrializados de Latinoamérica, se supone que hay más de ochenta lenguas indígenas que han **sobrevivido** a pesar de casi cinco siglos de presencia europea.

> alcanzar: llegar a
> meta: intención, *goal*
> fracasar: el contrario de «tener éxito»
> desde luego: por supuesto, claro que sí
> incontable: que no se puede contar
>
> sobrevivir: *to survive*

Desde el principio de la conquista, se pensaba que los indios se iban a adaptar a la cultura europea. Pero **hasta la fecha,** los indios se han resistido a la asimilación total. Si nos limitamos a las ciudades hispanoamericanas, podemos creer en el mito de la europeización de América. Pero si salimos al campo empezamos a ver signos de fragmentación cultural. Obviamente, esa fragmentación afecta negativamente la unidad económica y política de los países. Cómo integrar a los indios en una cultura occidental sin violar sus derechos humanos es, y seguirá siendo, uno de los grandes desafíos del futuro.

> hasta la fecha: hasta ahora

17.3   ¿Habrás terminado tu composición antes de la clase?

Antes del año 2,000 yo **habré terminado** mis estudios, tú **habrás viajado** por todo el mundo, una mujer **habrá llegado** a la Casa Blanca como presidenta, los científicos **habrán descubierto** un remedio contra el cáncer, y **habremos firmado** un tratado de paz con todos los países del mundo. Con suerte, eso es lo que vendrá.

Conclusiones **El futuro perfecto**

1. El futuro perfecto se forma con el futuro de **haber** y el participio.
2. El futuro perfecto describe un evento futuro que tendrá lugar antes de otro evento.

Sinopsis

Yo	**habré terminado**	la tarea antes de medianoche.
Tú	**habrás visto**	a tu amigo antes de clase.
Usted/Él/Ella	**habrá llegado**	antes que nosotros.
Nosotros/Nosotras	**habremos leído**	el diario antes de mediodía.
Vosotros/Vosotras	**habréis viajado**	por todo el país antes de mayo.
Ustedes/Ellos/Ellas	**habrán repasado**	todo el libro antes del examen.

ACTIVIDADES

8. El baile. *Ana y Jorge van a ir a un baile esta noche y están charlando de todo lo que habrá pasado antes de ciertos momentos claves. ¿Qué dicen?*

> **MODELO**   antes de las diez / la mayoría de los estudiantes / llegar
> → **Antes de las diez la mayoría de los estudiantes habrá llegado.**

1. antes de las ocho / todos / seleccionar su ropa
2. antes de las nueve / todos / bañarse
3. antes de las nueve y media / la banda / llegar
4. antes de las diez / el técnico / conectar los micrófonos
5. antes de las diez y media / todos / comenzar a bailar
6. antes de medianoche / el espectáculo / empezar
7. antes de la una / algunas personas / irse
8. antes de las tres de la madrugada / yo / volver a casa

9. Combinaciones (entre dos). *Invente oraciones originales siguiendo las instrucciones de alguien en la clase.*

> **EJEMPLO**   ESTUDIANTE 1: **4-4-3**
> ESTUDIANTE 2: **Marisela y Ana habrán conocido a Gumersinda antes de cenar.**

1. yo	1. llegar a casa	1. antes de mediodía
2. tú	2. terminar la tarea	2. antes de mañana
3. Miguel	3. enamorarse de...	3. antes de cenar
4. Marisela y Ana	4. conocer a Gumersinda	4. antes de casarse
5. mis compañeros y yo	5. ...	5. ...

10. Fechas límites (entre dos o en pequeños grupos). *Conecte los fragmentos de una forma lógica. (Las listas continúan en la página siguiente.)*

> **EJEMPLO**   ESTUDIANTE 1: **¿Qué habrá pasado antes de las diez?**
> ESTUDIANTE 2: **Antes de las diez la mayoría de los estudiantes habrán llegado.**

¿Qué habrá pasado...

1. ... antes del año 1997?
2. ... antes del verano próximo?
3. ... antes del final de este siglo?

a. yo / recibir mis notas
b. mis mejores amigos / casarse
c. los científicos / descubrir un remedio contra el cáncer

4. ... antes del siglo veintiuno?
5. ... antes del año 2500?
6. ... antes de la semana próxima?
7. ... antes de medianoche?
8. ... antes de la madrugada?
9. ... antes del final de esta clase?

d. los países árabes / hacer un tratado de paz con Israel
e. ... / conocer al amor de su vida
f. nosotros / graduarse
g. ... / llegar la Casa Blanca

| **17.4** | **¿Por quién fue escrita la novela *Don Quijote*?** |

Rómulo escribió el guión.
Josefina escribió la dedicatoria.
Miguel y Sara escribirán los programas.

Efraín escribirá las reseñas.

El guión **fue escrito** por Rómulo
La dedicatoria **fue escrita** por Josefina.
Los programas **serán escritos** por Miguel y Sara.
Las reseñas **serán escritas** por Efraín.

Conclusiones La voz pasiva

1. En voz activa (las oraciones de la primera columna) el sujeto hace la acción.
2. En voz pasiva (las oraciones de la segunda columna) el sujeto recibe la acción.
3. La voz pasiva consiste en una forma de **ser** y un participio. **Ser** concuerda en número con el sujeto.
4. El participio funciona igual que un adjetivo que modifica el sujeto; es decir, concuerda en número y en género con el sujeto.
5. La voz pasiva es mucho menos frecuente en español que en inglés; aunque ocurre en todos los tiempos, es más frecuente en el pretérito y el futuro. Se usa para poner énfasis en el agente de la acción.

ACTIVIDADES

11. La historia según Rómulo. *Rómulo está explicando algunos de los grandes logros de este siglo. ¿Qué dice?*

> **MODELO** avión / inventar / los hermanos Wright
> → **El avión fue inventado por los hermanos Wright.**

1. el tocadiscos / inventar / Thomas Edison
2. los focos eléctricos / inventar / Thomas Edison
3. la penicilina / descubrir / Alexander Fleming
4. la teoría de la relatividad / proponer / Albert Einstein
5. el Concierto para Orquesta / componer / Bela Bartok
6. la Segunda Guerra Mundial / ganar / los aliados
7. la novela *Ulysses* / escribir / James Joyce
8. la Ley de los Derechos Civiles / aprobar / el congreso

12. La utopía de Fernanda (entre dos). *Fernanda está soñando con un futuro utópico. ¿Qué dice?*

> **MODELO** quién / controlar / el comercio / / el gobierno
> ESTUDIANTE 1: **¿Quién controlará el comercio?**
> ESTUDIANTE 2: **El comercio será controlado por el gobierno.**

1. quién / escribir / las leyes / / las mujeres
2. quién / criar / a los chicos / / centros educacionales
3. quién / controlar / la construcción de edificios / / comités del barrio
4. quiénes / supervisar / las escuelas / / expertos educacionales
5. qué / resolver /la contaminación del ambiente / / el gobierno
6. qué / reducir / el racismo / / más educación
7. qué / prohibir / la discriminación contra las mujeres / / nuevas leyes

13. Trivia (entre dos o en pequeños grupos). *Ponga a prueba sus conocimientos históricos. Note que la pregunta es en voz activa y la respuesta en voz pasiva.*

> **EJEMPLO** pintar el cuadro *Las Meninas*
> ESTUDIANTE 1: **¿Quién pintó el cuadro *Las Meninas*?**
> ESTUDIANTE 2: **El cuadro *Las Meninas* fue pintado por Velázquez.**

1. escribir la novela *Don Quijote*
2. descubrir la penicilina
3. pintar *Guernica*
4. conquistar México
5. inventar el teléfono
6. vender Luisiana a Estados Unidos
7. explorar el Polo Sur
8. inventar el nombre «América»
9. estudiar la radioactividad
10. derrotar a los Incas
11. pagar el primer viaje de Colón
12. escribir la novela *Cien años de soledad*

a. Gabriel García Márquez
b. el Almirante Byrd
c. Miguel de Cervantes
d. Francisco Pizarro
e. Pablo Picasso
f. Alexander Graham Bell
g. Madame Curie
h. Carlos Fuentes
i. Hernán Cortés
j. Napoleón
i. Américo Vespucio
k. Isabel la Católica
l. Alexander Fleming

Nota cultural

¿La comunidad económica sudamericana?

Uno de los grandes desafíos del futuro en Latinoamérica es el **desarrollo** económico. Aunque algunos países latinoamericanos están mucho más desarrollados que otros, ninguno ha **logrado** un **nivel** de vida aceptable para todos sus habitantes.

desarrollo: *development*
lograr: conseguir
nivel: *level*

Los gobernantes latinoamericanos han buscado muchas formas para **promover** el desarrollo. Han entrado en relaciones económicas con países industrializados del norte. Y han tratado de crear mayores mercados internos. Todos esos **intentos** han dado resultados mixtos, con prosperidad para una minoría y **pobreza** para la mayoría.

En años recientes otra idea se ha presentado con mucho entusiasmo: la creación de una Comunidad Económica Sudamericana—similar a la Comunidad Económica Europea (El Mercado Común Europeo). Aunque hace años que se comenta la posibilidad de una unión económica panamericana, sólo ahora hay acuerdos económicos en Latinoamérica que parecen viables y **duraderos**.

Uno de los acuerdos que más ha llamado la atención se **firmó** hace poco entre Brasil y la Argentina. A primera vista, el acuerdo parece muy positivo. La Argentina tiene comida (cereales y carne sobre todo) en gran abundancia, y Brasil tiene industria, tecnología moderna y minerales en mucha abundancia. Por lo tanto, es posible que en cada país exista un buen mercado para los productos del otro.

No sabemos todavía qué éxito tendrá el acuerdo entre la Argentina y Brasil. Pero sí sabemos que si ese acuerdo funciona para el bien mutuo de los dos países, será un modelo para otros acuerdos similares en toda la América Latina.

promover: estimular

intento: *attempt*
pobreza: la condición de ser pobre

duradero: que dura; resistente
firmar: escribir el nombre en un documento oficial

Norma Quartino, locutora

"HAY UN GRAN MACHISMO EN LOS MEDIOS DE DIFUSION"

LA MUJER EN EL MUNDO LABORAL

17.5 La iglesia está terminada; fue terminada hace un año.

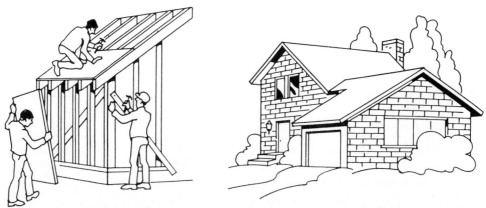

La casa fue construida por tres carpinteros.   La casa estaba construida de ladrillo.

La casa no **estaba** terminada cuando la abandonaron sus primeros dueños.
La casa **fue** terminada por un carpintero, amigo de mi papá.

Los actores **estaban** muy bien preparados.
Los actores **fueron** preparados por el director y el guionista.

Conclusiones *Estar* y *ser* con el participio

1. **Estar** con el participio indica un estado o una condición.
2. **Ser** con el participio indica una acción o un cambio.

SEGUNDO PASO

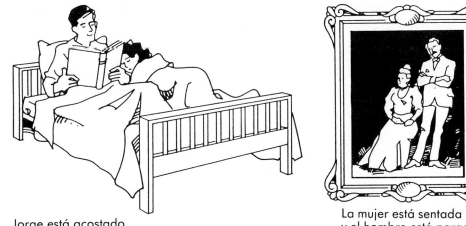

Jorge está acostado.
Su esposa está dormida.

La mujer está sentada
y el hombre está parado.

Instrucciones que se encuentran al principio de la primera escena de una obra de teatro:
Sube el telón, Jorge, el protagonista, está **acostado** pero no sabemos si está **dormido**.
Su mujer, Sara, está **sentada** y su madre está **parada** al lado de ella. Dos muchachos
están **reclinados** contra la pared, y en la pared, está **colgado** un cuadro de una vieja
imponente.

Conclusiones El participio para indicar condiciones y posiciones físicas

1. En español se usa el participio para indicar ciertas posiciones o condiciones físicas.
   Jorge está **acostado**. = Jorge se ha acostado.
   Sara está **parada**. = Sara se ha parado (está de pie).
   Los chicos están **sentados**. = Los chicos se han sentado.
   Los devotos están **arrodillados**. = Los devotos se han arrodillado.
   Mi mamá está **dormida**. = Mi mamá se ha dormido.
   Los dibujos están **colgados** en la pared. = Alguien colgó los dibujos en la pared.
   Los jugadores están **recostados**. = Los jugadores se han recostado.
2. Esas expresiones se traducen al inglés con el gerundio.

TERCER PASO

Sinopsis de *ser* y *estar*

Ser

1. **Ser** se usa para combinar un sustantivo o pronombre con otro sustantivo o pronombre. Estas frases generalmente son expresiones de identidad.

> Miguel es estudiante.　　　　Mis padres son abogados.
> Sara y yo somos buenas　　　Estela es mi comadre.
> 　amigas.

2. **Ser** se usa para localizar un evento.

> El concierto será en el　　　El examen va a ser en este salón.
> 　auditorio.

3. **Ser** se usa con expresiones de hora y tiempo.

> ¿Qué hora es?　　　　　　　La graduación será en mayo.
> Son las ocho y media.　　　El concierto fue anoche.

4. **Ser** se usa con **de** para describir origen, sustancia y posesión.

> Sebastián es de España.　　Este anillo es de oro.
> Somos de Santiago de Chile.　Esa casa es de la familia Luzuriaga.

5. **Ser** se usa con adjetivos para describir características que el hablante considera inherentes.

> Miguel es joven y alto.　　　Mis amigos son simpáticos.
> La tierra es redonda.　　　　La piscina no es muy profunda.
> Pepito es inteligente pero　　Margarita es muy bonita.
> 　descuidado.

6. **Ser** se usa para describir una acción en voz pasiva.

> El libro fue publicado el año　Las composiciones serán corregidas
> 　pasado.　　　　　　　　　　para mañana.

Estar

1. **Estar** se usa para localizar a personas, objetos y lugares.

> Mi chequera está en mi　　　Los chicos están en la calle.
> 　mochila.

2. **Estar** se usa con adverbios y adjetivos para describir condiciones que pueden variar.

> Estela está enferma hoy.　　La Sra. Barrios está encinta.
> El agua está fría ahora.　　　El agua estará caliente pronto.
> Miguel está muy bien.　　　Nuestro cuarto está muy desarreglado.
> La puerta no está cerrada.　La luz del semáforo está roja.
> Estamos muy ocupados ahora.　Casi nunca estoy satisfecho.

3. **Estar** se usa con adjetivos para describir el resultado de un cambio.

> Mi profesor favorito está　　Mi pobre gata está muerta.
> 　calvo.
> La catedral está terminada　　Mi coche está muy oxidado.
> 　ahora.

4. **Estar** se usa para describir una condición especial o una impresión. Compare:

> María es bonita.　　　　　*María es una chica bonita; «bonita» es*
> 　　　　　　　　　　　　　*una característica inherente.*

María está bonita hoy.

María ha hecho algo especial para parecer bonita—por ejemplo, ha comprado un nuevo vestido, tiene un nuevo peinado o algo por el estilo.

Mi jefe es simpático.

Mi jefe es por naturaleza una persona simpática.

Mi jefe está simpático hoy.

Mi jefe está de buen humor hoy y está tratando bien a la gente.

Aníbal es viejo.
Aníbal está muy joven hoy.

Aníbal tiene muchos años.
Hoy Aníbal tiene mucha energía y habla con entusiasmo; parece joven.

ACTIVIDADES

14. La primera escena. *Aida Bemberg es directora de una obra de teatro y está describiendo la primera escena a sus actores. ¿Qué dice?*

> **MODELO** un perro / dormir debajo del sillón
> → **Un perro está dormido debajo del sillón.**

1. Ricardo / sentar en un sillón
2. unos niños / sentar en el piso
3. un retrato de un viejo / colgar en la pared
4. una señora mayor / recostar en el sofá
5. dos gatos / dormir en el piso
6. un joven / reclinar contra un poste
7. una vieja flaca / arrodillar delante de un pequeño altar que está en un rincón

15. Descripción de la clase (entre dos o en pequeños grupos). *Pregúntele a alguien en la clase:*

1. quién está sentado cerca de...
2. qué está colgado en la pared
3. quién está recostado en el piso
4. quién está reclinado contra la pared
5. quiénes están dormidos
6. quién está arrodillado ante el amor de su vida

16. Retrato de Ricardo. *Complete el párrafo con la forma correcta de ser o estar.*

Ricardo nació en un pequeño pueblo que _____ al norte de Córdoba,

Argentina. Su familia _____ allí todavía aunque hace varios años que

él _____ en Buenos Aires. Su papá _____ administrador de una empresa y

su madre _____ abogada. Ricardo quiere mucho a sus padres y a su familia,

pero la vida en su pueblo _____ un poco aburrida, sobre todo para un joven

de su edad. En Buenos Aires, Ricardo vive en un departamento que _____ cerca del centro. El departamento _____ de un amigo suyo que actualmente

_____ en Madrid. El departamento _____ tal vez demasiado grande para

una sola persona, pero Ricardo _____ contento allí. Además, _____ muy

ocupado en su trabajo y no tiene tiempo para buscar dónde vivir. Hoy _____

medio preocupado porque esta noche tiene que ir a una recepción para su jefe

que _____ en la casa del dueño. Ricardo quiere _____ en buena forma

para dejar un buena impresión. Sin duda la vida _____ más fácil en su

pueblo. Pero la vida en Buenos Aires _____ mucho más interesante.

17. Descripciones de los amigos (entre dos). *Invente una frase con **ser** o **estar** que describa a la gente a continuación.*

> **EJEMPLO** Lucrecia acaba de ponerse un nuevo vestido. (bonita)
> → **Lucrecia está bonita hoy.**

1. Jorge comió algo que le dio una tremenda indigestión. (enfermo)
2. Isabelita tiene quince años. (joven)
3. Alfredo tiene un coeficiente intelectual de 145. (inteligente)
4. Josefina quiere ser elegida presidenta de su club. (simpática)
5. El semáforo acaba de cambiar de verde a rojo. (rojo)
6. Ricardo tiene la cara de Ganimedes y el cuerpo de Adonis. (guapo)
7. Los estudiantes se pusieron traje y corbata para la recepción. (guapos)
8. Las chicas arreglan y limpian su cuarto todos los días. (limpias)
9. La casa de Aida tiene cinco baños, ocho dormitorios, sala, cocina y comedor. (grande)
10. Mi coche no funciona. (descompuesto)
11. Mis padres tratan bien a todo el mundo. (simpáticos)
12. Gumersinda nunca dice nada interesante. (aburrida)

18. Fondos y contextos (entre dos o en pequeños grupos). *Expliquen lo que la gente puede estar pensando para usar **ser** o **estar** en las frases a continuación.*

> **EJEMPLO** ESTUDIANTE 1: **Pepito está muy guapo.**
> ESTUDIANTE 2: **Se usa «esta» porque Pepito se puso un traje elegantísimo para impresionar a su amiguita Rosita.**

1. Don Tremendón está muy simpático hoy.
2. Micaela es muy inteligente
3. Los chicos están guapísimos hoy.
4. Gabriela es joven.
5. Los estudiantes están muy serios.

6. ¡Qué interesante está Gumersinda hoy!
7. La clase de geometría estuvo muy difícil hoy.
8. ¡Qué viejo está tu amigo Timoteo!

| **17.6** | Se me quedó mi composición en casa. |

PRIMER PASO

Se cayó el vaso.
Se quebraron varios discos.
Se descompuso el estéreo.
Se rompieron las ventanas.
Se perdieron las llaves.
Se quemó la casa.
Se murió el gato.
Se destruyeron los papeles en una tormenta.

Conclusiones **La construcción reflexiva para eventos inesperados**

1. El reflexivo muchas veces describe un evento inesperado o accidental.
2. Con eventos inesperados, el reflexivo indica que el evento ocurre sin influencia exterior—que nadie tiene la culpa. Compare:

Perdí las llaves.

La construcción transitiva indica que la pérdida fue por descuido o por intención.

Se perdieron las llaves.

La construcción reflexiva sugiere que la pérdida fue un accidente, que nadie tiene la culpa.

SEGUNDO PASO

—Luisa, ¿cómo te fue el día?
—Un desastre total. Se **me** descompuso el reloj, así que no me desperté hasta tarde. Se **nos** quemó el desayuno, así que nadie comió nada. Llamó mi madre diciendo que se **le** habían perdido las llaves del coche, así que tuve que ir a buscarla. Después volvieron mis chicos temprano de la escuela porque se **les** había olvidado su dinero para el almuerzo. Por lo tanto, el día ha sido fatal. ¿Y tu día? ¿Cómo te ha ido?

Conclusiones **Pronombres del complemento indirecto con eventos inesperados**

1. Se usa un pronombre del complemento indirecto para indicar quién fue afectado por un evento inesperado. Por ejemplo:

Se me perdieron las llaves.

«Se perdieron» indica que el evento fue inesperado. «Me» indica que el hablante fue afectado por el evento.

A papá se le rompió un vaso.

A Ricardo se le fue la novia.

Lo siento mucho profesora, pero se me quedó la tarea en casa.

Se nos murió nuestro perro.

«Se murió» indica que el evento fue inesperado. «Nos» indica que el evento nos afectó a nosotros.

2. Con eventos inesperados, el complemento indirecto se usa muchas veces con una frase de clarificación o de énfasis. Por ejemplo:

A mí se **me** fueron mis dos mejores amigos.
A Ricardo se **le** olvidaron sus apuntes del curso.
A nosotros se **nos** quedó la tarea en la biblioteca.
A mis hijos se **les** perdió la llave de la casa.
A los chicos se **les** acabaron los bombones.
A los Sigüenza se **les** quemó la casa.

ACTIVIDADES

19. La vida trágica de Pepe Nopales. *Pepe Nopales es un muchacho que nació bajo mala estrella. Todo le va de mal en peor. Aquí está narrando todos los desastres que ha sufrido últimamente. ¿Qué dice?*

MODELO quemarse la casa → **Se me quemó la casa.**

1. morirse el perro
2. cancelarse mi línea de crédito
3. quemarse la casa y el garage
4. irse la novia

5. perderse las tarjetas de crédito
6. olvidarse el cumpleaños del único amigo rico que tengo
7. terminarse los bombones

Muchos adolescentes son consumidores habituales

Aumenta el número de alcohólicos

Exigen mejoras para hospitales

El 10 por ciento de la población argentina padece la enfermedad; contra las normas, quioscos y comercios venden bebidas a menores

---

20. Cosas de la vida (entre dos).   *En este mundo algunas personas tienen suerte y otras no. Diana y Francisco están comentando la suerte de sus amigos. ¿Qué dicen?*

> **MODELO**   Ricardo / irse la novia
> > ESTUDIANTE 1: **¿Qué hay de Ricardo? (¿Qué pasa en la vida de Ricardo?)**
> > ESTUDIANTE 2: **A Ricardo se le fue la novia.**

1. Marco e Isabel / olvidarse la tarea
2. Susana / quedarse los libros en casa
3. nosotros / acabarse la granola
4. Raquel / caerse un diente
5. a los García / chocarse el coche
6. Roberto / enfermarse una hija
7. las niñas / ensuciarse las faldas
8. Javier / romperse el pantalón
9. a mamá / desaparecer la cartera
10. papá / quemarse la comida

21. Motivos (entre dos o en pequeños grupos).   *Explique por qué la gente descrita en la primera columna a continuación siente lo que siente. Busque un motivo lógico en la segunda columna.*

> **EJEMPLO**   ESTUDIANTE 1: **¿Por qué no tienen la tarea María y Teresa?**
> > ESTUDIANTE 2: **Porque se les quedó en casa.**

1. ¿Por qué está triste Jaime?
2. ¿Por qué no podemos bailar en casa?
3. ¿Por qué no puedes usar el coche?
4. ¿Por qué no puede entrar en casa Ricardo?
5. ¿Por qué no pueden salir Marco y Antonio?
6. ¿Por qué llegaste tarde a la fiesta?
7. ¿Por qué os despertasteis temprano?
8. ¿Por qué no tienen ustedes sus libros?
9. ¿Por qué... ?

a. irse el/la novio/a
b. morirse el gato/el perro
c. perderse la llave
d. ensuciarse la camisa/la falda
e. acabarse la gasolina
f. enfermarse un hijo
g. descomponerse el tocadiscos
h. quemarse la comida
i. casarse el/la novio/a con otro/a
j. descomponerse el reloj
k. quedarse en...

22. **Explicaciones hábiles** (entre dos o en pequeños grupos). *Usted tiene que inventar un buen pretexto para salir de las situaciones a continuación. Invente algo bueno porque su fama, su nota, su vida romántica—todo puede estar en peligro.*

1. Usted vuelve a su coche y ve a un policía que va a ponerle una multa. ¿Qué le dice usted?
2. Usted tiene una cita con su novia/o pero ha llegado muy tarde. ¿Cómo explica usted su tardanza?
3. Usted está en un restaurante con unos amigos y ha llegado el momento de pagar. De pronto se da cuenta usted de que no tiene su cartera. ¿Qué les dice usted a sus amigos?
4. Usted tiene que entregar una composición a su profesor de inglés, que es mucho menos simpático que su profesor/a de español, y usted no ha terminado de escribirla. ¿Cómo se justifica usted?
5. Usted debía lavar los platos y pasar la aspiradora antes de que sus padres volvieran. Pero usted ha pasado el tiempo comiendo bombones y viendo televisión. De pronto llegan sus padres. ¿Qué les dice usted?
6. Usted ha llevado a su hermanito, Pepito, a comer en la casa de unos amigos. De pronto se da cuenta usted de que Pepito tiene el pantalón sucio por causas ignoradas. ¿Qué les dice usted a sus amigos?
7. Después de una larga búsqueda, usted ha encontrado un trabajo en una oficina. El primer día de trabajo usted no se despierta a tiempo y llega tarde a la oficina. ¿Cómo se explica usted a su jefa?
8. Gumersinda y Don Tremendón lo/la han invitado a usted a comer en su casa, y usted no quiere ir. ¿Qué les dice usted?

17.7 Sinopsis del reflexivo y de los verbos pronominales

A. La construcción reflexiva consiste en un sujeto, un pronombre y un verbo que son todos de la misma persona *(§13.1)*:

yo me defiendo	nosotros/nosotras nos defendemos
tú te defiendes	vosotros/vosotras os defendéis
usted/él/ella se defiende	ustedes/ellos/ellas se defienden

B. Los pronombres reflexivos son *(§13.1)*:

me	nos
te	os
se	se

C. Usos de la construcción reflexiva
   1. Para indicar que el sujeto literalmente hace y recibe la acción; en estos casos es posible una frase de clarificación o de énfasis:
      a. El reflexivo simple *(§13.1)*:
      > Yo me miro en el espejo (a mí misma).
      > Las chicas tienen que defenderse (a sí mismas).
      b. El reflexivo recíproco *(§13.1)*:
      > Javier y Jorge se respetan mucho (el uno al otro).
      > Mis hermanas se ayudan mucho (las unas a las otras).
   2. Para indicar que la acción es intransitiva—que ocurre sin influencia exterior; en estos casos no se usan frases de clarificación o de énfasis:
      a. Verbos de rutina diaria *(§13.2)*:
      > Me desperté, me levanté, me bañé y me vestí.
      b. Transiciones *(§13.4 y §13.5)*:
      > Ricardo se casó, se divorció y volvió a casarse.
      > Mis padres se pusieron muy contentos cuando me gradué.
      c. Eventos inesperados o accidentales *(§17.6)*:
      > Se cayó el vaso, se rompió y se ensució el piso.
   3. Para indicar posesión de ropa o de partes del cuerpo *(§13.2)*:
      > Quiero lavarme las manos antes de comer.
      > Julio se cortó el pelo ayer y está muy guapo.
      > Sebastián se quitó el pantalón y se puso el piyama.
   4. Para indicar un cambio de significado *(§13.3)*:
      > Me duermo a las ocho.   Duermo ocho horas por día.
      > Voy al teatro esta   Me voy de aquí para siempre.
      > noche.

D. El contraste transitivo: muchas veces los verbos de una construcción reflexiva intransitiva pueden usarse en oraciones transitivas *(§13.6)*:
   > Me despierto   Debo despertar a mi hermano.
   > temprano.
   > Mario se prepara para   Papá prepara la cena.
   > salir.

E. La construcción reflexiva con complementos indirectos; se usa un complemento indirecto para indicar que alguien ha sido afectado por un evento inesperado *(§17.6)*:
   > A Ricardo se le escaparon los pájaros que había capturado.
   > A nosotros se nos descompuso el tocadiscos.

F. Otros usos de **se**
   1. Además de la construcción reflexiva, se usa **se** para indicar que el sujeto es una persona (o un grupo de personas) no-especificada *(§6.4)*:
      > Se come bien en ese restaurante.
      > Se consiguen formularios para pasaportes en el correo.
   2. **Se** también se usa para reemplazar **le** o **les** cuando se combinan con **lo, la, los** o **las** *(§9.2)*:
      > ¿Las flores? Se las regalé a Flora.
      > ¿Los formularios? Se los pedí a ese funcionario.

ACTIVIDADES

23. La rutina diaria de mañana. *Describa en futuro su rutina diaria del día de mañana; use los verbos de la tabla como guía.*

EJEMPLO   Me levantaré a las siete y media.

despertarse	vestirse	desvestirse
levantarse	irse de casa	ponerse un piyama
bañarse	volver a casa	lavarse los dientes
afeitarse	cenar	acostarse
secarse el pelo	quitarse los zapatos	dormirse

24. La rutina diaria de mañana de otra persona. *Ahora, describa lo que harán otras personas mañana, usando verbos como los de la actividad anterior.*

EJEMPLO   Mañana Gumersinda se levantará a las dos de la tarde (temprano para ella), no se bañará (porque no se baña este mes), se pondrá un vestido de poliéster...

25. Trivia (entre dos o en pequeños grupos). *Usando **llegar a ser**, formulen preguntas y respuestas usando la tabla a continuación.*

MODELO   ESTUDIANTE 1: ¿Quién llegó a ser presidente de Estados Unidos en 1960?
ESTUDIANTE 2: J.F. Kennedy llegó a ser presidente en 1960.

1. quién / un famoso cantante de ópera
2. qué ciudad / la 1^{era} capital de Estados Unidos
3. qué ciudad / la capital de la Argentina
4. quién / el 1er jugador negro de las ligas mayores de béisbol
5. qué estado / el único estado bilingüe de Estados Unidos
6. qué lengua / la otra lengua oficial de Canadá
7. qué estado de México / parte de Estados Unidos en 1848
8. qué lengua / la segunda lengua de Estados Unidos

a. Nuevo México
b. el francés
c. Filadelfia
d. el español
e. California
f. Monserrat Caballé
g. Florida
h. Nueva York
i. Plácido Domingo
j. Jackie Robinson
k. Buenos Aires
l. el inglés

26. Entrevista (entre dos o en pequeños grupos). *Usen la tabla para formar preguntas sobre diversas personas.*

MODELO   ESTUDIANTE 1: ¿De qué universidad se graduó tu mamá?
ESTUDIANTE 2: Se graduó de la Universidad de Nebraska.

1. de qué universidad / graduarse
2. en qué año / casarse
3. de qué / enfermarse

a. tú
b. usted
c. tu mamá

4. con quién / casarse	d. tu papá
5. de quién / enamorarse	e. tus padres
6. por qué / aburrirse	f. el/la profesor/a
7. por qué / cansarse	g. Don Tremendón
8. por qué / preocuparse	h. ... y tú
9. por qué / enojarse	i. ... y...
10. dónde / criarse	j. Gumersinda

⚜ EN CONTEXTO ⚜

Lectura

Una noche de teatro

La televisión es tal vez el mejor reflejo que tenemos de ciertas actitudes culturales en nuestra sociedad. Aunque las escenas a continuación fueron inspiradas por las telenovelas y las telecomedias que todos conocemos, el autor ha tratado de invertir los roles del hombre y la mujer para mejor delinear los estereotipos sexuales que se ven en muchos programas de televisión.

Escena I
(En la casa de Jacinto y Beatriz Meza)

BEATRIZ   Apúrate Jacinto, que ya es tarde. La obra comenzará en media hora y no me gusta llegar tarde. Hace horas que te estoy esperando.

JACINTO   No exageres. Tú sabes muy bien que quiero estar bien arreglado ya que me llevas tan poco al teatro.

BEATRIZ   No empieces. Yo te he llevado al teatro mucho más frecuentemente que las esposas de tus amigos y no me digas que no. Vámonos. Habrá mucha gente, y quiero ver la obra desde el principio.

Escena II
(En el coche)

BEATRIZ   ¡Demonios! Nunca hay estacionamiento. Tendré que llamar al **ayuntamiento** para protestar eso.

ayuntamiento: gobierno municipal

JACINTO	Es por eso que yo quería venir en el metro, pero tú tuviste que traer el coche.
BEATRIZ	Pero ¿qué crees—que hemos comprado el coche para dejarlo en casa como un adorno más?
JACINTO	Está bien. Sólo quiero que no me **eches la culpa** si llegamos tarde.

echar la culpa: acusar

Escena III

(Más adelante en el teatro. La obra ya ha comenzado. Beatriz y Jacinto buscan sus asientos. Se oyen las voces de los actores.)

LOS ACTORES	—María, te quiero—locamente. Te he querido desde ese primer momento, y sé que te querré toda la vida. —Ay Juan. No me hables así. Sabes que soy casada y que en mi vida nunca habrá nadie más que mi marido.
VOZ I	**Nunca falta alguien** que llega tarde.
LOS ACTORES	—Pero María, ¿te casaste por amor? ¡¿Por amor?! Dime una vez que quieres a tu marido y **me callaré** para siempre. —Juan... el matrimonio es más que el amor. Es el deber, es la responsabilidad es...
VOZ II	¡Ey, gordo! Sáqueme el pie de encima, que Ud. no es de **corcho**.
JACINTO	¿Oíste Beatriz cómo ese **grosero** acaba de insultarme? ¿Permitirás que la gente hable así a tu marido?
BEATRIZ	Por favor, Jacinto. No me metas en **líos**. *(A un señor sentado)* Perdóneme señor, pero Uds. están en nuestros asientos. Se han equivocado de lugar.
SEÑOR	Equivocado nada. Hemos comprado el **abono** y siempre nos sentamos aquí.
LOS ACTORES	—Pero María, se vive solamente una vez y sin el amor no hay nada. —Ay Juan, no me digas eso. Llevo una vida tan difícil y tan dura... yo... la **desdichada**.
BEATRIZ	Aquí tengo las entradas y dicen claramente que los asientos 38 y 39 de la sexta fila son nuestros. ¿No sabe Ud. leer?
SEÑOR	La que no sabe leer es Ud., **analfabruta**.
LOS ACTORES	—No llores, María. Por favor, no llores. Siempre estaré a tu lado. Nunca te abandonaré. —Por favor, Juan, no me toques. ¿Qué dirá la gente si nos ve?

nunca falta alguien: siempre hay alguien

callarse: no hablar; dejar de hablar

corcho: material para tapar botellas de vino
grosero: maleducado

lío: problema, pelea

abono: entradas para una serie de espectáculos

desdichada: malafortunada

analfabruta: una palabra compuesta de «analfabeto» (uno que no sabe leer) y «bruto»; no es una palabra de diccionario.

ACOMODADOR	¿Qué pasa aquí? ¿Por qué tanto escándalo?
BEATRIZ	Esos señores nos han robado nuestros asientos.
SEÑOR	No hemos robado nada. Lo que pasa es que esa señora y su marido han llegado tarde y quieren quitarnos nuestros asientos.
ACOMODADOR	¿Me permiten sus entradas por favor?
VOZ III	Sálganse del medio, por favor, que Uds. no son de **vidrio**.
LOS ACTORES	—Ay María, no sabes cuánto tiempo hace que tengo ganas de abrazarte, de besarte, de sentirte cerca. Te adoro, y te adoraré para siempre... —Ay Juan. Cuando me tocas siento no sé qué cosa...
ACOMODADOR	Señora, Ud. se ha equivocado de fecha. Estas entradas eran para la función de hace una semana.
BEATRIZ	Eso no puede ser. La chica de la **taquilla** me dijo que eran para hoy. Yo voy a exigir que me devuelvan mi dinero. ¡Eso es una **estafa**!
ACOMODADOR	Ud. podrá exigir todo lo que quiera, pero no aquí. Hablemos en el pasillo.
JACINTO	¡Uy! ¡Beatriz! Alguna perversa acaba de **pellizcarme**. ¿Vas a permitir que una grosera eche mano a tu marido?
BEATRIZ	Por favor, Jacinto. Aquí no es el lugar para hacer teatro. Vámonos.
LOS ACTORES	—María, prométeme que nunca me abandonarás... —Juan, Juan, Juan...

vidrio: material que se usa para fabricar cristales, vasos, etc.

taquilla: donde se venden entradas

estafa: robo, fraude

pellizcar: *to pinch*

Preguntas

1. En una telenovela o en una comedia de situaciones, ¿qué papeles (roles) suelen corresponder al hombre y a la mujer? ¿Quién está en control? ¿Quién es sumiso y tiene que ser protegido?   2. ¿Cómo son los estereotipos sexuales en la *Lectura*?   3. ¿Quién quiere estar bien arreglado?   4. ¿De quién es el coche?   5. ¿Quién lleva a quién al teatro?   6. ¿Quién busca los asientos? 7. ¿Quién tiene que proteger a quién de los abusos del público?   8. ¿Quién compró las entradas?   9. Según las voces de los actores, ¿qué pasa en la obra mientras Beatriz y Jacinto están buscando sus asientos?   10. Piense en los roles sexuales de un programa de televisión actual. ¿Cómo son?

Cómo se hace _____

Cómo se hace para expresar arrepentimiento

Lamento mucho que...   Perdóneme por...   ¡Mea culpa!
Siento mucho que...   Debo confesar que...   Espero que me disculpe.

Cómo se hace para explicar la tardanza

No pude llegar a tiempo porque se me descompuso el coche.
No pudimos llegar a tiempo a causa del tráfico.
Hemos llegado tarde porque se nos acabó la gasolina.
Llego tarde porque se me paró el reloj.
Llegamos tarde porque hay huelga en el metro.
He llegado tarde porque hubo un accidente en la autopista.

Cómo se hace para explicar que uno no ha terminado la tarea

Profesor, no puedo entregar mi trabajo ahora porque...
... se me descompuso la computadora.
... se me enfermó mi compañera de cuarto y tuve que llevarla al hospital.
... se me acabó el papel y todas las papelerías estaban cerradas.
... me lo comió mi perro.
... se me perdió en el autobús.
... se me quedó en casa, pero prometo traérselo mañana.
... necesito consultar un libro primero y no está en la biblioteca.

Cómo se hace para cortar una conversación

Lo siento mucho, pero debo marcharme porque me esperan unos amigos.
Todo eso es muy interesante, pero tengo que irme. ¿Por qué no seguimos hablando en otra ocasión?
Lo que usted dice me fascina, pero tengo una cita ahora, y debo irme.
¡Qué interesante! Por desgracia, no puedo quedarme ahora. Tendremos que hablar más otro día.

Diálogos incompletos

1. ¿Por qué no tiene usted su tarea?

   _____

2. ¿Dónde está su composición?

   _____

3. ¿Por qué han llegado ustedes tarde?

   _____

4. ¿Por qué no viniste a mi fiesta de anoche?

   _____

5. ¿Por qué no ha devuelto usted ese libro a la biblioteca?

   _____

6. Y mi hermano *bla, bla, bla,* y mi novia *bla, bla, bla,* y mi vecino *bla, bla, bla...*

   _____

7. Te quiero presentar a mi buen amigo Don Tremendón. Sin duda ustedes tendrán mucho en común.

   _____

Situaciones _____

Situación 1   Describa cómo será su vida dentro de cinco o diez años. ¿En qué trabajará? ¿Dónde vivirá? ¿Estará casado/a? Describa también su vida social y profesional.

Situación 2   Haga una entrevista con otra persona de la clase sobre sus planes para el verano. ¿Dónde trabajará, con quién y para quién? ¿Tomará vacaciones y adónde? ¿Qué hará durante las vacaciones? ¿Con quién viajará?

Situación 3   Con un grupo de compañeros escriban y representen un episodio de telenovela. Utilicen la *Lectura* como punto de partida.

Situación 4   Usted es agente de viajes y tiene que describirle a un cliente su próximo viaje. ¿Cuándo saldrá? ¿En qué vuelo? ¿Adónde irá? ¿Qué verá? ¿En qué hoteles se quedará? Etc.

Situación 5   Usted será profesor/a de español el año que viene y tiene que explicar al director del programa cómo deberá enseñar este curso. ¿Qué tendrán que hacer los estudiantes? ¿Cuántos exámenes habrá? ¿Cómo serán los exámenes? ¿Qué tendrán que hacer los estudiantes para sacar una buena nota? Etc.

Situación 6   Con unos compañeros de clase, organicen un juego de Trivia. Temas: *Inventos:* ¿Por quién fue inventado el tocadiscos, el foco eléctrico, el avión? etc. *Descubrimientos:* ¿Por quién fue descubierto el Polo Norte, el Océano Pacífico? etc. Otros temas: *Música, Grandes personajes, Famosos actores y actrices, Deportes,* etc.

Composición

Tema 1 Escriba una composición sobre los roles sexuales en la sociedad nuestra y prediga qué cambios veremos en los años próximos.

Tema 2 Describa un panorama posible del siglo XXI. ¿Qué pasará? ¿Cuáles serán los avances tecnológicos? ¿Cuáles serán los grandes cambios sociales? ¿Cuáles serán las grandes potencias económicas y militares? ¿Por qué?

Tema 3 Escriba una composición paródica basada en el *Tema 2*.

HOROSCOPO

ARIES (Mar.21-Abri.19): Por fin recibes un bien merecido reconocimiento. Se indica una victoria en un desacuerdo legal. Concéntrate en tener iniciativa, el romance, tu creatividad, tu estilo y un nuevo inicio en dirección diferente. Leo participa.

TAURO (Abr.20-May 20): Una reunión familiar proporciona los resultados deseados. La discusión se centra en la salud, el trabajo, el cuidado de las mascotas y las maneras de terminar los quehaceres. Un pariente anuncia sus planes de viajar. Cenarás como gurmet en la noche.

GEMINIS (May.21-Jun.20) ¡Estarás en tu elemento! Concéntrate en tu sentido del humor, la versatilidad, los viajes, las visitas y las sorpresas. La posición de la Luna acentúa tu creatividad, tu sensualidad, el flirteo, tu atractivo sexual. Sagitario y otro Géminis se involucran.

CANCER (Jun.21-Jul.22) Te pedirán que revises, repases y posiblemente remodeles. Defiende tus principios. Protege tu propiedad. No permitas que te presionen para dar algo de valor a cambio de nada. Se clarifica un mensaje.

LEO (Jul.23-Ago.22): Prepárate para viajar, los cambios, la variedad y la noticia de una persona del sexo opuesto respecto al amor. Un pariente hace una confesión "dramática". Tendrás oportunidad de ganar a través de la palabra escrita. Virgo figura prominentemente.

VIRGO (Ago.23-Sept.22): La atención se centra en tus pertenencias, los valores básicos y tus ingresos. Aprenderás a aprovechar lo que tienes, será más de lo que anticipabas originalmente. Estarás en el lugar adecuado durante una crisis.

LIBRA (Sept.23-Oct.22): La Luna en tu signo acentúa tu individualidad, la armonía, la suerte, las especulaciones finacieras y tu atractivo sexual. Aparece públicamente. Viste los colores para Libra: el azul mar, el café y el morado. Piscis juega un papel sobresaliente.

Escorpión (Oct.23-Nov.21) Mira más allá de lo inmediato. Saldrás de tu caparazón emocional. Existen más oportunidades si expandes tus horizontes. Significa que no permitas que te limiten las instransigencias de los demás. Tendrás acceso a información confidencial.

SAGITARIO (Nov.22-Dic.21): Enfasis en tu comportamiento, tu estilo, los juegos de azar y tu habilidad para obtener la aprobación de personas "importantes". Los elementos de la armonía y la suerte te acompañan. Tendrás una ganancia definitiva en tu profesión y los negocios.

CAPRICORNIO (Dic.22-Ene.19) Dale importancia a tu independencia, tu creatividad, tu disposición para arriesgarte. La posición de la Luna acentúa tu prestigio, tu reputaciòn, y tu carrera. Estarás tratando con tus jefes y recibirás elogios de ellos.

ACUARIO (Ene.20-Feb.18): Las mujeres juegan papeles significativos hoy. Darás una conferencia a un grupo de interés especial. Haz a un lado tu timidez. Comparte tus puntos de vista. Ten presente que mucho depende de la impresión que des en este evento. Capricornio y Cáncer aparecen en escena.

PISCIS (Feb.19-Mar.20): Te encontrarás con personas que te hacen sentir bien, tranquilo y que te elevan la moral. Concéntrate en el misterio, la intriga, tu sensualidad, y un mayor grado de auto-confianza. Aprenderás sobre las finanzas, los fideicomisos y las herencias.

Vocabulario activo

desafíos del futuro

la actitud	los derechos humanos	el/la feminista	el privilegio
el acuerdo	el desafío	el logro	la prosperidad
el ambiente	el desarme	el machismo	el racismo
el analfabetismo	el desarrollo	el/la machista	los recursos naturales
el anticonceptivo	el descubrimiento	el marianismo	la tecnología
la atmósfera	la discriminación	el nivel de vida	la tasa de fertilidad
el avance	la ecología	la población	la tasa de inflación
la contaminación	el espacio	la pobreza	la utopía
el control de la	la explosión	la potencia	la vacuna
natalidad	demográfica	la prioridad	
la crisis	el feminismo		

verbos

advertir (ie)	castigar	fusilar	proponer
alcanzar	dedicarse a	inventar	proscribir
arrodillarse	delinear	lanzar	proteger
avanzar	descomponerse	lograr	provenir de (ie)
avisar	disfrazarse de	manifestar (ie)	reclinarse
caber	explorar	pellizcar	recostarse (ue)
callarse	firmar	promover (ue)	reducir

otros sustantivos

el/la analfabeto/a	la culpa	la parada	el reconocimiento
el/la asesor/a	la dedicatoria	la pena	el reflejo
el ayuntamiento	el estacionamiento	la prueba	el tratado
la conjetura	la estafa	el reclamo	el/la vidente

adjetivos

ambiental	desdichado/a	pavimentado/a	técnico/a
calvo/a	duradero/a	perverso/a	tecnológico/a
demográfico/a	grosero/a	satisfecho/a	teórico/a
descuidado/a	imponente	sumiso/a	utópico/a

expresiones útiles

echar la culpa	por el estilo	supuestamente	valer la pena
estar a la vuelta			

vocabulario personal

_____   _____

_____   _____

_____   _____

_____   _____

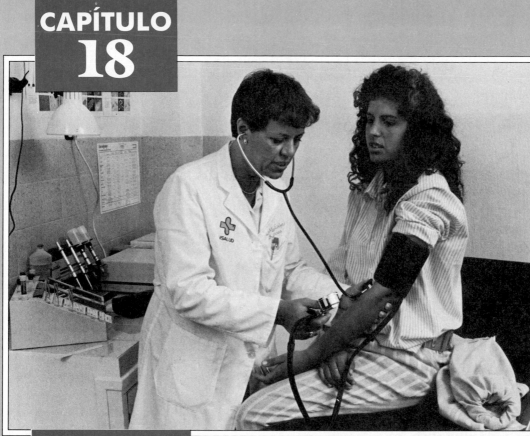

CAPÍTULO 18

La salud y la medicina

Temas
- La salud
- Las enfermedades
- Los medicamentos y los remedios
- Los servicios médicos

Funciones
- Conseguir una cita médica
- Describir una condición médica
- Recomendar un remedio
- Expresar preocupación o miedo

Gramática

EN MARCHA

18.1 Tengo que ir a la clínica para que me examinen los ojos.

La salud

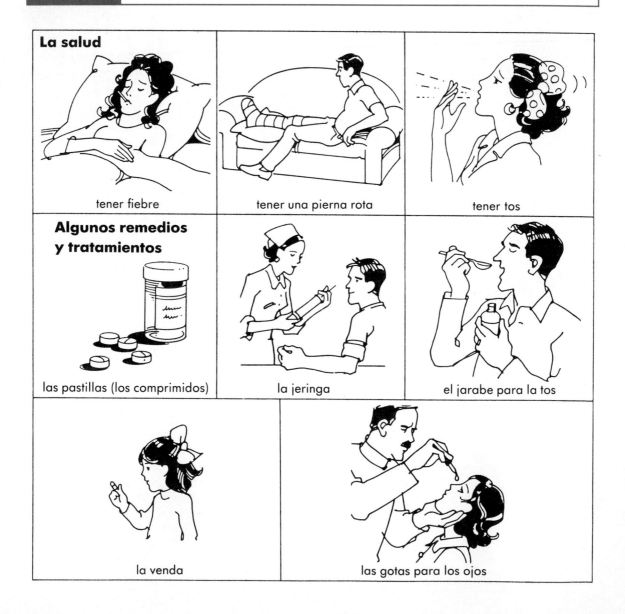

tener fiebre

tener una pierna rota

tener tos

Algunos remedios y tratamientos

las pastillas (los comprimidos)

la jeringa

el jarabe para la tos

la venda

las gotas para los ojos

Algunas de las cosas que dice la doctora Quiroga a sus pacientes:

Quiero que vayas a un especialista **para que** te **examine** los oídos.

Te voy a inyectar con una vacuna nueva **a fin de que** no te **enfermes** de hepatitis.

Yo no soy como esos médicos que no atienden a los pacientes **a menos que paguen** por adelantado.

Puedes seguir con esas pastillas **con tal de que** no te **den** náuseas.

Puede Ud. llamar al Dr. Sánchez **en caso de que** yo no **esté**.

No tomes esas pastillas contra dolor **sin que haya** necesidad.

Debes ir a la farmacia ahora **antes de que cierre**.

Conclusiones ## Conjunciones adverbiales que siempre requieren el subjuntivo

1. Igual que un adverbio, una cláusula adverbial describe un verbo. Esa descripción indica *por qué, cuándo, de qué manera, para qué, bajo qué circunstancias, etc.* un evento tiene lugar.

2. Las cláusulas adverbiales precedidas por **para que, a fin de que, a menos que, con tal (de) que, en caso (de) que, sin que** y **antes (de) que** siempre requieren el subjuntivo.

Sinopsis

Conjunciones adverbiales que siempre requieren el subjuntivo			
para que:	*so that*	con tal (de) que:	*provided that*
a fin de que:	*so that*	en caso de que:	*in case*
a menos que:	*unless*	sin que:	*without*
antes (de) que:	*before*		

ACTIVIDADES

1. Consejos de médico. *¿Qué dice el doctor Lavalle a sus pacientes?*

MODELO Voy a darte un jarabe para que / no tener tos
→ **Voy a darte un jarabe para que no tengas tos.**

1. Quiero ponerte una inyección a fin de que / no sentir el dolor
2. Voy recetarle unas pastillas en caso de que / tener fiebre
3. No quiero que tomes más aspirina sin que / haber necesidad
4. No coma Ud. nada antes de que el especialista / examinarlo
5. Podrás salir de vacaciones con tal de que la prueba de sangre / ser negativa
6. Ud. puede seguir con esos medicamentos a menos que / sufrir una reacción alérgica
7. Voy a darte unas gotas para que / poder respirar mejor.

2. Remedios (entre dos).   *Una de ustedes es la doctora Quiroga y el otro es el paciente.*
Usen la tabla para formular preguntas sobre enfermedades y remedios.

EJEMPLO   ESTUDIANTE 1: **¿Qué se toma para curar la tos?**
ESTUDIANTE 2: **Se toma un jarabe para curar la tos.**

		enfermedades	*remedios*
1. ¿Qué se usa...	1. para curar	1. la tos	1. una vacuna
2. ¿Qué se inyecta...	2. para tratar	2. una pierna rota	2. un antibiótico
	3. para remediar	3. una infección	3. una aspirina
3. ¿Qué se toma...	4. para aliviar	4. un dolor de cabeza	4. un jarabe
		5. la indigestión	5. un tranquilizante
		6. la fiebre	6. un antidigestivo
		7. una alergia	7. un anticonceptivo
		8. un resfrío	8. una radiografía
		9. la gripe	9. unas gotas
		10. la depresión	10. hierbas exóticas

3. Opiniones políticas (entre dos).   *Use la tabla a continuación para expresar sus*
opiniones políticas.

EJEMPLO   **No votaré por X a menos que nombre a más mujeres a puestos**
importantes.

1. No votaré por... a menos que...
2. Apoyaré a los demócratas a fin de que...
3. Apoyaré a los republicanos con tal de que...
4. Votaré por... para que...

a. luchar contra la venta de armas
b. promover la paz en el Levante
c. atacar más el crimen organizado
d. nombrar a más mujeres a puestos importantes
e. aprobar más dinero para estudiantes
f. limitar los poderes del estado
g. cortar el presupuesto militar
h. protestar la influencia de...
i. reconocer los derechos de los homosexuales
j. buscar más puestos para minoritarios
k. cambiar su posición en cuanto al aborto
l. seguir su lucha en contra de...

4. Condiciones para el matrimonio (entre dos). *Use la tabla para describir los términos para su matrimonio.*

> **EJEMPLO** **No me casaré antes de que mi novio/a me ame más a mí que a nadie.**

1. Me voy a casar para que mi esposo/a...
2. No me voy a casar a menos que mi esposo/a
3. Me divorciaré en caso de que mi esposo/a
4. Me casaré a fin de que mi esposo/a
5. No me declararé sin que mi novio/a...
6. No me casaré antes de que mi novio/a...

a. me (amar) más a mí que a nadie
b. me (aceptar) como soy
c. me (ayudar) en la cocina
d. me (regalar) muchos bombones
e. me (resolver) mis problemas
f. me (hacer) feliz/triste
g. (ser) fiel/infiel
h. me (respetar)
i. no me (respetar)
j. (cuidar) a los niños
k. (resultar) sexista
l. me (mantener)

5. Reportaje (entre dos o en pequeños grupos). *Informe a sus compañeros de clase sobre las actitudes políticas de sus compañeros (Actividad 3) y las condiciones que ponen para el matrimonio (Actividad 4).*

18.2 Me quedaré en el hospital hasta que me sienta mejor.

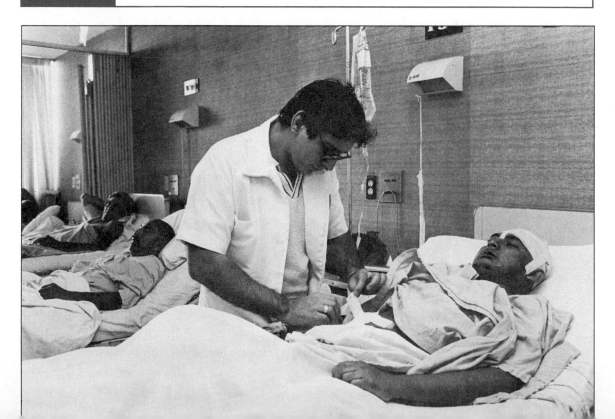

El futuro médico

Antonio estudia medicina en Salamanca. Se recibirá de médico el año que viene. **Cuando** se **reciba,** irá a estudiar en un programa de especialización en Madrid. Se quedará en Madrid **hasta que termine** sus estudios. **Mientras esté** en Madrid, se hará especialista en pediatría. **En cuanto termine** el programa en Madrid, buscará un trabajo en Burgos, su ciudad natal. **Tan pronto como llegue** a Burgos, le propondrá matrimonio a Isabel, su novia de muchos años. **Después de que** le **proponga matrimonio,** Isabel le anunciará que prefiere vivir en Madrid. Como Antonio está locamente enamorado de Isabel, le dirá que está dispuesto a vivir **donde** ella **quiera.** Así que los dos volverán a Madrid y llevarán una vida feliz.

Conclusiones ## El subjuntivo en cláusulas adverbiales con eventos anticipados

1. Las conjunciones adverbiales a continuación requieren el subjuntivo si en el momento de hablar se anticipa al evento de la cláusula subordinada:

como	*however*	en cuanto	*as soon as*
cuando	*when, whenever*	hasta que	*until*
después (de) que	*after*	mientras (que)	*while*
donde	*where, wherever*	tan pronto como	*as soon as*

2. Después de estas mismas conjunciones se usa el indicativo si el evento de la cláusula subordinada ya sucedió *(suceder: tener lugar)* o es habitual; se requiere el subjuntivo si el evento es anticipado. Compare:

Indicativo:	Vine cuando me **llamaste.**	*La acción de «llamar» ya sucedió; por lo tanto, se usa el indicativo.*
Indicativo:	Siempre vengo cuando **llamas.**	*La acción de «llamar» es habitual; por lo tanto, se usa el indicativo.*
Subjuntivo:	Vendré cuando me **llames.**	*La acción de «llamar» es una acción anticipada; por lo tanto, se requiere el subjuntivo.*
Indicativo:	Preparé los huevos como **dijiste.**	*La acción de «decir» ya sucedió; por lo tanto, se usa el indicativo.*
Indicativo:	Siempre preparo los huevos como tú **dices.**	*La acción de «decir» es habitual; por lo tanto, se usa el indicativo.*
Subjuntivo:	Prepararé los huevos como tú **digas.**	*La acción de «decir» es una acción anticipada; por lo tanto, se requiere el subjuntivo.*

ACTIVIDADES

6. La visita al hospital. *Mario va a visitar a su abuelo, que está en el hospital. ¿Cómo pasará la tarde Mario?*

Cuando Mario (llegar) al hospital, pedirá permiso a la recepcionista para subir al cuarto de su abuelo. Después de que la enfermera le (dar) permiso, tomará el ascensor al piso de su abuelo. En cuanto (salir) del ascensor, le preguntará a una enfermera cuál es el cuarto de su abuelo. Tan pronto como la enfermera le (indicar) dónde queda el cuarto, saludará a su abuelo. Mientras Mario y su abuelo (estar) juntos hablarán de mil cosas—de la familia, de la política, del amor. Mario se quedará con su abuelo hasta que se (terminar) las horas de visita. Después volverá a casa e informará a su familia que el abuelo se siente mucho mejor.

7. Informe sobre la tarde. *Ahora Mario está con su amiga Juanita y le está contando cómo le fue la visita con el abuelo. ¿Cómo narra Mario la historia de la actividad anterior en pasado y en primera persona?*

> **EJEMPLO** **Fui a visitar a mi abuelo esta tarde. Cuando llegué al hospital pedí permiso... etc.**

8. Alberto el Muy Amable (entre dos). *La madre de Alberto ha estado enferma y todavía está un poco débil. Por lo tanto, Alberto está haciendo todo lo posible por ayudarle. ¿Cómo responde Alberto a los pedidos de su mumú?*

> **MODELO** Estudiante 1: **¿Cuándo lavarás los platos?**
> Estudiante 2: **Los lavaré cuando tú quieras.** *o* **Los lavaré cuando tú digas.**

1. ¿Cómo prepararás las papas?
2. ¿Dónde pondrás mi ropa?
3. ¿Cuándo lavarás la ropa?
4. ¿A qué hora me traerás la cena?
5. ¿Cuándo irás a la farmacia?
6. ¿Dónde guardarás mis pastillas?
7. ¿Cuándo limpiarás el baño?
8. ¿Cómo arreglarás mi cuarto?

9. Preguntas indiscretas y confesiones correspondientes (entre dos o en pequeños grupos). *Usen la tabla para formular preguntas y respuestas.*

> **EJEMPLO** Estudiante 1: **¿Cuándo serás feliz?**
> Estudiante 2: **Seré feliz cuando consiga un buen trabajo.**

Preguntas sugeridas

1. ¿Cuándo serás feliz?
2. ¿Hasta cuándo seguirás en esta ciudad?
3. ¿Después de qué estarás contento/a?
4. ¿Cuándo te casarás?
5. ¿Cuándo piensas comer?
6. ¿Dónde pasarás tus vacaciones?

Respuestas posibles

a. Seré feliz cuando... (*graduarse, casarse, tener dinero, conseguir un buen trabajo, irme a vivir en España,...*)

b. Seguiré en esta ciudad hasta que... (*terminarse las clases, conocer al amor de vida, morirse,...*)

c. Estaré más contento/a después que... (*los republicanos/demócratas perder las elecciones, nuestro equipo de fútbol ganar contra... , mis profesores reconocer mi extraordinaria inteligencia,...*)

d. Me casaré en cuanto... (*mi novio/a decidirse, cumplir treinta años, mis padres me dar permiso,...*)

e. Pienso comer tan pronto como... (*tener hambre, terminar la clase, me invitar... , llegar a casa,...*)

f. Pasaré mis vacaciones donde... (*poder, ser barato, querer,...*)

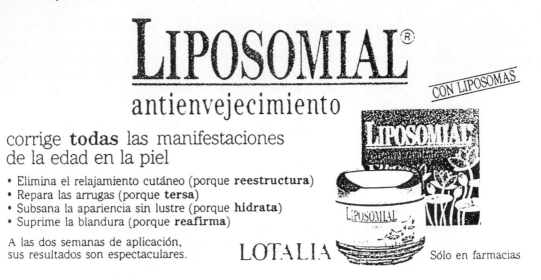

10. Chismes (entre dos o en pequeños grupos). *Usando la tabla de la actividad anterior, formulen preguntas y respuestas sobre otras personas.*

EJEMPLO ESTUDIANTE 1: **¿Cuándo será feliz Don Tremendón?**
ESTUDIANTE 2: **Don Tremendón será feliz cuando Gumersinda se case con un millonario.**

18.3 Sinopsis del subjuntivo

El subjuntivo se usa...

A. **En cláusulas principales**

1. El subjuntivo se puede usar en una cláusula principal sólo después de expresiones como **tal vez, quizá, quizás, posiblemente** o **probablemente** *(ver §15.1)*. Por ejemplo:

> **Tal vez** mi hermano **sepa** la respuesta.
> **Quizás tengas** más suerte que yo.

2. Si estas expresiones siguen al verbo, generalmente se usa el indicativo. Compare:

> Vendrán mañana tal vez.   **Tal vez vengan** mañana.
> Tienes más tiempo que yo quizás.   **Quizás tengas** más tiempo que yo.

B. **En cláusulas sustantivales**

1. Una cláusula sustantival funciona igual que un sustantivo, generalmente como complemento directo. Compare:

> Quiero el **anillo**.
> Quiero **que tú tengas** el anillo.

2. El subjuntivo se requiere en una cláusula sustantival si la cláusula principal expresa:

    a. Influencia o el deseo de influir *(ver §14.1)*:

          Quiero que **vayas** conmigo al consultorio.

          Ojalá que **estén** contentos en su nueva casa.

    b. Emoción *(ver §14.2)*:

          Me alegro de que **hayas perdido** peso.

          Me molesta que Uds. no **vengan** más seguido.

    c. Probabilidad, duda o negación *(ver §15.1)*:

          No creo que ellos lo **tengan**.

          ¿Crees que nuestros amigos **lleguen** a la hora?

          Dudamos que Ud. **sea** responsable.

          Niego que ese señor me **conozca**.

    d. Expresiones impersonales que no indican certeza *(ver §14.4)*:

          Es importante que **descanses** ahora.

          No está bien que se **fume** en los ascensores.

C. **En cláusulas adjetivales**

  1. Una cláusula adjetival funciona igual que un adjetivo. Compare:

          Busco un libro **bueno**.

          Busco un libro **que sea bueno**.

  2. El subjuntivo se usa en cláusula adjetival:

    a. Con antecedentes inespecíficos *(ver §18.3)*:

          ¿Conoces a alguien que **sepa** reparar televisores?

          Quiero un esposo que me **respete**.

          Busco un perrito que le **haga** compañía a mi abuela.

    b. Con antecedentes no-existentes (negativos):

          No hay nada que **cure** el SIDA *(SIDA = Síndrome de imunodeficiencia adquirida)*.

          No existe ningún libro que te **explique** todo.

D. **En cláusulas adverbiales**

  1. Las cláusulas adverbiales responden a preguntas como **por qué, cómo, cuándo,** y **para qué**.

  2. Hay dos grupos de conjunciones adverbiales: uno que siempre requiere el subjuntivo y otro que lo requiere sólo cuando el evento de la cláusula adverbial se anticipa en el momento de hablar.

    a. Las conjunciones adverbiales que siempre requieren el subjuntivo son *(ver §18.1)*:

para que	en caso de que
a fin de que	con tal(de) que
sin que	a menos que
antes de que	

b. Las conjunciones adverbiales que requieren el subjuntivo sólo cuando el evento de la cláusula adverbial se anticipa en el momento de hablar son *(ver §18.2)*:

cuando	en cuanto
como	hasta que
después (de) que	mientras (que)
tan pronto como	donde

ACTIVIDADES

11. Preocupaciones de médica. *La doctora Arroyos está hablando de sus pacientes y su profesión. ¿Qué dice?*

1. Tal vez el Sr. Calvo (sufrir) de una profunda depresión.
2. Prefiero que la Sra. Fuentes (fumar) menos y (hacer) más ejercicio.
3. Es importante que la Srta. Costa (quedarse) en cama una semana más.
4. Sé que los hijos de la Sra. Hostos (comer) demasiados dulces.
5. Me molesta que las compañías de seguros (haber) subido sus precios.
6. Creo que Ricardo (tener) una pierna rota.
7. Dudo que la enfermedad de Luisa y Pepe (ser) grave.
8. Es posible que la Sra. Bustos (estar) encinta.
9. No creo que los antibióticos (servir) para curar un resfrío.
10. Es evidente que Pepito (sentir) fiebre.
11. Niego que no se (poder) curar el cáncer nunca.
12. Me alegro de que el hijo de Irma se (haber) recuperado.

12. Fabia la Fina. *Fabia tiene que pasar algún tiempo en un hospital para un pequeño tratamiento cosmético. Pero Fabia es una persona sumamente exquisita, y no quiere estar en un hospital de poca categoría. ¿Qué dice Fabia?*

1. Quiero un hospital que (tener) un cocinero de primera calidad.
2. Busco un hospital que (poner) sábanas de seda en las camas.
3. Sé de un hospital que (servir) champaña con el desayuno.
4. Necesito un hospital que (emplear) a gente refinada que (poder) hablar de arte y literatura.
5. No aceptaré ningún hospital que no (saber) distinguir entre agua gasificada y agua Perrier.
6. Me habló una amiga de un hospital que (estar) junto al mar y que (tener) baños de mármol.
7. Debo encontrar un hospital que me (aguantar) porque soy inaguantable.

13. Recetas médicas para gente famosa (entre dos o en pequeños grupos). *Usted, como doctor/a eminente, trata a gente muy famosa en su clínica. Un reportero de la prensa amarilla se está entrevistando con usted. ¿Cómo son las preguntas y las respuestas en esta entrevista?*

EJEMPLO   ESTUDIANTE 1: **¿Qué le receta usted a Madonna?**
ESTUDIANTE 2: **A Madonna le receto un jarabe para que no tenga tos.**

Preguntas

¿Qué le receta usted a...

William F. Buckley	Mike Tyson	Woody Allen	Don Tremendón
el presidente	Meryl Streep	la primera dama	...
Madonna	Jack Nicholson	Gumersinda	... y...

Respuestas

	un jarabe	para que	tener tos
	unas pastillas	para que no	estar gordo/a
A... le(s) receto...	una inyección	a fin de que	sentirse mejor
	unas vacaciones	a menos que	sufrir mucha depresión
	más ejercicio	con tal que	estar encinta
	una dieta de fibras	antes de que	quedar flaco/a
	una operación		dar a luz
	tres semanas en cama		curarse de...
	una vida más tran-quila		tener fiebre
	una aventura amorosa		tener una pierna rota
	...		...

3 KILOS MENOS EN 7 DÍAS

Para conseguirlo, dos dietas-milagro: la primera con todos los ingredientes de un menú convencional y bastante carne, para no desfallecer. La segunda, saludable y depurativa, con muchas verduras, pero equilibrada. ¡Y todos los trucos para mantenerse después!

| **18.4** | **Quería que tú vinieras ayer.** |

PRIMER PASO

Quiero que me reduzcan las cuotas del seguro médico.
Quería que me **redujeran** las cuotas del seguro médico.

Es posible que nos digan algo nuevo sobre esa nueva droga.
Era posible que nos **dijeran** algo nuevo sobre esa nueva droga.

Me alegro de que el banco esté dispuesto a prestarme el dinero.
Me **alegré** de que el banco **estuviera** dispuesto a prestarme el dinero.

Quieren que el paciente vuelva a casa a menos que haya algún otro problema.
Querían que el paciente **volviera** a casa a menos que **hubiera** algún otro problema.

Buscamos un médico que sepa algo de enfermedades tropicales.
Buscábamos un médico que **supiera** algo de enfermedades tropicales.

Conclusiones La formación del imperfecto del subjuntivo

1. En español hay dos formas del subjuntivo: el presente del subjuntivo que Ud. ya sabe y el imperfecto (pasado) del subjuntivo.
2. La raíz de todas las formas del imperfecto del subjuntivo consiste en la tercera persona plural del pretérito sin la **-on** final. No hay excepciones.

Formación de la raíz del imperfecto del subjuntivo:

tercera persona plural del pretérito	*raíz del imperfecto del subjuntivo*
hablaron → hablar-	
construyeron → construyer-	
durmieron → durmier-	
pudieron → pudier-	
supieron → supier-	
dijeron → dijer-	
fueron → fuer-	

3. Todas las formas correspondientes a **nosotros** llevan acento.

Sinopsis

	sujeto	terminación	*estar*	*saber*	*ir*
	yo	**-a**	estuviera	supiera	fuera
	tú	**-as**	estuvieras	supieras	fueras
	usted/él/ella	**-a**	estuviera	supiera	fuera
	nosotros/nosotras	**-amos**	estuviéramos	supiéramos	fuéramos
	vosotros/vosotras	**-ais**	estuvicrais	supierais	fuerais
	ustedes/ellos/ellas	**-an**	estuvieran	supieran	fueran

Nota: El imperfecto del subjuntivo es el único tiempo en español que tiene dos formas. Las otras formas terminan en **-se, -ses, -semos, -seis** y **-sen**. Por ejemplo: **tuviese, tuvieses, tuviese, tuviésemos, tuvieseis** y **tuviesen**. Estas formas son menos frecuentes que las otras, y no se practicarán en este libro.

SEGUNDO PASO

Algunos usos del imperfecto del subjuntivo

1. El imperfecto del subjuntivo se usa en los mismos casos que el presente del subjuntivo—pero en pasado.
2. Si el verbo de la cláusula principal está en pasado y se requiere el subjuntivo, se usa el imperfecto del subjuntivo en la cláusula subordinada. Por ejemplo:
   a. En cláusulas sustantivales después de verbos de influencia, emoción, duda, negación y expresiones personales
      > **Quería** que **conocieras** a mi jefe.
      > Nos **molestó** que el otro laboratorio **abandonara** el proyecto.
      > Yo **dudaba** que el paciente **pudiera** pagar la factura.
      > La doctora Vargas **negó** que la enfermedad **fuera** contagiosa.
      > **Era** necesario que todos los alumnos **recibieran** la nueva vacuna.
   b. En cláusulas adjetivales después de antecedentes no-específicos o negativos
      > **Buscábamos** a **alguien** que **tuviera** contactos en Quito.
      > ¿**Conociste** a **alguien** que te **pudiera** ayudar?
      > No **había nadie** allí que me **interesara**.
   c. En cláusulas adverbiales después de conjunciones que siempre requieren el subjuntivo
      > El abogado me **explicó** el caso **para que** lo **comprendiera** bien.
      > **Volvieron** los empleados **sin que** nadie los **viera**.
      > **Queríamos** llegar **antes de que** el programa **empezara**.

ACTIVIDADES

14. Ayer en el hospital. *Ponga las oraciones en pasado para ver qué pasó ayer en el hospital.*

> **MODELO** Luisa quiere que el señor Vargas tome su enfermedad en serio.
> → **Luisa quería que el señor Vargas tomara su enfermedad en serio.**

1. Las enfermeras quieren que la administración les dé un aumento.
2. Esperamos que su abogado no nos cause problemas.
3. Es bueno que te quedes en el hospital un par de días más.
4. Es importante que vengan los inspectores federales.
5. Dudo que todos estén vacunados contra el cólera.
6. Luis le pide al médico que le examine los ojos.

15. Recordando la campaña. *Unos chicos que participaron en la campaña electoral del año anterior están recordando sus prioridades en la campaña. ¿Qué dicen?*

> **MODELO** un candidato / apoyar los derechos humanos
> → **Necesitábamos un candidato que apoyara los derechos humanos.**

1. un millonario / pagar muchos de los gastos
2. un equipo / poder dedicar mucho tiempo a la campaña
3. un director de campaña / saber mucho acerca de la política local
4. voluntarios / estar dispuestos a trabajar veinte horas por semana
5. gente / tener contactos en los diarios
6. políticos nacionales / nos dar su apoyo
7. chicos del barrio / repartir panfletos
8. alguien / escribir los discursos del candidato

16. Combinaciones (entre dos). *Siga las instrucciones de otra persona en la clase.*

> **MODELO** ESTUDIANTE 1: 4-4-4
> ESTUDIANTE 2: **Gumersinda mandó que Don Tremendón hiciera más ejercicio.**

1. Miguel pidió que	1. yo	1. consultar con la médica
2. Mi jefa exijió que	2. tú	2. comer menos dulces
3. Mis padres sabían que	3. los estudiantes	3. guardar la línea
4. Gumersinda mandó que	4. Don Tremendón	4. hacer más ejercicio
5. Los chicos vieron que	5. ...	5. ...

17. Carlota la Cumplida (entre dos). *Carlota está explicando por qué hizo lo que hizo. ¿Qué dice?*

> **MODELO** ESTUDIANTE 1: **¿Por qué trajiste tu coche?** (papá)
> ESTUDIANTE 2: **Porque papá me pidió que lo trajera.**

1. ¿Por qué sacaste esa copia? (mi jefe)
2. ¿Por qué leíste ese cuentito? (mi hermanito)

3. ¿Por qué te levantaste temprano? (mi compañera de cuarto)
4. ¿Por qué compraste tantos libros? (mis profesores)
5. ¿Por qué hiciste el presupuesto? (mi contador)
6. ¿Por qué pediste un aumento de salario? (mis colegas)

18. Confesiones (entre dos o en pequeños grupos). *Usen la tabla para formular preguntas y respuestas sobre las preferencias y opiniones de sus compañeros en las últimas elecciones.*

EJEMPLO ESTUDIANTE 1: **¿Por qué no votaste por X?**
ESTUDIANTE 2: **Dije que no iba a votar por X a menos que bajara los impuestos.**

Preguntas posibles
¿Por qué (no) votaste por... ?
¿Por qué (no) apoyaste a... ?

¿Dijiste que ibas a votar por... ?
¿No dijiste que ibas a votar por...?

Respuestas posibles
1. Voté por X para que...
2. Apoyé a X con tal de que...
3. Dije que no iba a votar por X a menos que...

a. bajar los impuestos
b. defender los intereses del comercio
c. mejorar el sistema de transporte público
d. controlar las grandes empresas

e. vigilar las inversiones extranjeras
f. proteger la industria nacional
g. reducir el costo de vida
h. balancear el presupuesto nacional
i. reducir el déficit
j. construir más viviendas públicas

Nota cultural

Médicos, curanderos y parteras

El mundo hispano es un mundo de muchos contrastes, y en ningún campo se ven mejor esos contrastes que en la medicina. En las grandes ciudades se encuentran los mismos servicios médicos que en todas partes del mundo **desarrollado**. El personal—médicos, especialistas, enfermeros, técnicos, bioquímicos—suelen recibir una preparación tan buena como la de cualquier parte del mundo, y muchos de ellos han estudiado en centros académicos de Europa y Estados Unidos. Esos servicios **están al alcance** de mucha gente **a través de** extensos programas de salud pública.

    El servicio médico es más limitado entre los pobres y en las zonas rurales. Por lo tanto, la gente humilde y la gente del campo muchas veces dependen de otro tipo de medicina, una medicina popular cuyos practicantes **cuentan con** poca preparación académica. Entre los más útiles de esos practicantes populares están las *parteras,* mujeres que ayudan a **dar a luz**. Otros practicantes populares se llaman *curanderos,* es decir, gente que cura. Los curanderos practican una

desarrollado: *developed*

estar al alcance: estar accesible
a través de: por medio de

contar con: tener

dar a luz: tener un bebé

medicina que a veces tiene raíces en las culturas indias y africanas, y se especializan en hierbas, pociones exóticas y prácticas **teñidas** de magia. Aunque los curanderos no tienen una formación académica, cuentan con sus devotos, y mucha gente los prefiere a los médicos modernos.

teñido: coloreado

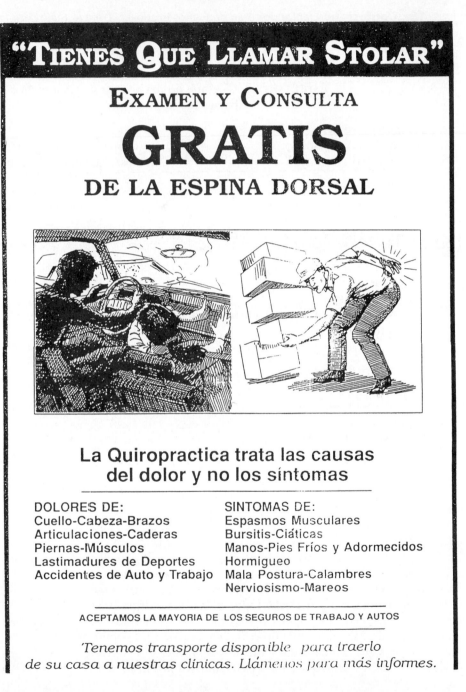

"TIENES QUE LLAMAR STOLAR"

EXAMEN Y CONSULTA

GRATIS

DE LA ESPINA DORSAL

La Quiropractica trata las causas del dolor y no los síntomas

DOLORES DE:
Cuello-Cabeza-Brazos
Articulaciones-Caderas
Piernas-Músculos
Lastimaduras de Deportes
Accidentes de Auto y Trabajo

SINTOMAS DE:
Espasmos Musculares
Bursitis-Ciáticas
Manos-Pies Fríos y Adormecidos
Hormigueo
Mala Postura-Calambres
Nerviosismo-Mareos

ACEPTAMOS LA MAYORIA DE LOS SEGUROS DE TRABAJO Y AUTOS

Tenemos transporte disponible para traerlo de su casa a nuestras clínicas. Llámenos para más informes.

| **18.5** | ¿Qué dijo el médico que tomaras? |

MÉDICA	Tome dos pastillas por día.	La médica me **mandó** que **tomara** dos pastillas por día.
NUTRICIONISTA	Chicos, no coman muchos dulces.	La nutricionista les **dijo** a los chicos que no **comieran** muchos dulces.

Conclusiones **El discurso indirecto**

1. Se usa el subjuntivo para reportar un mandato.
2. Si el mandato se reporta en pasado, se usa el imperfecto del subjuntivo.

ACTIVIDADES

19. ¿Quién mandó qué? (entre dos) *¿Quién mandó que se hicieran las cosas a continuación?*

> **MODELO** la doctora Quiroga (yo / comer menos grasas)
> ESTUDIANTE 1: **¿Qué mandó la doctora Quiroga?**
> ESTUDIANTE 2: **Mandó que yo comiera menos grasas.**

1. la nutricionista (los chicos / dejar de comer dulces antes de cenar)
2. la higienista (las personas mayores / tomar pastillas de calcio)
3. el médico militar (los soldados / vacunarse contra cólera)
4. la doctora pediátrica (Pepito / no fumar la pipa de su papá)
5. los profesores de medicina (los estudiantes / estudiar más sobre anatomía)
6. la enfermera (la Sra. Varela / desvestirse para un examen físico)
7. el doctor Sánchez (mi madre / tratar de bajar la presión)
8. el psiquiatra (Gumersinda y Don Tremendón / internarse en un asilo)

20. La cita médica (entre dos). *Usando el verbo **pedir**, reporte lo que dijo la doctora Quiles a su paciente Isabel.*

> **MODELO** ESTUDIANTE 1: **Haga una lista de los medicamentos que usted toma.**
> ESTUDIANTE 2: **La doctora le pidió que hiciera una lista de los medicamentos que toma.**

1. Siéntese al lado de mi escritorio.
2. Explíqueme el propósito de esta visita.
3. Pase al salón de radiografías.
4. Quítese la blusa por favor.
5. Retenga la respiración
6. Respire normalmente.
7. Abra la boca.
8. Mire para arriba.
9. Saque la lengua.
10. Vaya al laboratorio.

21. Cadena (entre dos o en pequeños grupos).   *¿Quién mandó qué? Alguien le manda algo a otra persona. Después, una tercera persona reporta el mandato usando el imperfecto del subjuntivo.*

EJEMPLO   ESTUDIANTE 1: **Pablo, dame diez mil dólares.**
             ESTUDIANTE 2: *(Nombre de estudiante 1)* **mandó** *(pidió, exigió)* **que Pablo le diera diez mil dólares.**

Algunos mandatos posibles:

1. Ven acá.
2. Préstame tu...
3. Cómprame un/a...
4. Tráeme un/a...

5. Dame...
6. Vé a... para...
7. No traigas... a clase mañana
8. No hables más con...

Algunos verbos para reportar mandatos: **mandó, pidió, exigió, prohibió,** etc.

Nota cultural

La salud y el subdesarrollo

Muchas veces los problemas médicos tienen raíces económicas. Es decir, la salud de la gente se relaciona con su capacidad económica. Por lo tanto, no se puede hablar de salud sin tomar en cuenta algunos problemas económicos.

Todas las naciones hispanoamericanas nacieron como colonias dependientes, y siguieron así por casi 300 años. España quiso mantener a sus colonias bajo un sistema económico llamado *el mercantilismo*. Bajo este sistema, España quería que sus colonias produjeran **materia prima** para España, y que importaran bienes manufacturados de España. No quería que las colonias **desarrollaran** una industria propia, ni tampoco quería que las colonias tuvieran una economía diversificada. Ese modelo económico no cambió con las guerras de la independencia: Europa y **más adelante** Estados Unidos reemplazaron a España como receptores de materia prima de Hispanoamérica.

Este modelo de países pobres cuya vida económica consiste principalmente en exportar materia prima a países ricos sobrevive en una gran parte del mundo hispano. Tomemos a Guatemala como ejemplo.

Guatemala tiene muchas tierras ricas **capaces** de satisfacer todas las necesidades alimenticias del país. Sin embargo, las tierras guatemaltecas están cultivadas principalmente para producir plátanos y café—productos que se cultivan principalmente para el mercado internacional. Las **ganancias** de la **venta** de esos productos se quedan en su gran mayoría con los dueños de la tierra y las empresas exportadoras, dejando muy poco para los obreros que tienen que comprar comida porque no tienen tierras para cultivarla. Por lo tanto, Guatemala presenta la curiosa **paradoja** de ser un rico país **agrícola** que tiene que importar comida para sobrevivir. Lamentablemente, la comida importada es demasiado cara para muchos guatemaltecos pobres. Y por lo tanto, muchos de los problemas de salud que hay en Guatemala se deben a la desnutrición de una considerable porción de su gente.

materia prima: *raw material*
desarrollar: *to develop*

más adelante: después

capaz: que tiene la capacidad

ganancia: lo que se gana
venta: el acto de vender

paradoja: contradicción
agrícola: asociado con la agricultura

18.6 Dudo que Jallo hubiera reconocido ese virus.

Me dijeron que habías estado enfermo.

Supimos que se había descubierto un remedio contra la hepatitis.

El último informe decía que la incidencia del SIDA había bajado un poco.

Yo dudaba que **hubieras estado** muy enfermo.

Nos dio mucho gusto que se **hubiera descubierto** un remedio contra la hepatitis.

Era bueno que la incidencia del SIDA **hubiera bajado** un poco.

Conclusiones El pluscuamperfecto del subjuntivo

1. Como Ud. ya sabe, el pluscuamperfecto se refiere a un evento que tuvo lugar en el pasado antes de otro evento en el pasado *(ver §16.4)*.
2. Se usa el pluscuamperfecto del subjuntivo si ocurre en una cláusula subordinada precedida por una cláusula principal con un verbo de duda, emoción, negación, etc.
3. El pluscuamperfecto del subjuntivo consiste en el imperfecto del subjuntivo de **haber** y el participio.

Sinopsis

yo	**hubiera**	
tú	**hubieras**	
usted/él/ella	**hubiera**	+ un participio
nosotros/nosotras	**hubiéramos**	
vosotros/vosotras	**hubierais**	
ustedes/ellos/ellas	**hubieran**	

ACTIVIDADES

22. Un viaje inolvidable (entre dos). *Eduarda y Hugo están describiendo una visita traumática a una gran ciudad. ¿Qué dicen?*

MODELO La chica en la taquilla nos dijo que se habían vendido todas las entradas. (yo dudaba)
→ **Yo dudaba que se hubieran vendido todas las entradas.**

1. El dependiente nos dijo que habíamos perdido el primer tren. (yo lamentaba)
2. El taxista nos dijo que se había descompuesto el taxímetro. (yo no creía)
3. El hotelero nos dijo que nadie había hecho nuestra reservación. (no me gustó)
4. El botones nos dijo que el taxista no le había dado todas nuestras maletas. (me molestó)

5. Alguien en la calle nos dijo que habían cambiado la exposición. (yo temía)

6. El guía nos dijo que se habían llevado el cuadro más famoso del museo para restaurarlo. (yo sentía)

7. El mesero nos dijo que el cocinero había quemado la comida. (yo tenía miedo de que)

8. Un señor desconocido nos dijo que nos había asignado al mismo cuarto en el hotel. (no me gustó nada)

9. El hotelero nos dijo que se había terminado el agua caliente. (me irritó profundamente)

10. Le dijimos a Mamá que nos habíamos divertido mucho. (nadie creía)

23. Grandes emociones. *En la historia y en la literatura abundan las GRANDES EMOCIONES. Completen los fragmentos de la primera columna con la información más lógica de la segunda.*

EJEMPLO **Caperucita dudaba que el lobo hubiera entrado en la casa de su abuela.**

1. Blanca Nieves no creía...
2. La Cenicienta dudaba que...
3. A Julieta le dio mucho gusto que...
4. A Lady Macbeth no le gustó que...
5. Al lobo le molestó que...
6. A Felipe II no le gustó...
7. A Enrique VIII le disgustó...

a. que las manchas de sangre (desaparecer)
b. que Inglaterra (hacerse) protestante
c. que la reina le (dar) una manzana venenosa
d. que Romeo (subir) a su balcón
e. que el papa no (aprobar) su divorcio
f. que Caperucita (entrar) en el dormitorio
g. que el príncipe (venir) por ella

EN CONTEXTO

Lectura

El tío Leandro va a ver al médico

Ricardo tiene que llevar a su tío Leandro al consultorio para que lo examinen—otra vez. No es la primera vez que Don Leandro tiene cita con el médico.

MÉDICO   Buenos días, señor. ¿Cómo le va?

LEANDRO   ¡Uy!, de lo más mal. Me siento horrible.

MÉDICO   ¿Qué le ocurre? ¿Le duele algo?

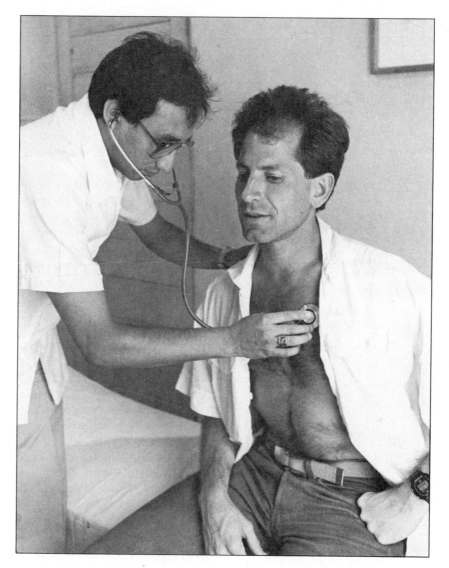

LEANDRO	Sí, me duele la cabeza, me duele la espalda, y me duelen los ojos. También me siento **mareado** y con náuseas.
MÉDICO	¡Uy!, son muchas cosas. Bueno, vamos a ver qué pasa. ¿**Pudiera** desvestirse hasta la **cintura**?
LEANDRO	*(mientras se desviste)* Espero que no sea nada grave. Bueno, Doctor, pero no se olvide de que a veces las apariencias **engañan**.
MÉDICO	Primero, quiero examinarle la **vista**. ¿Puede mirar hacia la izquierda por favor? ¿Hacia arriba? ¿Hacia abajo? ¿Hacia la derecha? Me parece que

mareado: *dizzy*

pudiera: forma cortés de «puede»

cintura: *waist*

engañar: *to deceive*

vista: la capacidad de ver

todo está bien allí. Ahora, quiero ver los **oídos**.
¿Puede inclinar la cabeza un poco hacia la
derecha? Muy bien. Todo parece que está en
orden allí. A ver el otro oído. También se ve
espléndido.

oído: el órgano de oír;
«oreja» se refiere
sólo a la parte
exterior

LEANDRO   **A lo mejor** es un problema de los **pulmones**.

MÉDICO   Respire normalmente por favor. *(con un
estetoscopio le escucha la respiración)* Yo no escucho
nada allí. Los pulmones están en excelentes
condiciones.

a lo mejor: quizás
pulmón: órgano de la
respiración

LEANDRO   Así lo creía yo. Sin duda es un problema
cardíaco. Siempre he **sospechado** que el corazón
no me **anda** bien.

cardíaco: del corazón
sospechar: tener dudas
andar: funcionar

MÉDICO   Puede ser. Vamos a ver. Respire profundamente
y retenga la respiración hasta que le diga. *(con un
estetoscopio le escucha el pulso)* Muy bien. Otra vez.
De nuevo por favor. Otra vez. Me parece que el
corazón está andando perfectamente.

LEANDRO   Entonces ¿qué vamos a hacer? ¿Qué es lo que me
pasa?

MÉDICO   **No nos queda más remedio** que **internarlo** para
que lo puedan examinar unos especialistas. Allí en
el hospital le podemos hacer unos análisis muy
completos de sangre. Cuando sepamos el
resultado de esos análisis, le podemos sacar
radiografías de todo el cuerpo, incluso el cerebro,
los pulmones, el corazón—todo a fin de que
nada se nos escape. Después de que sepamos los
resultados de las radiografías a lo mejor
tendremos que operarlo a fin de que los
cirujanos le vean todo por dentro. Ahora bien,
mientras usted esté en el hospital, se va a sentir
mal, pero cuando salga del hospital sabrá que
hemos hecho todo lo posible para identificar su
enfermedad.

**no nos queda más
remedio:** no hay
otra cosa que hacer
internar: poner a
alguien en un
hospital

cirujano: médico que se
especializa en
operaciones

LEANDRO   *(después de una larga pausa)* ¿Todo eso?

MÉDICO   Todo eso.

LEANDRO   Es curioso, pero **de pronto** me siento mucho
mejor. Mire, doctor. Quiero irme a casa ahora
para pensar un poco todo lo que Ud. me ha
dicho. Cuando llegue a alguna conclusión, lo
llamaré.

de pronto: súbitamente,
all of the sudden

MÉDICO   Muy bien. Aquí siempre estoy a sus órdenes.

(Después en el coche con Ricardo)

RICARDO   Bueno, tío, ¿qué es lo que le ocurre?

LEANDRO   Ay Ricardo, prefiero no hablar del **asunto**. Me ha

asunto: tema

convencido el médico de que mi enfermedad es
tan complicada que la medicina moderna no
puede hacer nada en contra de ella. Así que me
quedaré en casa, viviendo con heroica
resignación, hasta que algún día los científicos
descubran un remedio para lo que sufro.

Preguntas 1. ¿Quién es el tío Leandro? 2. ¿Es esta la primera vez que va con el
médico? 3. ¿Qué es lo que tiene? 4. ¿Qué le examina el médico?
5. ¿Encuentra el médico algún problema? 6. ¿Qué sugiere el médico para hacer
un diagnóstico más completo? 7. ¿Está de acuerdo el Tío Leandro?
8. ¿Cómo le explica el Tío Leandro las conclusiones del médico a su sobrino
Ricardo?

Cómo se hace

Cómo se hace para conseguir una cita médica

Una conversación telefónica
—Buenos días. Centro Médico.
—Buenos días. **Quisiera** una cita con el doctor Sobejano.
—¿Ha visto usted al doctor en otra ocasión?
—Sí, un par de veces. Me llamo Ricardo Sánchez y sin duda
  ustedes tienen record de mi última visita.
—Así es. ¿Se trata de una emergencia o puede usted esperar
  unos días?
—Quisiera verlo **cuanto antes**. Tengo tos y mucha fiebre.
—Muy bien. El doctor tiene horas de consulta esta tarde en su
  consultorio en el centro y lo puede ver a usted **a eso de** las
  dos y media.
—Perfecto. Allí estaré a las dos y media en punto.

quisiera: forma cortés de *quiero*

cuanto antes: lo más pronto posible
a eso de: aproximadamente
consultorio: oficina de médico

Cómo se hace para describir una enfermedad o una condición física

Me duele... una muela
Tengo un dolor en... el estómago
la cabeza
la garganta
la pierna
la espalda
todo el cuerpo

Me duelen... los ojos
Tengo un dolor en... los pulmones
los oídos
los brazos
las rodillas

Tengo... (mucha) fiebre
un dolor de cabeza
un dolor de estómago
un dolor de garganta
una pierna rota
un brazo roto
mucha temperatura
el pie lastimado
náuseas

Me siento... resfriado/a
mareado/a
mal

Tengo alergia a... los huevos
la penicilina
al polen
al polvo
a los estudios

Estoy... encinta (embarazada)
en estado
*(encinta, embarazada,
en estado = que va a
tener un bebé)*

Como se hace para describir un remedio

Usted necesita... descansar
tomar más vitaminas
tomar mucho líquido
guardar cama

Le voy a recetar... unas gotas
un antibiótico
unos comprimidos
unas pastillas
un jarabe

Le voy a poner... una inyección
Le voy sacar... una muestra de sangre
una radiografía
Tome usted... un comprimido cuatro
veces por día
una pastilla cada seis
horas
una cápsula antes de
acostarse

Cómo se hace para expresar preocupación o miedo

Estoy preocupado/a por...
Me preocupa(n)...
Esto me inquieta.

Temo que...
Me temo que...
Tengo miedo de que...

Me tiene procupado/a...
Me inquieta(n)...
Tengo mis temores.

Diálogos incompletos

1. Buenos días. Grupo médico.

_____

¿Ha visto usted a uno de los médicos aquí antes?

_____

¿Se trata de una emergencia, o puede usted esperar un par de días?

_____

¿Qué síntomas tiene?

_____

Ah. Eso parece serio. ¿Podrá usted venir esta tarde a las 2:30?

_____

Estamos en la esquina de Bustos con Nebrija.

2. _____

¿Qué te duele?

_____

¿Tienes fiebre?

_____

¿Has tomado algo ya o quieres algún medicamento?

_____

¿Tienes alguna alergia?

_____

¿Quieres que yo llame al médico?

_____

3. Doctor, estoy totalmente cansada y creo que tengo fiebre.

_____

¿Se puede tomar algo para eso?

_____

¿Cada cuándo debo tomarlo?

_____

4. ¿Por qué estás preocupada?

_____

5. ¿Tienes miedo de algo?

_____

6. ¿Qué te preocupa?

_____

Situaciones

Situación 1   Usted se siente mal y quiere ver a un médico. Llame al consultorio de su médico, describa sus síntomas y fije una fecha.

Situación 2   Con otra persona de la clase, hagan un mini-teatro entre una doctora y un paciente. El paciente describe sus síntomas y la doctora sugiere remedios.

Situación 3   Usted faltó a clase ayer y tiene que explicar por qué a su profesora. Explíquele a la profesora que usted se sentía mal; describa los síntomas que tenía; explique qué remedios usted tomó para que se sintiera mejor, y pregúntele a la profesora qué tendrá que hacer para recuperar el tiempo perdido.

Situación 4   Usted trabaja como consejero/a para estudiantes extranjeros. Un estudiante que acaba de llegar de Bolivia se siente mal y necesita saber qué servicios médicos ofrece la universidad.

Situación 5   Con otra persona de la clase, represente una escena de un examen médico. La escena puede ser seria o paródica.

Situación 6   Descríbale a una estudiante extranjera los servicios médicos de su país. Incluya en su explicación información sobre médicos, masajistas, quiroprácticos, naturópatas, psicoterapistas, etc.

Composición

Tema 1   Escriba una descripción del sistema médico de los Estados Unidos para una amiga mexicana. Al escribir su composición, recuerde que en México el sistema médico está casi totalmente en manos del gobierno.

Tema 2   Escriba un diálogo largo sobre una visita al médico. Empiece con el momento de hacer la cita, y termine con una visita a la farmacia.

Vocabulario activo

enfermedades, síntomas y condiciones físicas

la alergia	el dolor de estómago	la gripe	las náuseas
el asco	el dolor de garganta	la hepatitis	el resfrío
el cáncer	el dolor de muelas	la indigestión	el SIDA
el cólera	la fiebre	el mareo	la tos
la depresión	la fractura	el microbio	el virus
el dolor de cabeza			

remedios

el análisis	el comprimido	el diagnóstico	la hierba
el antibiótico	el cosmético	la droga	la inyección
la aspirina	la curación	la fórmula	el jarabe
la cápsula	la diagnosis	las gotas	la jeringa

el masaje
el medicamento
la medicina
la operación

la pastilla
la penicilina
la poción
la prueba

la radiografía
la receta
el remedio
la tetraciclina

la transfusión
el tratamiento
la vacuna

personas

el/la bioquímico/a
el/la cirujano/a
el/la curandero/a

el/la dentista
el/la especialista
el/la farmacéutico/a

el/la paciente
el/la partero/a
el/la practicante

el/la psicoterapeuta
el/la psiquiatra
el/la técnico/a

verbos

aguantar
aliviar
andar
asegurar

curar
engañar
infectar
internar

inyectar
operar
recetar
recuperarse

respirar
suceder
sufrir
vacunar

otros sustantivos

la anatomía
el asunto
el cerebro
la cita
la consulta
el consultorio

el corazón
la especialidad
la especialización
la factura
la farmacología

el formulario
la garganta
la muela
el oído
el pedido

el polvo
el pulmón
el pulso
la respiración
el seguro

adjetivos

alérgico/a
asqueado/a
cardíaco/a

contagioso/a
deprimido/a
embarazada

encinta
grave
heroico/a

inaguantable
inespecífico/a
mareado/a

expresiones útiles

a eso de
contar con

cuanto antes
de pronto

estar al alcance
estar en estado

estar resfriado/a
quisiera

vocabulario personal

_____   _____

_____   _____

_____   _____

_____   _____

 **Las comunidades hispanas en los Estados Unidos**

Temas
- Chicanos, puertorriqueños y cubanos
- El Tercer Mundo
- Las finanzas personales
- La burocracia
- La inmigración hispana

Funciones
- Cambiar dinero
- Pedirle a alguien que haga algo
- Pedir información en una oficina
- Mandar algo por correo

Gramática
19.1 El condicional
19.2 El condicional perfecto
19.3 El imperfecto del subjuntivo y el condicional para indicar cortesía
19.4 La correlación de tiempos
19.5 Más expresiones para narrar
19.6 Usos de *haber*

EN MARCHA

19.1	Yo sabía que te gustaría la conferencia.

—Dijiste que **tratarías** de conseguir que te cancelaran la multa. ¿Conseguiste algo?

—Fui a la comisaría y hablé con dos policías. Me dijeron que no **podrían** ayudarme y que yo **debería** hablar con un juez. Hablé con la secretaria del juez que me explicó que **tendría** que llenar un formulario de diez páginas y volver el mes entrante con mi padre porque soy menor de edad. Después dijo que mi padre y yo juntos **tendríamos** que presentarnos ante el juez, lo cual me parece una tremenda molestia, así que voy a pagar la multa para no perder el tiempo. Me **gustaría** hablar con el *&%$#¿ sinvergüenza que me dio la multa para decirle lo que pienso.

Conclusiones El condicional y algunos de sus usos

1. El condicional describe un evento posterior a otro evento en el pasado. Es decir, es el «futuro del pasado». Las oraciones a continuación son equivalentes:

    Yo dije que lo haría. = Dije que lo iba a hacer.

    Pensaba que no dirías nada. = Pensaba que no ibas a decir nada.

2. El condicional también describe una conjetura:

    Me **gustaría** ser jefe de una gran empresa.

    ¿**Preferirías** ser un millonario corrupto o un pobre honesto?

3. Para formar el condicional, el infinitivo se combina con las terminaciones de la segunda y la tercera conjugaciones del imperfecto.

4. Las raíces irregulares del futuro también se usan en el condicional (*comparar §17.2*):

caber → cabr-	poder → podr-	salir → saldr-
decir → dir-	poner → pondr-	tener → tendr-
haber → habr-	querer → querr-	valer → valdr-
hacer → har-	saber → sabr-	venir → vendr-

5. **Habría** es el condicional de **hay**.

Sinopsis

sujeto	*terminación*	*dar*	*ver*	*hacer*	*venir*
yo	**-ía**	daría	vería	haría	vendría
tú	**-ías**	darías	verías	harías	vendrías
usted/él/ella	**-ía**	daría	vería	haría	vendría
nosotros/nosotras	**-íamos**	daríamos	veríamos	haríamos	vendríamos
vosotros/vosotras	**-íais**	daríais	veríais	haríais	vendríais
ustedes/ellos/ellas	**-ían**	darían	verían	harían	vendrían

ACTIVIDADES

1. Combinaciones (entre dos). *La gente a continuación ha sufrido un contacto con la burocracia. Siga las instrucciones de uno/a de sus compañeros para ver qué pasó.*

> **MODELO** ESTUDIANTE 1: **4-4-3**
> ESTUDIANTE 2: **La supervisora pensaba que nosotros mandaríamos la solicitud.**

1. Marisa creía que	1. yo	1. pagar la multa
2. El funcionario dijo que	2. tú	2. llenar el formulario
3. La jefa afirmó que	3. tu mejor amigo	3. mandar la solicitud
4. La supervisora pensaba que	4. nosotros	4. revisar los papeles
5. Los directores dijeron que	5. tus padres	5. llamar al gerente

2. La fiesta de Alejandro (entre dos). *Usted y Alejandro están organizando una fiesta y Alejandro quiere saber qué harán los invitados. ¿Cómo contesta usted?*

> **MODELO** ¿Qué traerá Miguel? (una botella de vino)
> ESTUDIANTE 1: **¿Qué traerá Miguel?**
> ESTUDIANTE 2: **Dijo que traería una botella de vino.**

1. ¿A qué hora llegará Inés? (a las nueve)
2. ¿Qué hará Mario? (un pastel con crema de Bavaria)
3. ¿Quién traerá al Prof. Sánchez? (Alicia y Flora)
4. ¿Quién vendrá con Luz? (un primo suyo)
5. ¿Quiénes decorarán la casa? (Isabel y Juan)
6. ¿Quién podrá traer un tocadiscos? (yo)
7. ¿Quién le dirá a Claudia la hora? (Felipe)
8. ¿Quién tendrá que limpiar la casa después de la fiesta? (tú y yo)

3. Preferencias teóricas (entre dos). *Pregúntele a alguien en la clase qué preferiría en las circunstancias dadas.*

> **EJEMPLO** tomar después de correr / agua o vino
> ESTUDIANTE 1: **¿Qué preferirías tomar después de correr?**
> ESTUDIANTE 2: **Yo preferiría tomar agua después de correr.**

1. tomar con una pizza / cerveza o agua
2. comer en una cena elegante / hamburguesas o pollo *a la cacciatore*

3. hacer después de un concierto / tomar un trago o ir directamente a casa
4. hacer en la primera cita con el amor de tus sueños / conversar o ir a McDonald's
5. escuchar durante una fiesta / *rock* o canto gregoriano
6. hacer durante las vacaciones / ir a una playa tropical o pintar la casa
7. hacer después de graduarse / empezar a trabajar o hacer un largo viaje a Europa
8. estudiar después de graduarse / leyes o negocios o...

4. Chismes (entre dos o en pequeños grupos).   *Usando las preguntas de la actividad anterior, formulen preguntas y respuestas sobre otra gente.*

EJEMPLO   ESTUDIANTE 1: **¿Qué preferiría hacer Gumersinda durante las vacaciones?**

ESTUDIANTE 2: **Gumersinda preferiría matar cucarachas en su casa.**

5. Fantasías (entre dos o en pequeños grupos).   *Inventen preguntas y respuestas sobre sus fantasías más interesantes. Usen la tabla como punto de partida.*

EJEMPLOS   ESTUDIANTE 1: **¿Qué te gustaría ver en Madrid?**
ESTUDIANTE 2: **Me gustaría ver una corrida de toros.**

ESTUDIANTE 1: **¿Con quién te gustaría hablar en Washington?**
ESTUDIANTE 2: **Me gustaría hablar con mi senador.**

¿Qué te gustaría	hacer en... ?
¿Con quién te gustaría	hablar en... ?
¿A quién le gustaría	beber en... ?
	comer en... ?
	ver en... ?
	... ?

19.2   ## Sin la ayuda de mis padres, nunca me habría graduado.

Jorge me aseguró que me **habrían entregado** la solicitud antes de hoy.
Sin tu ayuda, nunca me **habría graduado.**
Sin tus consejos, jamás **habríamos terminado** la propuesta.
Sin el pasaporte, nadie **habría podido** entrar.
Con Iberia, Ud. ya **habría llegado.**

Conclusiones **El condicional perfecto**

1. El condicional perfecto se forma con el condicional de **haber** y un participio.
2. El condicional perfecto puede describir un evento posterior a otro evento pasado.
3. El condicional perfecto también puede describir una conjetura con respecto a un evento pasado.

Sinopsis

yo	**habría**	
tú	**habrías**	
usted/él/ella	**habría**	
nosotros/nosotras	**habríamos**	+ un participio
vosotros/vosotras	**habrías**	
ustedes/ellos/ellas	**habrían**	

ACTIVIDADES

6. Conjeturas. *Cecilia está hablando de la influencia que sus padres han tenido en su vida y en la vida de sus hermanos. ¿Qué dice?*

MODELO poder pagar la matrícula / yo
→ **Sin mis padres, yo no habría podido pagar la matrícula.**

1. conseguir un préstamo para comprar un coche / mi hermano Raúl
2. graduarse / mi hermana Ana
3. cumplir los requisitos para graduarme / yo
4. pagar el seguro para nuestro coche / mi hermano Marco y yo
5. poder terminar sus estudios / mi cuñado
6. llegar a la universidad / ninguno de nosotros

7. Revisiones históricas. *Explique lo que usted habría hecho en lugar de la gente a continuación.*

MODELO Napoleón invadió Rusia. / quedarme en Francia
→ **Yo me habría quedado en Francia.**

1. Ana Bolena perdió la cabeza. / tratar de cortarle la cabeza al rey
2. El General Custer murió en Wyoming. / quedarme en el este comiendo bombones
3. Napoleón vendió Luisiana. / retener ese territorio para Francia
4. Benjamín Franklin jugó con cometas en una tormenta. / tener demasiado miedo
5. Washington cruzó el Delaware de pie. / sentarme para no volcar el bote
6. Ponce de León abandonó la Florida porque no encontró la fuente de la juventud. / construir un hotel enorme para turistas

Nota cultural

Las comunidades hispanas en Estados Unidos

Se calcula que antes del final de este siglo, los hispanos formarán el grupo minoritario más grande de los Estados Unidos. Sin embargo, la comunidad hispana no es un grupo homogéneo sino una comunidad compuesta de varios grupos, todos con una historia propia e intereses distintos. De esos grupos, los más visibles son los chicanos, los puertorriqueños y los cubanos.

Los chicanos (algunos prefieren el término *mexico-americanos*) viven principalmente en el suroeste de los Estados Unidos, desde Texas hasta California. Muchos chicanos descienden de hispanoparlantes que vivían en esas tierras mucho antes de que fueran anexadas por los Estados Unidos. Texas, Nuevo México, Arizona, Utah, Colorado, Nevada y California fueron territorios mexicanos hasta el triunfo de Estados Unidos en la guerra contra México en 1848. Aunque esa guerra estableció una **frontera** política entre Estados Unidos y México, muchos creen que nunca ha habido una frontera sociológica **ya que** los hispanoparlantes de **ambos** lados de la frontera son parientes. También, se ha sugerido que el ir y venir de gentes entre Estados Unidos y México que vemos ahora no es nada nuevo, sino la continuación de una migración que existía antes de la anexación.

Puerto Rico fue anexado por los Estados Unidos en 1898 después de la guerra de Estados Unidos contra España. En 1917, se aprobó una ley dando **ciudadanía** norteamericana a todos los puertorriqueños. Desde entonces, muchos puertorriqueños han inmigrado a los Estados Unidos, sobre todo al noreste del país. Pero igual que la inmigración mexicana del suroeste, la inmigración puertorriqueña es más bien una migración que consiste en un ir y venir de gentes. Pocos puertorriqueños quieren perder contacto con la isla.

Otra inmigración masiva a Estados Unidos fue la de los cubanos. Con el triunfo de Fidel Castro en 1959, más de un millón de cubanos, casi todos de clase media y alta, abandonaron la isla. Se establecieron en todas partes de Estados Unidos, pero sobre todo en la Florida, donde forman un grupo de tremenda importancia política y económica.

Durante la década del ochenta, empezaron a llegar muchos inmigrantes de otras partes del mundo hispano. A causa de la tremenda inestabilidad política y económica de Centro América, muchos de esos inmigrantes son de Panamá, Nicaragua, El Salvador, Guatemala y Honduras. Vienen a buscar oportunidades que no tienen en su propio país.

frontera: línea imaginaria entre dos países
ya que: porque
ambos: los dos

ciudadanía: *citizenship*

19.3	¿Podría usted darme la planilla para matricularme?

el presupuesto

salarios – $250.000
renta — 36.000
luz — 2.200

1040 — 1990

la factura

Ud. debe...

la firma

los impuestos

la multa

el funcionario

el pasaporte

PASAPORTE

Nombre:
Domicilio:
Lugar de trabajo:

el formulario (la planilla)

—Perdone señorita, pero **¿sabría** Ud. dónde se consigue un certificado de nacimiento?

—Aquí mismo. **Debiera** Ud. llenar esta planilla y firmarla aquí.

—**¿Quisiera** Ud. ver mi cartilla de identidad?

—Ahora no, pero me **gustaría** que me la **presentara** cuando entregue la planilla.

Conclusiones El imperfecto del subjuntivo y el condicional para indicar cortesía

1. Muchas veces el imperfecto del subjuntivo o el condicional se usan para indicar cortesía o para suavizar una pregunta o una sugerencia en presente.

2. Para indicar cortesía, **querer** suele usarse sólo en el imperfecto del subjuntivo:
   ¿Quisieran Uds. ver el menú ahora?
   Prof. Sánchez, **quisiéramos** hablar con Ud. por un momento.

3. Para indicar cortesía, **deber** y **poder** se usan igualmente en el imperfecto del subjuntivo y en el condicional:
   Deberían Uds. llenar esta planilla antes de pagar la matrícula.
   Debieran Uds. firmar la planilla antes de entregarla.
   ¿Podría Ud. explicarme los requisitos del curso ahora?
   ¿Pudieran Uds. dejar los formularios aquí?

4. Para indicar cortesía, todos los demás verbos se usan en el condicional:
   Perdone señor, pero **¿sabría** Ud. la hora?
   Sra. Méndez, ¿qué **diría** Ud. sobre ese problema?
   Julio, ¿me **permitirías** tu pluma, por favor?

5. El imperfecto del subjuntivo o el condicional en la cláusula principal se combina con el imperfecto del subjuntivo en la cláusula subordinada:
   Javier, **quisiera** que me **ayudaras** a matricularme mañana.
   Sr. Morelos, nos **encantaría** que Ud. **viniera** a cenar el viernes.
   ¿Sería posible que nosotros **habláramos** a solas?

ACTIVIDADES

8. En la oficina de matriculación. *Usted trabaja en una oficina de la universidad y quiere hablar en la forma más cortés imaginable. ¿Cómo hace sus preguntas?*

> **MODELOS** Sr. Meza / llenar este formulario
> → **Sr. Meza, ¿podría Ud. llenar este formulario?** *o*
> → **Sr. Meza, ¿pudiera Ud. llenar este formulario?**

1. Sr. Castillo / mostrarme su licencia de manejar
2. Sr. Luna / entregar su solicitud en la oficina de enfrente
3. Srta. Ocampo / firmar aquí
4. Sr. Morelos / pagar la matrícula ahora
5. Srta. Cañas / completar esta planilla
6. señores / explicarle el problema a mi supervisora
7. Sra. Luna / mostrarnos su pasaporte y su visa
8. Jorge y Luis / traer sus documentos mañana
9. Srta. Gumersinda / desaparecer para siempre y no molestarme más

9. El Gran Jefe Mandón II (entre dos). *EL GRAN JEFE MANDÓN, que ustedes conocieron en otros capítulos, ha tenido muchos problemas con sus empleados porque es demasiado mandón. Por lo tanto, ahora está tratando de hablar con más cortesía. En esta actividad la primera estudiante imita al GRAN JEFE MANDÓN de antes (con un mandato por supuesto) y el segundo estudiante hace el pedido de ahora (con más cortesía).*

> **MODELO** Jorge / sacar las cuentas ahora
> ESTUDIANTE 1: **Jorge, saque las cuentas ahora.**
> ESTUDIANTE 2: **Jorge, Ud. debiera sacar las cuentas ahora.** *o*
> **Jorge, Ud. debería sacar las cuentas ahora.**

1. Ana / atender a ese cliente
2. Raúl / no hablar por teléfono tanto
3. Marco y María / organizar el archivo
4. Isabel / pasar esta carta a máquina
5. Sebastián / copiar estas hojas
6. Tere y Julio / preparar el informe
7. Gaby / sacar copias de esto
8. Roberto / consultar más conmigo

10. En el corazón de la burocracia. *Usted quiere pedirle algo a un funcionario que obviamente está de mal humor. ¿Cómo hace Ud. sus pedidos?*

> **MODELO** darme la planilla para solicitar una beca
> → **Quisiera que Ud. me diera la planilla para solicitar una beca.**

1. explicarme cómo se consigue un pasaporte
2. indicarme cuáles son los procedimientos para matricularme
3. ayudarme a llenar un formulario
4. decirme si este curso es obligatorio o electivo
5. informarme sobre los requisitos para conseguir un permiso de conducir
6. mostrarme dónde hay que firmar
7. decirme si salí bien o mal en el curso
8. indicarme dónde debo dejar la solicitud
9. avisarme dónde se pagan las multas

11. Tratando con gente famosa (entre dos o en pequeños grupos). *Inventen un pedido (de forma cortés por supuesto) para una persona famosa.*

> **EJEMPLOS** ESTUDIANTE 1: **Dolly Parton, quisiera que Ud. me enseñara a cantar como Ud.**
> ESTUDIANTE 2: **William F. Buckley, ¿podría Ud. darme clases de vocabulario?**
> ESTUDIANTE 3: **Senador X, me gustaría que Ud. presentara un proyecto de ley para darles más dinero a los estudiantes de español y sus profesores.**

Algunos nombres posibles:

Paul Newman	Plácido Domingo	Ted Kennedy	Phil Simms
Madonna	David Letterman	Joan Rivers	Meryl Streep
Tom Cruise	Imelda Marcos	Johnny Carson	…

19.4 La correlación de tiempos

Consejos que se le dieron a Isabel cuando preguntó sobre su matriculación:
   Ud. **tendrá** que ir a la administración para que le **expliquen** los requisitos.
   Es necesario que todos **paguen** por adelantado.
   Le **estoy pidiendo** que **haga** el cheque a nombre de la universidad.
   Les **he dicho** a todos que no **llamen** por cobrar.
   Es probable que sus documentos ya **hayan llegado**.

Comentarios de la chica que trabaja en administración:
   Yo **preferiría** que Ud. **viniera** en persona.
   La administración **quería** que Ud. **mandara** los papeles por correo.
   Yo le **pedí** que **firmara** aquí.
   Se lo **estaba explicando** otra vez para que Ud. lo **entendiera** bien.
   Nadie **había pedido** que Ud. **pagara** en efectivo. *(en efectivo = con billetes)*
   Nadie **dudaba** que Ud. lo **hubiera pagado**.

Conclusiones ## La correlación de tiempos

1. La correlación de tiempos explica qué tiempos del indicativo suelen combinarse con qué tiempos del subjuntivo.
2. Los cuadros a continuación describen la correlación de tiempos que generalmente se observa.

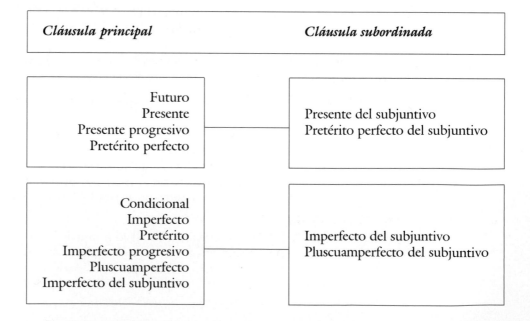

Cláusula principal	Cláusula subordinada
Futuro Presente Presente progresivo Pretérito perfecto	Presente del subjuntivo Pretérito perfecto del subjuntivo
Condicional Imperfecto Pretérito Imperfecto progresivo Pluscuamperfecto Imperfecto del subjuntivo	Imperfecto del subjuntivo Pluscuamperfecto del subjuntivo

ACTIVIDADES

12. Un día difícil. *Miguel ha estado todo el día en la oficina de tránsito tratando de renovar su permiso de conducir (licencia de manejar). ¿Qué dice?*

Llegué temprano esperando que los funcionarios me (atender) pronto. Esperé casi dos horas antes de que un funcionario me (llamar). El funcionario me dio unos formularios, diciéndome que los (llenar). Es increíble que (haber) tantos papeles que llenar. Llené los formularios, y se los devolví al funcionario para que los (revisar). Dudo que los (haber) examinado demasiado bien, pero a un funcionario así nunca le gusta que uno le (criticar) los procedimientos. Me dijo que me mandarían mi licencia por correo con tal de que todo (estar) en orden. Espero que (ser) cierto porque no podré manejar antes de que (llegar) el permiso. O por lo menos, no podré manejar legalmente.

13. ¿Qué le gustaría a la gente? (entre dos) *Usen la tabla para formular preguntas y respuestas.*

EJEMPLO ESTUDIANTE 1: **¿Qué les gustaría a tus profesores?**
ESTUDIANTE 2: **A mis profesores les gustaría que yo sacara mejores notas.**

¿Qué le (les) gustaría...
1. al banquero
2. a la administración
3. a los alumnos
4. a mis padres
5. a los profesores
6. a los feministas
7. a...

Le (les) gustaría que...
a. yo / sacar mejores notas
b. haber más igualdad entre los sexos
c. los alumnos / no leer el diario en clase
d. bajarse la matrícula
e. nadie / protestar sus decisiones
f. todos / repagar sus préstamos
g. el presidente /...
h. ... /...

14. Informando al abuelo (en pequeños grupos). *Mario está explicándole al abuelo lo que la gente dijo ayer. ¿Qué dice Mario?*

MODELO Ana: Quiero que me devuelvan el dinero.
ESTUDIANTE 1: *(con voz de Ana)* **Quiero que me devuelvan el dinero.**
ESTUDIANTE 2: *(con voz del abuelo)* **¿Qué dijo Ana?**
ESTUDIANTE 3: *(con voz de Mario)* **Dijo que quería que le devolvieran el dinero.**

1. La banquera: Necesito que Ud. firme aquí.
2. El gerente: Estamos buscando a alguien que pueda trabajar por la tarde.
3. La funcionaria: No quiero que nadie entregue las planillas hasta mañana.
4. El hotelero: Me preocupa que no haya venido nadie.

5. El burócrata: La administración prohíbe que se pague por adelantado.

6. El ladrón: Haré todo lo posible para entrar sin que me vean.

7. La secretaria: Ud. puede dejar los documentos conmigo a menos que quiera hablar personalmente con el gerente.

15. Pedidos (entre dos o en pequeños grupos).   *Complete las oraciones de forma creativa, observando la correlación de tiempos.*

EJEMPLOS   ESTUDIANTE 1: **Me gustaría que la profesora me diera una A.**

ESTUDIANTE 2: **Quisiéramos que no hubiera más exámenes en esta clase.**

1. Me gustaría que...
2. Vamos a buscar a alguien que...
3. Quisiéramos que...
4. Nos molestó mucho que...
5. Me han dado dinero para que yo...

6. No me importa que...
7. Mi padre duda que...
8. No había nadie que...
9. Mis tíos prohibieron que...
10. Iremos al centro para que...

Nota cultural

El bilingüismo hispano: una rectificación

Pocos temas han inspirado más debate en años recientes que el bilingüismo y la educación bilingüe en las escuelas públicas. Estos temas son, sin duda, muy complejos, y **merecen** ser examinados con mucho cuidado. Sin embargo, una gran parte del debate se basa en una percepción errónea: que los hispanos en los Estados Unidos no quieren aprender inglés. La verdad es que los hispanos están siguiendo exactamente el mismo **patrón** de asimilación que todos los **demás** inmigrantes.

merecer: *to deserve*

patrón: *pattern*
demás: los otros

    Para comprender ese patrón, nos conviene pensar en los inmigrantes como miembros de tres grupos. El primer grupo consiste en los que vinieron aquí cuando eran adultos y ya hablaban su lengua materna. El segundo grupo consiste en los que nacieron aquí o vinieron aquí cuando eran niños; son hijos del primer grupo. El tercer grupo consiste en los que nacieron aquí, hijos del segundo grupo.

SE SOLICITA SUPERVISOR BILINGUE para personal de telemarqueteo bilingue, con amplio sentido de motivación y deseos de progresar. Ofrecemos salario, bonos e incentivos. Southern Siding and Window Company. Para más información llame al 241-6699

    El primer grupo **suele** aprender un inglés funcional. Es decir, aprenden a expresarse y a comprender bastante bien, pero casi nunca aprenden a hablar sin errores y sin acento. El segundo grupo aprende a hablar inglés perfectamente bien, sin ningún acento extranjero. Pero como hijos de inmigrantes este grupo retiene algo de su primera lengua y muchas veces son bilingües. El tercer grupo suele estar lingüísticamente asimilado, con poco conocimiento funcional de la lengua de sus abuelos.

suele: *soler (ue)* + *infinitivo* = generalmente

    La asimilación de los hispanos se ha estudiado mucho, y se ha visto repetidas veces que la gran mayoría de los inmigrantes hispanos siguen exactamente el mismo patrón que todos los demás inmigrantes.

    Por lo tanto, la percepción de que los inmigrantes hispanos no quieren aprender inglés es totalmente falsa. Como en el caso de **cualquier** grupo de inmigrantes, casi todo depende del tiempo que lleve su generación en este país.

cualquier: *any*

19.5	**Más expresiones para narrar**

A. **Darse cuenta de** y **darse cuenta de que:** *reconocer, ver de pronto*

Cuando el mecánico revisó el coche, **se dio cuenta** del problema inmediatamente.

Al ver que la puerta estaba abierta, **nos dimos cuenta** de que alguien había entrado sin permiso.

1. **Darse cuenta de** se combina con sustantivos; **darse cuenta de que** se combina con cláusulas.

2. **Darse cuenta de/que** se traduce al inglés con *to realize;* note que **realizar** en español no es igual que **darse cuenta. Realizar** significa llegar a una meta. Compare:

Realizó su meta.

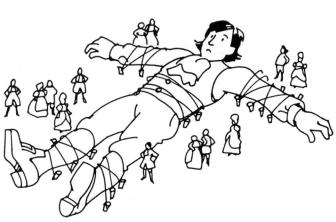

Se dio cuenta de que tenía un problema.

B. **Ya que** y **como:** *since* en una secuencia lógica

Ya que no tengo que trabajar este fin de semana, pienso ir a la playa.

Como no tengo tiempo para ver televisión, no voy a comprar un televisor.

C. **Desde** y **desde que:** *since* en una secuencia temporal

1. **Desde** se usa con sustantivos.

No he visto a María **desde** el año pasado.

Nos dijeron que habían vivido en la misma casa **desde** 1963.

2. **Desde que** se combina con cláusulas.

Mi vida ha cambiado totalmente **desde que** empecé a estudiar.

Desde que Mario vino a vivir con nosotros, hay una nueva alegría en la casa.

D. **Cada vez más, cada vez menos, cada... más** y **cada... menos:** *progresivamente más y progresivamente menos*

Ya que se acerca el fin del semestre, estamos estudiando **cada vez más.**

Ya que Miguel trabaja de noche, lo veo **cada vez menos.**

La gramática me parece **cada vez más** fácil.

Con la inflación, parece que estamos ganando **cada vez menos** dinero.

Desde que me dieron el ascenso, estoy trabajando **cada día más** y mi jefe está trabajando **cada día menos**.

ACTIVIDADES

16. La telenovela (entre dos). *Las telenovelas funcionan en base de revelaciones inesperadas en las que alguien se da cuenta de que su enamorado es en verdad su hermano o que la criada es en verdad su madre. ¿Qué pasó en la telenovela a continuación?*

> **MODELO** Ricardo / el chófer era su padre
> Estudiante 1: **¿De qué se dio cuenta Ricardo?**
> Estudiante 2: **Se dio cuenta de que el chófer era su padre.**

1. la familia González / el ladrón era su hijo
2. Marisela y Josefina / la fortuna de la familia se había desaparecido
3. el chófer / su patrón estaba enamorado de su hija
4. JR / los abogados le habían robado todo su dinero
5. la señora Martín / su esposo tenía una nueva querida
6. Josefina y su esposo / su hijo quería divorciarse
7. después de recuperar su memoria, Nicolás / su novia se había hecho monja

17. Inversiones (entre dos). *Gloria está cansada de decir **porque** y ahora comunica las mismas ideas usando **ya que** o **como**. ¿Cómo invierte Gloria sus oraciones?*

> **MODELOS** No pedí el documento porque estaba cansada.
> Estudiante 1: **Ya que estaba cansada, no pedí el documento.**
> Estudiante 2: **Como estaba cansada, no pedí el documento.**

1. No firmé el contrato porque quería hablar con mi abogado primero.
2. No me dieron la beca porque mis padres ganaban demasiado.
3. No invité a Gumersinda a mi fiesta porque ella no me invitó a la suya.
4. Acepté el trabajo porque necesito trabajar en algo.
5. No llené la planilla porque no la entendía.
6. Me aceptaron el cheque porque conocen a mi madre.

18. Motivos (entre dos). *Usando un motivo de la segunda columna, explique por qué la gente en la primera columna está como está.*

> **EJEMPLO** Mario / estar contento
> Estudiante 1: **¿Desde cuándo está contento Mario?**
> Estudiante 2: **Mario está contento desde que conoció a Esteban.**

¿Desde cuándo...
1. estar contento / Mario
2. sentirse sola / Inés
3. llamarte mucho / tus padres
4. andar mejor / tu coche
5. estar menos nerviosos / los alumnos
6. comer más / Ricardo y Jorge

a. casarse
b. mudarse
c. la primavera
d. empezar a hacer ejercicio
e. el último examen
f. estar en el garage
g. conocer a...

19. Chismes y confesiones (en pequeños grupos). *Inventen chismes sobre sus compañeros (o confesiones personales) usando expresiones con **cada... más** y **cada... menos**.*

EJEMPLOS   ESTUDIANTE 1: **Miguel está comiendo cada vez más y está muy gordo.**

ESTUDIANTE 2: **Ana Luisa y Javier se están viendo cada día más. Hmmm.**

ESTUDIANTE 3: **Mario está viendo a su amor cada día menos. No se quieren.**

ESTUDIANTE 4: **Yo estoy saliendo con... cada vez más y estoy muy enamorado.**

Algunos verbos posibles:

comiendo	bebiendo	hablando (con)...	bañándose
estudiando	trabajando	viendo (a)...	flirteando con...
saliendo con...	jugando (con)...	visitando (a)...	...

19.6   Tiene que haber una ley contra eso.

Dice Jorge que **va a haber** una recesión el año que viene. También dice que a causa de la recesión, **puede haber** un aumento en el desempleo. Tal vez tenga razón, pero creo que **debe haber** otras causas del desempleo. Es decir, **tiene que haber** más de una sola causa.

Conclusiones   Algunos usos de *haber*

1. **Haber** tiene dos funciones: es el verbo auxiliar en construcciones perfectas y es el infinitivo de **hay**.
2. Como verbo auxiliar en construcciones perfectas, **haber** se conjuga en todos los tiempos y en todas las personas:

   He (has, ha, hemos, habéis, han) escrito un informe financiero.

   Habré (habrás, habrá, habremos, habréis, habrán) terminado de leerlo antes de medianoche.
3. Como infinitivo de **hay**, **haber** se conjuga en todos los tiempos, pero sólo en tercera persona singular:

   Hubo un incendio en la fábrica anoche. **Había** mucha gente en la calle, mirando el incendio. **Habrá** una reunión esta tarde para investigar las causas del incendio. Parece que **ha habido** varias faltas en nuestras preparaciones anti-incendiarias.
4. Como infinitivo de **hay**, **haber** se combina con otros verbos:

   Esta noche **va a haber** una discusión sobre el costo de vida.

   Debe haber una ley contra la contaminación del ambiente.

   Puede haber más desempleo si no se controla la inflación.

   Tiene que haber una forma de evitar otra recesión.

ACTIVIDADES

20. ¿Qué va a haber en el congreso de los accionistas? (entre dos) *Usted y otra persona de la clase están organizando una reunión de accionistas. Formulen preguntas usando la primera columna y respuestas usando la segunda.*

EJEMPLO   ESTUDIANTE 1: **¿Qué va a haber después de la cena?**
 ESTUDIANTE 2: **Después de la cena, va a haber un discurso del Secretario de Comercio.**

¿Qué va a haber...

1. para documentar las inversiones
2. cuando los accionistas tengan hambre
3. para formular el plan del año que viene
4. para explicar el fracaso del plan anterior
5. para divertir a los accionistas cuando estén cansados

 a. un espectáculo importado de Hollywood
 b. un discurso del presidente sobre los males de la regulación del comercio
 c. un panfleto lleno de estadísticas
 d. una cena con comida carísima y mala
 e. una reunión de la mesa directiva

21. ¿Qué opina la gente? (entre dos o en pequeños grupos) *Describan las opiniones más probables de la gente nombrada en la Sección A sobre las leyes, prácticas y problemas descritos en la Sección B. Usen **debe haber, no debe haber, puede haber** o **tiene que haber** en sus respuestas.*

EJEMPLOS   ESTUDIANTE 1: **¿Qué dice el dueño del edificio sobre un aumento en la renta?**
 ESTUDIANTE 2: **El dueño del edificio dice que debe haber un aumento en la renta.**
 ESTUDIANTE 3: **¿Qué dice un economista sobre un aumento en la renta?**
 ESTUDIANTE 4: **Un economista dice que puede haber un aumento en la renta.**
 ESTUDIANTE 5: **¿Qué dice un comunista sobre un aumento en la renta?**
 ESTUDIANTE 6: **Un comunista dice que no debe haber un aumento en la renta nunca.**

Sección A

1. el dueño del edificio
2. una banquera
3. el jefe del sindicato
4. un economista

5. los obreros
6. un comunista
7. el presidente del Perú
8. un liberal

9. una conservadora
10. un capitalista
11. el Papa
12. una feminista

Sección B

a. un ascenso en los salarios de acuerdo con el costo de vida
b. leyes contra la exportación de alta tecnología a países comunistas
c. más viviendas públicas para los pobres
d. más subvenciones para compañías norteamericanas que tienen que competir en el extranjero
e. aborto gratuito para todas las mujeres, incluso las menores de edad
f. una forma de controlar la explosión demográfica
g. más (o menos) controles sobre los bancos
h. una reducción (o un aumento) en el déficit nacional
i. una nueva política para resolver el problema de la deuda externa en países del tercer mundo
j. acuerdos internacionales para controlar a las empresas multinacionales
k. más impuestos para las grandes empresas
l. un cartel de países que producen materia prima para los países industrializados

22. Entrevista (entre dos o en pequeños grupos). *Usando las expresiones **debe haber, puede haber, tiene que haber** o **no debe haber**, pregúnteles a sus compañeros de clase qué piensan sobre los temas en la actividad anterior—o sobre algún otro tema que le interese. Temas posibles: el divorcio, la inflación, la prohibición de la venta de alcohol a menores de edad, bailes y fiestas en la universidad, cursos sin notas, los profesores, la comida, etc.*

EJEMPLOS   ESTUDIANTE 1: **¿Debe haber más fiestas en esta universidad?**
ESTUDIANTE 2: **Sí, debe haber dos fiestas por día todos los días.**
ESTUDIANTE 3: **¿Puede haber una guerra pronto?**
ESTUDIANTE 4: **Sí, puede haber una guerra si el presidente no tiene cuidado.**

EN CONTEXTO

Lectura

Retrato de Rafael

*El personaje de Rafael está basado en la vida real de tres amigos cubanos del autor. Aunque Rafael, **tal y como** se describe aquí, no es una sola persona, todas sus experiencias son reales.*

tal y como: exactamente como

Nacido en Cuba en 1943, Rafael González Alejandro ha vivido en los Estados Unidos desde que tenía quince años cuando sus padres, por motivos políticos, tuvieron que abandonar su patria, sin llevar más de lo que cabía en tres maletas. Llegaron a la Florida sin ninguna idea de cómo se ganarían la

Bob Martinez, antiguo gobernador de la Florida, con el presidente Bush.

vida. Como sus únicos amigos eran los mismos refugiados que los acompañaban, no conocían a nadie en su nuevo país. Pero tenían una gran determinación de **salir adelante,** de hacer una nueva vida en un nuevo país y nunca perderla como habían perdido la otra.

 El **choque** cultural fue durísimo, en parte porque, **a diferencia de** muchos inmigrantes, los refugiados cubanos nunca pensaron que algún día tendrían que abandonar Cuba, y nunca se habían preparado para tal eventualidad. Por no saber inglés, tuvieron que adaptarse a lo que había; Rafael consiguió un trabajo en un restaurante lavando platos, y sus padres en una escuela pública, barriendo pisos y limpiando baños.

 Más o menos típica, la familia de Rafael, antes del triunfo de Fidel Castro, había llevado en Cuba una vida **cómoda** de clase media. Su padre era un médico cuyas responsabilidades **tenían que ver** con el ejército en el cual tenía varios amigos. También era dueño de varias casas que alquilaba. Tenían dos coches y varios sirvientes que no sólo ayudaban con los quehaceres de la casa, sino que también se ocupaban de los niños, dejando libre así a la Sra. González para actividades de tipo cultural, social y religioso.

 Como todo hijo de familia **acomodada,** Rafael y su hermana, Inés, habían asistido a escuelas privadas en las que recibieron una sólida preparación tradicional. Inés **cumplió con** las esperanzas de sus padres, casándose con un abogado, y se pensaba que Rafael también viviría de acuerdo con los planes de sus padres: haría un viaje largo a Estados Unidos para aprender inglés, volvería a Cuba, estudiaría medicina o **derecho,** y se casaría con una chica de su misma clase social.

 El triunfo de Fidel Castro cambió esos planes para siempre. **Luego de** tomar el poder, Fidel comenzó a socializar el país. Nacionalizó compañías

salir adelante: progresar, tener éxito
choque: *shock*
a diferencia de: no igual que

cómodo: confortable
tener que ver: estar relacionado con

acomodado: próspero

cumplir con: realizar

derecho: leyes

luego de: después de

privadas y formó **granjas** colectivas. Sus acciones provocaron graves tensiones internacionales y una fuerte resistencia de parte de las clases acomodadas en Cuba. Pero Fidel les ofreció a los cubanos solamente dos caminos: o colaborar con la revolución o irse. Muchos **optaron** por irse, entre ellos la familia de Rafael.

Rafael, que tenía apenas quince años en ese momento, entendía poco de política, aunque le impresionaron mucho las tremendas peleas que tuvieron su padre y su cuñado, que era un comunista declarado y un gran **partidario** de Fidel. Los intereses de Rafael, como los de casi todos sus amigos, eran los deportes, los amigos y Adriana, su primera novia. Pero pronto se dio cuenta de que la vida que tanto le gustaba no podría seguir. Su padre perdió todas sus propiedades y también su trabajo. Más adelante, cuando se acusó al padre de ser enemigo de la revolución por sus contactos con el gobierno anterior, Rafael comprendió que la familia tendría que irse.

Abandonar el país fue más que una separación o una **despedida;** fue un **desgarramiento** de una vida, de una tradición, de amigos y de parientes. Inés, la hermana mayor de Rafael, llegó al último momento al aeropuerto para **despedirse** de la familia, pero su esposo, que estaba totalmente **enemistado** contra su suegro y la política que representaba, prefirió quedarse en casa. Desde ese momento, no **han vuelto a verse,** y los González no conocen a los hijos de Inés.

granja: *farm*

optar: decidir

partidario: del mismo partido, de las mismas ideas

despedida: acto de decir «adiós»
desgarramiento: separación violenta
despedirse: decir «adiós»
enemistado: alienado, hecho enemigo
volver a verse: verse de nuevo

Ya en los Estados Unidos, Rafael y sus padres no tardaron en darse cuenta de que nunca volverían a Cuba, y que tendrían que adaptarse a la vida norteamericana según las reglas de juego de los Estados Unidos. Fue así que una familia acomodada y próspera se vio obligada a aceptar trabajos manuales para los cuales no tenía ninguna experiencia. Pero tenían una gran fe en sí mismos, y muy pronto se dedicaron a recuperar algo de lo que se habían perdido.

A una semana de llegar, Rafael y su familia se matricularon en un instituto de inglés, y llenaron los formularios necesarios para pedir residencia en los Estados Unidos. Como en Estados Unidos no se reconoció el título de médico del padre, no pudo ejercer su profesión. Después de un año de estudios intensivos del inglés pudieron entrar en un Junior College, estudiando de día y trabajando de noche. No vivían con **lujos,** pero con los **ingresos** de los tres, tampoco les faltaba lo esencial. Después de dos años de Junior College, se matricularon en una universidad estatal donde se graduaron juntos—Rafael en economía y sus padres en pedagogía de lenguas.

lujos: cosas caras
ingresos: ganancias

Los padres consiguieron empleo en una escuela secundaria como profesores de español, pero Rafael quería continuar sus estudios. Como muchos de sus nuevos amigos norteamericanos, alquiló un pequeño departamento cerca de la universidad y se mudó de la casa de sus padres—algo que nunca habría hecho en Cuba donde los hijos solteros vivían con sus padres hasta casarse.

Era la época de los sesenta, de las grandes manifestaciones contra la guerra en Vietnam, de la revolución sexual y de la politización izquierdista de muchos jóvenes norteamericanos. Como estudiante graduado, Rafael se encontró por primera vez en Estados Unidos con gente que defendía a Castro y a la revolución cubana, pero Rafael, **a base de** sus propias experiencias, nunca podría perdonar a Fidel y sus partidarios. Una vez, sin embargo, cuando mencionó a sus padres que la revolución no era tal vez totalmente mala, se **armó tal escándalo** que jamás volvieron a hablar del **asunto.**

a base de: con la evidencia de

armar un escándalo: hacer un escándalo
asunto: tema
criarse: *to be raised*

Ese no era el único conflicto generacional que tuvieron. Los padres **se habían criado** en un mundo católico, hispano y tradicional, y no entendían a ese hijo que no quería vivir en casa con ellos. Tampoco recibieron bien la noticia de que su hijo **compartía** una casa con cinco estudiantes más, dos de los cuales eran chicas. Por otra parte, los padres se dieron cuenta de que su hijo poco a poco se estaba haciendo de otro país—lo cual era inevitable.

compartir: tener en común

Cuando Rafael terminó la **maestría** en Miami, fue aceptado en un programa doctoral en ciencias económicas en MIT, donde se especializó en problemas de desarrollo en el tercer mundo. Después de **recibirse** en MIT, publicó varios libros y numerosos artículos en su especialidad. Gracias a su extraordinaria competencia como economista, llegó a ocupar un alto **puesto** en una de las universidades más prestigiosas de los Estados Unidos, y también hizo mucho trabajo para el gobierno. Aun hoy, se está haciendo cada vez más famoso. A los treinta y cuatro años, se hizo ciudadano norteamericano y ahora está casado con una norteamericana. Tienen tres hijos—ninguno de los cuales habla español.

maestría: el M.S.

recibirse: graduarse

puesto: un trabajo, una posición

Por fuera, Rafael, como muchos inmigrantes cubanos, parece muy asimilado. Pero a pesar de su éxito **descomunal** en los Estados Unidos, Rafael sigue siendo una persona dividida. Por un lado, reconoce que en los Estados Unidos ha tenido grandes oportunidades para salir adelante, pero por otro lado sabe que sus orígenes personales están en otro país, en el que ha habido muchos cambios y que se parece poco a la Cuba de sus años jóvenes. También sabe que sus hijos están cada vez más lejos de su cultura hispana, que sus nietos

por fuera: en la superficie
descomunal: extraordinario

se criarán hablando inglés, que tendrán una formación totalmente angloamericana y que **a la larga** lo único que les quedará de sus raíces cubanas es el apellido.

a la larga: al último, después de todo

Rafael es una persona entre dos generaciones y dos culturas: nunca fue cubano como sus padres lo son, pero tampoco será norteamericano como su mujer y sus hijos. A veces esa ambivalencia cultural lo exaspera, pero también le da a su vida ricas dimensiones que pocos tienen.

Y ahora tiene una nueva preocupación y esperanza: estudió con muchísimo interés la descomposición de los gobiernos comunistas en Europa, y ahora se pregunta si no podría pasar lo mismo en Cuba. Si cae Fidel, Rafael piensa a veces que le gustaría volver a Cuba, a reclamar la patria que conoció de joven. Pero sabe que sus hijos, y los hijos de sus hijos, se quedarían en Estados Unidos. En realidad, Rafael no sabe qué haría. Pero lee los diarios y escucha las noticias con tremendo interés.

Preguntas 1. Describa la vida de Rafael y su familia en Cuba. 2. Compare las raíces de Rafael con las de otros inmigrantes que usted conoce, incluso las de su propia familia. ¿Qué diferencias y semejanzas hay? 3. ¿Qué medidas de la revolución castrista afectaron específicamente a la familia de Rafael? 4. Describa los efectos que la revolución tuvo en las relaciones entre los miembros de la familia de Rafael. 5. ¿Cómo se prepararon los González Alejandro para nuevas carreras en los Estados Unidos? 6. ¿Qué conflictos generacionales hubo entre Rafael y sus padres y entre Rafael y sus hijos? 7. ¿En qué sentido sigue siendo Rafael una persona dividida? 8. ¿Qué hará Rafael si cae Fidel?

Cómo se hace _____

Cómo se hace para cambiar dinero

En la calle
—¿Dónde se puede cambiar dinero (comprar pesos, dólares, pesetas, etc.)?
—En un banco o en una **casa de cambio**.
—¿Dónde pagan más el dólar, en un banco o en una casa de cambio?
—Depende de la comisión que se cobre. Por lo general, los precios difieren poco.

casa de cambio: negocio que se dedica a la compra y venta de divisas (*divisa = moneda nacional*)

• • • • •

En la casa de cambio
—¿A cuánto (a cómo) está el dólar?
—¿Quiere usted **vender** o comprar?
—Vender.
—El cheque de viajero está a 95 pesetas y el billete está a 97.
—¿Cobran (cargan) alguna comisión?

vender: el turista quiere vender dólares para comprar moneda nacional

—Sí, cobramos el **cinco por mil**.

—Muy bien. Quisiera cambiar cien dólares en cheque de viajero y cincuenta en billete.

—Cómo no. ¿Me permite su pasaporte (su documento) por favor?

—Aquí lo tiene.

cinco por mil: .5%

11%*

**EN CUENTA
CORRIENTE
DESDE
500.000 PTAS.**

* *T.A.E. - Nominal: 10,48%* ☐ *Las primeras 125.000 Ptas. sin remunerar* ☐ *Liquidación diaria y abono mensual de intereses* ☐ *Comisión de mantenimiento: 500 Ptas. semestrales* ☐ *10 apuntes mensuales gratuitos. 30 Ptas. por apunte adicional.*

**EL BANCO TRAMITA EL CAMBIO
DE TODAS SUS DOMICILIACIONES**

DineroVivo

El dólar sufre otro descenso y se cotiza a 94,97 pesetas

**Banco
Santander**

Cómo se hace para pedir a alguien que haga algo

Perdone, pero podría usted...

Dispense la molestia, pero podría usted...

Sería usted tan amable de...

Tendría usted la amabilidad de...

No quiero molestar, pero podría usted...

Discúlpeme, pero podría usted...

Cómo se hace para pedir información

Necesito información sobre...
Quisiera informarme acerca de...
¿Podría usted explicarme... ?

¿Quién podría indicarme... ?
¿Sabría usted decirme... ?
Quisiera información sobre...

Cómo se hace para mandar algo por correo

—Buenos días. ¿Qué deseaba?
—Quisiera mandar un paquete (una carta) a...
—Muy bien. Vamos a ver cuánto **pesa**. ¿Quiere usted
mandarlo por tierra (barco) o por avión?
—Por avión. Tiene que llegar pronto.
—¿Quiere usted mandarlo por entrega especial?
—Sí, por favor.
—¿Qué **lleva**?
—Una camisa. Es un regalo de cumpleaños.
—Muy bien. Son quinientos diez escudos. Su paquete debe
llegar dentro de cinco o seis días.

pesar: ver cuántos
kilos (o gramos)
tiene algo

llevar: contener

Diálogos incompletos

1. _____

En cualquier banco, o en una casa de cambio.

_____

Las casas de cambio suelen pagar más, pero hay que preguntar primero.

2. _____

El dólar ha bajado un poco. Está a 3.500 pesos.

_____

Sí, cobramos el tres por mil de comisión.

_____

No, el cheque de viajero paga un poco menos que el billete.

3. _____

Cómo no. ¿Qué es lo que usted quería saber?

4. _____

Con todo gusto se lo explicaría, pero yo tampoco tengo esta información.

5. Buenos días. _____

¿Adónde va el paquete?

_____

¿Qué lleva?

_____

¿Lo quiere mandar por barco o por avión?

_____

Vamos a ver cuánto pesa. *(pausa)* Son 580 gramos. Esto le sale en 6.800 pesetas.

_____

Debe llegar dentro de dos semanas.

Situaciones _____

Situación 1 Usted acaba de llegar a España y tiene que comprar pesetas. Encuentre una casa de cambio, determine a cuánto se paga el dólar, y haga el cambio.

Situación 2 Usted es multimillonario/a y va a dictar su testamento. Sus herederos son sus compañeros de clase. Decida quién va a recibir qué.

Situación 3 Usted se encuentra en Colombia y quiere mandar un paquete a su familia. También quiere mandar cinco cartas y dos tarjetas postales a sus amigos en casa.

Situación 4 Describa los consejos que sus padres le dieron a usted sobre cómo manejar y controlar sus finanzas personales. Describa lo que querían que usted hiciera y lo que recomendaron que no hiciera.

Situación 5 Usted está en la oficina de la administración y necesita informarse sobre su programa para el semestre que viene. Consiga la información usando pedidos muy corteses. Otra persona de la clase puede hacer el papel de la persona en la administración.

Situación 6 Con unos compañeros, preparen una obra de teatro sobre un encuentro con la burocracia—del gobierno, del estado, de su universidad, de la aduana, etc. Su obra puede ser seria o paródica.

Situación 7 Usando su español más cortés, dígale a cada uno de sus compañeros lo que usted quisiera que ellos hicieran.

Situación 8 Hay en los Estados Unidos actualmente grandes comunidades de inmigrantes hispanos, de México, de Puerto Rico, de Cuba y de muchas otras partes del mundo hispano. Póngase en contacto con uno de esos inmigrantes para entrevistarlo acerca de su vida.

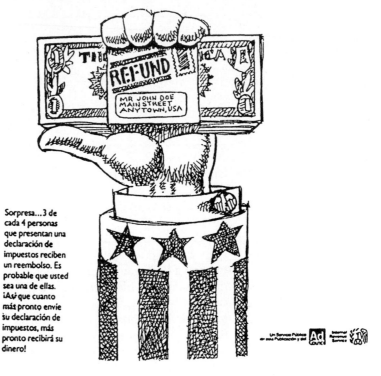

AL QUE MADRUGA EL IMPUESTO LE AYUDA.

Sorpresa...3 de cada 4 personas que presentan una declaración de impuestos reciben un reembolso. Es probable que usted sea una de ellas. ¡Así que cuanto más pronto envíe su declaración de impuestos, más pronto recibirá su dinero!

Composición

Tema 1 Escriba una composición sobre la persona que usted ha entrevistado para la *Situación 8* de arriba.

Brasil: inflación anual del 1795 %

Tema 2 Suponga que Ud. es ayudante del presidente del país y tiene que escribirle unas recomendaciones para su plan económico. Algunos temas posibles:

la inflación, el desempleo, la regulación de las empresas, el proteccionismo, las importaciones, los sindicatos, el déficit, el balance de pagos, el programa económico del otro partido, etc.

Tema 3 Escriba una carta pidiendo información sobre algún trámite burocrático—cómo conseguir un permiso de conducir, cómo conseguir que se cambie una nota, cómo pedir un pasaporte, cómo se consiguen las planillas necesarias para pedir una beca o solicitar entrada a la universidad, etc.

Vocabulario activo

sustantivos asociados con la inmigración

la aduana	el/la ciudadano/a	la frontera	el permiso de trabajar
el/la aduanero/a	el choque cultural	el/la hispano/a	la residencia
la asimilación	el documento	la inmigración	el/la residente
el barrio	el domicilio	el país de origen	la visa
la ciudadanía	la educación bilingüe	el pasaporte	el visado

personas asociadas con las finanzas y la burocracia

el/la accionista	el/la empresario/a	el/la opositor/a	el/la socio/a
el/la asesor/a	el/la funcionario/a	el/la partidario/a	el/la teórico/a
el/la burócrata	el/la informante	el/la refugiado/a	el/la usuario/a
el/la cambista	el/la inspector/a	el/la sinvergüenza	el/la vocero/a
el/la comentarista	el/la inversionista		

sustantivos relacionados con las finanzas y el desarrollo

la acción	la escasez	el lujo	la propuesta
los bienes	la estadística	el mercantilismo	el proteccionismo
el capital	las finanzas	la moneda	la riqueza
el déficit	la firma	el monopolio	el sindicato
el desarrollo	el fracaso	el pago	el sistema
la despedida	la ganancia	la pérdida	el subdesarrollo
la deuda	la granja	el plan	la subvención
la divisa	el ingreso	el presupuesto	la tasa
la empresa	la inversión		

otros sustantivos relacionados con la burocracia

la advertencia	la comunidad	la matriculación	el sello
el apellido materno	el instituto	la multa	la solicitud
el apellido paterno	el lema	el pedido	la tarifa
la beca	la licencia de conducir	la planilla	el territorio
el certificado	el lugar de nacimiento	el requisito	el trámite
la comisaría			

expresiones verbales

acompañar	ahorrar	asimilarse	cruzar
adaptarse	alcanzar	compartir	cumplir
adivinar	asegurar	confiar en	desaparecer

desarrollar

descontar (ue)

despedirse (i)

devaluar

disfrutar de

exasperar

extrañar

firmar

fracasar

gozar de

heredar

invertir (ie)

llenar un formulario

matricularse

merecer

multar

optar

perjudicar

pesar

poner una multa

poner un sello

renovar (ue)

reprobar (ue)

realizar

sobrevivir

subvencionar

vigilar

adjetivos

acomodado/a

adinerado/a

agrícola

alimenticio/a

amargo/a

amistoso/a

angloamericano/a

bilingüe

burocrático/a

cálido/a

candente

capaz

cómodo/a

descomunal

dudoso/a

escaso/a

exportador/a

extraño/a

facultativo/a

gratuito/a

incontable

inesperado/a

mercantilista

mutuo/a

pesado/a

sangriento/a

expresiones útiles

a la larga

actualmente

aprobar (ue) un curso

el balance de pagos

cada vez más/menos

el costo de vida

cumplir con

darse cuenta de

la deuda externa

la explosión
demográfica

la libre empresa

la materia prima

por fuera/dentro

reprobar (ue) un curso

salir aprobado/a

salir reprobado/a

tener que ver con

volver a + *infinitivo*

vocabulario personal

_____   _____

_____   _____

_____   _____

_____   _____

_____   _____

CAPÍTULO
20

El amor y el desamor

Temas

- El matrimonio y el divorcio
- El amor y el noviazgo
- La amistad y el odio
- La familia

Funciones

- Invitar y rechazar una invitación II
- Expresar irritación
- Insultar
- Reconciliar
- Aventurar una hipótesis
- Expresar amistad o amor

Gramática

20.1 Cláusulas con *si* en situaciones hipotéticas
20.2 Cláusulas con *si* en situaciones posibles
20.3 Cláusulas con *si* en situaciones hipotéticas del pasado
20.4 Sinopsis de cláusulas con *si*
20.5 Usos de *como si*
20.6 *Ojalá* y *ojalá que*

EN MARCHA

| 20.1 | Si yo fuera tú, no volvería a hablar con él nunca. |

estar comprometido

el abrazo

el anillo de compromiso

la boda

el beso

Comentarios sobre los amores de la clase

Si yo **fuera** Marisa, no **saldría** más con Bernardo; es un desastre.

Si yo **tuviera** más dinero, **invitaría** a mi novia a pasar las vacaciones en el Caribe.

Si nosotros **estuviéramos** casados, **tendríamos** hermosísimos hijos.

Si **pudieras** casarte con una estrella de Hollywood, ¿quién **sería**?

Si Miguel **estuviera** bien de la cabeza, no **volvería** a hablar con Mario.

Conclusiones ## Cláusulas con *si* en situaciones hipotéticas del presente

1. El imperfecto del subjuntivo se usa con **si** para describir una situación hipotética—contraria a la realidad—en el presente.

2. El condicional se usa para describir el resultado de la hipótesis:

Si yo **fuera** millonario, **compraría** ese dibujo de Goya.

El hablante sabe que no es millonario; por lo tanto «si yo fuera millonario» describe una situación hipotética indicada por el imperfecto del subjuntivo; «compraría ese dibujo de Goya» describe el resultado de la hipótesis, indicado por el condicional.

> Si Raúl **tuviera** hijos, **sabría** que no es fácil ser padre.

En realidad, Raúl no tiene hijos. Por lo tanto «tuviera» describe una situación hipotética, indicada por el imperfecto del subjuntivo; «sabría» describe el resultado de la hipótesis, indicado por el condicional.

3. Es posible invertir las cláusulas de hipótesis y resultado:

> **Haríamos** una gran fiesta para celebrar tu compromiso si **hubiera** tiempo.
> Yo jamás **hablaría** con esa mujer si no **fuera** la hermana de mi novio.

4. **Hubiera** es el imperfecto del subjuntivo de **hay**:

> Si no **hubiera** amor, el mundo **sería** inaguantable.

ACTIVIDADES

1. Especulaciones y fantasías (entre dos). *Inventen fabulosas fantasías. Cada fantasía comienza con Si... tuviera más dinero...*

> **MODELO** Jaime / comprar un cuadro de Picasso
> ESTUDIANTE 1: **¿Qué haría Jaime si tuviera mucho dinero?**
> ESTUDIANTE 2: **Si Jaime tuviera más dinero, compraría un cuadro de Picasso.**

1. yo / salir con...
2. nosotros / donar millones de dólares a una pensión para profesores de español jubilados
3. tú / hacer un viaje alrededor del mundo
4. Pepito / comer bombones y golosinas todos los días
5. los artistas / dejar de trabajar
6. los alumnos de *(nombre de otra universidad)* / buscar un buen cirujano plástico
7. Marta y Ricardo / pasar el resto de su vida en Mallorca tomando sol
8. Bruno / dedicarse a escribir y filmar telenovelas
9. ... / ...

2. Más fantasías y chismes (entre dos). *¿Qué haría la gente que Ud. conoce si pudiera? Cada fantasía comienza con si + una forma adecuada de **poder** (pudiera, pudieras, pudiéramos etc.). Use la tabla como guía.*

> **EJEMPLO** ESTUDIANTE 1: **¿Qué harías tú si pudieras?**
> ESTUDIANTE 2: **Si yo pudiera, estudiaría guitarra clásica.**

¿Qué harías (haría, harían, etc.)... si pudieras (pudiera, pudieran, etc.)... ?

1. tú
2. *(nombre de alguien en la clase)*
3. ... y tú
4. ... y...
5. tu...
6. nuestro/a...

a. comprar una casa en...
b. vivir sin trabajar
c. irse a...
d. dar millones de dólares a...
e. casarse con...
f. comprar más...
g. buscar...
h. comer... todos los días
i. aumentar los salarios de...
j. ...

3. ¿Qué harías si... ? (entre dos o en pequeños grupos) *Complete las oraciones con fantasías o confesiones.*

> **EJEMPLO** ESTUDIANTE 1: **¿Qué harías si ganaras la lotería?**
>
> ESTUDIANTE 2: **Si ganara la lotería, nunca volvería a trabajar.**

1. ganar la lotería
2. estar en Madrid
3. estar aquí
4. tener ochenta años
5. ser director/a de cine
6. ser la persona más inteligente de la historia
7. jugar al fútbol como...
8. cantar tan bien como...
9. no estar en clase hoy
10. ...

❝❝ *Nuestro viaje de novios lo organizó una agencia y fuimos de incógnito, con nombres supuestos* **❞❞**

4. Cadena (entre dos o en pequeños grupos). *Alguien sugiere el nombre de una persona famosa; otro/a estudiante dice lo que haría si fuera esa persona.*

> **EJEMPLO** ESTUDIANTE 1: **¿Qué harías si fueras presidente de esta universidad?**
>
> ESTUDIANTE 2: **Si yo fuera presidente de esta universidad, cancelaría las clases de mañana.**

Algunos nombres posibles:

Tom Cruise	George Michael	Steffi Graf
Joan Rivers	Eddie Murphy	Joe Montana
La Princesa Diana	Julia Roberts	...

Nota cultural _____

El cortejo y el noviazgo

Uno de los novelistas más importantes del mundo hispano es Alejo Carpentier, un escritor cubano que murió hace poco. Su gran pasión era la cultura hispanoamericana, sus orígenes y sus características distintivas. Para describir la cultura hispana, Carpentier inventó la palabra *sincronismos*. Esa palabra sugiere que varias épocas conviven en el mundo hispano, que el pasado (los pasados) y el presente existen simultáneamente. Carpentier llegó a esta conclusión al ver

Fallo de la Corte Suprema Argentina
PODRAN CASARSE LOS DIVORCIADOS

Pág. 4.

que uno podía estar en una gran ciudad, Caracas o Bogotá por ejemplo, y sentirse en el siglo veinte. Pero según Carpentier, al salir de la ciudad y penetrar en los campos, bosques y selvas, uno empieza a ver una vida más antigua, de otros tiempos, y tal vez de otros siglos.

Las distintas convenciones que gobiernan el **cortejo** y el **noviazgo** apoyan la idea de Carpentier. En las ciudades modernas de España e Hispanoamérica, las costumbres de cortejo se parecen mucho a las de otros países modernos occidentales. Los chicos salen con las chicas con relativa libertad, van al cine juntos, pasan tiempo con sus amigos, y tienen una gran libertad para escoger a su futuro esposo o esposa. Las familias pueden influir en esa selección, pero **en última instancia** los jóvenes toman la decisión. Por otra parte, se acepta (tácitamente por lo menos) que los jóvenes, hombres y mujeres, llegarán al matrimonio con alguna experiencia sexual.

En contraste, en las pequeñas ciudades y poblaciones provinciales sobreviven muchas costumbres tradicionales. Por ejemplo, las jóvenes de familias decentes son mucho más vigiladas. Incluso, no es raro que un chaperón o una chaperona salga con los chicos para ver que no hagan nada **indebido**. También, existen dos normas **en cuanto al** sexo. Se considera normal (si no obligatrorio) que todo hombre joven tenga alguna experiencia sexual antes de casarse. En cambio, la «pérdida de la virginidad» para una joven de familia decente les parece a algunos una gran tragedia.

Estas actitudes se están perdiendo rápidamente a causa de la mayor mobilidad de la gente y la influencia de los medios masivos de comunicación. Sin embargo, como sugiere Carpentier con su palabra *sincronismos,* el cortejo y el noviazgo en distintas regiones todavía son gobernados por actitudes que parecen de muy distintas épocas.

cortejo: de **cortejar,** *courtship*
noviazgo: el proceso de ser novios

en última instancia: después de todo

indebido: impropio; que no se debe hacer
en cuanto a: con respecto a

20.2	Si te portas bien, prometo quererte más.

Consejos para los enamorados
Si **pareces** demasiado agresivo, **asustarás** a tu pretendiente.
Si **pareces** demasiado distante, tu pretendiente **creerá** que no tienes interés.
Si **tienes** interés en muchas cosas, **parecerás** más interesante a todo el mundo.
Si **te portas** bien en la primera cita, **habrá** con más seguridad una segunda cita.

Conclusiones **Cláusulas con *si* para describir situaciones posibles**

1. El indicativo se usa con **si** para describir una situación posible en el presente.
2. Con una situación posible en el presente, la cláusula de resultado suele estar en presente o futuro. Compare:

Si Miguel **está** en casa, Magda no se **enojará**.

«Si Miguel está en casa» describe una situación posible. Es decir, el hablante no sabe si está en casa o no.

Si Miguel **estuviera** en casa, Magda no se **enojaría**.

*El hablante sabe que Miguel no está en casa. Por lo tanto, «si Miguel estuviera en casa» describe una situación hipotética. Por lo tanto, se usa el imperfecto del subjuntivo con **si** y el condicional en la cláusula de resultado.*

ACTIVIDADES

5. Consejos para Pepito. *Raquel, la niñera de Pepito, le está diciendo a Pepito lo que le pasará si hace (o no hace) ciertas cosas. ¿Qué le dice?*

MODELO comer demasiados bombones / enfermarse
→ **Pepito, si comes demasiados bombones, te enfermarás.**

1. jugar con fósforos / incendiar la casa
2. beber café / no dormir
3. no practicar / no estar preparado para tu clase de piano
4. no tratar bien a tus amiguitos / no tener amiguitos
5. subir al techo / caerse
6. gastar todo tu dinero ahora / no tener ni un centavo mañana
7. fumar la pipa de papá / enfermarse

6. Ayudando a Gregorio. *Amelia y Rafael acaban de conocer a Gregorio, un nuevo estudiante, y están pensando en maneras de ayudarlo a asimilarse en la vida estudiantil. ¿Qué dicen?*

MODELO gustar la música / invitarlo a un concierto
→ **Si le gusta la música, lo invitaremos a un concierto.**

1. gustar el béisbol / invitarlo al próximo partido
2. no conocer a nadie / presentarlo a unos amigos nuestros
3. tener interés en la política / llevarlo a la reunión de la Unión Política
4. no conocer el centro / invitarlo a ir de compras
5. gustar el arte / hablarle de la nueva exposición
6. tener ganas de hacer ejercicio / mostrarle dónde queda el gimnasio

7. Entrevista con la administración (entre dos). *Usted se está entrevistando con el/la presidente/a de su universidad. ¿Qué preguntas le hace, y cuáles son sus respuestas? Hagan sus preguntas usando la información en la Sección A. Escoja de la Sección B una consecuencia lógica.*

MODELO ESTUDIANTE 1: **¿Qué pasará si los estudiantes faltan demasiado a clase?**
ESTUDIANTE 2: **Si los estudiantes faltan demasiado a clase, no recibirán crédito para el curso.**

Sección A

¿Qué pasará...
1. si los estudiantes faltan demasiado a clase?
2. si los profesores no publican mucho?
3. si el equipo de fútbol no gana más partidos?
4. si los alumnos se emborrachan en las fiestas oficiales?
5. si los manifestantes interrumpen las clases?
6. si los científicos reciben dinero de fundaciones privadas?

Sección B

a. ser suspendidos
b. buscar otro entrenador
c. tener que estudiar en otra parte
d. no graduarse
e. compartir esos fondos con la universidad
f. ganar más dinero
g. ·...

8. Cadena (entre dos o en pequeños grupos). *Invente un consejo para alguien en la clase—o para una persona famosa—para que mejore su conducta.*

EJEMPLO ESTUDIANTE 1: **Raúl, si sigues llegando tarde a clase, la profesora te va a reprobar.**
ESTUDIANTE 2: **Eddie Murphy, si sigues diciendo palabrotas, no te podré presentar a mi abuela.**

Algunas conductas posibles:

1. comiendo tanto
2. gastando tanto dinero
3. faltando tanto a clase
4. flirteando con gente que no conoce
5. leyendo malas novelas
6. viendo telenovelas
7. escuchando ópera
8. jugando al fútbol

2.30 / Antena 3

La pecadora

1954 (79 minutos). Director: Ignacio F. Iquino. Intérpretes: Carmen de Lirio, Armando Moreno, Rafael Moreno Marchent. *Drama.*

Vetusto folletín sobre algo parecido al pecado y algo parecido a la redención, escrito por Iquino y José Antonio de la Loma. En una guía publicada en 1960 por la Comisión Episcopal Española de Cine, Radio y Televisión, se llegaba a decir: "Un filme crudo y amargo, pero lleno de espiritualidad. La historia, moderna, pero eterna, de una mujer que amó mucho, conoció el perdón y amó aún más". Ya ven.

Nota cultural

Los roles sexuales

En años recientes nada ha afectado la vida norteamericana más que la aparición del movimiento feminista. No sabemos cómo se resolverán los problemas que el feminismo debate ahora: por ejemplo, la discriminación contra las mujeres en el trabajo, la recuperación de la historia femenina, el reconocimiento económico de las contribuciones a la sociedad que hacen las madres y las amas de casa, el control de la **natalidad** y otros temas **por el estilo**.

El feminismo en el mundo hispano tiene muchos puntos de contacto con el norteamericano, pero no es igual. Las condiciones históricas y sociales del

natalidad: *birthrate*
por el estilo: de este tipo

mundo hispano dictan que el feminismo hispano tenga otras dimensiones. Eso se ve parcialmente en dos términos básicos del feminismo hispano: «machismo» y «marianismo». El término «machismo» **proviene** de «**macho**» y ya ha pasado al inglés para describir actitudes y formas de conducta que glorifican al hombre y justifican sus privilegios en la sociedad.

El otro término, «marianismo» no tiene un equivalente exacto en inglés. Proviene del nombre «María» y se usa para señalar actitudes de sumisión y obediencia que **supuestamente** manifiestan muchas mujeres hispanas frente a los **reclamos** y pretensiones del machismo. Es decir, el feminismo hispano sugiere que el machismo sobrevive en parte porque algunas mujeres lo aceptan como natural. Al mismo tiempo, algunas mujeres prefieren los papeles tradicionales de la mujer porque creen que sólo como madres y esposas serán respetadas. Sin duda, uno de los grandes temas del futuro en el mundo hispano será el movimiento feminista. Como el norteamericano, el feminismo hispano nos invita a examinar de nuevo las premisas de los roles sexuales en general.

provenir: originarse en
macho: originalmente, un animal de sexo masculino

supuestamente: teóricamente
reclamo: *claim*

| **20.3** | **Si Ana Bolena no se hubiera casado con Enrique VIII, no habría perdido la cabeza.** |

Grandes amores casi frustrados:
Si Romeo no **hubiera ido** a la fiesta, nunca **habría visto a** Julieta.
Si Rapúncel se **hubiera cortado** el pelo, el príncipe nunca la **habría conocido**.
Si la princesa no **hubiera besado** el sapo, el príncipe **habría seguido** siendo sapo.
Si la Cenicienta no **hubiera perdido** un zapato, el príncipe no se **habría casado** nunca.

Conclusiones **Cláusulas con *si* en situaciones hipotéticas del pasado**

1. El pluscuamperfecto del subjuntivo se usa para describir una situación hipotética relacionada con el pasado.
2. El resultado de una hipótesis en pasado se expresa con el condicional perfecto.
3. Se usa el indicativo para describir una situación posible en el pasado. Compare:

Si Juan estaba en la exposición, yo no lo vi.

El hablante no sabe si Juan estaba en la exposición o no. Por lo tanto, la cláusula con «si» describe una situación posible en el pasado, y se usa el indicativo.

Si Juan hubiera estado en la exposición, yo lo habría visto.

El hablante sabe que Juan no estaba en la exposición. Por lo tanto, la cláusula con «si» describe una situación hipotética en el pasado, indicada por el pluscuamperfecto del subjuntivo. El resultado de la hipótesis se expresa con el condicional perfecto.

ACTIVIDADES

9. ¿Qué habría hecho Hugo? *Hugo está explicando a algunos amigos lo que él habría hecho en lugar de ciertos personajes históricos. ¿Qué dice?*

> **MODELO** Ana Bolena / tratar de no perder la cabeza.
> → **Si yo hubiera sido Ana Bolena, habría tratado de no perder la cabeza.**

1. Benjamín Franklin / no jugar con cometas en la lluvia
2. Henry Ford / preferir los caballos
3. Benedict Arnold / confiar menos en los ingleses
4. los indios de Massachusetts / no invitar a los blancos a comer
5. Julio César / no ir al senado
6. Napoleón / no invadir Rusia a fines del verano
7. Maximiliano / quedarme en Europa
8. la madre de Don Tremendón / ponerle otro nombre

10. Especulaciones históricas (entre dos). *Imagínense lo que habría pasado en ciertas circunstancias.*

> **EJEMPLO** Estudiante 1: **¿Qué habría pasado si los alemanes hubieran tenido la bomba atómica?**
> Estudiante 2: **Si los alemanes hubieran tenido la bomba atómica, los aliados no habrían ganado la Segunda Guerra Mundial.**

¿Qué habría pasado...
1. si Abraham Lincoln hubiera sido senador del sur?
2. si Martín Lutero hubiera sido el Papa?
3. si los Beatles nunca hubieran vivido?
4. si nunca se hubiera inventado la bomba atómica?
5. si mis padres nunca se hubieran conocido?
6. si Ronald Reagan no hubiera ganado las elecciones presidenciales?
7. si el sur hubiera ganado la Guerra Civil?
8. si Estados Unidos nunca hubiera anexado Texas?

11. Cadena (entre dos o en pequeños grupos). *Cada estudiante le dice el nombre de una persona (o de un grupo de personas) que ya no vive. Entonces, otro/a estudiante se imagina lo que esa persona habría hecho si hubiera vivido en nuestros días.*

> **EJEMPLO** Estudiante 1: **Johann Sebastian Bach**
> Estudiante 2: **Si Bach hubiera vivido en nuestros días, habría sido un cantante de rock y un excelente guitarrista.**

Algunos nombres posibles:

1. El Rey Arturo	4. W. A. Mozart	7. Susan B. Anthony
2. Juana de Arco	5. Adolfo Hitler	8. El Conde Drácula
3. Julio César	6. La Reina Victoria	9. El Dr. Frankenstein

| **20.4** | Sinopsis de las cláusulas con *si* |

A. El indicativo se usa con **si** para describir una situación posible *(§20.2)*:
  Si Mario **llega** temprano, nos **va** a llamar.
  Si **está lloviendo,** no **quiero** salir.
  Llamé por teléfono y no contestó nadie; si alguien **estaba,** no **quería** contestar.

B. El subjuntivo se usa con **si** solamente cuando el hablante sabe que la situación es hipotética y contraria a la realidad.

  1. El imperfecto del subjuntivo se usa con **si** en una hipótesis relacionada con el presente; el condicional se usa para describir el resultado de la hipótesis *(§20.1)*:
    Si yo **fuera** Ud., no **diría** nada.
    Si se **hablara** inglés en todas partes, el mundo **sería** muy aburrido.

  2. El pluscuamperfecto del subjuntivo se usa con **si** en una hipótesis relacionada con el pasado; el condicional perfecto se usa para describir el resultado de la hipótesis *(§20.3)*:
    Si Shakespeare **hubiera vivido** en nuestros días, **habría escrito** para cine.
    Si los ingleses **hubieran ganado** la guerra revolucionaria, Washington nunca **habría sido** presidente.

ACTIVIDADES

12. Entrevista sobre la actualidad (entre dos o en pequeños grupos).
Pregúnteles a sus compañeros qué harían en las situaciones indicadas.

EJEMPLO   ESTUDIANTE 1: **¿Qué harías si pudieras cambiar los programas de televisión?**

ESTUDIANTE 2: **Si pudiera cambiar los programas de televisión, haría una telenovela sobre los amores de Gumersinda.**

¿Qué harías...
1. si (poder) cambiar los programas de televisión?
2. si (tener) un/a novio/a hispano/a?
3. si (vivir) en Colombia?
4. si (poder) ser otra persona?
5. si (ser) un/a gran pintor/a?
6. si (estar) en México en este momento?
7. si...?

13. Entrevista sobre la historia (entre dos o en pequeños grupos).   *Pregúnteles a sus compañeros:*

1. ¿Qué habrías hecho si hubieras creado el mundo?
2. ¿Qué habrías hecho si hubieras sido Susan B. Anthony?
3. ¿Qué habrías hecho si hubieras vivido en tiempos romanos?
4. ¿Qué habrías hecho si hubieras sido tus propios padres?
5. ¿Qué habrías hecho si hubieras conocido personalmente a... ?
6. ¿Qué habrías hecho si... ?

| 20.5 | **Me trata como si yo fuera la persona más importante del mundo.** |

Consejos sobre el arte de coquetear:

Trate a la otra persona **como si fuera** un genio.

Responda a cada comentario **como si se tratara** de algo de otro mundo.

Conteste cada pregunta **como si** nunca **hubiera escuchado** una pregunta tan inteligente.

Mírele a los ojos **como si** nunca **hubiera nacido** otra persona más bella.

Conclusiones Usos de *como si*

1. **Como si** siempre sugiere una situación hipotética.

2. Se usa el imperfecto del subjuntivo después de **como si** cuando se trata de una hipótesis relacionada con el presente.

> Ese niño habla **como si fuera** Tarzán.
>
> Mi marido gasta dinero **como si** nos **llamáramos** Rockefeller.

3. Se usa el pluscuamperfecto del subjuntivo después de **como si** cuando se trata de una hipótesis relacionada con el pasado.

> Mi hijo miró a su novia **como si** nunca **hubiera visto** una persona más linda.
>
> El Dr. Sánchez habla de Casanova **como si** lo **hubiera conocido** personalmente.

Ese niño habla como si fuera Tarzan.

ACTIVIDADES

14. Los amigos de Gumersinda. *Un antropólogo del planeta Marte ha descubierto una curiosa tribu de terrestres (habitantes de la tierra), todos asociados con una persona rarísima llamada Gumersinda. ¿Cómo describe el antropólogo a los amigos de Gumersinda?*

MODELO el Señor de la Boca / comer / estarse muriendo de hambre
→ **El Señor de la Boca come como si se estuviera muriendo de hambre.**

1. El Sr. Nun K. Fueasí / hablar / ser el mejor historiador de mundo
2. La Sra. Imelda de Memás / gastar dinero / comprar para un ejército
3. La. Srta. Guarda di Nero / ahorrar dinero / no esperar ganar un centavo más
4. Los hermanos Puri y Tano / criticar a los jóvenes / vivir en otro siglo
5. Tremendina y Ofensina / vestirse / ser hermanas de Drácula
6. Don Tremendón / jugar al baloncesto / tener cinco patas

15. Una buena profesora de arte. *La Profesora Calvo enseña arte y es muy popular. ¿Qué dicen sus alumnos de ella?*

MODELO habla de Miguel Angel / conocerlo personalmente
→ **Habla de Miguel Angel como si lo hubiera conocido personalmente.**

1. describe *Los caprichos* de Goya / estar a su lado cuando los hizo
2. habla de *Las meninas* de Velázquez / escucharle una explicación al mismo Velázquez
3. pinta / estudiar con los grandes maestros renacentistas
4. enseña el arte precolombino / vivir con los Mayas
5. habla de Dalí / participar en la rebelión surrealista

16. Chismes (entre dos o en pequeños grupos). *Con otras personas de la clase, invente oraciones con* **como si** *sobre amigos, compañeros de clase o gente famosa.*

EJEMPLO ESTUDIANTE 1: **Mi amigo Manuel canta como si fuera Plácido Domingo.**
ESTUDIANTE 2: **Nuestro profesor de sociología habla como si no hubiera preparado nada para la clase de hoy.**

20.6 Ojalá que mi novio y yo estuviéramos viajando por Europa.

PRIMER PASO

Comentarios que se escucharon antes de la boda:
Ojalá que la novia llegue a tiempo.
Ojalá que esté listo todo para el casamiento.
Ojalá que mamá no se **haya preocupado** demasiado.
Ojalá que haya suficiente pastel para todos los invitados.

Conclusiones *Ojalá y ojalá que como equivalentes de espero que*

1. **Ojalá** y **ojalá que** son intercambiables.
2. Cuando se combinan con el presente del subjuntivo o el pretérito perfecto del subjuntivo, son iguales que **espero que**; indican un deseo de influir (*ver §14.5*).

SEGUNDO PASO

Comentarios que se escucharon durante y después de la boda:
Ojalá que la pareja **hubiera llegado** a tiempo.
Ojalá mis padres **pudieran** estar.
Ojalá que Gumersinda y Don Tremendón no **hubieran venido**.
Ojalá que el cantante **supiera** cantar.

Conclusiones **Ojalá y *ojalá que* con situaciones hipotéticas**

1. **Ojalá** y **ojalá que** se combinan con el imperfecto del subjuntivo para indicar que el hablante quisiera que una situación en presente fuera distinta.
2. **Ojalá** y **ojalá que** se combinan con el pluscuamperfecto del subjuntivo para indicar que el hablante quisiera que una situación en pasado hubiera sido distinta.
3. Cuando **ojalá** y **ojalá que** se combinan con situaciones hipotéticas, son equivalentes de **me gustaría que** o **yo quisiera que**.

ACTIVIDADES

17. La fiesta de Don Tremendón (entre dos). *Silvia y Marco están en una fiesta de Don Tremendón donde pasan cosas raras. ¿Qué dicen?*

> **MODELO** los músicos / saber tocar
> ESTUDIANTE 1: **¿Qué tal los músicos?**
> ESTUDIANTE 2: **Ojalá que los músicos supieran tocar.**

1. la comida / tener menos sal
2. la música / poderse escuchar
3. Don Tremendón / reconocernos
4. los refrescos / no haberse abierto ayer
5. Gumersinda / no habernos visto
6. las galletas / ser de este año
7. la fruta / no estar tan fea
8. Don Tremendón / no haber venido

18. Fantasías y confesiones (entre dos). *Complete las oraciones con un deseo hipotético.*

> **EJEMPLO** ESTUDIANTE 1: **Ojalá que mi coche fuera un BMW de último modelo.**
>
> ESTUDIANTE 2: **Ojalá que Orson Welles hubiera hecho más películas.**

1. que mi novio/a
2. que nuestro/a profesor/a
3. que nuestro equipo de fútbol
4. que los Beatles

5. que el presidente
6. que el congreso
7. que...
8. que... y...

19. Deseos secretos (entre dos o en pequeños grupos). *Pregúnteles a sus compañeros qué esperan de ciertas figuras conocidas.*

EJEMPLO ESTUDIANTE 1: **¿Qué esperas de tu novia?**
ESTUDIANTE 2: **Ojalá que gane mucho dinero para que podamos vivir bien.**

Algunas personas posibles

1. tu mejor amigo
2. tu novio
3. tu novia
4. tu profesor/a de...
5. el congreso
6. tus padres
7. el presidente
8. ...
9. ... y...

20. Lo que pudiera haber sido (entre dos o en pequeños grupos). *¿Qué opinan ustedes sobre el pasado? Hagan preguntas sobre figuras y acontecimientos históricos.*

EJEMPLO ESTUDIANTE 1: **¿Qué opinas sobre la Guerra Civil?**
ESTUDIANTE 2: **Ojalá que se hubiera evitado.**

¿Qué opinas sobre...
1. ...
2. ... y...

Ojalá que...
a. no ocurrir
b. no nacer
c. haberse evitado
d. no morirse
e. ...

EN CONTEXTO

Lectura

Querida Anita

Anita es el nombre de pluma de una periodista que se gana la vida con una columna de consejos para enamorados. Esta lectura consiste en tres ejemplos de los consejos que reparte.

Querida Anita,

Hace ya varios meses que conocí a un joven estupendo. Sabía que salir con él sería una experiencia excepcional, pero no **sospechaba** en ningún momento **cuán** maravilloso iba a ser. Anoche **se me declaró** pero no sé si debo **comprometerme**. Lo quiero mucho, pero a veces sospecho que tiene algo de raro. No es que sea un donjuán o un machista. No nos peleamos nunca, y estoy segura de que sería un marido fiel y un padre afectuoso. Por otra parte es dueño de varias propiedades, vive de sus rentas, y sé que nunca nos faltaría nada. Además, es muy **sexy**.

Sus gustos son el problema. No le gusta el fútbol para nada, y cuando vienen mi padre y mis hermanos, él prefiere estar en la cocina conmigo. Por otra parte, cocina mejor que yo, y dice que cuando tengamos hijos, él querrá hacer las compras, cocinar, **fregar** y cuidar a los niños para que yo pueda dedicarme a mi carrera.

sospechar: tener idea previa, *to suspect*
cuán: *how* cuando funciona como intensificador
declararse: proponer el matrimonio
comprometerse: declarar oficialmente intenciones matrimoniales
sexy: anglicismo de definición incierta
fregar: limpiar la casa

Ahora bien, querida Anita, yo he tenido alguna experiencia con hombres, y sé que la mayor parte de ellos nunca hablarían así. Sé que el matrimonio es un **paso** importante, y no me gustaría equivocarme. ¿Qué debo hacer?

paso: movimiento del pie para caminar

Preocupada en Burgos

Querida PEB,
    ¡Qué problema! Cásese **en seguida** antes de que su novio **cambie de idea**. Y si por alguna razón Ud. decide no casarse, mándeme el nombre y la dirección de ese hombre de oro para que yo pueda presentarlo a unas amigas mías que siempre tienen la mala suerte de conocer a hombres **salvajes**. Mientras tanto, si su novio, no está demasiado ocupado cocinando, fregando y cuidando a los niños, dígale que debería dar clases a los demás hombres. Si todos los hombres fueran como él, no habría tanta tristeza en este mundo.

en seguida: inmediatamente
cambiar de idea: decidir hacer otra cosa
salvaje: primitivo, incivilizado

• • • • •

Querida Anita,
    Hace más de veinte años que mi esposo y yo estamos casados. No nos queremos **en lo más mínimo,** y si no creyéramos en la integridad de la familia, nos divorciaríamos mañana. Por lo tanto, lo único que mantiene sana y viva nuestra relación son unas pequeñas **venganzas** que nos hacemos de vez en cuando. Desde luego, el **asesinato** y la tortura no podrían figurar en el repertorio de personas decentes como nosotros, pero con un poco de imaginación hemos podido realizar unas venganzas memorables.
    Por ejemplo, mi esposo en una ocasión mezcló **pegamento** con mi **rímel,** y durante varios días no pude abrir los ojos. Entonces yo, para no quedar atrás, **almidoné** su ropa interior. Si lo hubiera visto usted, se habría muerto de risa al ver cuán **chistoso** caminaba. Entonces él metió **pimienta** en mi **almohada** y después yo mezclé tinta verde con su champú. ¡Ojalá que tuviera pelo verde

en lo más mínimo: *at all*
venganza: *revenge*
asesinato: acto de asesinar a alguien
pegamento: *glue*
rímel: maquillaje para los ojos
almidonar: *to starch*
chistoso: cómico
pimienta: *pepper*
almohada: cojín para sostener la cabeza en la cama

siempre! Entonces él me regaló un perfume que atraía a las cucarachas, y después yo le llené las **botas** de **miel**. Sin duda, usted se ha dado cuenta de que, si no hay amor en nuestra relación, nunca falta el interés.

bota: zapato alto
miel: *honey*

Ahora mi problema es que pronto se me acabarán las venganzas, y a menos que una especialista como Ud. me dé algunas ideas, no podremos conservar nuestra relación, y nuestro matrimonio correrá peligro. ¿Podría Ud. darme unos consejos?

Necesitada de Nuevas Venganzas

Querida NNV:

Su problema me parece grave, y obviamente Ud. **precisa de** consejos más expertos de los que yo le podría dar. Por lo tanto, creo que lo más seguro sería hablar con una persona que conociera bien los **medios** de la venganza: por ejemplo, su esposo. El tendrá tanto interés como Ud. en conservar su relación, y combinando sus talentos, Uds. podrían crear unas venganzas espectaculares— venganzas que no se hayan registrado en toda la historia del mundo. Además, la comunicación abierta, directa y sincera es esencial para todo matrimonio, incluso el de Uds.

precisar de: necesitar

medios: maneras

CONSEJEROS PROFESIONALES PRO-VIDA EN PAREJA

.....¿Se le dificulta establecer relaciones de pareja?
.....¿Ha perdido a su pareja y esto le afecta?

LO ASESORAMOS PROFESIONALMENTE EN LA SELECCION DE LA PAREJA ADECUADA O EN LA SOLUCION DE SUS DIFICULTADES DE PAREJA.

— Además podemos contactarlo con candidatos donde podrá conocer a la pareja afín a usted.

Previa cita 564-2852   Aguascalientes 201-702   México 06100, D.F.

Querida Anita,

Tengo un serio problema y no sé qué hacer. Mi problema es que nací perfecto. Mi cara es la cara de **Ganimedes**; mi cuerpo es el cuerpo de **Adonis**; mi inteligencia rivaliza con la de Einstein; mi sensibilidad artística es la de Shakespeare, Mozart, Goya, y Nijinsky. En fin, soy una maravilla.

Ser perfecto, sin embargo, no es fácil. La gente mediocre, es decir, todos los demás, me odian porque mi presencia es un recuerdo constante de lo que ellos no son y nunca serán. Me gustaría que todos fueran perfectos como yo,

Ganimedes: joven muy bello en la mitología griega
Adonis: un dios griego también muy bello

pero eso, por desgracia, no es posible. Pero lo peor es que nadie se enamora de mí; o se sienten intimidados por mi perfección o no **soportan** mi superioridad. ¿Qué hago? ¿Cómo puedo salvarme de la tortura que es mi vida?

soportar: aguantar, *to bear*

Don Perfecto

Querido DP:

Yo, como persona mediocre, no **me atrevería** a darte consejos. Me permito, sin embargo, un par de comentarios: primero, si todos los demás son mediocres, ¿por qué le gustaría que una persona mediocre fuera su amante? Y segundo, no es cierto que nadie se haya enamorado de usted. Usted está increíblemente enamorado de sí mismo.

atreverse: tener la valentía necesaria

Preguntas

1. ¿Cuál es el problema de Preocupada en Burgos? ¿Es su novio un raro o un santo?   2. ¿Qué haría usted si fuera la novia de ese hombre? ¿Por qué sí/no? 3. ¿Qué le parece la respuesta de Anita? ¿Es culpable del sexismo al revés cuando dice que casi todos los hombres son salvajes?   4. ¿Qué le parece el matrimonio de Necesitada de Nuevas Venganzas?   5. ¿Le parece que el matrimonio de NNV sea realmente tan desastroso como ella dice? ¿Se hubiera casado usted con una de esas personas?   6. ¿Sabe Ud. de algunas venganzas estupendas entre compañeros de cuarto o socios?   7. ¿Quién es Don Perfecto? ¿Le parece a Ud. que es realmente perfecto?   8. ¿Le gustaría ser como Don Perfecto? ¿Le gustaría que él fuera su novio?

Cómo se hace _____

Cómo se hace para invitar a alguien, y cómo se hace para aceptar o no aceptar la invitación

—¿Quisiera invitarlo/la a Ud. a cenar el 22 de mayo. ¿Puede venir?
—Cómo no. Me encantaría ir. ¿Puedo llevar a un/a amigo/a?

• • • • •

—Es Ud. muy amable, pero no puedo aceptar. Tengo otro compromiso para esa noche. Otro día tal vez.

• • • • •

—¿Te puedo **invitar** a una copa (a comer algo)?
—Cómo no. ¿Adónde vamos?
—¿Quién paga?
—**Quien** invita, paga.

invitar: *(en el mundo hispano, la persona que invita también paga)*
quien: la persona que

• • • • •

—¿Tienes **fuego?** (¿Me das fuego?)
—No, no fumo.
—¿Quieres beber algo?
—No gracias. Estoy esperando a alguien.
—¿Quieres bailar **mientras tanto?**
—¡Déjeme sola, por favor! (¡Déjeme en paz!)

fuego: fuego para encender un cigarrillo

mientras tanto: *in the meantime*

Cómo se hace para expresar irritación

Eso no me gusta.	Estoy harto/a.	Eso me saca de quicio.
¡Qué fastidio!	No puedo soportarlo más.	¿Y ahora qué?
¡Qué pesado!	¡Esto es el colmo (*colmo = límite*)!	No aguanto más.

Cómo se hace para insultar

¡Animal!	¡Tonto!	¡Bobo!
¡Bestia!	¡Sinvergüenza!	¡Cretino!
¡Imbécil!	¡Fresco!	¡Don nadie!

Cómo se hace para reconciliar

Perdóneme. No quise decir eso.	Retiro lo dicho. No sabes cuánto lo siento.
¿Me perdonas? No sé por qué dije eso.	Si lo hubiera pensado dos veces...
Discúlpeme. Yo estuve muy equivocado/a.	Dios mío. ¿Por qué dije eso?

Cómo se hace para expresar amistad o amor

Amistad	*Amor*
Me caes bien.	Te quiero.
Me gusta estar contigo.	Te amo.
Me gusta tu compañía.	Te adoro.
Lo paso bien contigo.	Estoy muy enamorado/a de ti.

Cómo se hace para aventurar una hipótesis

Tengo una teoría sobre eso.
Quisiera decirle lo que pienso.
Con respecto a... , creo que...

En cuanto a... , me parece que...
Quisiera hablarle de mi idea.
Tengo una hipótesis con respecto a...

Diálogos incompletos

1. _____

   Me encantaría ir. ¿A qué hora quieres que llegue?

2. Quisiera invitarte a cenar con nosotros el próximo domingo. ¿Puedes ir?

   _____

3. _____

   Cómo no ¿A qué hora?

4. _____

   No gracias. Estoy esperando a una amiga.

   _____

   No, gracias. Creáme. Prefiero estar sola.

5. Don Tremendón va a ser el próximo presidente.

   _____

6. Voy a pasar las vacaciones en casa de Gumersinda.

   _____

7. ¿Me quieres?

   _____

8. ¿Amas a Ricardo o sólo te cae bien?

   _____

9. ¿Estás enamorado de Micaela?

   _____

Situaciones _____

Situación 1   Explique lo que usted haría si no tuviera que estudiar y tuviera todo el dinero necesario para hacer cualquier cosa. ¿Qué haría con su dinero? ¿Qué haría con tanto tiempo libre?

Situación 2   Entrevístese con otra persona de la clase. Pregúntele qué haría si fuera presidente del país o presidente de la universidad.

Situación 3   Explique qué haría usted si tuviera una cita con el amor de sus sueños.

Situación 4   Busque un anuncio comercial en una revista y comente lo que usted haría si fuera una de las figuras en el anuncio.

Situación 5   Póngase en el lugar de un objeto de arte famoso y explique lo que usted haría. Por ejemplo: *Si yo fuera el David de Miguel Ángel, no me gustaría estar desnudo delante de toda esa gente. Por lo tanto me iría al K-mart más cercano y me compraría un blue jeans y una camisa.*

Situación 6   Explique cómo su vida cambiaría si fuera una persona famosa—una estrella de cine o una eminencia en ciencia, por ejemplo. (La persona debe ser real.) Describa dónde viviría, con quién haría vida social, cómo pasaría su tiempo, dónde pasaría las vacaciones, etc.

Situación 7   Indique que usted está irritado/a por la conducta de alguien en la clase. Después, insulte a esa persona y entonces trate de reconciliarse con él/ella.

Situación 8   Invite a alguien en la clase a tomar una copa. Primero, esa persona rechaza su invitación, pero entonces usted lo/la invita de nuevo y esta vez acepta.

Situación 9   Declárese *(declararse = proponer matrimonio)* a alguien en la clase. Primero la persona no acepta, pero después de escuchar sus declaraciones de amor, acepta.

Composición _____

Tema 1   Escriba una larga fantasía sobre lo que usted haría si fuera otra persona— el presidente del país, su profesor de español, un artista, una actriz, etc. Comience su fantasía con «Si yo fuera... , lo primero que haría es... No permitiría que... Recomendaría que... » Etc.

Tema 2   Escriba una descripción de las costumbres que gobiernan el cortejo y el noviazgo en su sociedad. Suponga que su público no sabe nada de su sociedad.

Tema 3   Usando la *Lectura* como modelo, escriba una carta anónima a «Querida Anita» planteando un problema amoroso, emocional, económico, etc. Esa carta será dada (también anónimamente) a otra persona en la clase que la contestará. Usted también recibirá una carta de un/a de sus compañeros.

Vocabulario activo _____

el amor

el afecto
el/la amante
la boda
el casamiento
la ceremonia

el cojín
el/la comprometido/a
el cortejo
la cortesía
el/la enamorado/a

la fidelidad
la igualdad
la integridad
la luna de miel
la maravilla

el matrimonio
el noviazgo
la pareja
los recién casados

el desamor

el/la antagonista
el asesinato
el/la asesino/a
el/la cobarde
el/la culpable
el desamor

el descuido
el divorcio
el egoísmo
el/la egoísta
el escándalo
el/la ex-esposo/a

el ex-marido
la furia
la infidelidad
el machismo
el/la machista
el/la olvidado/a

el/la rival
la separación
el sexismo
el/la sexista
la tortura
la venganza

verbos

aguantar
alcanzar
asesinar
atraer
atreverse a
cartear
compartir
comprometerse

confiar en
chocar
decepcionar
declararse
deprimirse
descomponerse
desconfiar de
despedirse de (i)

ensuciarse
extrañar
fijarse en
fracasar
fregar (ie)
ignorar
intimidar

olividarse de
pelearse
prometer
quebrar (ie)
soportar
sospechar
sostener (ie)

otros sustantivos

la almohada
el despertador
la estrella
el fuego

la mejilla
la meta
la miel
el paso

el pegamento
la pimienta
la sensibilidad

el talento
la tardanza
la tinta

adjetivos

afectuoso/a
amistoso/a
amoroso/a
anónimo/a

cobarde
chistoso/a
fiel
hábil

inaguantable
infiel
insoportable

matrimonial
recíproco/a
salvaje

expresiones útiles

a lo mejor
a menudo
cambiar de idea
cambiar de opinión

déjeme en paz
déjeme solo/a
en cuanto a

en lo más mínimo
en seguida
fijar una fecha

hacer una cita
hasta la fecha
tomar en serio

vocabulario personal

_____   _____

_____   _____

_____   _____

_____   _____

_____   _____

Capítulo
gramatical
suplementario

S.1   ¿Qué tendrá Ricardo? ¿Estará enfermo?

PRIMER PASO

¿Qué hora será?

No sé; serán las tres.

¿Dónde **estará** Juan ahora?	= Me pregunto dónde está Juan ahora.
No sé; **estará** en la sala.	= No sé; debe estar en la sala. *o*
	No sé; probablemente está en la sala.

Conclusiones El futuro para indicar probabilidad o conjetura en el presente

1. Según el contexto, el futuro en español sugiere probabilidad o conjetura con referencia a un evento presente.
2. El futuro en una pregunta puede comunicar la idea de «Me pregunto»:

¿Qué hora **será**?	= Me pregunto qué hora es.
¿Dónde **estará** Aida?	= Me pregunto dónde está Aida.

3. El futuro en una declaración puede comunicar conjetura o probabilidad:

El rubio **será** nuestro primo.	= El rubio es probablemente nuestro primo. *o*
	El rubio debe ser nuestro primo.

SEGUNDO PASO

¿En qué año **habrá muerto** Pancho Villa?	= Me pregunto en qué año murió Pancho Villa.
No sé; **habrá muerto** en los años veinte.	= No sé; probablemente murió en los años veinte.

Conclusiones **El futuro perfecto para indicar probabilidad o conjetura con relación al pretérito**

1. Según el contexto, el futuro perfecto en español sugiere probabilidad o conjetura con referencia a un evento pretérito.
2. El futuro perfecto en una pregunta puede comunicar la idea de «Me pregunto».

¿A qué hora **habrá llegado** Javier?	=	Me pregunto a qué hora llegó Javier.
¿Quién **habrá traído** la cerveza?	=	Me pregunto quién trajo la cerveza.

3. El futuro perfecto en una declaración puede comunicar conjetura o probabilidad:

Javier **habrá llegado** a la una.	=	Javier probablemente llegó a la una.
Ana **habrá traído** la cerveza.	=	Ana probablemente trajo la cerveza.

TERCER PASO

¿Quién **sería** la chica que estaba con Francisco?	=	**Me pregunto** quién **era** la chica que estaba con Francisco.
No sé; **sería** su nueva novia.	=	No sé; **probablemente era** su nueva novia.
¿Con quién **estaría** comprometido Marco cuando conoció a Inés?	=	**Me pregunto** con quién **estaba** comprometido Marco cuando conoció a Inés?
Estaría comprometido con Viviana.	=	**Probablemente estaba** comprometido con Viviana.

Conclusiones **El condicional para indicar probabilidad o conjetura con relación al imperfecto**

1. El condicional se usa para indicar probabilidad o conjetura con respecto a eventos que normalmente se expresan en el imperfecto. Las oraciones de arriba son más o menos equivalentes.
2. En una pregunta, el condicional comunica la idea de «me pregunto».
3. En una afirmación, el condicional comunica la idea de «probablemente».

ACTIVIDADES

1. En el nuevo trabajo (entre dos). *Cristina acaba de ser nombrada supervisora de una oficina. Teresa tiene que enseñarle cómo funciona la oficina. ¿Qué dicen?*

> **MODELO** tener la llave de baño / la Sra. Gorriti
> ESTUDIANTE 1: **¿Quién tendrá la llave del baño?**
> ESTUDIANTE 2: **No estoy segura; la tendrá la Sra. Gorriti.**

1. ser el asistente / el Sr. Pérez
2. cuidar el archivo / la Sra. Ara
3. preparar los contratos / los abogados
4. recibir a los clientes / las chicas allí
5. sacar cuentas / Jorge y Miguel
6. hacer la limpieza / una señora que viene por la noche
7. ser mi secretario / Jaime
8. regar las plantas / Beatriz

2. Especulaciones históricas (entre dos). *A Teresa le fascina la historia, pero tiene mala memoria para las fechas. ¿Qué dice en su examen de historia mexicana?*

> **MODELO** En qué año / invadir México los norteamericanos (1848)
> ESTUDIANTE 1: **¿En qué año invadieron México los norteamericanos?**
> ESTUDIANTE 2: **Los norteamericanos habrán invadido México en 1848.**

1. En qué año / rebelarse los mexicanos contra España (1810)
2. En qué año / llegar Benito Juárez a la presidencia (1857)
3. En qué año / llegar Carlota y Maximiliano a México (1864)
4. En qué año / fusilarse a Maximiliano (1867)
5. En qué año / empezar la revolución mexicana (1910)
6. En qué año / aprobarse la constitución mexicana (1917)
7. En qué año / nacionalizarse el petróleo (1938)

3. Especulaciones sobre causas (entre dos). *Aida y Nicolás están chismeando sobre gente que conocen. ¿Qué dicen?*

> **MODELO** cómo conocer Roberto a Isabel / conocerla en la secundaria
> ESTUDIANTE 1: **¿Cómo habrá conocido Roberto a Isabel?**
> ESTUDIANTE 2: **La habrá conocido en la secundaria.**

1. cómo aprender Julia tanto sobre las matemáticas / estudiarlas de joven
2. dónde encontrar Raúl ese coche / encontrarlo en Los Angeles
3. cuándo casarse Dorotea / casarse ayer o anoche
4. adónde irse Camila y Ricardo / irse a vivir en Tucumán
5. por qué comprar los Pérez esa casa / comprarla porque les gustaba
6. quién hacer ese pastel tan divino / Pedro y Luis hacerlo
7. cómo llegar a ser tan rico Don Tremendón / venderse el alma
8. por qué ponerse enferma Gumersinda / porque comerse una barbaridad

4. Chismeando sobre la reunión de la oficina (entre dos). *Hubo una reunión para los empleados de la oficina, pero Julia y Nicolás no fueron. Por lo tanto, ninguno de ellos está seguro de quiénes estaban y qué hacían. ¿Cómo son sus preguntas?*

> **MODELO** Hugo / estar con Adelina → **¿Estaría Hugo con Adelina?**

1. Javier / poder venir
2. mucha gente / haber
3. Jorge y Aida / estar enamorados
4. todos / prestar atención
5. Gloria / tener otro novio
6. algunos / pensar que la reunión no valía la pena
7. el jefe / nos extrañar

5. Chismeando II (entre dos). *Julia y Nicolás también están especulando sobre los motivos de otra gente que no fue a la reunión. ¿Qué dicen?*

> **MODELO** Manuel (estar en casa)
> ESTUDIANTE 1: **¿Qué pasaría con Manuel?**
> ESTUDIANTE 2: **No sé; estaría en casa.**

1. Alejandro (sentirse mal)
2. Federico (no tener ganas de venir)
3. Micaela (estar enojada con cl jefe)
4. Ricardo (tener que trabajar)
5. David y Miguel (estar enfermos)
6. tu hermano (tener poco interés)
7. Ana y Raúl (estar fuera)
8. nosotros (estar aburridos)

6. Revisiones históricas (entre dos). *La historia suele no grabar los pensamientos de la gente durante los grandes momentos. Con un/a compañero/a de clase especule un poco sobre lo que la gente a continuación estaría pensando en los contextos dados.*

> **EJEMPLO** Benjamín Franklin en la tormenta / dónde está el paraguas.
> ESTUDIANTE 1: **¿Qué estaría pensando Benjamín Franklin en la tormenta?**
> ESTUDIANTE 2: **Estaría pensando dónde está el paraguas.**

1. Washington cuando cortó el cerezo / que era un árbol feo
2. Napoleón cuando lo exilaron a Elba / qué hace la gente en Elba los fines de semana
3. Colón al ver a los indígenas por primera vez / por qué no hablan español
4. Bach cuando tocó un piano por primera vez / dónde está mi clavicordio
5. Adán cuando vio a Eva por primera vez / quién es esa chica que vende manzanas
6. su profesor/a de español cuando los vio a Uds. por primera vez / qué clase más hermosa
7. tus antepasados cuando llegaron a este país / cómo serán nuestros descendientes

8. Julieta cuando vio a Romeo por primera vez / quién es ese bombón
9. tus padres cuando te vieron a ti por primera vez / ...

7. ¿Cómo serán? (entre dos o en pequeños grupos)   *Escoja a una persona famosa y trate de imaginarse cómo será. Use las sugerencias para formular sus conjeturas.*

EJEMPLO   ESTUDIANTE 1: **¿Cómo será Tom Brokaw?**
              ESTUDIANTE 2: **Tom Brokaw será simpático. Sabrá mucho de política y de ciencias económicas. Tendrá una casa hermosa en un suburbio próspero. Estará casado, y tendrá varios hijos.**

1. Ser *(simpático, rico, inteligente, bruto, una persona difícil, etc.)*
2. Saber mucho/poco sobre *(la política, la religión, la vida familiar, el teatro, la música, etc.)*
3. Estar *(casado, mal de la cabeza, cansado de... , aburrido de... etc.)*
4. Tener *(una camioneta fea, una casa hermosa, muchos hijos, interés en... , poco dinero, etc.)*
5. Necesitar *(una persona como yo, nuevos amigos, comprensión y amor, etc.)*
6. Conocer *(a gente importante, a gente que trabaja en... , etc.)*
7. Trabajar *(poco, doce horas al día, en una oficina elegante, etc.)*

8. ¿Cómo serían? (entre dos o en pequeños grupos)   *Escoja a un personaje histórico, y especule cómo sería. Use las sugerencias en la actividad anterior como punto de partida.*

EJEMPLO   ESTUDIANTE 1: **¿Cómo sería Napoleón?**
              ESTUDIANTE 2: **Sería bajo, arrogante. Sabría mucho sobre lo militar y poco sobre los inviernos en Rusia.**

S.2   No nos acostemos ahora. Acostémonos más tarde.

Una conversación entre dos meseros:

¿Qué servimos primero?	**Sirvamos** la sopa primero.
¿Les llevamos la ensalada ahora?	Sí, **llevémosela** ahora.
¿Preparamos el café ahora?	No. No **lo preparemos** ahora. **Preparémoslo** después.
¿Podemos sentarnos y descansar ahora?	Cómo no. **Sentémonos** y **descansemos**.

Conclusiones El mandato de *nosotros*

1. Se usa la primera persona plural del presente del subjuntivo para mandar a un grupo que incluye al hablante. Las frases a continuación son más o menos equivalentes:

Juguemos al tenis.	= Vamos a jugar al tenis.
Sentémonos.	= Vamos a sentarnos.

2. Como en otros mandatos, los complementos pronominales siempre se agregan al mandato afirmativo de **nosotros** pero nunca se combinan con el mandato negativo. Se pone acento para conservar el énfasis original. Compare:

Hagámoslo ahora.	No **lo hagamos** hasta la noche.
Sirvámoselo.	No se **lo sirvamos.**

3. La **-s** final del mandato se elimina cuando se combina con **nos** o **se**:

Sentémonos.

Acostémonos.

Digámoselo a tu jefe ahora mismo.

Llevémosela a ellos en seguida.

4. Una excepción: el mandato afirmativo de **nosotros** para **ir** es **vamos.** El mandato afirmativo de **nosotros** para **irse** es **vámonos.**

ACTIVIDADES

9. Irma la entusiasta (entre dos).   *Irma es una chica muy entusiasta que está planeando sus vacaciones con Gaby. ¿Cómo responde a las preguntas de su amiga?*

> **MODELO**   ESTUDIANTE 1: **¿Compramos los pasajes ahora?**
> ESTUDIANTE 2: **Sí, comprémoslos ahora.**

1. ¿Pedimos vacaciones ahora?
2. ¿Compramos nuevo equipaje ahora?
3. ¿Empacamos las maletas ahora?
4. ¿Vamos a una agencia de viajes ahora?
5. ¿Llamamos al médico ahora?
6. ¿Dejamos el perro con Isabel?
7. ¿Pedimos a Jorge que nos riegue las plantas?
8. ¿Reservamos el hotel ahora?

10. Don Tremendón el Aguafiestas (entre dos).   *¿Cómo responde el nunca entusiasta Don Tremendón a las preguntas de la actividad anterior?*

> **MODELO**   ESTUDIANTE 1: **¿Compramos nuevo equipaje ahora?**
> ESTUDIANTE 2: **No, no lo compremos todavía.**

S.3	## No lo hagáis ahora. Hacedlo mañana.

PRIMER PASO

Una familia española, los Gómez Estrada, está de vacaciones. ¿Qué les dice el Sr. Gómez Estrada a sus hijos?

Haced lo que os digo. ¿Tenéis la cuenta? **Dádmela.** No la **paguéis** vosotros. No **hagáis** tanto ruido. Estamos en un hotel. **Decidme** qué queréis hacer mañana. No le **digáis** nada a vuestra madre porque está acostada. No **os acostéis** en el piso; **acostaos** en la cama como gente civilizada. **Dormíos** y **descansad**; mañana vamos a ver muchas cosas.

Conclusiones **Los mandatos de *vosotros***

1. Los mandatos afirmativos de **vosotros** se forman reemplazando la **-r** final del infinitivo por una **-d: id, salid, sed, venid,** etc. No hay excepciones.
2. En negativo, los mandatos de **vosotros** son iguales que el presente del subjuntivo: **no salgáis, no vayáis, no seáis, no vengáis,** etc. No hay excepciones.
3. Los complementos pronominales se colocan igual que con todos los otros mandatos.
4. Se suprime la **-d** final del mandato afirmativo cuando se agrega el pronombre reflexivo:

acostad → acostaos   id → íos   mirad → miraos

SEGUNDO PASO

Sinopsis del imperativo

A. Formación

sujeto	*mandato afirmativo*	*mandato negativo*
tú	*Tercera persona singular del presente del indicativo:* **habla, espera, cuenta, come, sube,** etc. Excepciones: **pon, sal, ten, ven, haz, di, ve** y **sé**	*Presente del subjuntivo:* **no hables, no vengas, no cuentes, no duermas,** etc.
vosotros/vosotras	*La* **-r** *final del infinitivo se convierte en* **-d: venid, hablad, decid, id, sed, volved,** etc.	*Presente del subjuntivo:* **no digáis, no vayáis, no volváis, no seáis, no deis,** etc.
usted/ustedes	*Presente del subjuntivo:* **hable, hablen, duerma, duerman, sepa, sepan, sea, sean, sirva, sirvan,** etc.	*Presente del subjuntivo:* **no juegue, no jueguen, no toque, no toquen, no comience, no comiencen,** etc.
nosotros/nosotras	*Presente del subjuntivo:* **juguemos, toquemos, comencemos, seamos, durmamos, volvamos,** etc. Excepción: **vamos**	*Presente del subjuntivo:* **no juguemos, no toquemos, no comencemos, no seamos,** etc.

B. Posición de los objetos pronominales:

1. Los objetos pronominales se colocan al final de los mandatos afirmativos, y se pone acento para conservar el énfasis original:
   hagámoslo, decídmelo, léelo, póntelo
2. Los objetos pronominales se colocan antes de los mandatos negativos:
   no lo hagamos, no me lo digáis, no lo leas, no te lo pongas

C. Cambios en el verbo de un mandato reflexivo:
1. La **-d** del mandato de **vosotros** se suprime en forma reflexiva:
   levantaos, amaos, íos
2. La **-s** final del mandato afirmativo de **nosotros** se suprime en forma reflexiva:
   sentémonos, acostémonos, durmámonos, vámonos, etc.

Nota: Las formas del imperativo son muy fáciles de recordar porque, con la excepción de los mandatos afirmativos de **tú** y de **vosotros,** son idénticas a las formas correspondientes del presente del subjuntivo.

ACTIVIDADES

11. Las hijas de la Sra. Calvo I (entre dos).   *Las hijas de la Sra. Calvo quieren ayudarla con el trabajo de la casa. ¿Cómo les contesta la Sra. Calvo?*

> **MODELO**   ESTUDIANTE 1: **¿Podemos lavarte la ropa?**
> ESTUDIANTE 2: **Sí, lavádmela por favor.**

1. ¿Podemos hacer la ensalada?
2. ¿Podemos lavar los platos?
3. ¿Podemos poner la mesa?
4. ¿Podemos prepararte una sopa?
5. ¿Podemos barrerte el piso?
6. ¿Podemos leerte la receta?
7. ¿Podemos sentarnos aquí?
8. ¿Podemos acostarnos ahora?

12. Las hijas de la Sra. Calvo II (entre dos).   *Ahora la Sra. Calvo quiere hacer las cosas sin ayuda, y les contesta a sus hijas con mandatos negativos. Usando las mismas preguntas de la Actividad anterior, ¿cómo contesta la buena señora?*

> **MODELO**   ESTUDIANTE 1: **¿Podemos lavarte la ropa?**
> ESTUDIANTE 2: **No, no me la lavéis ahora.**

| S.4 | La revista en la que vi el artículo está en la mesa. |

PRIMER PASO

El señor **que** vino esta mañana tenía una pierna rota.
Las chicas **que** están cerca de la ventana están resfriadas.
Les di un jarabe **que** alivia la tos.
Vimos a dos estudiantes de medicina **que** iban para el laboratorio.

Conclusiones El pronombre relativo *que*

1. Un pronombre relativo indica la relación entre una cláusula y un antecedente. **Que** es el más común de los pronombres relativos.
2. El pronombre relativo **que** se usa frecuentemente en cláusulas restrictivas.
3. Una cláusula restrictiva identifica un individuo o un subgrupo dentro de un grupo más grande. Por ejemplo:

Te regalaré las flores **que son blancas**.

«Que son blancas» sugiere que hay otras flores que no son blancas; por lo tanto, es una cláusula restrictiva que identifica un subgrupo.

SEGUNDO PASO

Ella es la enfermera **de la que** te hablé anoche.
El médico me prestó un libro **en el que** se describe esa enfermedad.
El Dr. Varela y su primo son los médicos **con los que** quiero conversar.
Esas son las farmacias **a las que** tengo que entregar estas drogas.
La Sra. Sánchez es la paciente **a quien** le receté antibióticos.
Las chicas **de quienes** Mario hablaba son técnicas del laboratorio.

Conclusiones Pronombres relativos después de preposiciones en cláusulas restrictivas

1. Después de una preposición en una cláusula restrictiva, siempre es correcto usar **el que, la que, los que** y **las que**.
2. Los pronombres relativos **quien** y **quienes** también se usan frecuentemente después de preposiciones cuando el antecedente es humano.

ACTIVIDADES

13. Deberes en el hospital. *Luis trabaja de asistente médico en un hospital y está explicando lo que ha hecho esta tarde. ¿Qué dice?*

MODELO el Sr. López es el paciente a / le cambié la venda
→ **El Sr. López es el paciente al que (a quien) le cambié la venda.**

1. Angelita es la niña a / le puse una inyección de tetraciclina
2. Aida es la enfermera con / examiné a la Sra. Pérez

3. Esos son los cuartos en / hay un olor horrible
4. Ese es el gabinete en / guardé las nuevas jeringas
5. Los García son los padres a / les expliqué el tratamiento
6. La Dra. Leyba es la médica a / le describí los problemas que hemos tenido con el laboratorio
7. Esos son los cuadernos en / apunté mis notas sobre el Sr. Gertel
8. Estas son las drogas de / nos habló la supervisora

14. ¿Para qué sirven las cosas? *El Dr. Ríos está describiendo el equipo de su consultorio para un joven paciente. ¿Qué dice?*

> **MODELO** jeringa / poner inyecciones → **Esta es la jeringa con la que pongo inyecciones.**

1. máquina / sacar radiografías
2. aparato / examinar los oídos
3. instrumento / escuchar el pulso
4. los formularios / recetar drogas
5. la mesa / acostar al paciente
6. archivo / guardar mis apuntes

15. Chismes (entre dos o en pequeños grupos). *Usando la tabla a continuación como guía, formulen preguntas y respuestas sobre sus amigos (y no amigos).*

> **EJEMPLO** ESTUDIANTE 1: **¿Quién es la chica con la que nadie quiere estar?**
> ESTUDIANTE 2: **Gumersinda es la chica con la que nadie quiere estar.**

1. ¿Quién es la chica / el chico con...
   - a. todo el mundo quiere salir
   - b. nadie puede vivir
   - c. todo el mundo quiere estar

2. ¿Quién es la persona en...
   - a. todos tienen confianza
   - b. todo el mundo piensa
   - c. nadie piensa

3. ¿Quiénes son los estudiantes a...
   - a. todo el mundo quiere conocer
   - b. los profesores quieren enseñar
   - c. les gustan los exámenes

4. ¿Quiénes son los chicos sin...
   - a. no puedo vivir
   - b. no podemos formar un buen equipo
   - c. nada funciona bien

5. ¿Quiénes son las chicas con...
   - a. es imposible hacer una fiesta
   - b. nadie puede vivir
   - c. la vida es impensable

S.5 | Los nuevos alumnos, los cuales llegaron anoche, parecen buenos.

PRIMER PASO

Entramos en la sala de espera, **en medio de la cual** había una mesa con varias revistas. Me senté en un enorme sillón, **al lado del cual** había una lámpara.

Examiné a muchos niños en el campo, algunos **de los cuales** nunca habían visto a un médico antes.

Los nuevos residentes, **los cuales** llegaron anoche, están muy preparados.

Conclusiones Pronombres relativos en cláusulas no-restrictivas

1. Una cláusula no-restrictiva identifica un individuo único o un grupo en su totalidad. Una cláusula no-restrictiva se separa de la oración con pausas al hablar y comas al escribir. Compare:

Los nuevos médicos que llegaron anoche dejaron una buena impresión.	*La cláusula «que llegaron anoche» identifica un subgrupo de médicos. Se supone que hay otros nuevos médicos que no llegaron anoche. Por lo tanto, la cláusula es restrictiva.*
Los nuevos médicos, los cuales llegaron anoche, dejaron una buena impresión.	*La cláusula «los cuales llegaron anoche» identifica un grupo en su totalidad. Se refiere a un solo grupo de médicos y todos llegaron anoche. Por lo tanto, la cláusula es no-restrictiva.*

2. En cláusulas no-restrictivas, generalmente se usa **el cual, la cual, los cuales** y **las cuales** directamente después del antecedente y también después de una preposición.

3. Excepción: con nombres propios se usa **que** en cláusulas no-restrictivas:

Javier, que vino anoche con su papá, sigue dormido.

Josefina y Luisa, que estuvieron de vacaciones, volvieron ayer.[1]

SEGUNDO PASO

Mi médico me dijo que no tenía nada, **lo cual** me dio mucho alivio.

Mi hermano no tiene seguro médico, **lo cual** me parece absurdo.

Me cobraron cincuenta dólares por una inyección, **lo cual** me parece un robo imperdonable.

Conclusiones Usos de *lo cual*

1. **Lo cual** es un pronombre relativo neutro.
2. Se usa **lo cual** en cláusulas no-restrictivas para explicar algo extra sobre una idea o un concepto abstracto expresado anteriormente.

TERCER PASO

La señora **cuyo** marido se operó ayer quiere hablar con el cirujano.

El señor **cuya** hija se recibió de farmacéutica está muy contento.

---

[1]Con las explicaciones en esta sección y con las de la sección anterior, usted puede formular oraciones perfectamente correctas y comprensibles. En la lengua hablada, sin embargo, el uso «correcto» de los pronombres relativos es un tema muy debatido.

Los hospitales **cuyos** techos se destruyeron en la tormenta no estaban asegurados.
David, **cuyas** hermanas son médicas, sabe mucho de medicina.
—¿**De quién(es)** son estos libros?
—No sé **de quién(es)** serán.

Conclusiones **Pronombres relativos y posesión**

1. **Cuyo, cuya, cuyos** y **cuyas** son pronombres relativos y posesivos que se usan en cláusulas restrictivas y no-restrictivas.
2. Concuerdan en género y en número con el complemento poseído (y no con el posesor).
3. Se usa **de quién(es)** (y no una forma de **cuyo**) en preguntas y en preguntas incrustadas.

ACTIVIDADES

16. Precisiones sobre Caperucita. *Complete las oraciones sobre Caperucita Roja con el cual, la cual, los cuales o las cuales.*

1. Caperucita buscó a su abuela en su casa, _____ se encontraba en medio del bosque.

2. Caperucita cruzó la sala, en medio de _____ había una mesa redonda.

3. Caperucita llegó a la puerta del dormitorio, en _____ alguien había escrito «Abuela.»

4. Caperucita miró la cama, en _____ se encontraba un ser extraño.

5. Caperucita le miró los dientes al ser extraño, algunos de _____ estaban rotos y sucios.

6. Caperucita pensó en la pared de su casa, en _____ estaba colgado su rifle.

7. Caperucita pensó en sus padres, _____ no sabían que ella estaba en la casa de la abuela.

8. Caperucita le preguntó al ser extraño, _____ no se había movido, quién era y qué hacía en la cama de la abuela.

9. El ser extraño, _____ era un lobo incivilizado y desagradable, contestó

que estaba soñando con las chicas que había comido, algunas de

_____ habían sido muy sabrosas.

10. Caperucita no quiso saber más. Sacó una pistola de su bolsa, _____ era de

cuero y de marca Gucci, y mató al lobo maleducado, _____ nunca volvió

a molestar a chicas inocentes como Caperucita.

17. Las enfermedades de Don Tremendón. *Don Tremendón está explicándole a su hermana, la cual es la sinpar (sinpar = que no hay otra) Gumersinda, lo que le dice su médico. ¿Qué dice Don Tremendón?*

MODELO que tengo que guardar la línea / imposible
→ **Me dice el médico que tengo que guardar la línea, lo cual me parece imposible.**

1. que debo hacer ejercicio / horrible
2. que debo comer menos / terrible
3. que debo tomar menos / antisocial
4. que tengo que dejar de fumar / repugnante
5. que necesito una operación / peligroso
6. que estoy muy gordo / impertinente
7. que la visita me costará mucho / repelente
8. que no quiere verme más / fabuloso

18. Cadena (entre dos o en pequeños grupos). *Haga un comentario sobre cualquier tema; después otro/a estudiante puede expresar su reacción a su comentario usando* **lo cual.**

EJEMPLO ESTUDIANTE 1: **Voy a pasar mis vacaciones en la playa.**
ESTUDIANTE 2: *(Nombre de estudiante 1)* **dice que va a pasar sus vacaciones en la playa, lo cual me parece decadente, sobre todo porque no me ha invitado.**

19. ¿Quién está en la sala de espera? (entre dos) *Alejandra está explicando quién está en la sala de espera. ¿Qué dice?*

MODELO la señora Gómez / persona / hija tiene tos
ESTUDIANTE 1: **¿Quién es la señora Gómez?**
ESTUDIANTE 2: **La señora Gómez es la persona cuya hija tiene tos.**

1. el señor Márquez / hombre / esposa acaba de dar a luz
2. los señores Rodríguez / el matrimonio / hijos tienen alergia al polen
3. Pepito / chico / padres están conversando con el Doctor Varela
4. María y Ana / señoritas / hermano tiene una pierna rota
5. el señor Costa / hombre / esposa está encinta
6. Gumersinda / persona / amigos están deprimidos y asqueados

APÉNDICE

I. Verbos regulares

Infinitivo	**hablar**	**comer**	**vivir**
Gerundio	hablando	comiendo	viviendo
Participio	hablado	comido	vivido
Imperativo familiar	habla, hablad	come, comed	vive, vivid

A. Los tiempos simples de los verbos regulares

Infinitivo	Indicativo				
	PRESENTE	IMPERFECTO	PRETÉRITO	FUTURO	CONDICIONAL
hablar	hablo	hablaba	hablé	hablaré	hablaría
	hablas	hablabas	hablaste	hablarás	hablarías
	habla	hablaba	habló	hablará	hablaría
	hablamos	hablábamos	hablamos	hablaremos	hablaríamos
	habláis	hablabais	hablasteis	hablaréis	hablaríais
	hablan	hablaban	hablaron	hablarán	hablarían
comer	como	comía	comí	comeré	comería
	comes	comías	comiste	comerás	comerías
	come	comía	comió	comerá	comería
	comemos	comíamos	comimos	comeremos	comeríamos
	coméis	comíais	comisteis	comeréis	comeríais
	comen	comían	comieron	comerán	comerían
vivir	vivo	vivía	viví	viviré	viviría
	vives	vivías	viviste	vivirás	vivirías
	vive	vivía	vivió	vivirá	viviría
	vivimos	vivíamos	vivimos	viviremos	viviríamos
	vivís	vivíais	vivisteis	viviréis	viviríais
	viven	vivían	vivieron	vivirán	vivirían

B. Tiempos perfectos de los verbos regulares

Los tiempos compuestos se forman con el verbo auxiliar **haber** y el participio del verbo.

hablar

Indicativo			
PRETÉRITO PERFECTO	PLUSCUAMPERFECTO	FUTURO PERFECTO	CONDICIONAL PERFECTO
he hablado	había hablado	habré hablado	habría hablado
has hablado	habías hablado	habrás hablado	habrías hablado
ha hablado	había hablado	habrá hablado	habría hablado
hemos hablado	habíamos hablado	habremos hablado	habríamos hablado
habéis hablado	habíais hablado	habréis hablado	habríais hablado
han hablado	habían hablado	habrán hablado	habrían hablado

C. Las formas simples del subjuntivo

Subjuntivo		
PRESENTE	IMPERFECTO (-RA)	IMPERFECTO (-SE)
hable	hablara	hablase
hables	hablaras	hablases
hable	hablara	hablase
hablemos	habláramos	hablásemos
habléis	hablarais	hablaseis
hablen	hablaran	hablasen
coma	comiera	comiese
comas	comieras	comieses
coma	comiera	comiese
comamos	comiéramos	comiésemos
comáis	comierais	comieseis
coman	comieran	comiesen
viva	viviera	viviese
vivas	vivieras	vivieses
viva	viviera	viviese
vivamos	viviéramos	viviésemos
viváis	vivierais	vivieseis
vivan	vivieran	viviesen

D. Tiempos perfectos del subjuntivo

hablar

Subjuntivo		
PERFECTO	PLUSCUAMPERFECTO (-RA)	PLUSCUAMPERFECTO (-SE)
haya hablado	hubiera hablado	hubiese hablado
hayas hablado	hubieras hablado	hubieses hablado
haya hablado	hubiera hablado	hubiese hablado
hayamos hablado	hubiéramos hablado	hubiésemos hablado
hayáis hablado	hubierais hablado	hubieseis hablado
hayan hablado	hubieran hablado	hubiesen hablado

II. **Verbos con cambios de raíz**

A. **Verbos de la primera y segunda conjugaciones**

Los cambios de raíz en la primera y en la segunda conjugaciónes ocurren sólo en el presente.

Modelo: e → ie

pensar (ie)

PRESENTE DE INDICATIVO:	**pienso, piensas, piensa,** pensamos, penséis, **piensan**
PRESENTE DE SUBJUNTIVO:	**piense, pienses, piense,** pensemos, penséis, **piensen**
IMPERATIVO FAMILIAR:	**piensa,** pensad

Modelo: o → ue

volver (ue)

PRESENTE DE INDICATIVO:	**vuelvo, vuelves, vuelve,** volvemos, volvéis, **vuelven**
PRESENTE DE SUBJUNTIVO:	**vuelva, vuelvas, vuelva,** volvamos, volváis, **vuelvan**
IMPERATIVO FAMILIAR:	**vuelve,** volved

Otros verbos de la primera y segunda conjugaciones con cambios de raíz son:

acordar(se) (ue)	despertar(se) (ie)	perder (ie)
acostar(se) (ue)	empezar (ie)	poder (ue)
almorzar (ue)	encontrar (ue)	querer (ie)
cerrar (ie)	entender (ie)	recordar (ue)
colgar (ue)	llover (ue)	rogar (ue)
comenzar (ie)	mostrar (ue)	sentar(se) (ie)
contar (ue)	mover(se) (ue)	soler (ue)
costar (ue)	negar (ie)	soñar (ue)
demostrar (ue)	nevar (ie)	

B. **Verbos de la tercera conjugación**

Los verbos de la tercera conjugación que sufren un cambio de raíz en el presente también tienen un cambio de raíz en el pretérito, el imperfecto del subjuntivo y el gerundio.

Modelo: e → ie/i

sentir (ie/i)

PRESENTE DE INDICATIVO:	**siento, sientes, siente,** sentimos, sentís, **sienten**
PRESENTE DE SUBJUNTIVO:	**sienta, sientas, sienta,** sintamos, sintáis, **sientan**
PRETÉRITO:	sentí, sentiste, **sintió,** sentimos, sentisteis, **sintieron**

IMPERFECTO DE SUBJUNTIVO:	(-ra) **sintiera, sintieras, sintiera,** etc.
	(-se) **sintiese, sintieses, sintiese,** etc.
IMPERATIVO FAMILIAR:	**siente,** sentid
GERUNDIO:	**sintiendo**

Modelo: o → ue/u

dormir (ue/u)

PRESENTE DE INDICATIVO:	**duermo, duermes, duerme,** dormimos, dormís, **duermen**
PRESENTE DE SUBJUNTIVO:	**duerma, duermas, duerma, durmamos, durmáis, duerman**
PRETÉRITO:	dormí, dormiste, **durmió,** dormimos, dormisteis, **durmieron**
IMPERFECTO DE SUBJUNTIVO:	(-ra) **durmiera, durmieras, durmiera,** etc.
	(-se) **durmiese, durmieses, durmiese,** etc.
IMPERATIVO FAMILIAR:	**duerme,** dormid
GERUNDIO:	**durmiendo**

Modelo: e → i/i

pedir (i/i)

PRESENTE DE INDICATIVO:	**pido, pides, pide,** pedimos, pedís, **piden**
PRESENTE DE SUBJUNTIVO:	**pida, pidas, pida, pidamos, pidáis, pidan**
PRETÉRITO:	pedí, pediste, **pidió,** pedimos, pedisteis, **pidieron**
IMPERFECTO DE SUBJUNTIVO:	(-ra) **pidiera, pidieras, pidiera,** etc.
	(-se) **pidiese, pidieses, pidiese,** etc.
IMPERATIVO FAMILIAR:	**pide,** pedid
GERUNDIO:	**pidiendo**

Otros verbos de la tercera conjugación con cambios de raíz son:

advertir (ie/i)	elegir (i/i)	referir (ie/i)
arrepentirse (ie/i)	herir (ie/i)	repetir (i/i)
competir (ie/i)	impedir (i/i)	seguir (i/i)
consentir (ie/i)	mentir (ie/i)	servir (i/i)
convertir (ie/i)	morir (ue/u)	vestir (i/i)
despedir (i/i)	preferir (ie/i)	
divertir (ie/i)	reír (i/i)	

III. *Verbos con cambios ortográficos*

A. Los verbos terminados en *-gar* cambian la *-g-* en *-gu-* delante de *-e-*.

Modelo:

pagar

| PRETÉRITO: | **pagué,** pagaste, pagó, pagamos, pagasteis, pagaron |
| PRESENTE DE SUBJUNTIVO: | **pague, pagues, pague, paguemos, paguéis, paguen** |

Otros verbos de este grupo son:

colgar (ue)	navegar	regar (ie)
llegar	negar (ie)	rogar (ue)

B. **Los verbos terminados en *-car* cambian la *-c-* en *-qu-* delante de *-e-*.**

Modelo:

tocar

PRETÉRITO: **toqué,** tocaste, tocó, tocamos, tocasteis, tocaron

PRESENTE DE SUBJUNTIVO: **toque, toques, toque, toquemos, toquéis, toquen**

Otros verbos de este grupo son:

atacar	comunicar	indicar	sacar
buscar	explicar	marcar	

C. **Los verbos terminados en *-ger* cambian la *-g-* en *-j-* delante de *-o-* y *-a-*.**

Modelo:

proteger

PRESENTE DE INDICATIVO: **protejo,** proteges, protege, protegemos, protegéis, protegen

PRESENTE DE SUBJUNTIVO: **proteja, protejas, proteja, protejamos, protejáis, protejan**

Otros verbos de este grupo son:

coger	dirigir	exigir
corregir (i/i)	escoger	recoger

D. **Los verbos terminados en *consonante + -cer* o *-cir* cambian la *-c-* en *-z-* delante de *-o-* y de *-a-*.**

Modelo:

vencer

PRESENTE DE INDICATIVO: **venzo,** vences, vence, vencemos, vencéis, vencen

PRESENTE DE SUBJUNTIVO: **venza, venzas, venza, venzamos, venzáis, venzan**

Otros verbos de este grupo son:

convencer	esparcir	torcer (ue)

E. **Los verbos terminados en** *vocal* + *-cer* o *-cir* **cambian** *-c-* **en** *-zc-* **delante de** *-o-* **y** *-a-*.

Modelo:

conocer

PRESENTE DE INDICATIVO:	**conozco,** conoces, conoce, conocemos, conocéis, conocen
PRESENTE DE SUBJUNTIVO:	**conozca, conozcas, conozca, conozcamos, conozcáis, conozcan**

Otros verbos de este grupo son:

agradecer	entristecer	nacer	padecer	pertenecer
aparecer	establecer	obedecer	parecer	
carecer	lucir	ofrecer	permanecer	

Excepciones: decir, hacer, satisfacer

F. **Los verbos terminados en** *-zar* **cambian la** *-z-* **en** *-c-* **delante de** *-e-*.

Modelo:

empezar (ie)

PRETÉRITO:	**empecé,** empezaste, empezó, empezamos, empezasteis, empezaron
PRESENTE DE SUBJUNTIVO:	**empiece, empieces, empiece, empecemos, empecéis, empiecen**

Otros verbos de este grupo son:

alcanzar	comenzar (ie)	forzar (ue)	rezar
almorzar (ue)	cruzar	gozar	

G. **Los verbos terminados en** *-aer, -eer* **y** *-oer* **cambian la** *-i-* **no acentuada en** *-y-* **cuando está entre vocales.**

Modelo:

creer

PRETÉRITO:	creí, creíste, **creyó,** creímos, creísteis, **creyeron**
IMPERFECTO DE SUBJUNTIVO:	**creyera, creyeras, creyera, creyéramos, creyerais, creyeran**
GERUNDIO:	**creyendo**
PARTICIPIO:	creído

Otros verbos de este grupo son:

caer	corroer	decaer	leer	poseer	roer

H. **Los verbos terminados en** *-uir* **(excepto** *-guir,* **donde la** *-u-* **es muda) cambian la** *-i-* **no acentuada a** *-y-* **cuando está entre vocales.**

Modelo:

huir

PRESENTE DE INDICATIVO:	**huyo, huyes, huye,** huimos, huís, **huyen**
PRETÉRITO:	huí, huiste, **huyo,** huimos, huisteis, **huyeron**
PRESENTE DE SUBJUNTIVO:	**huya, huyas, huya, huyamos, huyáis, huyan**
IMPERFECTO DE SUBJUNTIVO:	**huyera, huyeras, huyera, huyéramos, huyerais, huyeran**
IMPERATIVO:	**huye,** huid
GERUNDIO:	**huyendo**

Otros verbos de este grupo son:

atribuir	construir	disminuir	incluir	restituir
concluir	contribuir	distribuir	influir	sustituir
constituir	destruir	excluir	instruir	

I. **Los verbos terminados en** *-guir* **cambian la** *-gu-* **a** *-g-* **delante de** *-o-* **y** *-a-*.

Modelo:

distinguir

PRESENTE DE INDICATIVO:	**distingo,** distingues, distingue, distinguimos, distinguís, distinguen
PRESENTE DE SUBJUNTIVO:	**distinga, distingas, distinga, distingamos, distingáis, distingan**

Otros verbos de este grupo son:

conseguir (i/i)	perseguir (i/i)	proseguir (i/i)	seguir (i/i)

J. **Los verbos terminados en** *-guar* **llevan diéresis en la** *-u-* **delante de** *-e-*.

Modelo:

averiguar

PRETÉRITO:	**averigüé,** averiguaste, averiguó, averiguamos, averiguasteis, averiguaron
PRESENTE DE SUBJUNTIVO:	**averigüe, averigües, averigüe, averigüemos, averigüéis, averigüen**

Otros verbos de este grupo son:

apaciguar	atestiguar

K. **Algunos verbos terminados en** *-iar* **llevan acento en la** *-i-* **en todas las formas singulares y la forma plural de la tercera persona en el presente del indicativo y del subjuntivo.**

Modelo:

enviar

PRESENTE DE INDICATIVO: **envío, envías, envía,** enviamos, enviáis, **envían**

PRESENTE DE SUBJUNTIVO: **envíe, envíes, envíe,** enviemos, enviéis, **envíen**

Otros verbos de este grupo son:

ampliar	enfriar	guiar	vaciar
criar	fiar	telegrafiar	variar
desviar			

Excepciones: cambiar, estudiar

L. **Todos los verbos terminados en** *-uar* **llevan acento en la** *-u-* **en todas las formas singulares y la forma plural de la tercera persona en el presente del indicativo y del subjuntivo.**

Modelo:

continuar

PRESENTE DE INDICATIVO: **continúo, continúas, continúa,** continuamos, continuáis, **continúan**

PRESENTE DE SUBJUNTIVO: **continúe, continúes, continúe,** continuemos, continuéis, **continúen**

Otros verbos de este grupo son:

acentuar	efectuar	graduar	insinuar
actuar	exceptuar	habituar	situar

IV. Verbos irregulares

Infinitivo	Gerundio y participio	Imperativo familiar	Indicativo Presente	Indicativo Imperfecto	Indicativo Pretérito	Indicativo Futuro	Indicativo Condicional	Subjuntivo Presente	Subjuntivo Imperfecto (-RA)	Subjuntivo Imperfecto (-SE)
andar, *to walk; to go*	andando andado	anda andad	ando, *etc.*	andaba, *etc.*	anduve anduviste anduvo anduvimos anduvisteis anduvieron	andaré, *etc.*	andaría, *etc.*	ande, *etc.*	anduviera anduvieras anduviera anduviéramos anduvierais anduvieran	anduviese anduvieses anduviese anduviésemos anduvieseis anduviesen
caber, *to fit; to be contained in*	cabiendo cabido	cabe cabed	quepo cabes cabe cabemos cabéis caben	cabía, *etc.*	cupe cupiste cupo cupimos cupisteis cupieron	cabré cabrás cabrá cabremos cabréis cabrán	cabría cabrías cabría cabríamos cabríais cabrían	quepa quepas quepa quepamos quepáis quepan	cupiera cupieras cupiera cupiéramos cupierais cupieran	cupiese cupieses cupiese cupiésemos cupieseis cupiesen
caer, *to fall*	cayendo caído	cae caed	caigo caes cae caemos caéis caen	caía, *etc.*	caí caíste cayó caímos caísteis cayeron	caeré, *etc.*	caería, *etc.*	caiga caigas caiga caigamos caigáis caigan	cayera cayeras cayera cayéramos cayerais cayeran	cayese cayeses cayese cayésemos cayeseis cayesen
conducir, *to lead* (producir, *to produce,* y traducir, *to translate,* se conjugan de la misma manera)	conduciendo conducido	conduce conducid	conduzco conduces conduce conducimos conducís conducen	conducía, *etc.*	conduje condujiste condujo condujimos condujisteis condujeron	conduciré, *etc.*	conduciría, *etc.*	conduzca conduzcas conduzca conduzcamos conduzcáis conduzcan	condujera condujeras condujera condujéramos condujerais condujeran	condujese condujeses condujese condujésemos condujeseis condujesen
dar, *to give*	dando dado	da dad	doy das da damos dais dan	daba, *etc.*	di diste dio dimos disteis dieron	daré, *etc.*	daría, *etc.*	dé des dé demos deis den	diera dieras diera diéramos dierais dieran	diese dieses diese diésemos dieseis diesen

Infinitivo	Gerundio y participio	Imperativo familiar	Indicativo Presente	Indicativo Imperfecto	Indicativo Pretérito	Indicativo Futuro	Indicativo Condicional	Subjuntivo Presente	Subjuntivo Imperfecto (-RA)	Subjuntivo Imperfecto (-SE)
decir, *to say, tell*	diciendo dicho	di decid	digo dices dice decimos decís dicen	decía, *etc.*	dije dijiste dijo dijimos dijisteis dijeron	diré dirás dirá diremos diréis dirán	diría dirías diría diríamos diríais dirían	diga digas diga digamos digáis digan	dijera dijeras dijera dijéramos dijerais dijeran	dijese dijeses dijese dijésemos dijeseis dijesen
estar, *to be*	estando estado	está estad	estoy estás está estamos estáis están	estaba, *etc.*	estuve estuviste estuvo estuvimos estuvisteis estuvieron	estaré, *etc.*	estaría, *etc.*	esté estés esté estemos estéis estén	estuviera estuvieras estuviera estuviéramos estuvierais estuvieran	estuviese estuvieses estuviese estuviésemos estuvieseis estuviesen
haber, *to have*	habiendo habido	he habed	he has ha hemos habéis han	había, *etc.*	hube hubiste hubo hubimos hubisteis hubieron	habré habrás habrá habremos habréis habrán	habría habrías habría habríamos habríais habrían	haya hayas haya hayamos hayáis hayan	hubiera hubieras hubiera hubiéramos hubierais hubieran	hubiese hubieses hubiese hubiésemos hubieseis hubiesen
hacer, *to do, make*	haciendo hecho	haz haced	hago haces hace hacemos hacéis hacen	hacía, *etc.*	hice hiciste hizo hicimos hicisteis hicieron	haré harás hará haremos haréis harán	haría harías haría haríamos haríais harían	haga hagas haga hagamos hagáis hagan	hiciera hicieras hiciera hiciéramos hicierais hicieran	hiciese hicieses hiciese hiciésemos hicieseis hiciesen
ir, *to go*	yendo ido	ve id	voy vas va vamos vais van	iba ibas iba íbamos ibais iban	fui fuiste fue fuimos fuisteis fueron	iré, *etc.*	iría, *etc.*	vaya vayas vaya vayamos vayáis vayan	fuera fueras fuera fuéramos fuerais fueran	fuese fueses fuese fuésemos fueseis fuesen
oír, *to hear*	oyendo oído	oye oíd	oigo oyes oye oímos oís oyen	oía, *etc.*	oí oíste oyó oímos oísteis oyeron	oiré, *etc.*	oiría, *etc.*	oiga oigas oiga oigamos oigáis oigan	oyera oyeras oyera oyéramos oyerais oyeran	oyese oyeses oyese oyésemos oyeseis oyesen

Infinitivo	Gerundio y participio	Imperativo familiar	Indicativo PRESENTE	IMPERFECTO	PRETÉRITO	FUTURO	CONDICIONAL	Subjuntivo PRESENTE	IMPERFECTO (-RA)	IMPERFECTO (-SE)
oler, *to smell*	oliendo olido	huele oled	huelo hueles huele olemos oléis huelen	olía, *etc.*	olí, *etc.*	oleré, *etc.*	olería, *etc.*	huela huelas huela olamos oláis huelan	oliera, *etc.*	oliese, *etc.*
poder, *to be able*	pudiendo podido		puedo puedes puede podemos podéis pueden	podía, *etc.*	pude pudiste pudo pudimos pudisteis pudieron	podré podrás podrá podremos podréis podrán	podría podrías podría podríamos podríais podrían	pueda puedas pueda podamos podáis puedan	pudiera pudieras pudiera pudiéramos pudierais pudieran	pudiese pudieses pudiese pudiésemos pudieseis pudiesen
poner, *to put*	poniendo puesto	pon poned	pongo pones pone ponemos ponéis ponen	ponía, *etc.*	puse pusiste puso pusimos pusisteis pusieron	pondré pondrás pondrá pondremos pondréis pondrán	pondría pondrías pondría pondríamos pondríais pondrían	ponga pongas ponga pongamos pongáis pongan	pusiera pusieras pusiera pusiéramos pusierais pusieran	pusiese pusieses pusiese pusiésemos pusieseis pusiesen
querer, *to want*	queriendo querido	quiere quered	quiero quieres quiere queremos queréis quieren	quería, *etc.*	quise quisiste quiso quisimos quisisteis quisieron	querré querrás querrá querremos querréis querrán	querría querrías querría querríamos querríais querrían	quiera quieras quiera queramos queráis quieran	quisiera quisieras quisiera quisiéramos quisierais quisieran	quisiese quisieses quisiese quisiésemos quisieseis quisiesen
saber, *to know*	sabiendo sabido	sabe sabed	sé sabes sabe sabemos sabéis saben	sabía, *etc.*	supe supiste supo supimos supisteis supieron	sabré sabrás sabrá sabremos sabréis sabrán	sabría sabrías sabría sabríamos sabríais sabrían	sepa sepas sepa sepamos sepáis sepan	supiera supieras supiera supiéramos supierais supieran	supiese supieses supiese supiésemos supieseis supiesen
salir, *to go out*	saliendo salido	sal salid	salgo sales sale salimos salís salen	salía, *etc.*	salí, *etc.*	saldré saldrás saldrá saldremos saldréis saldrán	saldría saldrías saldría saldríamos saldríais saldrían	salga salgas salga salgamos salgáis salgan	saliera, *etc.*	saliese, *etc.*

			Indicativo					Subjuntivo		
Infinitivo	Gerundio y participio	Imperativo familiar	PRESENTE	IMPERFECTO	PRETÉRITO	FUTURO	CONDICIONAL	PRESENTE	IMPERFECTO (-RA)	IMPERFECTO (-SE)
ser, *to be*	siendo sido	sé sed	soy eres es somos sois son	era eras era éramos erais eran	fui fuiste fue fuimos fuisteis fueron	seré, *etc.*	sería, *etc.*	sea seas sea seamos seáis sean	fuera fueras fuera fuéramos fuerais fueran	fuese fueses fuese fuésemos fueseis fuesen
tener, *to have*	teniendo tenido	ten tened	tengo tienes tiene tenemos tenéis tienen	tenía, *etc.*	tuve tuviste tuvo tuvimos tuvisteis tuvieron	tendré tendrás tendrá tendremos tendréis tendrán	tendría tendrías tendría tendríamos tendríais tendrían	tenga tengas tenga tengamos tengáis tengan	tuviera tuvieras tuviera tuviéramos tuvierais tuvieran	tuviese tuvieses tuviese tuviésemos tuvieseis tuviesen
traer, *to bring*	trayendo traído	trae traed	traigo traes trae traemos traéis traen	traía, *etc.*	traje trajiste trajo trajimos trajisteis trajeron	traeré, *etc.*	traería, *etc.*	traiga traigas traiga traigamos traigáis traigan	trajera trajeras trajera trajéramos trajerais trajeran	trajese trajeses trajese trajésemos trajeseis trajesen
valer, *to be worth*	valiendo valido	val(e) valed	valgo vales vale valemos valéis valen	valía, *etc.*	valí, *etc.*	valdré valdrás valdrá valdremos valdréis valdrán	valdría valdrías valdría valdríamos valdríais valdrían	valga valgas valga valgamos valgáis valgan	valiera, *etc.*	valiese, *etc.*
venir, *to come*	viniendo venido	ven venid	vengo vienes viene venimos venís vienen	venía, *etc.*	vine viniste vino vinimos vinisteis vinieron	vendré vendrás vendrá vendremos vendréis vendrán	vendría vendrías vendría vendríamos vendríais vendrían	venga vengas venga vengamos vengáis vengan	viniera vinieras viniera viniéramos vinierais vinieran	viniese vinieses viniese viniésemos viniescis viniesen
ver, *to see*	viendo visto	ve ved	veo ves ve vemos veis ven	veía veías veía veíamos veíais veían	vi viste vio vimos visteis vieron	veré, *etc.*	vería, *etc.*	vea, *etc.*	viera, *etc.*	viese, *etc.*

VOCABULARIO

The numbers after each entry indicate the chapter where the entry first occurs. *LP* refers to the *Lección preliminar*. *CS* refers to *Capítulo gramatical suplementario*.

Abbreviations:

adj	adjective		*inter*	interrogative
adv	adverb		*interj*	interjection
art	article		*m*	masculine noun
conj	conjunction		*pl*	plural
dem	demonstrative		*prep*	preposition
exp	expression		*pron*	pronoun
f	feminine noun		*rel*	relative
indef	indefinite		*v*	verb

A

a *prep* to, LP
abajo *adv* under, below, downwards, 18
abierto *adj* open, 2
abogado, -a *m/f* lawyer, 2
abono *m* concert or theater series, 17
aborto *m* abortion, 9
abrazar *v* to hug, to embrace, 7
abrazo *m* embrace, hug, 15
abreviatura *f* abbreviation, 1
abrigo *m* overcoat, 3
abril *m* April, 4
abrir *v* to open, 6
abrochar *v* to fasten, 9
absolución *f* absolution, pardon, 13
abstracción *f* abstraction, 12
abuela *f* grandmother, 2; **abuelo** *m* grandfather, 2
abuelos *m* grandparents, 5
abundar *v* to be in abundance, 4
aburrido *adj* bored, boring, 2
aburrir *v* to bore, 13; **aburrirse** *v* to get bored, 12
acá *adv* here, around here, 14
acabar *v* to finish, 12; **acabarse de** + inf. to have just, 12

acción action, 4; stock, 20
accionista *m/f* stockholder, 19
aceite *m* oil, 13
acera *f* sidewalk, 18
acerca de *adv* about, 6
acercarse a *v* to approach, 14
acomodado *adj* comfortable, prosperous, 19
acomodador, -a *m/f* usher, 6
acompañar *v* to accompany, 7
aconsejar, *v* to advise, 14
acostarse (ue) *v* to go to bed, to lie down, 13
acostumbrarse *v* to become accustomed, 13
actor *m* actor, 3; **actriz** *f* actress, 2
actuación *f* acting, role play, 16
actual *adj* current, 14
actualmente *adv* currently, 19
actuar *v* to act, 6
acuerdo *m* agreement, 11; **estar de acuerdo** *v* to agree, 11
adecuado *adj* adequate, 19
adelantado *adj/adv* forward, ahead, leading, 7
adelante *adv* forward, 5
además *exp* in addition, 5; **además de** *prep* besides, 12

adepto, -a *m/f* religious believer, 15
adinerado *adj* wealthy, 19
adiós *exp* goodbye, LP
adivinar *v* to guess, 4
admirar *v* to admire, 4
adónde *inter* to where, where to, 5
adorar *v* to adore, to worship, 6
adorno *m* decoration, adornment, 17
adquirir (ie) *v* to acquire, 19
aduana *m* customs house, 19
aduanero, -a *m/f* customs agent, 9
advertencia *f* warning, 19
advertir (ie) *v* to warn, 17
aéreo *adj* airborne, 8; **correo aéreo** *m* airmail, 8
aeropuerto *m* airport, 13
afecto *m* affection, 9
afectuoso *adj* affectionate, 20
afeitarse *v* to shave, 10
aficionado, -a *m/f* and *adj* fan, amateur, 6
afirmar *v* to affirm, 4
afortunado *adj* fortunate, lucky, 7
agarrar *v* to seize, to grasp, 11
agencia *f* agency, 8; **agencia de viajes** *f* travel agency, 8
agitado *adj* agitated, upset, 7
agosto *m* August, 4
agradable *adj* agreeable, 6
agradecer *v* to thank, 9
agregar *v* to add onto, to connect, 4
agrícola *adj (invariable)* agricultural, 19
agrónomo *adj* agricultural, 13
agrupar *v* to group, 16
agua *f (el agua* in singular) water, 4
aguafiestas *m/f* party-pooper, killjoy, 9
aguantar *v* to stand, to bear, 18
ahí *adv* there, right there, 15
ahijado, -a *m/f* godson, goddaughter, 12
ahora *adv* now, 1; **ahora mismo** *exp* right now
ahorrar *v* to save, 8
ahorros *m* savings, 7
aire *m* air, 7; **aire acondicionado** *m* air conditioning, 7
ajedrez *m* chess, 6
al *contraction* **a + el**, to the, 1
alcalde *m/f* mayor, 14
alcance *m* reach, 19; **estar al alcance** *exp* to be within reach
alcanzar *v* to reach, 20
alcázar *m* castle, 4
Alcorán *m* Koran, 18

alegrarse *v* to become happy, 14
alegre *adj* happy, 2
alegría *f* happiness, 19
alemán, alemana, *adj* German, 2
Alemania *f* Germany, 2
alergia *f* allergy, 18
alfombra *f* carpet, 7
algo *adv* somewhat, 3; *indef pron* something, 6
algodón *m* cotton, 2
alguien *indef pron* somcone, 6
algún, -o, -a, -os, -as *adj* some, 6
aliado, -a *m/f* ally, 14
aliarse *v* to ally oneself, 14
alienarse *v* to become alienated, 19
alimenticio *adv* related to food, 19
aliviar *v* to relieve, 18
alivio *m* relief, 12
alma *f (el alma* in singular) soul, 11
almacén *m* department store, storehouse, 9
almidonar *v* to starch, 16
almirante *m* Admiral, 17
almohada *f* pillow, 20
almorzar (ue) *v* to eat lunch, 6
almuerzo *m* lunch, 5
¡Aló! *exp* Hello, 6
alpinismo *m* mountain climbing, 6
alquilar *v* to rent, 7
alquiler *m* rent, 7
alrededor de *prep* around, encircling, 7
alternativa *f* alternative; **alternativo** *adj* alternative, 15
alto *adj* tall, high, 2
alumno, -a, *m/f* student, 1
allá *adv* over there, in that direction, 6
allí *adv* there, right there, 3
amable *adj* agreeable, nice, 18
amante *m/f* lover, 20
amar *v* to love, 14
amargo *adj* bitter, sour, 19
amarillo *adj* yellow, 3
Amazonas *m* the Amazon River, 3
ambiental *adj* environmental, 17
ambiente *m* environment, 14
ambiguo *adj* ambiguous, 7
ambos, ambas *adj* both, 13
amenazar *v* to threaten, 14
amenaza *f* menace, threat, 14
América *f* America, 3
americano *adj* American, 3
amigo, -a *m/f* friend, 1

amistad *f* friendship, 2
amistoso *adj* friendly, 19
amo, -a *m/f* master, mistress, 4; **ama de casa** (*el ama* in singular) *f* housewife
amor *m* love, 4
amoroso *adj* loving, kind, 4
ampliación *f* enlargement, amplification, 16
amplio *adj* large, ample, 8
amueblado *adj* furnished, 7
analfabetismo *m* illiteracy, 17
analfabeto *adj* illiterate, 17
análisis *m* analysis, 18
anaranjado *adj* orange colored, 3
Andalucía *f* an area in southern Spain, 11
andar *v* to walk, to function, 11
Andes *m* mountain range in South America, 3
andino *adj* Andean, 14
anglicismo *m* Englishism, "Spanglish", 19
anhelar *v* to desire, to want, 19
anillo *m* ring, 1
animado *adj* excited, animated, 2
ánimo enthusiasm, energy, 12
aniversario *m* birthday, anniversary, 5
anoche *adj* last night, 9
ante *adv* before, 14
anteanoche *adv* the night before last, 10
anteayer *adv* the day before yesterday, 10
antecedente *m* antecedent, forebear, 16
antepasado, -a *m/f* ancestor, 10
anteponer *v* to place before, 15
anterior *adj* previous, 3
antes *adv* before, previously, 2
anti-incendiario *adj* fire preventive, 19
anticipar *v* to anticipate, 11
anticonceptivo *m/adj* birth control device, 17
antigüedad *f* antique, antiquity, 15
antiguo *adj* former, ancient, 7
antipático *adj* unpleasant, disagreeable, 2
antropólogo -a *m/f* anthropologist, 13
anunciar *v* to announce, 13
anuncio *m* announcement, 9; **anuncio comercial** commercial, 9
año *m* year, 4
apagar *v* to put out (a light or fire), 6
aparato *m* gadget, mechanical device, 6
aparecer *v* to appear, 16
apariencia *f* appearance, 5
aparte *adv* in addition, on the side, 5
apasionado *adj* passionate, 8
apático *adj* apathetic, indifferent, 14
apellido *m* last name, family name, 1

apenas *adv* barely, hardly, 12
aperitivo *m* appetizer, 5
apertura *f* opening, 19
apoderarse de *exp* to take control of, 14
apoyar *v* to support, 14
apoyo *m* support, 14
aprender *v* to learn, 5
aprisa *adv* in a hurry, 4
aprobar (ue) to approve, to pass (a course or exam), 19
apropiado *adj* appropriate, 7
aproximarse *v* to approach, 14
apuntar *v* to write down, 19
apunte *m* note, jotting, 6
apurarse *v* to hurry, 15
aquel, aquella, aquello *dem* that, 4
aquellos, aquellas *dem* those, 4
aquí *adv* here, right here, 1
árabe *m/f* arab, 8
árbol *m* tree, 3
arco *m* arch, 13
archivo *m* archive, file, library, 11
ardiente *adj* ardent, passionate, burning, 2
argüir *v* to argue, 8
argumento *m* plot, argument, 14
arma *f* (*el arma* in singular) weapon, armament, 14
armar *v* to arm, to assemble, 19
armario *m* closet, 12
arreglar *v* to arrange, to fix, 7
arriba *adv* above, 1
arriesgar *v* to risk, 16
arrodillarse *v* to kneel, 17
arroyo *m* brook, 19
arroz *m* rice, 5
arruinar *v* to ruin, 15
artesanía *f* handicrafts, 19
artículo *m* article, 1
arzobispo *m* archbishop, 18
ascenso *m* promotion, 8
ascensor *m* elevator, 4
asco *m* nausea; **tener asco** *exp* to be nauseated, 18
asegurar *v* to insure, 19
asesinar *v* to murder, to assassinate, 20
asesinato *m* murder, 20
asesor, asesora *m/f* advisor, 17
así *adv* in this fashion, this way, of the same kind, 12
asiento *m* seat, chair, 6
asignar *v* to assign, 9
asistir *v* to attend, 6

aspiradora *f* vacuum cleaner, 7; **pasar la aspiradora** *exp* to vacuum, 7

asqueado *adj* nauseated, 18

asunto *m* matter, subject, 14

atacar *v* to attack, 19

ataque *m* attack, 12

atender (ie) to attend, to wait on, 8

atento *adj* attentive, 4

ateo, -a *m/f* atheist, 2

atleta *m/f* athlete, 2

atraer *v* to attract, 12

atrás *adv* behind, 16

atrasado *adj* behind, retarded, 2

atreverse *v* to dare, 20

aumentar *v* to increase, 19

aumento *m* increase, raise, 8

aun, aún *adv* yet, even, still, 7

aunque *adv* although, even though, 6

ausencia *f* absence, 13

ausente *adj* absent, 1

autobús *m* bus, 4

automóvil *m* car, automobile, 4

autopista *f* freeway, highway, 13

autor, autora *m/f* author, 2

autoridad *f* authority, 18

autorretrato *m* self-portrait, 4

avance *m* advance, 17

avanzar *v* to advance, 17

avenida *f* avenue, 6

aventura *f* adventure, 19

avión *m* airplane, 1

avisar *v* to advise, to warn, 17

aviso *m* announcement, warning, 8

ayer *adv* yesterday, 9

ayuda *f* help, assistance, 7

ayudar *v* to help, 7

ayuntamiento *m* city government, 17

azafata *f* flight attendant, 9

azteca *m/f* Aztec, 11

azúcar *m* sugar, 5

azul *adj* blue, 3

B

bachillerato *m* high school degree, 8

bailar *v* to dance, 4

bailarín, bailarina *m/f* dancer, 6

baile *m* dance, 4

bajar *v* to descend, to lower, 6

bajo *adj* short, low, 2

bala *f* bullet, 14

balance *m* balance, scale, 19

balancear *v* to balance, 19

balcón *m* balcony, 6

baloncesto *m* basketball, 6

banca *f* bench, 12

banco *m* bank, 1

banda *f* band, 6

bandera *f* flag, 11

banquero, -a *m/f* banker, 3

bañar, bañarse *v* to bathe, 13

baño *m* bath, bathroom, 4

bar *m* bar, 4

barato *adj* inexpensive, 9

barba *f* beard, 13

barbaridad *f* barbarity, outrage, 9

bárbaro, -a *m/f* barbarian, 3

barco *m* boat, 5

barrer *v* to sweep, 7

barrera *f* barrier, 7

barrio *m* neighborhood, 4

barro *m* clay, 7

barroco *adj* baroque, 16

base *f* base, 14

bastante *adj* enough, plenty, 4

basura *f* garbage, trash, 7

batalla *f* battle, 11

bautismo *m* baptism, 12

bautizar, bautizarse *v* to baptize, to get baptized, 13

bebé *m* baby, 3

beber *v* to drink, 5

bebida *f* a drink, 5

beca *f* scholarship, 19

béisbol *m* baseball, 6

bello *adj* handsome, beautiful, 3

belleza *f* beauty, 3

bendecir *v* to bless, 13

bendición *f* benediction, blessing, 13

beneficio *m* benefit, 13

besar *v* to kiss, 12

beso *m* kiss, 8

bestia *f* beast, 5

Biblia *f* bible, 7

biblioteca *f* library, 2

bicicleta *f* bicycle, 1

bien *adv* well, all right, 1

bienes *m pl* wealth, goods, 19

bienvenido *adj* welcome, 19

biftec (*biftecs* in plural) *m* steak, 5

bigote *m* moustache, 13

bilingüe *m/f* bilingual, 19

billete *m* ticket, bill, 19

biólogo, -a *m/f* biologist, 2
bioquímico, -a *m/f* biochemist, 18
bisabuelo, bisabuela *m/f* great grandfather/mother, 12
bisiesto *m* leap year, 4
bisnieto, bisnieta *m/f* great grandson/daughter, 12
bistec (*bistecs* in plural) *m* steak, 5
blanco *adj* white, 3
blancura *f* whiteness, 16
blusa *f* blouse, 2
boca *f* mouth, 13
boda *f* wedding, 4
boletería *f* ticket booth, 6
boleto *m* ticket, 6
boliche *m* bowling, 6
bolívar *m* currency of Venezuela, 1
bolsa *f* purse, 1
bolsillo *m* pocket, 1
bomba *f* bomb, 7
bombón *m* piece of candy, 12
bonito *adj* pretty, 2
borracho *adj* drunk, 9
bosque *m* forest, 14
bota *f* boot, 20
bote *m* can, trashcan, 19
botella *f* bottle, 5
botón *m* button, 9
botones *m/f* bellhop, 9
bravo *adj* brave, valient, 9
brazalete *m* bracelet, 8
brazo *m* arm, 9
brocha *f* brush, 7
broma *f* joke, 16
bronceado *adj* tanned, 16
brujo, bruja *m/f* warlock, witch, 18
brujería *f* witchcraft, 18
bruto *adj* crude, unpolished, stupid (of people), 2
buen, bueno, -a *adj* good, 1
bulevar *m* boulevard, 2
burocracia *f* bureaucracy, 11
burócrata *m/f* bureaucrat, 19
burro *m* burro, 13
buscar *v* to look for, to search, 11
búsqueda *f* search, 9
butaca *f* seat (in a theater), 6

C

caballo *m* horse, 5
cabaña *f* cabin, 11
cabello *m* hair, 13

caber *v* to fit into, 17
cabeza *f* head, 6
cabina *f* cabin, 11
cabra *f* goat, 13
cada *adj* each, every, 1
cadena *f* chain, 1
caer, caerse *v* to fall, 11
café *m* coffee; *adj* brown, 4
caja *f* box, 1
cajón *m* drawer, 3
calcetín *m* sock, 3
calculadora *f* calculator, 3
cálculo *m* calculation, calculus, 3
calefacción *f* heating, 7
calendario *m* calendar, 7
cálido *adj* warm, 20
calidad *f* quality, 3
caliente *adj* hot, 7
calmar, calmarse *v* to calm, to calm down, 13
calor *m* heat, 5
calumnia *f* false accusation, 4
calvo *adj* bald, 17
callarse *v* to cease talking, 17
calle *f* street, 3
cama *f* bed, 2
cámara *f* camera, 14
camarero, -a *m/f* busboy, waiter, waitress, 8
cambiar *v* to change, 8; **cambiarse de ropa** *exp* to change clothes, 13
cambio *m* change, 2
cambista *m/f* money changer, 19
caminar *v* to walk, 4
camino *m* road, way, trail, 12
camión *m* truck, bus, 1
camioneta *f* pick-up truck, station wagon, 17
camisa *f* shirt, 2
camiseta *f* tee-shirt, 16
campana *f* bell, 7
campaña *f* campaign, 11
campesino, -a *m/f* peasant, 3
campo *m* field, countryside; **campo de estudio** *exp* field of study, 4
cancelar *v* to cancel, 16
cáncer *m* cancer, 18
canción *f* song, 6
cancha *f* sport court; **cancha de tenis** *exp* tennis court, 6
candidato, -a *m/f* candidate, 14
cansar *v* to tire, 12; **cansarse** *v* to get tired, 13
cantante *m/f* singer, 2
cantar *v* to sing, 4

cantidad *f* quantity, 4
capaz *adj* able, capable, 10
capilla *f* chapel, 18
capital *f* capital city; *m* capital, money, 1
capítulo *m* chapter, 1
cápsula *f* capsule, 18
capturar *v* to capture, 11
cara *f* face, 3
carácter *m* character, personality, 20
característica *f* characteristic, 2
cárcel *f* jail, 12
cardenal *m* cardinal (religious), cardinal (bird), 18
cardíaco *adj* cardiac, 18
caricatura *f* caricature, cartoon, 15
caricaturesco *adj* caricaturesque, 15
caridad *f* charity, 7
cariño *m* tenderness, 13
carne *f* meat, 5
carnicería *f* meat market, butcher shop, 8
carnicero, -a *m/f* butcher, 8
caro *adj* expensive, 3
carpintero, -a *m/f* carpenter, 2
carrera *f* race, career, 8
carretera *f* road, highway, 4
carta *f* letter (mail), 8
cartel *m* poster, 14
cartera *f* wallet, 1
cartero *m/f* mailman, 8
cartilla *f* identity card, 1
casa *f* house, 1
casado *adj* married, 13
casamiento *m* marriage, 12
casar *v* to marry, 13; **casarse** *v* to get married, 12
casi *adv* almost, nearly, 2
caso *m* case, 10
castigar *v* to castigate, to punish, 17
castillo *m* castle, 1
catedral *f* cathedral, 15
categoría *f* category; **de categoría** *exp.* high class, 3
católico *adj* Catholic, 2
causa *f* cause, 9
causar *v* to cause, 9
cebolla *f* onion, 5
celebrar *v* to celebrate, 7
celos *m* jealousy; **tener celos** to be jealous, 20
cementerio *m* cemetery, 18
cena *f* dinner, supper, 5
cenar *v* to eat dinner, 6
censura *f* censure, 18

centavo *m* cent, 19
centro *m* center, downtown, 2
cepillo *m* brush, 13; **cepillo de dientes** toothbrush
cerca *f* fence; **cerca de** *prep* near, 2
cercano *adj* nearby, 7
cerdo, -a *m/f* pig, 20
cereales *m pl* cereal, grains, 5
cerebro *m* brain, 18
cereza *f* cherry; **cerezo** *m* cherry tree, 20
cero *m* zero, 2
cerrado *adj* closed, 2
cerrar (ie) *v* to close, 6
certeza *f* certainty, 14
certificado *m* certificate, 19
certificar *v* to certify, 19
cerveza *f* beer, 4
césped *m* grass lawn, 7
cielo *m* sky, heaven, 5
ciencia *f* science, 9
científico, -a *m/f* scientist; *adj* scientific, 2
ciertamente *adv* certainly, surely, 18
cierto *adj* certain, sure, 3
cigarrillo *m* cigarette, 6
cine *m* movie theater, 3
cinta cord, tape, 6
cintura *f* waist, 18
cinturón *m* belt, 3
circo *m* circus, 6
cirujano, -a *m/f* surgeon, 18
cita *f* date, appointment, quotation, 18
ciudad *f* city, 1
ciudadano, -a *m/f* citizen, 19
clarificar *v* to clarify, to explain, 3
claro *adj* clear, 3; **¡Claro!** *exp* Of course!
clase *f* class, 1
cláusula *f* clause, 12
clavar *v* to nail, 10
clave *f* clue, 17
clérigo *m* clergyman, 18
cliente *m/f* client, 2
clientela *f* clientele, 9
clima *m* climate, 5
clínica *f* clinic, 12
cobarde *adj* coward, 20
cobrar *v* to charge, 8
cocina *f* kitchen, 5
cocinar *v* to cook, 5
cocinero, -a *m/f* cook, 5
cocodrilo *m* crocodile, 1
cóctel *m* cocktail, 5
coche *m* car, 1

código *m* code, 12

cojín *m* small pillow, cushion, 20

cola *f* tail, line, 7; **hacer cola** *exp* to stand in line

coleccionista *m/f* collector, 2

colega *m/f* colleague, 17

colegio *m* private school, high school, 7

cólera *m* cholera, 18

colgado *adj* hanging, 7

colgar (ue) *v* to hang, 7

colina *f* hill, 4

colocación *f* positioning, act of placing, 20

colocar *v* to place, 14

colonia *m* colony, 17

colono, -a *m/f* colonist, 11

colorado *adj* red, 6

combatir *v* to fight against, 11

combinar *v* to combine, to join, 7

comedia *f* play, comedy, 6

comedor *m* dining hall, dining room, 7

comentarista *m/f* comentator, 19

comenzar (ie) *v* to begin, 6

comer *v* to eat, 5; **comerse** *v* to devour, 13

comerciante *m/f* business person, 2

comercio *m* business, commerce, 9

cometa *f* kite, 19

comida *f* food, meal, 4

comienzo *m* beginning, 4

comité *m* committee, 14

como *adj* as, since, 2; **cómo** *inter* how, 1

cómodo *adj* comfortable, 7

compañero, -a *m/f* companion, comrade, 1

compañía *f* company, 6

comparar *v* to compare, 6

compartir *v* to share, 7

competir (i) to compete, 6

complejo *m* complex; *adj* complicated, 19

completar *v* to complete, 3

componer *v* to compose, to fix, 12

comportamiento *m* behavior, 12

compositor, -a *m/f* composer, 12

compra *f* purchase; **ir de compras** *exp* to go shopping, 9

comprar *v* to buy, 4

comprender *v* to understand, 5

comprensible *adj* comprehensible, 3

comprensión *f* comprehension, 2

comprimido *m* tablet, pill, 18

comprometerse *v* to commit oneself; to become engaged, 20

comprometido *adj* engaged, 13

compromiso *m* commitment, 6

computadora *f* computer, 6

comulgar *v* to take communion (religious), 13

común *adj* common; **tener en común** *exp* to have in common, 3

comunicar *v* to communicate, 12

con *prep* with, 1

concebir (i) to conceive, 14

concierto *m* concert, 4

concilio *m* council, 18

concluir *v* to conclude, 7

concordancia *f* agreement, 2

concordar (ue) *v* to agree, 14

conde *m* count, 11

condominio *m* condominium, 7

conducir *v* to drive, 19

conducta *f* behavior, 4

conectar *v* to connect, 7

conejo *m* rabbit, 5

conexión *f* connection, 18

conferencia *f* lecture, 3

confianza *f* confidence, 2

confiar *v* to trust, 20

confundir *v* to confuse, 20

confuso *adj* confused, 20

conjetura *f* conjecture, 17

conjunto *m* band, musical group, 6

conocer *v* to know, to be acquainted, 7

conocido, -a *m/f* acquaintance, 15

conocimiento *m* knowledge, 7

conquista *f* conquest, 11

conquistar *v* to conquer, 10

consciente *adj* conscious, 3

conscripción *f* draft, forced recruitment, 14

conseguir *v* to obtain, to get, 8

consejero, -a *m/f* counselor, advisor, 9

consejos *m* advice, 19

conservador *adj* conservative, 2

conservar *v* to keep, to preserve, 8

considerar *v* to consider, 7

consistir en *v* to consist of, 7

consolar (ue) to console, 16

consomé *m* broth, 5

consonante *f* consonant, 2

construir *v* to construct, to build, 7

consulta *f* visit, consultation, 18

consultorio *m* doctor's office, 13

consumidor, -a *m/f* consumer, 3

contabilidad *f* accounting, 3

contado *m* cash, 9

contador, -a *m/f* accountant, 2
contagioso *adj* contagious, 18
contaminación *f* contamination, pollution, 14
contaminar *v* to contaminate, to pollute, 14
contar (ue) to count, to tell, 13; **contar con** *exp* to count on, 18
contener (ie) to contain, 14
contento *adj* contented, 2
contestar *v* to answer, 6
continuar *v* to continue, 19
contra *prep* against; **en contra de** *prep* against, 7
contradecir *v* to contradict, 13
contraer *v* to contract, 13
contraparte *f* counterpart, 16
contrato *m* contract, 19
contribuir *v* to contribute, 5
controvertido *adj* controversial, 8
contundente *adj* total, sound, complete, 19
convencer *v* to convince, 11
convenir (ie) to behoove, to be good for, 9
conversar *v* to converse, to chat, 4
converso, -a *m/f* convert, 4
convertir, convertirse (ie) to convert, 18
convincente *adj* convincing, 14
convivencia *f* living together, 11
copa *f* wine glass, 4
copia *f* copy, 8
copiar *v* to copy, 9
corazón *m* heart, 18
corbata *f* tie, 3
coro *m* choir, 3
corona *f* crown, 11
correcto *adj* correct, 1
correlación *f* sequence, relationship, 19
correo *m* post office, mail, 7
correr *v* to run, 5
correspondencia *f* mail, correspondence, 8
corresponsal *m/f* news correspondent, 15
corriente *f* current; **estar al corriente** *exp* to be up to date, 18
cortacésped *m* lawnmower, 7
cortar *v* to cut, 7
corte *m* haircut, 13; *f* court, 6
cortejo *m* courtship, 20
cortés *adj* courteous, 2
cortesano, -a *m/f* courtesan, 20
cortesía *f* courtesy, 4
corto *adj* short, 3
cosa *f* thing, 2
coser *v* to sew, 7

costa *f* coast, 4
costar (ue) *v* to cost, 6
costo *m* cost, 9; **costo de vida** *exp* cost of living, 19
costumbre *f* custom, 5
crear *v* to create, 5
creencia *f* belief, 18
creer *v* to believe, 5
crema *f* cream, 5
creyente *m/f* believer, 18
criada *f* maid, 7
crianza *f* upbringing, 12
criar, criarse *v* to raise (children); to be raised, 13
criatura *f* creature, young child, 11
crimen *m* crime, 9
cristiano *adj* Christian, 2
crítica *f* criticism, 18
criticar *v* to criticize, 11
crítico, -a *m/f* critic, 13
cruz *f* cross, 8
cruzar *v* to cross, 12
cuaderno *m* notebook, 1
cuadra *f* city block, 4
cuadrado *adj* squared, square-shaped, 15
cuadro *m* picture, 6
cuál, -es *inter* which, 1
cualidad *f* characteristic, quality, 12
cualquier *adj* any, 6
cuando *adv* when; **cuándo** *inter* when, 2
cuánto, -a, -os, -as *inter* how much, how many, 2; **cuanto antes** *exp* as soon as possible, 18; **en cuanto a** *exp* in reference to, 20
cuarenta *adj* forty, 2
cuarto *m* room, 2; *adj* fourth, 4
cuatro *adj* four, LP
cuatrocientos *adj* four hundred, 4
cubrir *v* to cover, 10
cucaracha *f* cockroach, 12
cuchara *f* spoon, 5
cuchillo *m* knife, 5
cuello *m* neck, 9
cuenta *f* bill (in a restaurant), 5; **darse cuenta de** *exp* to realize, 19
cuento *m* story, 9
cuero *m* leather, 2
cuerpo *m* body, 9
cuestionar *v* to question, to doubt, 11
cueva *f* cave, 14
cuidado *m* care, caution; **tener cuidado** *exp* to be careful, 12
cuidar *v* to care for, 7

culpa *f* guilt, 15; **tener la culpa** *exp* to be guilty; **echar la culpa** *exp* to blame
culpable *adj* guilty, 20
culpar *v* to blame, 15
cumpleaños *m* birthday, 4
cumplir *v* to fulfill, to obey, 8
cuñado, -a *m/f* brother/sister-in-law, 12
cura *m* priest, 15; *f* remedy, cure, 11
curar *v* to cure, 18
curso *m* course, 3
cuyo, -a, -os, -as *pron* whose, CS

CH

champaña *f* champagne, 12
champú *m* shampoo, 7
chaqueta *f* jacket, 3
charla *f* chat, 11
charlar *v* to chat, 11
chato *adj* squat, dull, 20
cheque *m* bank check, 8
chico, -a *m/f* young man/young woman, 3; *adj* small, 7
chimenea *f* chimney, fireplace, 15
chino, -a *m/f* Chinese man/woman, 5; *adj* Chinese
chisme *m* piece of gossip; **chismes** *m pl* gossip, 7
chismear *v* to gossip, 13
chiste *m* joke, 8
chistoso *adj* funny, comical, 20
chocar *v* to shock, to wreck, to run into, 20
choque *m* wreck, shock, 11
chuleta *f* chop (pork, lamb, etc.), 5
chupar *v* to suck, 11

D

dama *f* lady, 2; **damas** *f pl* checkers, 7
danza *f* dance, 3
dar *v* to give, 8
datos *m pl* information, statistics, figures, 13
de *prep* of, from, 1
debajo de *prep* underneath, 1
deber *v* to ought to, to owe, 5
débil *adj* weak, 3
década *f* decade, 12
decepcionar *v* to disillusion, to disappoint, 20
decidir *v* to decide, 5
décimo *adj* tenth, 6
decir *v* to say, to tell, 6

declarar *v* to declare, 20; **declararse** *exp* to propose marriage, 20
decorar *v* to decorate, 8
dedicar *v* to dedicate, 8
dedicatoria *f* dedication, 17
dedo *m* finger, toe, 9
defectuoso *adj* defective, 8
defender (ie) to defend; **defenderse (ie)** *v* to get along, 13
defensa *f* defense, 18
defensor, -a *m/f* defender, 19
déficit *m* deficit, 19
definir *v* to define, 6
dejar *v* to leave (something); **dejar de** + inf. *exp* to cease, to stop, 7
del *cont* de + el of the, from the, 1
delante de *prep* in front of, ahead of, 1
delgado *adj* thin, svelte, 2
delicadeza *f* delicateness, 16
delicado *adj* delicate, 10
delicioso *adj* delicious, 5
demandar *v* to demand, 14
demás, los demás *m/adj* the rest, the others, 7
demasiado *adj* too much, too many; *adv* too, excessively, 3
demócrata *m/f* democrat, 2
demográfico *adj* demographic; **explosión demográfica** *exp* population explosion, 17
demonio *m* demon, devil, 17
demostrar (ue) *v* to demonstrate, 19
demostrativo *adj* demonstrative, 4
dentro de *prep* inside of, 1
denunciar *v* to denounce, 20
departamento *m* department, apartment, 7
depender *v* to depend, 5
dependiente *m/f* clerk; *adj* dependent, 8
deporte *m* sport, 6
deportivo *adj* sporting, of sports, 6
depositar *v* to deposit, 8
depósito *m* deposit, down payment, 7
deprimido *adj* depressed, 18
deprimir, deprimirse *v* to depress; to get depressed, 18
derecha *f* right; **a la derecha de** *prep* on the right, 2
derechista *adj* rightwing, conservative, 14
derecho *m* legal right; *adv* straight ahead, 9
derrotar *v* to defeat, 11
desacuerdo *m* disagreement; **estar en desacuerdo** *exp* to disagree, 12
desafío *m* challenge, 17

desafortunado *adj* unfortunate, unlucky, 12

desagradable *adj* disagreeable, 19

desamor *m* dislike, 20

desaparecer *v* to disappear, 11

desarme *m* disarmament, 17

desarrollar *v* to develop, 15

desarrollo *m* economic development, 17

desastre *m* disaster, 11

desastroso *adj* disastrous, 3

desayunar *v* to eat breakfast, 13

desayuno *m* breakfast, 5

descansar *v* to rest, 4

descanso *m* rest, 5

descomponer, descomponerse *v* to take apart; to
  break down; to fall apart, 20

descompuesto *adj* broken, on the fritz, 20

descomunal *adj* uncommon, 19

desconfiar *v* to distrust, 20

desconocido, -a *m/f* stranger, 20

descontar (ue) *v* to discount, 19

describir *v* to describe, 2

descuento *m* discount, 8

descuidado *adj* careless, messy, 17

descuido *m* carelessness, 20

desde *adv* since (in a time sequence), 4

desdichado *adj* unfortunate, 17

desear *v* to desire, 4

desempeñar *v* to function; desempeñar un papel *exp*
  to play a role, 11

desempleado, -a *m/f* unemployed, 14

desempleo *m* unemployment, 15

desierto *m* desert, 4

desigual *adj* unequal, 13

desinencia *f* word ending, 4

desnudo *adj* naked, 4

despacio *adv* slowly, 4

despedida *f* farewell, farewell party, 19

despedir (i) *v* to fire, to dismiss, 13

despedirse (i) to bid farewell, to say goodbye, 15

despejado *adj* clear, cloudless, 5

despertador, reloj despertador *m* alarm clock, 20

despertar, despertarse (ie) *v* to wake up, 11

después, después de *prep* and *adv* after, afterwards, 1

destino *m* destiny, fate, 13

destruir *v* to destroy, 7

desvestir, desvestirse (i) to undress, 13

detalle *m* detail, 12

detener, detenerse (ie) to detain, to stop, 13

determinar *v* to determine, 9

detrás, detrás de *adv* and *prep* behind, 1

deuda *f* debt, 19

devolver (ue) *v* to return (an object), 6

devoto *adj* devout, 2

día *m* day, 4

diablo *m* devil, 15

diagnóstico *m* diagnosis, 18

diálogo *m* dialogue, 16

diamante *m* diamond, 2

diario *m* daily newspaper; *adj* daily, 9

dibujar *v* to draw, 12

dibujo *m* drawing, 11

diciembre *m* December, 4

diecinueve *adj* nineteen, LP

dieciocho *adj* eighteen, LP

dieciséis *adj* sixteen, LP

diecisiete *adj* seventeen, LP

diente *m* tooth, 9

difícil *adj* difficult, unlikely, 2

difícilmente *adv* hardly, unlikely, 4

dificultad *f* difficulty, 19

diluvio *m* flood, 11

dinero *m* money, 1

Dios *m* God, 3

diputado, -a *m/f* deputy, congressperson, 14

dirección *f* address, direction, 1

dirigente *m/f* head person, executive, 11

disco *m* phonograph record, 6

discurso *m* speech, 7

discusión *m* discussion, argument, 3

discutir *v* to argue, to discuss, 9

diseñador, -a *m/f* designer, 13

disfraz *m* disguise, costume, 18; disfrazarse *v* to
  disguise oneself, 17

disfrutar *v* to enjoy, 18

disgustar *v* to disgust, to displease, 9

disgusto *m* dispute, unpleasant experience, 14

disminuir *v* to diminish, 7

disolver (ue) to dissolve, 18

dispuesto *adj* willing; estar dispuesto *exp* to be
  willing, 13

distinguir *v* to distinguish, 19

distinto *adj* different, distinct, 5

distribuir *v* to distribute, 14

distrito *m* district, 3

divertido *adj* fun, amusing, 3

divertirse (ie) to have a good time, 15

dividir *v* to divide, 19

divino *adj* divine, 3

divisa *f* foreign currency, hard currency, 9

divorciarse *v* to get divorced, 13

divorcio *m* divorce, 9
doblar *v* to fold, to turn, 9
doble *adj* double, 13
doce *adj* twelve, LP
docena *f* dozen, 9
doctor, -a *m/f* doctor, 1
documento *m* document; **documentos** identity papers, 17
dólar *m* dollar, 19
doler (ue) to hurt, to ache, 9
dolor *m* pain, 18
domicilio *m* residence, 19
dominar *v* to dominate, 10
domingo *m* Sunday, 3
dominio *m* dominion, 11
don *m* gift, talent, 3; *title* Sir, 2
donar *v* to donate, 19
donde *adv* where; **dónde** *inter* where, 1
doña *title* Mrs., 2
dormir (ue) to sleep, 6; **dormirse (ue)** *v* to fall asleep, 13
dormitorio *m* bedroom, dormitory, 4
dos *adj* two, LP
doscientos *adj* two hundred, 4.
dosis *f* dose, 13
droga *f* drug, 13
ducha *f* shower, 13
ducharse *v* to take a shower, 13
duda *f* doubt, 11
dudar *v* to doubt, 18
dudoso *adj* doubtful, 18
dueño, -a *m/f* owner, 7
dulce *m* candy; *adj* sweet, 5
duradero *adj* durable, 17
durante *adv* during, 4
durar *v* to last, 11
duro *adj* hard, 13

E

económico *adj* economic, 10
echar *v* to throw; **echar de menos** *exp* to miss, 15
edad *f* age, 2
edificio *m* building, 2
editar *v* to edit, to publish, 16
editorial *f* publishing house, 16
efectivo *m* cash, 19
efecto *m* effect; **en efecto** *exp* in fact, 11

eficaz *adj* effective, 4
egoísmo *m* selfishness, 20
egoísta *adj* selfish, egocentric, 14
ejecutivo, -a *m/f* executive, 3
ejemplar *m* copy (of a book); *adj* exemplary, 16
ejemplo *m* example, 1
ejercicio *m* exercise, 1
ejército *m* army, 9
el *art* the, 1
él *pron* he, 1
elección *f* choice; **elecciones** *f* elections, 14
electricista *m/f* electrician, 2
elegir (i) to choose, to elect, 13
eliminar *v* to eliminate, 17
elogiar *v* to compliment, to praise, 18
elogio *m* compliment, 18
elongado *adj* elongated, 15
ella *pron* she, 1
ellos, ellas *pron* they, 2
embajador, -a *m/f* ambassador, 19
embarazada *adj* pregnant, 18
embarazoso *adj* embarrassing, 11
embargo; sin embargo *exp* nonetheless, nevertheless, 10
emborrachar, emborracharse to make drunk, to get drunk, 13
emisora *f* radio station, 15
emoción *f* emotion, excitement, 14
emocionarse *v* to get excited, 13
empacar *v* to pack, 9
empapar *v* to soak; **empaparse** to get soaked
empatar *v* to come out even, to tie, 10
empezar (ie) *v* to begin, 6
empleado, -a *m/f* employee, 8
emplear *v* to use, to employ, 7
empleo *m* employment, job, 8
empresa *f* company, business, 8
empresario, -a *m/f* impresario, 8
en *prep* on, in, inside of, 1
enamorado *adj* in love, 11
enamorarse *v* to fall in love, 13
encantar *v* to charm, to please a great deal, 9
encanto *m* charm, 6
encargado, -a *m/f* person in charge, 8
encender (ie) *v* to light (a fire or a light), 6
encima de *prep* on top of, 1
encinta *adj* pregnant, 18
encontrar (ue) *v* to find, 6
encuentro *m* encounter, 7
encuesta *f* investigation, poll, 3

enemigo, -a *m/f* enemy, 2
energía *f* energy, 12
enero *m* January, 4
énfasis *m* emphasis, stress, 3
enfatizar *v* to emphasize, 8
enfermar, enfermarse *v* to sicken, to get sick, 13
enfermedad *f* illness, 16
enfermería *f* nursing, 12
enfermero, -a *m/f* nurse, 2
enfermo *adj* ill, sick, 1
enfrente *adv* facing; **enfrente de** *prep* facing, 4
engañar *v* to deceive, 19
engordar, engordarse *v* to fatten, to get fat, 13
enojar, enojarse *v* to anger, to get mad, 13
enorme *adj* enormous, 2
ensalada *f* salad, 5
ensayo *m* rehearsal, essay, 6
enseñanza *f* teaching, 12
enseñar *v* to teach, 4
ensuciar, ensuciarse *v* to dirty, to get dirty, 20
entender (ie) to understand, 6
entero *adj* whole, entire, 3
entonces *adv* then, at that moment, therefore, 3
entrada *f* theater ticket, 6
entrar *v* to enter, 7
entre *adj* between, 1
entregar *v* to deliver, 7
entrenador, -a *m/f* trainer, coach, 6
entretener *v* to entertain, 9
entrevista *f* interview, 3
entrevistar *v* to interview, 11
entusiasmo *m* enthusiasm, 12
entusiasta *adj* enthusiastic; *m/f* enthusiast, 15
envolver (ue) to wrap, 9
epidemia *f* epidemic, 13
episodio *m* episode, 17
época *f* epoch, era, 4
equipaje *m* luggage, 9
equipo *m* team, 6
equivocación *f* error, mistake, 13
equivocado *adj* mistaken, 5
equivocarse *v* to be mistaken, to make a mistake, 14
escala *f* scale, 18
escalera *f* ladder, stairs, 18
escasez *f* scarcity, 19
escaso *adj* scarce, 19
escena *f* scene, 6
escenario *m* stage, 6
escoba *f* broom, 7
escoger *v* to choose, 6

escolar *m/f* schoolchild; *adj* related to school, 4
esconder *v* to hide, 13
escribir *v* to write, 6
escritor, -a *m/f* writer, 6
escritorio *m* desk, 1
escrito *adj* written, 1
escuchar *v* to listen, 4
escuela *f* school, 3
esculpir *v* to sculpt, 15
escultor, -a *m/f* sculptor, 15
escultura *f* sculpture, 7
ese, -o, -a, -os, -as *dem* that, those, 4; **a eso de** *exp* approximately, 18
esfera *f* sphere, 12
esfuerzo *m* effort, 8
espacio *m* space, 7
espalda *f* back (of a person), 9
español, española *m/f* Spaniard; **español** *m* Spanish language, 1
especial *adj* special, 5
especializarse *v* to specialize, 18
específico *adj* specific, 1
espectáculo *m* performance, show, 6
espectador, -a *m/f* spectator, 14
especular *v* speculate, 3
espejo *m* mirror, 13
esperanza *f* hope, 14
esperar *v* to hope for, to wait for, 7
espíritu *m* spirit, 4
esposo, -a *m/f* husband, wife, 2
esquiar *v* to ski, 6
esquina *f* street corner, 4
establecer *v* to establish, 15
estación *f* station, season of the year, 4
estacionamiento *m* parking lot, 17
estacionarse *v* to park, 15
estadio *m* stadium, 6
estadística *f* statistic, figure, 3
estado *m* state, 3
estar *v* to be, 2
estatal *adj* of the state, 14
estatua *f* statue, 5
este, -o, -a, -os, -as *dem* this, these, 4
estilo *m* style, 7; **por el estilo** *exp* something like that, 17
estimado *adj* Dear (in a letter), esteemed, 19
estimular *v* to stimulate, 17
estímulo *m* stimulation, 12
estómago *m* stomach, 9
estrella *f* star, 20

estrenar *v* to premier, 15
estricto *adj* strict, 2
estructura *f* structure, 1
estudiante *m*/*f* student, 1
estudiantil *adj* of students, 2
estudiar *v* to study, 4
estufa *f* stove, 7
etapa *f* stage, period, 4
eterno *adj* eternal, 17
etiqueta *f* label, 16
Europa *f* Europe, 3
evidente *adj* evident, 14
evitar *v* to avoid, 18
exagerar *v* to exaggerate, 4
examen *m* exam, test, 2
examinar *v* to examen, to test, 17
excepto *prep* except for, excepting, 1
excluir *v* to exclude, 7
exigente *adj* demanding, 3
exigir *v* to demand, 14
existir *v* to exist, 18
éxito *m* success; **tener éxito** *exp* to be successful, 8
explicación *f* explanation, 3
explicar *v* to explain, 4
explorar *v* to explore, 17
exponer *v* to expose, to exhibit, 12
exposición *f* exhibit, exposition, 7
expresar *v* to express, 7
extender (ie) to extend, 14
extenso *adj* extensive, 3
exterior *adj* abroad, foreign, exterior, outside, 13
externo *adj* external, 19
extranjero, -a *m*/*f* foreigner; *adj* foreign, 3
extrañar *v* to miss, 20
extraño *adj* strange, bizarre, 11

F

fábrica *f* factory, 8
fabricar *v* to manufacture, to make, 13
fácil *adj* easy, likely, 1
facilitar *v* to facilitate, to make easy, 12
factura *f* bill, account statement, 18
facultad *f* academic department, professional school, 10
facultativo *adj* optional, 19
falda *f* skirt, 3
falso *adj* false, 1
falta *f* lack, scarcity, 7; **hacer falta** *exp* to need, 9

faltar *v* to miss, to need, 9
fantasía *f* fantasy, dream, 2
fantasma *m* ghost, 15
farmacéutico, -a *m*/*f* pharmacist, 8
farmacia *f* drugstore, 8
fascinante *adj* fascinating, 10
fascinar *v* to fascinate, to appeal greatly, 9
favor *m* favor, 5; **por favor** *exp* please, 1
fe *f* faith, 18
fealdad *f* ugliness, 15
febrero *m* February, 4
fecha *f* date, 4; **hasta la fecha** *exp* up until now, 20
feliz *adj* happy, contented, 2
fenómeno *m* phenomenon, freak, 6
feo *adj* ugly, 2
feria *f* fair, flea market, 16
ferrocarril *m* railroad, railroad transportation, 9
fertilidad *f* fertility; **tasa de fertilidad** *exp* fertility rate, 18
festejar *v* to celebrate, 13
ficha *f* index card, 15
fiebre *f* fever, 18
fiel *adj* faithful, 18
fiesta *f* party, holiday, 2
figurar *v* to figure, to appear, 20
fijar, fijarse to fix, to notice, 14; **fijar una fecha** *exp* to set a date, 18
fila *m* line of people, row of seats, 6
filósofo, -a *m*/*f* philosopher, 11
fin *m* end, 4; **por fin** *exp* finally, 12
final *m* end; *adj* final, 3
financiero *adj* financial, 19
finanzas *f pl* finances, 19
fingir *v* to pretend, 12
fino *adj* fine, delicate, cultured, 13
firmar *v* to sign, 17
física *f* physics, 3
físico, -a *m*/*f* physicist; *adj* physical, 2
flaco *adj* thin, skinny, 2
flan *m* custard-like dessert, 5
flecha *f* arrow, 9
flirtear *v* to flirt, 11
flor *f* flower, 4
florería *f* flower shop, 8
florero, -a *m*/*f* florist; *m* flower vase, 4
foco *m* focus, focal point, lightbulb, 17
fondo *m* fund, bottom, background, 11; **música de fondo** *exp* background music, 13
forma *m* form, 2
formar *v* to form, 2

formidable *adj* formidable, wonderful, admirable, 2
formular *v* to formulate, to invent, 4
formulario *m* form (to fill out), 8
foro *m* forum, stage, 11
fortalecer *v* to fortify, 12
fósforo *m* match (to light a fire), 9
foto, fotografía *f* photograph, 2
fracasar *v* to fail, 20
fracaso *m* failure, 19
fraile *m* friar, 18
francés *m* French language; **francés, francesa** *m/f* Frenchman, Frenchwoman, 2
Francia *f* France, 13
frase *f* phrase, sentence, 6
fregar (ie) to clean, to scrub, 20
frente *f* front, forehead; **en frente de** *prep* in front of, across from, 4
fresa *f* strawberry, 5
fresco *adj* fresh, cool, 5
frijol *m* bean, 5
frío *m* cold; **tener frío** *exp* to be cold, 5
frito *adj* fried, 5
frustrante *adj* frustrating, 12
frustrar, frustrarse *v* to frustrate, to get frustrated, 9, 14
fruta *f* fruit, 5
fruto *m* product, result, 11
fuego *m* fire, 20
fuente *f* fountain, 4
fuera de *prep* outside of; **fuera** *adv* out
fuerte *adj* strong, 3
fuerza *f* force, power, electric power, 9
fumar *v* to smoke, 4
función *f* function, showing (of a movie), 6
funcionar *v* to function, to work (a machine), 4
funcionario, -a *m/f* bureaucrat, 19
fundar *v* to found, 17
fúnebre *adj* funereal, gloomy, 13
funerales *m pl* funeral service, 18
fusilar *v* to shoot, 17
fútbol *m* football, soccer, 3
futuro *m* and *adj* future, 1

G

gabinete *m* cabinet, 7
galería *f* gallery, 15
galleta *f* cracker, 5
gallina *f* hen, 13
ganancia *f* earning, income, 19

ganar *v* to earn, to win, 4; **ganarse la vida** *exp* to earn a living
ganas *f* desires; **tener ganas de** + inf. *exp* to want to
ganga *f* bargain, 9
garaje *m* garage, 7
garganta *f* throat, 18
gastar *v* to spend, 8
gasto *m* expense, 14
gato, -a *m/f* cat, 1
genérico *adj* generic, 9
género *m* gender; **género humano** *exp* the human race, 3
genio, -a *m/f* genius; *m* talent, 15
gente *f* people, 1
gerente *m/f* manager, 8
gerundio *m* gerund, present participle, 8
gimnasia *f* gymnastics, calisthenics, 6
gimnasio *m* gymnasium, 4
gobernador, -a *m/f* governor, 14
gobernante *adj* ruling, governing, 17
gobierno *m* government, 2
golosina *f* candy, delicate sweets, 5
golpe *m* hit, blow; **golpe de estado** *exp* coup d'état, 13
gordo *adj* fat, 2
gorro *f* cap, hat, 3
gota *f* drop of liquid, 18
gozar *v* to enjoy, 18
grabado *m* engraving, 16
grabadora *f* tape recorder, 6
grabar *v* to engrave, to record, 20
gracias *exp* thank you, 1
grado *m* degree, grade, 6
graduarse *v* to graduate, 12
gramática *f* grammar, 6
gramo *m* gram, 9
gran, grande, grandes *adj* large, 3; noble, 6
grandeza *f* greatness, 5
granja *f* farm, 19
granos *m* cereal, 5
gratis *adj* free, 13
gratuito *adj* free, gratuitous, 19
griego, -a *m/f* and *adj* Greek, 11
gringo, -a *m/f* foreigner, North American, 9
gripe *f* cold, flu, 18
gris *adj* gray, 3
gritar *v* to shout, 12
grito *m* shout, 13
grosero *adj* gross, vulgar, rude, 17
grupo *m* group, 3

guante *m* glove, 18
guapo *adj* good-looking, handsome, 2
guarda *m/f* guard, 7
guardar *v* to keep, to preserve, to protect, 6
gubernativo *adj* governmental, 11
guerra *f* war, 3
guía *m/f* guide; *m* guidebook, 2
guiñar *v* to wink, 16
guión *m* play or filmscript, 16
gustar *v* to please, 9
gusto *m* taste, 1

H

haber *v* to have (auxilliary), infinitive of **hay,** 12
hábil *adj* quick, able, capable, 13
habitación *f* room, 7
habitante *m/f* inhabitant, 4
hábito *m* habit, 5
hablar *v* to talk, to speak, 4
hacer *v* to do, to make, 5
hallar *v* to find, 6
hambre *f* hunger (*el hambre* in singular), 5; **tener hambre** *exp* to be hungry
hamburguesa *f* hamburger, 5
hasta, hasta que until, 4; **Hasta luego.** *exp* See you later.
hay *v* there is, there are, 4; **hay que** *exp* one must, 7
hebreo, -a *m/f* Hebrew; *m* Hebrew language, 18
hecho, de hecho *exp* in fact, 13
helado *m* ice cream, 5
hemisferio *m* hemisphere, 4
heredar *v* to inherit, 19
hereje *m/f* heretic, 18; *adj* heretical, 18
herejía *f* heresy, 18
hermano, -a *m/f* brother, sister, 2
hermoso *adj* beautiful, 2
hijo, -a *m/f* son, daughter, 2
hincha *m/f* sports fan, 6
hispano, -a *m/f* Hispanic person; *adj* Hispanic, 2
Hispanoamérica *f* Spanish America, 3
historia *f* history, story, 3
historiador, -a *m/f* historian, 11
historietas *f* comics, 9
hoja *f* leaf, sheet of paper, 6
Hola. *exp* Hello., LP
hombre *m* man, 1
hombro *m* shoulder, 9
hora *f* hour, time of day, 3

horno *m* oven; **al horno** *exp* baked, 5
hotelero, -a *m/f* hotel clerk, 9
hoy *adv* today, 1
huelga *f* strike, 14
huevo *m* egg, 5
húmedo *adj* humid, damp, 5
humilde *adj* humble, poor, 13

I

ibérico *adj* Spanish, Iberian, 4
identificar *v* to identify, 4
idioma *m* language, 2
iglesia *f* church, 4
igual *adj* equal, the same, 3
igualdad *f* equality, 3
igualmente *adv* also, equally, 2
imagen *f* image, 3
imaginarse *v* to imagine, 17
imperio *m* empire, 4
impermeable *m* raincoat, 9
imponente *adj* imposing, 17
importar *v* to be important, 9
impreciso *adj* inexact, 4
impresionante *adj* impressive, 4
impresionar *v* to impress, 5
improvisar *v* to improvise, 13
impuesto *m* tax, 10
inaguantable *adj* unbearable, insufferable, 18
incendiar *v* to burn, 19
incendio *m* fire, conflagration, 11
incivilizado *adj* uncivilized, 12
inclinarse *v* to lean, 19
incluir *v* to include, 7
incluso *adv* and *prep* including, 5
incontable *adj* unspeakable, 20
increíble *adj* incredible, 14
incrustado *adj* imbedded, 7
independiente *adj* independent, 3
indicar *v* to indicate, to cue, 4
indígena *m/f* indian; *adj (invariable)* native, 14
indigestión *f* indigestion, 18
indio, -a *m/f* Indian, 11
individuo *m* individual, 3
indocumentado, -a *m/f* alien with no visa, 13
inesperado *adj* unexpected, 11
infame *adj* infamous, 14
infancia *f* infancy, 13
infiel *adj* unfaithful, 12

infierno *m* hell, 18
influenza *f* flu, 13
influir *v* to influence, 7
informar, informarse *v* to inform, to inform oneself, 13
informe *m* report, 2
ingeniería *f* engineering, 13
ingeniero, -a *m/f* engineer, 2
ingenuo *adj* naive, 20
Inglaterra *f* England, 5
inglés *m* English, 2; **inglés, inglesa** Englishman, Englishwoman
ingresos *m pl* income, 19
injusto *adj* unfair, 14
inmediatamente *adv* immediately, 7
inmigrante *m/f* immigrant, 19
inmigrar *v* to immigrate, 16
inmobilario *adj* real estate, 7
inodoro *m* flushable toilet, 12
inolvidable *adj* unforgettable, 6
inquieto *adj* upset, nervous, 13
inquilino, -a *m/f* renter, 7
insatisfecho *adj* unsatisfied, 6
inseguridad *f* insecurity, 18
inseguro *adj* insecure, uncertain, 16
insistir *v* to insist, 7
insoportable *adj* unbearable, insufferable, 20
inspirar *v* to inspire, 4
instituto *m* institute, 19
instruir *v* to teach, to instruct, 7
inteligente *adj* intelligent, 2
intensificar *v* to intensify, 3
intento *m* attempt, 13
intercambiable *adj* interchangeable, 19
intercambio *m* exchange, 2
interés *m* interest, 3
interesante *adj* interesting, 2
internar *v* to hospitalize, 18
interno *adj* internal, 17
interpretar *v* to interpret, 16
intruso, -a *m/f* intruder, invader, 13
inundación *m* flood, 11
inútil *adj* useless, 19
invadir *v* to invade, 20
inventar *v* to invent, 17
invento *m* invention, 17
inversión *f* investment, 15
inversionista *m/f* invester, 19
invertir (ie) to invest, 17
investigador, -a *m/f* investigator, detective, 8

investigar *v* to investigate, 9
invitado, -a *m/f* guest, 5
invitar *v* to invite, 7
inyección *f* shot, injection, 18
inyectar *v* to inject, 18
ir *v* to go, 5
irlandés, irlandesa Irishman, Irishwoman, 2
irse *v* to depart, 13
isla *f* island, 3
izquierda *f* left, 2
izquierdista *m/f* leftist, 14

J

jabón *m* soap, 13
jamás *adv* never, 6
jamón *m* ham, 5
japonés, japonesa *m/f* and *adj* Japanese, 2
jarabe *m* syrup, 18
jardín *m* garden, backyard, 4
jardinero, -a *m/f* gardener, 13
jefe, -a *m/f* boss, 7
jerarquía *f* hierarchy, 18
jeringa *f* syringe, 18
joven *adj* young; *m/f* youth, 2
joya *f* jewel, 5
jubilación *f* retirement, 13
jubilarse *v* to retire, 12
judío, -a *m/f* Jew; *adj* Jewish, 2
juego *m* game, 6
jueves *m* Thursday, 4
juez *m/f* judge, 2
jugador, -a *m/f* player, 6
jugar (ue) to play (a game or sport), 6
jugo *m* juice, 5
jugoso *adj* juicy, 15
juguete *m* toy, 7
juguetería *f* toyshop, 6
julio *m* July, 4
junio *m* June, 4
junto *adj* together; **junto a** *prep* next to, 2
justicia *f* justice, 9
justificar *v* to justify, 19
justo *adj* fair, 3
juventud *f* youth, 14

K

kilo *m* kilogram, 9
kilómetro *m* kilometer, 4

L

la *art* the, 1
laboratorio *m* laboratory, 3
lado *m* side; **al lado de** *prep* beside, 1; **en todos lados** everywhere, 14
ladrillo *m* brick, 7
ladrón, ladrona *m/f* thief, 18
lamentar *v* to regret, to lament, 14
lámpara *f* lamp, 2
lana *f* wool, 2
lanzar *v* to launch, 17
lápiz *m* pencil, 1
lapso *m* period of time, 16
largo *adj* long, 3; **a lo largo** *exp* in the long run, 19
lástima *f* pity, 14
lavabo *m* wash basin, 7
lavadora *f* washing machine, 7
lavandería *f* laundry, 3
lavaplatos *m* dishwasher, 7
lavar *v* to wash, 5
le *pron* him, her, you, 8
lección *f* lesson, 1
lector, -a *m/f* reader, 13
lectura *f* reading selection, 1
leche *f* milk, 5
lechería *f* dairy, dairy store, 8
lechero, -a *m/f* milkman, milkmaid, 8
lechuga *f* lettuce, 5
leer *v* to read, 5; **leer la suerte** *exp* to tell fortunes, 15
legumbre *f* vegetable, 5
lejos *adv* far; **lejos de** *prep* far from, 2
lema *f* slogan, 19
lengua *m* tongue, language, 3
lenguaje *m* language, style, dialect, 20
león, leona *m/f* lion, lioness, 17
les *pron* them, you, 8
letra *f* letter, words of a song, 2
letrero *m* sign, 14
levantar, levantarse to lift, to get up, 13
ley *f* law, 14
libertad *f* liberty, 5
libra *f* pound, 4
libre *adj* free, 4
librería *f* bookstore, 6
librero, -a *m/f* bookstore clerk, 8
libro *m* book, 1
licencia *f* licence, 19; **licencia de manejar** *exp* driver's licence
ligero *adj* light, airy, 5

limitar *v* to limit, 19
límite *m* limit, 13
limón *f* lemon, 5
limonada *f* lemonade, 5
limpiar *v* to clean, 7
limpieza *f* cleanliness; **hacer la limpieza** *exp* to clean, 7
limpio *adj* clean, 2
lindo *adj* pretty, cute, 4
línea *f* line, 6
lingüística *f* linguistics, 3
lío *m* conflict, disorder, 17
liquidación *f* sale, 9
liso *adj* smooth, 6
lista *f* list, roll; **pasar lista** *exp* to call the role, 2
listo *adj* smart, quick witted; **estar listo** *exp* to be ready, 14
litro *m* liter, 5
lo *pron* him, it, you, 7
lobo *m* wolf, 12
localidad *f* theater ticket, 17
localización *f* location, 1
loco *adj* crazy, 2
locura *f* insanity, 20
lógica *f* logic, 6
lógico *adj* logical, 2
lograr *v* to succeed in, to accomplish, 11
logro *m* accomplishment, 14
Londres London, 13
los *pron* you, them, 7; *art* the, 1
lotería *f* lottery, 7
lucha *f* fight, struggle, 18
luchar *v* to fight, to struggle, 14
luego *adv* later, 8; **Hasta luego** *exp* See you later, 1
lugar *m* place, 2
lujo *m* luxury, 19
luna *f* moon, 6
lunes *m* Monday, 4
lustrar *v* to polish, to shine, 7
luz *f* light, 1

LL

llamada *f* phone call, 6
llamar *v* to call, 6; **llamarse** *v* to be called, 13
llave *f* key, 1
llegada *f* arrival, 11
llegar *v* to arrive, 4
llenar *v* to fill, to fill out, 15

lleno *adj* full, 2
llevar *v* to carry, 4; **llevarse** *v* to take away, 11
llorar *v* to cry, 11
llover (ue) to rain, 5
lluvia *f* rain, 11

M

madera *f* wood, 2
madre *f* mother, 1
madrina *f* godmother, 12
madrugada *f* early morning, 3
maestría *f* mastery, master's degree, 12
maestro, -a *m/f* teacher, master, 1
magia *f* magic, 18
mago, -a *m/f* magician, 18
mahometano *adj* Islamic, 2
maíz *m* corn, 13
mal *adv* badly, 4; *m* evil, 18
mal, -o, -a, -os, -as *adj* bad, evil, 1
malcriado *adj* rude, ill-bred, 15
maleducado *adj* rude, ill-bred, 2
maléfico *adj* evil, 18
maleta *f* suitcase, 6
mamífero *m* mammal, 20
mandar *v* to command, to send, 6
mandato *m* command, 9
mandón, mandona *adj* bossy, 8
manejar *v* to drive, to manage, 4
manera *f* manner, way, 12
manifestación *f* demonstration, 14
manifestar (ie) to show, to demonstrate, 14
mano *f* hand, 1
mantener (ie) *v* to maintain, 7
mantequilla *f* butter, 5
manzana *f* apple, 5
mañana *adv* tomorrow, 1
mapa *m* map, 2
maquillaje *m* make-up, 13
máquina *f* machine, 8
mar *m* sea, ocean, 4
maravilla *f* marvel, 7
maravilloso *adj* marvellous, 2
marca *f* brand, name, 9
marcar *v* to mark, 11
marco *m* frame, 19
marea *f* dizziness, nausea, 18
mareado *adj* dizzy, nauseated, 18
marido *m* husband, 7

marina *f* navy, 7
marinero, -a *m/f* sailor, 14
mármol *m* marble, 15
Marte *m* Mars, 17
marzo *m* March, 4
más *adj* more, 1
matamoscas *m* flyswat, 13
matar *v* to kill, 10
matemáticas *f* mathematics, 1
matemático, -a *m/f* mathematician, 2
materia *f* material, course subject, 8
materno *adj* maternal, 19
matrícula *f* tuition, enrollment, 11
matricularse *v* to enroll, 19
matrimonio *m* matrimony, a married couple, 20
mayo *m* May, 4
mayonesa *f* mayonnaise, 5
mayor *adj* larger, older, 3
mayoría *f* majority, 11
me *pron* me, to me, 5
mecánico, -a *m/f* mechanic, 4; *adj* mechanical
media *f* sock, hose, 3
medianoche *f* midnight, 3
mediante *adv* by means of, through, 20
medicamento *m* medicine, 18
médico, -a *m/f* doctor, 2
medida *f* means, measure, 4
medio *m* means; **en medio de** *prep* in the center of, 2
mediodía *m* noon, 3
medir (i) *v* to measure, 18
mejilla *f* cheek, 13
mejor *adj* better, 3
mejorar *v* to improve, 20
memoria *f* memory, 6; **aprender de memoria** to memorize, 6
menor *adj* younger, youngest, lesser, 3
menos *adj* less, minus, 3
mente *f* mind, 4
mentir (ie) *v* to lie, to fib, 6
mentira *f* lie, 1
menudo, a menudo *exp* frequently, 20
mercado *m* market, 9
mercancía *f* merchandise, 9
merecer *v* to deserve, 11
mes *m* month, 4
mesa *f* table, 1
mesero, -a *m/f* waiter, waitress, 8
meta *f* goal, 9
meter *v* to put or place into, 14; **meter la pata** *exp* to blunder, 14

mezcla *f* mixture, 18
mezclar *v* to mix, 18
mi *pron* my, 1
mí *pron* me, 2
microbio *m* germ, 18
microfono *m* microphone, 16
miedo *m* fear; **tener miedo (de)** *exp* to be afraid (of), 8
miembro *m/f* member, 8
mientras *adj* while, at the same time, 4; **mientras tanto** *adj* meanwhile
miércoles *m* Wednesday, 4
mil *adj* thousand, 4
militar *m* military person, 6; *adj* military, 14
milla *f* mile, 4
millón *adj* million, 4
millonario, -a *m/f* millionaire, 5
mina *f* mine, 5
mínimo *m* minimum; *adj* minimal, 13; **en lo más mínimo** *exp* in the least, 20
ministro, -a *m/f* minister, 2
minoría *f* minority, 14
minoritario *adj* minority, 11
minúscula *adj* lower case (letters), 2
minuto *m* minute, 4
mío, -a, -os, -as *pron* mine, 18
mirar *v* to look at, to watch, 4
misa *f* mass (church service), 13
misionero, -a *m/f* missionary, 10
mismo *adj* same, 2
mitad *f* half, 4
mito *m* myth, 20
mixto *adj* mixed, 3
mochila *f* backpack, 1
moda *f* fashion, style, 3
modestia *f* modesty, 8
modismo *m* idiomatic expression, 8
modista *m/f* fashion designer, 3
molestar *v* to bother, to irritate, 9
molestia *f* bother, irritation, 19
molesto *adj* bothered, upset, 13
momia *f* mummy, 8
monarca *m/f* monarch, 13
moneda *f* coin, national currency, 19
monje, -a *m/f* monk, nun, 18
monstruo *m* monster, 8
montaña *f* mountain, 3
morado *adj* purple, 3
moreno *adj* dark complected, brunette, 2
morir (ue) to die, 6

moro, -a *m/f* moor, 11; *adj* moorish
mosca *f* fly, 13
mostrar (ue) to show, to demonstrate, 8
moto, motocicleta *f* motorcycle, 3
mozo, -a *m/f* waiter, waitress, 8
mucama *f* maid, 7
muchacho, -a *m/f* boy, girl, 2
mucho, -a, -os, -as *adj* many, a lot, 1
mudarse *v* to change residence, 12
muebles *m* furniture, 7
muela *f* back tooth, molar, 18
muerte *f* death, 10
muerto *adj* dead, 4
mujer *f* woman, 1
multa *f* fine, 11
multar *v* to fine, 19
mundial *adj* world, 3
mundo *m* world, 2
museo *m* museum, 4
música *f* music, 3
músico, -a *m/f* musician, 6
muy *adj* very, 1

N

nacer *v* to be born, 10
nacimiento *m* birth, 4
nada *f* nothing, 6
nadar *v* to swim, 4
nadie *m* nobody, 6
naipes *m pl* playing cards, 6; **leer los naipes** to read (fortune) cards, 15
naranja *f* fruit, 5
nariz *f* nose, 9
narrar *v* to narrate, 11
natación *f* swimming, 13
natal *adj* birth, 13; **ciudad natal** *exp* hometown, 4
natalidad *f* birth; **control de la natalidad** *exp* birth control, 17
navaja *f* straight razor, razor blade, 13
Navidad *f* Christmas, 4
necesario *adj* necessary, 1
necesitar *v* to need, 4
negar (ie) to deny, 6
negocio *m* place of business, business deal, 7
negro *adj* black, 3
nervioso *adj* nervous, 2
nevar (ie) *v* to snow, 5
ni *conj* nor, 6
nieto, -a *m/f* grandson, granddaughter, 12
nieve *f* snow, 9

ningún, -o, -a, -os, -as *adj* no, 6
niñero, -a *m/f* baby-sitter, 12
niñez *f* childhood, 13
niño, -a *m/f* child, boy, girl, 5
nivel *m* level, stage, 17
noche *f* night, 3
nombrar *v* to name, 12
noreste *m* northeast, 4
norma *f* norm, 13
noroeste *m* northwest, 4
norte *m* north, 3
nos *pron* us, 7
nosotros, -as we, 3
nota *f* grade, note, 1
notar *v* to note, to notice, 11
noticia *f* news, notice, 11
noticiero *m* news broadcast, 7
novecientos *adj* nine hundred, 4
novela *f* novel, 6
noveno *adj* ninth, 6
noventa *adj* ninety, 2
noviazgo *m* courtship, 20
noviembre *m* November, 4
novio, -a *m/f* boyfriend, girlfriend, groom, bride, 2
nube *f* cloud, 4
nublado *adj* cloudy, 5
nuera *f* daughter-in-law, 12
nueve *adj* nine, 3
nuevo *adj* new, 1; **de nuevo** *exp* again, 12
número *m* number, 1
nunca *adj* never, 6

O

obedecer *v* to obey, 18
obispo *m* bishop, 18
objeto *m* object, thing, 1
obra *f* work (of literature, or art, etc.), 5
obrero, -a *m/f* manual laborer, factory worker, 2
obtener (ie) *v* to obtain, 13
obvio *adj* obvious, 14
ocasión *f* occasion, opportunity, 12
océano *m* ocean, 3
octavo *adj* eighth, 6
octubre *m* October, 4
ocupado *adj* busy, 4
ocurrir *v* to occur, to happen, 6
ochenta *adj* eighty, 2
ocho *adj* eight, LP
ochocientos *adj* eight hundred, 4

odiar *v* to hate, 7
odio *m* hate, 7
oeste *m* west, 4
oferta *f* offer; **estar de oferta** *exp* to be on sale, 9
oficina *f* office, 1
oficio *m* skill, vocation, 8
ofrecer *v* to offer, 13
oído *m* hearing, auditory sense, 16
oír *v* to hear, 7
ojalá *exp* I hope, 14
ojo *m* eye, 9
oler (ue) *v* to smell, 12
olvidarse *v* to forget, 13
omitir *v* to omit, 6
ómnibus *m* bus, 9
once *adj* eleven, LP
operar *v* to operate, 19
oponerse *v* to oppose, 14
optar *v* to opt, to choose, 19
oración *f* sentence, 1
orar *v* to pray, 18
orden *m* order, arrangement; *f* command, religious order, 5
oreja *f* ear, 9
organizar *v* to organize, 5
orgullo *m* pride, 16
orgulloso *adj* proud, 13
oro *m* gold, 2
ortografía *f* spelling, 1
ortográfico *adj* spelling, 3
os *pron* you, 7
oscuro *adj* dark, 3
otoño *m* autumn, 4
otro *adj* other, another, 1
OVNI *m* UFO, 18

P

paciente *adj* *m/f* patient, 12
padre *m* father; **padres** *m pl* parents, 2
padrino *m* godfather; **padrinos** *m pl* godparents, 12
paella *f* Spanish dish of rice and seafood, 5
pagar *v* to pay, 5
pago *m* payment, 19
página *f* page, 4
país *m* country, 2
paisaje *m* landscape, 15
pájaro *m* bird, 7
palabra *f* word, 1
pan *m* bread, 5

panadería *f* bakery, 8
pantalón *m* trousers, 2
pañuelo *m* handkerchief, 13
papa *f* potato, 5
Papa *m* Pope, 16
papel *m* paper, a sheet of paper, 1; **hacer un papel** *exp* play a role, 16
papelería *f* stationery store, 8
paquete *m* package, 8
par *m* pair, 9
para *m* for, 1
parada *f* bus, train or taxi stop, 17
paradoja *f* paradox, 19
paraguas *m* umbrella, 11
parar, pararse *v* to stop, to stand up, 17
parecer *v* to seem, to appear, 5
parecido *adj* similar, 19
pared *f* wall, 1
pareja *f* pair, couple, 18
pariente *m/f* family relative, 12
parque *m* park, 4
párrafo *m* paragraph, 13
parrilla *f* grill, 5
parte *f* part, 1
partera *f* midwife, 18
participio *m* participle, 16
partícula *f* particle, small word, 8
particular *adj* particular, private, personal, 4
partida *f* departure; **punto de partida** *exp* point of departure, 2
partidario, -a *m/f* supporter, party member, 19
partido *m* political party, 4
partir *v* to depart, 11
parto *m* birth, 12
pasado *m* past, 10
pasaje *m* ticket, 8
pasajero, -a *m/f* passenger, 9
pasaporte *m* passport, 19
pasar *v* to pass, to occur, to happen, 5
pasear *v* to stroll, to travel for pleasure, 9
pasillo *m* hall, 7
paso *m* step, 20
pastel *m* pastry, cake, 5
pastelería *f* pastry shop, 8
pastilla *f* pill, 13
pata *f* foot, 14
paterno *adj* paternal, 12
patio *m* backyard, courtyard, 4
pato, -a *m/f* duck, 15
patria *f* fatherland, 14

patrón, patrona *m/f* boss, 12; **patrón** *m* pattern, 19
pauta *f* pattern, framework, 11
pavo *m* turkey, 5
payaso, -a *m/f* clown, 3
paz *f* peace, 7; **déjeme en paz** *exp* leave me alone, 20
pecado *m* sin, 18
pecador, -a sinner, 18
pedantería *f* pedantry, 20
pedido *m* request, 19
pedir (i) *v* to ask for, to request, 5
pegar *v* to hit, to stick, 19
peinado *m* hairdo, 16
peinador, -a *m/f* hairdresser, 8
peinarse *v* to comb one's hair, 13
peine *m* comb, 13
pelea *f* fight, quarrel, 12
pelear *v* to fight, to quarrel, 12
peletería *f* leather shop, 9
película *f* film, 6
peligro *m* danger, 5
peligroso *adj* dangerous, 3
pelo *m* hair, 7
pelota *f* ball, 6
peluquería *f* barber shop, beauty salon, 8
peluquero, -a *m/f* barber, beauty operator, 8
pellizcar *v* to pinch, 17
pena *f* embarrassment, suffering, 17
pensador, -a *m/f* thinker, 18
pensamiento *m* thought, idea, 20
pensar (ie) *v* to think, 6
peor *adv* worse, worst, 3
pequeño *adj* small, 2
percibir *v* to perceive, 18
perder (ie) *v* to lose, to miss (a train, plane, move, etc.), 6
perdonar *v* to pardon, 14
perezoso *adj* lazy, 2
periódico *m* newspaper, 1
periodista *m/f* reporter, 13
perjudicar *v* to harm, to damage, 20
permanecer *v* to stay, to remain, 7
permiso *m* permission, 6
permitir *v* to permit, 14
pero *conj* but, 1
perro, -a *m/f* dog, 1
personaje *m* character (in a novel), 13
pertenecer *v* to belong, 13
pesadilla *f* nightmare, 15
pesar *v* to weigh, 19; **a pesar de,** *exp* in spite of, 16
pescado *m* fish (to eat), 5

pez *m* fish (live), 11
pie *m* foot, 2
piel *f* skin, 13
pierna *f* leg, 9
pintar *v* to paint, 16
pintor, -a *m/f* painter, 6
pintura *f* paint, 15
pisar *v* to step on, 14
piscina *f* swimming pool, 3
piso *m* floor, 1
pizarra *f* blackboard, 1
placer *m* pleasure, 9
plan *m* plan, 19
planear *v* to plan, 9
planilla *v* form (to fill out), 19
plata *f* silver, 2
plátano *m* banana, 19
platea *f* orchestra section, 17
platillo volador (or **p. volante**) *m* flying saucer, 13
playa *f* beach, 5
plenilunio *m* full moon, 8
plomero, -a *m/f* plumber, 7
pluma *f* pen, 1
población *f* population, 17
poblado *adj* populated, 3
pobre *m/f* poor, 2
pobreza *f* poverty, 17
poco *adv* and *adj* little, few, slight, 3; **poco a poco**
     exp little by little, 9
poder (ue) to be able; *m* power, authority, 6
poderoso *adj* powerful, 9
poesía *f* poetry, poem, 6
poeta *m/f* poet, 16
policía *f* police; *m/f* police officer, 1
política *f* politics, policy, 2
político, -a *m/f* politician, 2
pollo *m* chicken, 5
ponche *m* punch, 5
poner *v* to put, 5; **ponerse** *v* to put on, 13
por *prep* for, by, through, 1
porcentaje *m* percentage, 13
porque *conj* because, 1
por qué *inter* why, 1
portafolio *m* briefcase, 1
portarse *v* to behave, 20
portero *m/f* doorman, 8
poseer *v* to possess, 19
posgrado *m* postgraduate, 8
posterior *adj* later, subsequent, 19
postre *m* dessert, 5

practicar *v* to practice, 4
precio *m* price, 5
precisar *v* to need, to make exact, 20; **es preciso** *exp*
     it's necessary, 14
precoz *adj* precocious, 11
predecir (i) *v* to predict, 18
predicado *m* predicate, 1
predicar *v* to preach, 18
preferir (ie) *v* to prefer, 6
pregunta *f* question, 1
preguntar *v* to ask a question, 7
prejuicio *m* prejudice, 11
premio *m* prize, 12
prender *v* to light (a fire); to turn on a light, 8
prensa *f* press, the news media, 14
preocuparse *v* to get worried; **preocupar** *v* to cause
     worry, 13
preparar *v* to prepare; **preparativo** *m* preparation, 15
preparatoria *f* senior high school, 8
presentar *v* to introduce, 2
presidente, -a *m/f* president, 1
préstamo *m* loan, 7
prestar *v* to lend, to make a loan, 8
presupuesto *m* budget, 14
pretexto *m* pretext, excuse, 9
prever *v* to foresee, 18
previo *adj* previous, 8
primaria *f* elementary school, 8
primavera *f* spring, springtime, 4
primer, -o, -a *adj* first, 4
primo, -a *m/f* cousin, 5
príncipe *m* prince; **princesa** *f* princess, 11
principio *m* beginning, principle, 1
prisa *f* rush; **tener prisa** *exp* to be in a hurry, 8
probar (ue) to prove, to try on, to try out, 9
problema *m* problem, 3
producir *v* to produce, 12
profesor, -a *m/f* professor, teacher, 1
programa *m* program, 2
prohibir *v* to forbid, to prohibit, 14
prometer *v* to promise, 14
promovedor, -a *m/f* promoter, 18
promover (ue) to promote, 17
pronombre *m* pronoun, 1
pronto *adv* soon, 1; **de pronto** *exp* suddenly, 18
propiedad *f* property, 7
propio *adj* own, personal, 7
proponer *v* to propose, 12
propósito *m* purpose, 5
propuesta *f* proposal, 19

próspero *adj* prosperous, 17
prostituir *v* to prostitute, 15
protagonista *m/f* main character in a novel or movie, 16
proteger *v* to protect, 14
protestar *v* to protest, 14
provenir (ie) *v* to come from, 17
provocar *v* to provoke, 17
próximo *adj* next, 4; **próximamente** soon, 10
proyecto *m* project, 14; **proyecto de ley** *exp* bill, proposed law, 14
prueba *f* test, proof, 11
psicólogo, -a *m/f* psychologist, 2
psicoterapeuta; also psicoterapista *m/f* psychotherapist, 18
psiquiatra *m/f* psychiatrist, 18
publicar *v* to publish, 16
pueblo *m* town, people, 5
puente *m* bridge, 9
puerco, -a *m/f* pig; *m* pork, 5
puerta *f* door, 1
puerto *m* seaport, 6
pues *exp* well, since, 14
puesto *m* job, position, 9
pulmón *m* lung, 18
punta *f* dot, point of an object (e.g. pencil), 3
punto *m* point, dot, 3; **punto de partida** *exp* point of departure, 2
pupitre *m* student desk, 1
pureza *f* purity, 13

Q

que *rel pron* that, which, 1
qué *inter* what, which, 1
quebrar (ie) to break, 20
quedarse *v* to stay, to remain, 13
quehacer *m* errand, chore, duty, 15
queja *f* complaint, 8
quejarse *v* to complain, 14
quemar *v* to burn, 7
querer (ie) to want, to wish, 6
querido *adj* dear, beloved, 17
queso *m* cheese, 5
quien, quienes *rel pronoun* who, whom, CS
quién, quiénes *inter* who, whom, 1
química *f* chemistry, 1
químico, -a *m/f* chemist, 2
quince *adj* fifteen, LP
quinientos *adj* five hundred, 4

quinto *adj* fifth, 6
quitar, quitarse *v* to remove, to take off, 13
quizá, quizás *adv* perhaps, 3

R

rabino, -a *m/f* rabbi, 13
radiografía *f* x-ray, 18
raíz *f* root, 4
rama *f* branch, 14
rápido *adj* fast, rapid, 4
raro *adj* rare, bizarre, 10
rasuradora *f* razor, shaver, 13
rata *f* rat, 20
rato *m* while, period of time, 11
ratón *m* mouse, 20
raya *f* line, stripe, 3
razón *f* reason, 8; **tener razón** *exp* to be right, 8
razonable *adj* reasonable, 5
razonamiento *m* reasoning, argument, defense, 18
reaccionar *v* to react, 11
realizar *v* to realize (a goal), 19
rebelde *m/f* rebel, 11
recado *m* message, 6
receta *f* recipe, 7; medical prescription, 18
recetar *v* to prescribe, 18
recibir *v* to receive, 7; **recibirse** *v* to graduate, 13
recibo *m* receipt, 9
reciclar *v* to recycle, 7
recién *adv* recently, 20
recinto *m* area, district, 16
reclamar *v* to claim, 11
reclamo *v* claim, 17
reclinarse *v* to lean back, 17
recluta *m/f* recruit, 14
reclutamiento *m* recruitment, 14
recoger *v* to pick up, to gather, 6
reconocer *v* to recognize, 7
recordar (ue) *v* to remember, 6
recostarse (ue) *v* to lie down, 15
recuerdo *m* memory, souvenir, 13
recurso *m* resource, 7
red *f* net, 9
redondo *adj* round, 6
reembolsar *v* to refund, 8
reembolso *m* refund, 9
reemplazar *v* to replace, 6
referir (ie) *v* to refer, 6
reflejar *v* to reflect, 4
reflejo *m* reflection, 17

refresco *m* soft drink, soda pop, 4
refrigerador *m* refrigerator, 7
regalar *v* to give, 8
regalo *m* gift, 8
regar (ie) *v* to water, to irrigate, 6
regatear *v* to bargain, 9
regla *f* rule, 7
regresar *v* to return, 5
rehusar *v* to refuse, 13
reina *f* queen, 6
reinar *v* to rule, 11
reino *m* kingdom, 11
reír (i) *v* to laugh, 8
reloj *m* clock, watch, 1
relleno *m* stuffing, 5
remedio *m* medicine, remedy, 17
renta *v* rent, income, 8
reparar *v* to repair, 7
repartir *v* to pass out, to distribute, 14
repente, de repente *exp* suddenly, 11
repetir (i) *v* to repeat, 4
reportaje *m* news report, 3
reportero, -a *m/f* reporter, 2
reprobar *v* to reprove, to flunk, 19
repugnar *v* to repel, to nauseate, 9
requerir (ie) *v* to require, 3
requisito *m* requirement, 8
reseña *f* review, critique, 16
resfriado; estar resfriado *exp* to have a cold, 18
resfrío *m* cold (illness), 18
resolver (ue) to resolve, to solve, 14
respecto, con respecto a *exp* with respect to, 8
respetar *v* to respect, 8
respeto *m* respect, 1
respiración *f* breath, 18
respirar *v* to breathe, 18
respuesta *f* answer, 1
restaurante *m* restaurant, 2
restaurar *v* to restore, 19
resto *m* rest, the others, 4
resultado *m* result, 2
retener (ie) *v* to retain, 9
retrato *m* portrait, 2
reunión *f* meeting, reunion, 4
revés, estar al revés *exp* to be reversed, 5
revisar *v* to check, to revise, 10
revista *f* magazine, 9
rey *m* king, 11; **reyes** *m pl* king and queen
rezar *v* to pray, 18
rico *adj* rich, delicious, 2

ridículo *adj* ridiculous, 10
rímel *m* mascara, 13
rincón *m* corner, 7
río *m* river, 3
riqueza *f* wealth, 19
risa *f* laughter, 8
rito *m* rite, 12
robar *v* to steal, to rob, 15
robo *m* robbery, 17
rodilla *f* knee, 9
rogar (ue) to beg, 11
rojo *adj* red, 3
romper *v* to break, 13
roncar *v* to snore, 8
ropa *f* clothing, 3
ropero *m* clothes chest, 3
rosa *f* rose, 4
rosado *adj* pink, 3
roto *adj* broken, 12
rubio *adj* blond, 2
ruido *m* noise, 5
ruso *adj* Russian, 2

S

sábado *m* Saturday, 4
sábana *f* sheet, 18
saber *v* to know, 5
sabiduría *f* wisdom, 20
sabor *m* flavor, 9
sabroso *adj* delicious, 5
sacerdote *m* priest, 18
saco *m* suitcoat, sports coat, 3
sagrado *adj* sacred, 18
sainete *m* skit, short play, 8
sal *f* salt, 5
salida *f* exit, 9
salir *v* to go out, to leave (a place), 6
salsa *f* sauce, 6
salud *f* health, 5
saludar *v* to greet, 4
salvaje *m/f* savage, 20
sandalia *f* sandal, 3
sangre *f* blood, 11
sangriento *adj* bloody, 20
sano *adj* healthy, 2
santo, -a *m/f* saint, 11
satisfecho *adj* satisfied, 17
secadora *f* dryer, 7
secar *v* to dry

seco *adj* dry, 3
sed *f* thirst, 5; **tener sed** *exp* to be thirsty, 5
seda *f* silk, 3
seguir (i) *v* to follow, to continue, 8; **en seguida** *exp* at once, 13
según *prep* according to, in accordance with, 2
segundo *adj* second, 6
seguridad *f* security, 14
seguro *m* insurance, 18; *adj* secure, 18; **estar seguro** *exp* to be certain, 14
seis *adj* six, LP
seiscientos *adj* six hundred, 4
seleccionar *v* to choose, 11
sello *m* stamp, seal, 19
semáforo *m* traffic light, 9
semana *f* week, 4
semestre *m* semester, 3
senado *m* senate, 14
senador, -a *m/f* senator, 1
sencillo *adj* simple, 4
sentado *adj* seated, 2
sentido *m* direction, meaning, sense, 9
sentir (ie) to sense, to regret, 8; **sentirse (ie)** to feel, 8
señal *f* sign, signal, 16
señalar *v* to signal, to indicate, 4
señor *m* and *title* sire, Mr., man, 1
señora *f* and *title* ma'am, Mrs., woman, 1
señorita *f* and *title* Miss, young woman, unmarried woman, 1
separar *v* to separate, 4
septiembre; also **setiembre** *m* September, 4
séptimo *adj* seventh, 6
ser *v* to be, 2; *m* being, 13
serie *f* series, 9
serio *adj* serious, 3
servilleta *f* napkin, 5
servir (i) *v* to serve, to function, 8
sesenta *adj* sixty, 2
setecientos *adj* seven hundred, 4
setenta *adj* seventy, 2
sexto *adj* sixth, 6
si *conj* if, 1
sí *exp* yes, LP
SIDA *m* AIDS, 18
siempre *adv* always, 2
siesta *f* nap, 5
siete *adj* seven, LP
siglo *m* century, 4
significado *m* meaning, 3

significar *v* to mean, to signify, 6
signo *m* sign, 4
siguiente *adj* following, 5
sílaba *f* syllable, 3
silla *f* chair, 1
sillón *m* armchair, 7
simpático *adj* nice, good-natured, 2
sin *prep* without, 1; **sin embargo** *exp* nevertheless, 10
sindicato *m* labor union, 13
sino *conj* but, 16
síntoma *m* symptom, 18
sirviente, -a *m/f* servant, 7
sistema *m* system, 2
sitio *m* place, 6
sobre *prep* over, above, on top of, about, 1
sobrenatural *adj* supernatural, 18
sobrepoblado *adj* overpopulated, 14
sobrevivir *v* to survive, 17
sobrino, -a *m/f* niece, nephew, 12
sociedad *f* society, 2
socio, -a *m/f* partner, 9
sofá *m* sofa, 7
sol *m* sun, 5
soldado, -a *m/f* soldier, 3
soler (ue) + inf. *exp* usually + verb, 8
solicitar *v* to apply, to solicit, 9
solo *adj* alone
sólo *adj* only, 1
soltar (ue) *v* to loosen, 14
soltero, -a *m/f* unmarried person, 13; *adj* single, 13
solucionar *v* to solve, 19
sombrero *m* hat, 1
sonido *m* sound, 11
sonar (ue) *v* to sound, to ring, 11
sonreír (i) *v* to smile, 8
sonrisa *f* smile, 20
soñar (ue) con *v* to dream of, 7
sopa *f* soup, 5
soportar *v* to bear, to stand, to endure, 20
sorpresa *f* surprise, 13
sospechar *v* to suspect, 18
su *prep* your, his, her, their, 1
suave *adj* soft, 7
subir *v* to climb, to ascend, 6
subpoblado *adj* underpopulated, 14
suceder *v* to occur, to happen, 19
sucio *adj* dirty, 2
suegro, -a, -os *m/f* father-in-law, mother-in-law, parents-in-law, 12
sueño *m* dream, 7

suerte *f* luck, 8; **tener suerte** *exp* to be lucky, 8
sufrimiento *m* suffering, 18
sufrir *v* to suffer, 18
sugerencia *f* suggestion, 6
sugerir (ie) *v* to suggest, 14
supermercado *m* supermarket, 4
supervisor, -a *m/f* supervisor, 8
suponer *v* to suppose, 12
supuesto *adj* supposed, 6; **supuestamente** *adv* supposedly, 9
sur *m* south, 3
sureste *m* southeast, 4
suroeste *m* southwest, 4
sustantivo *m* noun, 1
sustituir *v* to substitute, 7
suyo *pron* his, hers, theirs, yours, 18

T

taberna *f* tavern snack bar, 4
tabla *f* chart, 2
tacaño *adj* stingy, 2
tal *adj* such a, 17; **¿Qué tal?** *inter* How are you? How are things?; **tal vez** *exp* perhaps, 10
talento *m* talent
talentoso *adj* talented, 15
tamaño *m* size, 6
también *adv* also, 1
tambor *m* drum, 6
tampoco *adv* neither, 6
tan *adv* as, 3
tapar *v* to cover, 12
taquilla *f* ticket booth, ticket window, 17
tardar *v* to be late, 6
tarde *adv* late, 1
tarea *f* task, homework, 3
tarjeta *f* card, 6
tasa *f* rate, 19
taza *f* cup, 2
te *pron* you, 6
té *m* tea, 5
teatro *m* theater, 4
técnica *f* technique, technology, 12
técnico, -a *m/f* technician, 8
techo *m* roof, ceiling, 1
tela *f* cloth, 3
telefonista *m/f* telephone operator, 2
teléfono *m* telephone, 1
telenovela *f* soap opera, 6
televidente *m/f* television viewer, 16

televisor *m* television set, 2
telón *m* stage curtain, 17
tema *m* theme, subject, 1
temer *v* to be afraid, 8
temor *m* fear, 14
templo *m* church, temple, 4
temporada *f* season, 6
temprano *adj* early, 3
tenedor *m* fork, 5
tener (ie) *v* to have, 1
teólogo, -a *m/f* theologian, 18
teoría *f* theory, 17
terapista *m/f* therapist, 19
tercer, -o, -a *adj* third, 6
tercio *m* third, 14
terminación *f* ending, 4
terminar *v* to end, 7
término *m* end, 11
terremoto *m* earthquake, 11
tertulia *f* social gathering in a café, 4
ti *pron* you, 2
tiempo *m* time, weather, 3
tienda *f* store, 3
tierra *f* soil, land, earth, 11
timbre *m* bell, stamp, 11
tío, -a *m/f* uncle, aunt, 2; **tíos** *m pl* aunts and uncles, 12; **tío, -a abuelo, -a** *m/f* great uncle (aunt), 12
tipo *m* type, 7; **tipo, -a** *m/f* guy, girl, 13
título *m* title, 1
tiza *f* chalk, 1
toalla *f* towel, 13
tocadiscos *m* record player, 6
tocar *v* to touch, to play an instrument, 6
tocino *m* bacon, 5
todavía *adv* still, yet, 4
todo, -a, -os, -as *adj m/f* all, everyone, everything, 1
tomar *v* to take, to drink, 4
tomate *m* tomato, 5
tonto *adj* foolish, unintelligent, 3
tormenta *f* storm, 7
torneo *m* tournament, 6
toro *m* bull; **corrida de toros** *f* bullfight, 19
torre *f* tower, 4
torturar *v* to torture, 15
tos *f* cough, 18; **tener tos** *exp* to have a cough, 18
tostado *adj* toasted, 5
tostadora *f* toaster, 7
trabajador, -a *m/f* worker, 2
trabajar *v* to work, 4
trabajo *m* work, job, 3

traducir *v* to translate, 7
traer *v* to bring, 5
trago *m* drink, 4
traicionar *v* to betray, 11
traje *m* suit, 3
trama *f* plot, 16
trámite *m* bureaucratic procedure, 19
tranquilo *adj* calm, tranquil, 2
tránsito *m* traffic, 13
transporte *m* transportation, 5
trapo *m* rag, washcloth, 7
tratado *m* treaty, 17
tratar *v* to treat, 8; **tratar de** + inf. to try, 8
tratarse de to be about, 17
través, a través de *prep* through, by way of, 13
trece *adj* thirteen, LP
treinta *adj* thirty, 2
tren *m* train, 3
tres *adj* three, LP
trescientos *adj* three hundred, 4
tribu *f* tribe, 19
triste *adj* sad, 2
triunfar *v* to triumph, to win, 11
triunfo *m* triumph, victory, 11
trono *m* throne, 19
tu *pron* your, 1
tú *pron* you, 1
turista *m/f* tourist, 3
tuyo, -a, -o, -as *pron* yours, 18

U

Ud. *prep* abbreviation of **usted**, 1
Uds. *prep* abbreviation of **ustedes**, 3
últimamente *adv* recently, 16
último *adj* last, most recent, 8
un, uno, una *art* an, one, LP, 1
único *adj* only, unique, 5
unificar *v* to unify, 16
unir *v* to unite, 14
universitario *adj* university, 2
unos, unas *art* some, several, 2
uña *f* fingernail, 13
usar *v* to use, to wear, 5
uso *m* use, 2
usted *prep* you, LP
usuario, -a *m/f* user, 19
útil *adj* useful, 6
utilizar *v* to use, to utilize, 15
¡Uy! *exp* expression of exertion or frustration, 1

V

vaca *f* cow, 13
vacaciones *f* vacation; **ir de vacaciones** *exp* to go on a vacation, 4
vacío *adj* empty, 2
vacuna *f* innoculation, 18
vacunar *v* to innoculate, 18
vago, -a *m/f* bum; *adj* vague, 13
valentía *f* bravery, 13
valer *v* to be worth; **valer la pena** *exp* to be worth it, 17
validez *f* validity, 18
valiente *adj* brave, valiant, 13
valor *m* value, bravery, 6
valle *m* valley, 4
vanidoso *adj* vain, 13
variar *v* to vary, 13
varios, varias *adj* several, 2
varón *m* male, 12
vaso *m* glass, 5
vecino, -a *m/f* neighbor, 3
veinte *adj* twenty, LP
vejez *f* old age, 13
vencedor, -a *m/f* winner, conqueror, 11
vencer *v* to conquer, 11
vendedor, -a *m/f* seller, 2
vender *v* to sell, 5
venda *f* bandage, 18
venganza *f* revenge, 20
venir (ie) *v* to come, 5
venta *f* sale; **estar en venta** *exp* to be for sale, 9
ventaja *f* advantage, 15
ventana *f* window, 1
ver *v* to see, 5; **tener que ver con** *exp* to have to do with, 19
verano *m* summer, 4
verbo *m* verb, 1
verdad *f* truth, 1
verdadero *adj* true, 2
verde *adj* green, 3
verdura *f* green vegetables, 5
vergüenza *f* shame, 20
vestíbulo *m* vestibule, front hall, 7
vestido *m* dress, 2
vestirse (i) *v* to get dressed, 13
vetar *v* to veto, 14
vez *f* time, instance, 2; **tal vez** *exp* perhaps, 10; **a la vez** *exp* at the same time, 11
viajar *v* to travel, 5

viaje *m* trip, voyage, 4
viajero, -a *m/f* traveller, 9
vicio *m* vice, 4
vida *f* life, 3
vidente *m/f* seer, prophet, 17
vidriera *f* shop window, show window, 7
vidrio *m* glass, 2
viejo *adj* old, 2
viento *m* wind, 5
viernes *m* Friday, 4
vigilar *v* to guard, 20
vincular *v* to connect, to join, 13
vínculo *m* connection, 14
vino *m* wine, 5
violar *v* to violate, to rape, 20
violencia *f* violence, 6
virtud *f* virtue, 2
visita *f* visit, 2
visitar *v* to visit, 4
vista *f* view, 7; **Hasta la vista.** *exp* See you later., 1; **a primera vista** *exp* at first sight, 14
vivaz *adj* vivacious, energetic, 2
vivienda *f* housing, 19
viviente *adj* alive, 18
vivir *v* to live, 6
vivo *adj* lively, alive, clever, 6
vocero, -a *m/f* spokesperson, 19

volador *adj* flying; **plato volador,** flying saucer, 18
volante *m* flyer, handout, 14
volar (ue) *v* to fly, 18
voluntad *f* will, willpower, 9
volver (ue) to return, 6; **volver a** + inf. to (verb) again, 12
voraz *adj* voracious, 13
vosotros, -as *plural pron* you, 3
votar *v* to vote, 14
voto *m* vote, 14
voz *f* voice, 7
vuelta *f* return; **ida y vuelta** *exp* roundtrip
vuestro *pron* your, yours, 3

Y

y *conj* and, 1
ya *adv* already, now, any longer, 4
yerno *m* son-in-law, 12
yo *pron* I, 1

Z

zanahoria *f* carrot, 5
zapato *m* shoe, 3
zoológico *adj* zoological; **jardín zoológico** *m* zoo, 4

ÍNDICE DE MATERIAS

 # PHOTO CREDITS